预知社会

第3版

群体行为的内在法则

Critical Mass

Philip Ball

〔英〕菲利普·鲍尔　著

暴永宁　译

当代中国出版社
Contemporary China Publishing House

图书在版编目(CIP)数据

预知社会：群体行为的内在法则 = Critical Mass: How One Thing Leads to Another / (英) 菲利普·鲍尔 (Philip Ball) 著；暴永宁译 . -- 3 版 . -- 北京：当代中国出版社，2024.6

书名原文：Critical Mass: How One Thing Leads to Another

ISBN 978-7-5154-1341-9

Ⅰ . ①预… Ⅱ . ①菲… ②暴… Ⅲ . ①群体社会学—研究 Ⅳ . ① C912.22

中国版本图书馆 CIP 数据核字（2024）第 056557 号

出 版 人　王　茵
责任编辑　隋　丹　徐　芳
责任校对　贾云华　康　莹
装帧设计　郝志燕
出版发行　当代中国出版社
地　　址　北京市地安门西大街旌勇里 8 号
网　　址　http://www.ddzg.net
邮政编码　100009
编 辑 部　（010）66572131
市 场 部　（010）66572281　66572157
印　　刷　中国电影出版社印刷厂
开　　本　710 毫米 × 1000 毫米　1/16
印　　张　38.25 印张　1 插页　544 千字
版　　次　2024 年 6 月第 3 版
印　　次　2024 年 6 月第 1 次印刷
定　　价　188.00 元

目　录

致　谢

作者在撰写本书时，时时会觉得是在以合作的方式参与写作。因此，我首先要使读者知道我的感激之情（当然，至于对本书的批评，责任自当由本人独自承担）。此书极大地得力于有关领域诸多专家的睿智、深刻而又充满关爱的建议，在取材和借鉴上也蒙他们赐教良多。特别应当指名感谢的有：罗伯特·阿克塞尔罗德（Robert Axelrod）、罗伯特·阿克斯特尔（Robert Axtell）、阿尔伯特–拉斯洛·巴拉巴希（Albert-Laszló Barabási）、埃谢尔·本–雅各布（Eshel Ben-Jacob）、拉马·孔特（Rama Cont）、德克·黑尔宾（Dirk Helbing）、史蒂夫·基恩（Steve Keen）、托马斯·卢克斯（Thomas Lux）、松下贡（Mitsugu Matsushita）、乔·麦考利（Joe McCauley）、马克·纽曼（Mark Newman）、保罗·奥默罗德（Paul Ormerod）、克雷格·雷诺兹（Craig Reynolds）、索林·所罗门（Sorin Solomon）、吉恩·斯坦利（Gene Stanley）、亚历山德罗·韦斯皮尼亚（Alessandro Vespignani）、托马什·维塞克（Tamás Vicsek）等。本书的编辑拉维·米尔钱达尼（Ravi Mirchandani）、卡罗琳·奈特（Caroline Knight）和约翰·格鲁斯曼（John Glusman）也贡献良多。原稿中的不少粗糙之处得以纠正，多亏了技术编辑约翰·伍德罗夫（John Woodruff）的细心审校。我的经纪人彼得·罗宾逊（Peter Robinson）出色的判断能力，以及我妻子朱丽娅（Julia）的支持，也都一如既往地起到了鼓励作用。

菲利普·鲍尔（Philip Ball）

2003 年 10 月于英国伦敦

前 言

政治算术

1690 年 11 月 7 日，英王威廉三世（William Ⅲ）御览了一本呈送来的新书。此时，这位原奥兰治亲王刚刚在上一年以不流血的宫廷政变方式，取代了人望很差的天主教徒詹姆斯二世（James Ⅱ）。这份文稿所传递的信息，在当时动乱的环境下，不啻开给王公贵族的一剂镇痛灵药。什么信息呢？就是宣称英国堪称世界上一股坚定可靠的力量。

此书的作者是威廉·配第（Willian Petty）[①] 勋爵，其已于 1687 年故世，生前曾任牛津大学的解剖学教授，还当过爱尔兰内科主任军医。这一著述是由他的儿子谢尔本（Shelburne）伯爵代呈的。据威廉·配第自述，他写这本书的目的，是为了证明——

> 即使是一个地狭人稀的小国，也可以凭借其环境、形势、贸易和国策，在国力的富足与强盛方面，同地域与人口远过于己的国家并驾齐驱……
>
> 由于自然条件所限，加上持续滞碍的存在，法国是永远无法成为胜过英国或者荷兰的海上强国的。
>
> 就国民与国土而论，英国君主所拥有的富足与强盛的国力，显然能与法国一争高下。
>
> 妨害英国步入伟大的种种滞碍，都只是暂时的，都是可以去除的。

---

① 威廉·配第（1623—1687）：英国经济学家，古典政治经济学的创始人。

英国的强盛与富足近 40 年来一直是在增长的。

举英国臣民全部岁入之一成，便足以维持政府的正常开支和各种额外花费。如果再定期加征一成，便可养起十万步兵、三万铁骑和四万海军。

英国臣民中仍有足够多的闲散人丁。倘若让这些人有所劳作，英国的岁入还可望在目前宽松、正常与充分就业的基础上，每年再增加二百万。

英国有推动本国贸易的充足货币。

英国的全体臣民有物资，有能力，也有手段，将整个商业世界推动起来。[1]

这就是说，英国是注定会步入伟大的。配第这样断言，其根据又从何而来呢？他的这本起名为《政治算术》（*Political Arithmetick*）的书，宣称是在建立一门有关政治的科学学科。正如艾萨克·牛顿（Isaac Newton，1643—1727）的重力定律最终得以在第谷·布拉赫（Tycho Brahe，1546—1601）和约翰尼斯·开普勒（Johannes Kepler，1571—1630）这两位天文学家的定量观测和归纳的基础上确立一样，配第也通过数字得出了有关英国社会的健康状态。

配第在该书中给出了如下解释：

我在进行这一工作时，采用的方法迄今尚不曾有多少人用过。我不立足于什么比较级或最高级，也不搞任何推理审度。我所遵循的方式，是只根据能够感受到的内容，将我的观点通过计数、称量和测度的方式表述出来。至于原因部分，我只考虑能够从自然世界中看出其来源的部分，而对于需凭借特别人士的头脑、观念、好恶与情绪因定的内容，则一概不予理会。我将自己放在无从以上述因时而变的内容为基准（如果还能将它们称之为基准的话）得出满意结果的位置上：不能在掷骰子时猜准点数，也不能只根据说得头头是道的本本或者入射角反射角什么的，预测（新手）能否在打网球、台球和保龄球时得到高分。[2]

换言之，尽管配第明确表示自己对人类的多变本性所知有限，但他相信，对于社会的理解，可以达到定性测度的程度。他指出，政治算术这门科学，可以使国家的领导人摆脱个人的非理性成分，从而使治国原则得到有效并师出有名的调节。

如果配第能活到300多年后的今天，他一定会沮丧地看到，政治科学家们还在为人世间的事务被冲动与偏见所左右，而不是由理性与逻辑所引导而煞费苦心。肯尼斯·沃尔兹（Kenneth Waltz）①在他1954年的著作《人、国家与战争》（*Man, the State, and War*）中，表达了一种希望，就是有朝一日，指导各国间交往的理论会以理性为基础，而不是教条和争端。“没有用以指导国际政治的精细理论，”他说，“人们为自己树立的事业和设想的举措，往往都会接近于情感和习惯，而不是人类世界的真正事物。”[3]

在肯尼斯·沃尔兹心目中，世界显然不像配第当年所设想的那样，只是某种简单的牛顿物理式的社会。然而，配第的工作，尽管在今天看来未免天真得可悲，但仍然在现代物理学中激起回声。在过去的20多年中，这一科学领域中一直发生着不寻常的事情。当年在理解不存在知觉和意志的物质宇宙的运作中形成的工具、方法和观念，在当初根本不曾想到的领域内得到了应用，尽管在一开始时显得方枘圆凿。这个新领域就是社会科学。

本书正是想要告诉读者，这一过程是如何发生的，它因何值得认真关注，以及它可能打开的大门。这本书还打算告诉读者，社会物理学的界限在哪里，它又可能被不当地误用到什么地方。

这类事情，人们实际上已然经历过了。一些人在20世纪70年代曾一度认为，勒内·汤姆（René Thom）②的突变理论（Catastrophe Theory），为人们理解微小作用导致社会突然变化的机理开拓了道路。然而，这一理论

① 肯尼斯·沃尔兹（1924—2013）：美国社会学家，“新现实主义”（又称“结构现实主义”）理论的创建人。该理论认为，世界各国在处理国际关系中，不应当、也不能遵从同一个模式，否则会导致纷争、战争和其他灾难。——译者

② 勒内·汤姆（1923—2002）：法国数学家。——译者

偏于唯象，又只是定性的，并不能真正从根本上解释有关过程的机制，因此很快又坐上了冷板凳。另有一种成形于 20 世纪 80 年代的学说——混沌理论（Chaos Theory），今天能够提供相当有力的见解，说明复杂而不断变化的系统，即使对其初始状态是详尽了解的，也会迅速进入无法精确预知的状态。这一理论曾被冠以市场经济模型的地位，该理论中所提出的会将动力学状态导向稳定终态的所谓“吸引子”（Attractors）概念，也一度似乎能够解释某些社会行为和组织能够不受搅扰的原因。然而，它终究还是未能拿出任何称得上是社会科学的东西。远未如此。

当前颇受关注的是第三个 C、即复杂性理论（Complexity Theory）。① 该理论中最重要的概念，目前应属“突现”和“自组织”，这是因为，复杂理论所研究的是，在大量元体 ② 各自按照不多的几条简单规则相互作用时，如何从中产生出阵序与稳定。

本书中涉及的物理学知识，就与复杂性有所关联（说真的，物理学往往是同复杂性有所交叠的）。不过，今天的人们在提到“复杂性理论”这个词语时，指的是更久远的内容，复杂性理论只是被放进了时尚的新包装而已。物理学家们已同复杂性理论中的主要内容打了一个多世纪的交道，并在此过程中向物理中已然形成的概念和技术库中提供了几个新成员。在这为数不多的新成员中，最基本的一个就是集体行为（Collective Behaviour）。也就是因为它的出现，物理学有了针对社会有的放矢的发言权。从表面上看，大量没有知觉意识的物理粒子的整体行为，是很难同众多活人的行为相提并论的，然而，物理学家却发现，各种各样的体系，只要其组成部分能够进行集体行动，往往就会有相类的表现——即使在这些体系间并不存在任何共同之处时也会如此。

作者希望从这一基点出发，向读者指出，对于配第认为被人类的固有

① 另外两个 C 分别是突变理论和混沌理论。它们的英文都以字母 C 开始——Catastrophe Theory 和 Chaog Theory。复杂性理论的英文为 Complexity Theory，也是以 C 字母开始的。——译者

② 元体，原文为 agent，表示作为一个单位而存在的人或物。它可能是个体，也可能是群体，但在有关的行为中作为一个整体存在，内部各成分间的区别不予考虑。——译者

特性所决定的那些最好不予考虑的“特别人士的头脑、观念、好恶与情绪因定的内容”，新的社会物理学还是能够有所作为的。作者的看法是，尽管我们目前对于人类行为方式的了解极为有限，却仍能掌握预知其集体行事结果的一定的能力。这就是说，尽管面对着个人有自由意志的形势，我们还是能够对社会整体进行预言，甚至还可能对个人意志能够自由到何种程度有所察知。

配第认为，只要实现了定量化，就足以将自己所提出的“政治算术”立为一门科学。不过，对有关学科的研究，要达到何种程度才能算作科学，比配第年长些的同时代人托马斯·霍布斯（Thomas Hobbes, 1588—1679）对其有更进一步的认识。在霍布斯看来，单有数字是不够的，更重要的是机制。要想把握住机制，只认识到社会之其然是不够的，还得了解其所以然。在本书的开头，读者将会看到，霍布斯从机械论角度，对社会进行了什么样的研究，配第又如何通过数学运算解读社会。此外，读者还能了解到，这两个人的工作，又如何在 19 世纪奇妙地对物理学研究产生了回馈。读者还将看到，物理学是如何与包含有众多成员且各成员间彼此一直进行着相互作用的体系打交道的。在这类体系看起来似乎混乱不堪的表现中，为什么会出现因规律性而产生能有所预知的统计行为。

将活人视同没有感觉的物质粒子（或者至少是不去考虑他们的感觉），这样的做法是会引起争议的。因此，从物理学角度研究种种社会模型时，我们应当慎重行事，应当先说明并不需要给生命——或者说并不需要“单给”生命——设定什么统计物理学适用的范围；先从细菌开始，后来再涉及整个世界。

然而，大家切莫指望从本书中找到什么现成的“社会理论”。事实上，近年来颇为流行的在科学领域寻求“大统一理论”——某种宏大的、无所不包的框架——的工作，虽然取得了一些成效，但也被一些人认为未必有益。即使社会物理学果真是一门真实存在的学问，也不会表现为若干条普遍适用的公式——也就是说，不能指望向这些公式中填入一堆数字，便可以得出对种种社会行为的确定表述。不同的社会行为一定会以特定的实例出现，供分析之用的物理工具也得针对特定目的巧为改进。本书所涉及的若干讨论，绝对不是详尽的，它们只是提供一种眼界，让读者看到，对于人们在空间中如何运动、如何做出决断、如何参加选举、如何缔结联盟、如何形成团体、如何组建公司等，物理学都能够说出些什么来。读者还能看到，在理解市场行为的某些方面和揭示存在于社会网络与工商业体系中的隐秘结构方面，物理学能够有所作用。读者还可得知，对于政治冲突和政治合作，物理学也能够有所建言。

在所有这些内容的后面，是一个更为困难的课题，这就是：物理学究竟能否帮助人们理解与解释社会，使大家得以借助物理知识预知社会问题并改良社会，从而使世界变得更美好、更安全？或者，它最终只是一个乌托邦式的梦想？

第 1 章

“海怪入世”

——托马斯·霍布斯认定的野性社会

政治论著也好，道德说教也罢，即令是点评文章，或者论述公众演说技巧的指南，若是让几何学家来撰写，都会胜过其他与之水平相当的作者。[1]

伯纳德·丰特内勒（Bernard Fontenelle，17 世纪末）①

在我看来，这个世界如今已经带上了如此浓厚的机械色彩。我担心人们很快会为此感到羞愧。机械论认为这个世界有如一只巨大的钟表，一切按部就班、只在几个驱动部件的控制下运作。那么，夫人，请告诉我，您原来对宇宙所持的观念要比这高明些吧？[2]

伯纳德·丰特内勒（1686）

世间的玄秘，往往会在其不复如日中天之际被完全披露。[3]

罗伯特·M. 麦基弗（Robert M. Maclvet，1947）②

如今提出“谁能在不列颠说了算”这个问题，已经没有什么意义了。

---

① 伯纳德·丰特内勒（1657—1757）：出版有《死者之语》《古今别话》《婆罗洲之旅》等。1691 年，他当选为法国国家科学院院士。1697 年，他出任法国国家科学院常任秘书，任此职达 42 年之久。

② 罗伯特·麦基弗（1882—1970）：全名罗伯特·莫里森·麦基弗，英国社会学家、后人美籍，强调社会中人的价值观和社会结构之间的关系，一生著述甚丰。——译者

让我们就此论断进行讨论吧。[4]

斯蒂文·科特格罗夫（Stephen Cotgrove，1967）①

兄弟阋墙萁豆煎，
悲惨世界处处现。
“棒斧纪”后“刀剑纪”，
防护无存难幸免；
“狂风”“虎狼”二纪后，
人类文明不复见。[5]

① 斯蒂文·科特格罗夫（1920—）：英国社会学家兼作家。——译者

上述诗句是一位挪威人对“众神的黄昏”——北欧神话中的世界末日——的描述。这样的场景，一定是 1651 年流亡在法国的托马斯·霍布斯经历过的。在英国的内斯比、马斯顿荒原、纽伯里和埃奇希尔几处地方，农夫之间野蛮厮杀，造成物圮人亡的喋血惨象。英国人震惊地发现，君主制随着刀斧的落下而中断了，自己的国家成了共和国，统治着这个国家的是奥利弗·克伦威尔（Oliver Cromwell），但身份不再是国王，而是护国公。

发生在英国的内战，与法国大革命和残酷的美国南北战争都有所不同，它并未体现出多少观念上的明显歧见。保皇党人固然集结在王室的大旗下，而圆颅党人[①]却也宣称效忠“国王与议会”。英王查理一世（Charles Ⅰ）为人虽然专横，但并无意视本国宪法和律令为敝屣。这两个派别都从属基督教圣公会，双方都嫌恶天主教徒。议会派中有些人有贵族身份，保皇党中也有一些人是平头百姓。如果让这些敌对者们将刀来剑往换为言辞交锋的话，恐怕会发现有不少人虽派系不同但观念却相近哩。

英王查理一世最后被砍了头，战事结束了。人们发现，这场冲突原来是一场胡乱折腾，反映出的只是思想的混乱。克伦威尔被命运放到他手中的大权弄得有些不知所措，曾向宪章寻求能够维持安定的途径，但是没有成功。由于有忠于他的“铁甲军”的支持，克伦威尔如果想要搞些新花样的话，本是会有大过英国古往今来所有君主的自由度的——其实，如果他感觉到了这一点，多半会心甘情愿地放弃这种自由。这位护国公不止一次地恢复议会，责成它担一定的责与掌一定的权，但又因认为其不称职而一次又一次地将其解散。

在那个动荡的年代，谁也不敢说，今天的朋友明天会不会变成寇仇，而当前的对手又能不能转瞬间与己结为盟友。与查理一世势同水火的苏格兰长老派议会，引起了 17 世纪 30 年代英国议会与王室的冲突，而到

① 英国 17 世纪中期议会派分子的诨称，成员多为清教徒，因多蓄体现清峻简朴作风的平项短发得名。——译者

了 1653 年，它又打出了查理二世（Charles Ⅱ）的旗号，反对起克伦威尔来。英国的下院本是在克伦威尔力争下才得以恢复的，后来却宣布将后者除名。英国的庞大民团也是由克伦威尔创建的，后来却弄得他费尽苦心才得以控制住。克伦威尔于 1658 年死去，这支民团随即恢复了议会，并力主废除护国公这一衔位。约翰 · 兰伯特（John Lambert）[①]一面在 1659 年率军队击败保皇党，一面又在密谋让查理二世复位——同时还顺手让后者成为自己女儿的姻亲。不过到头来，曾经是保皇派的乔治 · 蒙克（George Monk）[②]又打败了兰伯特，并在知悉议会属意于将被流放的国王复位后，于 1660 年恢复了这一机构。

对于芸芸众生来说，还有什么会比过上安定的生活更值得企盼的呢！20 年的战乱和财产的转手，使得民众认识到，只有君主制度才能提供这种安定。于是，8 年前侥幸在“铁甲军”刀下逃生的查理二世，便得到了一支忠于他的军队和一群盼望他从法国归来的臣民。

倘若不知悉这一历史背景，就根本无法理解霍布斯何以会进行他那非同寻常的探寻。随着 1649 年 1 月 30 日查理一世人头落地，建立在等级体制之上并历时数百年的君主统治戏剧性地中断了。原先被置于受命于天的神赐地位，并得到道德规范支持的王权统治体系，如今已显露出其任意性和偶然性。此后出现的政治观念，几乎都在 17 世纪里一露端倪，其中的若干还被付诸实施。士兵和苦力组成了平等派和掘土派[③]，要求实现社会平等、废除土地私有。克伦威尔本人嘴上鼓吹通过自由选举实现民主政府，但实际上恐怕只是在玩弄概念，在他担任护国公期间，基本上是在实施军事独裁。查理一世也曾解散议会，成了享有绝对权力的君主，这种状态一直持续到内战爆发。

---

① 约翰 · 兰伯特（1619—1684）：英国内战时期的重要将领，曾在克伦威尔手下任副司令，但后来由于与后者政见不合而被撤职。——译者

② 乔治 · 蒙克（1608—1670）：英国内战时期的重要将领，在拥立查理二世复位上起到了重要作用。——译者

③ 平等派和掘土派：英国内战后出现的两个政治派别，均主张实现社会公平，代表了平民的利益，但两者在具体主张上也有相当的不同。——译者

一个社会究竟应当实施何种制度？这委实是个极为紧要的问题。尽管发生在不同国家之间的战争普遍被视为常态，但平民百姓在此种战争中所经受的苦难，基本上只是交纳新的税项和当兵卖命。然而，国家内部一旦发生战事，百姓们就要吃大苦、受大罪了。英国的内战对平民大众的影响基本上还是比较有限的，但也已经足够糟糕了；而从 17 世纪初便开始肆虐欧洲的“三十年战争”，则造成了德国许多州内三分之一人口的丧生。[①] 因此，对霍布斯和他同时代的人来说，国家内部的和平是值得以任何代价去换取的。

英国的这些不幸，也正代表着西方世界更为广泛的变化。中产阶层在中世纪的兴旺发达，导致封建制度走向式微。在这个充满活力且雄心勃勃的群体中，不少成员进入了议会。他们认为没有必要再服从于王室成员的颐指气使。固然，在内战结束后，君主制又得到了恢复，具有伊丽莎白一世时代中世纪气息的枢密大臣和星室法庭[②]重新出现。然而，整个时代的风貌已经表现出了一些民主的内涵，只是范围和程度都还相当有限。由马丁 · 路德（Martin Luther）[③] 和约翰 · 加尔文（John Calvin）[④] 开创的基督教改革，使欧洲的基督徒世界不复为单一教廷一统天下的局面，从而将欧洲引向了多元化。对教会系统的质疑——这不仅仅表现在马丁 · 路德的“异端邪说”上，也反映在文艺复兴以来的人文观念上——引发了反对宗教改

---

① 严格来说，“三十年战争”并非内战，而是有许多欧洲国家被卷入的一系列战事，但其中多数以内战，以及内战波及邻国而使后者介入的方式进行。在这一连串战事中，受影响时间最长和后果最严重的是德国。——译者

② 英国 15—17 世纪由国王指定的法官组成的法庭，在其他法院闭庭期间开庭，审理事关国家安全的案件，因该法庭的天花板最初饰有星形图案而得名。——译者

③ 马丁 · 路德（1483—1546）：德国神学家、欧洲宗教改革运动的领袖。面对当时教会阶层的富有和腐败，他提出只要在信仰的基础上即可获得超度，而不需借助于教会的典籍和教廷的辖治。这些富于反叛精神的观点，使他于 1521 年与天主教会脱离，继而成功地建立了新的教会——路德教会。——译者

④ 约翰 · 加尔文（1509—1564）：法裔瑞士新教神学家，第二代基督教改革的最重要人物。他反对接受罗马教廷统治，将自己拟列的神学信条写入神学教义。他的代表作《基督教原理）被普遍认为对现代世界的形成产生了重大影响。——译者

革的逆流，导致了特兰托会议[①]的召开、耶稣会[②]的成立和宗教裁判的狂热迫害。人们的宗教观念分歧越大，彼此间的宽容精神也越淡薄。

也就是这样的动荡，孕育出了若干涉及世界本性的观念。就其富于挑战精神而论，它们并不亚于马丁·路德张贴在维滕堡教堂大门上的“论纲”[③]。尼古拉·哥白尼（Nicolaus Copernicus，1473—1543）归纳出日心说——地球是环绕着太阳运行的——是在 16 世纪初期，在时间上真是幸运之至，因为当时的反宗教改革的狂潮尚未形成。当他的著述的最早抄本于 1530 年前后问世时，甚至还得到了教皇的首肯。然而，到了 1543 年，当这部著作被全文发表时（此时哥白尼本人已经去世），该文稿的编辑安德理亚斯·奥西安德尔（Andreas Osiander）在序言中加进了一条说明，声言这一研究天体运行的新观点，应当只被视为便于应用的数学虚构。加上这一说明的目的，就是规避教会的打击。将相同的观念置于更坚实基础上的伽利略·伽利雷（Galileo Galilei，1564—1642），他与教皇权威的应对周旋，更是广为流传的逸事。宗教裁判所于 1616 年宣判他有罪，又强迫他在 1633 年宣布放弃自己的主张。不过，事后看来，17 世纪中叶时勒内·笛卡尔（René Descartes，1596—1650）对古希腊原子说的重新整合，以及牛顿继而进入剑桥大学圣三一学院，都标志着机械论科学必将把巫术和迷信赶下舞台。

霍布斯的力作《利维坦》（*Leviathan*），是一次根据机械论的世界观归纳政治理念的尝试。他给这一著作立下的目标，在今天看来实在是宏大得有些不着边际，然而，以当时的启蒙时代初期的形势而论，将这两类观念结合到一起，却显得再自然不过。霍布斯希望借助严密程度不亚于伽利略用之于理解运动定律的逻辑推理手段，做出人类应当以何种方式管理自己

---

① 1545 年至 1563 年期间，在意大利小镇特兰托举行的反宗教改革的会议，其决议经过教皇批准。——译者

② 1534 年成立的欧洲天主教团体，极力维护教皇的权威和天主教士的名誉。——译者

③ 维滕堡是德国中东部城市。1517 年，马丁·路德将其作为基督教宗教改革纲领的《九十五条论纲》贴在该城一座教堂的门上。后来，他把该城作为其推行宗教改革的中心。——译者

的归纳。他从设定若干条在他看来不能再行分解，而且其正确性不说自明的“公理”出发，致力于总结出一门有关政治、社会，以及人类相互作用的科学。

如今要体会这一工作的恢宏——不单是这一著作所要达到目的本身的挑战，还有相关的观念转变，会是十分困难的。有关如何提供最有效的统治系统和社会组织的观念，历史上倒从来不曾匮乏过。但在霍布斯之前，所有这类立论者，几乎都毫无例外地抱着一个目的，就是尽可能给自己争取最大的好处，在他之后也不乏其类。帝王们搜罗君权神授的依据，为掌握绝对的控制权张目。罗马天主教会也绝非第一个自诩为上帝唯一代言者的神权机构。柏拉图（Plato，公元前 427—前 347）在他的“理想国”这一最早的国家模型中，以美好自信的推断，设想出一种让哲学家居于最高地位的政体。17 世纪 40 年代初的英国议会，这个富于反叛精神的机构，则要求英王将几乎所有的统治管理权统统移交给自己。不管从哪一种论述中，都会出现论述者将自己置于顶尖一级的论点。

而霍布斯则不是这种人。他所属意的，是运用理论科学家的研究方法，亦即在设定若干“基本原理”或称“第一原理”的基础上，探查由此所能得出的结论。理论上来说，无论何种结论都是有可能得出的。通过对人类本性和人与人之间相互作用方式的分析，霍布斯最有可能发现的安定程度最高的社会有三种，分别基于三种理念，这就是现今人们所称的共产主义、民主主义和法西斯主义。实际上，霍布斯所运用的推理过程会让人觉得，他的结论有可能是产生于推断之先的。因此，他的研究方法未必如他本人所宣称的那样客观。尽管如此，霍布斯所宣称的不怀偏倚之见，完全依靠铁定逻辑的宗旨，使得《利维坦》一书成了政治理论史上的一座地标。

但此书的意义还不止于此。如今看来，霍布斯的这部巨著，从历史乃至哲学角度来看都是重要的。不过，今天的政治科学已与当初大相径庭。当年霍布斯的论据，如今已不再被人们视为中规中矩之言；而他所提出的那几条基本设定，从某种意义上来说，在很大程度上也只是他那个时代的产物（对此后文中将会提及），因此也确实不值得过分厚待。尽管如此，

《利维坦》一书对目前发生在现代物理学前沿领域的革命性发展做出了预言，而且是令人瞠目的预言。今天的科学家正开始认识到，支撑当代物理学的理论框架，在经过一定的变通后，可以用来描述人类社会的结构与行为，而且在范围上可以涵盖从交通流量到经济波动和企业管理等领域。

而且，这个框架并非如一些人所设想的那样高深莫测。相反，想要理解现代物理学中的基本概念，其实不一定要钻研量子理论的艰深佯谬，用不着为解悟相对论煞费苦心，也不需要探讨大爆炸理论中涉及的宇宙起源。这些基本概念的根本，其实寓于对日常生活中的物质和物体——水、沙、磁铁和晶体——的运行规律的认识之中。那么，诸如此类的物质和物体，果真能够揭示出社会自我组织方式吗？相当能。非常能。事实就是如此。

对于这些，霍布斯是一无所知的。然而，他也同今天的物理学家一样，相信人类的行为虽然复杂，但在有些情况下，仍可能根据不多的几条简单假定，或者借助可视之为“自然力”的运作而对其有所理解。在霍布斯看来，想要探究发生在他的故土英国的种种政治动荡，最重要的作用力其实再明显不过，那就是权欲。

图 1.1　托马斯·霍布斯是社会物理学的第一位涉足者。

利维坦苏醒了

对于托马斯·霍布斯（图 1.1）来说，天底下从来就没有现成的东西。他的父亲所受的教育有限，又是个酗酒成性、脾气暴躁、地位卑下的牧师，在儿子 16 岁那年弃家出走，最后“潦倒以终”。然而，这样的父亲并不曾给儿子造成很大的不利影响，因为霍布斯从很小的时候起，就得到了一位富有且远值得尊敬的长辈弗朗西斯（Francis）的支持与鼓励。这位手套商人出身的长辈是马姆斯伯里市的议员，其对这个后辈的教育十分上心，在这个明显表现出突出才具的年轻人的成材上起了重要作用。14 岁时，霍布斯被牛津大学的马格达兰学院录取，届时，他已经将欧里庇得斯（Euripides）的《美狄亚》（Medea）① 从希腊文翻译成了拉丁文。由于他在大学时成绩优异，毕业时便被推荐给了英格兰的德文郡伯爵，当上了伯爵之子的教师——这位公子其实只比他小三岁。靠着这个职位，霍布斯便得以继续钻研古希腊和古罗马的语言与文学。他在 20 岁出头时，来到弗朗西斯·培根（Francis Bacon，1561—1626）门下，给这位兴趣广被自然科学、哲学、政治学与伦理学的人物当秘书，直至培根去世。在这整个时期，霍布斯并不曾表现出对科学的明显偏好，不过，培根的理性思维方式，给他的思想打上了明显的烙印。

不过，直到 1629 年，年届 40 岁且一直致力于古希腊和古罗马语言文学研究的霍布斯，才注意到科学推理和数学论证的威力。据说，有一次在图书馆里，他偶然翻看了一本正好摊开在那里的书，从此便欲罢不能。这本书就是欧几里得（Euclid，公元前 330—前 275）的《几何原本》（*Elements of Geometry*）。霍布斯看到了某道命题，吃惊地叫道：“乖乖，这是不可能的呀！”但很快他就信服了。对此，霍布斯的同代人，好渲染逸闻琐事的传记作家约翰·奥布里（John Aubrey，1626—1697）有过这样的描述：

> 于是，他阅读了对这道命题的证明。这些证明又涉及另外某道命题，他又钻研了有关这道命题的内容，而其内容又关联到下一道命题，他又把这一道也读了。如此这般，到了最后，他对该命题的真实性已确信无疑。

---

① 欧里庇得斯（公元前 480—前 406）：古希腊戏剧家，被誉为古希腊三大古典悲剧作家之一，《美狄亚）为其传世巨作，以希腊神话中曾帮助伊阿宋取得金羊毛的科尔喀斯国王之女美狄亚为主角。——译者

这使他爱上了几何学。[6]

这样的推理演绎过程——从若干基本命题出发，最终达到必然的结论，但凡诚实而又有认知能力的人，都必然会诚心接受——给霍布斯留下了深刻的印象。他认为这是通往必然结果的途径。

几何学中涉及的公理，大体而言都是几乎不会被人们拒绝接受的陈述。它们表述的是诸如“两条直线间不可能包纳空间”之类的内容。用笔简单画上一画，我们通常就能让自己相信它们的真确性。在其他领域，人们也努力探求着与之类似的明显真确的出发点。对于笛卡尔来说，“我思，故我在”这句话，或许能算得上是一条公理——“如此可靠，如此确定，哪怕是怀疑派们最煞费苦心的论证，也无从动摇这一点”；然而事实上，这句话中的每个词语，都有值得商榷之处，根本不具备几何中的“基本原理”即几何公理的那种令人不得不信服的视觉说服力。

霍布斯大有做一名几何学家的热情，不过他从来没能成为该领域的大家。他自以为解决了“方圆等积”（一个根本不可能实现）的古老难题①，其实是犯了不应有的错误。不过，几何学研究并不是他最关心的内容。在 17 世纪 30 年代，王室与平民间的紧张关系导致查理一世解散了议会，开始了为期 11 年的“朕即天下”的统治。置身于这样不安定的社会中，霍布斯属意于寻求一种有如欧几里得几何学一样无懈可击的统治系统。首先，他需要提出若干有关人类行为的基本假设，再将它们植入科学的最深厚的土壤。在这个方面，有一个人比其他所有的人都更为深入，他就是伽利略。为了求见他，霍布斯在 1636 年来到了佛罗伦萨。

牛顿三定律是一组描述物体在空间中运动方式的基本定律，因第一位将其以明确的形式归纳成功的艾萨克·牛顿勋爵的姓氏而得名。而将他托在肩上的最高大的巨人，则是现代力学的奠基人伽利略。是伽利略揭示了

① 这是指只借助（没有刻度的）直尺和圆规，做出一个面积与已知正方形相等的圆来。——译者

落体——落地物体——的规律。他告诉人们，物体是以加速状态不变的形式下落的（如果忽略空气阻力的话）。伽利略以其惯性定律，克服了亚里士多德（Aristotle，公元前384—前322）的“习见”，即要使物体的运动不致放慢，就必须不断对其施以推动力。而伽利略所宣称的正与之相反，那就是物体在不受任何力的情况下，会一直以不变的速度沿直线运动下去。

亚里士多德的观念之所以是所谓的“习见”，是因为它们是人们从日常生活中体验到的（如果骑自行车时不再蹬踏板，车子最后就会停下来）。但伽利略却认识到，这种结果其实是由于天然存在的摩擦力在起作用，才致使车子慢了下来。如果能够将作用在物体上的所有的力——包括重力和摩擦力在内——都排除掉，那么其自然状态，便会是匀速直线运动。这委实是个深刻的理论，原因就在于它超越了伽利略所处时代中实际可行的限度，由此才归纳出了美好而简洁的真理（能够获得不错的真空环境、用于减少空气阻力的抽气泵，直到1654年才被发明出来）。

伽利略的惯性定律无疑是最深刻的自然规律之一。与这位伟人的晤面，使霍布斯确信这条定律一定是他所寻觅的公理。不停的运动——这就是一切事物的自然状态，而这一切事物自然也包括人类在内。霍布斯的结论是：人类的所有感觉和情绪，莫不是运动的结果。由是，他便从这一条基本原理出发，归结出了一种社会理论。

对霍布斯的这条设定该如何理解才准确呢？以现代观点审视，它对人类本性的描述是相当冷酷无情的（其含混不清更是自不待言）。霍布斯将个体的人看作一台受到外力作用的复杂机器。而在这台机器的躯壳中，不但装有神经、肌肉和感官，还纳有会想象、能记忆、可推理的思维。这样的思维器官纯属会计算的机器——如果愿意，不妨看成是台电脑。在17世纪时，这类机器是广为人知的：苏格兰数学家约翰·纳皮尔（John Napier，1550—1617）就设计出了这样一种仪器。法国哲学家兼数学家伯莱思·帕斯卡（Blaise Pascal，1623—1662）也有此种成果问世。他们所设计出来的，都是能够进行加和减的机械装置，而在霍布斯看来，人的思维过程，无非也是同样的行为：

> 当一个人进行推理时，他所做的不过是在心中将各部相加求得一个总和，或是在心中将一个数目减去另一个数目求得一个余数。……推理就是一种计算。[7]①

同时，躯体则无非是连接到一起的肢体之类，通过由肌肉与神经充当的绳索与滑轮发生动作。一句话，人就是自动机器。

事实上，在霍布斯看来，当时某些发明家搞出的奇巧的自动机器，就真的含有一定的初等生命力。对于他来说，这样的概念既无神秘之处，也不值得担心。而在另外一些人的眼中，这类东西可就不地道了——西班牙的宗教裁判所就曾将一些造出自动机关的匠师关押起来，理由是这些人行了巫术、施了妖法。

在霍布斯看来，这种机器式的人，其行为不单是外界刺激经由感官传递给大脑所致，也由人自身希望保持运动的内在冲动决定。试看，死亡不就是不动吗？又有哪个人不想躲开死亡呢？“人人都在……躲避……死亡，”霍布斯说，“而这是由某种天然要求导致的，其自然程度并不亚于石块会下落。”[8]

于是，霍布斯便将人的意愿分成“趋”和“避”两类，即希望找到保持目前运动的方法和避免出现妨碍此种运动的方式。一些“趋”是先天便有的，饮食就属于这一种，另外的是通过体验得到的。要想决定某种运动的途径，人们便会权衡与之有关的种种“趋”和“避”，从而采取相应的行动。

霍布斯所说的“运动”，在含义上有些模糊，因为他显然并不是意指人们属意于没完没了地挪动地理位置。“运动”其实是某种自由——能够

① 此处与后面的多处霍布斯的引文，均摘自《利维坦》的中译本，黎思复、黎廷弼译，杨昌裕校，商务印书馆 1985 年版。部分文字做了改动。——译者

在想挪移时就挪移的可能。凡是会妨碍自由的，就会妨碍运动。一个人可以一动不动地坐着，但存在于思维里的东西却可能在进行着猛烈的运动。自由地思想是一种先天的愿望。

在对人的机械论描述中，该将自由意志置于何种地位呢？霍布斯认为，自由意志根本就不存在。霍布斯是坚定的决定论者，他认为人就是些木偶，其拉线受着世界上种种力的控制。对于这种并不令人鼓舞的形象，霍布斯不觉得难以接受。他认为，不管怎么说，这一来总算得出了有关人类本性的基本而又确凿的设定。这是借助于内省方式得出的，也就是说，是通过研究他本人的本性得出的。他是自己所研究的第一个木偶：

> 每个人自我反省时，要考虑当他在思考、构思、推理、希望和害怕等的时候，他在做什么和他是根据什么而这样做的；由此他就可以在类似的情况下了解和知道别人的思想和感情。[9]

机械论哲学

如果今天有人觉得这种人性观未免可怕，原因可能与他们视机械性、钟表式的结构失于粗糙笨拙不无关系。今天，许多唯物的科学家和哲学家相信大脑就是计算机——一种容量大而元件黏软的“电脑”，其运行的关键就在于其内部有着数以亿计的生物型开关。以电脑这种最先进文化成果的最高级版本来比喻大脑，既非不同寻常，也非奇谈怪论。

在 17 世纪的知识界人士心目中，钟表的地位就如同今日的电脑。当时，以这种成为可靠计时不久的机械设施设想人的天性，正表明人作为造物是何等的美妙。对此，笛卡尔是这样说的：

> 就像一个由轮子和摆装成的钟表一样，当这个钟表做得不好，不能完全满足钟表工匠的希望来指好时间时，也是同样准确地遵守自然的一切规律的；同样情况，如果我们把人的肉体看成是由骨骼、神经、筋肉、血

管、血液和皮肤组成的一架机器，即使里边没有精神，也并不妨碍它跟现在完全一样的方式来动作……[10]①

如果笛卡尔的上述论点是正确的，即如果人就是有如钟表的机械，那么，认为宇宙同样是机械式的观点，也就顺理成章可能是正确的了。所有的行星和恒星都像钟表中的元件一样运作，只是该钟表的制造者是上帝。由是便引起了进一步的讨论：上帝在造完这只钟表并“上好发条”后，还会不会对其进行干预。发生在戈特弗里德·莱布尼茨（Gottliied Leibniz）和牛顿之间的不够大度的争论（牛顿在与人争论时，很少会是心平气和的）便是此种交流的代表。

而倘若宇宙果真是一种钟表式的构体，那么，理解其构造的方法，就应是将其一一拆分。这就是科学上的还原法。霍布斯在分析社会的运作时，采用的正是这一方法，也就是说，将社会分解成其构造单元，并审视造成其运动的各个简单的“原力”的作用。他在出版于 1642 年的《论公民》（*De cive*）中，就提出了这样的观点（其中许多后来也出现在《利维坦》一书中）：

对于任何事物的理解，从其组分角度进行都是最好的。钟表也好，别的此类小运动机件也好，要掌握其材料、形状和运动的情况，将它们拆开来一一察看的办法是最好的。[11]

在写这本书时，霍布斯已经加入了流亡在巴黎的英国保皇党的阵营。1640 年，他还在英国，嗅到了空气中不祥的味道。当时，为了敛集税收，以镇压发生在苏格兰的反叛，查理一世不得不恢复议会。这届反对王室的议会就是新的“短期议会”——此前，他们被赶到国外，郁郁不得志已有

① 转引自《第一哲学沉思集》，庞景仁译，商务印书馆 1986 年版，第 88—89 页。——译者

11年，这次得到英王的认可，却又迅即再遭解散的命运，而后又在苏格兰军队南下打到达勒姆时复出。从这时起，英国的形势便急转直下，终致1642年爆发内战。担心自己的政治著述会遭到不好惹的“短期议会”的封杀（甚或更糟的结局），霍布斯从英国出走，来到了法兰西。

因此，还在内战爆发之前，霍布斯就已经梳理好了有关“民众职司及国民政府”的大部分观点，只不过囿于紧迫的形势，他不得不抓紧时间诉诸笔端。他原本属意于完成一部包括三个部分的著述，先介绍传统物理学的基本知识，继而将物理中的概念拓展到人类本性方面，最后再归纳出有关政府的“科学”理论。然而，形势逼迫他将《论公民》匆匆完结。对此，他后来有如下解释：

> 还在内战爆发之前，我的国家便已处于鼎沸状态，就治理权限和民众的隶服职责而民意大噪，这才是这场内战的真正前驱，也促成了这第三部分内容臻于成熟和单独成文。[12]

在法国，霍布斯进入了法国哲学界的机械论派人士的圈子。他于1634—1637年在欧洲大陆旅行时结识了他们。这些人中有笛卡尔的同道、机械论最热情的支持者马兰·梅森（Marin Mersenne，1588—1648）①和皮埃尔·伽桑狄（Pierre Gassendi，1592—1655）②。置身于这样的环境，霍布斯得以进一步推敲自己的人类本性理论，进而归纳出社会构造将会导致的结果。《利维坦》一书于1651年出版，并被他呈献给自己当年的数学弟子、正流亡海外的查理二世。无论是保皇党还是圆颅党，对于这本书中的内容都感到不快。

① 马兰·梅森：法国数学家和自然哲学家，数论研究的先驱者，对科学的最重要的贡献，是促进了全欧洲的哲学家和科学家加强交流与沟通。——译者

② 皮埃尔·伽桑狄：法国科学家和哲学家，在数学和天文学领域均有建树，但以机械原子论观念和感觉是知识的主要源泉的观点对自然哲学的贡献最大。——译者

人类社会理论的设计师

霍布斯其实并不是在科学推证的基础上设想人类社会的第一人。柏拉图在他的“理想国”中，设想治理国家的哲学家们都生活得十分简朴，并且没有私人财产。不过，他们对武士和劳动者这两个下属阶级（柏拉图对这些人并不感兴趣），拥有绝对的控制权。柏拉图的人类社会只是为贵族而设的乌托邦，普通民众充其量只是在极权制度下存活着。“乌托邦”一词源自学者兼律师托马斯·莫尔（Thomas More，1478—1535）。1518年，他写了一本名叫《乌托邦》（*Utopia*）的书，书中一个名叫拉斐尔·希斯拉德（Raphael Hythloday）的水手，偶然来到一个小岛上，在那里生活了5年。岛的名字就叫“乌托邦”。这个词究竟是什么含义，人们是有争论的，多数认为它或者意指“好地方”，或者是“不存在的地方”。

在莫尔笔下的这个乌托邦里，每种存在都是合乎理想的：人们住在规格与式样同一的住所内，而且每过十年就轮换一次，以防滋生房屋为私人所有的观念；所有的男人都同样着装，所有的女人都一律着另外一种，两种服装都很朴素，不追求任何时尚；人人都去工作，不少干、但也不干很多；人人都有受教育的机会，但又不是强迫性的；所有的宗教都是被包容的，不同的宗教教派可以同时存在；人们都生活在简朴而又谦和的环境中。这样的环境既自由、平等、公平得令人耳目一新，却也单调和死板得不值称羡。

培根在设计自己的理想社会模型时，是以科学为其基石的。他的《新大西岛》（*New Atlantis*）一书不曾完稿，于其死后翌年以未完成的形式出版。该书的名字源自柏拉图。柏拉图在他与别人的对话[①]中，曾数次提到传说中的一个消失了的文明。不过，培根在这部著述中，采用了同莫尔一

① 古希腊学者传授知识，多是以同弟子们对话的方式进行的；包括柏拉图本人在内的诸多古希腊学者的著述，都表现为对话体裁。这种方式在古希腊后仍流传了相当长的一段时间，比如，伽利略宣传日心说的重要著述《关于托勒密和哥白尼两大世界体系的对话》，也是以这一体裁写成的。——译者

样的叙述手法：一群在太平洋上航行的欧洲水手，因偏离航线，来到了一个不为世人所知的岛上。该岛名叫本色列（这是一个希伯来词语，意为“和平之子”，不过，作者的本意是“新圣地”），岛上居民笃信基督教，对外来者友善、宽厚、仁爱，但同时又等级森严、上下有别。岛上文明的核心所在，是一处名叫“所罗门之宫”的机构。这个机构是专门用来进行科学研究和学习新知识的地方。在着装和举止上都一如神职人员的科学家们（人们称之为“元老”），能够得到充分的条件进行研究工作。岛上有不止一个实验室，不但用来研究，还用来模拟和控制自然环境。他们在仿照矿山而造的人为环境中，复现金属和矿物生成的条件；还设计和制造新的生命物种。“我们也不是偶然获得成功的”，一位“元老”说，“而是事先就知道哪几种物质混合能生出什么样的生物来”。[13]①

“所罗门之宫”在许多方面颇像现代的研究机构，只是全然不受任何道德伦理意识的辖治。有人或许会在它的身上看到生物技术实验室的影子：这些实验室，不就是在进行着将生命体切开、割碎、然后重组的工作吗！这些“元老”会宣誓对自己的研究保密，也只在他们认为适宜的时候予以公开。看来，如能面对当今私人公司在基因研究上申请专利之类的现代概念，培根大概是会应付裕如的吧！

不过，培根笔下的本色列，基本上只是天马行空想象出来的，是他心目中希望存在的社会构体。它所依据的科学原理，只是他本人心仪的，并非借助推理演绎得出的。正因为如此，霍布斯的《利维坦》是一部有独到创见的著述。他在书中所描述的，并不是拿来某个现成的东西，然后凭自己的好恶取舍一番，而是从人类会如何行事的机械论观点出发，凭借认真的逻辑推断构造成形的。

对于这一点，我们应当特别注意。霍布斯对于心理学的内容，亦即对于推断人们在某些特定环境下会如何行事，并不特别感兴趣。他所研究的

① 有关《新大西岛》中的名称、词语和引文，均转引自该书的中译本，何新译，商务印书馆1959年版。——译者

是道德哲学，也就是探讨某些行为是否正确。在这个方面，已经有人为他奠定了基础（对此，霍布斯本人并没有承认对方的居先权——这种做法在当时相当普遍）。这个人就是荷兰哲学家胡果·格劳秀斯（Hugo Grotius，1583—1645）。他在 1625 年出版的《战争与和平法》（*The Laws of War and Peace*）一书中，努力探讨了人类社会的最根本的属性。格劳秀斯并非如今天的人们那样，着眼于摸索有关的科学定律或者说数学规律，而是专注于所谓的“自然法”——用现今的“天然权利”这一说法可能更为适宜。格劳秀斯剔除了社会中比较有温馨感的成分，代之以冷酷的效率。他说，仁爱这种东西固然不错，但却不是社会的根本内容。面对与他人共存的形势，一个人只有两种天然权利：一是防范不致遭受他人的无妄攻击；二是一旦遭受攻击时有进行自卫的自由。只要人们不越过自我保存和不无端伤害他人的界限，社会的存在就是可能的。这就是社会得以存在的最基本的状态，对此，格劳秀斯称之为“自然状态”。一般来说，人类文明会表现得比此种状态有所高逸，会鼓励人们彬彬有礼、真诚交友、注重学识、钻研艺术等等，但这些都只是额外的备选内容，社会可以将它们丢在一边而依然存在下去。

因此，格劳秀斯所说的“最狭义社会”，是一种可怕的存在，而他的有关“天然权利”的概念，也并非人们如今可能会认为的那样，是实现自由的先决条件。不过，即使是如此粗鄙的社会，能不能得以维系，也绝对难以明确判断。比如说，向别人开战是不是师出有名，到底该由谁说了算呢？如果食物短缺，是不是就有理由杀掉邻人以保全自己呢？如果明年可能是个灾年，为了保险起见，今年就先把邻居干掉，是否也是正当的呢？即令每个人都同意承认别人的“天然权利”，但由于不存在能够被所有人接受的衡量标准，社会的安定依然得不到保障。

上述这些内容，在中世纪的欧洲并不成其为问题。这是因为，当时的社会等级森严，老百姓习惯于对王公贵族和老爷大人们俯首帖耳。他们可能会对存在的不公正耿耿于怀，却很少会公开质疑。到了文艺复兴时期，民众的顺从态度开始有了改变，原因既在于社会结构的变化，也在于宗教出现动荡，以及宗教改革局面的形成，还得力于人文主义理念开始给民众打开了新的思路，使人们对于过去和当前的社会的多样性有了了解。这样一来，社会中便突然出现了缺乏基本原则，或者说缺乏得到共同认可的行为规范的局面。

霍布斯认识到，人们在如何行使天然权利方面持不同观点的相对性，正表明所谓“自然状态”到头来无非只是一样东西：权力。

如何建立一个社会共同体？

没有自由，就不会存在所谓的权力。即使是最低贱、最自甘人下的小人物，也会需要有一点点权力：能选择何时进食、何时入睡，又在哪里居住、同何人生活在一起，以及说些什么话、干些什么事等。然而，在这个世界上，有数以千百万计的人，却没有这样的自由权力。有的是部分没有，有的是分毫皆无，尽管在联合国通过的《世界人权宣言》（Univevsal Dedaration of Human Rights）中，这些权利都是每个人与生俱来的。

霍布斯对权力的定义，是取得生活安适或者个人优势、“以便在将来获得某些显著好处”的能力。他认为，人们身上存在着某些“天生本领”，因此能够这样做。体力、口才、审慎等，便都是这些“天生本领”的例子。人们会将这些能力用来取得“功用本领”，而功用本领无非又是“供进一步谋求的手段”，谋求什么呢？财富、声名、朋党。

因此，霍布斯的社会模型，就建筑在这样一种设定上，亦即人——特别是男人——会通过寻求越来越大的权力，以实现自身的餍足；而是否达到餍足，标准则因人而异。这种模型自然是相当冷酷的。苏格兰政治科学家罗伯特·麦基弗就曾慨叹道，这一模型略去了人性中所有美好和有价值的内容——

> 霍布斯忽视了所有广泛存在于家庭生活中的社会纽带，所有将人们凝聚在一起的传统与教化，所有的习俗，以及反映在人类本性中的、为实现

社会化要求所进行的无数调整。[14]

情况无疑正是这样。要是换成我们，恐怕也会提出这样的批评。社会历史学家刘易斯·芒福德（Lewis Mumford，1895—1990）指责说，这种对于社会的抽象化处理，将人归结成“逐权的原子，无情地追求权力所能调动的一切”。[15]不过应当承认，这正是霍布斯的本意。

不过，19世纪的浪漫主义人物拉尔夫·瓦尔多·爱默生（Ralph Waldo Emerson）①，看来是支持霍布斯的人性见解的。他有这样的论断：“生活就是对权力的寻求。”无论如何，对于霍布斯所持的人性的“恶狼论”，同意也好，反对也罢，都应当考虑这样一个值得注意的问题，即：如果接受这样的设定，结果将会如何？如果人们以此种方式行事，社会将是什么样子，又将如何维系下去？

权力是相对的：真正衡量某人权力大小的尺度，是他能够凌驾于周围其他人之上的程度。因此，霍布斯宣称，对于权力的追求，事实上就是对控制他人之权的追求。不过，人们又是如何获取控制他人之权的呢？对于当时文化全局已被市场化社会主宰的17世纪的欧洲，这个问题是容易回答的：以买进的手段实现。一个人可以买断他人之权，使别人代他行事，服从他的意愿。

这听起来仿佛意味着，有权者可以雇用他人来当受气筒、狗腿子和替死鬼。其实并非一定如是。霍布斯所意指的，是富商雇用工人制造和运送产品，或是技师靠徒弟完成自己接受的订单。不过，他的这一归纳，也同他的“人是机器”的模型一样，是冰冷的：“人的价值或身价正像所有其他东西的价值一样，就是他的价格，也就是使用他的力量时，将付与他多少。”[16]这就是自由化市场体制的道德伦理：买断竞争。

在人们对权力的要求不尽相同的社会中，会有一部分不那么有雄心的人，宁可为怀有宏大追求的人服务。如果这样，是否社会就会安定呢？答

① 拉尔夫·瓦尔多·爱默生（1803—1882）：美国作家与哲学家，美国超验主义的中心人物。其代表作《论自然》（1836），被认为是美国思想与文学表达发展的里程碑。——译者

案并不确定。不过在霍布斯看来，有些人的胃口是永无餍足的。这一类渴求权力的人，会使一个本来有可能使权欲不那么强的人们之间彼此和睦相处的社会失去安定。霍布斯的原话是这样的：

> 首先作为全人类共有的普遍倾向提出来的便是，得其一思其二、死而后已、永无休止的权势欲。造成这种情形的原因，并不永远是人们得陇望蜀，希望获得比现已取得的快乐还要更大的快乐，也不是他不满足于一般的权势，而是因为他不事多求就会连现有的权势以及取得美好生活的手段也保不住。[17]

这样一来，所有的人都会被卷入无休止的争权之战。如果不进行干预和阻止，结果的“自然状态”，就会是霍布斯本人所摹想出的社会那样，会使格劳秀斯笔下的无情、粗暴的社会，相形之下都显得带有诗情画意。这委实是太悲惨、太可怕了。

倘若没有法律条文和执法者，人人都难免成为他人强行压迫的对象。照霍布斯看来，一旦人人都力图随心所欲地压倒四邻，就会导致如下结局：

> 产业是无法存在的……地貌的知识、时间的记载、艺术、文学、社会等都将不存在。最糟糕的是人们不断处于暴力与死亡的恐惧和危险中，人的生活孤独、贫困、卑污、残忍而短寿。[18]

这样的状态，有谁不会竭尽全力地避免呢？霍布斯发现，要根据逻辑推理寻求到较好前景，必须得再加两条设定，两条被他放到“天然法则”地位上的设定。第一条：人的行为须不得有意给自己造成伤害；不得危及自己的生命，也不得忽视能够增加生命安全保障的方式。初看起来，提出这一条有十足的根据，但这就要求人们具备特别的禀赋，有本领预见到为自己选择行动的后果，这样才能始终保证最适当的自我保存。至于第二条，那就更值得探讨了——

在别人也愿意这样做的条件下，当一个人为了和平与自卫的目的认为必要时，会自愿放弃这种对一切事物的控制权，而在对他人的自由程度方面的控制，满足于相当于自己让他人对自己所具有的控制程度。[19]

换言之，出于自我保存本能的必然要求，人们会肯于抑制控制他人的本能，并彼此间进行合作。只有如此，和平与安定才能进入自然状态。

然而，只有合作还是不够的。这是因为，人们对权力永无餍足的渴求，会导致人们一旦得知背弃承诺会带来收益时就真的如此行事。后文中我们会看到，霍布斯在这里提出的，是现代社会中最有影响的行为学难题之一，这领先了他的时代凡 300 年。霍布斯对这个难题给出的答案，不是单纯要求人们自愿放弃自己的某些天然权利，而是将它们移交给某些权威，并由后者监督承诺的实施——必要时还要以强制的手段执行。

这样的权威角色应该由谁担任？在霍布斯看来，这一点并不十分重要，重要的只是权威体的存在。他的基本设定，在一定程度上将人们放到了平等的地位，也就是说，在“自然状态”下，虽说有些人具备较高的“天生本领”，从而优势更强些，但并没有哪个人的位置会高于他人。然而，由于团体选定了一些人，给他们以绝对的权柄，这个团体事实上也就选择了君主制，并无条件地臣从之。

这样的解决方案，是一种特殊的混合体。这么说是因为，人们为了阻止无政府状态的出现，以民主的方式创建出了一个专制政体。霍布斯认为，这个最高权威，应当是经过选举而产生的机构，而不是某个个人，也就是说，应当是个议会之类的机构。但是他又担心——换成谁不会如此呢——这种多个首脑并存的状态，迟早会导致内部冲突。

霍布斯所设想的这个经选举产生的君主式政体，除了人们永久拥有生命权这一点外，其拥有的是绝对的权柄。一旦选定，每个人究竟拥有多少权力，都由这个最高权力体说了算。这就是霍布斯所说的“社会公契”。因此，按照霍布斯的观点，即使选出来的是独裁体，人们也必须尽责与服从。与此同时，这种无条件的服从，又将所有的人凝聚成一体，这就是国家，也就是他所说的“社会共同体”。霍布斯给这个共同体起名为“利维坦”。“利维坦”是传说中一种可怕的海怪。霍布斯用它来称呼这个人们本应希望实现的体制，实在是有些奇特。也许他就是希望让读者摹想到，这是一个吓人的强制构体吧？对于“利维坦”，《约伯记》①中有这样的描绘：

> 你按手在它身上，想与它争战，就不再这样行吧！
>
> 人指望捉拿它是徒然的；一见它，岂不丧胆吗？……
>
> 它一起来，勇士都惊恐，心里慌乱，便都昏迷。……
>
> 在地上没有像它造的那样，无所惧怕。凡高大的，它无不藐视；它在骄傲的水族上作王。[20]

这些言辞所传达的信息真是再明确不过了：谁要胆敢不服从“利维坦”的权威，嘿嘿，你就等着瞧吧！

然而，既然“利维坦”是人们自愿选出来用来辖治自己的，人们也就在一定程度上拥有由此形成的政体。因此，“利维坦”就是“一大群人相互订立信约，每个人都对它的行为授权……运用全体的力量和手段的一个人格。”[21]《利维坦》一书的最早版本的封面上赫然印出的就是这个海怪的形象（图1.2）——据信出自艺术家文塞斯拉斯·何拉尔（Wenceslas Hollar）之手。该形象正表现出该政体的这一特点。霍布斯遵从着一个传统，就是以拟人的形象来表征政体。14世纪时，罗切斯特主教托马斯·伯莱顿（Thomas Brinton）将王子的形象放在“政治构体”的头部，而将民众放在足部。别人也乐于这样效仿，用人体的解剖学部位表示各个社会阶层：教士为胸（或者耳朵），商人为腿，法官为肋，等等。

霍布斯告诉人们，“利维坦”所拥有的正当权力，是“为实现和平与民众安全而便宜行事”。以何种手段实现这两个目的，人们大可对此说三

---

①《圣经·旧约全书》中的一卷，记述主人公约伯努力了解自己的苦难的过程。下段引文摘自《约伯记》，第41章。——译者

图 1.2　霍布斯笔下的“利维坦”，是将社会凝聚为一体、使之形成——必要时会靠强力——社会共同体的最高权力体。据霍布斯本人认为，“建立这种有能力保护（民众）不受外来者入侵、也不致彼此伤害的共有最高权力体，其唯一的办法是……将所有权柄与力量集中于一人之手……将因众说纷纭而被削弱的诸多意愿，变成为一个意愿……一旦实现这一点，就将多歧统一为一体，这个一体就叫作社会共同体，这也就是以强大的‘利维坦’为表征的构体——我们也不妨称之为‘血肉之躯的上帝’，以反映我们给这个保护我们、给我们以和平的构体以几近于‘永恒上帝’的地位。”

道四，但目的本身，却仍然为今日的种种民主所尊崇着。一群怀着利己私心的人，为什么能够共同创建有权辖治他们的权力体呢？霍布斯在解释个中原因的过程中，提出了有关主权国家的现代概念的雏形。其实他还不仅做到了这一点。历史学家弗雷德里克·努斯鲍姆（Frederick Nussbaum，1885—1958）认为，“霍布斯发现了社会”[22]。

由是霍布斯相信，自己已经借助科学和理性证明，君主体制是能够存在的最好的统治系统。他认为，诸如罗马帝国等这些曾经历过长期民众安定时期的国家，都是因为自觉或者不自觉地沿用了这一已被科学运用严格的逻辑揭示为最好的统治系统。“创立和维持社会共同体的技艺”，他告诉人们，“正像算术和几何一样在于某些法则，而不像打网球一样只在于实践”。[23]

社会算学

人们也许会认为，查理二世在看到这样一部著作，宣称国王是业经科学证明的最合适的统治者，一定会欣喜吧。其实不然。《利维坦》根本让他高兴不起来。这是因为，该书指出，国王本源自芸芸众生，只是民众任意推选的结果。这样，国王岂不是同身为凡夫俗子的议员没有什么区别了吗！君权神授，受命于天，哪里是得自什么“社会公契”！在保皇党人眼中，这部书真是大逆不道。

支持议会制的人同样对这部书感到不快。霍布斯所说的最高权威，不论是由个人行使，还是由某个集体施行，都有权选定自己的后继者。这就是说，民主只被实施了一次，随后便不复存在。更糟糕的是，《利维坦》还因为严词抨击了各个“默认基督教的重大秘密超乎理性之上”[24]的国家，开罪了宗教界。这番话，被许多人视为无神论的宣言书。这一来，霍布斯可是“姥姥不疼，舅舅不爱”了。

因此，霍布斯可就如同在走钢丝了。在1651年末、1652年初的冬季，也就是《利维坦》一书印行不久后，他就躲开了敌视他的流亡海外的保皇党徒，回到了克伦威尔治下的英国——在这里，人民希望在护国政体治理下得到些许和平与安定的渴求，引入了一定程度上的宽松统治。霍布斯在新统治集团里结交了朋友，不显山不露水地融入新的社会。然而，查理二世1660年复位，使得霍布斯春风不再。如果说，还有什么比霍布斯的政治哲学更遭保皇党人——既有新的，也有老的——厌恶的话，那就是他的宗教观念。他被众多的人，特别是占据人口多数的英国圣公会保皇党人视为无神论者。为此，他险些被送进监牢。只是由于一项旨在将所有有着违背基督教教义言行的人视为异端而定罪惩处的议案，没能在1666年得到议会通过，他才幸免于牢狱之灾。尽管如此，他的余生始终处在这个威胁之中。尽管如此，再加上他多年体弱，但是他却仍然活到令人企羡的91岁高龄。

对于《利维坦》中提出的建议，并不曾有任何一个国家付诸实施。事实上，根据历史学家理查德·奥尔森（Richard Olson）的研究，“霍布斯的理论有败坏道德和煽动革命两种可能，因此受到所有上层人士的普遍担心与嫌恶”。[25]苏格兰哲学家大卫·休谟（David Hume，1711—1776）就认为，“霍布斯的政治学会促成暴政统治，伦理观念则会鼓励无法无天”。[26]不过，霍布斯在论证中所表现出来的如此令人信服的力量和精确性，使其观念成为对后世所有政治哲学家的挑战。你或许会对他憎恶有加，但却不能置之不理。

而最为重要的是，《利维坦》一书确立了一种观念，即推理在政治学中是有用武之地的。以往人们所提出的国家理论并不是靠推演得来的，它们的合理性只不过是人们宣称的。总的来说，这些政治理论，要么是将已有事物润色一番，要么是将作者虚构的空中楼阁付诸笔端；为什么会如此这般，却没有给出任何解释。而《利维坦》则不同，它固然未必是值得欣喜的结果，但至少看来是由机械论科学提供的产物；虽然肯定地携有麻烦，但总不失为避开悲惨的无政府主义的替代品，而且是当时唯一的一个。

霍布斯的“社会公契”，听上去颇像是约翰·洛克（John Locke，1623—1704）①和让－雅克·卢梭（Jean-Jacques Rousseau，1712—1778）②所倡导的“社会契约”的先导。其实，前者与后两者的观点是完全相反的。洛克和卢梭都认为，为政者所肩负的权力，与他们对公众利益所承担的服务责任是并行的。而霍布斯却认为，普通民众因囿于约定而成为给统治者提供服务的人。按照霍布斯的观点，人民最为担心的是无政府状态的出

① 约翰·洛克：英国哲学家，经验论原则的倡导人，代表作有哲学专著《人类理解论》和政治著述《政府论》（上下篇）。——译者

② 让－雅克·卢梭：法国哲学家和作家，主张人的本性是好的，但被社会腐化了。其著作有《社会契约论》（一译《民约论》）和小说《爱弥尔》（也译为《爱弥儿》）。——译者

现，而最让洛克忧心忡忡的却是对权力的滥用——这正是他认为有必要对权力实行监督、以避免形成专制的原因所在。

霍布斯虽然明显地支持独裁政体，但其主张中却包含着对资本主义和自由主义①一定的支持。他既表达了一种认识，即商业化社会会造就一群“以在买卖上的精明实现富可敌国为唯一乐事”的人，以“定下价码来，使穷人按此出卖自己的劳动”[27]的手段达此目的，又认为资本主义在很大程度上是一种必然结果，因此属意于寻求某种能够居间调节、不使种种自私的倾向形成冲突的系统。为了达成这一目的，他主张任由市场确定包括人本身在内的一切事物的价格——“一切立约的议价的东西，其价值是由立约者的‘趋’来测量的，因之其公正的价值，便是他们满意付与的价值。”[28]这种自由的市场经济的哲学观，在一个世纪后亚当・斯密②（Adam Smith，1723—1790）的《国富论》（*Wealth of Nations*）中得到了呼应。经历过 20 世纪 80 年代的人，不论是英国人也好，美国人也好，还是其他国家的人也好，都会意识到，霍布斯的这种观念，自从启蒙时代以来就不曾式微过。

人和机器

按照编年顺序研究政治科学的人，会从洛克和其后的若干思想家那里，逆理出霍布斯的思路。这些人都相信存在着一种可称之为“社会算学”的学问。杰里米・边沁（Jeremy Bentham，1748—1832）③也是这种学问的一位信奉者。他在 18 世纪末提出了功利主义学说，试图以此在个人

---

① 一种以性善论为基础的政治理论。它强调公民和政治的自由，主张统治者用被统治者所同意的方法进行统治，提倡保护个人使其免受专断权威的迫害。自这种政治信仰于 17 世纪形成后，许多主要见解一直处于变动中，但强调以理性为基础的个人自由，以及国家、宗教和社会的种种力量，都应当保护个人自由为主旨的基本原则是贯彻始终的。——译者

② 亚当・斯密：苏格兰政治经济学家和哲学家。文中提到的《国富论》（一译《国民财富的性质和原因的研究》），被视为古典自由市场经济理论的开山之作。——译者

③ 杰里米・边沁：英国社会改革者和哲学家。他通过对法律和立法的系统分析，建立了功利主义学说。他在经济学史上也有相当地位，并有多部著作问世。——译者

努力追求自身幸福和为整个社会创造利益这二者之间建立起和谐的关系。边沁和洛克一样，相信单单通过推理，便能证明这是可以实现的。他给出的答案是“最大幸福”原理，又称“功利原理”。所谓“最大幸福”，是指个人幸福的全部总和达到其可能实现的最大值的状态。个人在追求自身利益时，这些利益间必然会出现冲突；而这一原理是允许这种冲突存在的。边沁的社会理论主张人人平等，还主张给妇女以选举权，因此同霍布斯的主张颇有不同。边沁和一应持激进观念的哲学家——其中有约翰·斯图亚特·穆勒（John Stuart Mill）[①] 在内——的工作，为卡尔·马克思（Karl Marx，1818—1883）的社会主义学说奠定了基础。当然，马克思也是立志要形成科学政治理论的人物——对于他的政治理论的形成，达尔文的进化论起了很大的（但也是误导的）作用。

顺着这条路，我们还能够接着走下去。不过这里就免了。有关的这些理论，都着眼于寻求进行推理的基础。对此，我们将不时进行回顾。本书的主要内容是科学的，相比之下，这条路上的一些理论并不科学。能像霍布斯这样以合乎逻辑的精确性界定社会模型的政治思想家可谓寥寥无几，以真正科学的步骤将基本规则一步步导向结论，而不靠什么想当然，霍布斯更是绝无仅有的一个。这倒绝不是贬抑其他人的模型，只不过他们的探讨方式属于另外的类型。政治理论家往往耽迷于自己认为应当存在的东西，而科学家专注的则是事物存在的方式。新形成的社会物理学也是这样——它所追寻的，是对业已观察到的社会现象做出描述，并设想如何根据若干简单设定理解它们。一旦有了这样的模型，人们就可以设想通过何种手段去得到别样的结果。关于什么样的决定是可取的，则是应被纳入公众讨论范畴的问题，也就是说，它们不再是科学的研究对象。从这个意义上来说，科学所充当的角色是仆从和向导，而不是独裁者。科学也的确应该充当前两种角色。

---

① 约翰·斯图亚特·穆勒（1806—1873）：一译密尔。英国哲学家及经济学家，以对经验主义和功利主义的阐释而闻名，一生著述甚多，有《逻辑体系》《政治经济学原理）《妇女的屈从地位》等。——译者

物理学为何会表现出这种涉足社会科学的自信，甚至可以说是自大呢？近几十年来，并不曾有人专门致力于构筑这种社会物理学。它的赫然出现，是因为物理学家认识到，自己手里所掌握的知识与方法，正可以担当这样的新任务。这些知识与方法并不是为此目的而积累的，它们的出现，本是研究原子的产物。

卡洛琳·麦茜特（Carolyn Merchant）[①] 在她 1983 年所撰写的《自然之死》（*The Death of Nature*）一书中指出，兴起于 17 世纪的机械论、原子论的哲学，对人们一直在向自然不断进行巧取豪夺是持认同态度的。霍布斯所摹想的社会，以种种机械力量将人逼到了比自动机器强不了多少的位置上，又以科学推理充当社会公正的仲裁者。这样的社会给人的印象，不会是什么生存的好所在。无论是哪种社会模型，但凡规定个人的行为要受毫无权变余地的数学规则的辖制，都很难会被设想为差强人意的生存环境。它们都只会是令人厌倦和畏惧的“美丽新世界”（*Brave New World*）[②]。

依我所见，许多人对于“社会物理学”（Physics of Society）持有一种本能的反感，原因就在这里。我想指出的是，物理学的这一进入社会、政治和经济领域的新努力，其实并不属于如上所说的情况。新的物理学并无意涉足控制制度和政府系统，更不是以科学演绎为某些治理社会的谬见正名。它也没有真正将活人设想成众多的没有灵魂、面目同一的木偶，一任死硬的数学规律推来搡去。事实上，物理学家在这个新领域中所做的，是试图理解社会形式是如何出现的。社会行为无疑会表现出一定的模式——许多个体在做出各不相同的行为时，所表现出的混杂的总体表现：有的互相帮助，有的尔虞我诈；这些人彼此合作，那些人争来夺去；一批人随波逐流，另一批人另辟蹊径。掌握了这些情况，人们就有可能改动社会的结

① 卡洛琳·麦茜特：美国哲学家与环境历史学者。《自然之死》是她最有影响的著述。——译者

② 这里是沿用了英国著名作家、进化论者托马斯·亨利·赫胥黎（1825—1895）之孙阿尔多斯·赫胥黎（1894—1962）的著名作品《美丽新世界》（*Brave New World*）的书名。这部写于 1932 年的作品，描绘了以科学方式组织的“理想社会”的种种远非理想的糟糕情景。——译者

构，以适应种种不同的行为方式，而不是因袭某些建筑师、政界人物或者城镇设计者选定的套路。人们还可能判断出符合人们实际而被选用和出自本能所采取的组织模式。

这些就是具备真正探究精神的社会物理学所能提供的潜在实际用途。其实，在进行这一物理研究的过程中，还出现了涵盖范围更广的信息，这就是：集体行为和共同努力是不可避免的。无论有些人如何喜欢自视为特立独行者，但每个人的所作所为，都往往是一幅更大图景上所看不到的细节。这不一定是表明个体的无能为力。环境学家和其他活动家喜欢劝诫人们要“大处着眼，小处着手”；社会物理学家却指出反之亦同样成理——不要管别的，只需注意同自己的近邻打交道。“小处着眼”，就可以共同对整体产生一致影响。这样的结果，不论好坏，都是人们应当知道的。

任何科学理论都不能指明合理的社会该如何建成。但是，社会物理学的研究，会得力于尊重历史上曾出现过的种种堂吉诃德式的努力，而霍布斯也是其中的一位。这些追求创建合乎理性的社会理论的奋斗，指明了僵硬教条的危险。科学所能提供的只是“如是”而非“如何”。有了这样的了解，人们便有可能在更清楚的视野下进行抉择。

第 2 章

并不起眼的力

——物质的机械论哲学

台球堪称盛行戏，
自然似乎也参与，
亿万粒子都是球，
无休无止来复去。[1]

皮特 · 海恩（Piet Hein，1966）①

玻尔兹曼的工作实在出色。我已经搞得差不多了。他真是位阐述大师。我确信，他的理论在原理上是正确的，这就是说，我的确认为，可以将气体看成是由一个个具有确定大小的、彼此分开的点质量组成的，它们的运动遵从一定的规律……这是在从力学角度解释物理现象之路上迈出的一步。[2]

阿尔伯特 · 爱因斯坦（Albert Einstein，1900）

我一直致力于证明，是物理学的特有力量将我们领进了不明世界的门庭，让我们观察，使我们领受，令我们信服，直至有朝一日解密的时刻来临。[3]

詹姆士 · 克拉克 · 麦克斯韦（James Clerk Maxwell，1856）

① 皮特 · 海恩（1905—1996）：丹麦科学家、发明家与诗人。——译者

法则可使生活简单些，使人们自由些。伊曼努尔·康德（Immanuel Kant）① 所说的"当人们只服从法则而无须听命于他人时，便获得了自由"[4] 这句话，便反映出了这一观点。

科学中调用法律术语来表述存在于大自然中的规律性，意义真是非同小可。② 在一部动画片中，警察对一个飘浮在空中的人说："由于你违反了物理法，我宣布逮捕你。"这句俏皮话就像许多其他妙语一样，在文字里埋着机关。如果有胆量，一个人可以违反社会中的法律，但物理学的"法律"即规律，却无须靠任何人强制执行，因为它们是无法违背的。

今天，在人们的眼中，启蒙时代所涌现出的对于机械论哲学的热情或许显得天真，但请不要忘记它所带来的成果：当年亚里士多德斩钉截铁地宣布的"自然法则"，实际上却很难被视为是对大自然的概括，它们往往只是逻辑学上的重言式 ③——物体之所以落在地上，是因为它们具有下坠倾向；日月在天空中走圆弧线，是因为所有的天体都具有沿圆形运动的倾向。牛顿对炮弹会下落、而月亮不会掉下来的重力论证则与之不同。该论证将大量的天文学数据，浓缩为一个简明扼要的公式。有了这个公式，不同的观测和观察结果，都得以纳入同一个框架。不仅如此，它还表明，人类不只能够感受存在的方式和缘由，还能够理解它们。

伽利略和牛顿的力学定律既适用于行星轨道，也适用于微屑尘埃；既能解释苹果的下落，也能解释星体的运行。在历来被揭示的有关宇宙行事的机理中，这些定律是最深刻、最优美的真理。难怪霍布斯和他的同代人皆属意于借助力学来解释一切，包括人类思维中的奥秘呢！不过，在《利维坦》问世后的两个世纪内，人们对力学的钟爱并未消减，相反，科学家

① 康德（1724—1804）：德国哲学家，主张经验现象通过理性转变成知性。其著作《纯粹理性批判》（1781）和《实践理性批判》（1788）被奉为哲学经典。——译者

② 英语中的"规律""定律"一词和"法律"一词均为 law（在相当一部分西文语言中都是如此），故作者有此说法。后面的俏皮话，也是用这一词来玩文字游戏。——译者

③ 一种逻辑概念，即给出一种陈述，否定之则会产生矛盾，因此看来似乎真确，但其实只是用此陈述造成其正确的假象（当然，它也可能是正确的）。后文紧接着的两个由亚里士多德给出的陈述，就是重言式的例子。——译者

们从力学中看到了更多根据，相信人们已经把握到了所有物质的核心原则，要想解释大千世界，只需掌握正确的力学描述即可。

社会物理学的根本，便是人们在 19 世纪得到的有关物质在根本层次上的力学知识。在这一章里，我们将了解一下这些知识的由来与涵纳。有关这些知识的理论涉及许许多多的参与者，而每一个参与者都因为太渺小而没有被看到。整个世界竟然是由种类有限的基本单元——原子——构成的，这委实令人惊奇。掌握它们聚在一起时会如何行事，是科学所取得的最重大的胜利之一。然而，这一成果后来将人们领上的道路，却是所有人都始料不及的。

万物的组分

构成万物基本的、无法再进一步细分的微粒是原子。“原子”一词源自希腊文，意为“不可再分者”。原子的概念是公元前 440 年前后希腊哲学家留基伯（Leucippus，约公元前 500—前 440）作为一种假说提出的。他的门生德谟克利特（Democritus，约公元前 460—前 370）对此做了大量工作。原子的概念引起了物质粒子的构成中是否存在空间（虚空）的争论。阿那克萨戈拉（Anaxagoras，约公元前 500—前 428)认为不存在这种虚空。而伊壁鸠鲁（Epicurus，公元前 341—前 270）则以倘若不存在空间，物体便不能在挤满了原子的地方移动对其进行反诘。

德谟克利特的原子论遭到了 2000 年的冷遇，主要原因是不中亚里士多德的意。中世纪的神学界人士排斥这一假说，理由是它无法与基督教学说中的“变体”[①] 取得一致。到了 15 世纪，人们对古罗马哲学家、伊壁鸠鲁原子假说的信奉者卢克莱修（Lucretius，公元前 99—前 55）的诗体哲理著作《物性论》[*De Rerum Natura*（‘*On the Nature of Things*’）] 有了新

① 这种教义告诉其信徒，做弥撒时神父向教徒所示的面包和酒，会化为耶稣的肉和血。——译者

的认识，遂使人们对原子论产生了新的兴趣。

伽利略、弗朗西斯·培根、皮埃尔·加桑狄和艾萨克·牛顿等人，都相信原子的存在。但不这样认为的大思想家也不在少数。笛卡尔一面接受物质系由微小粒子构成的想法，一面又认为并没有理由相信物质不能无限细分。据他认定，世界是由一种无处不在的流体构成的，物质的微小粒子便被容纳在这种流体中，流体处于涡动状态，微小粒子则随同运动，一如旋涡中的小颗粒。

当时有很多人相信，世界的幽微处是运动着的世界。这就意味着，物质的通常性质，可以通过力学得到理解。丹尼尔·伯努利（Daniel Bernoulli，1700—1782）是最早明确阐发这一观点的人。1738年，这位出生在瑞士巴瑟的荷兰数学家提出，气体是由冲来撞去的微小粒子构成的。气体所表现出的压力（加在气球球皮上使之胀起的力量就是一例），则是所有这些粒子撞向表面的微小砸击的结果。

1763年，塞尔维亚一个名叫罗杰·约瑟夫·博斯科维奇（Roger Joseph Boscovich，1711—1787）的耶稣会修士，彻底确立了这种原子的力学理论。牛顿定律最重要的特点，是它们所表现出的预见性。一旦掌握了某个物体在任何一个时刻的运动状况——速度和方向，并且得知作用其上的诸力，就可以精确计算出该物体未来的运动轨迹。这种预见性使天文学家有可能运用牛顿定律计算出天文现象出现的时间，如日食和月食将会发生在何时等。

博斯科维奇认识到，如果整个世界除了运动冲撞的原子别无他物，那么，一个能够算无遗策的人便会：

> 根据物体的所有物质点在一段时间内（时间再短也没有关系）形成的连续的弧线，推演出作用力本身的规律（亦即其普适图景）……接着，若确知力的规律，以及所有物质点在特定时刻的位置、速度和方向，那么，他就能够预见到随后必然会出现的运动与状态，还能够预言由此必然导致的一切现象。[5]

这就是说，倘若数学家具备了巨细无遗的神知，就有本领从区区一个时刻出发，推演出以后的全部历史，一点不漏，一刻不缺。相对于霍布斯那种决定论，即视人为在机械作用下运动的自动机器，这一看法是加在世界上的更强的紧箍咒。一切均为已知，万事全有定论。在力的无从逃遁的作用下，不会出现一丝一毫的偏差。至于人类的大脑能不能进行这样天文规模的计算，这一点并不重要：在博斯科维奇看来，未来早已被当前囿定。卓越的法国数学家皮埃尔－西蒙·拉普拉斯（Pierre-Simon Laplace，1749—1827）在 1814 年也阐述了类似的、同他本人一样闻名的观点：在具有超级智力的人面前，“将来就如过去一样历历在目。”[6]

由此看来，自由意志被机械论赶下了台。

消耗与死亡

认为宇宙是机械式的，绝不只具有哲学意义。到了 19 世纪初叶时，工业革命如火如荼地展开，使科学家面临一系列相当紧迫的实际问题。因患霍乱而早夭的法国科学家尼古拉斯·莱昂纳尔·萨迪·卡诺（Nicholas Léonard Sadi Carnot，1796—1832）就专心致志地研究了这些最重要的难题之一：如何让蒸汽机实现最佳的燃烧效率。

在卡诺所处的时代，提供动力的过程基本上和今天一样，就是用发动机产生热，再从热的流动中汲取功。就以烧煤的燃气涡轮机为例。煤炭在燃烧室内燃烧，产生的热被传递给空气。空气变热时会膨胀，其压强增大，由是会导致高速气流的放出，带动机器的叶片旋转。旋转的叶片会使一块电磁铁转动起来，轮机的线圈里便会产生电流。曾在工业革命时代充当役马之职的蒸汽机，也以类似的方式利用了另一种气体的膨胀。这种气体就是水蒸气。

不过，热究竟又是什么？18 世纪末期的许多著名科学家都相信，这是一种物质性的东西，会在冷暖不同的物体之间流动。他们还给它起了个名字叫“热质”。不过，美国科学家本杰明·汤普森（Benjamin Thompson，

1753—1814）① 却持不同看法。据他设想，热是碰撞原子的纷乱无规运动。它并不是这种运动的产物，也就是说，热并不是在原子互相挤蹭时，从其表面间的摩擦中产生的——非也，热必定就是这种运动本身。当物质的原子上下左右地胡乱动弹加剧时，该物质就热了起来。比如说，当一个原子运动剧烈的物体与另一个物体接触时，两个物体间的原子碰撞，就会产生这种结果。② 卡诺赞同这一观点，他在1824年便下结论说："热就是运动的结果"[7]。机械原子世界观的出现，使热这个古老的秘密得到了理性的解释。

工程师们所需要的，是抓住一部分这种看不见的微型运动，使其变为车辆和机器的运动。卡诺看出，这个过程又与热在冷暖不同的物体间的流动联系在一起。卡诺通过计算判断出，在热的这种流动过程中，会有多少转化成有用的功（这一转化中不可避免会出现热的浪费，因此永远不会是理想的），并了解到其结果又取决于发热源和冷却器间的温度差。为了进行论证，卡诺设想了一种发动机，让一种气体在热的流动过程中交替膨胀（吸热时）和收缩（冷却时），由是不断驱动一个活塞运转。这就是如今人们所称的"卡诺循环"。卡诺的这一工作，奠定了一门新学科的基础。这个新学科就是热力学，也就是"研究热运动的科学"。

在与热力学打过交道的人中，谈之色变者颇多，因为他们认为，该学科无论在理论学习还是实验研究方面，都冗长单调得可怕。他们实在不应这么看，因为热力学是科学界中最令人吃惊的理论。想一想吧，它本来是为了帮助19世纪的工程师制造出好一些的发动机，结果却派生出了若干涉及整个宇宙运行机制的结论，而且是最重大的、最基本的！③ 热力学是关于变化的科学，而没有变化就没有一切。

---

① 汤普森后来被册封为贵族，封号为朗福德伯爵，1799年创建了英国伦敦皇家协会。

② 这一观点并非完全是汤普森的创见，热的机械观最早是由罗伯特·波义耳在1675年提出的。

③ 物理学家薛定谔曾经说过，热力学之得力于蒸汽机，远超过蒸汽机之得力于热力学。这恐怕很有道理。热力学理论无疑很有实用价值，但更重要的是迅速引导人们关注起其哲学内容来。

热力学也同牛顿的运动理论一样，包括三条定律。其中第三条对于非物理学领域内的人来说，知不知道关系不大，但前两条却是所有希望懂些科学的人都应铭记于心的。

第一条定律最简单。它表述为：能量只会转换，却从来不会消失。太阳能光电池板会吸取来自太阳的能量，并将其——部分地，永远不是全部地——转化成电能（说来真糟糕，太阳能中的大部分都作为热而被浪费掉了）。在涡轮机中，热被转换成了使叶轮运动的能量（这种能量叫作动能），继而又转换成电能。如此这般，宇宙间的能量总是保持不变的。这条定律的确立，是热被视为原子运动（动能）的结果。

第二条定律就特别值得注意了。有些科学家认为，人们对这条定律至今仍没能全部理解。查尔斯·珀西·斯诺（C. P. Snow）① 在其《两种文化》（*The Two Cultures*）一书中所作的著名（但恐怕也有些夸大）陈述，就反映出了该定律的重要性：

> 我曾多次参加聚会。要是以传统文化的标准衡量的话，参加这些聚会的都是文化程度颇高的人。他们会滔滔不绝地表示对科学家的语言文字功底的不信任。有那么几次，我实在是光火了，便问这些人中究竟有几位能够谈一谈热力学第二定律。他们的反应是既冷淡又错误的。其实，我所问及的内容，在科学领域的地位，正不啻在谈到文学时向他们发问：你们读过莎士比亚吗？[8]

热力学第二定律有若干种表述形式。最早的一种是德国物理学家鲁道夫·克劳修斯（Rudolf Clausius，1822—1888）于1850年给出的。他是从热总要从温度高的地方流向低的地方这一角度阐述的。这种叙述有些言不及义，结果是放了一颗哑炮仗。其实，克劳修斯想要说的是，存在着某些

① 查尔斯·珀西·斯诺（1905—1980）：英国小说家，原学自然科学，后转而从事文学事业和教育工作。他于1958年发表的演讲《两种文化与科学革命》，在西方世界引起了广泛关注。下面所提到的《两种文化》就是他本人根据这一讲演整理出版的书籍。——译者

只能沿一个方向进行的过程，也就是说，这些过程是不可逆的。就如同水不会流上山坡，热也是这样。

这一看来平淡无奇的陈述，实际上却道出了所有变化的玄机。如果存在着这种不可逆的过程，时间便有了“箭头”——被此种过程确定的单一方向。由此，热力学第二定律便与人们对于时间不可逆的感觉连接起来，以科学解释了感觉。

克劳修斯并没有就此止步。他提出了一个概念，能够据以建立变化和不可逆的数学理论。这个概念就是熵（Entropy）。熵在热力学中是作为一个十分抽象的东西冒出来的。但事实上，它是可以测量的，正如化学过程中释放出的热量可以测量一样。大致来说，熵是对系统的无序总量的量度（对这个定义，后文很快就会有更明确的论述）。有了熵以后，第二定律便简化为：在所有自发进行的过程中（如热从温度高处流向温度低处），熵都会增加。

1852年，威廉·汤姆森（William Thomson，1824—1907），也就是后来被册封为贵族的开尔文勋爵（Lord Kelvin），注意到在能量转换的过程中，会有一些特殊情况发生。他指出，自然界中存在着“一种普遍的趋势，就是机械能会向消耗①方向发展。”[9]这番话的意思是说，总有一些能量会以转化成热（也就是原子的纷乱运动）的方式被“浪费掉”。不妨考虑一下发生在涡轮机里的情况：摩擦会造成轴承的升温，而升温的热会散逸到周围的环境中去，很难将它们回收为有用的能量②。1854年，德国物理学家赫尔曼·冯·亥姆霍兹（Hermann Von Helmholtz，1821—1894）解悟出了能量这种不可避免要走向耗竭的结果，即宇宙最终将成为一个各处都热烘烘的均匀体。到那时，由于不会有任何供热量流去的较冷所在，宇

---

① 消耗（Dissipation）在力学中有个学术味道更浓的说法叫“耗散”，当然，力学中的耗散比生活中的消耗含义更明确、更严格，但基本精神是一致的。这样的例子在自然科学中有很多，如“工作”与“功”（Work）、“力量”与“功率”（Power）、“可能性”与“概率”（Probability）等。前面提到的“纷乱”与“随机”（Random）也属于此种情况。——译者

② 这是指可以用来提升重物或者转动轮子之类的机械行为的能量。这种可以派用场的能量，科学家称之为“功”。

宙将不再发生任何变化。亥姆霍兹指出，宇宙由是将最终死灭于“一片热寂”。蒸汽机的行为向我们揭示出了所有造物的结局。

可能性之舞蹈

从热力学诞生的那一刻起，科学家便希望知道，这门学科的法则来自何处。如果整个世界全然是运动着的原子，而每个原子又都服从牛顿运动定律，那么，根据这些规律探究所有看不到的原子运动，是否就能从中归纳出热力学诸定律呢？

丹尼尔·伯努利（Daniel Bernoulli，1700—1782）是通过解释气体压强开始这一探究的。这始于一个名叫约翰·赫拉帕斯（John Herapath，1790—1869）的英国人。他想要了解，以多大速度运动才能形成气压。丹尼尔·伯努利通过计算告诉他，气体粒子（原子或者分子——聚到一起的原子群）应当以每秒 2000 米大小的速度运动，气体的压强会随温度改变。

如果加热密封气体——也就是说气体体积不变，其压强就会增加。把喷雾罐丢进火里会爆炸，就是这个道理。当体积不再是固定不变时（比如，当容器壁可移动时），受热的气体就会膨胀。“卡诺循环”热机里活塞的运动，就是这样产生的。换句话说，气体有三个特征：温度、压强和体积；如果定下其中的两个，剩下的一个就不消费心了——它已经得到确定。这种情况正如工商行为中的“三大件”——成本、速度和品质——之间的关系。我们可以让气体处于特定的温度和压强下，这样一来，它的体积（说密度——单位空间体积内的分子数——也是一样的）也就因之得到了确定。还可以换个说法，那就是，在这“气体三大件”中保持任何一个不变，余下的两个之间便存在一定的数学关系。比如说，在固定的体积下，气体的压强与其温度成正比。

气体的温度、压强与体积三者间的关系，是罗伯特·波义耳（Robert

Boyle，1627—1691）[①] 在 17 世纪研究得出的，其结果被称为气体定律。过了近一个世纪，雅克·查理（Jacques Charles）（他在 1783 年进行了人类的首次氢气球飞行）和约瑟夫·路易斯·盖 - 吕萨克（Joseph Louis Gay-Lussac）又对这些结果进行了修正。这两个人都是法国人。

气体定律能不能根据气体的力学模型——气体原子就像是一大堆台球，沿直线运动，其运动状态只在相互碰撞时发生改变——归纳得出呢？这并非易事。有关的研究成果被后人称为气体动理论（Kinetic Theory of Gases）[②]，其大部分奠基工作是鲁道夫·克劳修斯在 19 世纪 50 年代进行的。不过，真正让它发扬光大的是苏格兰物理学家詹姆斯·克拉克·麦克斯韦（James Clerk Maxwell，1831—1879）（图 2.1）。

图 2.1　詹姆斯·克拉克·麦克斯韦。他将统计这一概念引入了气体的原子理论，这是他对科学的重要贡献，而这样的重要贡献不止一种。他还澄清了有关色彩本性的认识，开创了彩色摄影术，并将电磁现象纳入了一个单一理论。

① 罗伯特·波义耳（1627—1691）：英国物理学家，在化学领域也有建树。——译者

② 即气体分子运动论，经 1996 年中国物理学名词审定委员会确定，改称为气体动理论，也称气体动理学理论。本书中还有一些类似的词语，均在译者所知范围内统一更新。——译者

当玩台球的人用球杆击打一只球后，桌面上的其他球会受到什么影响，是不难通过计算得出的。然而，哪怕只是在指甲盖大小的空气里，也会有一千亿亿个分子[①]。人们是不可能知道它们在某个时刻是怎样运动的；就算能够知道，要计算下一个时刻和再下一个时刻这些分子的运动因碰撞发生的改变，也是根本不可能的。那么，我们又如何指望由“基本原理”即涉及分子运动的规律出发，来解释气体的日常行为呢？

麦克斯韦的卓识，关键在于意识到人们并不需要知道一切细节。最重要的不是每个气体微粒的精确运动路线，而是它们的平均行为。他将气体设想为一窝蜜蜂，都在空中起劲地鼓翼飞舞，但平均来看，向各个方向飞的蜜蜂数量是一样的，因而蜂群作为整体是悬着不动的。

麦克斯韦指出，对于气体微粒的运动而言，重要的内容有两个：一是平均来说每个微粒动得有多快（这决定着其平均运动能量亦即动能的大小）；一是大家运动快慢的程度是如何沿着平均速度值的两侧散开的。出于直觉，麦克斯韦相信这种速度散开的分布情况，应当呈现有如扣钟的形状，就像统计调查中得出的工资曲线那样。我们将在下一章中看到，这一直觉大大得力于一门当时正处于萌芽阶段的社会科学。

这种描述每段运动速度上的气体微粒有多少的曲线，叫作麦克斯韦曲线，它始于较低的速度，然后开始平滑上升，在平均速度处达到峰值，之后又随着速度加大而平滑下降（图 2.2）。这一分布表明，运动速度比平均速度高出许多的微粒相当有限，这正如一位名叫埃米尔·艾伦·莫尔温－休斯（Emyr Alun Moelwyn-Hughes）的威尔士物理化学家所形容的那样：“分子间的能量分布，像人们之间的财富分布一样；富翁为数有限，穷人是大多数。”[10]

微粒平均速度的大小，取决于气体总体而言所具有的动能。输送进更多的能量（加热气体），平均速度便会提高，麦克斯韦分布的峰值便向高

① 原文此处为“原子”，在本书中，作者对分子、原子和微小粒子的说法不统一，后文中如有必要，均根据前后文中应有的实际情况改正，不再一一注明。——译者

端平移。不过，与此同时还有另外一件事发生，就是这一扣钟形曲线会展宽变平，从高耸的山头，降为低缓的土坡（图 2.2）。也就是说，速度的摊开范围变宽了（至于将更多的"能量"注入经济领域，是不是会导致类似于此的财富分布变化，那和气体定律可并不是一回事）。

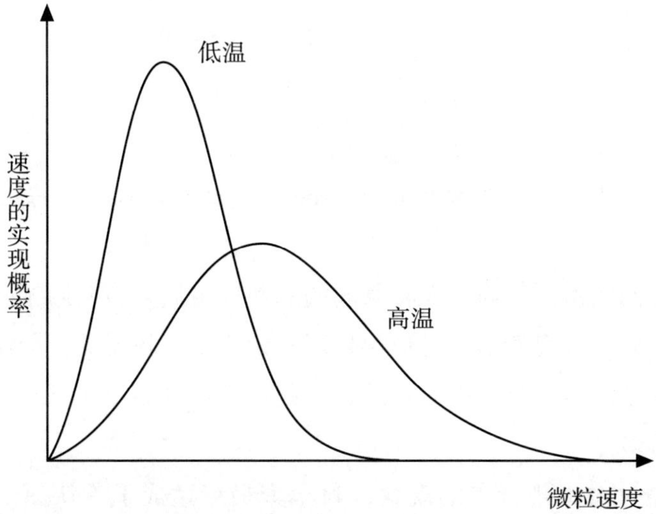

图 2.2　气体微粒速度的麦克斯韦概率分布。随着气体变热，分布的峰值会向高速方向移动，形状会展宽延平。

事实上，麦克斯韦的气体微粒并不完全像是悬浮在空中不动的蜂群。气体微粒与蜜蜂不同，彼此间会不停碰撞。这就是说，它们的运动方向在不断改变，而且大体上十分纷乱而随意。不过，虽说每一个微粒的运动都是杂乱的，总体的运动也不存在任何特别的偏向，但这并不是说，微粒就是聚在空中不大运动的一团东西。它们杂沓运动的结果，不是只在某个确定的地点附近晃来晃去，而是会到达另外的地方——它们的纷乱路径，会导致其一点点地离开原来的位置，只是方位没个准儿。这种运动就叫作"无规行走"（Random Walk），物理学家喜欢将这种行走比作醉鬼漫无目的的趔趄（图 2.3）。粒子的这种运动称作扩散。

由于扩散的结果，空气中的一团微粒会渐渐沿所有方向散逸。这与滴入一杯水中的一滴墨水逐渐散开的情况十分类似。位于同一只盒子的两个

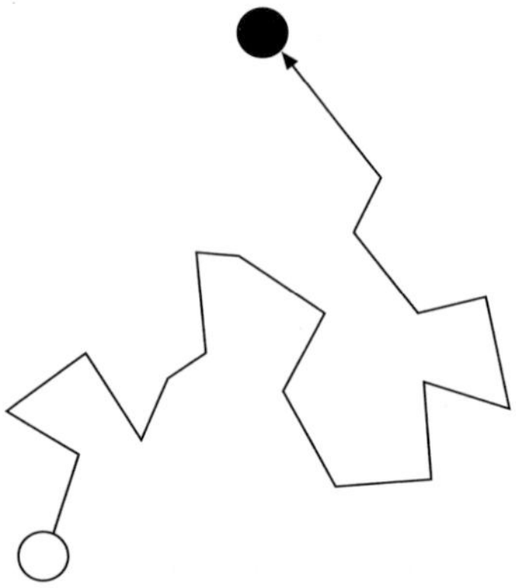

图 2.3　气体中的粒子在不断碰撞的过程中所进行的运动叫作无规行走。行走的结果是逐渐离开初始时的位置。

相邻部分的两团不同气体，在将其间的隔断抽走后，也会因相同的过程渐渐掺和到一起。麦克斯韦通过数学处理，计算出了粒子的扩散速度。由于粒子从此到彼的运动是左折右弯的，因此扩散速度会比粒子本身的实际运动速度慢得多。

正是通过对无规行走的观察，科学家最终达成了承认原子存在的共识。麦克斯韦的理论是在接受气体由原子和分子构成这一观点的基础上形成的。而且他本人还在 1873 年用自己的理论计算了分子的大小。他的结论是，氢分子的尺寸约为 0.0000006 毫米（这一结果与实际情况只差了 3 倍左右）。不过在当时，原子是从来不曾有人直接看到过的，甚至到了 19 世纪末，仍有一些科学家拒绝承认其存在。恩斯特·马赫（Ernst Mach）①，这位极有影响的德国物理学家，便持有这样的观点，即凡是内容不能得到直接体验验证的科学都不是好科学。于是，他宁肯对原子理论不予表态。然而，在 1905 年，爱因斯坦发表了一篇意义深远的论文。在这篇论文中，爱因斯坦指出，一旦将气体设想为由看不见的粒子（原子或分子）构成，而粒子又参与着无规行走，一直未能得到解释的布朗运动（Brownian Motion）这一神秘现象，便可以得到解释。

① 恩斯特·马赫（1838—1916）：奥地利人，并不是德国人，只在人生的最后三年才移居德国并逝于斯。此外，他还是一位有影响力的哲学家。——译者

罗伯特·布朗（Robert Brown，1773—1858）是一位杰出的生物学家。他并无意提出任何物理理论。1828 年时，他第一个在显微镜下发现，悬浮在水中的细微的植物花粉小颗粒，会呈现出激烈的运动。布朗的看法是，这种运动所揭示的是反映出生命体基本特点的“活力”，恰与古老的“活力论”①假设相符。后来他又发现，即使是肯定“不活”的微粒——其中甚至有异想天开地从古埃及狮身人面像身上取下的石粉一类东西，也会有同样的表现。在 19 世纪，人们对此提出了种种解释，使这种涉及“活力”的观点遭到了放弃。不过，只有爱因斯坦提出的理论，才是第一个解释布朗运动的令人真正信服的结果。爱因斯坦设想，花粉的粒子非常微小，虽然能在显微镜下看到，但仍会被一个个用显微镜也看不到的水分子撞得四下乱动。②爱因斯坦的这篇论文是对扩散过程最早的透彻研究，其中提出的有关布朗运动的若干预言，后来均被物理学家让·皮兰（Jean Perrin，1870—1942）在 1908 年以极其精密的实验证实。皮兰赢得了 1926 年的诺贝尔物理学奖——使一个持续了 2000 年之久的理论有了定论，他获得诺贝尔奖是当之无愧的。

多了便可信

麦克斯韦对气体动理论的贡献，是本书大部分内容所要涉及的物理知识的核心内容。麦克斯韦使物理学走上了统计之路，这就是说，当涉及数量巨大而彼此完全相同的运动物体时，重要的不是个体的具体行为，而是全体的平均运动和偏离平均运动的程度。对于大范围内的人类行为有兴趣的人，对此结论都不会陌生。人类统计学家并不需要知道诸如某个名叫艾

---

① 活力论，又名生机论或生命力论，最早由亚里士多德提出，后经多人发展和改良，虽经科学一再否定，却至今仍有人坚持，并以“科学”的面目出现。其基本认识，是一切涉及生命的活动都会含有某种非物质的成分在内。——译者

② 说得更准确些，花粉微粒所经受的来自四面八方的碰撞是不均衡的，由于来自某个方向的撞击会超过其他方向的撞击，花粉的运动路径便会有所偏离，而这个方向又是不断改变的，故路径也是曲折的。

利克·贝金斯（Eric Baggins）的人生于 1969 年 3 月 6 日之类的事实，他们所要知道的，仅仅是年度出生率而已。交通调度员也只关注在平均路况下，一天内行驶过某条公路的车辆数，而不会去注意，某位玛丽·帕克（Mary Parker）女士是不是在星期二上午驾车行驶在这条公路上。随着涉及对象的增多，这类统计学便越来越可靠。如果涉及对象是一块可以拿在手里的东西，有关的分子大体上总会以百万亿或千万亿计，它们的统计学行为在各次实验中就会相当准确地一再重复。这也就是说，对于两瓶温度一样的相同气体而言，其速度的麦克斯韦分布会绝对一模一样。

有了统计学，也就有了概率（Probability）这个概念。概率就是可能性的多少。如果要问具体某个气体分子的速度，麦克斯韦分布算是什么也没有说。它说的是什么呢？是任意挑出一个粒子来，我们能说出它的速度处在某个特定大小上的概率。所谓“最概然速率”，其实就是平均速度，比这个速度高出或者低出许多的概率都是很低的。[①] 只凭借统计学知识，就能掌握气体的行为，这实在是再方便不过的了。因为即使用现代化的仪器，人们也无法得出每个气体粒子的细节信息。

对于自己的气体动理理论，麦克斯韦也表现出了一定程度的不安。他承认这一理论对传统方式——通过牛顿运动定律得到系统中每个成员的精确情况，像人们在解释行星系的运动时所做的那样——有所背离。换言之，这一理论开创了科学的一条新途径。麦克斯韦意识到，这个理论包含着深刻的哲学意义。如果不是前有古人的话，麦克斯韦说不定不肯冒险将它发表呢（对此后文将会涉及）。

麦克斯韦的气体粒子速度的“概率分布”，是对动理理论的巨大贡献，而更重要的一点是，该理论的得出并不是靠着精确的数学运算，而是靠着大量有根据的猜测。后来，一个名叫路德维希·玻尔兹曼（Ludwig Boltzmann，1844—1906）、生有一颗脆弱心灵的奥地利物理学家，在更严

① 事实上，在麦克斯韦分布中，平均速度和最概然速率并不完全是一回事，两者之间小有差别。分布曲线的峰值是最概然速率，平均速度则比它略大一些——原因是分布曲线的尾部下降得比起始部分慢一些。

格的基础上重复了这一工作。

有人曾给过我一份工作，就是定期浏览科学文献，目的是搜寻些新东西。为此，我特别属意于一种方法，就是凡在标题上带有“对……的进一步研究”字样的文章，我都一概略过不看。因为这等于是告诉人们：“这里是些我们在上一篇文章中认为不值得搞的零碎儿。”如果我生活在 1872 年，并也持这种态度的话，就会与该世纪最轰动的论文失之交臂了。因为这篇论文的题目就是《对气体分子热平衡的进一步研究》。想来真是惭愧呀！该论文便出自玻尔兹曼。他不仅对麦克斯韦的工作进行了严格论证，还确凿地证明了不可逆过程的存在，因而不但支持了热力学第二定律，更指出了其存在的道理。

麦克斯韦证明，气体粒子一旦实现了由麦克斯韦速度分布给出的状态，就会保持这种状态。然而，他却没有说明这种状态是如何实现的，而这其实更为根本。这一点由玻尔兹曼发现了计算概率分布随时间变化的方法而得以实现。玻尔兹曼证明，以无规方式运动的粒子，“无论其原来所处的初始动能分布如何，在经过很长时间后，都必然会接近麦克斯韦分布的形式”[11]。

于是，玻尔兹曼从动理理论的内部，发现了一个隐藏着的内容——改变。这使热力学第二定律立刻成了人们关注的焦点。克劳修斯已在早些时候指出，在任何一个不可逆的过程中，熵永远是增长的。玻尔兹曼则揭示出，这其实是表明分子运动概率的特点。他证明熵可以同分子进行不同排布的数目联系在一起。而在日常生活的尺度上，不同排布形成的结果看起来都是完全一样的。

请摹想一只系在细线线梢的气球，气球里都是无规运动的气体分子；它们与气球弹性球皮的碰撞形成了压强，使球皮保持着膨起状态。在任何时刻，每个分子都以某个确定的速度，沿着某条确定的路径运动着。如果有这样一架顶级相机，可以给所有的粒子拍照。那么，在隔开一小时、一分钟，或者一秒钟的两张照片上，显示出来的粒子的排布情况非常不同。由于粒子数目巨大，就是拍上十亿张照片，也不会找到两张相同的；可是在进行一般测量的实验室规模上，在拍摄所有这些照片时，气体的测量结果都是一样的：同样的温度，同样的压强，同样的体积。

气球中所有分子各种可能排布的数目绝对是个天文数字。不过数目大归数目大，却总是有限的。我们可以设想出若干会造成与测量结果不一样的排布方式——比如，所有的粒子都聚在气球的某一半上：这时，没有粒子的一半就会瘪下来。由于所有的粒子都是无规运动的，物理定律中没有什么能阻止它们在某个纯属偶然的情况下形成这样的排布。不过，要使所有粒子突然获得将它们带到同一半空间的速度，这种可能性太渺茫了，简直与零没有什么区别。其他所有使粒子不均匀分布的排布方式，实现的可能性同样渺茫。

因此，气球一直是鼓起来的，但并不是因为牛顿定律说它必须如此，而是保证实现这种粒子排布的可能性要比其他可能性绝对大得多，即这种排布在数量上要远远超过任何其他的排布方式。玻尔兹曼将系统状态的熵与对应于此种状态的分子排布的数量联系到一起，得出了气球处于完全鼓起的状态会具有最高熵值的结论。这个将熵值与系统的“微状态”的数量联系在一起的结论，用一个深奥难懂的公式表述，就是 $S=k\log W$，这个被玻尔兹曼认为是自己毕生工作顶点的公式，就镌刻在他的墓碑上。

在任何一个体系内，凡有改变发生，熵都会有所增加。[①] 这是因为，系统各个部分的新的排布，总比原来的排布方式有更大的可能性。换个说法就是，改变的方向——也就是时间箭头——是由概率确定的。滴入清水中的墨水滴会扩散开，是因为墨水微粒的无规运动使它们更有可能向各个方向散开，而不是整体滑向一边或者浓缩起来。

这样来解释热力学第二定律的关键的一点是，该定律表明，时间的不可逆性可以在并无时间倾向的力学定律的运作过程中表现出来。在观看一段两只台球的电影时，我们会看到它们在接近，继而相撞，然后又分开。将电影倒过来放映，看上去不会有任何异常——逆行过程也服从牛

① 应当说是“任何一个封闭的体系内，凡有改变发生，熵都会有所增加”。——译者

顿定律。[①]但是，要是看到一小滴墨水从一片稍带蓝色的水中聚起来，我们就会知道，这是在看一段倒过来放映的记录过程，虽说片中每一次“导致”“最终”排布的碰撞，看上去都和台球相撞的反过程是一样的。原因就在于，很大的数目会对过程的发生概率造成影响。大自然的法则并不曾规定熵非得增加不可，熵在实际中增加的原因，乃是这种可能性实在是太大太大了。

麦克斯韦和玻尔兹曼的理论，其实就是将牛顿运动定律，也就是人们通常所说的“经典力学”，应用到了数目巨大的运动分子上。这标志着一个新领域被开拓出来了。这个领域就是统计力学。它给现代物理学提供了核心组织框架。统计力学对热力学与运动原子性质的连接，从根本上描述了物质的行为。

从牛顿力学的决定论转向统计科学，使社会物理学有了形成的可能。这一探索并非轻车熟路，不过，在后文中我们可以看到，幸亏科学家和哲学家已经开始接受了这样的观点，即社会的基本表现是统计现象，否则，这条路还会更加崎岖呢！

---

① 此时须假设在此碰撞过程中不发生动能转换成摩擦热或者声能的耗散。在真实环境中，这样的耗散是确定会发生的。因此，即使是打台球，也是一个造成熵增加的不可逆过程。

第 3 章

大数定律

——无规中的规律

人们从统计平均值学到的心理学知识远比从哲学中学到的多，亚里士多德算是例外。这样说并不夸张。[1]

威尔海姆·冯特（Wilhelm Wundt，1862）①

考虑到人数的众多，再考虑到物质世界和道德领域种种规则的限囿，人类所自诩的自由便不复存在。人一生中的行动难得会有什么自由。习惯、传统，再加上生存所必须对付的严酷必然，都会作为强迫性要求向人压过来，而不是给人们以选择的自由。[2]

约翰·赫歇尔（John Herschel，1850）②

有精确，才有科学。[3]

赫伯特·斯宾塞（Herbert Spencer，1880）③

① 威尔海姆·冯特（1832—1920）：也译为威廉·冯特，德国生理学家，实验心理学的奠基人。——译者

② 约翰·赫歇尔（1792—1871）：英国天文学家，其父威廉·赫歇尔也是天文学家，并因发现了天王星而闻名于世。——译者

③ 赫伯特·斯宾塞（1820—1903）：英国哲学家和政治学家。——译者

玻尔兹曼这个人难得有快活的时候。他在去世前的五六年间曾写过一篇诗作，标题是《天堂里的贝多芬》(*Beethoven in Heaven*)。他在诗里以身为物理学家才可能具有的特殊的愤懑，预言将要发生的事情：

往事不堪回首，
沮丧折磨难尽，
魂魄终脱臭皮囊，
漂浮空间任欢欣！[4]

可能由于他的观点遭到了同时代部分同人的猛烈攻击，科学成就带给他的并不是满足和快乐，而是“沮丧折磨难尽”。虽说今天的科学家多数已接受了他对“时间箭头”的解释，但仍然有若干重要问题尚待解决。而当初那些反对他的人就是在这些问题上向他捅刀子的。虽说玻尔兹曼奋力反击，但心灵上还是蒙受了重创。

玻尔兹曼生性优柔寡断、缺乏自信。1889 年，他的长子因阑尾炎早夭，使他陷入更深的忧郁。他无法在任何一个地方定居，先后去过奥地利和德国的好几所大学工作，却都待不下来。1906 年，他同家人到意大利的里雅斯特附近的杜伊诺度假，竟于 9 月 5 日在那里上吊自杀，时年 62 岁。

理论物理学听起来绝不像是一种会危及生命的职业。但是，玻尔兹曼的自戕，竟也传给了他的继任者保罗·埃伦费斯特(Paul Ehrenfest)——这个富有才华的维也纳人在 1933 年开枪自杀。物理学家戴维·古德斯坦(David Goodstein)在他所写的现代物理学教科书中介绍了这两桩惨事后，颇带黑色幽默地对读者们说：“现在，该轮到咱们研究统计力学啦。”[5]

要想了解 20 世纪初期研究物理学是否会有心理危险，最好先调查一下当时物理学家的自杀率是否高于全体民众的平均自杀率。19 世纪末的维也纳是座知识辩论的“大火炉”。西格蒙德·弗洛伊德(Sigmund Freud)、阿诺尔德·勋伯格（Arnold Schoenberg）①、路德维希·维特根斯坦（Ludwig Wittgenstein）② 和罗伯特·穆齐尔（Robert Musil）③，以及其他许多人，都是往这座“火炉”里添柴煽风的人。然而，据穆齐尔观察，这座城市里的民众，是一群不愿动脑筋、不肯发表见解，而且拘泥于社会习见的人。他的小说《没有个性的人》（*The Man Without Qualities*）里有这样一句话：“如果认为以这种方式生活的人，居然会走到一起，并理性地对自己的精神生活和精神前途进行有计划的引导，实在是不够现实的，简直是相当荒谬的。”[6]

在这个刻板而又物质至上的社会里，自杀事件多得令人心惊肉跳。路德维希·维特根斯坦有三个兄弟都自杀弃世，古斯塔夫·马勒（Gustav Mahler）④ 的兄弟以同一做法故去，奥地利王储鲁道夫亲王也在 1889 年以这种方式离开人世（而且先杀死了自己的情人）。这样，如果从有关人口统计的角度进行研究，玻尔兹曼的悲惨谢世，就有了更广泛的含义。

在今天的人们看来，说到统计是再明显不过的事。不过，在 19 世纪却未必会有几个人这样看。根据事件的平均发生率来研究个例，是比较晚些时候才出现的做法。在之前没有人注意到平均发生率的年代里，流行的是魔法、迷信、奇迹、阴谋等种种名堂。几个偶然出现的事件，会成为某种超自然干预的证据。就是到了今天，人们在进行风险和偶发事件的主观评估时，关乎统计的内容也会被照例忽略。在 20 世纪 70 年代，“意念大师”尤里·盖勒（Uri Geller）⑤ 在进行电视表演时说，他已经使电视观众中

---

① 阿诺尔德·勋伯格（1874—1951）：美籍奥地利作曲家，无调性音乐的创始人，此种音乐形式曾引起激烈争议。——译者

② 路德维希·维特根斯坦（1889—1951）：奥地利裔英国哲学家，分析哲学的创始人，以对语言和含义的分析而著名。——译者

③ 罗伯特·穆齐尔（1880—1942）：奥地利小说家，未完篇的小说《没有个性的人》为其代表作。——译者

④ 古斯塔夫·马勒（1860—1911）：奥地利作曲家，曾长期任维也纳国家歌剧院的指挥。——译者

⑤ 尤里·盖勒（1946—）：以色列魔术师，宣称自己有“特异功能”，一度广受媒体关注，并由几名物理学家在《新科学家》杂志中予以肯定。但他后来又不止一次地被科学界人士与他的魔术界同人否定，认为他是在作弊。——译者

一些人的手表指针停了下来。结果看来真有这种情况，但他却没有提到，由于观众人数众多，肯定会有一些人刚好手表因忘了上弦而停走了。

要想理解和解释群体行为——群体既可能是一堆原子，也可能是一群人，统计学是不可或缺的。这一认识的正确性如今早已无人质疑。因此，今天的人们很难理解 19 世纪时，围绕统计学的应用所涉及的哲学论证的紧迫性。当时的形势使人们觉得，上帝也好，人的自由意志也好，似乎都已成为数字的俘虏。社会物理学的根，就在这场争论中开始扎下了。正因为如此，读者们将会发现，本书中所描述的由种种新发现引发的伦理道德问题，其实在 100 多年前，就已经反映在人们的研究过程中了。

本书上一章所概述的统计力学史，是物理学家们在正史中必然会谈到的内容。至于该历史所真正开创的一种新方式——不只表现于实验室里没有知觉的气体，也表现于人在社会中的行为——则几乎没有得到物理学家只言片语的提及。谈论社会物理学，听起来仿佛颇有“后现代”的味道，其实，天底下又有几件事是簇簇新的呢？

测度社会

在《利维坦》一书中，霍布斯在得出他那有争议的逻辑结论的过程中，沿用了自己的思想导师培根所提出的一个有关“自然体”和“政治体”的类比。进行这种类比，就意味着政治或许就是一门自然科学，其构造正有待于在系统探询与理性推断的解剖刀下得到揭示。在创建这样一门科学的政治理论的尝试中，霍布斯选用的框架是物理中的力学。

今天，人们不但将物理学看作数学化的科学，更将其看作高度定量的科学。物理学家对基本自然常量的测量，已精确到了小数点后 10 位；物理学文献中也都是些密密麻麻的符号、方程式和曲线。在霍布斯的时代，情况则与之有相当的不同。尽管如此，《利维坦》一书的漫谈风格，仍然表现得与当时的物理著述大为迥异。这本书中没有一个数字，也看不到一个方程式。他固然喜欢引用物理上的内容进行类比，却不打算使这门政治科学数学化。

不过，如果类比的目的不仅仅是挪借几个概念想法，而是要享用自然科学的论证力量的话，数学化就势在必行。霍布斯的门人威廉·配第，看来就认识到了这一点，因为他提出了创立一门“政治算术”的主张。他是这样说的：“打算实践政治活动，同时又不懂得其中的对称、结构和比例，那可真是有如靠老奶奶的偏方和江湖郎中的野药治病——撞大运呗！”[7]

这种算术里演算的是哪种数字呢？这还用说——当然是用来衡量社会的各种数字啦！17 世纪 60 年代，配第的朋友、伦敦的一位男装经销商约翰·格朗特（John Graunt，1620—1674）开创了以“社会数字”引导政治政策研究的先河。在各类数字中，死亡率是他特别关注的一项。在 1662 年出版的《死亡表单观察报告》（*Observations upon the Bills of Mortality*）一书中，他将死亡人数列成表格，“希望大家给予订正，或者自己动手得出结果”。[8] 他这样做的理由是：要是人们连自己的增增减减都闹不明白，还谈什么约束和治理呢！

从方法是否得宜的角度来看，格朗特的统计远非标准。就连他本人也很坦率地承认，被责成记录死亡事件的人都是跑腿的，“一杯黄汤下肚，再在规定的收费一文的标准外多塞一个，死亡原因就可能变成某个无足轻重的内容（比如痨病），其实，真正的死因可能要可耻得多（比如梅毒）”。尽管如此，在试图把握社会脉搏的人眼中，他的死因统计表和寿命统计表，仍然是丰富的资源。格朗特虽说只是个商人，却被选为英国皇家学会会员。查理二世还表态说：“这帮人要是再发现这样的商人，都该痛痛快快地接纳到学会里来。”[9]

格朗特死后，订正《死亡表单观察报告》的工作由配第接任。配第是最早通过社会统计学来研究政治经济学的人。在他看来，社会统计学能够为政策的制定提供得当的依据。在这一点上，他是一位经验主义者，致力于调查社会群体，而不想效法霍布斯的方式，对个人的基本心理做出设定，并据之归纳出理论来。配第先后受到了查理一世、查理二世和詹姆斯二世（James Ⅱ）① 的垂青（他还成功地敷衍了克伦威尔，在克伦威尔当政

① 詹姆斯二世：查理二世的继任者，1685—1688 年在位。——译者

期间继续供职），并成为英国皇家学会的创建者之一。然而，他对政策的建议大多遭到冷遇——而且也的确该当如此。配第在提出与社会政策有关的种种言之凿凿的分析结果时，并没有考虑人力成本。

在早期的社会调查中，对人口的测度——出生率和死亡率——是特别关注的。人们认为，人丁兴旺对国家来说再重要不过，更何况《圣经》中也要求信徒们力行诞育呢。据信，一个国家是否繁荣昌盛，就体现在其人口数量上，致使有些专家学者认为，人们大事征伐，主要的目的就是增加人口。在 18 世纪中叶，一个名叫约翰·彼得·苏斯米尔奇（Johann Peter Süssmilch，1707—1767）的德国随军牧师发表看法，认为如果排除所有阻碍人口增长的因素，国王便不会到国外去搜罗国民，战争便可以避免。

死亡在当时是司空见惯的。因此，对死亡率的关注是容易理解的。1767 年，一个名叫托马斯·肖特（Thomas Short）的英国人，将城市形容为“人类遭浪费和毁灭”[10]的地方，人们在此类喧嚣之处大批地死掉，农村里则饥民遍野、饿殍遍地。严重程度能达到“三十年战争”① 的战事固然不多，但却在人类生活中连绵不断地发生，并由此经常造成人丁不旺。多生多育是唯一的解决办法。在今天看来颇为讽刺的是，在英国和德国的新教徒反对天主教的理由中，都有后者鼓励独身不婚、有碍人口增长一条。②

1826 年，当英国经济学家托马斯·马尔萨斯（Thomas Malthus，1766—1834）的《人口原理》（*Essay on the Principle of Population*）出版时，欧洲各政府和美国政府都已开始认识到清点自己人口的意义了。这一严厉批判无限制增加人口的小册子，对达尔文和马克思都产生了深刻的影响。事实上，人口普查的历史可以回溯到 11 世纪。当时，诺曼人③ 在征服了英国后，便着手调查英国的人口，并记录于《末日审判书》（*Domesday*

① 见第一章。——译者

② 天主教的神父是不能结婚的，而天主教又主张人们（主要是男人）积极献身教职。——译者

③ 诺曼人是一支原来生活在北欧的民族，后向南部扩张，在始于 1066 年的由威廉大帝（史称“征服者威廉”）统领的征伐中，先后占领了法国西北部诺曼底一带和英国。据信，“诺曼底”的名词便与诺曼人的名称有关。——译者

Book）[①] 内。不过，作为掌握被征服民族情况的官方工作，该统计调查的定量内容并不充分。到了18世纪时，这样的社会学数字已被认定为反映着社会运作情况的真知。举例来说，那位苏斯米尔奇牧师便认为，男婴和女婴在出生率和死亡率上的差异需要平衡，以保证他们将来都能婚配。换句话说，杂沓的人类生活中，会表现出使社会安定的有关群体的规律。

苏斯米尔奇的观察结果，有助于一个观念的形成，即社会会按照一定的、并非由政府颁布的规则行事。而这些规则，只要通过计算就能得到揭示。这导致康德在1784年就所谓的“普适法则”说了如下一番话：

> 不论原因是何等含混不清，我们都（能够）希望，如果注意与人的意志自由有关的大量表现，就能够从中发现有规则的运动。因此，看起来繁复而混乱的一个个单独个体，一旦从整个人类的角度衡量，其原有能力的发展就是稳定而上升的，虽则也相当缓慢。[11]

一方面，启蒙运动中人们相信宇宙是有序的，因此认定社会中也存在着政府无力左右的“法则”；而另一方面，从工业革命中也不难发现，民众被视为彼此没有区别的“出大力的”，有如一群聚拢成团的虫豸。19世纪以前，从格朗特的“社会数字”中体现出来的规律，被看成是冥冥中另有智慧与设计者的证据，在后人的眼中，它们又是带来灾难和导致革命的前提。

这个研究“社会数字”的科目需要得到一个名称。1749年，德国学者戈特弗里德·阿亨瓦尔（Gottfried Achenwall，1719—1772）建议将它叫作*Statistik*，意思是与社会状态有关的科学。一个名叫约翰·辛克莱（John Sinclair）的苏格兰长老会牧师很喜欢这个名称，便将它用于自己的大部头著作*Statistical Accountof Scotl and*中，用现在的译法就是《苏格兰统

① 它实际上是英国的一本土地丈量的档案册，因此又称《土地清丈册》或《最终税册》。之所以得名《末日审判书》，是用基督教中所说的世界末日审判形容该出版物内容的严格和准确。——译者

计》——全书共 21 卷，第一卷出版于 1791 年。参与编纂工作的人，却不是数学家，甚至跟“科学家”也不沾边。他们是一些编纂表格的人，给自己冠以“Statist”的头衔。他们就是今天的“统计学家”。

牛顿机械哲学的圣殿

这些采集统计数据的人很快便意识到，统计数字不但说出了已经发生的事情，还道出了眼下所发生之事的普遍发生概率。这样，统计学便开始引起了数学家的兴趣，由是产生了一门最富哲学奥妙，有时还与直觉相抵触的分支学科，这就是概率论。

这一学科并非源自社会学数字，而是源自赌博行为。如果你打算参与某一种结果说不准的游戏，那最好还是事先了解一下可能出现的种种不利情况。在玩轮盘赌的人中，有人不喜欢押黑门，有人不肯将注下在数字 15 上，这两种选择很不同，各有各的不利，但都注定了在赌场里玩不长久。用到骰子和别的靠撞大运的家什的游戏，古已有之。18 世纪时，数学家已开始研究其中的规律。从这个看起来似乎没什么意义的研究中，法国数学家玛丽 – 让 – 安托万 – 尼古拉斯 · 明里塔 · 德 · 孔多塞（Marie-Jean-Antoine-Nicolas Caritat de Condorcet，1743—1794）找到了一种工具，可以用来形成一种建立在科学基础上的社会理论，而且是历史上所有理论中最乐观的一种。

孔多塞将自己的这一观念，写进了一本名叫《人类精神进步史表纲要》（*Esquisse d'un tableau historique des progrès de l'esprit humain*）的书中。这本书的写作时间为 1793 年，不久，他就被法国大革命的领袖夺去了性命。他在书中所宣扬的观念，是对理性的赞美，而理性正是孔多塞在当时的“恐怖统治时期”[①] 所深感稀缺的。他相信，社会一定要建立在理性的基础上，并由其最出色的结果——科学做导向。18 世纪的欧洲处在极端激进

① 指 1793 年底到 1794 年初法国大革命期间被杀人数最多（达数千人）的时期。——译者

的时期，自由与平等的信念不单单是人们头脑中的善良意愿，而往往会付诸变革社会的实践［罗伯斯庇尔（Robespierre）① 的恐怖统治便处于这一时期］。许多启蒙哲学家真诚地相信，有了自由与平等，再辅之以理性，社会就会进入自由普照的光辉时代。孔多塞还为妇女的平等呐喊。1792 年，他曾发出烧毁一切贵族封册——他自己的也在内（他享有侯爵衔）——的呼吁。此人还是伏尔泰（Voltaire，1694—1778）② 的朋友。伏尔泰也有社会理论方面的著述出版，但他在态度上有较多的保留。

孔多塞很早就表现出数学才具，曾以早年的数学成果引起法国科学院著名院士让・勒朗・达朗贝尔（Jean Le Rondd' Alembert，1717—1783）的注意。由于后者的影响，孔多塞从概率论的纯数学研究，向涉及社会与经济的方面转变。他在《简论分析对从众多意见中作出决断的概率的应用》［*Essai sur l'application de l'analyse à la probabilité des décisions à la plurité des voix*（*'Essay on the Application of Analysis to the Probability of Majority Decisions', 1785*）］这一论文中，表示同意其他统计学家的见解，即如果确实存在着（而且他认为确实存在着）某种涉及人类事务的科学，且该科学中包含着自身特有的公理和定律的话，那么，它一定会是一门统计性的科学。要想解读有关的定律，就必须收集足够的数据："要想像牛顿借助微积分发现自然定律那样，使整个自然简约为定律，就必定要进行足够多的观察、观测，并掌握某种足够复杂的数学知识。"[12]

孔多塞在这篇文章中预见到，这样武装起来的科学家，就能够对民主决策过程的前景做出预测，从而历史也就成了真正的科学。由此，人们便能真正看到一种社会理论化为现实。这正如他在《人类精神进步史表纲要》中所说的——

① 罗伯斯庇尔（1758—1794）：法国大革命的理论先导和早期领导人物，以严峻和清廉出名。他是恐怖统治的设计师，这一统治导致很多人只因受到嫌疑便被送上断头台，他本人也作法自毙，被逮捕且未经审判被处同一刑罚。——译者

② 伏尔泰：法国人，欧洲启蒙运动时期最重要的文学家、哲学家与政治家之一。——译者

> 哲学家慨叹着世上至今仍然存在着玷污世界的失当、罪行、不公，并因往往会亲身遭遇而悲伤。而如今，设想人类可能挣脱桎梏、甩开宿命、消除障碍，迈着坚定自信的步伐，沿着真、善、美的道路前进，这些人该是何等欣喜！[13]

从这段文字中不难看出，面临着悲惨结局的作者，正试图以此安慰自己。《人类精神进步史表纲要》是他在躲避罗伯斯庇尔政权的追捕期间匆匆写成的。他从原来的备受推崇而一落千丈，使人们能够对政治风暴的本性有所认识。

1792 年，孔多塞由于学识上广有声名，并且支持共和派的事业，得以进入负责起草新的法兰西宪法的九人委员会。原为英国人、后因发表了《人的权利》（*The Rights of Man*）一书而流亡到法国并成为法国公民的托马斯·潘恩（Thomas Paine，1737—1809）也在这个委员会里。委员会形成的宪法草案被因未能如愿进入该委员会而耿耿于怀的罗伯斯庇尔扼杀。另一个临时任命的委员会则匆匆弄出了一部漏洞百出的宪法草案，结果却被接受了。孔多塞匿名发表了一封信，动员人们抵制这份东西。但不久他的身份暴露，孔多塞被宣布犯了叛国罪。

《人类精神进步史表纲要》是孔多塞在巴黎沃奈夫人的一处安全寓所中写成的。以当时的环境而论，这部著作中反映的精神可谓乐观之至。孔多塞认为，人类从动物进入更高的智力层次后，便“进化”出了某种发自内心的利他主义。他认为这一进化——这比达尔文更早——将会一直继续下去，直至人类达到了“完美程度”（这与卢梭认为进入文明阶段的人类会发生腐败的观点截然不同）。孔多塞认为，在未来的理想社会中，所有的疾病都会被医药科学攻克；人类将足够理智而不去打仗；教育会消除一切社会不平等；所有的人都会以同一种语言交流。他说：

> 在这种社会里，人们再也不需要惧怕任何事情，既不怕新错误初来乍到，也不怕旧错误卷土重来。……一切都表明，我们正在接近一个最伟

大的革命时代……以我们目前所掌握的知识，可以保证这是一个幸福的社会。[14]

然而，未来的图景虽然美好，却不属于这位胸怀世界的设计师。孔多塞虽然在抓捕者赶到前躲了起来，但他的文雅举止却使他在藏身的乡间客栈遭到了怀疑。没过多久，他便被捕，被关进巴黎附近的莱茵堡监狱（Bourg-la-Reine）。面对可能被押上断头台处斩的命运，孔多塞选择了在狱中服毒自杀。如果他能再躲上几个月，判决他的人就永远威胁不到他了——罗伯斯庇尔在1794年7月被处以极刑。

《人类精神进步史表纲要》在孔多塞死后成了名著。马尔萨斯读了这本书，但并不相信书中的设想会如此美好。孔多塞认识到，人口的增长最终会使可资利用的资源不敷供应，从而威胁到社会的稳定。为此，孔多塞提出了一个简单的"处方"——控制生育。马尔萨斯认为生育是不容易控制的。他认为，人口问题涉及的是"人的激情"，因此不论鼓励还是限制生育，都超越了政府所应控制的范围。他相信，人口几何级式的增长是"自然定律"，而社会物资无法以同样的增长率增加喂养人口的手段。因此，国家迟早会毁于人口过多、生活穷困、健康状况不佳和社会动荡，其前景无非是或者革命，或者镇压。要想不致走到这一步，人民就得心甘情愿地接受这样的事实：单靠政府，哪怕是再出色的政府，也无法带领他们避免灾难。因此，马尔萨斯在他1826年那部影响深远的著作《人口原理》（*An Essay on the Principle of Population*）中宣称，人们需要了解若干不可改变的规律，即"人类社会的内部结构"。

有些人虽不像马尔萨斯那样悲观，却也认同社会中存在着内部结构一说，即同意存在着若干确定社会行为和进化的定律。这些定律之于社会，正有如牛顿力学之于物体的运动。这样的观念当时在法国尤为流行，孟德斯鸠（Montesquieu，原名沙尔·德·塞孔德，继承男爵头衔后改称孟德斯鸠，1689—1755）就在1748年出版的《论法的精神》（*The Spirit of Laws*）中阐发了这一观点，比孔多塞还要早数十年。圣西门［原名克劳德－亨利·德卢夫罗伊（Claude-Henride Rouvroy），圣西门是他的伯爵称谓，1760—1825）也持有同孔多塞一样的梦想——实现由科学理性统领的社会。根据圣西门的设想，这样的社会有可能会导致“牛顿教”的建立。让·泰奥菲勒·德萨吉利埃（Jean Théophile Desaguliers）①说得更干脆。他在 1728 年出版的《寓言诗：世界的牛顿系统——最好的政府模式》（*The Newtonian System of the World*：*The Best Model of Government*，*an Allegorical Poem*）中，就认为引力的概念“在政治领域中就如同在自然哲学领域一样，现在很是通用”。[15]休谟也在自己的著作《人性论》（*Treatise of Human Nature*，1739—1740）中，表示自己想成为伦理学领域的牛顿，以将人类的本性还原为基本原理——通过经验，而不是笛卡尔主义的先验观念。当休谟在 1741 年提出“政治可以还原为科学”[16]的观点时，人们已经对这类看法十分熟悉，简直熟悉到了拿它开玩笑的地步：在乔纳森·斯威夫特（Jonathan Swift，1667—1745）的《格列佛游记》（*Gulliver's Travels*）里就有这样一个情节，格列佛批评大人国里“还没像才思敏捷的欧洲那样，把政治演变为一种冷冰冰的科学”[17]②。

18 世纪 60 年代，休谟带着一位名叫亚当·斯密、贵族封号为布斯勒奇公爵的学生在欧洲广为游历时，将自己这位年轻弟子介绍给了法国国王路易十五（Louis XV）的宫廷医生弗朗斯瓦·魁奈（FranCois Quesnay，1694—1774）。魁奈在年届 60 岁以后，对经济学发生了兴趣。他进行了事实和数字的收集，希冀从中整理出某些定律和与牛顿的物理力相当的“社会力”。魁奈的《经济表》（*Tableau économique*，1758）③是经济学领域最早出现的理论著述之一，他的追随者也是最早一批被冠以“经济学家”的人。斯密的《国富论》就明显受到这本书的影响。《国富论》出版时，魁奈已辞世两年，不然，斯密是会将此书题献给他的。

在形形色色的政治派别中，信仰“科学的”政治理论的，往往是那

---

① 让·泰奥菲勒·德萨吉利埃（1683—1744）：英籍法国物理学家。——译者。

② 中译本《格列佛游记》，王维东译，中国书籍出版社 2004 年版，第 150 页。——译者

③ 全名为《经济表：略论国民每年收入的分配变化情况》。——译者

些持自由观点的成员。（霍布斯被理所当然地视为自由派，也正与这一事实有关。）当托马斯·杰斐逊（Thomas Jefferson）①草拟《独立宣言》（The American Declaration of Independence）时，他心目中自由而幸福的国家，应当拥有热爱牛顿力学和启蒙运动思想的民众，国民对幸福的追求，应如同苹果被地球的重力拉向地面一样必然。在杰斐逊看来，幸福就像有形有质的物体一样，也是可以定量测量的。被许多人推为“保守主义之父”的爱尔兰人埃德蒙·柏克（Edmund Burke，1729—1797），则对这样的观念深恶痛绝。他认为，国家的法律和机构并不能源于什么“基本原理”，它们只能在特定的历史进程中经过实践产生。既然如此，人们就须视现存法律为已然经过了试验与检查的过程，又通过了经验与传统的砥砺，而不是要跟什么抽象的所谓“推理性”的理论搅在一起。据柏克看，人实在是太复杂了，人类历史复杂得超出了任何“科学”分析之所及——

> 在人类的感情与关怀的全部复杂的总体之中，人们的原始权利经历着如此之多的折射和反射，以至于如果谈论它们，就仿佛它们始终是处于它们原始取向的简单状态之中一样，那就变得荒谬了。[18]②

这就是说，“原始权利”的“弹道”，已经变得纷乱复杂了。但是，即令柏克持有这样的观点，他在进行表述时，仍不得不用到牛顿力学和牛顿光学中的术语，岂不发人深省！

要论谁将启蒙运动的精神发挥到极致，恐怕要属法国实证主义哲学家奥古斯特·孔德（Auguste Comte，1798—1857）了。他的哲学思想以宗教推理为基础，并以人类的进步与福祉为导向。他同斯密一样，相信人类进步与福祉的实现，要靠揭示出有关社会的自然定律，而不是靠施加政治

① 托马斯·杰斐逊（1743—1826）：美国政治家，美利坚合众国第三任总统，美国《独立宣言》的主要起草人。——译者

② ［英］柏克：《法国革命论》，何兆武、许振洲、彭刚译，商务印书馆 1998 年版，第 80—81 页。——译者

影响。尽管孔德对于定量研究的热情不如统计学家，但是，社会物理学这个名词，正是他第一个提出的。这表明，对于这门社会科学，他抱有何等的期待与信赖。他在《实证哲学教程》(Cours de Philosophie Positive，1830—1842)中指出，这门科学将使始自伽利略、牛顿和其他人的对世界的科学描述臻于完整：

> 人类的思维已经认识了天上和地下的物理学，认识了力学、化学，以及动物和植物的有机科学，剩下来有待填补的科学只有一门了，这就是观察性的社会物理学。这门知识是人类目前最需要的。将它建立起来，是我们当前的主要目标。[19]

混沌中的秩序

在力主实现对社会的科学理解方面，比利时天文学家阿道弗·凯特莱(Adolphe Quetelet，1796—1874)是最不遗余力的一位(图 3.1)。他

图 3.1　阿道弗·凯特莱。牛顿定律确定着非生命体的运动状态，而凯特莱在《社会物理学》(*Mécanique Sociale*)一书中，进行了搜寻类似于牛顿定律的“社会定律”的尝试。

将理解社会的所有手段——霍布斯的机械政治论、统计定量化的作用、对社会存在自然定律的信念等，都囊括进了自己的著述中。这样，在随后的五六十年中，物理、数学、经济学、政治学和社会学，好像都稀里糊涂地成了一回事。

凯特莱和霍布斯一样热衷于证明：科学地了解社会，会促进社会的稳定。他所处的时代，比利时正经历着巨大的政治动荡。在 18 世纪末，这个国家有一半多领土归属了法国，南部又被纳入了荷兰的版图。为了独立，比利时人在 1830 年起事，这一冲突导致所有的学术研究全然无法进行。科学家纷纷投笔从戎，大学和学院也不再上课。由凯特莱筹建并任台长的布鲁塞尔皇家天文台也进驻了大兵，形势正如他无奈地形容的那样，“变成了兵营……挖满了壕沟，布满了鹿砦”。[20]起事过后没有几个月，凯特莱发表了第一篇论述社会力学（Mécanique Sociale）的论文，明确地与孔德的社会物理学联起手来。这篇论文将组织起太阳系的作用力与组织起有秩序的社会力量进行了直接比较，目的就是为了说明，社会也同宇宙一样，是靠规律形成的。

其实，在凯特莱以前，便已经有人进行过这样的比较了，而且凯特莱本人也认为，将统计工作引进社会学研究，正得力于天文学家。他告诉人们，第一份有关死亡数目的表格，正是由天文学家、牛顿的同代人和朋友爱德蒙·哈雷（Edmond Halley）在 1693 年发表的。凯特莱认为，由天文学家来探求社会领域内的秩序，其实是十分自然的——

> 在哲学家的心目中，涉及人和统领社会发展的定律，始终是有特别吸引力的内容，对关注宇宙系统的哲学家可能尤为如此。这些人由于经常思考物质世界的种种规律，并从中强烈感受到物质世界中的惊人和谐，就不可能不去探究这样一个问题，即生命世界中是否存在着类似的定律。[21]

1823 年，凯特莱被派往巴黎法兰西皇家天文台学习，准备将来主持即将在布鲁塞尔筹建的天文台。在此期间，这个问题变得十分清楚了。他在发现了宇宙的诸多科学内容的同时，也发现法国天文学界的巨星们对统计学有着广泛的兴趣。

错误也有形态

当时，法国天文学界的巨擘是数学家皮埃尔·西蒙·拉普拉斯（Pierre Simon Laplace）。他发展了牛顿力学，并以之发现了有关行星运动的新内容。他知道——他同时代的其他天文学家也知道——天文学界实际测量到的数据，往往并不能与牛顿定律的数学公式完全吻合。凡是测量结果，都会出现偏差，由是导致与力学定律所预言的平滑——也就是“顺溜”——关系发生偏离。这种错误叫作误差。

法国天文学家们总结出了一套方法，可以根据这些有所偏离的误差数据，归纳出最适合的平滑关系——曲线或者直线。拉普拉斯和他的弟子西莫恩·德尼·泊松（Siméon-Denis Poisson，1781—1840）设想，测量误差总体而言是带有任意性的。误差的大小会处在任何范围内，但其发生概率绝不会彼此一样。一个误差处在特定大小范围内、亦即由决定着测量过程的“实际定律”所决定的偏离，其发生的大致可能性会随范围的增大而减小。这就像用尺子来量脚的大小，差个把毫米的可能性要大过差上 1 厘米的可能性。每次测量不会得到同一个结果，就算不改变设备，不变更技术，情况依然会如此。如果给家里的所有人量脚，结果有时可能会只差半毫米，有时会差 2 毫米，这不但与尺子的刻度准不准有关，也和每次测量时的专心程度有关。误差主要是机遇使然。那些法国天文学家意识到，误差的发生率与概率论是有关联的。

要想知道出现某类误差的大致可能性，我们须得掌握该类误差在大量并且有代表性的测量取样中，发生得有多频繁。为此我们需要收集有关误差的统计数据。这些法国科学家发现，误差总是呈现出同样的分布方式——不仅小误差在数量上总是多于大误差，而且误差从小到大的次数递减也是可以预见的。将这种关系用平面图形表示，会得到一种有特定形状

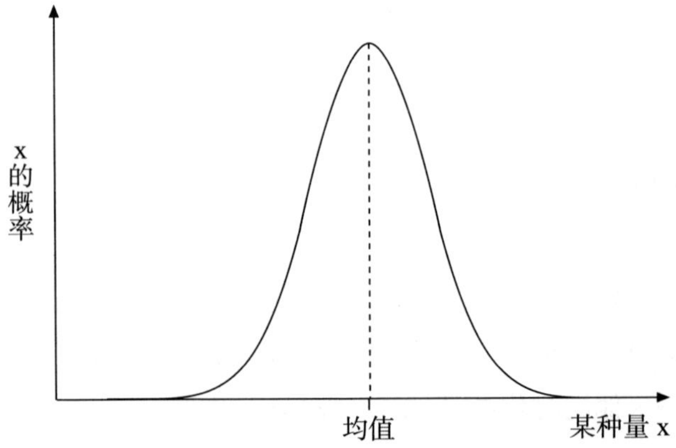

图 3.2　误差曲线。这种扣钟形曲线描述了所有无规过程的特性。（严格地说，数学家将无规过程称之为随机过程。所谓随机，是指每次观测或每次结果都与其他观测或者结果无关。）

的曲线，这就是所谓的“误差曲线”（图 3.2）。这种曲线形状的普适性又使它得到了另外一个名称：正态分布（Normal Distribution）。德国数学家卡尔·弗里德里希·高斯（Carl Friedrich Gauss，1777—1855）在 1807 年分析了该曲线的性质，由是又使这种呈扣钟形的分布得到了一个名称：高斯分布（Gaussian Statistics）。因此，凡是测量结果会落在这一曲线上的，都被——至少被物理学家——称为服从高斯统计。不管采用哪一种叫法，从根本上说，误差曲线就是对随机过程所导致结果的概率分布。

其实，对概率有兴趣的数学家已经知道这一曲线的存在了。1733 年，亚伯拉罕·棣莫弗（Abraham De Moivre）[①] 就曾指出，它描述了抛掷钱币的前景。抛掷一枚钱币，落下时正面向上和反面向上的概率是相等的。每一次抛掷的结果（如果不作弊的话）都完全是偶然的。不过，如果抛掷足够多的次数，正面朝上和反面朝上的次数就会大致相等。

像这样从一系列偶然事件中得到可预料的结果，只不过表明沿两个方向发生的同样可能的偏差相互抵消，因此并不给人以深刻印象。接连几次都是正面朝上，也许后面就会有一段反面朝上占上风的时期与之扯平。彼

① 亚伯拉罕·棣莫弗（1667—1754）：法国数学家，后入英国籍，并被选为英国皇家学会会员。——译者

此旗鼓相当的结果，正宣示着每次抛掷时的概率比为一半对一半。在 19 世纪初期，雅各布·伯努利（Jacob Bernoulli，1654—1705）——就是前面所提到的丹尼尔·伯努利的叔叔——指出，当某个事件的前景由某个固定的概率比（在这个例子中为 1∶1）确定时，如果多次重复该事件，实际结果的分布就会表现为这一比率。泊松于 1835 年在他的“大数定律”（Law of Large Numbers）中阐明了这一点，也就是说，当无规事件大量出现时，纯粹的随机性就会让位给决定论。因此，本身是无规性的，并不排除结果是可以预料的。

然而，一半对一半的均等结果并不是铁定会得到的，并不是会一点不差地观测得到的。如果抛掷 10 次，得到 4 次正面、6 次反面的结果并不会使人意外——机会导致了平衡向有利于反面的方向发展，致使相等的结果出现了 20% 的偏差。抛掷的次数越多，结果就越接近一半对一半。如果扔 100 次，出现正面 49 次而反面 51 次的结果不是不可能的——两者之差仍旧为 2，但差值占全部次数的比重就变小了（2%）。再抛上 100 回，又有可能得到另一种结果，比如 52 次正面和 48 次反面。棣莫弗证明，重复进行抛掷，且让每回抛掷的次数相等，结果的分布总是与扣钟形的误差曲线吻合得很好。

对于抛掷钱币的情况，理论上是可以计算出其误差曲线的形状来的，也就是说，可以以一个精确的公式，描述每一次抛掷的前景。不过，计算的过程十分繁复，对 18 世纪的计算技术而言尤为如此。然而，棣莫弗证明，可以用一个简单的数学方程式相当精确地逼近这一误差曲线。

我们可以把偏离 1∶1 正反面比例的偏差视为“误差”，它使“测量值”偏离其“真实值”。这种说法在一些人看来未免不靠谱，因为如果抛掷钱币做得不偏不倚，计数也丝毫不差，似乎就没有“错误”可言，所得结果完全是机遇使然。然而，拉普拉斯在 18 世纪 70 年代就已经意识到，出现在测量过程中的误差，也同样会出现在结果之中，只是造成这些误差的因素极为复杂，无法给出定量表述，而恰恰是这些因素，导致了结果与真实值的不一致，而且是无规性的。由是，拉普拉斯开始通过棣莫弗的近似公式，定量地确定天文学测量中的误差。

在19世纪初期，法国数学家让·巴普蒂斯·约瑟夫·傅里叶（Jean Baptiste Joseph Fourier，1768—1830）开始广泛地应用误差曲线。作为塞纳地区统计局的局长，傅里叶发表了几篇人口统计学论文，还在将这一曲线引入社会科学领域方面发挥了作用。拉普拉斯也尝试过将棣莫弗的公式应用到社会统计领域。1781年，他告诉人们，巴黎地区的男婴和女婴出生率基本相等，这原本被认为是天意使然，事实上，这只是两个概率相等的前景的可能结果，而结果出现的偏差，正与误差曲线相一致。

凯特莱在巴黎获悉了拉普拉斯得出的结果，对此印象极为深刻，便开始设想一种可能，即误差曲线是人类统计学中的一个基本存在。1844年，他又证明人体参数——身高、腰围等，也有着同样的扣钟形分布。这在凯特莱看来，正是大自然规则有序的表现。去一条熙熙攘攘的大街上走一走，就会看到高矮胖瘦各不相同的人。乍看起来，对人体参数是无法预言的（当然，这些参数是有明显上下界限的），但是，一旦收集了足够的数据，扣钟曲线就会出现。

有序行为

法国科学家使凯特莱领悟到，变化与误差是有联系的。对于人们在身高上的差别，他并不认为这是大自然本身的特性，而认为是对某个理想形式的偏离。随着被涉及人数的不断增加，这种“误差”便越来越不突出。这正是泊松的大数定律所告诉人们的。凯特莱认定，这一规律不单单表现在物质范畴，在一个群体中，个人在诸如气质等方面的差异也会彼此相抵，因此该定律也作用于行为领域中。他在1832年写下了如下一番话：

> 将人类作为一个整体来考虑，它的各个方面都属于物理事实的范围；人数越多，个人的意愿就越会深埋在普遍事实的系列之下，而普遍事实则取决于决定社会存在与延续的总体原因。[22]

既然社会的“存在和延续”显然是人们所需要的，那么，人们的平均行为便是“正确的”行为了。就这样，凯特莱的社会物理学便开始在“平均人”的概念之上建立了起来。“平均人”的种种参数、物理性质乃至道德和审美观念，都代表着应当为所有人追求的完美平均情况。平均的就是出色的——

> 一个能够在某段时期内集中表现出“平均人”的所有品性的人，他此时就代表了人类所有的优、善、美。[23]

由这一推重平均的观点，又引申出了对“非平均”的深恶痛绝——

> 与平均情况的偏离，无论是大是小，都会导致……形体的丑陋和道德的残缺，由是处于不健全的存在状态。[24]

人类在形体与智力上的完美体现在符合数学形式的完美上，这一观念早在文艺复兴时期便已存在①，而现在连衡量完美的定量工具都出现了。回想起来，人们不难看出浮泛在“平均人”理论上的种族纯化和呆板的社会一统化思绪，但在当时那个相信所谓面相学、骨相学的时代，他的理论被视为是完全合理的，尽管这并不能为该理论中恶劣的一面开脱。

无论如何，没过多久，法国政府就发现“平均人”是能够派上用场的。1844 年，凯特莱将 10 万名应召入伍的法国士兵的身高数据，与普遍男性身高的情况进行了对比，结果发现了差异，由此得出结论，大约有 2000 名法国人为逃避入伍，谎报身高从而低于合格下限。

凯特莱在人口统计中所揭示的规律性，给许多同代人以深刻影响，使他们也热衷于此道。杰出的英国天文学家约翰·赫歇尔（John Herschel，1792—1871）在自己 1850 年的一篇文章中，便这样评价了凯特莱的工作——

---

① 比如，美术上认为边长之比为 3∶5 的矩形是最具美感的，达·芬奇便指出，人的面部等诸多器官的尺寸，就都符合这种“黄金分割”的比例。——译者

在种种要靠多年努力、从广泛地域积累起诸多群体的此类数据以求发展的部门，还从来不曾有人取得过如此优秀、兼采集和科学处理物理性数据为一体的成绩。[25]

弗罗伦丝·南丁格尔（Florence Nightingale）① 认为，凯特莱的社会物理学是上帝设计的指示器，希望牛津大学将它开列为一门课程。② 卡尔·马克思也在研究劳动价值理论时，运用了凯特莱的统计定律。杰里米·边沁的功利主义学说的传人约翰·斯图亚特·穆勒（John Stuart Mill，1806—1873），也认为凯特莱的工作支持了自己的信念，即社会与历史都要受到客观规律的约束，而且这种约束也同在自然科学中一样是绝对的（只是较难确定而已）。他在 1862 年出版的《逻辑体系》（*A System of Logic*）中写下这句话时，无疑是注意到了误差曲线的普遍性的——

本性看来似乎最为变幻莫测的事件，单独处理时看不出端倪，一旦涉及足够多的回数，它们就能够以接近数学规律的特征发生，使人们能够预见。[26]

历史的科学性

将凯特莱介绍到英国的，是殷切主张将社会物理学建立在严格定律基

① 弗罗伦丝·南丁格尔（1820—1910）：近代护理制度的创始人，英国贵族，战争期间自愿组织护理伤员的队伍，使看护走上科学的道路。后为红十字会创办人之一。国际护士节（8 月 12 日）就定在她的生日以资缅怀。——译者

② 郎费罗（美国诗人。——译者）笔下的南丁格尔的“擎灯夫人”（她在战地医院工作时，经常夜间亲自提着油灯查房，因此得到这一称呼。——译者）形象固然浪漫，实际上却于她的成就无甚映衬。她实在是严峻多于仁厚——否则，她对改善克里米亚战争中的医疗条件，也就起不了如此巨大的作用了。其实很多人并不知道，南丁格尔非常喜爱数学。在她还是个小姑娘时，就起劲地请求父母找人教她数学。她在克里米亚时，就收集了有关死亡率的统计数据，还提出了以楔形图表反映这些数据的方式。据说，凯特莱的《社会物理学》在南丁格尔心目中不啻第二部《圣经》，她手头就有一部，上面写满了批注。

础上的亨利·托马斯·巴克尔[①]（Henry Thomas Buckle，1821—1862）。他信奉孔德的实证主义哲学，希望使人间万事尽量少受政府的干预。在凯特莱看来，他所归纳出的统计定律是人类无法干预的，政府对它们几乎没有什么影响。巴克尔更进一步认为，对于这些定律，人们连干预的念头都不该起。他也同亚当·斯密一样，极力主张政府应无为而治，必须让民众自己管理自己的事务。他相信，社会会在不受干预的情况下，自动产生“秩序、均衡、法律”，而“介入法律的人，几乎总是社会的阻碍力量而非帮助因素”[27]。

巴克尔认为，持有形而上学观念的哲学家们，过去一直徒劳地通过思考个人行事的原因来解开社会运作的机理。社会统计学这门经验科学，借助于发现数字中的规律，避开了这样的徒劳。为了说明这一点，他觉得有必要借助于历史上的事件，证明这些定律的存在。历史一向是宣讲王公贵族的事迹的，但巴克尔的历史是另外一种：它宣讲的是科学。

康德在1784年发表的《世界公民观点之下的普遍历史观念》（*Idea for a Universal History from a Cosmopolitan Point of View*）一文中指出，个人的不可预测性，会在集体行为中被降低，由此预见到会出现寻求“历史定律”的局面。他说：

> 在追求自身的目标时，小至个人，大至国家……都很少会想到，自己是在不自觉地受着某种天然存在、而自己并不知晓的目的的引导。[28]

巴克尔对此说法是同意的。在他心目中，历史由一种“大真理”辖治着，因此——

> 人的行为……实际上从来就不会是不一致的。无论表面上看来有多么反复无常，其实只会构成某个巨大的、存在着普遍秩序的系统的一部

① 亨利·托马斯·巴克尔：英国历史学家。——译者

分……这便是现代世界内部的规律性。[29]

普遍秩序的概念，是巴克尔在他所撰写的《英国文明史》（*History of Civilization in England*）一书中提出的。他立志要写出一部大部头作品，并于 1857—1861 年完成了第一、二两卷。他本属意于完成一部世界史，但又急于先用一部分篇幅介绍自己的出色理念。但前两部便把他累垮了，结果未等写完全书他便撒手人寰。这样一来，尽管巴克尔认为，历史定律在英国表现得比其他地方更明晰，但这部著述中说的倒尽是些外国的事，本国的内容反倒不多。

在这部涉及规律性的社会统计学大作中，巴克尔引证的许多例子也同凯特莱一样，是有关出生、死亡、犯罪、自杀、婚姻等方面的数据。它对 19 世纪英国自由主义学术风气的形成不无影响，使人们认为，政府职能在大多数情况下非属必要，因此是不受欢迎的，应该无为而治。对此，伦敦统计学会的威廉·纽玛奇（William Newmarch）在 1860 年指出：

人们正在逐渐发现，所有旨在制定或者监管法律执行的努力，如果不是建立在对社会环境的精确了解上，就会导致彻头彻尾、劳民伤财而又风险重重的胡作非为……以往的立法者……想当然……搞出来的规章，最重大的也罢，顶轻微的也好，现在看来统统是各自为政、面面俱到而又不容分说的。[30]

在同一年里，英国经济学家纳索·西尼尔（Nassau Senior）在总结当年的时代思潮时，说了这样的话："人类对定律的服从，几乎会同物质服从定律一样明确。"[31]

对于一部分人而言，这种看待人类行为的新方式实在是太奇特了。1850 年，在查尔斯·狄更斯（Charles Dickens，1812—1870）主编的《居家箴言》（*Household Words*）杂志上，弗雷德里克·亨特（Frederick Hunt）发表的文字妙趣横生，却也流露出怀疑态度：

专家学者们发现并告诉人们，他们在婚姻嫁娶这个秘中之秘的过程中，找到了一直不为人知的定律，而正是这几条定律，决定了红线是如何拴上的。由此，他们取代了古代的占星术士，又占了吉卜赛算命女郎和巫女的上风。[32]

拉尔尔·沃尔多·爱默生（Ralph Waldo Emerson，1803—1882）也讨厌统计定律中所宣示的明确性。他在 1860 年发表的一篇短文《命运》（*Fate*）中，将“这门新兴的统计科学”的基本点，解释为“如果人数足够多，那么，即令是最偶然、最特殊的事件，也会成为可以算得出的确定结果”。他认为这种观念实在过于僵硬，因此这样揶揄说：

在大城市里，哪怕是最偶然的事情，哪怕是妙就妙在其偶然性的事情，也都会被准时地定做出来，一如面包房里到点出炉的早餐松糕——《喷趣》① 会每星期刊出一则令人捧腹的佳作，报纸每天会报道一条要闻。[33]

马克·吐温（Mark Twain，1835—1910）也始终对统计学持否定态度，他［就本杰明·迪斯雷利（Benjamin Disraeli）② 的观点］发表看法说：“谎言分为三等：谎话，大谎话，再有就是统计学。”[34] 认为历史是因为数不多的伟人而成形的尼采（Nietzsche），对统计定律的看法也好不到哪去，他的这一句刻薄话就很有代表性：“如果历史中存在定律，定律就一文不值，历史也就一文不值。”[35]

从人到原子

也有一些人从这种无规行为中所表现出的规律性得到了启迪。社会学

① 《喷趣》为英国著名幽默杂志。——译者

② 本杰明·迪斯雷利（1804—1881）：英国著名政治家、小说家，曾任英国首相和上院领袖，被封为比肯斯菲尔德伯爵。——译者

中统计定律所具有的可靠性，引导自然科学家照此办理，在自然世界中寻找类似的随机过程。麦克斯韦便是其中的一位。

巴克尔的《英国文明史》出版仅过数月后，麦克斯韦便在致朋友刘易斯·坎贝尔（Lewis Campbell）的信中说了这样的话：

> 巴克尔的这部《英国文明史》，我一个晚上就读了 160 页。观点武断，实证主义味道十足，还有从业已被推翻的观点中得出的结论。不过，书中有许多内容带有真正的独创性，是得自脚踏实地的研究，而不单单是绕脑子的把戏。[36]

气体是由不停碰撞的粒子构成的，而粒子的数目和碰撞情况又复杂得没有希望跟踪。麦克斯韦在着手研究气体时便意识到，这样的形势正有如巴克尔所思虑的社会——在社会中，引发个体行为的直接原因是永远无法确知的——

> 人们能够通过实验打交道的最微小的物质，是由亿万个分子构成的，而每一个分子自身，都是人们不能感知的。这样，我们便无从确定任何一个分子的真实运动状况，由是，我们便不得不放弃严格的史学式（牛顿式）的方法，代之以考虑大宗分子的统计式方法……在研究这类量值之间的关系时，我们会同一种新的规律性打交道，这就是平均结果的规律性。而对于所有的实用目的而言，这种平均结果的规律性，都是足够可靠的。[37]

社会统计学家的经验，给麦克斯韦带来了自信，让他相信使用统计方法是可以从微观的混乱中理出秩序的。这体现在他 1873 年所说的这句话中：

> 包含亿万分子的物质的实验中体现出的一致性，就如同拉普拉斯解释过、巴克尔研究过的，由大量不同原因决定的存在中所体现出的一致性，

这两者是一样的。[38]

倘若人们未能从社会学研究中发现，即使在行为的直接原因不明的复杂系统中，也同样存在规律的话，麦克斯韦是否会鼓起勇气，放弃以单个粒子的牛顿力学为基础的追求，即不再考虑解释一切的“严格的史学方法”呢？如若不然，他又从哪里建立起信心，从不健全的有关运动的知识中寻求规律呢？

读过巴克尔的著作后不久，麦克斯韦便开始了研究气体动理论的工作。但在其最初阶段，更多地反映在他工作中的，是凯特莱的分析研究方式。这位比利时科学家对误差曲线的广泛运用，是通过约翰·赫歇尔发表于1850年的评介文章引起麦克斯韦注意的。也就是在这篇文章里，赫歇尔提到了社会物理学与早期气体动理论的联系。

麦克斯韦知道，克劳修斯曾在1857年借助概率论的结果，推导出了分子碰撞容器壁所形成的压强。不过，克劳修斯当时感兴趣的，只是分子的平均速度。麦克斯韦想要知道，分子的速度是如何围绕着其平均速度分布的。据他揣想，既然误差曲线能很好地反映社会物理学中现实与平均行为的偏离，它也理应对他的研究课题起类似的作用。1859年，麦克斯韦在假设凯特莱的误差曲线可以用于描述粒子运动的基础上，证明这一曲线与气体可测定的性质之间存在着关联。

在上一章里我们已经提到，麦克斯韦速率分布在提出时只是一种设想，到1872年才被玻尔兹曼证明，即气体中的所有运动微粒群都遵从这一规律。玻尔兹曼也是知悉巴克尔工作的人，而且很快将物质粒子和巴克尔统计调查中的个人进行了如下类比：

> 分子就像众多的个人，处在各种各样的运动状态之中。气体的若干性质之所以能保持不变，是因为平均而言处于给定运动状态的分子的情况是不变的。[39]

玻尔兹曼将气体的统计性质的不变性，类比为保险公司获得稳定的赢利。1886 年，麦克斯韦的朋友彼得·格思里·泰特（Peter Guthrie Tait）①，对动理理论的统计特点做了如下比喻：

> 就像任何一个人口众多的国家都会出现自杀、双胞胎、三胞胎或“死信”② 等偶发事件，个例的具体情况完全无法预知，它们出现的总体数字却极为稳定。年年如此。[40]

今天的物理学家认为，将统计力学运用于研究社会现象，是种新鲜但又危险的尝试。看来，没有几个人记得当年物理学从社会科学中汲取营养了——在机械论哲学流行的时候，物理学和社会科学犹如一对孪生兄弟，以人的习惯来解释无生命粒子的行为，可是风行得很咧。

不过，将人类的行为归结为统计定律，除了有危险，还存在着局限性。这在其他领域是有大量证明的。当达尔文在 1859 年出版的《物种起源》（*The Origin of Species*）中——后来又更明确地在 1871 年出版的《人类的由来》（*The Descent of Man*）中——将人回归为高度进化的猿时，将从猿到人的进化，归结为以大自然的变化为契机所形成的机会和偶然。以气体动理论来类比进化理论，很快便得到了认可。1877 年，查尔斯·皮尔斯（Charles Peirce）③ 写下了这样的话：

> 达尔文先生提出要在生物学中运用统计方法。这样的做法已在一个大不相同的科学领域里得到采用。这个领域就是气体理论。尽管这个理论无法说出具体气体分子会有什么样的运动，但是，克劳修斯和麦克斯韦还是能够……通过运用概率论知识……推知气体的若干性质，特别是与热有关

① 彼得·格思里·泰特（1831—1901）：苏格兰物理学家与数学家。——译者

② “死信”是指因地址不明而滞留在邮政系统中的邮件。拉普拉斯说明了它在所有邮件中会占固定比例的原因。

③ 查尔斯·皮尔斯（1839—1914）：美国哲学家，实用主义的创始人。——译者

的性质。与之类似，达尔文虽然也不能具体指出发生于每个单独物种的自然选择会造成何种变化，却仍证明了在长期的生存过程中，动物或者会适应自己的环境，或者会努力去适应自己的环境。[41]

达尔文的表弟弗朗西斯·高尔顿（Francis Galton）① 也看出，既然自然选择学说基本上属于统计学理论，同一物种内的自然变异，便应遵从凯特莱的误差定律。高尔顿对人类特性和行为表现的统计分布进行了研究，得出这样的结论：人类中间既有“良”的，也有“劣”的，存在着这样的分布，表明所有人的价值不尽一致。他们作为社会存在的单元，“并不应在选举权和诸如此类的权利上享有平等地位”。[42] 当时距离通过选择性繁殖来改善物种分布的想法只有一步之遥，他在 1869 年出版的《遗传的天才》（*Hereditary Genius*）一书中就有这样的阐述。一方面，将统计学运用于遗传研究的执着，使高尔顿创立了作为生物测量学核心的数学部分内容，亦即对生物变化量的测定。另一方面，高尔顿也因是优生学的祖师爷而在今天声名不佳。优生学一度是左翼社会党人热衷的内容，但后来被极右法西斯分子接受，世人才对这一套东西的真实含义产生了怵惕。

因说了“适者生存”这句话而声名大噪的赫伯特·斯宾塞（Herbert Spencer），给达尔文的进化论造成了许多困惑。在他看来，凯特莱的发现，恰恰证明了可以从进化的角度研究社会。他还从凯特莱的“平均人”概念中，理出了一个大可商榷的观念，这就是通过自然选择，有缺陷的变种会遭到剔除，最终只有一个“完美物种”留下。从更大的范围来看，达尔文主义的统计学内容，导致 19 世纪末期的许多人，将进化论看成同麦克斯韦的动理理论一样的“力学”理论——尽管“力”是未知的，但由它们导致的结果却是确定的。玻尔兹曼就是持这种看法的人之一。

---

① 弗朗西斯·高尔顿（1822—1911）：有多种才具的英国探险家、人类学家、地理学家、生理测量学家与优生学者。——译者

意志和命运

在 19 世纪 50 年代之前，所谓的“统计学家”一般所做的只是收集些社会习惯和趋势之类的数据，而统计学本身，充其量只是政治经济学在经验领域内的一条臂膀。但在此后，统计学便少了些社会科学的名目，更多地带上了方法的色彩，亦即更多地成为所有学科中实现定量化研究的手段。人们看到了这种有关可能性的数学的作用，孔多塞和拉普拉斯就是其中的两位。不过，正如经济学家安东尼·奥古斯丁·库尔诺（Antoine Augustin Cournot）在发表于 1843 年的概率论著述中所说的那样，许多人（他本人并不在内）的看法带有局限性。这就是说，“统计学……基本上被人们看作是对事实的收集，而收集的动机，则是由政界人物发起的。”[43]

1860 年，一位名叫 J. J. 福克斯（J. J. Fox）的英国人，向英国伦敦统计学会提交了一篇论文，首次清楚地阐述了统计学并不是一门独立学科，而是一门技术的观念。在他看来，统计学中——

> 就科学内容而论不存在为自己所独有的事实。它属于数学领域。它无法估量的巨大价值，表现在作为从事其他科学工作的一种“方法”。这一“研究方法”建立在抽象的科学定律之上，建立在概率论的数学理论之上，建立在被人们满意地称作“大数逻辑”的理论之上。[44]

这一评价似乎将统计学放到了最平凡的位置上，犹如欧几里得的几何学，或是牛顿和莱布尼茨的微积分，只是起着工具的作用——而工具无非是些现成的东西，用时拿过来便是了，不是吗？实际情况却远非如此，这使人们意识到，19 世纪的科学家虽然深入地探讨了自己工作中涉及的哲学基础，但依然深受宗教观念的影响。统计思想同与其相对的自由意志，都对动摇宗教观念起了很大的作用。

用统计方法研究社会科学，从一开始便引起了争议。统计学越是接近于揭示出有关社会的自然定律，以及这些定律对于人作为个体的行为所应具有的意义，就越是无法忽视。这个问题很可能正是初次同新登堂入室的“社会物理学”打交道的人最早想到的。有关人们在 19 世纪所进行的激烈争论（用“激烈”二字并不过分）的资料，向我们揭示了当时争论的内容。

第一个是因果问题，即通过回溯从结果中推断出原因。许多统计学家相信，只汇集数据而无意理解它们是没有多大意义的。他们这样认为不无道理。然而，这种理解本身立即就会引发政治非难。统计学在 19 世纪初期（当今的社会学也是如此）的一个关注焦点，就是犯罪现象。统计学能够告诉人们如何减少犯罪改善社会状况吗？要想实现这个目标，就需要推断犯罪的原因。

数字之间是有关联的。不过，这不一定是指因与果的关联。有一句话几乎成了今天统计学家的口头禅，这就是“关联未必涉因果”——只是这一层意思未必一直能被人们牢记。这就是说，即使两组统计结果反映出同样的趋向，也不一定能说明其中一组是由另一组造成的。然而，在统计学的早期，不少人怀着某种先入之见，一旦发现相符之处，便动辄给出由因致果的断言。当一位名叫 A. 塔扬迪耶（A. Taillandier）的法国人于 1827 年发现，在关押入狱的囚犯中，文盲占了 67% 时，便自信地得出结论：“这无比有力地证明，无知正与懒惰一样，是所有罪恶的渊薮”[45]。（此公甚至不屑于再补上当时全民中的文盲比重——也许他根本就不知道。）

鉴于此种滥用统计结果的现象，英国伦敦统计学会（Statistical Society of London）于 1834 年发表文告，旨在规劝统计工作者不得逾越应有的界限。包括马尔萨斯、查尔斯·巴贝奇（Charles Babbage）① 和威廉·胡威立（William Whewell）② 等学会创立人都参与了此文告的起草工作。文告说：

> 统计科学与政治经济学有所不同。尽管它们观察的是同样的对象，但统计学并不根据可能的结果探讨因由，它所从事的只是收集、整理和

① 查尔斯·巴贝奇（1792—1871）：英国数学家和发明家，数字计算机理论和实践的先驱人物。——译者

② 威廉·胡威立（1794—1866）：博学多才的英国科学史学者与力学家。——译者

比较。[46]

英国档案总局（British General Register）的威廉·法尔（William Farr）也响应该学会的呼吁，在 1861 年对南丁格尔说，他希望统计工作“不带任何观点……统计学家与因果论没有任何关系……统计学著作就应当是所有著述中最干巴巴的”[47]。真弄不清这是褒还是贬。也许两者都有。正如阿尔逢斯·德·康多（Alphonse De Candolle）①在 1830 年所说，统计学能够成为政策制定者手中的“一柄折不断的双刃剑”。[48]

第二点是统计学应当对未来的可能性有何种建言，即通过展望给出何等结论。

写在统计表格中的社会数字，仅仅是对事件的记录，不会引起争议。不过，随着统计数字表现出预言能力而使统计学得到垂青，这门学科也就被赋予了全新的意义。例如，1790 年初，在世的英国人中，每 100 人有 6 人在年末时逝去，1791 年和 1792 年也是如此，那么，当 1793 年新年来临之际，人们是不是有理由认为，当前活着的英国人中，有 6% 的人将无法度过这一年的圣诞节呢？看起来，这样的结论再合理不过，然而，这种推论惹来了激烈的争议。

掌握已经发生的情况是一回事，而判定将要发生的情况却是大为不同的另一回事。诚然，死亡率不是铁定的常数——可能在 1791 年每 100 人中有 5 人死亡，在 1792 年每 100 人中却有 7 人死亡。不过，与每 50 人中会有 20 人死亡的说法相比，认为 1793 年中每 100 人中将有 6 人故去，毕竟是比较接近的。然而，这一预言却引发了当年一片愤怒的反对声浪。死亡率怎么能事先预知呢？要是这一年里欧洲发生了某种致命的传染病呢？说不定会爆发一场战争呢！又或许这一年是个康泰年，100 人中只会死去 1 人呢！是啊，这些事情会不会发生，没有人能打包票。

这是因为统计和概率是不同的。统计涉及的是代表事实的数字，只要

① 阿尔逢斯·德·康多（1806—1893）：瑞士植物学家。——译者

计数方法对，得到的内容都是确定的；概率却是与未知打交道的。因此，在一些哲学家和科学家眼中，这两者恰有如桔同枳，不能混同一谈。将它们放在一起，不仅在数学和逻辑上不合适，而且还会弄出一个宣传宿命论、破坏自由意志的异端来。

早在1784年，康德便已经从苏斯米尔奇的出生和死亡统计表格所反映的明显规律性中，认识到其中涉及自由意志与某种决定论的冲突：

> 无论对自由意志持有何种观念，从形而上的角度来看，其外在表现都是人的行为，因此也像其他自然事件一样，应当由普适法则所确定。[49]

不过，对于统计学中的规律性，也不难借助神学信条对付，即将其理解为神明自有大智慧的表现。比如，男婴和女婴的比例基本相同，就可以诠释为神的意旨，是神在俯允每个人都有婚配的机会，从而维系社会的稳定。

不过，对于统计学所揭示出的其他恒常的内容，未必就能如此轻松地做出解释了。哪位神祇会安排，使得自杀率、谋杀率或者别的犯罪率逐年不变呢？面对这样的数字，即使是不信神的人，也会难以理解。对于一名持无神论观点的生物学家来说，要解释出生婴儿的两性比例关系也许并不困难，但诸如自杀和犯罪之类的存在，完全是由人的意愿导致的，很难与任何自然“机制”明确挂钩。

在凯特莱看来，由于犯罪之类行为中存在着统计规律，遂使这类故意性行为超出了由个人负责的范围。因此，凯特莱是最早提出犯罪源于社会而非邪念的人。他认为，犯罪的致因“不在于个人的意愿，而源于在我们称之为‘人们’的构体中，存在着我们可称之为另类意志与习惯的禀性，而且很难摆脱掉”[50]。换言之，“苍天作证，决定了我干这种事的是社会呀”。凯特莱本人还有一句话形容犯罪，那就是它乃是“用来恫吓规律的一笔预算”[51]。在机械论盛行的年代里，这就等于说，社会上的种种情况，会造就某一确定比例的犯罪分子，如同存在着某种“作用力”，强令一些人去违法，直到达到某个限额为止。在这种哲学中，整个世界是绝对决定论式的，根本没有自由意志的立锥之地。

这岂不是为罪犯开脱的绝好借口吗？这一论点立即招来了调侃的回应：顺理成章，那也存在着一种决定论式的作用力，使法官必然对罪犯做出判决，好达到当年的囚犯限额呀！不过，在 19 世纪的 60 年代和 70 年代，还是有许多人对凯特莱和巴克尔的统计学滑向决定论的趋势深感不安。威廉·赛普勒斯（William Cyples）① 在英国刊物《康希尔杂志》（*Cornhill Magzine*）上著文慨叹，认为人类正面临一种威胁："以数字和小数点表示的命运，它不是以人，而是以平均数的形式降临世间"。[52] 1860 年，阿尔伯特亲王（Prince Albert，1819—1861）曾在伦敦的国际统计大会上说，有人认为，统计学"在人们的认识中剥夺了'全能的主'能够任意行事的本领，使他成了区区一部机器，这必然导致泛神论，毁掉真正的宗教"[53]。

著名的俄国小说家费奥多尔·陀思妥耶夫斯基（Fyodor Dostoeusky，1821—1881）在《地下室手记》（*Letters from the Underworld*）中，借书中人之口，对统计学决定论大发了一通脾气，因为——

> 要知道实际上，唔，如果真的找到我们的一切意愿和任性的某种模式，即它们所依靠的是什么，是按照什么规律发生的，是怎样扩展的，在这样那样等等的情况下又是向什么方向突进的，就是说，找到真正的数学公式——那时人们也许就不会再有意愿，而且大概还真的会不再有了呢。[54]②

如果这种情况果真如巴克尔所坚信的那样，是的确有可能的，那么，未来的前景可真就不妙了——

---

① 威廉·赛普勒斯（1831—1882）：英国作家。——译者

② 有关《地下室手记》的文字，均转引自伊信译、蔚乾注的中译本，商务印书馆 1995 年版。——译者

人的一切行为到那时，不消说将按照这些规律计算出来，按照数学方式，像对数表那样，直到十万八千位，并载入到历书里去；要是更好些的话，那将出现某些像现在的大百科全书那样用意良好的出版物，把一切都如此准确地计算和标示出来……他立刻会从人一变而成为风琴上的小销钉或者诸如此类的东西。[55]

为了避免这种推理式的、数学性的命运，陀思妥耶夫斯基笔下的那位山野派文人认为，人们必须不停地调动自己的意志力，不惜将自己弄到失去行动理性或者简直疯狂的地步——

他们又有什么根据而一定认为人必须合乎理智地具备图谋利益的意愿？人只需要独立的意愿，不管这种独立的价值如何，也不管它会导致什么。[56]

列夫·托尔斯泰（Leo Tolstoy，1828—1910）以比较审慎的口吻，在《战争与和平》（*War and Peace*）一书中，对巴克尔决定论式的历史观表示了异议。按照托尔斯泰自己的说法，他的着眼点是自由意志与必然的关系。他怀疑巴克尔的这一“新的历史概念”是否能回答国际事务中的根本问题，就是“推动各民族前进的力量是什么呢？”[57]①但是，即使承认这种力的存在，似乎也会使人能够选择自己命运的说法打上折扣：“一粒物质不会告诉我们，它完全觉察不出相吸或相斥的法则，所以那个法则是不正确的。然而，对于作为历史主体的人，我们可以直接明白地说：‘我是自由的，因此我不服从任何规律。’”[58]托尔斯泰的结论是，这种藐视法则的态度，来自人们对事件的原因还有一部分未能掌握到。“对于历史来说，自由意志仅仅是对我们已经知道的人类生活规律中、那些还不知道的剩余

① 本书中有关托尔斯泰的《战争与和平》的引文，均摘自刘辽逸译的中译本，人民文学出版社 1989 年版。——译者

部分的另一种表达。”[59]

作家兼文学评论家摩里斯·伊文·黑尔（Maurice Evan Hare）在 1905 年所发表的见解，怀疑的味道就更浓了——

有人抱怨好命苦，
缧绁之下难自主，
汽车尚能偏些许，
人在有轨电车路。[60]

自由意志论者也反对说（他们振振有词），从反映事物因果关系的角度看，统计规律并不是真正的法则，因此与牛顿的重力定律不同，不能施之于个人，与每个人的可能行为没有任何关系。相反，19 世纪人们对自然理性的信仰使其将统计规律视为自由意志的表现——就连康德，不是也认为，自由意志本身会引导人们趋向于有序行为吗？在他看来，不应当将自由意志视同为所欲为，而应当恰恰相反。

从现代观点看，还有其他一些问题要考虑。找出最不可预知的无规，听起来似乎是可行的，但情况未必如是（对此在第 10 章还将专门讨论）。从较远处观察，无规就会变成全面均一：气球中的一团气体，分子是纷杂运动的，结果会向所有方向均匀地推挤，使气球膨胀成圆球形。一些在人们看来最为复杂的现象，实际上并不是无规的。一台未经调试的电视机，屏幕上所出现的纷乱“雪花”，最终会形成一幅看上去单调不变的图像；电影的情节并不是无规则的，但下一步会如何，观众却永远拿捏不准（这一点大概是普遍现象）。

社会行为中存在着某种规律性和秩序，而且不是来自任何对参与者命运的事先安排，而是来自参与者非常有限的可能选择范围。对此后面会有讨论。当我们沿着一条过道走动时，可以选择在两道墙壁之间走“之”字，也可以像托勒密描述行星运动的本轮那样兜着圈子前进，不过，只要是心智正常的人，都会笔直行走，并不会做出前两种选择。

此外，在本书中，我们还将遇到一些并非稳定的现象，它们会在两种不同的行为方式间突然切换。18 世纪和 19 世纪的人们相信，社会具有一种平衡能力，会自行维持着自身的稳定而保持不变。对于这个问题，我们将更多地研究种种选择方式的形成，以及由此可能导致的突然变化。

能干的精灵

如果说社会统计学是在个人的层面上对自由意志提出了挑战，那么，由克劳修斯归纳的热力学第二定律在更深层次上涉及的决定论，也同样使人感到困惑。汤姆森和亥姆霍兹在 19 世纪 50 年代提出，熵的无可逆转的增加——亦即热量永远会从热处流向冷处，意味着宇宙将走向“热寂”，即所有的造物将回归为轻烟，世界将成为一无用途的热团块，不能再现生命所需要的秩序。不妨说，宇宙以大爆炸始，以小躁动止。热力学第二定律明确表明，在最后的死寂到来之前，所有的变化都有一个首选方向，就是使熵值增加的方向。这岂不是向我们启示着，由诸多各行其是的“原子”构成的人群，是否有确定的行事方式，一如山顶的小球必定会顺山坡滚下一样？自由意志意味着既可此、亦可彼，第二定律则仿佛告诉人们，千变万变，不离其宗。

在对牛顿运动定律作用的看法上，麦克斯韦也和拉普拉斯一样，是位决定论者，但他又强烈地认为必须假定上帝存在，因此与后者不同。麦克斯韦是虔诚的基督徒，却不能接受一个听任上帝将人类的自由意志完全剥夺的宇宙。那么，自由意志应当如何在不违反热力学定律的前提下有所行动呢？阿尔弗雷德·丁尼生（Alfred Tennyson）[①] 从原子的宿命论中脱了身，但他是位诗人，这样做情有可原，而科学家则无权这样。麦克斯韦重复了丁尼生笔下自述的这样一个梦境：

① 阿尔弗雷德·丁尼生（1809—1892）：19 世纪英国著名诗人，有传世作品《尤利西斯》等。——译者

看到原子流闪光曳曳，
飞驰在无垠的宇宙里，
不断地飞行，直至发生撞击，
再飞行、再撞击，再飞行、再撞击，
永远如此下去。[61]

麦克斯韦注意到，丁尼生“试图使他的原子在说不准的时刻和拿不准的地点偏离原路径，以此打破命运的羁绊，由是使它们得到某种非理性的自由意志”[62]。

麦克斯韦本人的答案更复杂些。他认识到，热力学第二定律是一条统计规律，也就是一条“大数定律”。1867年，他研究出了解释这一宇宙规律的途径，用他本人的话形容，就是“钻出了一个小洞”。他指出，统计规律的必然性，出自人们没有掌握足够的知识：我们不知道，也不可能知道所有分子的运动情况，连其中的一小部分也没有掌握。但从理论上说，这一切并不是不可能掌握的。麦克斯韦告诉人们，假设有一个“观察能力极强、身手又很敏捷的家伙”[63]，小巧得能够看到一个个飞驰的原子，那么，他就能够改变热力学第二定律，做法是：专门挑出沿某个确定方向运动的分子，然后结合自己的超级知识行使自己的自由意志。

比如，这个有本领的家伙可以在装有气体的容器内装上一道活门，使容器一分为二。他只让这道活门在气体分子向某个方向运动时打开，这样，他便能控制一方的分子数增加，于是压强也增加，而另一方则随之减小。由是，他便得到了违背热力学第二定律的结果，使粒子系统实现比开始时可能性更低的位形。如果人类打算在容器的分隔壁上打一个洞，却除了导致两侧的压强相等，永远不会有别的结果——这就是说，迄今为止，得到的通通只是最“可能”的前景。

汤姆森将麦克斯韦的“家伙”改称为“小精灵”，于是便出现了这个称为“麦克斯韦妖”的概念——尽管虔信宗教的麦克斯韦本人对这一名词相当不喜欢。这一设想看来取得了成功，但麦克斯韦仍然担心，单靠这个

“妖”，还不足以拯救自由意志。整个 19 世纪 70 年代，他一直在寻找物理定律中的其他漏洞，试图在不违反能量守恒原理（即热力学第一定律）的前提下，给自由意志以用武之地，然而始终没能成功。20 世纪 40 年代，通讯工程师克劳德·香农（Claude Shannon）[①]将热力学与信息论结合到一起。在嗣后的数十年间，科学家们在麦克斯韦的论证中发现了不严格之处：他没有考虑到在处理信息的过程中会涉及的热力学内容，而这是“麦克斯韦妖”必然会卷入的。这就是说，它在决定开门时，必然会导致熵的产生，而且至少等于让分子通过时“省下”的熵。到头来，就连“麦克斯韦妖”，也逃脱不了热力学第二定律的手掌心。

有不少人认为，量子力学使概率进入了物质的核心，从而摧毁了牛顿力学的决定论天下。诚然，生活中实际物体运动的不确定性，即在麦克斯韦和玻尔兹曼的统计力学中揭示的内容，和存在于原理中、体现在埃尔温·薛定谔（Erwin Schrödinger）[②]的波动力学出现在沃纳·海森堡（Werner Heisenberg）[③]1927 年提出的测不准原理（Uncertainty Principle）中的运动的不确定性，其实是不同的。量子力学告诉人们，有些东西人们不但不知道，也根本不可能知道。

然而，通向量子力学这一概率性物理的道路，无疑是 19 世纪末进入“经典”物理学科的统计学打开的。1918 年，波兰物理学家马理安·斯摩鲁乔夫斯基（Marian Smoluchowski）曾认为，概率论将成为现代物理学的核心内容——

> 从这一趋势得到发展以来，不曾受到影响的只有洛仑兹方程、电子理论、能量定律和相对论原理。然而，情况很可能是，随着物理学的发展，

---

① 克劳德·香农（1906—2001）：美国数学家，信息论创建人。——译者

② 埃尔温·薛定谔（1887—1961）：奥地利理论物理学家，1933 年诺贝尔物理学奖获得者之一。——译者

③ 沃纳·海森堡（1901—1976）：德国物理学家，1932 年诺贝尔物理学奖获得者。——译者

即使是这些今天看似精确的定律，也可能会被统计规律取代。[64]

社会统计学在19世纪的历程使科学家相信，虽然人们不理解各个事件的确定原因，甚至无从提出可信的解释，但自然界中毕竟存在着大规模的秩序和规则性。倘若没有这一步，统计成为科学的道路还会更为艰难。有鉴于此，人们是应当相信大数中存在着规律的。

第4章

突如其来

——为什么有些事情会突然发生?

大自然自有其统领万物的最佳方式。而且，如果人们努力探看，认真倾听，大自然有时是会明明白白地将这些方式揭示出来的。[1]

爱默生（1860）

在将统计方法运用于研究过程时，我们并不去追随系统的整个运动过程，而集中关注某个特定的阶段，并判定系统是否处于该阶段，其进入和脱离该阶段的时间是什么。[2]

麦克斯韦（1878）

引力作用、磁力作用和电力作用都能够达到可观的距离之外，这是一般人都能观察到的。然而，可能也会存在一些其他的力，它们的作用只存在于很小的距离内，因此尚未被观察到。电的吸引作用可能就是这样的。[3]

牛顿（1704）

在库尔特·冯内古特（Kurt Vonnegut）[①] 的《猫的摇篮》（*Cat's Cradle*）[②] 一书将近终篇处，有一件事发生了。从一开始，它的发生就是不可避免的，但是，它的发生仍使人心惊肉跳——

> 传来了一阵声响，就像是一扇门轻轻地关上了。这扇门有天那么大，天堂的巨门轻轻地关闭了。真是突如其来呀。[4]

书里所说的是海水结冰时发出的声响。这冰可不是普通的冰，普通的冰是地球的温度降到0℃以下时，从极地一路伸延形成的。而在冯内古特的这本书中，所结的冰是“冰-9”——据说这是一种特别的冰，100℃时都不会融化。如果有一块“冰-9”落入海中，就会使整个大海立即变成这种固体。

这就是此种冻结的本性：突如其来。要么是可以流动的液体（温度高于其熔点时），要么是硬邦邦的固体（温度低于此点时），不存在介于两者之间的状态，也就是说，水在变成冰之前，不会像糖浆那样黏糊上一阵子。水变成冰时，永远是说变就变。水在烧开时也是如此：要么在壶里或者锅里翻滚，要么成为一股股白汽逸去。[③] 对它来说，存在着一个转折点，在这个点上，液态的水会毫不拖泥带水地变成蒸汽。

这种发生在固体、液体和气体间的转变称作相变（Phase Transitions）。从气体的动理论，到从分子水平上理解物质的其他存在形式，相变正是其间缺失的链环。无论是冰、水，还是水蒸气，物质微粒都是完全相同的，都是三个原子的组合——水分子 H_2O。[④] 不过，在这三种组合中，水分子的组织状态是不同的，在气体中彼此分开、无规乱动，在固体中定点驻扎、

① 库尔特·冯内古特（1922—2007）：美国作家，作品多具讽喻性。——译者

② 有中译本，刘珠环译，译林出版社2006年版。——译者

③ 其实，人们看到的水面上的白汽仍然是液体，是水蒸气与温度低于它的空气相遇而凝结成的微小水滴。水蒸气本身也和空气一样，是人的肉眼看不到的。

④ 严格说来，情况并非完全如此。有一小部分分子会缺失掉一部分，成为叫作离子的带电粒子。

寸步不离，在液体中则推推搡搡、熙熙攘攘。

麦克斯韦和玻尔兹曼解密了气体行为的微观机制。然而，对于液体和固体，统计力学又能有什么作为呢？根据麦克斯韦 - 玻尔兹曼气体理论，是根本得不出任何与“说变就变”有关的结论的。19 世纪的科学家都晓得，冷却是将气体变为液体的方法；进一步冷却，液体又会变为固体。但根据气体动理理论，温度降低，只会使分子的平均运动放慢些，扣钟形的曲线会收束些、尖陡些，峰值会向低速度方向移动些。如果使温度降到可能实现的最低点——零下 273℃，即绝对零度，分子就不再具有能量，也就不再运动了。然而，这一理论中并不涉及任何使物质整齐地排列起来、形成像冰一样的晶体结构的内容。理论归理论，实际情况却是物质会在远未降到绝对零度之前便成为固体。况且在此之前，还会有液体形成呢。

本章涉及的内容是相变，而它也正是社会物理学的核心概念之一。其他一些领域在解释社会中出现的突然变化时，也使用了这一概念，只是有些人用而不知，另有些人则用类比的方法使用。汤姆的灾变论或者马尔科姆·格拉德威尔（Malcolm Gladwell）① 针对趋势、规范和时尚变化所提出的“引爆点”概念，都是这样的例子[5]。后现代派建筑师查尔斯·詹克斯（Charles Jencks，1939—2019）认为，“在相变中演化的宇宙，充满创造，充满惊奇，这种组构的突兀跳变”，证明着世界构筑在惊奇、“不遵守对称”和明白无误的不稳定之上。[6] 托马斯·库恩（ThomasKuhn）② 在研究科学思想进化的理论中所提出的“范式转移”[7]，也多少是在类似于相变的基础上提出的。但是，我们后面将会看到，相变并不仅是一个代表行为或者思维方式有突然转变的方便比喻，而是的的确确会发生在社会生活中；而且从某种意义上说，以理解社会为目的的物理理论，如果能够理解这种相

① 马尔科姆·格拉德威尔（1963— ）：一位为美国杂志《纽约客》撰稿多年的英国作家。——译者

② 托马斯·库恩（1922—1996）：美国科学史学者与科学哲学家。他的《科学革命的结构》与《必要的张力：科学研究的传统和变革》都曾引起科学工作者与自然哲学家的普遍关注。——译者

变，也就能直接将其转变为对社会行为的描述。

相变在统计物理中作用重大，不过在这里无须多谈。读者们只要知道相变的确存在，相变是突然发生的，以及相变与物质的形态——物质粒子以不同的方式排布——有关也就够了。然而，在社会物理学内，有一点是至关重要的，这就是：要想对这门新兴学科有所了解，多少得具备一些相变为什么会出现，以及相变如何出现的知识。变化的奇特突发性，正是与相变有关的。不然的话，每个粒子都好端端地，又怎么会突然有如商量好了似的，一下子说变就变呢?

接续性问题

从表面上看，正是由于这种突发性，使得气体动理论不能解释相变的事实，似乎并不是什么紧迫问题。突发性似乎意味着，就在水蒸气凝结为水的当口，发生了某种特别的事情，而如果水蒸气仍保持为水蒸气状态，这种情形就不会出现。气体动理论无法解释相变，固然表明该理论中缺失了什么。不过，如果只限于在水的沸点之上的温度范围内解释粒子的行为，该理论不是还蛮有用的吗？可惜，19 世纪的物理学家知道根本不是这么回事。因为他们了解到，气体是可以无须经过相变而转变为液体的。当时流行的术语将这一现象称为两种物态间的接续（Continuity）。

一位名叫查尔斯（Charles）、封号为卡尼亚尔·德·拉杜尔（Baron Cagniard de la Tour）男爵的法兰西贵族，是第一个证明了存在此种现象的人。他在 1822 年发现，如果将乙醚、乙醇或者水密封起来加热，它们都可以在液态和气态间平滑地来回转变，不经过蒸发和凝结。1830 年，约翰·赫歇尔做了如下结论：

> 毫无疑问，物体的固态、液态和气态，无非是从一个极端向另一个极端逐渐过渡的几个阶段。无论这些阶段如何明显地表现出形态的彼此不同，其实归根结底，它们之间并不存在什么突然的或者说截然的分界线，

它们会以难以觉察的差异渐渐地变化。[8]

通过对这一“卡尼亚尔·德·拉杜尔状态”的认真研究，在苏格兰贝尔法斯特的女王学院工作的化学家托马斯·安德鲁斯（Thomas Andrews，1813—1885）在 19 世纪 60 年代得出了如下结论：

> 总而言之，通常情况下的气体状态和液体状态，实际上只是处于同样条件下的物质采取了远远隔开的形式，可以使它们通过一系列变化进入另一种形式，而变化之细微是根本不致破坏接续性的。[9]

这种接续性只在高于某个特定的温度时才能表现出来，具体温度则因物质不同而异。如果低于这个温度，发生的一定是突然的相变。这个特定的转折点称为临界温度（The Critical Temperature），也可简称为临界点（The Critical Point）。①

荷兰物理学家约翰尼斯·狄德里克·范·德·瓦耳斯（Johannes Diderik van der Waals，1837—1923）将气体的动理理论运用到液体上，解释了这一切。他是在 1873 年撰写博士论文时做到这一点的。其实，在一开始时，范·德·瓦耳斯只属意于解释毛细理论的某些方面，并不曾有这样大的抱负。他以拉普拉斯 19 世纪初的成果为基本出发点，研究了液体在贴近固体表面时的行为。不过，范德瓦耳斯在 19 世纪 70 年代的这场深入研究，结出了丰硕的果实。

动理理论解释了分子运动是如何产生气体压强的。范·德·瓦耳斯知道，液体也会在其接触的表面处产生压强。实际上，这一压强会相当大，有可能达到上千个大气压——这是因为，液体比气体浓稠得多，因此给定面积向外冲撞的分子要比在气体状态时多得多。然而，没有人知道该如何根据液

① 水的临界温度为 374℃。这就是说，在温度低于 374℃时，从液体水到气体水的转变就必然要通过相变实现；如果高于 374℃，就可能使水在不发生突变的情况下，平滑地从液体形态进入气体形态（通过改变压强进行）。

体的物理性质计算压强的大小。范·德·瓦耳斯想要做的就是这个。在当时的理论中，能够由单个分子的微观运动计算出大量同类分子产生压强的只有一个，就是气体的动理理论，因此，它也就是范·德·瓦耳斯的出发点。

液体也和气体一样，是由纷乱地高速运动的分子构成的。但液体又不同于气体，它具有一定程度的内聚性。雨水在下落的过程中会呈雨滴状，就是由于这种性质导致的。拉普拉斯曾在 1806 年假设，液体的内聚性来自所有的液体微粒具有一种相互吸引的倾向。液体之所以会表现出张力——位于表面的分子会互相牵拉，形成有如皮肤的表层——正是由于这种吸引力的存在。

气体动理论中是不需要考虑这种吸引力的。这倒不是因为这种吸引力只存在于液体分子间而不存在于气体分子间。吸引力在气体和液体间都是存在的，不过它的作用范围非常小，一旦两个分子间距离大过分子本身的尺寸，吸引力通常就会弱得可以忽略不计。对气体而言，分子间的平均距离要远远大于此，因此全然不会接近到“形同身受”的程度。在气体中，分子的确会偶尔接近，还会相互碰撞。不过，由于分子运动得太快，吸引力不会导致分子“黏连”到一起。因此，忽略气体中的这种吸引力，是行之有效的简化。要想描述液体中的压强，范·德·瓦耳斯将液体设想为带有某种黏性的气体，也就是受到吸引力作用修正的气体。

他还在自己的理论中增加了另外一个因素。分子是很小的，但并不是小到了极点。然而，在被立为标准的动理理论中，它们被视为无穷小的“几何点”，只有质量而无大小。范·德·瓦耳斯认为，由于液体比气体远为稠密，分子所占据的空间就不会再是无关大局的了。这样一来，供分子移来动去的地方，就不再等同于液体在容器中所占的体积，而是小于这个值，相差的部分就是所有分子的总体积。

这根本不是什么全新的观点。在 18 世纪时，丹尼尔·伯努利便已提出分子的大小是需要考虑进来的。1863 年，法国科学家古斯塔夫－阿道夫·伊恩（Gustave-Adolphe Hirn）也研究过，分子的尺寸及分子间吸引作用的存在，会对气体的运动有什么影响。当时已经知道，许多气体并不十分遵从气体定律（也不遵从可以据以归纳出这些气体定律的动理理论）给出的结果，而且普遍的观点认为，这种与定律的偏离，正可能与诸如分子有确定的大小以及彼此间存在吸引作用等因素有关。

是范·德·瓦耳斯的题为“论气态与液态的接续性”的博士论文，将有关的所有观念结合到一起，使人们对液体和气体的认识统一到了一起。在提出若干项对于分子吸引作用和分子大小的影响的设定后，这位荷兰人证明，在温度与压强不超过一定范围的前提下，流体可以从两种不同密度中取其中一种存在。他认识到，在这两种密度中，较大的必定代表着液体，较小的一定是气体。此外他又看出，随着被不断压缩或者冷却，气体会在某个当口变得不稳定起来，从而转变为液态——他这是在预言着相变的存在呢。[①]

此种转变中最重要的一点，是它发生得突如其来。使气体冷却，不断降低其温度，它一直都会是气体……接下来——突如其来地，它就成了液体了。范·德·瓦耳斯告诉人们，流体的密度不是可以取任何值的，这个值要么较小（气体的），要么则大了不少（液体的），但不会介于这两者之间。这两个密度是这一群分子仅有的两个稳定状态。这一点是个关键，请大家务必牢记于心。有人也许会看着这些粒子说，“嗨，我倒挺想把它们摆弄成另外的样子”。好哇，敬请动手。不过，就算弄成了，到头来也会发现，这个“另外的样子”其实并不是这个系统的稳定状态，过不了一会儿，这些粒子就又返回到两种可能位形中的一个。

换言之，当事关集体行为时，并不是一切都是可能的。

液体和气体的接续性是怎么回事？“接续”可是范·德·瓦耳斯写在他的论文题目上的呢！他的理论预言说，随着温度的持续升高，气体状态的密度与液体状态的密度会不断减小其差值，并在某个温度上消失，致使流体只存在于一个状态上。这时，它既不是液体，也不是气体，而是介于这两者之间。他所预言的便是临界点。

① 不过，范·德·瓦耳斯并没能明确给出，相变将于气体温度或者压强变化到哪一步时发生。麦克斯韦对范·德·瓦耳斯理论持谨慎的支持态度，并于几年后补上了这部分内容。

范·德·瓦耳斯理论的重要性并不是马上能够显现的，但对下面的内容却至关重要。当流体发生状态变化，从气体变为液体或者反过来变化时，每个微粒本身并不发生改变。它们的行为仍旧像是些硬硬的小球，每个小球都带有自己的在短距离内发生作用的吸引力场。然而，它们的集体状态却截然地（而且突然地）变得不大相同。这会儿是空荡荡的气体，下一会儿便成了黏糊糊的液体。凝结啦，蒸发啦，都跟单个分子“不搭界”——这两种过程都是说发生就发生了，像是所有的分子都下了决心同时一齐干一样，只不过分子是没有决心可言的。因此，我们不能通过单单考察一个分子，就说什么“瞧啊，这显然是一个想要形成液体的粒子”。要想知道会不会发生这类行为，只能通过许许多多的一整群粒子。

范·德·瓦耳斯找到了产生这类行为的必然原因。表面上他似乎认为，单靠分子间的吸引作用已足以促成气体的液化。但事实上，分子间存在着吸引与排斥这两种作用的微妙平衡。范·德·瓦耳斯认为，热会使分子受到某种排斥作用，这其实就是说，分子的迅速运动会使分子经历到某种排斥作用。然而在实际上，既然他将分子大小纳入了自己的思考范围，他也就将排斥作用纳入了自己的理论。分子有大小，就意味着它们彼此接触之机，就是不可能再进一步靠近之时。也就是说，两个粒子一旦发生接触，就会有一种排斥力出现。这看起来是十分明显的，不过，如果忽略分子的大小，将其视为无穷微小的质点，它们就能够彼此无限接近。

因此，相变是相互妥协的结果。吸引与排斥的平衡，造就了稳定的液体。如果无序之力（也就是热）占了上风，气体就成了更具稳定性的形态。此外，由这两种因素间的张弛所造成的变化并不是渐进的，而是突兀的——不是这一方取得滑坡式的优势，就是那一方赢得雪崩般的胜利。这种滑坡，这种雪崩，就是“突如其来”。

统一性原理

范·德·瓦耳斯的这一理论，对统计力学进入物质液体状态研究领域起了一定作用。他的这一结果得到了广泛赞誉。麦克斯韦本人便断言："毫无疑问，范·德·瓦耳斯这个名字将很快出现在分子科学研究领域的最前列。"[10]事实的确如此。1910年，范·德·瓦耳斯获得了诺贝尔物理学奖。其实，这一理论在一开始似乎并未对物质的普遍行为做出任何阐述。它没有对将液体和固体分开为不同状态的相变——凝固与熔化——做出描述。它更没有表现出与物理学在任何更大范围内的关联。

然而，相变是能够在完全不同的形势下出现的。如果加热磁体，其磁性会消失（而冷却后又会恢复磁性）。人们认识到这一现象已有数百年了。就磁铁而言，这一变化发生在770℃左右，这样的温度，是中世纪时的铁匠炉能够达到的范围。就在范·德·瓦耳斯在莱顿（Leiden）大学提交博士论文的同一年，威廉·巴雷特（William Barrett）[①]提出，加热导致的"退磁"不是一个渐进过程，而是在温度达到某个特定点时突然发生的，这就是说，它是一种相变。

1889年，英国伦敦大学国王学院的约翰·霍普金森（John Hopkinson）[②]得出了一个重要的结论，这就是：一是退磁现象，一是液体在临界温度时会丧失明显的液体状态和气体状态的特点，两者具有相似的定量数学表达形式。稍后，法国人皮埃尔·居里（Pierre Curie，1859—1906）（他的妻子就是著名的居里夫人）也在1895年做出了同一结论。不过，人们往往将这一发现归功于后者，原因在于提出磁性变化理论的人是法国人皮埃尔·外斯（Pierre Weiss，1865—1940），而他在1907年提出这一理论时，将退磁的临界温度称为"居里点"，以纪念这位一年前因车祸去世的同胞。[③]

铁块中的原子并不像液体或者气体那样纷乱，而是像禽蛋运输箱中的蛋一样整齐排列着。不过，在外斯的理论中，却用到了与范·德·瓦耳斯用来解释流体出现相变和存在临界点的理论相类的若干概念。这怎么可能呢？

① 威廉·巴雷特（1873—1910）：爱尔兰物理学家，后转向心理学研究。——译者

② 约翰·霍普金森（1849—1898）：英国工程师与物理学家。——译者

③ 约翰·霍普金森也值得人们同样的伤感怀念：他和他的三个孩子都不幸在1898年的一次登山远足时出事死去。

要解释这一点，可以借助德国物理学家威廉·楞次（Wilhelm Lenz，1888—1957）于 1920 年外斯理论出现后提出的磁性模型。铁块会具有磁性，是因为它的每一个原子都表现得像一个微小的磁体。可以将这些原子设想成小小的指南针，而这一个个指南针又倾向于顺着一条线排布起来。物理学家将这种“原子磁针”称为“自旋（Spins）”——其实这并不是说，原子当真会滴溜溜地打转。在固态的铁中，每个自旋的方向是由周围所有自旋所形成的磁场决定的。因此，在原子像鸽子笼般颇为整齐地排在一起——这种排架结构称为晶格——的固体中，每个原子的自旋都会影响到其四邻的自旋。一般来说，这些影响相互施加的结果，便是使邻近的自旋整齐地排列起来。所以，晶格的最稳定的状态，就是所有的“磁针”都指向同一个方向。在这种位形中，所有单个原子的小小磁场加到一起，便会形成一个很强的磁场，铁块就成了磁体。

不过，正如热会对液体中原子间的吸引作用产生破坏一样，它也会搅扰磁自旋的排列。热的这一效应便有如摇抖各个“原子罗盘”，是与它们实现整齐排列的能力作对的。尽管每个原子都待在各自的“鸽子窝”里，但如果有足够的热，就会将它们自旋的有序方向搅乱，使得它们的指向无规起来。这样，从总体上看，各个原子的微小磁场便是彼此抵消的，铁块就成了非磁体。

这是不是说，退磁过程就与液体的蒸发过程一样呢？不完全是。发生退磁现象时的温度即居里点，是严格的、明确的，但磁体的磁性并不是从很强蓦地变成根本没有。实际情况是，磁性大小（物理学上称之为磁化强度）是随着温度不断接近居里点而渐渐递减到零的。因此，居里点就有如液—气相变的临界点：液体与气体间的区别随着温度不断接近该点而渐渐减小到无。

这是地道的相变，也就是说，在居里点这个温度之上时的非磁体和在低于居里点时的磁体，两者之间截然不同。它与蒸发、凝结、融化或者冻结时发生的相变不同。当系统通过某个临界点时发生的相变称为临界相变（这样的叫法当然很自然）。由于技术性原因，临界相变有时也称为二级相

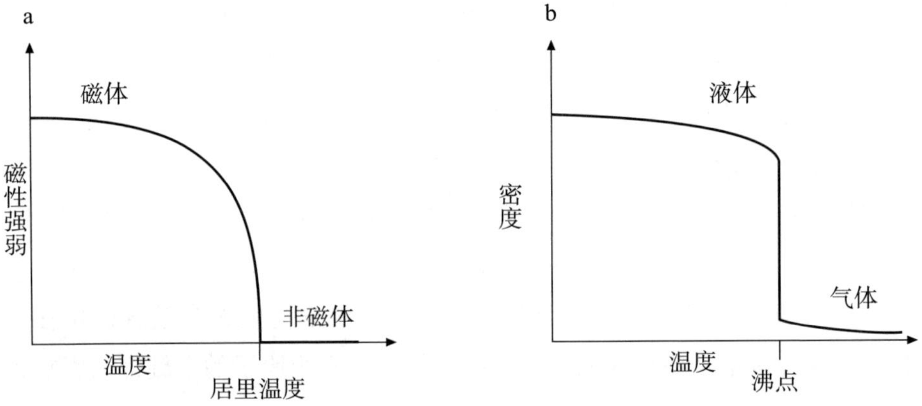

图 4.1 相变有两类。在临界相变（也称二级相变）中，某些表现为整个系统所特有的性质（如磁体的磁性强弱）会随着“控制参数”（如温度）的改变渐渐降为零（a）。在一级相变（如冻结或者沸腾）中，这样的特有性质（对冻结和沸腾而言是流体的密度）会在转变点上突然变化（b）。这两类相变都存在于社会物理学中。

变。伴随发生某些性质（比如密度）跳变的相变则称为一级相变。

楞次决定尽自己所能，用最简单的模型来解释这一切。他也将铁原子视为指南针，但它们不能够随意地灵活摆转，而是仅有两种自旋状态，即指向两个非此即彼的相反方向。为了说起来方便，不妨将这两个方向称为“上”和“下”。在这种情况下，相邻的两个自旋要么是一顺的，要么是反着的，绝不会是介于两者之间的别的情况。有些磁性金属（但不是铁）确实就属于后一种情况。楞次还设想，规则排列在一定位置上的每一个原子，都只能感受离自己最近的那些原子的磁场。

1925 年，楞次的学生恩斯特·伊辛（Ernst Ising，1900—1998）在汉堡大学通过研究，提出了楞次模型的最简单的可能运作方式。实际存在的磁体是由原子叠架而成的有秩序的三维晶格结构。这种结构使每个原子会受到许多相邻原子的影响。只有两个维度的磁体情况比较简单。在这种磁体中，原子坐落在有如棋盘的平面网格的格点处，这样，每个原子的近邻数目就会少些。而伊辛提出的模型比之还要简单，就是一维磁铁。在这种模型中，原子是连成一条线的，每个原子只挨着两个原子。这样的模型自然与铁块的情况相去甚远，因此，伊辛得到的结果难以令人满意，就不足为奇了。根据他的这个一维模型，磁体只有降温到绝对零度，也就是 –273℃时，才会出现相变。只有到绝对零度时，所有的原子“罗盘”才形成一致的排列。只要得到些微热量，热的瓦解力量便会战胜形成秩序的力量，这排原子便失去了磁性。

伊辛在科学领域再无重要成就，他当了一名教师，又在希特勒的反犹浪潮中于 1938 年逃离德国，最后在美国教起了物理，并活到 98 岁高龄。然而，因为磁原子的晶格模型至今仍为统计物理学家大力沿用，而且得名为伊辛模型而不是楞次模型，因此，伊辛还可以说是流芳人间的。在伊辛模型中，使粒子在短距离内“看齐”的相互作用，是与热的普遍瓦解作用抗衡的。不过，要从该模型中归纳出哪怕只是多少有些接近磁体真实行为的结果，也得从一维推广到二维。这是关键的一步，而这一步在过了将近 20 年后才真正迈了出去。

二维伊辛模型是挪威物理学家拉斯 · 昂萨格（Lars Onsager，1903—1976）于 1942 年最终建立起来的[①]。为此，他先是发明了一种新的数学方法。这一棋盘式的二维磁体（图 4.2a）果然能够在高于绝对零度的温度上实现从磁体到非磁体的相变，因此与一维模型不同；而且出现的正是临界相变，与实际磁体在居里点上发生的情况相同。但是，做出这个二维模型已经很不容易了，做出符合真实情况的三维模型，简直就是不可能的了。到目前为止，还没有人取得成功，这可是一块硬骨头。

今天的科学家在遇到难啃之物时，已不再是双手一摊了事，而是交给电脑处理。尽管推导三维伊辛模型的数学公式恐怕是不可能的，但通过电脑模拟行为，却是十分直接的事情。这就像是天气预报，求出所有反映空气运动情况的方程是不可能的，但人们能以电脑模拟空气运动的结果。模拟的结果，自然是证实三维伊辛模型也有临界相变点。

我可能没有给出充分的理由，说明为什么应当认为液体和气体间的相

---

① 早在 1936 年，英籍德国科学家鲁道夫 · 派尔斯（Rudolf Peierls）就提出了同样结论，但是没能给出严格的证明。

变和磁体的相变有可以类比之处。诚然，在这两者中，粒子在原子一级上的相互作用图景多少会有些类似，但显著的不同也是存在的。1947 年，日本科学家小野周（S. Ono）认为，伊辛模型可以大略地适用于描述流体，原因在于，这两者都有所谓“二进制”特性。这样一来，原来的自旋为“上”和“下”排列起来的诸多原子，就可以以若干有或没有粒子占据的格室表示——有代表液体（稠厚状态），而无代表气体（稀薄状态）。（图 4.2b）当然，这样做可能多少有些牵强。

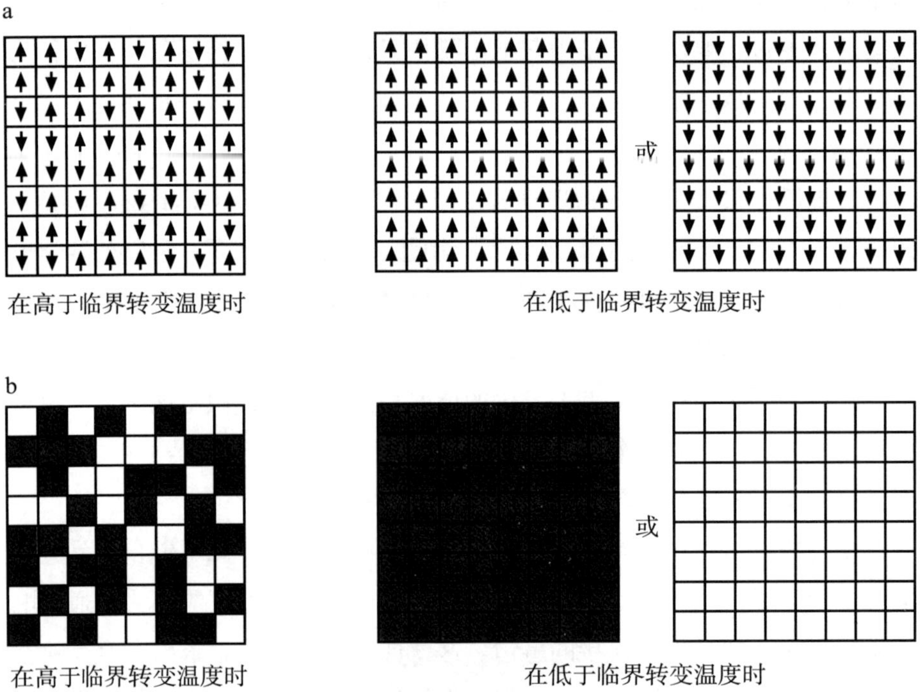

图 4.2　磁性的伊辛模型 (a)。该模型认为，每个原子的“磁针”或说自旋，只有非此即彼的两个相反取向。原子在规则的一维、二维和三维——图中给出了前面两种情况——环境内排布。在有磁性的情况下，所有的自旋都是朝一个方向排列的。在高于临界转变的温度上，自旋因热而无规取向，因此总体上没有磁性。同一个模型也可用来描述液体和气体间的转变，以及两者在临界点上合为单一的流体状态 (b)。对后一类情况而言，模型中的各个格室可以有两种状态：或者被一个粒子占据（对应着稠厚的液态），或者没有粒子占据（对应着稀薄的气态）。在临界点之下，整个系统可以是（或者是）液体，也可以是气体。在临界点之上，系统则会——平均来说——是单一形态的流体，密度介于两者之间。

不过，在这两种不同的转变之间存在着惊人而深刻的联系。对此将在第十章中详述。这里只是大致点一下。前面曾提到，温度越接近液体和气体的临界点，液态与气态间的密度之差便越小。我们不妨通过数字来说明这种情况。比方说，在达到临界温度 99% 的时候，液态密度与气态密度之比为 2（即前者为后者的两倍）。而在温度达到该临界点的 99.5% 时，这个比值就可能降到 1.5。如此这般。对于接近临界点温度的每个取值，总是存在一个相对应的特定变化率，磁体温度在接近居里点时，也有类似的情况，不过逐渐下降到零的不是密度而是磁化强度。这里有一个十分不寻常的情况，就是倘若以百分比来表示，流体的变化率与某些类型的磁体的变化率是完全相同的。实验表明，这些磁体的磁化强度和流体的密度差，都以全然一致的变化率趋向零值。这还不算，电脑得出的三维伊辛模型表明，即使在这两种都是十分粗略的模型中，流体的密度差和磁体的磁化强度也都表现出同样的“临界显现”率。就具体细节而论，这三种情况间存在着巨大差异，但在“临界行为”这一点上，三者的趋向却是相同的。

物理学家将这种情况称之为普适性（Universality）。所谓普适，是指对某些过程来说，具体的细节并不是很重要。两种不同的流体——比如说，二氧化碳和甲烷，它们的临界温度颇为不同，但它们各自接近自己的临界点时，密度变化率的相对值（亦即百分比）却是一样的（后文中将有介绍）。这足以令人惊讶。两个根本不属于同一类的系统——一个属于流体，一个是磁体，竟也会表现出这种普适性，实在是妙得很，也难以捉摸得很。这表明相变是一种普遍现象，会以同样的方式发生于表面上十分不同的诸多系统。对于一级相变，一个物理学家可以谈上一小时，而不会有人拦住他的话头，向他这样发问：“且慢，你刚才所说的是凝固，是蒸发，还是别的什么？”听众知道这位物理学家所说的，适用于上述所有情况。同样地，在听城市交通规划人员讲解交通拥堵问题时，也不会被人这样打断：“你是指上星期四发生在某某路口的那次堵车吧？”每发生一次堵车，受到影响的车辆都会不同，具体情况也各异，但总体表现都是一样的。也许这样说，听起来仍像是对磁体和流体行为的数学表达式进行相类内容的归纳。其实，在相变中还涉及别的内容。

近零之处

范·德·瓦耳斯理论解释了气体和液体在临界点以下时通过相变表现出的普遍联系。有些科学家希望能将这个理论用在不同的物质上，预言相变过程会在什么时候发生，又以何种方式发生。显然，不同的流体之间彼此是不同的：水在某些条件下是液体，而在同样条件下，二氧化碳却是气体；都是气体发生液化，二氧化碳实现这一过程的温度就比氮气高得多。这没有什么神秘的：不同的分子大小不同，分子间的吸引力也不同。不过，范·德·瓦耳斯又进一步认识到，临界点正是揭示出种种不同的参照点。

如果调查一下伦敦某所学校中所有年龄在 12—14 岁的女孩的身高，并将结果以图表方式表示出来，就会得到一种我们已经相当熟悉的曲线，这就是图 3.2 所示的扣钟形图形。身高在某个数值上的学生数，都会从低值一路上升到某个极大值，继而一路下降。倘若重复这个调查，但对象是伦敦的所有学校，并将结果画在前一个图上，得到的将会是同样的形状，只是会高出许多——因为接受调查学生的绝对数目（以在纵轴上的位置表示）大了许多。要是在全国范围内进行这种调查，曲线还要再高哩。但是，无论在哪种情况下，从比例上衡量都是一样的：比平均高度低 4 厘米的百分比在各项调查中大致是一样的。因此，我们能够将所有的扣钟形曲线整合成一个“总体”曲线，在这种曲线上，标定坐标数值的不是绝对的数字，而是相对的比例数，即在全体中所占的部分——具体来说就是身高为 130 厘米、140 厘米等在全体中的百分比。

如果针对同一年龄段的男孩进行同样的调查，曲线的形状会是相同的，但位置会沿横轴有所移动，因为数目最集中的高度会比女孩高些[①]。其实，男孩的总体曲线和女孩的总体曲线可以叠加成一个——将高度也弄成

① 正是从 12—13 岁开始，男性的平均高度才会超过女性。

相对比例而非绝对数值，即按照男孩或女孩的高度偏离开平均值 2%、5% 等情况画出。

范・德・瓦耳斯也对气体和液体的曲线进行了类似的“改标”。他发现，对各种不同物质的压强、温度和密度间的关系，如果都分别以各自的临界点时的相对值表示——具体说来，温度应表示为温度与临界温度的商，就能落到同一个总体曲线上。这一所谓“对应态原理”（Principle of Corresponding States）说明，所有的液体和气体，在用相对于临界点的某个因子改标后，统统会取相同的值（在取一级近似时），由此表现为同一种“代表流体”。改标的比例是由有关物质的构成粒子（分子）决定的，因为在范・德・瓦耳斯理论中，临界温度、压强和密度都可以根据构成粒子的特性计算出来，这些特性就是大小和吸引力的作用范围和强度。

在范・德・瓦耳斯工作的莱顿大学，当时还有一个叫海克・卡末林・昂内斯（Heike Kamerlingh Onnes，1853—1926）的人在那里工作。他是物理实验部的主任，对对应态原理也发生了兴趣，而且出发点很实际：一旦掌握了某种物质的临界性质（临界温度、密度和压强），人们就可以预言流体在远低于临界点时的行为。根据这些量标定总体曲线，便能推断出物质在以稳定的液体状态存在的整个区间内，压强、温度和密度的关系。卡末林・昂内斯很想知道，某些气体究竟会在什么温度下变为液体。

氦是一种特别难液化的物质。在 19 世纪、20 世纪之交，低温技术还不能达到将这种物质冷却到变成液体的水平。卡末林・昂内斯将实验中观察到的氦在高于其临界温度时的相关数据，代入范・德・瓦耳斯方程，由此预测到，如果有了比绝对零度仅高出 5℃—6℃的温度，他就能够把氦变成液体。这是个十分切中的估计——事实上，在一个大气压下，氦是在绝对零度以上 4.2℃时成为液体的。1908 年，他最终获得了这个温度。

手头有了液氦后，卡末林・昂内斯便用它来充当冷却剂，在它所达到的极低温度下研究其他多种物质的行为。当时的物理学界认为，既然热在金属中引发的原子振动会妨碍电流的流动，那么，在很低的温度下，金属大概就会成为较好的导体；若是在绝对零度时，更可能接近于“完美”

（没有电阻）导电性。然而，当卡末林·昂内斯在 1911 年用水银进行这类实验时，发生的事情让他着实吃了一惊。水银的电阻并不是随着温度的下降渐渐减小的，而是在温度下降到接近液氦的沸点时突然跌降至零。就在这个温度下，水银转变为超导体，电流的流动全然不受阻碍。

人们不久又发现，其他金属也会在绝对零度以上——但要接近这个温度——有同样的表现。例如，铅会在绝对零度之上 7.2℃时表现出超导性。向超导状态的转变具有临界相变的一切特点：正如铁的磁性在接近居里点时完全消失一样，金属的电阻也在温度接近超导转变温度时陡然降为乌有。但这并不是全部情况。1937 年，苏联物理学家彼得·卡皮查（Pyotr Kapitsa，1894—1984）在莫斯科发现，若使处于沸点的液氦进一步降温到略高于绝对零度（绝对零度以上 2℃）时，这种物质会表现出极为奇特的性质。此时的氦会完全失去黏性，一旦开始流动便不会停止。处于这种状态的液氦，甚至会沿其容器内缘爬升到器壁之外。这就是说，氦变成了所谓“超流体”。

对这种超流性，有人在 20 世纪 30 年代末做出了理论解释。金属的超导性则比较难于理解，比较满意的解释直到 1957 年才出现。这两种特异的现象都只在极低温度下才会出现，这是因为，量子力学定律都只在这种环境下，才会有压倒在一般温度下会占上风的“经典”物理学定律的表现。这两种现象，其实都是标准的相变过程导致的，都是物质在原子层次上各成分间相互作用的集体行为的表现。因此，相变不单单发生在遵从“美好的”牛顿运动定律行事的粒子身上。常有人说，量子力学把“经典”物理学给推翻了。其实未必。它肯定没有推翻相变部分——量子力学仅仅是给它加上了一抹新的色彩，而这种色彩只有在处于低温时才显现出来。

事实上，不管物理学的基本内容如何改变，相变似乎都不会淡出。要搞清由质子和中子等构成原子核的亚原子粒子的内部结构，20 世纪 20 年代的所谓“传统”量子理论是不够用的。到了 20 世纪 70 年代，物理学家又发展了一种叫作“量子色动力学”的新理论。这门学科用到了包括伊辛模型等晶格模型在内的诸多统计力学中的概念工具，并推断出亚原子粒子间会发生突然的相变——粒子间不同稳定状态的变换。不少宇宙学研究者相信，在宇宙大爆炸后的极短瞬间内，某种相变过程重新塑造了整个宇宙。这些人认为，在这个短暂的膨胀期间，宇宙经历的相变使自己从体积远小于一个质子的状态，膨胀为目前的无比广袤。就相变而言，这一次可是规模空前的“突如其来”了。

改变的时刻已经到来

你可能会猜想，所有的突然改变都该属于相变吧？其实不然。如果按一下电灯开关，原来黑洞洞的房间就会突然明亮起来，但这里并不涉及什么相变：只是阀门打开了，电流可以流动而已。相变的关键，是它在整个系统内各处同时发生，而这是由系统内无数个组成部分合谋导致的。

相变是一种由众多组成粒子的相互作用所造成的突然的、全面的改变。一般来说，这种相互作用属于短程的局域作用，也就是说，每个粒子都只注意自己的直接近邻，至于稍远些的，就一概不知、全然不理了。一旦作用于所有粒子的某种全面性的影响达到某个界限或说阈值，相变就发生了。于是乎，所有的粒子在这一刻还处于“正常”状态，似乎什么事都不会发生，而在下一刻，在没有（其实应当说几乎没有，对此后面将提及）任何征兆的情况下，系统便一下子进入了完全不同的行为状态。

麦克斯韦和玻尔兹曼的统计力学，一开始被认为只是用来解释气体行为的，如今却升格成为相当时新的统计物理学了。这门学科一直研究着非生命物质的复杂行为，特别是经历相变时的复杂行为（而重中之重是经历临界相变时的复杂行为）。称这一门科学为统计，是因为它所涉及的，总是由大量粒子或者大量组分构成的系统，而且这些组分彼此间相互作用，致使真正重要的往往只是其平均行为。

今天统计物理学家研究的内容，已经远比容器中的一团气体诱人了。能够提高到这一步，是他们努力更新100多年来若干大科学家发展形成的工具，并使之用于当初不曾设想到的新型用途的结果。传统的统计力学涉及的是些普通事件，但也一直想同充满活力的人类领域打交道。19 世纪的热力学研究的是平衡态，也就是既不增加又不减少，平均而言不发生任何变化的状态。在下一章，我们将看到，今天的统计物理学已带上了更多的生活色彩，就是说，涉及了众多的兴与衰。

第 5 章

生长与形态

——形状与组织的出现

认识和理解大自然神奇的运作过程会充满不确定性，结果就会像东方哲人①所说的那样，大千世界林林总总，要想看准困难重重；要想认识眼前事物，只有努力方可成功。[1]

斯蒂芬·黑尔斯（Stephen Hales，1727）②

撇开构成的有生命的单元不谈，社会的种种属性是不是与非生命体有相近之处呢？社会会不会与生命个体有某些相似之处呢？或者社会与这两者都是截然不同的？[2]

斯宾塞（1876）

秩序是一切良善的仆从。然而，秩序又从何而来？[3]

格奥尔格·克里斯托夫·利希滕贝格（Georg Christoph Lichtenberg）③

---

① 基督教传说中耶稣诞生后前来朝见的三位东方贤人之一，至于这三位东方贤人都是谁，说法不一。——译者

② 斯蒂芬·黑尔斯（1677—1761）：英国植物学家，动植物生理定量实验的先驱人物。——译者

③ 格奥尔格·克里斯托夫·利希滕贝格（1742—1799）：德国物理学家和作家。他的作品以讽刺见长，代表作为《英伦书简》。——译者

相变会在高处产生魔力。1856年的一个冬日，亨利·戴维·梭罗（Henry David Thoreau）① 在一片小树林中漫步时，有感于环绕在他周围的晶莹雪花，写下了这样的赞语：

> 孕育出这些雪花的空气，是何等的创造高手！即使是天上的星星坠落到我的大衣上，我的赞美之情也不过如此。造物真是充满智慧与神奇，就连一小片冰晶也不会被它的巧手忽略。[4]

雪花是大气中的水蒸气所冻结成的冰，其形成是一种从气体直接转变为固体的过程。科学家们从17世纪起，便一直在研究雪花。对于这些六角形的东西，统计学家又能说出些什么呢？直到不久前，能够说出的东西并不多。如果是在20世纪40年代找到一位研究统计力学的人，让他谈谈雪花，他多半会耸耸肩，面有愧色地表示说："这个嘛……您瞧，这个理论不是为这类题目而设的。"雪花涉及相变，而且是发生在这个世界最丰富的物质上，而统计理论居然不是为之预备的！那它算是个什么理论呢？大家说说看！

一般来说，统计力学能有目前的形势，恐怕应特别归功于一个人（尽管对此存在着争议），就是美国科学家约西亚·威拉德·吉布斯（Josiah Willard Gibbs，1839—1903）。这位耶鲁大学的教授在1902年写了一部《统计力学的基本原理》（*Elementary Principles in Statistical Mechanics*），将这门知识的丝丝缕缕拢到一起，并将其编织成一幅坚牢而又美丽的锦绣。吉布斯以克劳修斯、麦克斯韦、玻尔兹曼、范·德·瓦耳斯等人的成果为基础，将热力学发展成为彻底自足的学科，并使所有的定律建立在对系统进行微观描述的基础上。

吉布斯证明，在发生变化的过程中，最关键的着眼点应当是自由能极小化。大致来说，形势正有如从山坡上流淌下来、汇集到低处洼塘里的

① 亨利·戴维·梭罗（1817—1862）：美国作家，美国思想史上一个有创见的人物。代表作为《论公民的不服从义务》和《瓦尔登湖》。——译者

水。水的位置越高，所具有的重力能——势能的一种——便越大。如果不受阻挡，其势能便会通过尽可能地移向低处而达到极小。这种达到最小值的过程是热力学第二定律——在所有自发的变化中，熵都是增加的——的一条引理，只是乍一看并不十分明显。

水在洼塘里不断汇集的结果，便是达到某种平衡状态，就是说，它们不再流淌，而是滞留不动。其实，归根结底，热力学所研究的，正是实现此类平衡状态的机制。它描述的是系统从一种平衡状态进入另一种更稳定的平衡状态的改变过程。这种过程有如打开一座高山水库的泄洪闸，让水从坝后位置较高的水平位置，泻入较低的另一个水平位置。吉布斯指出，处于某个平衡状态的系统（也就是稳定的、不致立即发生改变的系统）之所以能够存在，“其充分而又必要的条件，是该系统无论发生何种不改变能量的状态变化，熵值要么不变，要么是负增加。”[5]这其实无疑是说，当系统处于平衡态时，无论是推它、拉它还是挤它，它事后总会回到先前的状态。这正是“经典”热力学所遇到的难题：系统要解释改变的原因，却对变化过程本身说不出个所以然来。它能有所贡献的部分，是对始末两点给予描述，而对这两点间发生的一切无言以对。

就以雪花为例。系统一开始时表现为水蒸气，最后以冰晶结束；这两者都是平衡态，中间以相变过程隔开。然而，在这个相变过程中，有的雪花会生成圣诞树枝般的六角分岔形，有的又会在分岔末端呈现三叶苜蓿的簇形，还有的显现出几近实心的正六边形，或有如一朵饱满的六瓣小花。打开威尔逊 · A. 本特利（Wilson A. Bentley，1865—1931）和威廉 · 杰克逊 · 汉弗莱斯（W. J. Humphreys）的经典图册《雪晶花》（*Snow Crystals*），会看到 2000 种形态的雪花，没有哪两种是相同的。它们各有自己独特的生成历史，显然，水蒸气如何变成固体是非常重要的内容。

雪花固然有力地证明了大自然的创造力，但它们在形态上的千变万化，却绝非大自然的另类。有哪两株树会是一模一样的呢？有哪一天的全球气候会与以往的某天完全相同呢？一条绕巨石流淌的江河，被石块激起的旋流，又在哪个时刻出现重复呢？这正像公元前 6 世纪的古希腊哲人赫拉克利特所说的，人不能两次踏进同一条河流。

发生在人们周围的变化过程，极少会符合热力学所定下的平衡态之间跳跃的理论条件。许多变化过程是不断进行着的，有如从山坡上流下的水，一直在寻找某个能够停歇下来的洼塘，而雨水却在不断地补充着下流的水源。长话短说，这样的过程并不会、也永远不会进入平衡状态——至少在人们的有生之年不会如此。

即使转变过程的起始点和终结点是稳定的，比如，处于水蒸气状态或者结晶状态，但最终的形态仍可能是复杂而无法预言的。就雪花的情况而论，原因出自雪花的生长过程远不是在平衡态下进行的。因此，形势并不像是打开高山水库的泄洪闸，让水沿山坡平稳流下，而像是将整个堤坝轰然炸毁，整个水体宣泄而下，根本无法预知水将如何流淌。

这并不是说，热力学只是一门理论上严谨而实际上无用的学科。正相反，它的用处十分巨大。比如，它能使人们理解和预言改变前进的方向，以及变化会在何种条件下发生。解释位于海平面高度的水为什么会在 0℃时结冰，便是这样的例子。平衡态的热力学理论可以帮助人们理解活体细胞中及发电厂内能量的产生过程，理解地壳中矿物的生成、电脑内热量的散发，等等。然而，热力学只是一门使用范围有限的理论。如果研究对象远非稳定、远非处于不变的平衡态，特别是涉及生长和成形时，就还需要别的知识。

过去决定现在

我给这一章起的题目取自科学史上的一篇经典文献，它完全可以与达尔文的《物种起源》、牛顿的《自然哲学的数学原理》（*Principia Mathematica*）和拉瓦锡的《化学基础论》（*Traité élémentaire de chimie*）相提并论。诚然，这三本书分别开创了现代生物学、现代物理学和现代化学的先河，而苏格兰人达西・温特沃斯・汤普森（D'Arcy Wentworth Thompson，1860—1948）的《生长和形态》（*On Growth and Form*）是一部与众不同的著述，不属于任何一门特定学科，又杂有诸多学科的内容。自此书在 1917 年出版以来，已经使一代又一代的科学家清醒地认识到，人类生活在一个美丽的世界里，而对于这种深刻的美，人们至今还有诸多不了解之处。

汤普森的这本书是一种挑战，他所针对的，是当时极为流行，而且至今仍不曾消失的一种趋势——动不动便祭出达尔文的“适应性”这个法宝来，以解释有关生物形态的一切问题。汤普森认为，大自然的多数存在，都可以在几何学、数学、物理学和工程学知识的基础上得到解释，而无须求助于自然选择。

由于《生长和形态》的许多内容都超前于时代，它所涉及的许多自然形态其实都应归因于今天被称之为非平衡的生长过程，这使它在当时难以发挥影响。在 1917 年，即使是那些热力学的奠基者，也才刚刚把握住脱离平衡态的变化这一概念。因此，虽说汤普森这位苏格兰动物学家十分博学，精通希腊文、拉丁语和几何学，但要他掌握热力学，也未免太过苛求。每当涉及诸如墨水滴在水中的扩散，泥土中龟裂纹的蔓延，或者烧水时壶中液体的对流形状等内容时，汤普森便无力分析，只能退而做单纯的描述。他注意到，有些变化中的系统会达到“某个‘定常的’、但又不是稳定的平衡状态”[6]，但却无法对其本性做出解释。显然，这些定常状态绝不是吉布斯所说的稳定的平衡状态。

对于这种形势，建立二维伊辛模型的物理学家昂萨格是了解的。他也是率先认真对待热力学缺陷的人，并于 20 世纪 30 年代开始着手解决它。

热力学将自身局限在平衡态范围内，实际上颇有作茧自缚的味道。要是四平八稳的现状不被打破，变化又怎么会发生呢？一旦将高山水库的泄洪闸打开，坝后的水便不复处于平衡状态。在此之后，非平衡状态会一直持续下去，直到水库里的水全部流入下面的水库而平静下来。水冻结为冰的过程也是如此。水冻结成冰不可能无限快速地进行，而热力学又无法描述冻结过程中发生的事情。

传统的热力学以机巧的手法绕过了非平衡过程。这一手法便是将此种过程视为极其缓慢地发生的——严格地说是无限缓慢的。这样，在对系统进行观察的任何时刻，产生的印象都会是“瞧嘛，什么事情都没有发生：它还是处于平衡状态的”。这就像在前面所说的高山水库的大坝上打穿一个极小极小的洞眼，让坝后的水几乎无法觉察地滴漏出来。当然，低处水库的水也是一点一滴地积累起来的。不过，无论在任何时刻，这一高一低两处水库，看上去都像是处于稳定的平衡态下。

这一处理似乎与前文所说的内容——相变是突发的变化——不太一致。不过，“突发”未必意味着“瞬变”，当然，我也应当承认，在前文中引用冯内古特的“突如其来”这一词时，确实有瞬变的用意。我的意思是，要想在现有条件下引发转变，只要有稍稍一点儿改变即可。要跨过液体水与固体冰之间的界限，所需要的仅仅是将温度改变极小的一点点。只消比0℃高上0.01℃，水就全部处于液态的状态；而只消比0℃低上0.01℃水就全部处于液态的状态，而只消比0℃低上0.01℃，水就会全部冻结成冰。

然而，发生在现实世界中的许多过程，其“驱动力”都会大大超过热力学能够处理的范围，与只需极小变化的所谓“赝平衡过程”截然不同。水滴的温度有可能突然下降到远远低于零度，雪花就是在这种情况下——比水的一般结冰温度低若干度——生成的。

昂萨格认为，发展适用于非平衡热力学的最好出发点，是使系统在相对而言很小的驱动力的作用下，稍稍偏离平衡态。这就是说，我们不是打开泄洪闸，而是在坝上打一个针孔般大小的洞眼。

非平衡过程非但不会不遵守热力学第二定律，还会使宇宙的总熵值有所增加。不过，平衡态热力学告诉我们的是过程发生之后的熵值会高于发生之前，新发展的涉及运动的非平衡过程却促使人们思考熵值如何在过程中随时间变化。昂萨格开始研究这类过程导致熵值随时间增加的速率。

在平衡态下，确定系统行为的判据是吉布斯条件：系统对自身组分的选择，会遵循着使能量极小化的原则进行。[①] 昂萨格想要找到某个相当于吉

① 这里所说的“系统”，可以定义为任何成分的集合，可以是生成一片雪花的水分子，可以是一座高山及周围的湖泊、山峦与谷地，也可以是环绕太阳运行的所有行星。最重要的一点是，能够以足够的精确度判明，该系统的相关组分都有哪些，它们之间又如何相互作用。还有重要的一点是，这里所说的“能量”，实际上含义相当含混；吉布斯从所谓“自由能”的角度给“能量”下了比较精确的定义——自由能是系统的总能量中含义明确的部分。

布斯条件的定律，能够用于确定非平衡态时“定常的”特性。这样，即使在远非平衡的时候，系统也能够处于从某种意义上来说大体不变的状态。河水始终是由高至低地流动的，因此河流并不处于平衡态，然而，河水总是大体位于两岸之间不变的水位上，因而是处于定常状态（Steady State，也称稳态）的。活体细胞也是处于这样的定常“动态”下，一方面不断地消耗能量和排出废物，另一方面则保持着自己的完整个体和全部功能。非平衡态是普遍存在的：旋流浴缸中的旋涡，奔驰的汽车，潮汐的起落，都是这方面的例子。

说实在的，在使系统的这种特定的非平衡定常态在意义上超过其他的可能状态方面，昂萨格并没有做很多工作。他只证明，系统在接近于平衡态时，驱动力与熵的产生率之间存在着普遍关系。他虽然没能发现相当于吉布斯原理的非平衡热力学普适原理，但已算在新开垦的领域内取得巨大成就了。为此，他获得了 1968 年诺贝尔奖。

没能发现普适的非平衡热力学原理，是有充分理由的。因为几乎可以肯定地说，这样的普适原理是不存在的。20 世纪 40 年代，出生于俄国、在比利时的布鲁塞尔工作的伊利亚·普利戈金（Ilya Prigogine，1917—2003），曾认为自己已发现这样的原理。他宣称，最好的非平衡定常态——至少是只稍稍偏离平衡的状态——是使熵值产生率为最小的状态。即使在今天，人们也常常援引他的这一结论，但不幸的是，它并不是普适的。那么，这是不是说，只要不处于平衡态，便什么事情都可能发生？绝非如此。非平衡态下的过程固然使选择成为可能，而且并非都是可以预想到的，但是，它们仍然是一致的，是可以复现的。特别值得注意的是，其中的许多选择表现出高度的有序性。

这种有序的非平衡定常态的典型例子，是法国科学家亨利·贝纳尔（Henri Bénard）于 1900 年发现的。[①] 他加热置于一只铜盘上的一薄层液体，

① 虽说这些呈现出确定形状的图形被冠之以贝纳尔图形的名称，其实最早发现这种秩序的人是德国物理学家格奥尔格·赫尔曼·昆克。他比贝纳尔早 30 年做出同一发现。

热量使液体出现对流：液体受热后密度变小，便从盘底升向顶部顶替那里的液体。因为液体各处的温度是不一样的，因此是非平衡系统（如果是平衡的，温度就应处处相同，也就不会出现对流了）。来自盘底的热量使系统偏离平衡状态，而且只要保持供热，平衡态便不会恢复（因为液体顶部总会有热量散逸，因此会一直较冷）。

不过，如果加热进行得十分徐缓，液体就不会发生对流，这时，热量便只通过传导方式在整个液体中传递。只有当液体顶部和底部的温差达到了某个阈值以后，从底部走向顶部的对流方能进行。据贝纳尔所见，对流基本上会形成有秩序的六边形结构，液体从六边形中心升起，沿边棱降下（图 5.1a）。

在不同的实验条件下，对流会构成若干种不同的形态（图 5.1b、c）。汤普森注意到，烟气在对流过程中，也会呈现出这种形状的多样性，并认

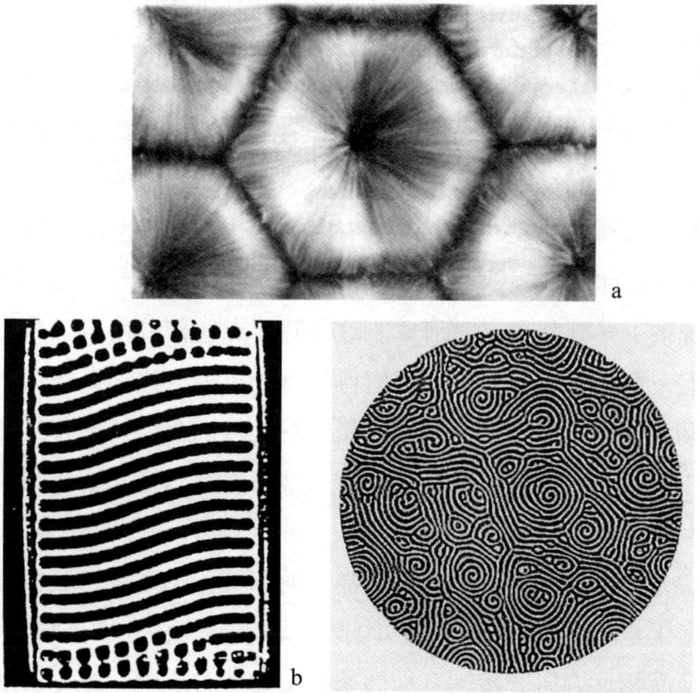

图 5.1　贝纳尔发现，处于对流状态下的液体，会形成由上升和下降液流构成的一个个构造单元。图 a 所示的单元呈现规则的六边形图样，是由在液体中加入的金属细屑表现出来的。图 b 和图 c 则呈现出打卷的单元形状，是选用了别的液体和使用了其他显示方法的结果。

为它们与云朵的形状相当类似——“有的像条纹云，有的像鱼鳞云”[7]，而在事实上，云朵的确是可以被大气的有序对流塑造出确定形状的。不过，他只能说出其当然，却说不出其所以然来。1916 年，物理学家瑞利勋爵（Lord Rayleigh，1842—1919）从液体力学的角度，对图 5.1b 中所示的打卷状对流形态的成因给出了解释。到了 20 世纪 60 年代，其他对流形态的成因也有了较好的理论分析。不过，即使在设定了条件的实验中，人们也无法预知出现的会是哪一种形态，至今仍没有可信的理论。也就是说，人们还没有找到适用于非平衡态的吉布斯标准。

寻求其可预测性是徒劳的，因为，如果制备方式不同，即使处在看似完全相同的条件下，贝纳尔 – 瑞利对流形态（这是人们目前使用的称呼）也可能不同。也就是说，通过两种不同的实验途径——比如，以不同的强度加热，或者开始时一个搅动而另一个不搅动，即使到达的是相同的终点，得到的仍可能是不同的形态。这样达到的非平衡定常状态，是与其历史有关的。

贝纳尔 – 瑞利对流形态是耗散结构的例子。耗散结构是指处于非平衡态的、通过消耗能量维持其有序的形态（在前面给出的例子中，对流的形态是靠向它提供热量得以保持的），并在此过程中产生熵值的系统。在 20 世纪 50 年代和 60 年代，普里戈金和他的同事们提出，耗散结构会在非平衡系统被引导到临界点时形成。这个临界点叫作分岔点。在靠近平衡态的位置上，系统可能不会有特别值得注意的行为，比如，在贝纳尔得到贝纳尔 – 瑞利形态的装置里，液体只是稳稳地待在盘里传导着热量，怎么看都是静止的。然而，在达到分岔点时，液体便突然被动地急剧改变它的状态。

正如“分岔”这个词所表明的那样，面临变化的系统，通常有两个可供选择的变化方向①。在打卷式的贝纳尔 – 瑞利形态中（图 5.1b），相邻的两层构造会沿相反方向兜转，有如面条机上的一对压辊。每一层液体都可

① “分岔”一词的英文为 Bifurcation，而词头“Bi”是“一对”的意思。——译者

能沿两个方向旋转，或者顺时针，或者逆时针，不过，某一层上改变了，其他所有层也都得完全改变。因此，卷层有两种可能的形态，这两种形态除了旋转方向外，其他所有方面都完全相同。而选定哪个方向，又是由什么决定的呢？是偶然，纯粹的偶然。用更专业的语言来说是涨落。物理学家也常称之为噪声（Noise）。

噪声是无处不在的。只要温度高于绝对零度，原子就会在热能的作用下躁动。这种运动便导致了整个物质系统内的一种“嗡嗡叫”的无规背景。这种噪声会随着温度的升高而加强，说明无序的力量在不屈不挠地表现着自己。这种原子运动的偶然性，使所有的过程都带上了微小的无规变动，或者说是涨落。如果能够非常精确地测量气球壁上微小区域的压强，就会发现因各个时刻撞击气球壁的分子数目不同而导致的微小变化。事实上，科学家现在已能在很小的局域内对压强、温度等物理量进行高精确度的常规测量，结果总是发现，测量结果是在某些平均值附近上下起落的。

一般情况下，涨落的幅度很小，影响也是微不足道的。不过，在非平衡系统处于分岔点时，该系统便处于骑墙的位置：是到这边去呢，还是到那边去？这时，哪怕是最小的偶然涨落，也足以打破平衡，将系统带向不可逆转的未来。普里戈金是这样解释的：“在分岔点的附近，涨落会起根本性的作用，决定系统将要到达的‘枝头’”[8]。加强非平衡过程中的驱动力，使系统越过某个分岔点，会形成通向另外一个定常状态的开关，通过这第二个分岔点进入不同的形态。普里戈金的结论是：总而言之，形势便有如雪崩般的一系列不断分支的分岔点，整个过程就通过这些分岔点进行，越来越远地偏离原来的平衡状态。（图5.2）

存在于每一个分岔点上的两个选择都是明确的，然而选择哪一个却是任意的。因此，两个一开始完全相同的系统，经历的也是同样的驱动力，却由于在每个分岔点上选择了不同的路径，结果就终结在十分不同的状态下。这正如豪尔斯·路易斯·博尔赫斯（Jorge Luis Borges，1899—1986）在他的短篇小说《小径分岔的花园》（*The Gardon of Forking Paths*）中所说的：“时间永远在向着数不清的未来一分再分。”[9]不过，在博尔赫斯笔

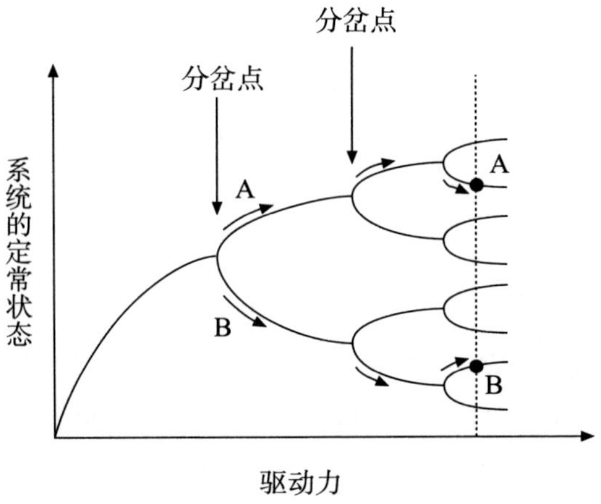

图 5.2　普里戈金预言说，非平衡性定常状态是通过一系列分岔点实现的。在每一个分岔点上，系统都要在两种不同的前景中选择一个。具体选哪一个，是无规涨落的结果。因此，两个原本等价的系统（图中以 A 与 B 表示）在偏离平衡状态后，即使经受到的是同样的驱动力，但由于有不同的选择历史，结果会到达不同的“枝头”，即进入不同的定常态。

下的人物崔潘（Ts'ui Pên）所写的书中，人物会同时走入向他们展开的两条道路，而真正的系统却只能从眼前的可能性中选取其一。当然，现实生活中的人也是如此。这种漫长无尽的选择，使世界成了如今的模样而非其他。正因为如此，普里戈金说了这样的话:“分岔将历史引进了物理与化学，而它原来似乎只属于研究生物、社会与文化现象的学科。”[10]

这样一来，一旦离开了平衡态，吉布斯的决定论便让位给了历史的偶然。说来也许可笑，也正是这一点，使普里戈金寻找适用于非平衡热力学的极小化原理的努力无功而返，因为在任何偏离平衡状态的定常态下，起作用的不但有影响系统组分的当前条件，也有这些条件当初形成的历史。不过，非平衡态下的分岔和平衡态下的相变，这两者间有一个明显而且重要的相似之处。分岔是向新的定常态的突如其来的全面改变。听起来耳熟吧？不错。分岔点与临界点——磁体的居里点之类——是非常相似的。

当金属降温到居里点处时，就会从非磁体变为磁体①。当处于非磁化状态时，所有原子“罗盘”（自旋）的取向是无规的，而处于磁化状态时则

① 注意：金属并不都是磁体，磁体金属也不都在居里点处将自旋排列一致。

以有序的方式排列起来。因此，这一临界相变便相当于有序过程的开始。类似的，当将盛有液体的浅盘加热到开始对流的起始点时，非平衡态的分岔便将液体带上了形成打卷单元的有序之路。物理学家将这两种情况都称为发生了对称破缺（Symmetry-Breaking）。

为什么用对称破缺这个说法呢？人们不是把秩序和形状同对称联系到一起，将无规同缺少对称性弄到一块儿吗？不过，即使是无规，也自有其特有的对称性。一个所有组分都进行着无规运动的系统，总的来说，其对称性要高过所有组分都协调一致地向同一个方向运动的系统。在无规状态下，任何一个方向都与其他方向没有什么分别。当液体处于呈打卷单元的对流状态时，平行于卷层的方向是明显不同于与之垂直的方向的，也就是说，这些卷层“指出了”空间中的一个特殊方向。因此，当均匀一致的流体转变成为以卷层形态流动的状态时，对称性就会有一定程度的丧失，也就是有了“破缺”。磁体的情况也是如此：排布整齐的自旋指向了空间的一个特殊方向，而这样的方向在非磁体中是不存在的。

一处分岔为定常态系统提供了两种平等的选择；向磁体的转变也是如此。考虑一下伊辛模型的情况吧：在这一模型中，每个自旋都只可能指向两个方向中的一个，一个是“上”，另一个是“下”，两者的磁化程度大小相同而方向相反。自旋可以从中选定一个排布起来（参见图4.2）。液—气临界点又如何呢？我们将它与居里点进行过比较：当温度在临界点以下时，流体既可能以有如气体的构形存在，也可能有如液体的构形存在。此外，以何种构形存在，也如同分岔的情况一样，取决于涨落的结果。对于磁体来说，并不存在一个排布取向优于另外一个的理由，然而，某个局部的自旋由于偶然原因占到上风，会将全盘的平衡打乱。因此，正在经历临界相变的系统，对于涨落是极其敏感的。后文将会提到，这种敏感性会导致系统在临界点处表现出十分值得注意的特殊行为。

这样的对应关系，并不意味着存在什么与平衡系统的统计力学相类的某种适用于非平衡系统的统计力学。不是的。实际情况其实更简单也更深刻。相变和非平衡态下的分岔，这两类转变之所以有共同表现，是因为从根本上说，它们都属于同一个大类，这就是说，两者都是集体性行为，造成这种行为的原因，来自一个个组分之间相互的局域性作用。由于这种作用，系统无论是在平衡态下，还是远离这一状态时，都能使其某一部分近乎神妙地对远处部分的状况极为敏感。靠着这种由微小的相互牵扯所形成的复杂联系网络，每个粒子都可能突然与其他粒子取得联系，而且是全体一致地突然联系起来，于是乎，一种新的定常状态便出现了。

菌落的形态

社会物理学要想取得重大发展，就必须勇敢地迈出一步。对于这一步，有人认为是信仰的飞跃，也有人觉得是不实际的理想化。读者可能已经猜到了，这就是将人放在粒子的位置上。为了使这大胆的一步迈得容易些，我在这里先搭上一块垫脚石。有了它，大家可以先将生命纳入考虑范围，然后再探讨自由意志之类的概念。

对于细菌之类的存在物，由于它们不具备任何近乎大脑或者神经系统的构造，很难认为它们会有什么自由意志。不过，它们无疑是有生命的。靠着它们仅有的原始交流手段，细菌个体可以在其生长过程中表现出丰富多样的集体行为，而生长过程是属于非平衡态的。日本中央大学的物理学家松下贡（Mitsugu Matsushita）在 20 世纪 80 年代发现，细菌生长的集体形式，都源自细菌的某种物理机制。路易斯·巴斯德（Louis Pasteur）[①] 曾经说过，机会只眷顾有准备的头脑，而这位松下贡就是有准备的人。他所受过的非平衡生长的统计物理学的训练，就是使他介入生命科学的准备。当他看到枯草芽孢杆菌（Bacillus Subtilis）的培养菌落在生长时所呈现的复杂分支形态（图 5.3）时，便认出了自己的所见。

松下贡看到的形态叫作分形（Fractal）——一种接连不断地在较小尺度上重复其在大尺度上形状的结构。松下贡看出，这种表现为分形的分

① 路易斯·巴斯德（1822—1895）：法国微生物学家与化学家，近代微生物学的奠基人。——译者

图 5.3 在一定条件下，生长的枯草芽孢杆菌会形成结构复杂的分形形态。这与许多非生命系统在生长过程中形成的形态非常相似。

支形态，正是会在所谓 DLA、亦即“扩散限制凝聚”（Diffusion-Limited Aggregation）之类过程中看到的形态。在电镀过程中，沉积在插入电镀液的金属负极一端的金属，就会呈现出这一面目。20 世纪 80 年代初，物理学家开始接触到分形形态。那时，这种产生于非生命过程中、却在形态上酷似自然界中的“活”形状的现象，使他们惶惑不解——比如，沉积在岩石内的矿物，就会呈现出这种分形构造，有时竟会被误认为是蕨类植物的化石。如今，在松下贡的实验室里，出现的可是地地道道的生物分形了。

在扩散限制凝聚过程中形成的分形形态，乍一看上去显得没有章法，但又不是根本没有模样。从来不曾出现过两个完全相同的沉积结果，然而，它们又都具有共同的特色，这就是，它们都有效地填充着可供它们利用的空间。无论这种结构长得有多大，在它的分岔形态的内部深处，永远存在着与外界空间相接的“沟沟岔岔”。数学上有一个衡量空间填充效果的概念，叫作分形维数（Fractal Dimension）[①]。每一种扩散限制凝聚过程的

① 这一分形维数不是整数，这表明具有分形形态的物体不会占据它们所在位置的全部空间。一块石头具有三个维度，它会在三维空间内占据一定的体积。类似的，画在二维平整纸面上的矩形，会占据一定的表面面积，故而是有两个维度的。一条简简单单的线有一个维度。至于如图 5.3 所示的分形结构，其维度会介于 1 和 2 之间。具体说来，该图形所示形态所具有的维度是在 1.7 左右，也就是说，其分形维数为 1.7。这个数值表明，该形态所占有的空间多于一根线，但少于圆盘之类满实的形态。

生长形态，都具有不变的分形维数。它就如同身份证，会同其他外观类似的形态区分开。

1981 年，美国物理学家汤姆·威滕（Tom Witten）和莱恩·桑德尔（Len Sander）在研究空气中尘屑的聚敛效应时，提出了一个有关扩散限制凝聚过程的理论模型。该模型认为，空气中的粒子参与着布朗运动的无规行走（也就是进行着扩散）；一旦两个粒子相遇，就会聚合到一起。这两个人发现，上述过程会导致不稳定尖端的形成，一旦出现机会，这种尖端就必然会劈裂为二。1984 年，松下贡指出，由这一模型推导得出的聚合形态，与细菌培养皿中枯草芽孢杆菌形成的形态是完全一样的。松下贡的枯草芽孢杆菌群落的分岔形成不只是与扩散限制凝聚结果形态相似，它们的分形维数也是同一个取值。这表明（尽管这不是证明）两个生长过程具有同样的基本性质，而其中最明显的，是出现在聚合体生长的尖端处因涨落所接连导致的尖端分岔。

扩散限制凝聚是非平衡过程，分形的形状是非平衡生长的基调之一。粒子一旦落到生长着的聚合体上，便会立即与之形成不可逆转的粘接，由是不可能进入最稳定的平衡构形。扩散限制凝聚的结果，便是一部凝结起来的偶然事件的历史。松下贡和他的同事们考虑的另一个问题，是改变驱动力会如何造成菌落对平衡状态的偏离。为此，他们选定了两个据信会影响细菌生长的因素，使它们发生改变。菌落是在一层名叫琼脂的透明胶冻表面培养的，琼脂里面掺有细菌生长繁殖所需的营养成分。随着胶冻里面的水分不断减少，培养基会变得越来越硬，其表面上的细菌也就附着得越来越牢。因此，研究人员可以通过改变培养基中琼脂与水分的比例，控制细菌的移动能力。借助改变培养基中营养成分的多少，又可以改变菌落的“健康状况”，这表现在其繁殖后代的能力上。

通过改变这两个参数，松下贡的研究小组发现，菌落会生成与扩散限制凝聚的分岔构造大不相同的生长形态。在较充足的营养水平上，菌落的结构会十分致密，生成有如手指形状的肥厚分岔，而且分岔只发生在外缘部分，看起来有如生长在石块表面的地衣。这样的形态颇像数学家 M. 伊登（M. Eden）1961 年提出的描述癌瘤生长规律的理论模型。扩散限制凝聚形态和伊登形态都是在较硬实的琼脂表面上生长起来的，属于不能移动的菌落。菌落的扩大，是新生细菌出现在边缘处的结果。如果参数改变，胶冻软嫩起来，细菌便可以移动，这时就会形成其他形态：对应于营养水平较低的是纤细的、放射状的菌落，对应于营养水平较高的则是伊登式的同心环形菌落。如果细菌既是高度可运动的，又处于良好的营养环境中，就会迅速发展，形成大体圆形的外缘面，而缘内则稀少得几乎辨识不出。

因此，以培养基的软硬程度为横坐标，以营养水平为纵坐标（这二者就是所谓的“控制参数”），标定菌落生成的“空间形态”，结果可以分成几个明显不同的区域，每一个都自有其特定的生长形态（图 5.4）。从任何一种形态变为另外一种，都是相当突然地发生的，也就是说，改变会因控制参数中有一个发生了相对而言并不很大的变化而出现。这样的特点使松下贡小组联想到了将物质的形态按温度与压强分为气、液、固三态的所谓“相界”。越过相界，就是经历了相变过程。这种标示相界的图示便叫作相

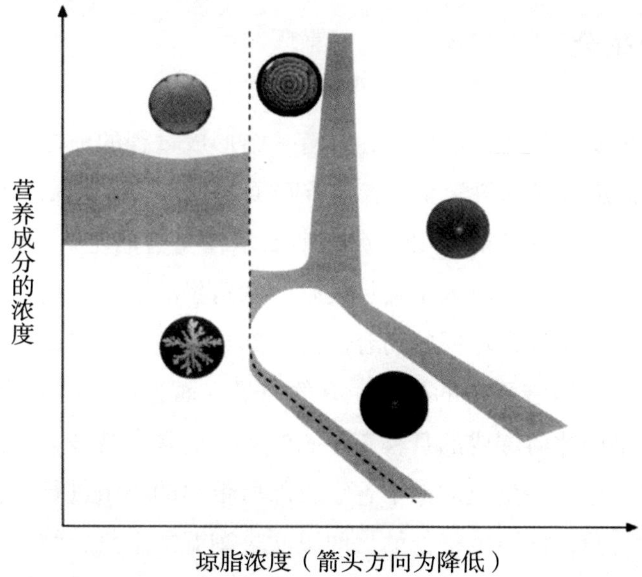

图 5.4　在琼脂培养基表面生长起来的菌落。当其生长情况取决于营养成分和胶体软硬度这两个因素时，会形成几种不同的形态。可以将这几种形态以图中所示的形态图归纳到一起。明显不同的形态间可以相当突然地发生转变。各个形态间的边界在图中以灰色区域表示，短划线则表示菌落随着胶体不断变软，从不可移动的形态（左方）改变为可动的形态（右方）。

图（Phase Diagram）。这个日本研究小组认为，他们所发现的，就是某种反映细菌生长的相图。

菌落形态的变化，不能严格地同相变相提并论。原因之一，是前者并非处于平衡态下。也许，将它与耗散系统相比较会更适当些。不同的贝纳尔－瑞利对流形态单元间的切换，就是这样的例子。研究菌落形态形成过程的人员，时常会提到“形态图”这个字眼，这一区分菌落形态形状及其形成条件的图谱，又可类比为相图。

其他一些细菌的菌落也会形成与枯草芽孢杆菌不同的复杂生长形态。而且，这些形态也会因生长条件的改变而突然发生变化。读者在下一章将会看到，只要对控制构造单元运动的因素做些简单的、类似于威滕和桑德尔二人的粒子运动和相互作用的模型解释扩散限制凝聚体的假设，部分形态的形成原因便可以得到理解。掌握了控制单个构造单元行为的简单“规矩”，便可推断出所有构造单元能够形成的整体形态。

“冰的花朵”

有关非平衡生长形态的概念，是有一个形成过程的。在20世纪30年代，日本北海道大学的科学家中谷宇吉郎（Ukichiro Nakaya，1900—1962）给雪花绘出了类似于本特利和汉弗莱斯展示在《雪晶花》一书中的图片。在《雪晶花》图册中，收入了大量美妙的六角星的形态，而在最后的几页中，却展现了若干非常不同的内容。这一部分是些形状有如建筑设计的雪花——有的像是嵌着平板的柱子，有的像是立面为矩形的六边形积木块，还有的颇像是用冰雕琢成的日晷（图5.5）。它们是在特殊大气条件下——比如极低的气温——生成的。中谷宇吉郎所带领的小组进行了模拟自然界降雪过程的实验，向温度很低的房间里吹进潮湿的空气，结果在一绺兔毛的外围生成了雪片状的东西。

这些研究人员发现，随着气温的变化，每当变化达到一定程度时，雪片的形态就会有所不同。当气温大致低到－25℃时，雪的形态会是六角棱

图 5.5 并不是所有的雪花都有分岔形状。有些会呈柱形和平板形，形态十分罕见。

柱。空气湿度也会对形态产生影响。当温度介于 –5℃至 –22℃之间时，如果空气比较干燥，雪就会是平板状的，而要是较为湿润，我们所熟悉的雪花形状就会出现。因此，温度和湿度是决定雪片“形态空间”的控制参数，一如培养基的软硬程度和营养水平之于生长的菌落。

尽管天底下没有两片一模一样的雪片，也没有形态毫无二致的菌落，它们却仍可进一步细分为不同的生长类型，各类型间也是可以过渡的，不妨称这些过渡为“貌变”。换言之，在表面呈现出的万千形态下，存在着某种秩序。雪花的生长形态固然千差万别，但在给定的一系列生长条件下，雪花的生长形态会带有某种必然性，也就是说会具有确定的基本形态。从这个意义上看，雪花的生长是可以通过实验方式重现的，细节形态可能会不尽相同，但基本形态不会发生改变。

然而，雪花的外观个性又从何而来？这正说明了非平衡生长过程中所具有的偶然性。雪花的“花臂”从这儿而不是那儿分岔，是生长过程中存在的某次涨落正好发生作用的结果。雪花会在一种所谓“生长不稳定性”的作用下，使小小的、随机出现的膨起，放大成为新的分岔。扩散限制凝聚过程中发生的也是同样的情况，结果则是呈现着分枝上长出分形形态的菌落。然而，雪花并不是随便长成的，它们那令人动情的美丽，体现在对称的六角形形状上。最先明确指出雪花这一特征的，是德国天文学家兼数学家约翰尼斯·开普勒（Johannes Kepler，1571—1630），时间是在 1610 年。这种对称的六角形构造，是由冰所具有的规则排布方式决定的。冰的结晶体具有六个特定的空间取向。在雪花的生成过程中，冰晶会特别沿这六个方向延伸。实际上，冰晶的生长被圄定在一个潜而不现的六边形框架内，因此，这种分子水平上的几何有序性，就在整片雪花这个大得多的规模上表现为形状的规则性。又是守规矩，又是赶机会，这两者相互依存的结果，便使雪花的生成经历了微妙的过程。其中的详细环节，人们直到 20 世纪 80 年代才开始有所了解。[①]

生长过程表面上相当纷乱，实际上却受到更深层次上的对称性的作用，这在一个菌落生长的演示中得到了明确验证。将胶冻状的培养基涂布在压出交叉六角形凹槽的平面上，凹槽便引导着分岔过程，使生长出的菌落与雪花有非常相近的形态。（图 5.6）。

图 5.6　在压出交叉六角形凹槽的平面上涂布培养基，凹槽对新分岔的形成与延伸进行导引，菌落就有了如图所示的“细菌雪花”形态。

① 我曾在《自行编织的锦绣》（*The Self-Made Tapesry*）一书中，介绍了目前对这一过程所了解到的内容。

非平衡生长，以及由此形成的形态，是物理学中一个十分活跃的研究领域。不过，人们对此虽已有了不少了解，但迄今并不曾归纳出一个全面的理论。也就是说，相当于统计物理学地位的、能够描述平衡态下系统的不同状态和相变的非平衡态学说，至今还没有问世。在平衡态以外的环境中存在的种种结构和形态，通常是复杂的和相当难以把握的。尽管如此，非平衡过程并不是根本无法预言的，也不是不存在规律的，而且，许多平衡态统计物理研究所形成的工具和概念，也可以直接或经改造后应用于非平衡态研究。对此，我们前面已经提到过了。由于新出现的社会物理学希望了解的研究对象多处于非平衡态下，上述信息对我们来说自然是个鼓励。

第6章

推理复推理

——集体动作中的偶然与必然

在解释某个现象时，若是只用少许力学，又额外加上许多不知所云的东西，那还是不如单用力学为好。[1]

利希滕贝格

要在闹市口处形成秩序，首先就得不让人与人或者车与车相撞，造成相互妨碍。[2]

爱德华·A. 罗斯（Edward A. Ross，1901）①

他微笑着说，他可以进一步告诉人们，如果有哪位工匠有能力按他给出的设计要求造出一个“自动人”的话，他一定是希望弄出个会跳舞的假人来，让它的舞姿使包括他自己在内的所有舞蹈大师都无法效颦。[3]

海因里希·冯·克莱斯特（Heinrich VonK leist，1810）②

① 爱德华·A. 罗斯（1866—1951）：美国社会学家与社会心理学家，这一段引文摘自他的社会学经典名著《社会控制》。——译者

② 海因里希·冯·克莱斯特（1777—1811）：德国作家，既创作过《智利地震》等著名小说，更以《施罗芬施泰因一家》等剧本闻名。——译者

安托尼·凡·列文虎克（Antoni Van Leeuwenhoek，1632—1723）借助自制的显微镜而第一个看到细菌的时间是 17 世纪 70 年代，此时，霍布斯已是垂垂老矣。列文虎克是荷兰代尔夫特城的一名布商，为了检查织物的质量，他自己磨制放大镜，并由此渐渐进入了微小生物的世界。出现在放大镜下的肉眼看不到的一切，从不令他感到危险，也从不使他感到乏味。他把什么都拿到放大镜下观察，从会爆炸的火药，到他本人的排泄物。

当时，没有任何理论，也没有任何自然哲学观念，能帮助列文虎克料想到，世界上竟然有数量如此之巨的“小活物”。凡是来自生命体，或是接触过生命体的东西上，都会林林总总地聚集着大量的这些小生命。池塘里的水中挤满了它们，简直是个“小人国”。“水里这些微小活物的运动”，他在 1674 年提交给英国伦敦皇家学会的报告中说，“多数是相当敏捷的，有向上的，有向下的，也有兜来转去的，看上去煞是可人。”[4] 就这样，列文虎克就像是位神祇，居高临下地审视着细菌界的“社会共同体”，看它们都忙忙碌碌地干些什么。谁能猜得出它们的目的何在？

到了 20 世纪 90 年代，松下贡的菌落形态使以色列物理学家埃谢尔·本 - 雅各布（EshelBen-Jacob）大为着迷。这时候，这类多细胞菌落形成分形形态的作用，已成了理解问题的关键。这位曾对解密雪花的分岔形状有所贡献的科学家，也像他的前辈松下贡一样，从菌落的复杂形态中，分辨出了无生命世界中一种常见过程的“指纹”。有生命细胞的行为，竟然会同盲目而没有感觉的气体粒子一样。控制生命体行为的规律，难道会如此简单吗？

本 - 雅各布与同事们一起，着手探查决定芽孢杆菌属细胞生长形态的种种因素。他们不久便发现了形态绝妙的新图样。有些菌落的生长方式是伸出繁复的弯曲触须（图 6.1a），有些则是末端长出小圆头的螺线旋臂（图 6.1b）。当本 - 雅各布用显微镜研究这些小圆头时，发现了列文虎克从未见识过的内容——它们是一些缠在一起的打卷结构，是成千上万个细而长的细胞，紧紧地绕成圆圈，有如挤在环形广场的拥堵车流。这些被研究小组归入“旋涡形态”类的打卷细菌，是原来菌株的变异体，它们打成

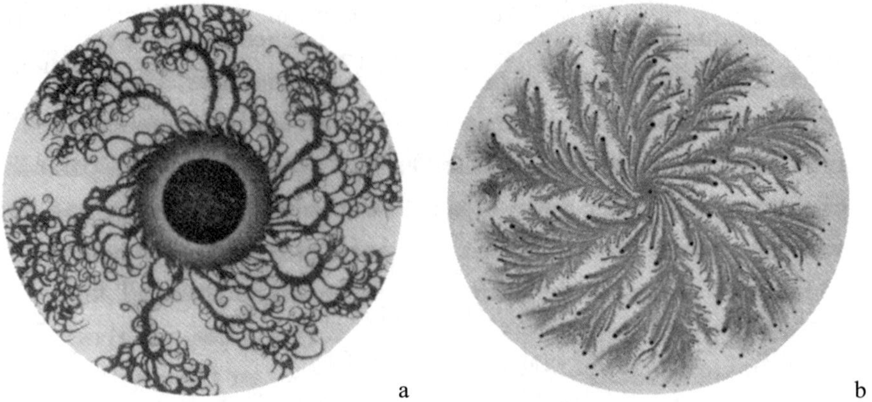

图 6.1 （a）芽孢杆菌落表现出的“手征”。（b）“旋涡”生长模式。在每个分岔末端生出的圆头里，密密麻麻地缠着卷绕起来的细胞。

卷的倾向看来是早已在身体里面构筑好了的。如果从某个圆头里取出几个细胞植入培养基，就会长成新的菌落，螺旋臂上也会生出同样的旋涡式圆头来。

这一行为虽然奇特，但却不是前所未有的。20 世纪 40 年代，人们就发现一种名叫环状芽孢杆菌（Bacillus Circulans）的微生物有类似的生长行为。使本 – 雅各布一行人特别注意的是，细菌细胞在运动中所表现出的协调性，仿佛它们都同意以同一方式运动似的。松下贡当年所看到的分岔形态，可以解释为假设细胞在琼脂培养基里的移动方式是无规的，一如在空间胡走一气的气体微粒。不过，在菌落的弯曲形态和旋涡形态中，都表现出某种有组织的集体行为的特征。

人类会组织起来、共同进行种种复杂的运动。不过，在军事检阅或奥运会开幕式表演中所表现出的协调和精确，并没有什么神秘之处。整体的形态是长期训练和操演的结果。形态的出现，是事先共同商定的，并靠每个参与者在行动时对细节的遵守得到实现。运动时该向哪里走，每一步结束后又该接哪一步，都是有人早就决定好了的，每个参与者都受到某个指挥的引领，遵从这个指挥的指导。社会科学家往往会做出设定：任何一种类似于此的复杂行为，都需要复杂的动机和复杂的设计。

然而，细菌是不会有复杂动机的，不管怎么说，它们没生着脑子嘛。细菌们不能彼此商定出下一步的共同举措，菌群里也没有什么向全体发号施令的司令。而实际生长出现的螺线形态，形状却精确得令人惊叹。如果这种情形的确表明，生长运动的形态可以不受意愿左右而自动形成的话，我们就不妨设想，人类是不是也可能在不存在任何计划或意向的情况下，形成类似的形态。

群体的舞步

芽孢杆菌属的细菌并不是微生物世界的另类，集体行为是自然界中的常见现象，而且这种合作并不是单单聚集在一起而已。如果微生物世界出现了一位霍布斯的话，他一定也会要求“利维坦社会共同体”的国民“将多歧统一为一体”，而佐证的例子只消一个就够了，这就是一种被称作盘基网柄菌（Dictyostelium Discoideum）的黏菌门微生物。这种细菌是单细胞微生物。当赶上好光景时——食物充足，水源充分，温度适宜，它们就会各过各的。然而，一旦养分吃紧或者环境变冷，这些细胞便会寻求相互间的支持了。

于是，它们便会聚在一起，纷纷趋向某个群体中心，有如荒年时节从农村涌入城市的饥民。一旦形成数以十计、百计或者千计不等的若干群落，就会表现得有如一个多细胞生物体。[①] 它会像单个生物般运动，找到一处地方落脚并改变形状。这时，它开始呈现出有如一株古怪植物的形态：有一根细长的茎，茎的顶上长出一个小圆头。这个小圆头名叫“子实体”，它内部的细胞已经形成孢子，而孢子能在恶劣的条件下生存，它们可以根本不消耗养分地存活着，等待着适宜环境的出现。这正像霍布斯笔下所描述的“利维坦社会共同体的本质”：

① 这种群聚过程涉及了若干种存在于自然界的最奇特的形态的自发过程，对此在作者本人的《自行编织的锦绣》（*The Self-Made Tapestry*）一书中有所介绍。

根据国家中每一个人的授权，这个人就能运用托付给他的权柄与力量，通过其威慑组织大家的意志，对内谋求和平，对外互相帮助抵御外敌。[5]

不能说话、没有听觉，又什么都看不到的细胞，它们之间是如何“授权”的呢？对于所有像盘基网柄菌这样会表现出集体行为的单细胞生命体来说，共同约定是通过某种“嗅觉”实现的。它们在面临严峻形势时，有的细胞会释放出一种化学物质，该物质起到了引起其他细胞注意的作用，一如高等动物释放出引诱异性的信息素。有些盘基网柄菌细胞会成为“起搏器”，发出引起注意的脉冲，使邻近的细胞与送来这些脉冲的源头相聚。像这类以化学方式引发的细胞运动，在生物学上叫作趋化性（Chemotaxis）。

当盘基网柄菌聚到一起、形成自我防卫的群体“城堡”时，通常也会像芽孢杆菌一样缠绕成卷状（图 6.2a）。这种行为方式对于生物学家来说是相当熟悉的——因为有些鱼类也常会有这样的表现（图 6.2b）。不过，鱼和鱼之间不是靠趋化方式沟通的。鱼儿生着眼睛，能够看到同类。此外，鱼还是长着脑子的，尽管很小，但已能够让鱼儿对环境做出远比细菌复杂的反应。那么，黏菌和鱼儿都表现出的集体行为的相同方式，是不是只出于巧合呢？

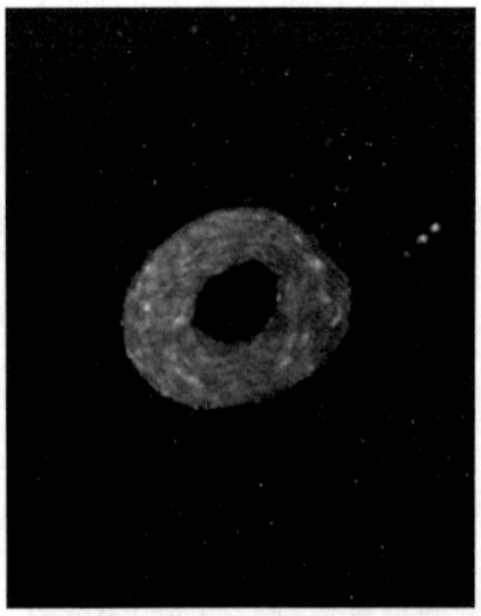
a

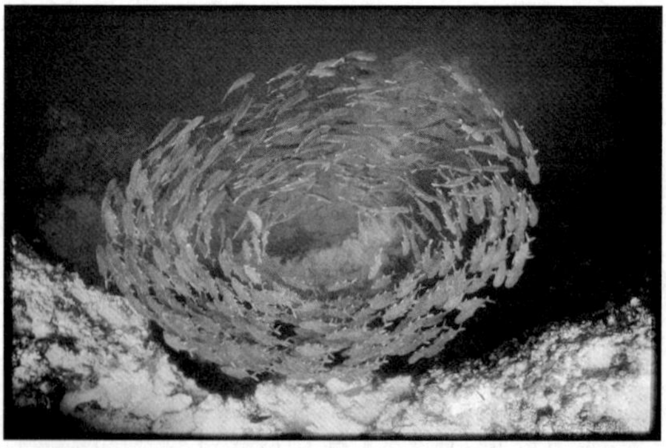
b

图 6.2 （a）盘基网柄菌细胞的涡形运动（b）有些鱼在游动时也会呈现出同样的涡形。

许多种动物聚成群体一起行动，往往是由于十分明显的具体原因。聚拢成群可以保护幼小同类，面对捕食者时，数量大些也可安全些。蜜蜂聚在一起后，可以借助大家的体温调节蜂巢的温度；蚂蚁形成蚁群集体行动，觅食就会更为有效。不过，情况正如生物学家朱利亚·帕里什（Julia Parrish）和利亚·埃德尔斯坦－开谢特（Leah Edelstein-Keshet）所指出的：“动物凡要形成群落，总是有着功能方面的目的……对此估计不会有争议。形态与结构……能够通过非线性的相互作用产生，与是否为生命体无涉。”[6]换句话说，要找出对动物界所有群体形态和集体行为的“生物学上的”——这一说法是指“表现出适应性”的——解释，会带来一种危险，那就是使本来只是客观环境直接导致的“物理”结果，被认为是由偶然性导致的进化。

即便不去管什么目的，人们也仍然面临着理解动物如何协调彼此间行为与运动的问题。在动物世界中，大群椋鸟一只只紧靠在一起，于黄昏时在树梢顶上盘旋翻飞的景象，便是这种集体行为的一个惊人的例子。这里同样没有谁在发号施令，鸟群中并没有头领，然而，每只鸟似乎都在同一时间做出了同样的决定。蜜蜂聚成蜂群时，也会做出类似的事情。这使人们有充分的理由相信，科学研究漏掉了自然界中某些深刻而难以理解的内容。

对此，甚至有人在20世纪30年代提出设想：鸟儿具有某种“思维传递”的特异功能。1984年，美国犹他州立大学的维恩·波茨（Wayne Potts）提出了一种观点，即集体行为可以由个体引发：个体的行为会像波浪一样，传播给集体中的所有成员。波茨告诉人们，他在记录大量滨鹬在皮吉特海峡上空盘旋的录像资料中，发现了这种行为。他坚持认为，每只鸟都关注着传向自己的波，并协调自己的动作，使之与传来的波一致起来。这就如同合唱团的每个成员协同一致地歌唱一样。

但是，这样的解释并不能真正令人信服。原因在于，这需要每只鸟儿都从自己的位置上认知远处发生的情况。但是，波茨所说的波对鸟儿来说实在是传得太快了，它们根本不可能针对最近位置上伙伴的运动做出反应。他的“合唱团理论”对鸟大脑的能力提出了过高的要求。这说明需要有别的解释。到了20世纪80年代末，令人满意的解释总算出现了，但不是来自生物学家，而是物理学家。

牛顿的木偶

科学家往往会将自己研究领域的知识套用到其他地方。在解释动物行为的理由时，动物学家会从动物的个体特性出发；分子生物学家则会从遗传方面探究。至于物理学家，他们考虑问题的角度，往往是事物间的相互作用——事物可以是原子、电子、夸克、气体分子，不一而足。有一件事是明确的：鸟群集体翻飞之类的事情，是不可能通过在基因里预先编程的方法，让每只鸟天天都一丝不差地遵照特定路径飞行的。

严格说来，克雷格·雷诺兹（Craig Reynolds）并不是物理学家。不过，这位在加利福尼亚辛保利电脑公司任职的软件工程师，思维方式比较接近物理学家所沿用的以定律为基础的推理方式，而不是生物学家的唯象研究途径。因此，当他以通常喜欢的休闲方式，坐在当地的公墓里观赏乌鸫鸟时，就会考虑这些鸟儿的集体飞行是在遵循什么定律。这就是他在1987年悟出的关键概念：局域感知（Local Perception）。一只鸟儿不可能预知同一群体中所有同自己一起飞行的鸟儿将要做的事，也无法紧跟所有其他同类当前的行动。不过，它还是有能力迅速对自己近邻的行为做出反应的。他后来告诉人们说：“所有的证据都表明，鸟群的运动必定是每一只鸟儿各自按照自己对世界的局部理解行事的结果的总和。”[7]

因此，雷诺兹编了一套粒子运动的电脑程序，让程序中的粒子服从三条简单定律，而每条定律又只同粒子群中与之邻近几个的情况有关。考虑到这种具备反应能力、有认知性的个体不宜称作“粒子”，他便给它们起了个名字：“笨头”（Boid），意思是“死板的小鸟”。每只“笨头”都只对离它在一定距离内的其他同类产生反应，而且一个不漏。不妨称由这一距离决定的范围为“局域球”。作用的具体定律是这样的：每个“笨头”都会以位于其“局域球”内所有其他同类的平均运动速度运动；它会移向整个群体的质心；[①] 它会避开其他同类不与之相撞。对速度和方向定律的约定保证了群体的存在：它们决定了所有的“笨头”会在运动时彼此靠近；与此同时，它们又不对整个群体提出任何要求——不要求群体一端的成员直接影响另一端成员的运动。在这三条定律中，并不直接含有形成密集群体的倾向。

然而，所有“笨头”行动的结果，正是会造成这样的局面。电脑软件的结果转化为模拟图像后，情况与真实鸟类的运动惊人的相似。雷诺兹还成功地对“笨头”的运动加上了其他若干影响，如外在的阻碍静物，个体有意向某个位置移动的要求（如同真正的鸟儿想找个新地方落脚，或者飞向食物一样）。这样，他便模拟出了相当一部分现实世界中的群体运动。雷诺兹编的软件非常成功，就连好莱坞的电影制片人都把它弄来制造特技动画效果。《蝙蝠侠归来》（*Batman Returns*）中大群飞舞的蝙蝠，《狮子王》（*The Lion King*）中狂奔的兽群，都是照这样的方式运动的。

“笨头”是一种自动机器，是有如机器人一样的存在物。它们是预编程的，按照程序要求服从一系列规则，由此对附近的环境做出反应。自动机器的行为完全是决定论式的：先看一看自己周围的环境，再根据几条规则进行若干“脑力”计算，并按照结果确定自己的下一个行为或下一步运动。

粒子式自动机器的概念是匈牙利数学家约翰·冯·诺伊曼（John Von Neumann，1903—1957）在20世纪30年代摸索电子数字计算机雏形概念时悟出的。他对有能力进行自我复制和增加自身复杂程度的思维机器很有兴趣。美籍波兰裔数学家斯坦尼斯拉夫·乌拉姆（Stanislaw Ulam，1909—1984）向冯·诺伊曼提供了一个简单易行的模型，这就是将整个环境设定为一张国际象棋棋盘，每个棋格（也称细胞）上有一台自动机器，称作

① 质心有如立在一只脚尖上打转的芭蕾舞演员的平衡重心位置。对于这个演员而言，质心的大致位置是在她的腹部。

"细胞自动机"。每台这种自动机都可以处于若干个不同状态中的一种，而如何选定这一状态，取决于各个邻近细胞自动机的状态。事实上，可以将这些自动机看成存储着信息的记忆细胞，电脑中有如电灯开关般能以两个二进制状态（1 和 0）中的一个存在的记忆元件，就是这样的构体。冯·诺伊曼和乌拉姆对某些信息类型在这种网格环境中能否自我复制的可能性进行了研究。

按不同规则对邻近成员做出反应的细胞自动机游戏，是可以大批设计出来的。然而，研究由这种自动机所构成的动态世界，则是电子计算机出现以后的事情。20 世纪 60 年代末，英国剑桥大学的数学家约翰·何顿·康威（John Horton Conway，1937—2020）设计出了这样一种网格游戏，并给它起了个吊人胃口的名字："生命博弈（The Game of Life）"。它多少有些接近生命细胞和活体组织的生长增殖方式。如果单独存在，每个棋子就会死掉，如果处于其他棋子之中则会存活。还有，如果周围的环境变得过于拥挤，它们也会因为食物与其他资源的稀缺出局。在这个"生命博弈"游戏中，每个棋子都有可能"活着"或者"死掉"。一个棋子如果能同 2 个或 3 个活棋子为邻，它就能活下去；而一旦与之相邻的棋子少于 2 个或多于 3 个，它就会死去。等死棋子再次与 3 个活棋子相邻时（其实应当将这一形势理解为一个空位被再次占据），它就又变活了。

康威的这种棋子游戏是对人工生命的最早研究。单就它所开创的生存形态与行为方式的多样性而论，"生命博弈"可以说是享有盛名。直到今天，仍然有一些网民致力于开发此类游戏。有的是让群体沿网格运动，或者像蛇那样蜿蜒以进，或者像鸟儿那样一路滑翔。有的会吞吃对方。还有的会不断分裂出新的群体。此类世界委实奇妙，充满了变化和惊奇——而这一切，其实只源自不多的几条简单规则，而且这些规则也只作用于棋子之间的局域性相互作用。

雷诺兹发明的"笨头"是自动机器，而自动机器可以不靠外界力量自主运动，也未必只在网格上行动。尽管如此，它仍然只是机器，被规则管得死死的。有人认为（但也有人不同意），它是人们最早发明的、能够复现活力世界中种种复杂现象的人工生命。它通常被纳入“复杂性理论”一类，而且眼下非常走红。其中的关键概念就是涌现（Emergence，又称“突生”）。“笨头”会自然而然地形成群体。群体并不是专门设计的产物，规则只是为个体设定的。然而，个体间相互作用的结果，却导致了某种将个体聚合到一起的群体行为。突生的性质说明，整体能够大于其所有组分之和。

照前文看来，“复杂”就意味着包罗万象。其实，通常的复杂东西，未必会同物理学有什么关联。被归入复杂性理论名目下的内容，多数属于经验性的计算机科学——设计出电子游戏来，进行这些游戏，看看会发生什么结果。大多数这类东西，也许看上去奇妙得很，但到头来却会走入死胡同，原因就在于它们缺少基本概念。它们提供的是描述，或者说是规定，而不是深层的理性认识。这正如哈佛大学生物学家爱德华·O. 威尔逊（E. O. Wilson，1929—2021）所说的那样：“就事论事地研究突生，不进入系统内部的机制，那就什么都解释不了。”[8]

正因为如此，“笨头”啦、从蚁群到牛羊群的种种令人眼花缭乱的动物集体行为的电脑模型啦，在很长时间内都只是高科技消闲之类的东西。多亏物理学家后来看出，它们反映了非平衡统计物理学中的一类真实形态，形势才得以改观。

群体运动的物理学

20世纪90年代初，托马斯·维萨克（Tamás Vicsek）与本－雅各布联手探究了变异芽孢杆菌缠绕成旋涡圆卷的原因。这两个人都是非平衡系统生长和成形领域的专家，对扩散限制凝聚导致的菌落分岔十分熟悉。这时的维萨克还从未听到过“笨头”一说。据他认为，无论缠成旋涡形的细菌细胞遵循的是什么规律，都会是相当简单的。

然而，细菌可与气体粒子不大一样。在这个方面最大的不同，是细菌有自己的运动方式。细菌会消耗自身的养分，并用此燃烧过程中释放的能量使自己的鞭毛有所动作，这些形状有如短鞭的蛋白质细毛，起着推进器的作用，使细菌移来动去。气体粒子的碰撞是服从牛顿定律的，动量也是守恒的；细菌则可以根本不理睬这一套清规戒律，想停就停，要走就走。正是这种自驱动功能，使细菌群落成为非平衡系统：只要细菌消耗能量，就不会进入平衡态。

1994 年，维萨克和自己的学生安德拉斯·齐罗克（András Czirók）提出了一种描述细菌运动的模型。在这一模型中，每个单细胞细菌都像是麦克斯韦理论中不停运动的气体粒子，只不过使它们运动的动力来自它们自身——它们是所谓自运动粒子，而且服从着一个简单的“程序”。这个“程序”设定的内容只有两条：一是所有的细菌都保持大小相同的速度；二是每个细菌的移动，都会沿着一定距离内所有其他细菌运动的平均方向进行。这两条规律与雷诺兹的“笨头”所服从的规则很像，但又不完全相同。维萨克和齐罗克还根据生命体实际上永远不会完全循规蹈矩的特点，提出了一点设定，就是细菌的运动中，应当带有一些无规成分，也就是说，上述两条规则并不是得到百分之百遵守的。这种无规性属于一种背景噪声，如同录音效果不好时会出现的咝咝声（白噪声）。如果噪声过强，信号就会被淹没——体现在细菌运动模型上，就是菌体细胞运动中的无规性，压倒了细胞间协同运动的倾向。

他们在电脑上模拟了符合这种模型的“自动细菌”的运动，结果发现了某种他们立即能够辨识出的内容。当噪声水平很低时，“自动细菌”会表现出集体行为，全体沿同一方向运动。要记住，每个细胞都是按编程指令，只理会位于局域球内部的近邻，因此理论上并不能保证全体成员都“万众一心”地运动。随着噪声的增大，协同一致运动的程度便不断降低。当噪声升到某个临界水平时，所有的一致表现都会消失，各个自运动粒子便各自为政了（图 6.3）。在这种情况下，对于任何向某个方向运动的个体，都有可能存在与之反方向运动的个体，因此整体的平均速度会降为零。

这样的现象使维萨克和齐罗克联想到了磁体经历温度改变时的行为。在较低温度下，所有的磁自旋都会指向同一方向；每个原子的磁场合到一起，使磁体表现出磁化。当温度升高后，各个原子“罗盘”的取向会

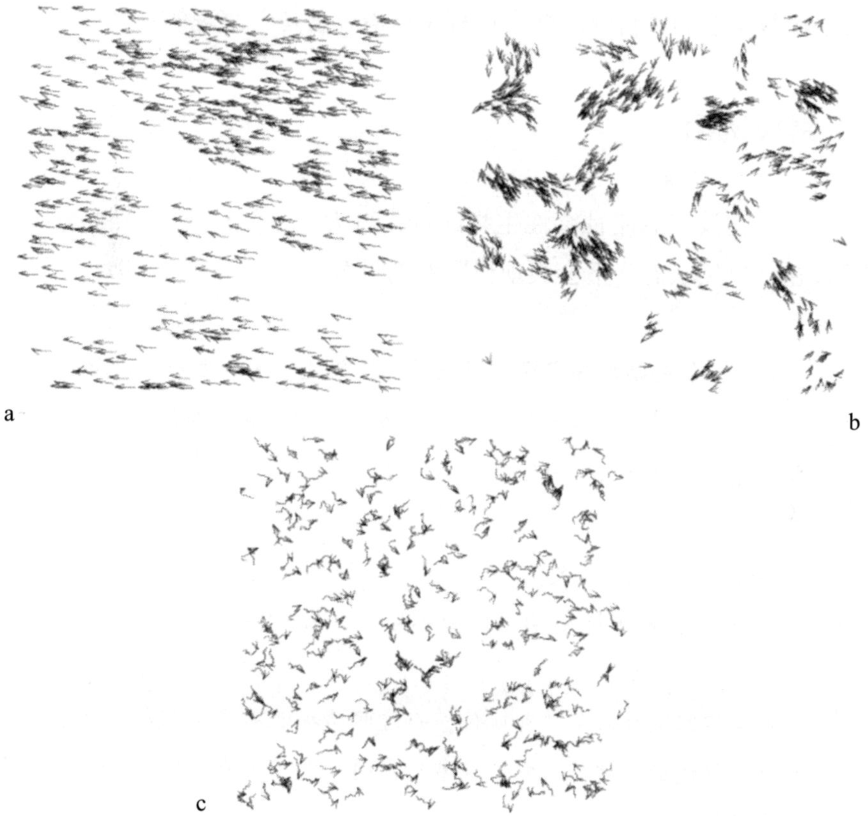

图 6.3 自运动粒子的相变。当噪声水平较低时，粒子的运动有统一的方向 (a)。当噪声提高到一定水平时，粒子会形成若干较小的组群，每个组群的运动倾向于形成旋涡形态 (b)。当噪声达到某个临界值后，运动便是无规的了 (c)。在图上，每个粒子的运动方向以一个箭头表示，短短的箭身表示适才的运动轨迹。

纷乱起来，结果各原子磁场会彼此抵消，平均结果便降为零。在这两个状态——磁化和非磁化之间，存在着一个临界温度，相变就在这一温度上发生。自运动粒子会经历类似于磁体从整齐排布到无规排布的相变过程，粒子整体的平均速度就相当于磁化强度，而噪声则扮演着类似温度的角色。正像液—气临界点可以对应为磁体的相变一样，研究细菌群体运动的人员也可以将它们运动方式的变化对应为同样的现象。

这并不是在简单地进行类比。尽管自运动粒子与液—气相变有一点重要的差异，即前者涉及的是非平衡态的转变，但在这两者之间却可以找到形式上和数学上的等价性。两类过程是有着“普适”表现的。

“暴民统治”

霍布斯也没有忽略社会性生物的合作行为。他预计人们可能会反对他有关人在“自然状态”下会表现得野蛮的见解：

> 诚然，某些动物如蜜蜂、蚂蚁等，能群处相安地生活，因而被亚里士多德列为政治动物，然而它们却只受各自的欲望和判断的指挥……因此，有人也许会想知道人类为什么不能这样。[9]

霍布斯自己给出的答案，是人类与它们不同，无论在思维上、需求上和感觉上，都比后者更加复杂，也更容易彼此发生冲突。例如说：

> 人类不断地企求荣誉和地位，而这些动物则不然。……这些动物也不像人类一样能运用理智，它们见不到，同时也不认为自己能见到公共事务管理中的任何缺点。[10]

在许多社会科学家看来，霍布斯的这个解释颇为在理。这些人早就认为，人类的行为实在是太复杂了，不可能为之建立任何数学模型。每个人的行为都可能源自上千个动机，而这些动机的比例又会因人而异，各不相同。因此，我们根本犯不上给人的行为搞什么理想化。事实是不是这样呢？

到目前为止，我们所讨论过的任何一种物理模型，都是为达到“多进少出”的目的而提出的。如果我设计一个群体模型，让其中的每个成员都各有其事先编程的复杂轨迹，还让它们在运动过程中会不时戛然而止，查验一下周围的路标，或者放慢脚步，好有时间看看橱窗里的陈列，那它就算不得是什么模型了。这时候，你放进去多少信息，输出的也会是同样的一些。

1971 年，澳大利亚悉尼大学的 L. F. 亨德森（L. F. Henderson）发现，如果拨开笼罩在个体之上的迷雾，就会在移动人群的总体表现中，看到若干可以得到定量界定的统计特性。这或许是显而易见的，不过还是要再多说几句。足球迷们在球赛开始前进入体育场，四下分开就座，赛事结束后又从赛场涌出。这些观众心里都想些什么，并不会影响他们进入赛场的集体行动。繁忙的商业街上熙熙攘攘的购物者，多数会顺着人行道的走向沿两个方向行走。这些人不会以每小时30公里的速度飞跑，也不会闭起双目乱撞。在形成的人群中，会出现一定的普遍规律、一定的共同约束、一定的趋向和平均表现。

亨德森有心研究一下这些统计特性。他的具体想法很有意义——他想查验一下，这些性质是否与麦克斯韦－玻尔兹曼的气体动理论相合。也就是说，他想研究一下，人行道上行人的行走速度分布，是否符合先由麦克斯韦提出、后经玻尔兹曼证实的扣钟形曲线。他观测了几类不同的移动人群：在悉尼大学校园的小路上走过的学生，通过闹市区路口的路人，学校操场上随意活动的儿童，等等。他发现，所有组群的移动速度，都相当接近麦克斯韦－玻尔兹曼分布，只是都有一个奇怪的不符之处。他所得到的每一条曲线，都明显地有两个峰值，看上去有如两组平均速度略有不同的麦克斯韦－玻尔兹曼粒子加在了一起。对此，亨德森的解释是人分男女，而两种性别的运动方式一样，但运动速度不同。

他又想到，假如人群的移动受到搅扰，就有可能使人流的总体状态发生变化——

> 在通道的一端，行人会因需要出示车票之类的原因而被迫慢下来，这时，人们会密集紧靠，摩肩接踵，徐缓前行。这种转变不妨称之为状态转换，由松散的“人之气”，变成稠厚的“人之液”。[10]

换句话说，他预见到了人群会因拥挤而出现有如气体液化一般的相变。然而在进行了具体观测后，他却没有给出任何有关此类相变的报告。

亨德森提出集体行动可能与统计物理学之间存在关联，这是很有价值的，不过，他的研究工作中却没有任何值得特别关注的内容。人群的速度分布会大致表现出扣钟形，不过也很难设想出别的什么形状来。从数学角度分析，扣钟形状的曲线未必就是麦克斯韦 – 玻尔兹曼分布曲线，而且亨德森所提供的数据只是根据几百个路人得出的，实在不大可能据此做出这样的判断。但话又得说回来，许多年前，凯特莱不就是将扣钟形的误差曲线，确立为社会统计学的特征表现吗？

20 世纪 80 年代末，在德国格丁根的乔治 – 奥古斯都大学（Georg-August University），德克·黑尔宾（Dirk Helbing，1965—）开始了给群体运动建立模型的工作。他认为，亨德森对于“气体分子运动”的描述，是自己这一工作的适宜出发点。不过，他也认识到，亨德森的描述并没能提出任何导致人们运动的动机，即人们为什么走路，对环境如何做出反应。只有将这些因素纳入模型，才有可能把握住运动人群形成的复杂运动形态。亨德森已然认为，人群顺着人行道的运动，可以将其视之为流体的流动。不过如果这样看待的话，这将会是一种有自己想法的流体，一种能够令牛顿定律不起作用的流体——因为这种流体可以突然停下来一动不动，也可以一下子奔跑起来。

黑尔宾认为，任何个人的运动都会受到两方面的影响：一是内在影响，或者说是“个人意愿和利益”；另一个是外加影响，或者说是“对形势与环境的感知”。这两者往往是冲突的。我之所以不得不放慢行走速度，是因为前面有许多步伐缓慢的行人。我有意从路上斜穿过去，进入一家店铺，可是有一溜人挡着道。在特别拥挤的人群中，由于后面人潮涌动，我本想停一下脚步，但是却做不到。

外加影响源自个体之间的相互作用。1945 年，心理学家卡伦·霍妮（Karen Horney，1885—1952）定义了三种个体间相互作用的方式，它们就是“朝人去”、“躲人走”和“挡人道”。在许多情况下，上述三种说法是在打比方，不过也可能真是字面意义所表现的情况。与朋友、伙伴或者团体结伴而行的人，会倾向于聚拢在一起；在娱乐性聚会上，名人会因为自己的个人魅力——有的是人为哄抬的——招来不少追星族。不过，在多数人群中，人们彼此并不相识，因此无意结队而行。相反，他们总是尽量与陌生人保持一定的距离。这种相互作用颇像是吸引作用和排斥作用。（霍妮所说的“挡人道”是一种相当特殊的情况。她提出的这一方式，意指有意制造障碍，目的是找麻烦、占上风。它会在某些社会环境下发生，但很少会出现在街上走路的场合。）

美国社会心理学家库尔特·勒温（Kurt Lewin，1890—1947）看出，霍妮用吸引和排斥来反映人与人之间相互作用的做法，可以应用到更广的范围。他在 20 世纪 50 年代提出一种假说，认为电磁场对带电粒子的作用，相类于对人的行为产生影响的社会压力。按照勒温的观点，可以将个人视为在某种观念、信仰、习惯和意见的抽象场中进行着“运动”。一个人的这种场，会受到他所接触到的其他人的行为的调制，调制的结果，是将此人送上某种行为方式的轨道。

这简直是霍布斯的机械人性观的现代翻版。在勒温的这一“社会力”概念的引导下，黑尔宾和他在斯图加特大学的同道彼得·莫尔纳（Péter Molnár）从物理学角度提出了一个人行道通行的数学模型。当然，将人与人之间的作用设想成“作用力”是一回事，真正要用数学方程表达出来却是大不相同的另外一回事，这就像表述电磁作用或者重力作用一样。不过他们俩做到了这一点。

黑尔宾和莫尔纳假定，每个行人本都属意于以某个自己喜欢的速度沿着一个方向走。然而，在外来因素——主要是来自在场的其他行人——的作用下，他们不想撞到他人，或者说，不想离别人太近。为此他们会做出让步，缩小自己的“个人空间”。因此，人群中的个人，会表现得如同受到了排斥力的作用，而且这种排斥力还会因与他人距离的缩短而增强。近代的液体理论中也出现了这种与之类似的排斥力，它表现在粒子之间，开始时很微弱，但会随着粒子的相互接近而急剧增强。这种排斥力被称为“软”斥力，以区别于出现在范德瓦耳斯流体理论中的“硬”斥力——由该理论认定的一种只在两个粒子相撞时才会表现出来的相斥作用。

范德瓦耳斯理论也解释了粒子间存在吸引作用的缘由。黑尔宾和莫尔纳也针对人与人之间的情况设想了吸引力的存在。如果他们属意于研究诸如聚众之类的特殊情况，是能够将这种力加入自己的模型中的，不过，一般来说，在他们的模型中，所有的行人都不希望接近别人。与“笨头”或者维萨克的自运动粒子不同，模型中的行人并不具备将自己的运动排布起来从而形成带有聚合性团体的倾向。①恰恰相反，每个行人只是在其他行人形成的制约环境中独自行走。不妨借用大卫·鲍伊（David Bowie）②在歌曲《钻石狗》（*Diamond Dogs*）中的词，将这些人形容为“奔佬”（Peoploid）。

从上述认定来看，该模型所描述的是些以自我为中心、不遵守社会公德、不讲礼貌的人。然而，当黑尔宾和莫尔纳在电脑上进行模拟时，却发现了若干会自动表现出来的群体动作类型，其中有些看上去颇像是良好行为。比如，沿着一条过道向相反方向行走的许多“奔佬”会趋向于自行组织起来，形成两股方向相反的人流，由是减少了为避开相撞而迂回的动作（图 6.4）。在实际生活中，这样的结果是会经常出现的。立在街道中心线处的柱子、行道树等物体，会有助于这种分道而行过程的形成，即使不曾特意标明通行方向也会如此。分行通道的形成是自动出现的，但哪条通道向什么方向通行却纯属偶然。③

① 当然，人们有时候会表现出行动一致的集体行为（对此将在后文提及）。足球赛的观众就会表现出如此的行为。这就是 1986 年在墨西哥举行的世界杯比赛时兴起来的所谓“墨西哥之波”。全场观众会迅速地依次跳起来、手臂伸向空中，落地后再重新就座。黑尔宾、维萨克和他们的一个名叫伊莱·法卡斯（Illés Farkas）的同事提出了这种波浪式集体行为的模型。在这种模型中，他们设定每个观众都在三种状态间切换，即受激态（波形临近时准备跃起的状态）、积极态（跃起在空中）和被动态（完成动作后落座）。对“墨西哥之波”的模拟研究信息可从互联网上获得，网址为 http：//angel.elte.hu/wave。由这三人的模型所限定的波动，在外形上很像是心脏搏动时发出的心电波。

② 大卫·鲍伊（1947—2016）：英国摇滚乐歌手。——译者

③ 在实际生活中，情况却未必一定如此。人在行路时遇到障碍（障碍中也包括其他行人在内），通常会有个首选的绕行方向，而这个首选方向，又与文化传统有关。比如在德国，靠右走便是首选。这种偏好有可能是后天养成的，小娃娃——还有旅游者——通常不这样走便是证明。养成这种习惯是下意识的，却又是对所有人有益的，因为这样做，会减少面对面走来的两人向“同一侧”——也就是说，一个向左、另一个向右——而撞到一起的可能。成人在人行道上分为两股方向不同的通路，无疑也是本能地沿用了车辆通行的方式。黑尔宾和他的同事凯·伯雷（Kai Bolay）成功地模拟了这一学习过程，结果发现，如果行人有机会调整自己的行为以减少相撞可能，的确会形成沿特定（但选择哪个特定方向又是任意的）方向行动的形势。

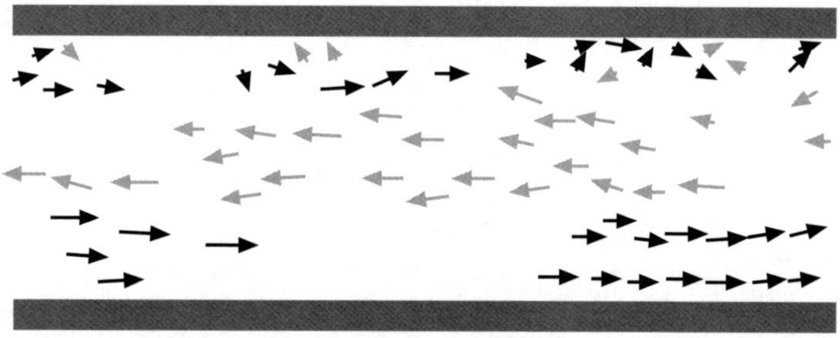

图 6.4　在黑尔宾—莫尔纳模型中，沿着一条过道走动的行人，会形成有组织的双向运动。图上的每段线条各代表一个“奔佬”粒子在几步路时间内穿过的路径。黑色和灰色各代表向相反方向运动的粒子。模拟的运动结果可从网站（http：//www.helbing.org/Pedestrians/Corridor.html）上查阅到。

当两群“奔佬”沿相反方向通过一条通道、而通道上开有一道小门时，会出现如下情况：第一步，小股的单向通行会在两个方向上交替出现（图 6.5）。每一群人都会暂时地“独霸”小门——一个开路先锋过去了，就会有好几个借光跟过去。另一群人仿佛只是站在后面的位置上，眼巴巴望着对方一个个地通过，其实，这种表面上的礼让，只是不喜欢近距离接触的结果。

这一模型可以用于改进行人通道，以便减少通行者的不适、拥堵和不便。在通道上安设一系列柱子，是改进通行效率的一个办法。或许有人会认为，为了缓解小门造成的瓶颈效应，将门加宽会有助于更好地通行。但事实上并没有这样简单：门的改宽只会加快交替通行的变换频率。开两个小门效果会更好。即使不指定哪个门供哪个方向使用，人群也会自行组织起来，形成通行方向相反的两股人流，一股任意选定一个门穿行，另一股则使用另一个（图 6.6）。因此，开两道门要比宽度为这两道门之和的一道门，有更好的通行效率。

交叉穿行的路口处情况比较复杂。据模拟显示，这里永远不会进入稳定状态，永远不会形成碰撞或者拥堵减至最低的局面。不过在这里，往往会形成暂时性的对策——行人会在路口兜着圆圈迂回到达自己的目的地，兜转也许是顺时针的，也许是逆时针的（图 6.7a）。好的设计会有助于形成这种有效的流动方式。比如，如果在路口正中安设路障物体，就会阻断

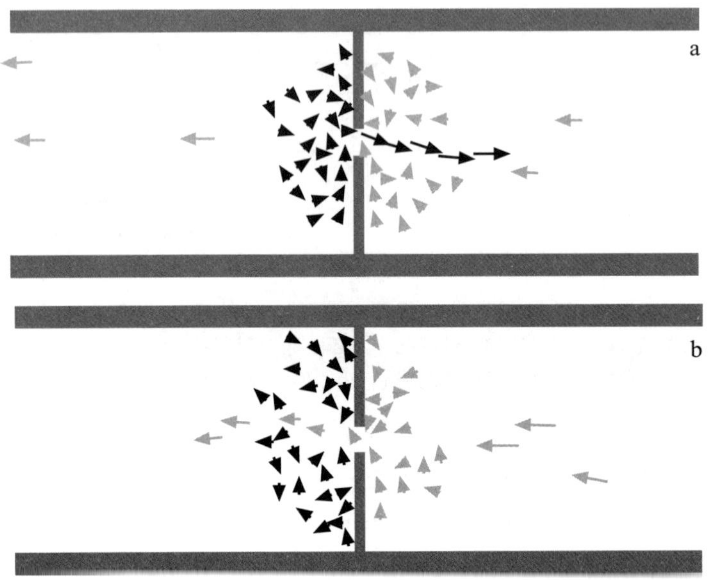

图 6.5　交替通过一道小门的小股人流。先是朝一个方向 (a)，接着又换成另一个方向 (b)。图中的箭头标示着运动方向，长度与行动速度成正比。这一情况的模拟结果可通过点击 http://www.helbing.org/Pedestrians/Door.html 查阅到。

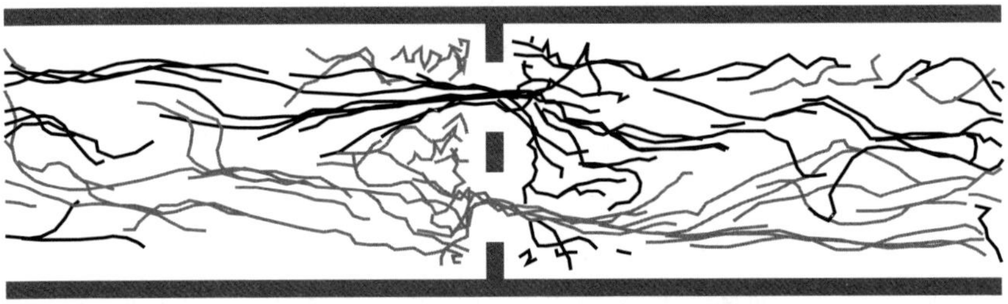

图 6.6　如果有两个门，尽管事先未必给它们各自指定一个不同的通行方向，结果却必定如此。我在这里给出的并不是如图 6.4 和图 6.5 那样的在某个时刻上的快照，而是大量不同时刻的位置所形成的黑、灰两组行人的运动轨迹。

或妨碍圆形通行路线的行人。斜铺的障碍物也会起到引导流向的辅助作用，使环流固定在一个方向，如果再辅以告示或者图示，将行人导向过道的一侧，效果就会更好（图 6.7b）。

1997 年，黑尔宾和莫尔纳同德国蒂宾根的电脑科学家约阿希姆·凯尔奇（Joachim Keltsch）合作，利用这一行路模型探讨开阔空地上的小径是如何自然踩踏形成的。人们走在草地或者开阔地面上时，往往会顺着被无

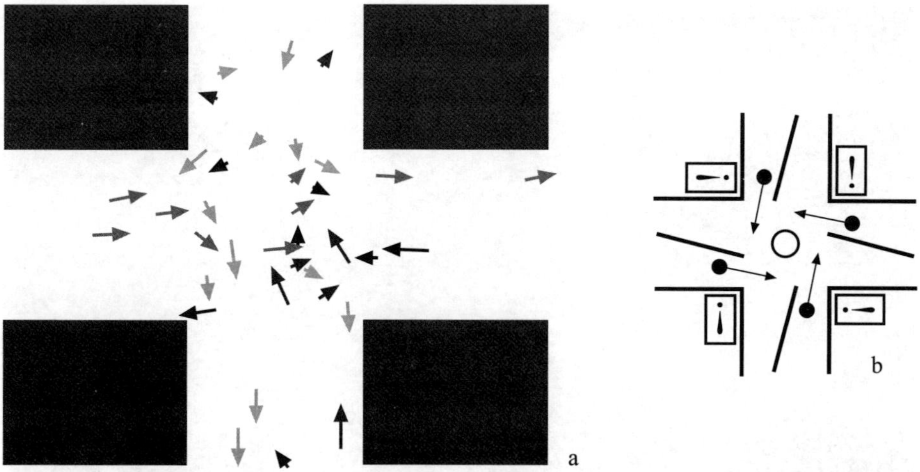

图 6.7　在交通路口处，行人的通行往往会暂时形成圆形迂回路线，这样会减少发生碰撞和挡道的可能（a）。图上，色度不同的箭头代表不同的走动方向；每个人都打算横过路口走到对面去。在路口的设计上，可以通过添加障碍物或者警示牌（上面画上“！”的符号）等手段，将行人引导向确定的方向（b）。

数双脚踩出的光秃小道走，就连它们并不是最直接的路径时也会如此。道理何在？可能是在平整坚实的土地上行走，会比在草地上容易些？或者是行人们从儿时起就不断听到的“不要践踏草地”的告诫起了作用（尽管小路也是别人随意在草地上行走的结果）？但重要的并不是原因而是结果：人们就是这样走路的。

草地上的小路最初是怎样出现的呢？在最早有人开始踩踏小草之前，整个地块都均匀地长着青草。毫无疑问，第一批走上草地的人，都有着不同的目的地。黑尔宾的研究小组研究了斯图加特大学校园内的步行小路系统，结果发现，这个系统有几个共同的出入口，连接着草地四周的各个大学建筑。然而，这些小路并不是任何两个建筑物间的最短路线（图 6.8）。

这些小路是过路人的双脚踩踏出来的。研究人员在模型中设定，每个从草地上走过的“奔佬”，都会使小草受到一定损害。不过，受伤的小草也会以稳定的速度恢复原状，因此，如果有一段时间没人走，已经踩出的小路就会消失。小路被踩踏得越实，就越容易让人看清楚，过路人就越容易沿着它走。根据模型的设定，路人受某条小路吸引而走到上面的可能

图 6.8 斯图加特大学内一块空地上被人们随意踩踏成的小路。注意，这些小路上没有陡拐的“死弯”，没有一条路笔直地连接起任何两个出入口。

性，取决于它与路人的距离，以及它本身的明显程度。

黑尔宾小组设计了这样一个模型：一片空地，外缘有若干个目的地，还设计了一群在空地上穿行、往返于这些目的地之间的“奔佬”个体。他们发现，小路系统的形成和发展，是由“奔佬”受已有小路吸引的程度决定的。起先，人们在两个目标间笔直地走动（图 6.9a）。如果吸引程度不强，这些笔直的小路会存在下去，并渐渐变得明显起来。不过，如果吸引力足够强，笔直的小路就会发生演变：笔直连接目的地的路和已有的小路，两者间会有所协调（图 6.9b）。到头来，位于大对角的斜穿路径和邻近目的地间的“擦边路”会融合到一起，形成圆缓平滑的小路系统，与原来的笔直小路有所偏离。在这样的系统中，没有人会穿过空地的中心点，小路会在那里交会在一起，在那里形成一个中心岛——这正是实际生活中出现的结果（图 6.8）。

园林设计人员惯用线性思维，结果设计出直通通的、交成棱角的路来。相比之下，小路则是自然形成的，用相应研究领域内的行话来说，它

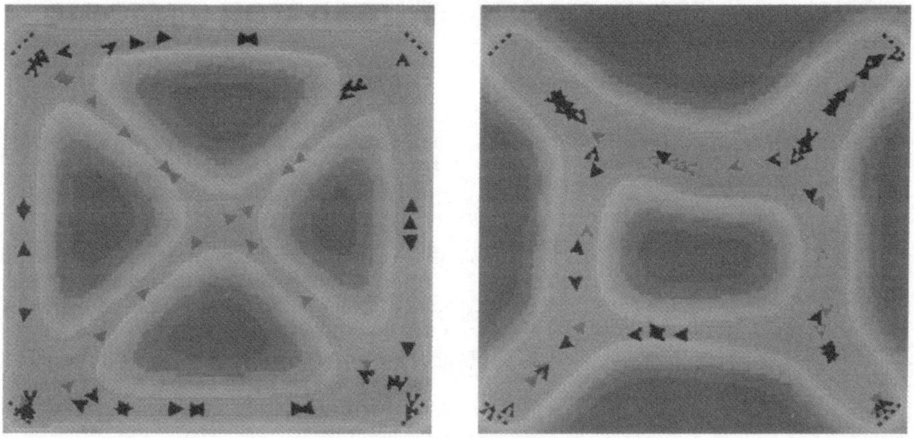

a b

图 6.9 黑尔宾小组提出的模型。人们用这一模型模拟了小路系统的形成过程。在早期阶段（a）行人走的基本上是直路。最后阶段（b）则是各条“最直接”路线彼此协调的结果。

们是自我组织的，这就是说，以弯曲的方式平滑地会合。由于这两者是不同的，原先在绿地上设计好的小路，往往会被路人本能的行路方式改头换面。莫尔纳在斯图加特的一座公园里注意到，管理人员想要消灭这种踩踏出来的小路，恢复原来的设计步道。然而，尽管路人未必是故意要破坏原有的设计，但对他们最适合的小路很快又重新出现了。

如果设计人员能够事先掌握行人的行路习惯并顺应行事，形势必将大有改观。如果建立类似的模型，将以自然方便的步道系统，促成这一形势的出现。黑尔宾认为，用这样的模型指导园林业务——比如，以有限的财力修造步道，实现经济与效率的最佳统一，设计出扩大现有步道系统的最佳方案等，将会很容易做到。这样便可以做出符合人类本性的设计。

空间的语言

在不受阻隔的开放空地上，行人能够置现有步道于不顾，积沙成塔地形成自己的小路。但在城市内或者建筑物里就几乎不可能了：穿墙越壁只能在想象中进行。那么，城市空间和建筑空间能不能也在设计上实现与人性需要和冲动的相符，而不是逼着人去适应它们？

地理学家迈克尔·巴蒂（Michael Batty）和他在伦敦的大学学院的同事们，对人们在塔特美术馆（如今改名为英国塔特博物馆了）的参观路线进行了模拟。他们将模拟的结果，与 1995 年 8 月某一天中该馆的真实参观路线进行了比较。在陈列古典展品和本国展品的展室里，参观者通常会靠着美术馆中轴线的左边兜转，而在现代展室里，方向往往会沿着右边。这是不是因为参观者喜欢古典和本国作品的程度，要甚于现代作品呢？研究人员认为根本不是这么回事。根据他们的模拟结果，每间展室对参观者的“吸引度”都是相同的，虽则有左有右，但对比程度是一样的。人们之所以有不同的兜转方向，纯属室内展品陈列格局使然——现代展室内展品的安放位置比较盘绕。换句话说，参观者在馆内的参观路线，不仅取决于对展品的兴趣，还有赖于展品的安放格局。塔特馆的展品位置大大影响了参观者的体验行为，这是美术馆的设计师们当初不曾刻意安排、也没能设想到的。

比尔·希利尔（Bill Hillier）是一位城市设计专家，也在伦敦的大学学院任职。在他看来，人们在空间的运动和与空间的关系，会表现出某种逻辑或者说是“套路”。希利尔和他的一班人马利用电脑模型研究了人们使用已有环境并在其中运动的方式，具体的环境有大有小，小到布置好的房间，大到整个城市网络。他们以此作为购物中心、艺术馆、博物馆、商务中心、医院、学校、航空港、火车站和店铺内部设计的辅助手段。存在于现行道路网络和建筑物内部构造中的症结，都可以借助这些模型发现。

但还存在着一个更大的挑战，就是找到规则本身——希利尔所说的空间中的套路，即行人在空间运动时所遵循的方式。他认为，在空间的视觉语言里，视线起着重要的作用。如果能解译这种语言，我们便可以将其内容编进黑尔宾的“奔佬”程序，从而使模型的运动结果更贴近真实情况，使人们将环境安排得更加符合自己的天性。

以往在城市中开建新区时，人行道的设计往往是现代派建筑理念同“试试看”等心态的混合结果。这便使当地的居民不得不接受一种说不准的美学环境。希利尔及其同事朱里恩·汉森（Julienne Hanson）认为，在传统型的城市环境里，行人的运动遵循着若干明确的方式，而进入现代建筑城区这种新式环境后，行人在对空间的处理上，似乎便带上了一定的无规味道，也就是说，人们显得有些茫然。这种在设计上与人的本能相左的地方，通常一旦厕身其间便不难发现。

在离我的住处不远的伦敦城南一个叫大象堡（the Elephant and Castle）的地方，有一片20世纪50年代杂乱建起的高层建筑群。当初兴建时，这个建筑群被标榜为样板工程，被认为将成为有效容纳大量居民的出色地区。建筑中为店铺和社区中心预留了位置，人行道也设计得能让行人从上方横穿街道，不与车辆交通互相妨碍。但如今，这里不少商店已停业多年，悬空人行道也都被拆除了——因为它们成了劫道歹徒的逃逸捷径。之所以会如此，原因当然是多方面、多层次的，然而，设计上的失败也是其一。到这里来体验一下，用不了多久便能看出，这里的设计不适宜居住，不会给人居家的感觉。

类似的可叹事件，人们多年来认识到了不少。大家在“二战”后的建筑设计实践中付出的“学费”，今天已初见收获。希利尔和汉森认为，这种情况的出现，并不只是由于设计上的失误。他们相信，城市设计会涉及政治：“19世纪人们所追求的资本主义时代的社会秩序，会通过形成循规蹈矩的劳工大军得以实现。如今，这种憧憬则是通过咄咄逼人的空间形式实现。”[12]换句话说，城市街区的设计又回归到维多利亚时代复现和强化社会等级体系的模式。希利尔和汉森设计了许多社区空间形态的数学模型和电脑模型，其中既有传统的村落，也有现代的市镇，由此证明，早期的城市化过程增强与丰富了人与人之间的联系，但随着工业革命所带来的城市规划的新模式，情况便不复如是。不知是有意还是无心，新的模式削弱了不同社群间的接触，形成了社区间的割裂，妨害了集体行为，将人们纳入了被动接受非自然形成的权威的督管。比如说，一栋栋积木式的高层建筑，将生存空间挤得满当当，便降低了人们的接触频率，使社会群体意识无从形成。用他们的话来说就是：“认为高层建筑很不成功的看法是错误的——它们在使社区变得无足轻重上成功之极。”[13]另一种比较“软性”的做法，是搞一些花园城市，将城市的空间分成若干较小的、相对隔离的区域。这看起来固然比较人性化，但效果则与前者并无二致。

如果希利尔和汉森的看法是正确的，那么，在城市中形成适宜居住的环境的障碍，便不单单是忽视了人们对空间的使用。人们越是理解、越能事先想到要顺应人在空间里本能的运动方式，便越能更好地设计出适应人的活动的空间，形成更为轻松舒适、更宜家的环境。

快速出口

1942 年 11 月 28 日，在波士顿一家名为“椰林夜总会”的娱乐场所发生了事故。当时，一群士兵和军队文职人员正在那里享受离营假日，啤酒和爵士乐使他们一时忘掉了烽烟四起的战事。接下来，夜总会里起了火，大家仓促间想夺门而逃。这个地方只有一个出口，所有的人便都向那里涌去。但是，当第一批人冲到门口时，却发现那里的门是朝里开的。他们还没来得及打开它，后面的人群便将这几个人紧紧压到了紧闭的门扇上，结果谁也出不去。恐惧，再加上烟雾弥漫，使得向内开门的信息无法被后面惊慌失措的人群所知。结果这场大火造成了 492 人丧生。

1989 年 4 月 15 日，英国谢菲尔德市（Sheffield）有大批球迷聚集在希尔斯堡体育场（Hillsborough Stadium）外的马路上，拼命想挤进场去观看利物浦队（Liverpool）和诺丁汉森林队（Nottingham Forest）的全英足协杯半决赛（The FA Cup Semi-Final）。虽然入场口不断有人通过，但拥挤形势没能得到多少缓解。因此，在开赛前 10 分钟，警方决定打开一道太平门放人进场。冲向看台的涌动人流，将前面的球迷挤到了防暴拦网上，结果有 96 人被挤压身亡。

表面上看，在惊惧主宰着人群的形势下，前景似乎是无法预知的。当人们被恐慌笼罩时，按照人们理性行事时制订的安全措施，会迅速变得一无用处。可不可以预见人们在这种形势下的行为呢？失去理性并不等于无法预知。情况往往会是相反的。惊慌失措的人们头脑中只有一个念头：尽早离开现场。不过，恐惧并非导致挤压踩踏的唯一原因。争抢也会带来人身伤亡。比如，“谁人”乐队（The Who）[①]1979 年在美国辛辛那提（Cincinnati）举行的一场流行音乐会上，就有 11 个人因争抢座位丧命。

1999 年，黑尔宾去匈牙利布达佩斯（Budapest），与维萨克搞合作项目。他们的初衷，是借助行人模型探讨动物通道是如何形成的。不过，在维萨克看来，人群行为的许多内容，仍有待于通过模型进行研究。这二人发现，置身于过道内的人们，如果运动过于激烈（“噪声”过强），就会导致道路不畅。从物理学的角度来看，这是与直觉相左的。运动程度的激烈，正如粒子群温度的提高，会导致它们出现更急剧的颠动。然而，这套理论运用到人流上，最终结果却是“凝滞”。换言之，由人所形成的“流体”，会因为受到“加热”而“凝结”起来，而水一类的真实流体，其冻结却是冷却的结果。

维萨克注意到，这种由人群过度激动所导致的不通畅，颇像惊惧人群做出的反应。由是，他和黑尔宾，还有他在布达佩斯的洛兰德 · 厄缶大学（Eötuös University）的同事伊莱 · 法卡斯（Illésv Farkas）一道，开始用行人模型研究人群失控的结局。他们的推断是，在造成人群因惊惧而进行非正常运动的原因中，有一个相当特别，就是人们因为失去了自我抑制，彼此间发生了身体接触。实际上，这种形势下的压力会危及生命。蜂拥人群的力量，会大到扭弯钢制围栏、挤塌砖砌墙壁的程度。这并不意味着人们不喜欢与他人发生身体接触的天生禀性消失了，它们依然存在，但已不再居主导地位。当人与人挤到一起后，大家的行动便受到了限制。当人群达到非常密集的程度时，就连与他人交换位置或侧身都做不到。因此，人与人之间出现了阻碍行动的摩擦。

有鉴于此，这三个人让他们模型中的“奔佬”带上某种摩擦性质，使它们表现得有如包上砂纸的台球。他们还加上另外一种有不良后果的性质：当某个“奔佬”承受的压力足够大时，这个倒霉的家伙就会出毛病，

① 英国摇滚乐队，20 世纪 60 年代开始走红。——译者

变得无法动弹。这自然就构成了对其他成员的阻碍，形势势必越发糟糕。这几位研究人员希望知道压力达到何种程度时会对身体造成伤害，以便发现拥挤人群中何时会出现伤亡的征兆，以及伤亡会达到何种程度。

有些实验不能用人来做，只能进行电脑模拟。在挤满了人的房间里放火显然便属此列。[①] 在黑尔宾等人设计的电脑模型中，让一群“奔佬”挤在一个只有一个出口房间里，还提供了一个让“奔佬”们奔向出口的正当理由——房间正对出口的地方发生了火灾，而且火势在蔓延。如果“奔佬”们能够克服恐惧心理，以心态平静时的速度——每秒 1.5 米或更慢些——移动，是能够井然有序地逃离房间的。它们会聚集在小门周围，各自保持一定的空间，持续不断地从小门跑出。

如果“奔佬”们的行动大于这个速度，结果就大大不妙了。聚在小门一边的“奔佬”会挤挤搡搡，乱作一团，产生摩擦。大家摩肩接踵，挤得动也不能动，哪怕明明已经到了门口，也无法挤过去。局面是一片拥挤和恐慌。（图 6.10a）。

人们对这一拥塞效应该太熟悉了：盐瓶中的盐粒都比开口小，却很难倒出来。由于盐粒间的摩擦，它们会在开口上方形成拱形，并在自身重力的作用下保持这个状态。拱形盐团中的每个成员都是能够移动的，因此，在“奔佬”的相互挤压下，拱形最后会变松垮塌，但新的拱形又会形成。这样不断形成和垮塌，“奔佬”便不能顺利通过开口。结果，盐粒会左一下右一下地间歇冒出，使整个过程的总体效果很差。

因此，虽说按照“编程”的要求，每个“奔佬”都想尽量运动得快些，然而，最终的结果却比较迟缓。这样的恐慌状态会在个体试图以大于每秒 1.5 米左右的速度移动时突然出现。当速度较慢时，清空房间的时间会随着速度的加大而减少；而在较快的运动速度下，个体越是加快步履，清空

① 菲律宾大学的研究人员曾经针对惊恐人群逃离危险现场的形势进行过替代物的实况比较。他们是通过观察老鼠在漫水环境中通过一扇小门时的情况来实现的。研究人员发现，老鼠的行为方式很接近电脑模型给出的结果，而且也相当符合黑尔宾、法卡斯和维萨克的模型。重要的一点是，小门处的拥塞状况使得老鼠的努力取得的效果很差，只偶尔会有个把老鼠成功逃出。

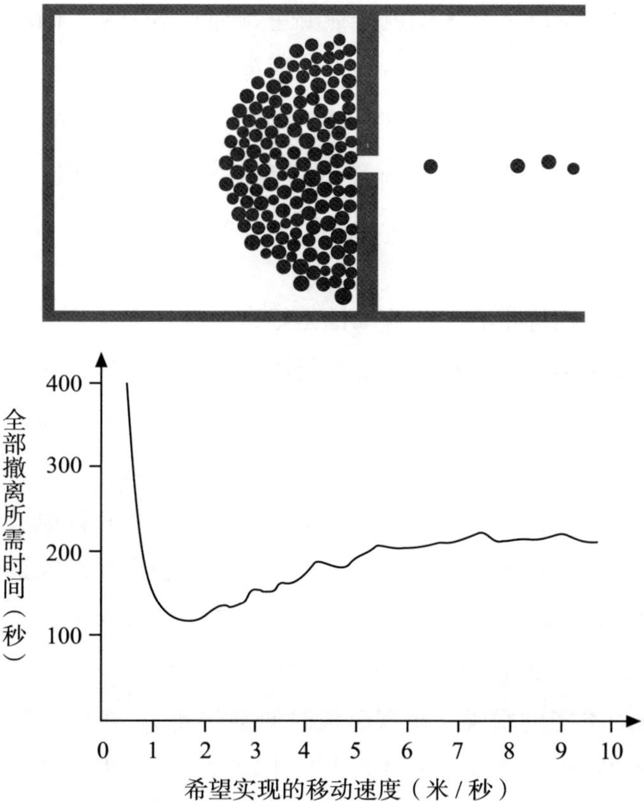

图 6.10　如果人们想要离开一间拥挤房间的行动过急，大家就会互相推搡，在出口处挤作一团。这时便形成了恐慌状态 (a)。开始时，全部撤离房间的时间会因人们运动速度的加快而减少。然而，当速度加快到某个限值后，越想移动得快些，撤离时间就越长。达到这个限值的时间，也就是出现恐慌状态的时间 (b)。点击网站 http：//angel.elte.hu/~panic/，便可从“行人模拟”（Pedestrian Simulations）项察看模拟过程。

房间的时间就会越长（图 6.10b）。想快反慢，这种形势看上去好像是在放松状态和恐慌状态之间，存在着某种非平衡态相变。一旦个体想要实现的速度超过每秒 5 米（也就是达到奔跑速度），出现在拥塞地带的巨大压力就会给个体造成身体伤害。[①] 受到身体伤害的数目，会随着速度的加快而不断增多。越快不仅意味着更慢，还意味着更危险。

许多夜总会光线暗淡，一旦着火起了烟，大厅里的视线就无法达到 1

---

① 伤害何时出现取决于群体的大小。对于较大的群体，伤害会在较慢的速度下出现。

米以外。在这种情况下，人们就连往哪里跑都弄不清楚、闹不明白。黑尔宾等人想要研究的，正是这种情势下的后果。出于本能，他们可能会四下乱跑，漫无目的地寻找出口。如果谁要是看到有几个人都向某个方向奔去，就可能会认为他们是知情人。人们天生有一种“跟群”的盲从倾向。这些研究人员假定，人们寻找不明出口的方式，是个人式（无规）和群动式（集体）的混合。

他们发现，稍许带有一些群动性是好事。这样会加大成功的可能——一旦有谁发现了出口，其他人也都可能跟了出去。而这一效应又是会自行放大的：向某个确定方向涌去的人越多，就会有更多的人加入。然而，当参加的人数量太大后，问题就出现了。差不多所有的人都被吸引到同一个地方，而忘记去寻找其他的出口——即使他们知道还有其他出口时仍会如此。黑尔宾等人又在自己的模拟研究中增添了另一个群动因素，就是如同维萨克在探讨自运动粒子时的做法，设定“奔佬”倾向于使自己的运动方向与离他最近的一批同类的平均运动方向取得一致。

随着群动本能的增强（出现恐慌时便会如此），在设有若干个出口但都得去寻找的室内，个体的离开起先是比较有效的，人们会充分利用他人发现的出口离开。不过，一旦聚群大到一定程度，相反的效果就会迅速蔓延开来。只有一个出口拥塞不堪，周围挤满了随大流的个体，而其他出口则无人或者难得有人问津。因此，要想最有效地利用出口，就要形成最合适的聚群组合——群组数目过多或者过少，都会使出口得不到有效利用。

从安全设计的角度看，上述结论能派上很大用场。黑尔宾指出，在进行设计时，人们往往按照设施得到均衡利用时的形势来考虑。设计人员先考虑人们从一个出口鱼贯而出时的通行量，然后据此计算容纳一定人数的环境需要有多少出口。他们的做法就像是设计放水的闸门，所有出水口的泄水量都是一样的。然而，一旦惊慌失措的人群不是平均地使用这些出口，原先的计算就可能与实际需要严重不符。因此，通过对惊慌“奔佬”的模拟，得到的逃离所需时间可能要可靠得多。

巴蒂向人们指出了事先根据行人受惊形势的模型进行设计、以免发生此类群体失控的危险局面的方向。他和同事一起，对一年一度的伦敦诺丁山狂欢节（London’s Notting Hill Garnival）期间游客的人流分布进行了模拟。这一为期两天的活动，会将大量观光客吸引到伦敦西北这个很小的区域（3 平方公里）内，最多时可达 100 万人。这一活动对人身安全构成了严重威胁。2001 年，狂欢节期间共发生了 500 多起事故，其中 100 起需要医护处理。但是，救护车辆要从拥挤的人群中进出，实在是困难之极（图 6.11）。

巴蒂的模型中考虑到了行人会成群结队地沿着狂欢节游玩路线在各个项目点间运动。整个景区共有 38 个入口，每个入口都相当繁忙，其中尤以五个地铁站的入口为最。研究人员进行了控制人群的尝试，如加设隔挡、封闭路段、限制入口人数等，用以缓解狂欢节游行期间某些特定区域内过分拥挤的状况。① 伦敦警方、政界人士和大伦敦地区 ② 一个名为“狂欢

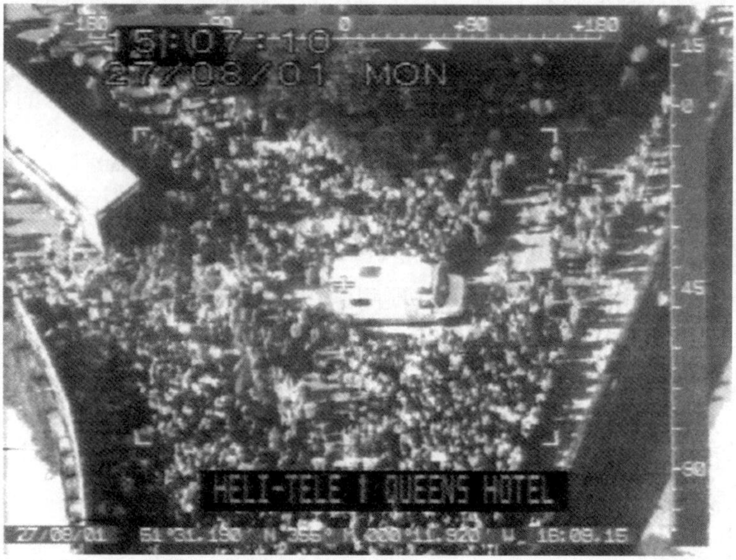

图 6.11　一辆在 2001 年伦敦诺丁山狂欢节期间在人群中艰难前行的救护车。

① 模拟结果可在互联网上看到，网址为 http：//www.casa.ucl.ac.uk/research/urbanstudies/index.html。

② 以伦敦为主城市和地理中心的城市集体，共由 32 个市行政区划组成。——译者

节评审组（Garnival Review Group）”的机构，不断借助建立和运行模型的方式，对各种改变路况的措施进行评估，以减少发生危险的可能性。“行人模拟”提供了检测的手段，这样便不用只借助一年一度的狂欢节来搞这种阵势大、危险性高的实控了。

巴蒂和他的同事们告诉大家，这样的模拟过程还可能用来调整人们控制城市系统的构筑方式。他们说：“在过去，人们认为可将城市看作可以事后进行控制的半自然系统，这是非常不明智的。”[14]当然，像诺丁山狂欢节一类的情况，是先有路线安排和入口位置等一系列明确的约束，再在此基础上提出对人流的控制措施的。然而，所有的约束中并没有哪一个是“板上钉钉”的——路线是可以改变的，入口是可以关闭的。一旦有了预言群体行为的能力，整个设计过程就会有很大的回旋余地。在这几位研究人员看来，如果设计时考虑到客观因素，计划就不再是“上面说了算”的东西，执行计划的过程，就会是互动式的。在种种行人运动的模型中，都不存在任何强制执行的因素；提出和分析模型的目的，都只是借助若干对个体行动的动机以及所受约束的简单设定，找出大家乐于进行的方式。而这正是现代社会物理学的精髓。

在理解人的运动方面，我们目前仍处于初期阶段，但至少已经能够明确，表面上看起来十分复杂的人类行为，其实并不因其复杂而无法理解，人类行为中至少有一部分是可以预测的。还有一点也同样重要，就是群体行为所表现出的突然改变，未必是所有个体一致要求的结果。即使个体的倾向只出现微小的改变，集体行为也可能自动地转轨变向。

误导也是存在的。帕里什和埃德尔斯坦－开谢特两位女士便指出，在提出动物群体行为的物理模型时，存在着如下危险：

> 根据许多规律都能够演绎出带有生命体表征的群体行为。然而，尽管看上去像模像样，它们却可能不会提供任何有用的信息，也就是说，从群体表现出的性质中，未必总能够推断出个体的行为。[15]

换言之，即令通过设定的规则得出了看似真实的集体行为表现，也并不意味着这些规则就是真实的规律；而这又进一步表明，倘若换成另外一种形势，所做的预测就可能是错误的。行人运动的“社会力”模型，固然相当灵活，在形势与当初提出该模型时的设定有所不同时也能应付裕如，但我们应当记住，对于实际现象，通过种种模型得出的解释未必是唯一的，也不见得适用于一切场合。这方面的工作才刚刚开始不久。

城市的边限

英国曾经有三座小山，一个叫作陶特丘（Tothill），一个叫作潘吞坡（Penton Hill），最后一个叫作白墩（White Mound），又名塔山（Tower Hill）。它们之间由蜿蜒的小路相连，后来，小路变成了车道，车道又不断加宽，附近也住进了人家。人越聚越多，这个地方便有了个名字：伦敦。这或许只是传言，未必可信。不过，无论对伦敦的出现有什么说法，事实总归是一个：居所越来越密，道路越来越多，于是乎，村庄变成了乡镇，乡镇又发展为城市。当然，并不是所有的居民点都像伦敦这样，步步有活性地演化为鸽子窝式的地方，住着狄更斯笔下的芸芸众生。借助行人模型，能不能对城市的地理发展过程有所揭示呢？这的确是个诱人的课题，而且迄今还不曾被人认真研究过。

其实，城市发展的模型已经有人从物理学角度提出过了。19 世纪时，一批人称“加码器（Boosters）”的社会学家便提出，城市就像重力，会对人和商业产生吸引力。在这些“加码器”看来，城市的发展由一门有如牛顿力学的学科限定着。这一学科既是机械式的，又是决定论式的。城市就像是在重力场作用下运动着的物体。而在物理学引导下出现的现代理论，则在城市的扩展中发现了一种复杂而“有活性”的特征。他们的这一发现，正是从非平衡生长过程——就是前一章提到的内容，特别是菌落生长过程——的研究中得到了启示。

这有什么可奇怪的呢？现代城市难道不是有生命的吗？人们害怕城

市，提防城市，担心被它们吞噬掉，不就说明城市有生命吗？伦敦、东京、德里和洛杉矶，都是有着搏动的地方；它们咆哮、悲鸣；它们伸出了许多触角。为伦敦作传的作家彼得·阿克罗伊德（Peter Ackroyd，1949—）就是这样说的："也许，你会将伦敦当作睡后初起、精力旺盛的青年男子，也许，你会慨叹这是个畸形的巨人。不管怎么说，它都有着人的形体，存在于自身固有的生长定律作用下。"[16]

将伦敦看作人，需要有作家的想象力。更确切地说它是沿着泰晤士河两岸摊开的一片无定形的东西。然而，说其存在"生长定律"可绝没有错，而且看来还是不受人为控制的定律。当年，英国女王伊丽莎白一世（Elizabeth I，1533—1603）曾因不希望伦敦城墙内外发展过快，下令禁止"在前面所提及的伦敦的一应城门内外三英里内兴修任何新宅所"[17]。一纸令下，果真就止住了伦敦越过城墙向外发展的势头了吗？要遏制这样的势头，可比扑灭野火还难哩！

1787 年，一个名叫亨利·凯特（Henry Kett）的人，将伦敦的扩张比喻成传染病并抱怨道：

> 在兰贝斯（Lambeth）洼地一带，在肯辛顿（Kensington）的街道两旁，在汉普斯特德（Hampstead）台地，每天都有豪宅拔地而起……鳞次栉比的建筑物，将市区与乡间紧紧连接在一起，弄得地处外缘的"弃坡寨（齐普赛街，Cheapside）"同市中心的"圣乔治珠宝市（St George's Fields）"都没什么区别了。这种发展连一个家住"巴掌滩（克拉珀姆，Clapbam）"的孩子都注意到了，他发表感慨说："要是他们一直照这样盖房子的话，过不了多久，咱们一出门，可就进了伦敦城了。"[18]

今天，上述三个地方都在伦敦内城里面，有人还认为，它们都应当算是市中心哩！

所有的大城市都会告诉人们类似的故事。这些城市盲目发展的过程，未必都像伊丽莎白时代前后的伦敦那样悲惨①，然而，它们都引起了发达国家和发展中国家的深切关注。许多美国人面临严重的城市空气污染、噪声、交通拥堵、开阔地稀缺，以及人口密度过高等问题，都将城市无控制发展视为最关注的切身问题。约束城市扩张，已是政治议题中的热门内容。“美国城市合理发展协会（Smart Growth America）”是致力于改善城市生活条件的组织。该会会长陈唐纳（Donald Chen）指出，城市无政府发展“破坏了美国的环境、经济和社会的整体结构”[19]。

城市规划者们如果希望这种状况有所改善，首要的一点就是弄清原因。不过，形势正如陈唐纳所说，“解释城市无政府发展的理论，多得不亚于围绕这一现象展开的政治争端”[20]。举例来说，有人指责说，政府在公路建设等基础设施方面的大力投入，以及对发电和供水的补贴，助长了城市的无政府发展。然而，近几年来美国对公共补贴的减少，并没有使其城市的无政府发展有所减慢，这就又使上述指责难以成立。目前，这些城市依然像变形虫，不断地在失控状态下成长着。

在刘易斯·芒福德（Lewis Mumford）的眼中，大城市那没有确定形状但却具有生命的表现是十分明显的。他在 20 世纪 30 年代说了这样的话：

> 乘飞机在伦敦、柏林、纽约或者芝加哥上空盘旋也好，查看城市地图或者示意图也好，能看出城市的形状吗？城市的边界在哪里呢？从城市内部放眼向乌蒙蒙的外面看去，看不到城市有何明确的形状，能够看到的只有大自然呈现的形态——河流、湖岸等等。城市是种无所谓形状的存在，这里鼓起一块、耸成一堆，是一些建筑群；那里缺了一角，是因为辟有一块绿地；几个零星散落的几何形体，是储气罐或者货棚的所在。大城市的生长有如变形虫，而不是靠其“社会染色体”的一分为二然后发生细胞分

① 伊丽莎白一世在位时间为 1558—1603 年。在此期间，英国的国力得到空前发展，作为国都的伦敦，面貌也日新月异，但同时也极肮脏污浊，传染病发病率和犯罪率极高，普通居民寿命很低，是城市发展无政府的所在。给伦敦带来最大损害、使 1/7 人口死亡的“大鼠疫”，和绵延 4 天、烧毁 4/5 个伦敦城的伦敦大火，都是她死后不久发生的。——译者

> 裂。大城市会以打破现有边缘的方式不断生长，它会将目前的无政府发展与不确定的形状，作为其庞大存在的副产物接受下来。[21]

用菌落的生长来类比城市的发展，并不只是一个带有嫌恶色彩的比喻。20 世纪 90 年代，巴蒂从城市这里一团、那里一块的不规则轮廓中，看出了某些接近于细菌在扩散限制凝聚过程中（参阅上章内容）的形态，也就是松下贡在细菌生长过程中注意到的形态。

这实在是个难解之谜。城市规划设计者们努力要从城市的形态中发现某些规则，照理说，这些规则是必须存在的，因为城市规划就是使城市发展规则化。美国城市采用的是棋盘式结构（罗马帝国是最早以这种结构修造城市的），看一下地图，或者从纽约曼哈顿的高层建筑顶层俯瞰这座城市，就会发现这一点。然而，随着人们将视线转向地图上标识为空旷地域的位置时，这座城市的边界就再也不是整齐规则的了。将城市视为服从扩散限制凝聚规律的存在，会给城市的合理设计规划带来借鉴，也会使城市看上去更像是真正的生命体，有着某种特有的生命形式，芒福德将其称为“混沌的结晶”[22]，真是贴切而生动的形容。

巴蒂和他的同事保罗·朗利（Paul Longley）对扩散限制凝聚理论进行修改后，得到了另一种生长理论——“介质击穿模型”（Dielectric Breakdown Model，简称 DBM），是用来描述城市外形的。在扩散限制凝聚过程中，菌落的生长是通过粒子在小分岔外缘的黏接实现的，而在介质击穿模型的过程中，是通过细小的尖端向包围在它外面的介质努力延伸实现的。因此，用这样的模型来描述城市的无政府扩展，看来是一种比较现实的方法。巴蒂和朗利对扩散限制凝聚理论做了若干修改，使之能反映群落的密度——粗略地说就是分岔的厚薄。他们发现，修改后的模型可以近似地模拟城市在自然条件约束下——比如河流和海岸——的扩展过程（图 6.12）。大体说来，随着城市越来越大，人口也会不断变密，分形维数也要增加。巴蒂和朗利通过计算得知，从 1820 年到 1962 年，伦敦的分形维数从 1.322 增加到了 1.791。

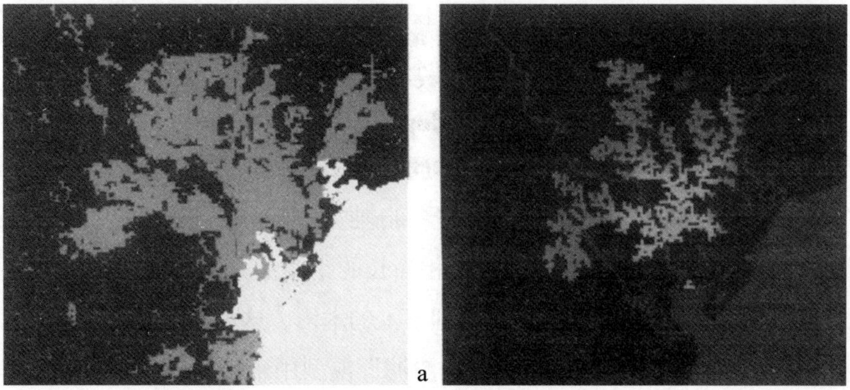

图 6.12　由巴蒂和朗利提出的分形生长模型，很好地模拟出了英国威尔士城市加的夫（Cardiff）这一夹在两条河流间的滨海城市的发展。a 是这座真实的城市，b 是根据模型进行电脑模拟得到的“生长”结果。

分形体生长模型的普遍存在，使人回想起斯宾塞在 1876 年所说的如下一番话：

> 当我们说，生长是社会群体和生命群体的共性时，并没有将无机世界与这两者完全割裂开来。比如，晶体等无机物质，其生长能力就是明显可见的。[23]

然而糟糕的是，扩散限制凝聚类型的群体与真实的城市并不十分相似。比如，前者是一团连续的物质，中心部位的密度较高，越接近边缘，密度便越低。实际存在的城市则是分成一块一块的，生长方式往往是先使这些小块相互连接，接着吞并位于外围的部分。肯辛顿和汉普斯特德等，都是这样成为伦敦的一部分的。此外，城市是促成卫星社区崛起的最重要的因素，郊区的居民可以在城市万家灯火的照耀下生活，却又无须进入城市。在这些小型社区开展的工商业活动既依托着大城市的贸易条件，也依靠着它们自己。

1995 年，波士顿大学的埃尔南·马克瑟（Hernán Makse）、什洛莫·哈夫林（Shlomo Havlin）和吉恩·斯坦利（Gene Stanley），用自己提出的非平衡生长模型，对包括卫星社区在内的这一更加复杂的城市生长图景进行了模拟。马克瑟认为，城市的不规则形状看上去很像液体通过多孔岩石渗下时的形状。研究这类渗流现象（它对石油工业相当重要）有若干种模型，比较简单的几种，是将液体通过曲折蜿蜒的多孔系统的流动，都看作随机过程，因此每股蜿蜒的通路各自独立。但是，马克瑟发现，如果假设每一处流体会“感觉”到其附近相当长的距离上其他流体的情况，就会得出更符合实际情况的描述。借用物理学上的术语，这说明它们是有关联的。

马克瑟和他的同事们将此“关联渗滤”模型用来研究城市的发展过程。他们认为，城市的各区域间也存在着这种相互关联：凡是已经有人居住和出现了商业的地区，附近出现新居民点和新商业区的可能性就会加大。这些人将城市的发展看作同样符合扩散限制凝聚特点的过程，也就是说，是新的粒子（“开发单元”）黏附到原来的机体上，而且主要是在边缘位置上进行。不同的是，在扩散限制凝聚过程中，粒子黏附的位置是随机的，而在关联渗滤过程中，开发单元会选取其他单元所在的位置。此外，后者还允许新的开发中心在与城市主体并不存在物理连接的位置上形成（诚然，主体对它的影响还是通过关联而存在的）。

城市的具体外形取决于关联的强弱。在一定的关联程度内，模型所给出的群落形状会很像真正城市的发展形态（图 6.13）。要想在这两者间进行更精确、更定量化的比较，方法之一是研究中心城市周边有多少小城

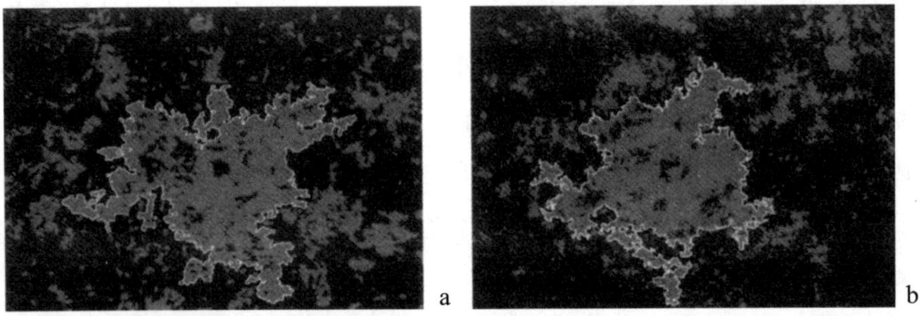

图 6.13　柏林在 1945 年时的轮廓 (a)，以及通过“关联渗滤”模型模拟得到的粒子群发展结果 (b)。这两者在细节上有许多不同之处，但在结构上却颇为一致。事实上，从“粒子”分布的角度来看，它们有着十分一致的数学性质。

镇。（模型中将小城镇视为黏接到向外伸延的分岔上的粒子。）小城镇的数量显然会超过大型城镇。有关伦敦和柏林的发展资料表明，此类城镇的大小与数量之间存在精确的数学关系。这一关系（实际上就是城镇大小的概率分布）在该模型中得到了精确的模拟。

该对应关系中有一点值得注意，就是在柏林城的发展历史中，1920 年的情况与 1945 年时是一样的，而伦敦在 1981 年的情况也与之一样！要知道，这两座城市规模很不一样，当初的城市规划要求也是大异其趣的。看来，大城市会自有其必然形成的“轮廓”，关联渗滤模型表现出自我复制的能力，而这种能力不会因城市规模的改变而出现根本性变化。规划似乎并不能影响城市发展的这一规律。伦敦曾在 20 世纪 60 年代执行过一项“绿化带（Green Belt）”政策，旨在遏制该城市的无政府发展，将建筑限定在绿化区域之内。然而到了 80 年代，伦敦城中却根本看不到该政策的影子。“不妨这样说，”斯坦利说，“城市居民应当怎样生活，法律制定者有他们的一套，而百姓们也有自己的一套”。[24] 城市发展是集体行为，会创生出固有的物理定律，而形态和形式正是由这些物理定律决定的。

不过，人为规划并非永远无法在城市总体结构中体现。在伦敦的大学学院工作的鲁伊·卡瓦略（Rui Carvalho）和阿兰·佩恩（Alan Penn）发现，如果对城市的外形以一种稍有不同的方式测量，便可以发现存在两类情况，而这两类情况正反映出两类不同规划的结果。他们使用了希利尔和汉森开创的地貌概示法，即用直线段表示城市中的空地，这样的线段在遇上另一处空地时便告终止。他们将这一类线条起名为“轴线”，而所有的轴线便构成了一幅“轴线图”（图 6.14）。卡瓦略和佩恩对 14 个国家的 36 个城市的轴线长度的概率分布进行了研究，结果发现，其中有 28 个符合两种不同的“总体曲线”类型——这就是说，城市的结构大体有两种不同的类型。一种代表的是相对“开放”的结构，这样的结构中存在着分布在整个城市空间中的多条轴线：曼谷（Bangkok）、艾恩德霍芬（Eindhoven）、西雅图（Seattle）和巴塞罗那（Barcelona）都属于这一类。另一则是以短线条为主的密集网络：伦敦、中国香港、雅典（Athens）和达卡（Dhaka）

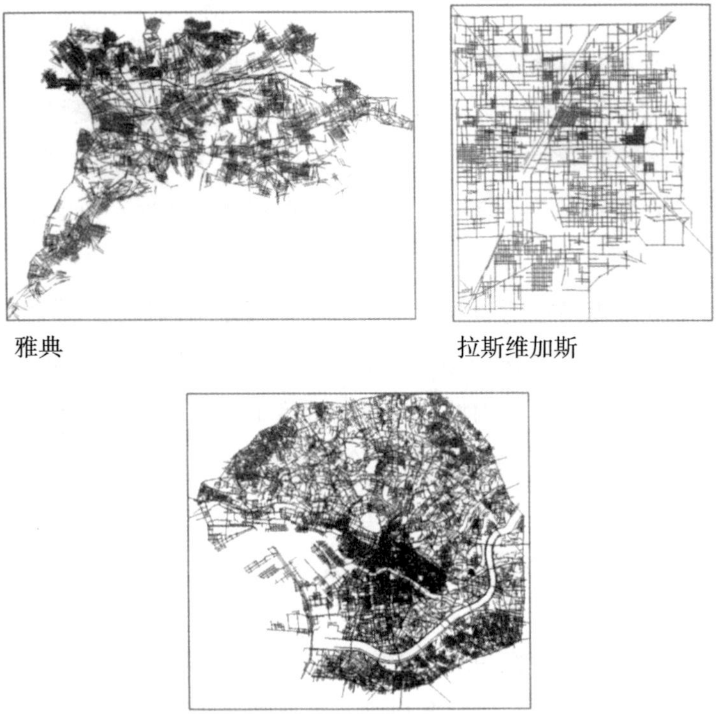

图 6.14　还有一种表示城市空间结构的决定因素的方法，就是利用所谓“轴线图”，即在空地位置上做出直线段，并延伸到另一条同样的线段上为止。这样的方法揭示出，雅典、拉斯维加斯和东京三个城市有着十分不一样的“轴线图”。许多城市的这种图示结果的概率分布表现为大不相同的两类情况，各自对应着一个规划大类。有些城市不属于其中任何一种。

均属此类。他们认为，在前一类城市的发展中，存在着对大型工程的全面规划，而在后一类中，起主导作用的多为局部规划，由是导致长大街道等“全市规模”型工程为数不多。也有几个城市介于两者之间，表明局部规划与全面规划同时作用：新奥尔良和海牙都是如此。

美国经济学家赫伯特·西蒙（Herbert Simon，1916—2001）指出，缺少集中规划，并不一定意味着是糟糕的规划。恰恰相反，这样的城市往往会在统筹货物运输、工商民等用地分配和其他许多小规模活动的安排上，表现得相当富有效能（至少一度曾经如此）——

> 我至今仍十分清晰地记得多年前发生的一件事。在给建筑系的学生上城市土地经济学这门课时，我告诉他们，中世纪的城市发展是由无数个人决定的结果，却有着极为出色的布局。这让他们既惊讶又怀疑。在这些学生的心目中，“布局”意味着产生于规划设计者头脑中的意图和手下的实施。在他们看来，说城市会像雪花的形成那样，自然而然地构成一定的形态，实在是天方夜谭。他们的反应真像是当年的基督教基要主义者对进化论的反应：没有设计师，何来设计？[25]

可悲可叹的是，决定着城市生长的定律，今天却正在使许多城市扩展到了难以誉之为“出色”的地步。看来，正是对城市无政府扩展忧心忡忡的人，做出了城市发展超出规划者控制范围的悲观结论。

结论对与不对，如今尚在未知之列。如果城市确实会按自己的规律生长的话，或许人们最好还是设法让城市变得较为宜居，而不是试图阻拦其发展。提供良好的公共交通设施与服务，使交通工具达到低污染排放，保护好城市绿地，使小区商店多样化，修建漂亮的建筑……有了良好的意愿，所有这一切都是能够实现的。而这些措施，似乎会比为那些“大得无边无沿”——这是19世纪的一位来访者对伦敦下的判语[26]——的城市硬性提供种种无效的规划更如人意。

第 7 章

行路难

——无情的交通动力学

规划者尽管能对交通信号做出种种有效的安排与规定，但人们还是要记住，规划虽然通常与控制连在一起，但往往协调才是关键。人们需要的是在正确的时间做出正确的事情——而且是对于别人正在做的事情而言。[1]

托马斯·谢林（Thomas Schelling，1978）①

在任何一个知识领域，理论研究的主要目的之一，都是发现能够使被研究的事物表现出最大可能的简洁性的结果。[2]

吉布斯

上至帝王将相，
下至平头百姓，
凡要出人头者，
必得特立独行。[3]

卢迪亚·吉卜林（Rudyard Kipling）②

① 托马斯·谢林（1921—2016）：美国经济学家与社会科学家，2005 年诺贝尔经济学奖获得者之一。——译者

② 卢迪亚·吉卜林（1865—1936）：英国作家，1907 年诺贝尔文学奖得主。——译者

倘若让你每年都拿出整整 5 个工作日来，坐在一口不比衣柜大多少的箱子里，直不起身，活动不了筋骨，睡不了觉，无书可读，没有电视可看——什么也不做。对此你会做何感想？其实，如果你家住华盛顿、波士顿或者丹佛（Denver），情形就跟这差不多；如果住到了洛杉矶，这种恶劣状况会持续一个半星期呢。

这里所说的，就是身处交通堵塞时的境遇。随着城市的无政府发展，上班族花在路上的时间越来越长。多数公共交通系统每况愈下，骑自行车又有生命危险，这就造成城市生活中的一个标准场景：人们坐在小汽车里，夹在不流动的车“流”里。在过去的 20 年间，人们在这种十分孤独、压力巨大的情况下浪费的时间，在美国的大城市里平均增加了两倍以上。洛杉矶人平均每人每年会遭遇 56 个小时的拥堵，相当于一周半的工作时间，而且将来肯定会更糟糕。伦敦人总是不厌其烦地评说（特别是当卡在拥堵的车流里时），如今开车过城区，平均速度会慢得同 100 年前差不多——当初用“马力”来标定汽车的性能，真乃先见之明也。为了缓解市中心纠结难解的交通状况，伦敦当局被逼无奈，近年来竟采取了收取拥堵费的对策。

在欧洲的节假日期间，阻塞车流长达 100 多公里的局面并不稀奇。因道路拥堵导致使用机动车的隐性花费相当大，如果具体表现在汽车单价或汽油花费上，怕是会令想买车者有所踌躇吧。据估算，在德国因拥堵浪费的时间，造成年经济损失达 600 亿英镑，因破坏环境所带来的损失还没考虑在内。以美国休斯敦的情况来看，如果把耽搁掉的时间折合成金钱，加上因此而多烧的燃油，相当于每人每年少赚 850 美元——而这里的燃油价格还是便宜的哩！

汽车尾气是主要的污染源之一。像德国这样高度城市化的国家，大气中所含的有毒气体一氧化碳和几种氧化氮，60% 都是由道路上的汽车排放的。城市中近年来儿童哮喘病人数量增加，汽车造成的污染很可能就是祸首。地球两极冰帽的消融，很可能与汽车的二氧化碳排放有关。交通堵塞时汽车发动机的空转，会使这些问题更趋严重。在西雅图，每个人每年会因开而不走或者蜗行龟步至少浪费掉350升燃油。

解决这个问题的出路之一是修建更多的道路。然而，这样做只会招来更多的车辆，于是过不了多久又是老样子。美国历史遗产保护信托基金会会长理查德·莫伊（Richard Moe）曾这样说过："靠多修路来使交通通畅，恰如放松裤腰带来减肥。"[4] 理想的解决方式，是鼓励人们更多地使用公共交通工具，更多地使用自行车，以及更多地步行。以上这些措施都是可行的，只是人们对开车似乎上了瘾，不但难以戒除，而且在发展中国家和发达国家都愈演愈烈。如果减少交通量的措施难以施行，那么，至少也得考虑一下如何使交通更通畅些吧？总而言之，了解交通流的特性，包括了解为什么有时候会阻塞，是相当紧迫的任务了。

尽管目前人们已经用电脑来优化交通网络和交通控制手段的设计，但每座城市无疑仍会存在一些瓶颈路段。有的是因为交通设计人员和道路工程技术人员没能做好这件事，而有的是因为将就着用运转多年的老化基础设施对付21世纪的交通运输量，老化基础设施自然不堪重负。而交通路况多么容易出现异常情况，人们是十分清楚的。比如，道路会在没有任何明显理由的情况下出现滞碍，出现人们所说的"鬼挡路"。

如今，统计物理学家可以帮助人们理解交通过程和行路不畅的原因。世界各地的研究人员都在根据流体物理原理设计种种模型，用以预测交通拥堵发生的时间、地点以及方式。人们发现，交通是有自己独特的运行规律的，而且往往会出乎意料，甚至还让人生气。尽管交通物理学不可能解决所有的交通运输问题，但它仍然能使人们看到更好的安全措施、改进的高速公路设计方案和预报堵长龙的更准确的方法。它将使交通控制较少地依靠定性的经验，更多地倚仗精确的科学。这样做绝不是为时尚早，在交通设计的世界里，如今已容不得自由放任了。

盯住车流

穿行在繁忙的道路系统内，就如同参与股市交易——总是要做抉择，而信息却永远不完备。当地电台会发布路况报告，车内也能装上设计行车路线的电脑设备，但它们只能提供有限的图景，而且速度未必会像你需要的那样及时。不过，德国一座名叫杜伊斯堡（Duisburg）的城市，已向人们展示出了几年内世界城市交通的发展趋向：通过互联网，人们能够调出整个城市的瞬时路况地图，而且可以每隔一分钟更新一次。

交通流量可以通过在路上安置设备监控过往车辆的方法测定。一个固定在路面上、对压力产生反应的环形感应线圈，就可以起到监控器的作用，记录下每分钟通过的车辆数。不过，测量交通流量最有用的参数，并不是车辆数，而是交通密度。都是一分钟内有 10 辆车通过一个感应线圈，但既可以是紧挨在一起慢慢开过，也可以是高速却相隔很远地通过。前一种交通密度高，后一种交通密度低。要确定交通密度，不但要掌握每秒钟通过的车辆数，还得了解车行速度，这就需要在每个监测点上安装两个挨得很近的感应线圈。

按理说，城市的交通密度分布，是可以通过给所有道路安上一对对感应线圈而绘制出来的。但实际上却根本行不通。杜伊斯堡的做法，是只在为数不多的关键点上进行测量，而将大多数街道放过；缺少的信息，就靠对交通流量进行电脑模拟补充。这一模拟中用到的模型，就与前一章中提到的运动粒子模型十分类似。通过实测得到的真实数据，可以保证模拟有可靠的基础，计算过程会不断重复，以使结果与真实的交通密度相符。至于未进行实际测量点的密度，其通过模拟得出的结果，据信是不会与真实情况相差太多的。

这样的城市交通流量模型，是 20 世纪 90 年代初期由杜伊斯堡大学的物理学家迈克尔·施莱肯贝格（Michael Schreckenberg）与当时在科隆大学工作的卡伊·纳格尔（Kai Nagel）共同提出的。纳格尔在此前赴美国工作时，也进行过类似的研究，搞出了达拉斯（Dallas）等一些美国城市的实时交通流量图。①

① 具体情况可访问如下两个网址：http：//www.traffic.uni-duisburg.de/OLSIM/ 和 http：//www.transims.tsasa.lanl.gov/。

波与粒子

这两个人所提出的纳格尔－施莱肯贝格模型——通称 NaSch 模型，当然不是人们借助物理学方法理解交通的最早尝试。詹姆士·莱特希尔（James Lighthill，1924—1998）是 20 世纪研究液流的顶尖物理学家。他在 20 世纪 50 年代提出，行驶在道路上的车辆，表现得很像是在管道里流动的液体。他同曼彻斯特大学的杰拉尔德·惠瑟姆（Gerald Whitham）一起，根据这一极有见地的想法，设计了一个描述交通流量的粗略模型。

正像流体运动理论不考虑具体分子的特定行踪一样，这个莱特希尔－惠瑟姆模型也不涉及开车人的个人特点，只关注行车的平均行为。这一点颇为有趣，因为莱特希尔本人开起车来的表现可绝对不是平均行为。此公一贯超速，而在因此被法庭传唤时，还会以剑桥大学鲁卡斯数学教授（Lucasian Professor of Mathematics）的身份——要知道，牛顿当年也有这个职衔呢——振振有词地解释说，他完全理解力学定律，也充分意识到自己的社会责任，这两者都要求不得浪费能量。因此，他下坡时不想踩刹车。这种说法弄得法官们一头雾水。据说，他的这种自我辩护有时还行之有效呢。

也许人们认为，与走在路上的行人相比，公路上车辆的运动方式有如虫豸爬行般单调，因此对此产生一种明显的轻视心理，认为没有必要搞一门什么交通物理学。其实，每一名驾车人都是一台机器的控制者，这会使他们干出不合常理的事情来。行人固然也会有不正常的表现，但驾车人会受到各种影响，从疲惫不堪到安抚不安分的孩子，从毒品发生效力到内分泌失调等，他们的行为要难以预测得多。

尽管如此，我们还是可以用平均值以及围绕平均值的波动来研究这一问题。大多数开车人是比较理智的，他们的行为也是可以预见的，不会说变速就变速，也不会见什么撞什么。偏离平均情况的程度多数是不足道的。有些人喜欢保持比限速值低 10 公里的时速，另外一些人却乐意比它高上这么多。但让车子挂在三档上不变，一路从伯明翰（Birmingham）开到南安普敦（Southampton）的人毕竟是极少数吧（尽管我祖父据说曾经尝试过）。

有些人希望对这个莱特希尔 - 惠瑟姆模型有所改进。为此，他们在模型中加进了开车人的真实反应。美国通用汽车公司设在密歇根州沃伦市的某个部门内有一批人，曾在 20 世纪 50 年代提出了一个“跟车模型”。这是同类结果中较早的一个。这批人并不是将交通视为某种类似于连续流体的运动，而是把一辆辆大小汽车看成彼此独立的运动个体，还设定每个驾车人会根据前面一辆车的情况调节自己的车速。是加大油门还是踩刹车，要根据两个因素决定：一是离前面一辆车的距离，二是相对于前面这辆车的行驶速度（如果相对速度为 100 公里 / 小时，刹车动作就会大大猛于 30 公里 / 小时的时候）。到了 1974 年，德国卡尔斯鲁厄大学（Karlsruhe University）的雷纳 · 怀德曼（Rainer Wiedemann）又前进了一步，在自己的模型中加进了所有驾车人都会遵从的一套复杂的“心理”定律。然而，模型越复杂，就越不容易据此了解在所预测到的交通流量的结果中，哪些是“基本”表现，以及某种表现究竟是由哪一条心理定律导致的。

纳格尔和施莱肯贝格合作发展的模型相当简单，这是它的优点。从根本上说，它是一种细胞自动机模型。模型中的道路被分割成若干连续相接的“细胞”，每个细胞都可以或者是空的，或者由一辆车占据着。车辆会一步步进入各个细胞，就像是玩“鲁多”棋戏[①]。从这个角度看，交通流量被模拟成一系列的跳进过程。该模型同黑尔宾的行人模型有一个共同之处，就是每个驾车人都属意于达到某个自己喜欢的速度。在空旷的道路上，所有的车都能够加速到自己的目标速度。避免相撞也是全体的共同意愿。这便要求与前面的一辆车保持某个安全距离，而这一距离又会随着两辆车间相对速度的加大而增加。模型的第三个内容是一个无规因素或者说“噪声”：没有哪个驾车人能够一丝不差地按需加速或减速，在面临前面出

① 又称巴吉西棋，源自印度。棋盘为十字形，划分为多个方格，由 4 个人分为两组对抗，每人 4 只棋子，按一定规则逐格移动和吃子，以完成一定的移动决定胜负。——译者

现较慢车辆而自己减速时更容易做过头。速度的增减还常因为路边出现了让司机分心的东西——当看到什么吸引眼球的事物时，驾车人大都会点一点刹车的吧！

上述内容就是行车三定律。交通过程是如何进行的呢？纳格尔和施莱肯贝格发现，交通流动会取两种明显不同的形式，并随着因交通密度增加而改变的交通流率发生变化。交通流率是衡量一小时（或者一分钟——其实选定任何一个时间段都无妨）内通过某个路点的车辆数目。交通密度是指一公里（或者一英里等任何一段长度）的道路上的车辆数。当交通量不断加大、但又并未达到不让驾车人随心所欲开车的程度之前，交通流率是随密度的增加而不断加大的：在同样的距离行驶更多的车辆，同时又不会妨碍行车速度，因此每小时内通过监测点的车辆也会增多。然而，当交通达到某个“临界”密度时，原有的美好方式——自由流动——便被打破了。每辆车开始因其他车辆的存在而减速。随后，因交通密度加大而导致车辆增多，便会遭到车速放慢的掣肘。在这个临界密度上，原来随着交通密度的增加而加大的交通流率会突然减小（图7.1）。用交通路况的术语来说，就是从自由态进入了拥堵态。

风险与意外

有一种行车控制装置，可以在路况允许的条件下保持某个预定车速。1995年，纳格尔和他的同事玛亚·帕祖斯基（Maya Paczuski）又根据这一情况，将前述模型做了一些改动，设定只要有可能，每个驾车人都能像拥有这种装置一样，保持自己中意的车速。在这种版本下进行的模拟，在达到临界密度时，并不会发生拥堵，而且从自由态到拥堵态的转变会有所延迟。这时，交通会继续保持自由状态，造成流率随交通密度的加大而增大的局面（图7.1中的点划线）。这就像是所有的驾车人都同时做出了甘冒风险的决定，在交通量加大的情况下仍维持原有车速。

在这一“加装行车控速器”的模型中，临界密度处有一个分岔点，面

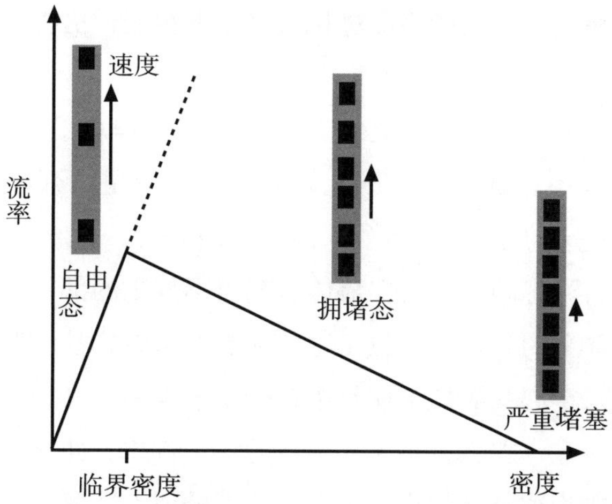

图 7.1　交通从自由态到拥堵态的转变，可从本图所示的交通流率与交通密度的关系曲线中看出。密度增加到某个数值时（临界密度），由于车辆不得不放慢速度，流率便开始随密度的增加而减小。不过，就在临界密度的上方，存在着另外一个亚稳定的“自由态”，图中以短划线表示。

对着两个可能的选择：一个是安全性选择，结果是全体慢下来；另一个是赌一把，结果是全体都保持快速。只要没人撑不住，这种密集而快速的交通方式就会持续下去而不发生碰撞。然而，此种状态是危险的，也是不稳定的。只要有一个人踩了刹车，后面的人也必须如此，再后面的也得这样做……如此这般，高速流动便会突然消失，代之而起的是进入拥堵缓慢的分支。当然，模型中的驾车人就像是气体或液体分子一样，不会意识到自己的快速运动是在冒险。这一模型的关键在于说明，即使在高于临界密度时，高速运动也是可以存在的集体状态。

不过，这一状态是极为脆弱的，稍受干扰便会分崩离析。任何随机涨落的出现，都会使系统进入拥堵状态，而且是突如其来的。这就是说，系统不是稳定的。对于这样的状态，物理学家是十分清楚的，他们称之为亚稳态（Metastable），照字面意思讲就是“接近稳定的状态”。亚稳并不是不稳，只要没有什么地方“砸锅”，全体车辆在高于临界交通密度时快速运动的状态就能得以保持。气体、液体和固体也都可以处于亚稳态。它们都可以处于相对其他状态而言不够稳定的状态。液体可以被冷却到其凝固点以下而不呈坚硬状——它能够经过相变点而不相变，仿佛这个温度并没有任何特殊之处一样。这时的液体就称处于超冷态。

液体之所以能够处于亚稳态，是因为凝固过程总得找到一个始发点。水在结冰时，并不是通体一股脑儿地立即冻成一块，开始时只出现几块小冰晶，然后一步步扩展到整个水体。一般来说，这些最先出现的小冰晶——它们得名为籽晶——会在液体呈现出不规则的部位形成，比如有尘灰之处或容器壁上的划痕处。位于这些地点的水较容易按照冰晶体的结构聚到一起。如果小心翼翼地不使水中含杂质，也不使其他会促成冰晶生成的“凝结核”存在，那么，小冰晶生成的唯一方式，便是靠无规运动的水分子偶然聚集成为冰晶体的排布形态。这就是说，冰的形成必须要依靠某种随机涨落。

理论上说，只要水温降到冰点以下，结冰过程便可以出现。然而实际上却可能迟迟不发生。不过，温度下降得比冰点越低，水迅速变为冰的可能性就越大。到目前为止，超冷水不结冰的最低纪录大约是零下 39℃。倘若再低，实际上便无法防止结冰现象的发生。

这种成核现象颇有些类似足球观众的叫喊扩大成群体齐呼的场面。与一群同声狂呼的人相比，自管自喊叫的一伙人，真使人觉得像是处于亚稳态。不过，即使是同声呼喊，总得从某个地方开始——观众是不会全体同时接受某个呼喊的。许多小股球迷会起头喊个什么或者唱个什么，不过如果得不到旁边人的呼应，他们就会作罢，而一旦呼应的人数达到了某个临界，所喊所唱的内容便如自己有了生命似的，很快便会使全场齐声呼应起来。

附带说一句，在冯内古特的小说《猫的摇篮》（*Cat's Cradle*）的第四章中，一小片“冰 –9”被丢进大海，结果使整个海洋通通结成了冰。这意味着相对于这种假想的冰而言，液态的水只是一种亚稳态，如果机会出现，水就会凝固起来，成为“温冰”。按照这种形势，海洋无非是在等待着硬硬实实地冻结起来的一天，只是有一样，那就是实在太难靠随机涨落生成一小块“冰 –9”了。要想转变得以发生，就必须先将一块现成的“种子”加进来。20 世纪 60 年代末时，有一个苏联科学家小组曾认为自己发现了水有一种“黏糊糊、肉团团”的新形态，它要比处在日常温度和压强下的液态水更稳定。这使人们担心起来，生怕这种所谓的“聚合水”落进海里，就会将整个海洋变成一个大凝块。幸好，这种东西纯属子虚乌有，是几个人错误地理解了实验结果所致。

我在这里怕是得对“亚稳性”（Metastability）这个名词做些专业解释，因为这对下文很有用处。前面曾提到，相变有一级和临界（二级）两种；凝固和沸腾等过程都是一级相变。磁性在温度降至居里点时消失、流体在冷却到临界温度以下时会分成液体和气体，这样的变化是临界相变。人们发现，只有一级相变能够支持亚稳态的存在，让这种亚稳态暂时“不去理会”相变。而临界相变是无法避免的，在到达临界点时，会有某种特殊的东西出现，使得相变成为无法绕开的过程。

由此看来，由纳格尔－施莱肯贝格模型给出的自由交通和拥堵交通的转变，就是一种一级相变。亚稳态下的“自由流动”分岔，还有着进一步的含义。假设在城市里的一条大街上，交通密度随着高峰时段的临近而逐渐加大，转变为拥堵状态的临界密度可能已被超过，但拥堵并没有出现。这样，交通便处于亚稳态的自由流动状态。不过要不了多久，就会有某一位紧张的司机成为引发交通崩溃的人，导致交通进入拥堵状态。交通流率突然减到几近为零的地步，使交通密度急剧变大。

随着高峰时刻过去，交通密度开始下降。不过，自由流动并没有立即得到恢复，这一分岔得要等到密度降至低于临界密度时才会出现，在高于这一密度时，拥堵状态下的流动相对而言始终是更稳定些的（图 7.2）。换言之，亚稳定是条单行道。亚稳态下的自由流动可以通过由低向高加大交通密度的方式实现，但却不能以由高向低减小交通密度的方式由拥堵状态进入。同样的，超冷水可以通过冷却方法制得，但却无法将冰加热到接近而不超过融点的温度。

因此，交通状态不仅取决于密度，还取决于其历史——是否曾进入过密度过大的状态。交通密度先增后减，交通流率会按照如图 7.2 所示的形

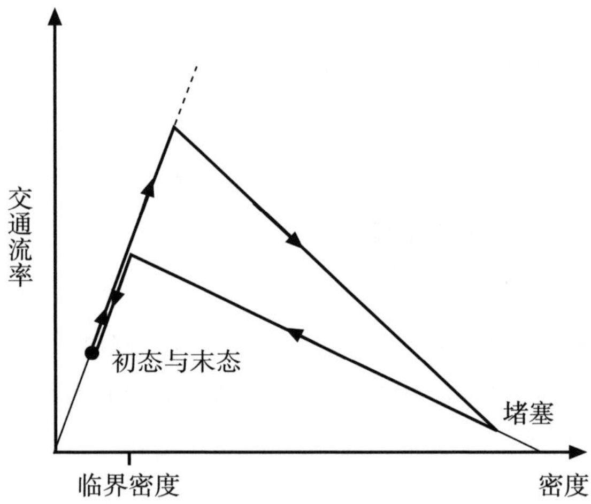

图 7.2　维系在由自由流动进入的亚稳态交通，在任何时刻都可能因随机涨落陡然变为拥堵。当交通状况得到缓解后，自由流动却需等到临界密度以下才会恢复。因此，增大交通密度与减小它，在结果上会有所不同；由是会表现为一个“兜转的”交通历史，此处的进程只能沿着单一方向进行。

状回转，回转固然是可以的，但方向却只能是单行式的。物理学家将这种单向行为叫作滞后（Hysteresis）。

有了纳格尔－施莱肯贝格模型，人们便能够理解为什么交通拥堵可以在没有任何明显原因的情况下形成。比如说，当某股车流处于亚稳的自由流动状态时，一名驾车人突然由于某种原因刹了车。也许此举的确事出有因——有条狗窜到了车子跟前；手机铃响，驾车人伸手拿手机时下意识地减了速；等等。对于此类突然减速到低于周围车速、随即马上加速到同大家一样的情况，是可以在模型中很好地模拟的。这类扰动属于最简单的一类。会导致什么样的结果呢？看看图 7.3 就清楚了。

在此图上，每条从左下方向右上方斜升的点划线，都各代表处于此种模拟状态下随时间发生位置变化的一辆车子。笔直的斜线代表速度不变的车辆。最靠左侧的那条代表踩了刹车、随即迅速恢复到原来行速的车辆。至于紧随其后的若干辆车——它们在图上由右面的一系列线条表示，也相应地减速以避免相撞。这些猛地减速的车辆，在图上便呈现为向右铺开的斜度改变的一道波。可以看出，受到影响的车辆有不少，就连在头一辆减

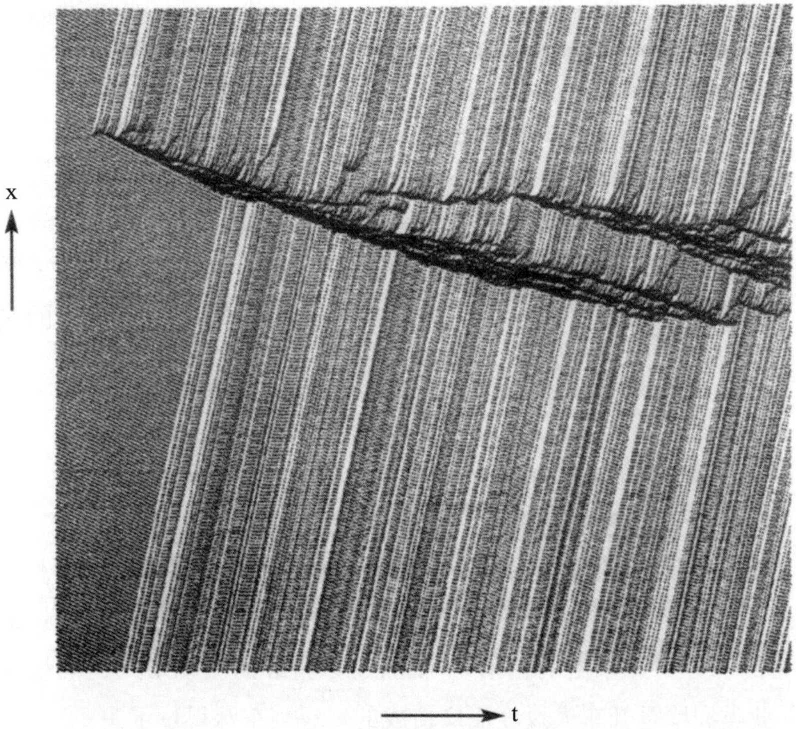

图 7.3 亚稳态交通流中单个自行出现的涨落，会引发交通拥堵。图中所示为电脑模拟的沿公路行驶车辆的位置 x 随时间 t 的变化情况。陡斜地通向右上方的点划直线，代表一辆以不变速度行驶的车辆。每辆进入该路段的车辆（在距离标为 0 处，位于图底边缘处）的行驶情况均由一条线段表示。自左上方划向右下方的暗灰色长条表示拥堵部分。图中所示的车子的“时间线”因遭到阻碍而由平稳状态突生陡变。出现在左上角的单个扰动是由某辆车突然刹车造成的，由是随着时间的推移，在这一路段上引发了一系列的不畅点。

速的车子早已驶离后才进入同一地点的车辆，也都须减速行驶。线条越粗，表示拥堵越甚。

情况还不止于此。如果拥堵地段不发生改变，代表受到影响的波会沿图上的水平方向传播。但在实际上，这道波形是随时间的推移渐渐向右方不断下斜的。这表明拥堵地段会逆流上溯，沿与交通相反的方向移动。换句话说，始于某处的拥堵，会自动地移到路段的其他地点。而且，这处最早的搅扰还会分裂为数个，从而使事后开来的车辆（以位于图中右侧的点划线表示）在沿途会遭遇一系列而不是单单一个拥堵点。它们都不会表现出自行消除的迹象，唯一会表现出来的，是随着时间的推移而增生。因此，一个单一的、小型的、短暂的涨落，会创生出若干个向外蔓延的烦人拥塞。

这样的事件听起来似乎有些不着边际，但的确反映出了交通中会出现的真实情况。不过，纳格尔－施莱肯贝格模型并不是描述此类情况的理想工具。研究人员发现，这一模型过于简单化，对小的扰动也太过灵敏。不过，在寻找更精确的模型之前，先让我们来观察一下真实世界中的路面交通，看一看能有什么发现。

交通的三种形式

1965 年，美国俄亥俄州立大学的一个研究小组对一段公路上的行驶车辆进行了航空拍照。结果果真发现了完全符合纳格尔－施莱肯贝格模型所预言的那种“无来由的拥堵”，而且也以持续的波动形式逆向传播（图 7.4）。此类拥堵是开车人过度反应造成的——刹车踩得过了头。

纳格尔和施莱肯贝格所描述的普遍图景，在 1996 年得到了德国人鲍里斯·克纳（Boris Kerner）和休伯特·雷伯恩（Hubert Rehborn）的有力支持。他们当初在戴姆勒－奔驰（Daimler-Benz）——如今改名为戴姆勒－克莱斯勒了[①]——汽车公司设在斯图加特的研究实验室工作，在连接德国吉森（Giessen）和瑞士巴塞尔（Basle）的南 A5 高速公路上选定了一段，对该地段的交通情况进行了详细研究。这段公路在法兰克福附近特别繁忙，为此路旁安设了双感应测速环，对过往的所有车辆进行检测。克纳和雷伯恩所观察到的，同纳格尔－施莱肯贝格模型所预言的完全一致。随着交通密度的加大，车流会在密度大到一定程度时突然不畅起来，拥堵就此出现。根据观测数据做出的曲线，与纳格尔－施莱肯贝格模型的分岔图十分接近（图 7.5）。

① 2007 年两个合并的集团又折分回原本的戴姆勒－奔驰与克莱斯勒。——编者

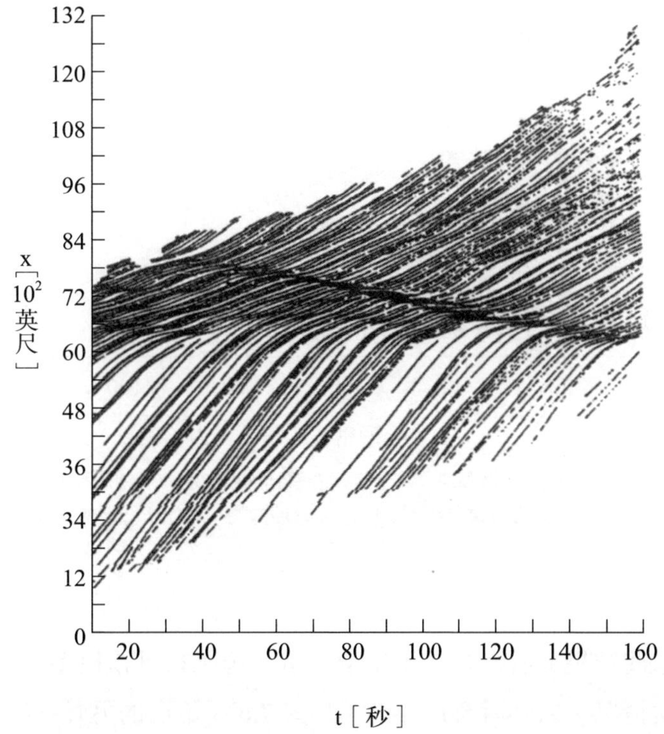

图 7.4 实际交通数据反映出的自然拥堵。此图与图 7.3 属于同一类型。图中的每一根线条代表一辆车子的时间线。向右下方倾斜的陡变部分，就是拥堵点移动的轨迹。

这样的图对处于交通流中的一位具体驾车人究竟有什么意义呢？图 7.5 中给出了若干个按时间顺序编号的一系列数据点。它们代表上述高速公路区段中对某个点位上的交通流每隔 3 分钟测量一次的结果。在对应于标记为 1 的时刻上，交通流是自由的，不过此时的密度已然超过了临界密度。接下来，行车速度便开始放慢，交通流量不再处于亚稳态的一岔上。再接着，严重拥堵便蓦地出现了，所有车辆几乎动弹不得。这种状态持续了 10 分钟左右——在图上以 4、5、6 三点记之，然后逐渐又动了起来，最后又回到自由交通一岔上。注意：在图上，自由状态是在接近临界密度的情况下重新恢复的（点位 12）。换言之，交通从拥堵状态到逐渐恢复，是在交通密度低于拥堵发生时的密度后实现的，这正是滞后效应。因此，历史再一次成为单行过程，也就是说，从 1 到 12 的过程决不会以倒过来

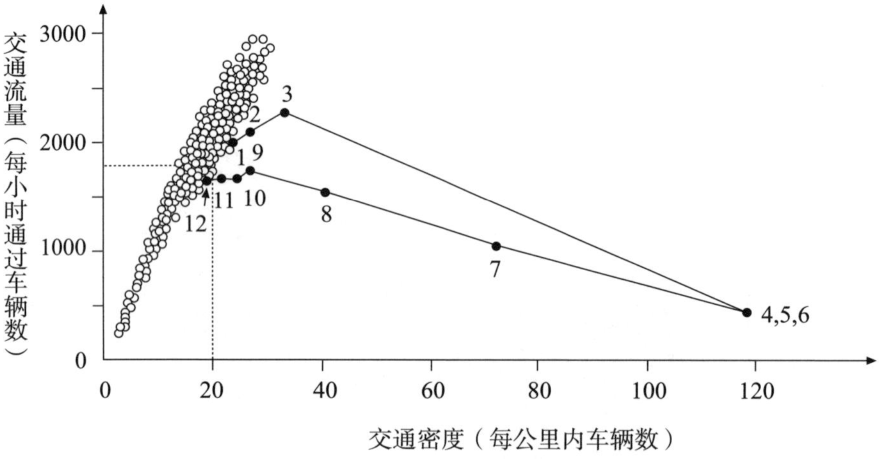

图 7.5　1996 年在德国一条高速公路上实际观察到的自由态、拥堵态和亚稳自由态交通。标有数字的数据点代表从同一个位置所得到的按每 3 分钟内的平均值所取得的结果，连续取值 36①分钟。

的顺序发生。

所有这些结果，看来都是支持纳格尔–施莱肯贝格模型的。不过，道路上的真实情况，未必就会这样简单。图 7.6 所给出的另外一组交通数据，便反映出了交通的另外一面。单从结果看，总体表现与前面是一样的：先是在亚稳态这一支上的自由流动，再分岔进入拥堵状态。然而，这里的拥堵状态实在是混乱透顶！此时，车辆并不只是从自由流动一下子进入拥堵、慢到几近于停住不动，然后再在拥堵状态结束时加速驶离。实际发生的情况，是一旦从自由状态进入拥堵状态后，车辆的速度（同时也就是总体的流动率）会经历种种改变。

克纳和雷伯恩认为，不通畅的交通以两种不同的流动形式存在。一种是拥堵，此时车辆极少移动，交通十分密集，流动率跌落到接近零的地步。这种状况对应着图 7.5 中的 4、5、6 点位，也就是“不畅”一岔上右侧的末端。不过，在不畅状态下，交通也可能呈现出以可观的流率持续移动的状态，甚至密度也不低，条件是所有的——每条车道都包括在内——

① 原文为“按每 1 分钟内的平均值所取得的结果，连续取值 12 分钟”，但前面正文中提到每 3 分钟测值一次，故按前文统一。——译者

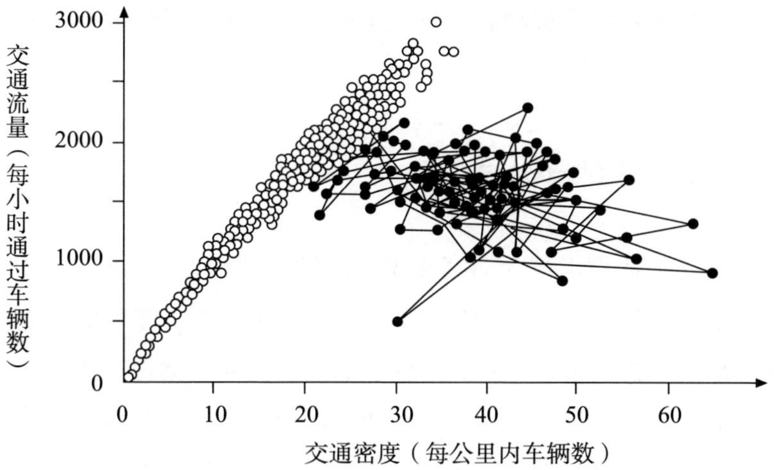

图 7.6　离开“自由”一岔的车辆，有时会经历各种无法预知的交通状态，由是描绘出十分奇特的时间线。

车辆都以大致相同的速度运动。克纳和雷伯恩将这种情况称为同步流动。

因此，这两个人说，交通的基本流动状态不是两种而是三种：自由形、同步形和拥堵形。在从自由流动向同步流动转变时，车辆会继续保持运动状态，流量仍保持在相当大的水平上，但密度会陡然加大。在转变为拥堵时，不论是从自由状态，还是从同步状态，车行速度都会大大降低，几乎会下降到零，密度也会大到无以复加、首尾相接的地步。

对于这样的状态，大家并不觉得陌生吧？在气体转化为液体时，物质微粒仍保持着自己的运动状态，但粒子密度突然跳升到更高的程度。然而，当气体或者液体冷却为固体时，物质粒子会紧紧挤到一起，变得动弹不得。交通的三种状态正相当于物质的这三种形态。此外，克纳和雷伯恩告诉人们，自由交通状态极少会直接变为拥堵；同步形通常会作为两者的中间状态出现，一如物质从气态转入固态时一般会先经过液态一样。

这两位研究人员由此认为，当交通密度超过了稳定自由流动状态的阈值时，实际上进入的亚稳态并不是相对于拥堵而言的，而是相对于同步流动。他们宣称，从自由流动跳变到同步流动，是伴随着在多车道道路上超车的可能性大大下降出现的。在自由流动状态下，开车人差不多是可以随意换道的。在进入同步流动后，所有车道上的车辆都以接近同一速度行驶时，超车几乎就不可能了。

当交通流受到搅扰时

如何精确阐述自由流动向同步流动的转变呢？人们目前仍说法不一。克纳和雷伯恩相信，同步流动是交通的一种基本状态，正如液体是物质的一种基本形态一样。但以黑尔宾为代表的另一些人却觉得，此种交通状态的表现，似乎是视外来影响的情况而变的，即此种状态是自由流动状态受到搅扰的反应。这就是说，同步状态并不会自动地凭空出现，而是由某种搅扰引发的，搅扰可以是弯道、山坡、窄路段或者进出口等。它们对于出现同步状态所起到的作用，就像是在使过冷液体转变为固体的过程中——如果说成在使过冷气体转变为液体的过程中，则会更贴切些——充当凝结核的尘灰粒子。

对于这种观点，克纳和雷伯恩也表示同意，即认为同步流动的确像是由路上的“不纯成分”或说“杂质”导致的，让新车辆加入和原有车辆离开的进出口便属此例。（搞交通研究的人，通常将车辆从进口加入车流的举动称为“进道”，从出口离开称为“出道”。）他们认为，自发产生的同步流动是个短暂的过程，一般只会持续半个小时或者更短的时间，而沿着进道口的道路上溯，同步流动有可能会持续若干小时之久。有些模型将同步流动视为亚稳态现象，会在一旦受到搅扰时转变为拥堵。而德国杜伊斯堡大学的施莱肯贝格与同事们则相信，在实际交通中，同步流动是个十分顽强的存在，其产生原因是驾车人希望将车子开得平稳而轻松，而这是诸多交通模型都无从解释的。

大多数模型都只对驾车人做出两点设定：一是他们都希望以某个合意的速度行车，二是他们都会在避免撞车时降低车速。按理说，这两个设定会导致大家开起车来忽快忽慢地折腾个没完：前面有足够的空间便挂高挡、加油门，一旦前面有车时又赶快踩刹车。但施莱肯贝格等一行人却认为，真正这样做的人其实没有几个；他们都尽量避免突然加速和猛地减速。在将这一条设定也纳入细胞自动机模型后，同步流动便得到了一个稳定的基本状态的地位，即使有逆行移动的拥堵结通过，同步流动也仍会保持下去。

进行这样的修正，能够增大交通模型的预测能力，但也同时向人们揭示出了一些更深层的东西，即集体流动方式乃是交通流动的一个不可进一步还原的成分。给模型增添心理学成分，或许能够使种种流动方式的出现条件更为精确些，但却无从改变交通应当存在若干基本状态的事实，就如我们无从改变原子物质的存在一样。交通流动是否真的具备上述三种状态呢？可以肯定，但又不尽然。好像任何一部车子在任何时刻，都可能处于或者路旷车稀、开车可以自由酣畅的状态，或者进入挤挤挨挨、大家同步而行的境地，或者陷入密密实实、一步三停的蜗行。不过，黑尔宾所领导的小组发现，这三种交通方式是可以交替发生的，而且会随时间以不同的顺序出现。

黑尔宾与斯图加特大学的马丁·特雷伯（Martin Treiber）合作，于1998年提出了一个新模型。它与纳格尔和施莱肯贝格两人提出的细胞自动机模型，以及最早由莱特希尔和惠瑟姆创建的液流模型，彼此间都有共同之处。这些模型都不以单辆车子为单位，而是视交通有如平稳的流体。不过，这种流体是极为特殊的一种。在流体力学这门研究流体运动的经典理论中，流体的每个小“包团”都会通过黏滞力的拖带作用，对周围的“包团”产生影响。这种影响是一种摩擦力，结果使周围流体的运动速度放缓。在黑尔宾与特雷伯提出的模型中，交通“流体”中各个“包团”间的相互作用更为复杂，驾车人的反应方式类似于纳格尔–施莱肯贝格模型中的方式。在这一模型中，驾车人也被认定应当同自己前面的车辆一样，为了达到特定的车速并避免撞车而调整自己的车速。因此，这是一种有思维能力——而且应当说是思维能力颇强的流体。

在低密度情况下，这个模型给出的是自由流动状态。随着密度的增加，自由流动进入了亚稳态，这就是说，如果出现了小的涨落，流体会将其吸收化解，而较大的则会导致局部的拥堵并逆交通方向传播。当密度再行增高，局部的拥堵就会连片地动作起来，有如图 7.3 所示：一段自由流动，接着一段不畅的流动。这种停停走走的行车经历，相信是所有开过车的人都多次体验过的。而一旦密度再行加大，所有的地方都会交通不畅，进入爬行般的严重拥堵状态。

黑尔宾、特雷伯和斯图加特大学的安斯加尔·亨内克（Ansgar Hennecke）探讨了他们所设想的“交通流体”在到达诸如进道口等位置时所会发生的行为。为此，他们在进道口前方造成了一个局部的不畅，观察逆着行车方向移动的不畅波动在到达进道口处会发生什么情况。当交通流量不大时，不畅会痛痛快快地化解掉；但如果流量很大，这个局部的不畅就会引发种种后果：局部拥堵与局部自由流动相间的波动；各个局部拥堵几乎相连，中间没有多少自由流动的波动（这种情况得名为“振荡型拥堵交通”）；在进道口处堵得严严实实、纹丝不动，进道口后面拥堵状况同样如此；等等。

这些研究人员以图表的方式展现了交通状态在不同条件下所表现出的多种行为形式。他们所用的图表有些像相图（图 7.7）。其实，交通的这类行为正可以看作与细菌菌落生长方式相类的东西——毕竟，交通流动也同细菌生长一样，都属非平衡过程。当在模型中给定不同的“控制参数”，即干道上和进道口处的车流情况时，交通状态就会突然发生变化。从该模型的情况看来，交通是不得不听命于一系列非平衡态相变的。[①]

今后将如何对待拥堵？

上述这些模型，果真能反映出交通的真实情况吗？它们会不会只是些精巧的电子游戏呢？只有能够有效模拟现实的模型，才能提供让人信得过

① 黑尔宾等人已经证明，根据将每辆车视同一个粒子的交通模型，也会得到大体相同的交通状态的“相图”。因此，这似乎表明，交通状态同模型的细节内容没有太密切的关系。

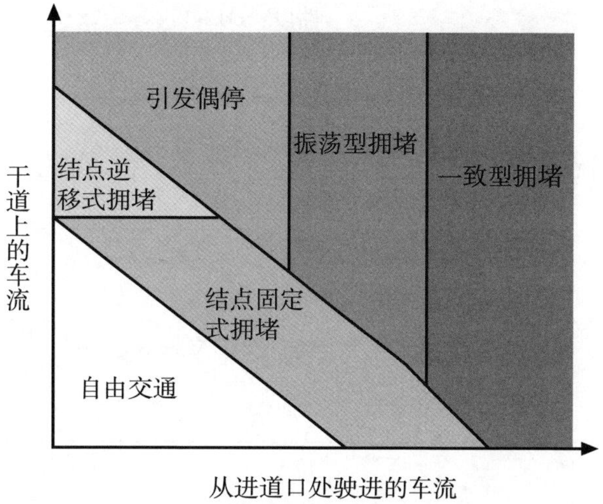

图 7.7　黑尔宾等人提出的“流体”模型中会出现的各个交通状态。整体一致的拥堵范围会一步步蔓延开。在振荡型拥堵的交通状态下，拥堵路段状态也会随时间加长而持续，不过是波动式的，因此每辆车都会时走时停。在拥挤的区域内，车辆密度很高，而这种高密度的拥堵结会逆着车行方向移动。还有一种状态叫作引发偶停，与振荡型状态有些类似，但偶尔会形成密度较低、会顺着车行方向移动的小块，而且不久又会引发一个新的逆向移动的车流块。固定式局域块会停在道路的某个位置上，车子有进有出，但结点位置不动。

的交通预测结果。正是抱着这样的认识，黑尔宾、特雷伯和亨内克将根据自己模型提出的预测，与从德国和荷兰安装有感应线圈的高速公路上取得的真实交通数据进行了对比，结果高兴地发现，预测中提出的所有状态，都存在于真实的车流中。情况还不止于此。他们发现，在将真实路况的基本数据（比如，小汽车与货车数量之比）输入模型后，就可以准确地预知交通情况随时间变化的过程，而且精确度超出预想；不但在一般情况下是这样，当车流形态绝非简单、远非正常时也能如此（图 7.8）。

这样的结果坚定了他们的信心，他们相信，诸如此类的交通模型，并不需要考虑太复杂的因素。只要设定驾车人有一定的共性：在道路畅通时会加大油门，定到某个自己中意的速度挡上；前面有车时，会将自己的车子控制在某个距离之外，具体远近与车速有关；刹车时的反应不会是理想值，通常会反应过头。至于一些细节，如具体反应时间为多长、道路取何形状、车道有几条等，其实并无关系。无论在何种情况下，都会形成大体

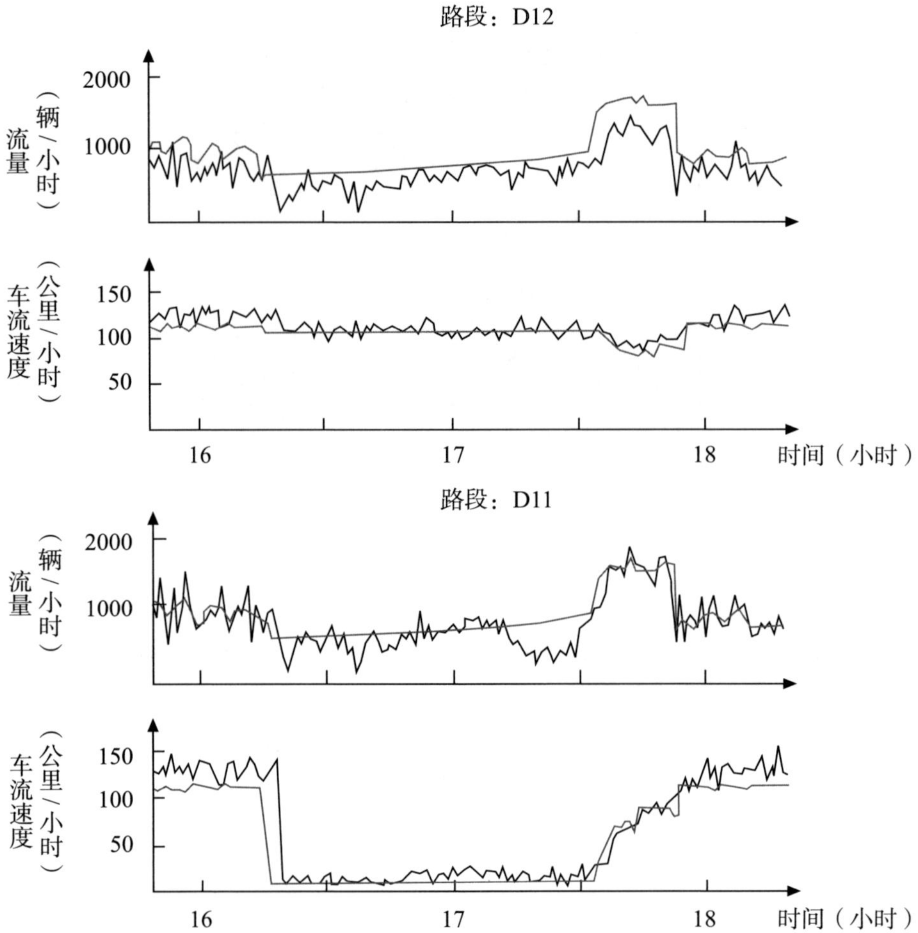

图 7.8　黑尔宾等人提出的车流模型，能够预言若干小时内交通状态的变化情况。将沿逆行方向上溯的某个位置上的交通密度和行车速度的数据输入模型，就能得出公路下方相当远的距离处数个位置上可能形成的速度与密度。图中针对南 A5 高速公路距德国法兰克福市不远处的两个不同位置，给出了它们在两个半小时内的车流情况（车速与密度）。拥堵是由于这两个位置之间一段被关闭的车道造成的。黑色线条表示由感应线圈测出的真实数据，灰色线条代表模型针对这几处位置给出的预言结果。不少细节是模型不能给出的，不过在基本表现上，如拥堵发生与得到缓解的时间和地点，预言的结果都是正确的。

相同的交通流动模式。观察结果使黑尔宾一行人相信，多数拥堵是异常情况导致的，如交通瓶颈处、进道点位上、山坡地段，再就是个别驾车人有不正常行为。在黑尔宾等人研究过的 100 多例交通拥堵中，除了四例——其中有的还难下定论，都是由某类静止不动的卡脖子地段引起的。

城市里的交通状态与开阔的高速公路上不同，特别是车流会受到十字路口的大力制约。以色列耶路撒冷希伯来大学（Hebrew University of Jerusalem）的奥佛·碧汉姆（Ofer Biham）与几名同事一道，提出了一个细胞自动机模型。在这一模型中，车辆在一个方形网格上——形势有些接近美国城市，从南向北和由西向东地运动。车辆的运动模拟因路口红绿灯交替出现的形势而按时间变化。他们发现了一种很不好的情况，就是当交通密度增大时，会突然出现从自由交通向静止拥堵的相变，也就是说，会出现路口整个堵死的局面。

交通物理学正被证明是一门有价值的学问。纳格尔在自己原有的细胞自动机模型的基础上，在新墨西哥州的洛斯阿拉莫斯国家实验室（Los Alamos National Laboratory）建立的“交通分析与模拟系统（Trasportation Analysis and Simulation System）”，已被用来规划达拉斯市的道路网系统。掌握了路口、人行横道和车道合并处可能会产生的影响，此类地点的设计就会更为合理。施莱肯贝格已计划将自己在杜伊斯堡建立的交通道路系统，在整个北莱茵－威斯特伐利亚（North Rhine-Westphalia）的高速公路网上推广，以实现对路况的整点预报。

以模型方式研究高速公路的交通状况，还可对交通法规的制定提供有益借鉴。黑尔宾与施乐公司位于加利福尼亚州帕洛阿尔托（Palo Alto）的研究实验室的伯纳多·胡伯曼（Bernardo Huberman）合作，提出了又一种模型。这一模型表明，在多车道宽路面上行驶的小汽车和大卡车，如果以混杂方式行进，所有的车辆会都在同一个速度下行进，换不换道已没有区别。他们将这一状态称为“一致流动（Coherent Flow）”。这样的行车状态像是同步流动，不过两者并不等同。一致流动是一种牢靠的状态，面对涨落能表现出相当的稳定性；而且驾车人虽则不能实现自己中意的车速，但总的来说还是相当有效的：高密度车流，加上不算太慢的车速，意味着交通流率已经大体接近了能够实现的最高程度。此外，一致流动是一种安全状态，因为它降低了公路上发生事故的两个重要因素：车速不同和换道。因此，人们有必要找出交通繁忙时能形成一致流动的方法。限定时速范围和禁止换道便是其中的两种。

黑尔宾和胡伯曼表示，他们的模型告诉人们，美国的道路法规——驾车人在任何一个车道上都可以用任何一种速度行驶——要比欧洲采用的按速度分道行驶的规定，对道路的利用更为有效。在欧洲，卡车主要会在慢车道上行驶，小汽车总是尽可能不上这条车道，即使前面一时看不到卡车时也会如此，这就会使公路的车容量减少25%。与此同时，黑尔宾还同特雷伯一道证明，如能给车辆规定行车速度范围，并根据交通密度的变化随时改变之，就能够防止德国的高速公路上出现拥堵和延宕。即便只在高峰期对车速予以限定，就可以阻止塞车，减少所有车辆的平均耗时。

繁忙交通状态下引发塞车的重要因素之一是车速的涨落：驾车人没能集中精神，与前面的车辆过于接近，致使猛地刹车减速。如果能够消除这种无规出现的搅扰，行车就可能大大顺畅起来。举措之一是制定一些规章，促使驾车人在塞车概率较高的地方（如瓶颈地段）提高注意力。另一举措是在入口匝道增加交通控制手段，并使之随交通密度的变化自动调节。

另一项举措更有前瞻性，这就是用从不疲劳或从不发生判断错误的“司机”将人替换下来。几乎所有的模型都不涉及撞车——原因在于，设计模型的目的正在于避免此类事故的发生。对于“合格”司机的要求很简单，就是不要撞上其他车辆。为此所要求其掌握的，无非是能够判知前面车辆有多远，以及自己与前面这辆车以多大的相对速度接近而已，并不包含任何复杂的反应或者能力。显然，只要有了这些信息，自动驾驶机器就能开动车子——自动机器也就真的“自动”了！

有些汽车制造厂商已开始研究这种可能性。他们眼下正在研制种种“副驾驶装置”，也就是借助雷达和其他传感装置，能确知车子周围的情况并做出相应反应的系统。该系统的主要功能之一，就是能够自动刹车或者采取其他动作，避免与行人、自行车或其他汽车相撞，它们在反应时间上也要比任何人都快。将这种系统装到汽车上以后，它们也能对诸如换道和走固定路线等更经常、更普通的操作起一定作用。

前面已经提到，导致塞车的涨落形成的原因之一，是驾车人在道路拥挤状况下反应过度。如果有了副驾驶装置，这便不成问题了。特雷伯和黑尔宾通过交通模拟证明，只要路上有 20% 的车辆装上自动系统，而且自动系统能够以最佳水平对交通流量的变化做出反应，繁忙路况下的某些拥堵就可以完全避免。

设想一下将自动驾驶系统与卫星导航装置接通，数字式地图就在手边，还能随时获得交通模型根据输入的真实数据发布的“一分钟路况预报”的情景吧。这时，你要从一个地方去其他地方，只消出发前设定一下就行了；不用将手把在方向盘上，就能安全快捷地到达目的地。种种制造、销售与使用汽车的厂商、机构和组织，往往希望游说政府，以获得更大程度的“行车自由”。他们应当承认，正是这种“自由”，有时会使道路成为地狱。自动驾驶系统不但更精细、更遵纪守法、技术更高超，也更知情、更有远见——总而言之，使用起道路来更明智，因此适合担当起驾驶任务，而且要适合得多。

第 8 章

市场的节奏

——经济学的那只拿捏不稳的“看不见的手”

要靠哲学来说明的行当莫过于商业了。[1]

塞缪耳·约翰逊（Samuel Johnson）①

就是把所有的经济学家从头挨脚地连成一条长龙，也接不到结论那里。[2]

乔治·萧伯纳（George Bernard Shaw）②

只有通晓，才能致富。[3]

约翰·沃尔夫冈·冯·歌德

（Johann Wolfgang Von Goethe，1749—1832）

---

① 塞缪耳·约翰逊（1709—1784）：英国文学家、词典编纂人。——译者

② 乔治·萧伯纳（1856—1950）：英国剧作家、剧评家，1925 年诺贝尔文学奖得主。——译者

当亚当·斯密这位苏格兰人从哲学范畴归纳出政治经济学时，并没有什么"巨人肩膀"可凭依仗。在他之前，从来不曾有人思考过市场经济是如何自行维系的。商业被人看作世俗行为，与哲学似乎不搭界。然而，霍布斯的《利维坦》正是给斯密准备好的必读作品，因为书中构想的"社会共同体"要想稳定地存在，就不能忽视对商业的打理，也不能漠视对财富和土地的分配。[尽管如此，这本书还是受到批评，说霍布斯没有从作为权力的真正基石这一角度给予经济充分注意。霍布斯的冤家对头詹姆士·哈林顿（James Harrington，1611—1677）在 1656 年出版的《大洋共和国》（*In Oceana*）一书中认为，英国之所以出现内战，主要原因是 17 世纪初时出现了土地和产业所有权的变动。]

不过，斯密撰写其《国富论》（*Causes of the Wealth of Nations*）的时间是 1776 年，此时的世界已同 20 世纪霍布斯所处的时代完全不同了。社会形成了新的秩序，财富就是最高权力。对于霍布斯来说，财富和生产意味着土地与农业，而在斯密的眼中，工业才代表着这两者；霍布斯认为贸易是权力的附庸，衡量国家财富的标准是黄金的拥有量，而不管是巧取得来还是豪夺占有。斯密则不同，他相信重商主义的抬头，已经将商业提升为国库盈虚的决定因素。

在对人性的看法上，斯密也并不比霍布斯乐观多少。他认为，总体而论，人是要尽可能获利的。因此，他从霍布斯的政治模型中，找到了市场系统运作的理论基础。在霍布斯的著述中，人们追求的是不断增加的权力（主要是通过买断他人的权力），而斯密笔下的商贾，注重的则是不断积聚的财富。

不过，霍布斯认为，个人的权欲，只能借助将所有权限上交给某个最高权力体加以遏制，否则社会必将陷于污秽、凶残和短命。而在市场体系中，并没有谁居于主宰地位，大家都是自由的。那么，斯密又是如何解决这个难题的呢？在一个人欲横流而又不存在调控市场的中央集权的形势下，普通民众又是如何得到自己所需的商品而又不致被弄得身无分文呢？如果不靠某个言出法随的权威控制，又如何能使货主不漫天要价呢？

答案只有两个字：竞争。高抬价格的货主会导致顾客转向售价可以让他们接受的其他卖家，到头来只会让自己出局。斯密相信，在自由化市场中，因竞争产生的压力，会保证商品始终以真实价格——也就是斯密所说的“自然价格”出售。因此，竞争是对材料的质量和数量，以及涉及制造过程所用的劳动的可信的尺度。想要多捞一点的，总会被竞争对手弄得出不了手。斯密认为，这种具有自我调控功能的市场，会保证有需便有供。这里并不需要什么中央权威来指派人员和组织生产，以保证有数量合适的裁缝、鞋匠、面包师、奶品加工工人什么的。只要出现需求，就会产生获利的机会，满足这种需要的人也就会应运而生。

斯密的这一经典著述，对出现在启蒙时代这一新的市场经济的作用原理，进行了最早的真实分析。该著述中的这一理念，不仅贯穿于当今经济理论的全部内容中，也同本书前几章中的物理学内容有着深层的呼应。这不单单是因为的确存在着市场定律，还因为这些定律源自买卖过程中的“推”与“拉”，源自无数参加者之间的相互作用。它们并不是从外部挤进来施加作用的。两个相反的作用力——一为利己，一为竞争，便足以形成一个具有自我调控功能的稳定状态，也就是保证某种平衡。市场能够存在秩序，就是因为有这一被斯密称为“看不见的手”的规律在起着作用。正如罗伯特·海尔布罗纳（Robert Heilbroner）① 所说：“人们固然可以求助于什么‘计划委员会’的规定……但实际上，有了市场机制的自动调节，便不用上诉，也无须指派。”[4] 照斯密看来，“好结果”（意指公平而全面的市场）可以源自利己的动机。《国富论》传达的正是这样一个自由放任、无为而治的信息：市场有自我调节能力，因此不要人为干预。这与霍布斯针对人类的权欲而建议用独裁加以遏制的观点完全相反，是向工业资本家发出的不受政府节制、扩展其资本帝国的邀请。

在斯密所处的时代，已经蓄含了当今时代的萌芽，但两者并不是一回事。当时的资产阶级只是小打小闹的人物：小店主、商贾，还有规模很小

① 罗伯特·海尔布罗纳（1919—2005）：美国经济学家与作家。——译者

的实业界。以18世纪70年代的情况而论，能有十来个人的“作坊”，就是个大字号了。从中世纪起便一直左右着工商业活动的种种行规业律，此时已处于消融状态，却又几乎没有外来的其他规则和律条来代替。劳工组织、工会什么的都还不存在，也没有任何大公司，跨国集团更是压根儿谈不上。此时的市场是非常零散的，简直就像有人形容的那样，是“原子型”的。然而，即使是处在这样的状态下，要想全面涉猎一下，斯密的经济学理论也显得过于简单了。他的理论只是开了个头，还缺乏牛顿力学那种能赋予物理学以言之凿凿地位的力量。

尽管如此，还是能够看出，这一原始的经济理论明显想要成为类似于物理学的科学。是否能够如此，启蒙时代的知识分子一直是关注的。丹尼尔·笛福（Daniel Defoe）① 便在1706年说过这样的话：“商贸是最遵从自然趋势的了，它的因果相继明显得如同日夜交替。”[5] 斯密倒是从不曾对市场力有过此类评论，不过，在他的这部力作中的确可以清楚地看到“原力”的概念与牛顿重力间的相似。与斯密同时代的约西亚·塔克（Josiah Tucker）② 则表述得更为清楚。这位在格洛斯特（Gloucester）担任教长的教会人士说：“商业领域中的流通，可以看作是在社会两个明显不同的作用原理的推动下进行的，而这两个原理就有如存在于行星系中的向心力和离心力。”[6] 到了19世纪初叶，人们已经十分坚定地相信，经济领域同物理领域一样，存在着若干会始终起作用的基本定律。从那时起，这种信念便基本上没有发生改变。

斯密所说的那只“看不见的手”，成了工商界的共识之一。对很多人来说，这只手简直掌握着整个社会的命运。爱默生在1860年便这样说过：

> 财富带给人们的，还有由它决定的标准与平衡。政治经济学的根本在于不进行干涉。安全的规律只有一条，就是需要与供给间的自行调节。立

---

① 丹尼尔·笛福（1660—1731）：英国作家，一生共写过500余部作品，题材涉及包括经济学在内的诸多领域，但以小说《鲁滨逊漂流记》最广为人知。——译者

② 约西亚·塔克（1712—1799）：英国宗教界人士。——译者

法是无益之举。进行干预，法律的利刃就会切断这一承担连接作用的肌腱。[7]

斯密的经济学原理开始被戴上了市场学说中的物理学确凿定律的光环，被视为经济稳定与安宁的保证。如果市场出现动荡，那就一定是有人试图硬来了。这也正如爱默生说过的另一番话：

大自然的规律是通过商业体现出来的，一如电动玩具中的电通过玩具的动作体现出来。要使海平面保持不变固然困难，靠供求实现社会价值的平衡更是不易。施手段、定律条，得来的会是反抗、滞销和破产，到头来是结茧自缚、作法自毙。最高的法律不带有情感色彩，是通过从原子到星系的自然世界起作用的。[8]

但麻烦还是有的，这就是即便到了现在，还没有谁能发现这些定律。尽管爱默生写出了颇为雄辩的字句，有关供与求的种种设想仍不足以解释市场因何会有时表现出莫名其妙的行为来。人们对种种经济模型进行了扩充、修改、增补和润色，加进了不少复杂内容，弄得有些直追物理学家的数学推导。然而，这些理论仍然不具备“牛顿式”的风貌，不是人人都能接受的基本原理。

这并不是经济学家们不称职。正相反，经济学界的精英人物并不逊于任何自然科学家。不过，鉴于自然科学模型通常能够给出精确的预测，而经济模型却不断遭到失败，的确说明了后者的一贯不合格。指出这一点的不但有自然科学家，就连经济学界内部也有人这样承认。正如伦敦商学院（London Business School）的约翰·凯（John kay）所说的那样：“经济预报员们……总是在同一时候说着如出一辙的话，异口同声的程度简直令人吃惊。（然而）他们所说的却又差不多总是错的。”[9]真是这么回事。历史上最严重的经济危机发生在1929年10月，然而，刚刚在此之前的一个星期，当时或许算得上是首屈一指的经济学家、耶鲁大学的欧文·费雪

（Irving Fisher，1867—1947）还宣称，美国的经济已经登上了一个“永久的高地”呢。[10]又过了三年，这个国家的国民收入跌落了一半以上，可在此之前，并没有经济学家能够预见到这场危机的来临，一个人也没有。

在过去 10 年间，统计物理学家已经开始提出建议，希望经济学家最好还是重新审视一下经济学模型中的某些基本设定。这些物理学家认为，借鉴一下物理学中的观念，面对市场所表现出的难以名状而一直无法预测的行为，经济学家应当能梳理出一些眉目来。这一借鉴方式甚至还得到了一个新名称，叫作经济物理学（Econophysics）。对于这种越俎代庖的行为，经济学家是什么态度呢？有些经济物理学家的感觉是，自己陷入了漠然死寂的包围，还夹杂着一阵阵愤怒的发作，如此而已。与此同时，还有一些经济学家认为，经济物理学家无人理睬是其应得的下场。这些人认为，经济学一向包罗很广，不大可能从属于某个单一学科。学术上的位置倒不重要，新观念是否有用才顶顶要紧。物理学家给他们送来的东西是不是真正有用，他们持怀疑态度。

诚然，物理学家们并不总能将他们的工作变得容易起来。作为一个特定的团体，他们也并不享有能够一团和气地指出他们发现的其他研究领域的不是之处的名声。而且，物理学家感兴趣的内容，未必也是经济学家所关注的。况且，物理学家们习惯应对的是基本规律在何时何地都不会改变的系统。几乎可以肯定地说，经济学规律并不是这样的，经济学比纯物理学更难，这也是一条理由。[经济学家保罗·克鲁格曼（Paul krugman，1953—）倒是颇能自我安慰，因为他认为，“幸亏经济学还不像社会学那样艰深”。][11]不过，这样的紧张局面大概会随着时间的流逝而走向缓和，彼此的误解会得到化解，双方会走出针对对方挖就的掩体，通过协商实现休战。目前，一些经济学界的头面人物，已经开始听取物理学家的评论，怀疑或许在所难免，但态度是尊重的。多数经济物理学家也未免失于操之过急，太热衷于参与，自己对经济学原理的掌握还不一定牢靠，便要给经济学纠偏矫枉，这一来，双方便没有了共同的立足点。

自然科学家的第一直觉——通过实验有所认知——并不总能为经济学

家所接受。后者最先想知道的，是应当以哪些基本的经济现象为寻求解释的目标。在经济学领域中，用于同理论对比的实验其实只有一种，而且规模巨大、不断变化：这就是去调查实际市场中发生了什么。

一条铁律

斯密的市场模型是纯描述性的。不过，到了19世纪，人们对科学的信仰，特别是对以机械方式来理解世界的信仰，导致人们认为应当用它来囊括一切。因此，经济学家开始到数学中去搜寻严谨与精确。有人开始认为，贸易与生产活动的消长，是可以用纯数学的语言表述的。边沁就是这批人中的一位。他的功利主义学说（Utilitarian Philosophy）[他将自己这一理论称为“幸福算学（Felicific Calculus）”]比斯密和霍布斯的都更乐观些，认为人们追求的不是最大限度的权力或者利润，而是最大限度的快乐——自然，其中也涉及以冷血的态度衡量得与失的内容。

爱尔兰经济学家弗朗西斯·埃奇沃思（Francis Edgeworth，1845—1926）根据边沁的人是“追求快乐的机器”的结论，进行了这方面的数学尝试，并于1881年取得了初步成果。这就是他所写成的《数理心理学》（*Mathematical Psychics*）。这个名字听起来固然有点怪，其实他的目的是试图提出一种有关政治、社会和经济行为的精确理论。书中深奥抽象的微分学内容比比皆是，也不乏统计分析的内容。这本著作开了一个理论研究的先例，造成一些人越来越脱离真实世界的基础，而以洋洋洒洒的数学计算表示人的行为。克鲁格曼就认为，这一传统目前在现代经济学研究中仍相当活跃：“学术界里存在着一种风气，就是最能招来一帮信奉者的理论，是一些能给头脑机灵但并没有创见的年轻人显示自己机敏的东西。这是相当可气的，但事实的确如此。”[12]

不过，在19世纪所有冠之以“科学”的经济理论中，最有影响的——至少从政治角度可以这样说——一支，是由一个生活不规律并几乎总是为贫困所累的德国犹太人卡尔·马克思创立的。

在斯密看来，劳动力无非是存在于市场上的又一种商品而已。劳动者就是在参与买卖，出卖的是自己的时间与汗水。劳动的商品化，是工业革命的产物。工业革命造就了一个由男人和女人构成的劳动者阶级，他们不同于中世纪时的手艺人，没有很高的技艺，只是一批人手而已。这些人手可能去开机器，可能去铲运煤，也可能顺应工业化的分工而在大量出现的低技能高分工岗位中谋得生计。作为回报，这些“无产者”得到的是工资。

斯密认为，工资是否能够“合理”，也同其他商品的市场价格一样，即最廉价的劳动者才能在竞争中获得市场中的位置。这就意味着，劳动的“真实”价值或者“基本”价值是维持基本生存——倘若再低便无法继续工作的报酬。凡争取过多报酬的人都会被杀价或拒绝。因此，形势便如经济学家大卫·李嘉图（David Ricardo，1772—1823）在 19 世纪初所说的那样，工业资本家总能找出办法来，以不高于使劳动力仅能存活的成本雇用他们。这就是李嘉图提出的令人齿冷的“工资铁律”。老板们通常也正是按照这一定律办事的——有时甚至连维持无产者基本生存的标准都达不到。[①]

这样的工资制度会有什么前景，马克思已经预见到了。他的结论给处于弱势的工人带来了希望，而给雇主阶层敲了丧钟。马克思认为：资本主义注定是要将自己弄得山穷水尽的，无产阶级革命势必将它推翻。他相信这一结论既不是主观设想的产物，也不是出自道德上的考虑，而是经过严格科学论证的结果。马克思得出这一结论的过程，看来很符合建立科学模型的基本步骤：有理想化，有简化，也有无关因素的排除。他的经济图景中包含的是一种只存在两层结构的社会，一是劳动者——出卖劳动以换得工资，一是资本家——买进劳动，售出产品。

---

① 斯密指出，维持工人基本生存的工资并不是刚好等于维持劳动者本人活下去的支出，“在大多数的场合，它们还应该多少多一点。否则他将不可能养家，而工人这个族类也将灭绝”。斯密本人的著述中并没有明言这一点，但这正是当时的现实——“有一半的孩子在成年前就夭折了”［A. Smith（1776）. *An Inquiry into the Nature and Causes of the Wealth of Nations*. Abridged version, ed. L. Dickey, p.33. Hackett Publishing Co., Indianapolis, 1993］。不过，工商界也并不是如此残酷无情，在维多利亚女王当政期间，英国劳工的实际工资是有所增加的，平均而言上调了一倍。

资本家追求的是利润。不过，正如斯密所指出的，利润永远是走低的：工资上调、遭遇竞争，都会不断地将市场价格压向生产成本的底线。要想维持利润，唯一的出路是扩大规模。马克思认为，公司就得为此而不断地招收更多的人手。对劳动力需求的增长，意味着工人处于可以要求更高工薪的地位，而这就会吃掉资本家的部分利润。为了跳出这一循环的圈子，马克思又设定厂主会普遍引进能够节约劳动力的机器。这一对策，马克思已经在现实存在中发现了。因此，在马克思的经济模型中，又涉及了技术转变的因素。在某些现代经济理论中，技术转变正是起着关键作用的因素。这是很有道理的，因为新技术持续改变着市场对工人的需求，而发生改变的速度，至少不低于马克思所处的时代。

奥秘就在这里。在一个工作日里（以 19 世纪中期的情况而论，一个工作日可长达 16 小时），工人们生产出的价值，会高出维持自己生计的工资额。那么，多出来的部分，也就是“剩余劳动”，便是资本家利润的来源。其实，机器是不会创造剩余劳动的——在存在着竞争的市场上，业主买进机器，花费的本钱相当于机器所能生产的货物的价值。因此，机械化会给工人带来失业的命运，但却不会增加资本家的利润。

由是产生的后果是经济衰退：工资处于低位，失业普遍存在。进入 19 世纪中叶后，人们已经清楚地看出，类似于 1720 年臭名昭著的“南海泡沫（South Sea Bubble）”[①] 的经济衰退，市场注定是会经历的。不过，这一存在被视为由某些外来因素对“正常工商活动”的影响所致，并不是必然结果，因此没有受到应有的关注。当时的人们普遍相信，只要不施加硬性干预，市场就会按照斯密所说的那样，保持其平衡状态。而马克思的理论中却包含着恰好相反的观点，即市场经济的机制必然会导致衰退。

不过，经济衰退只是暂时现象。随着工资的下降，利润率会重新提高，遂使资本家有可能开始再度招收工人以扩大生产，于是经济便得到复

① 使大批英格兰投资者破产的一次投机狂热。“南海”是指一家名为“南海公司”的商号，以高股息的许诺吸引来大量股民，并以由英王乔治一世亲任董事长的手法增加可信度，一度使其股票价格狂涨 9 倍，但随后暴跌，使大量投资者破产。——译者

苏。衰退中包含着自疗的药方。由于同样的原因，经济的兴旺发展也是带有自我限制成分的，因为发达的经济会导致工资上调而使利润减少。从这个角度说，市场仍有自动调节功能。不过，这样的市场已不具有斯密所描述的稳定而平衡的性质，而是受到繁荣和萧条周期的搅扰。

如果是物理学家或者工程师，就会一眼从马克思的理论中发现一种机制——负反馈（Negative Feedback），即发生的改变会缓解其致因。一般来说，由于负反馈会对因波动所造成的令系统离开稳定状态的偏离有所纠正，因此是能够提高稳定程度的反应。因此，科学家有理由不赞同马克思的观点，认为他的理论未必会导致繁荣—萧条循环的必然出现。这种循环只会出现在负反馈对变化纠正得过了头，使平衡偏到了另外一侧的形势下，而他的理论中并不存在任何必然导致此种局面的成分。

但是，马克思所提出的经济理论的确包含着一个关键概念，就是市场含有潜在的不稳定性，因此会在繁荣与萧条之间振荡。在马克思的理论中，这种波动是固有的，并非外加因素，因此是无法消除的。那么，一个波动的市场，为什么就一定会崩溃，而不是始终处于振荡状态呢？有人认为，马克思的政治倾向，决定了他会如此分析。马克思认为，衰退每发生一次，都会导致更大规模的企业破产，因此势必严重于以往。到头来，一场特别深重的经济危机所导致的生产停顿、严重失业和工资低下，会促成无产阶级革命的爆发。这就是他所说的："于是，资产阶级……首先生产的是它自身的掘墓人。"[13]①

无产阶级革命的实现，会使私有制走向终结，生产手段将转化为公有。马克思和恩格斯希望以武装斗争的手段加速这一进程。这就是他们在《共产党宣言》（*Communist Manifesto*）中所说的："让统治阶级在共产主义革命面前发抖吧。无产者在这个革命中失去的只是锁链。他们获得的将是整个世界。"[14]事实上，无产阶级失去的还会多些。法国、奥地利和德国

① 此处与下文的《共产党宣言》中的文字，均引自中共中央马克思、恩格斯、列宁、斯大林著作编译局译的中译本，人民出版社，1949年9月。——译者

的情况[1]便证明了这一点——这些国家在 1848 年爆发的革命遭到了暴力镇压。当然，俄国的情况另当别论。

市场能不能保持稳定？

也许马克思的预言不无缺陷，但他至少号到了资本主义经济的脉，发现脉象时滑时涩。市场的剧烈波动，使一心想要构建商业运作模型的人煞费苦心。出现在繁荣和萧条间的起落非常没有规律，这表明经济理论与实践间的差距实非寻常。自马克思之后，人们也提出了不少理论，但坦率地说，这些理论都是在空手套白狼。

人们时常会说起“经济周期”这个词语，其实，它比别的词语都更能反映出问题的严重性。在物理学家的眼里，用“周期”来表述经济领域的实际状况，简直是荒唐得很。不妨看一下美国经济在 20 世纪或者别的一段时期，以人均年度国民产出变化百分比的形式表现出来的情况，形势就会十分清楚。采用相对百分比（而不是绝对数值）的改变来衡量经济的“规模”和“健康状况”，优点是避开了通货膨胀和企业规模改变而必然会造成的总体输出增长。在稳定的经济形势下，相对改变应当为零。然而在实际上，这一改变会上下波动，幅度可达 20% 左右（图 8.1a）。

当经济学家谈及经济周期时，他们所意指的是这样一个事实，就是繁荣（图 8.1a 中的高峰处）后面接着衰退（图 8.1a 中的低值处）。[2]不过，周期自然是指某种会在相同的时间间隔内重复出现的东西，如四季的变换或摆锤的摆动。从图 8.1a 中可以看到峰与谷的大量相继。不过，读者们相信这里面存在着什么节律吗？这个图形看上去倒像是示波器上显示出的某架

① 指史称的“欧洲 1848 年革命”。卷入这场暴力浪潮的还有意大利、匈牙利等一批欧洲国家。——译者

② “周期”一词有时只是用来表明整个经济体系在某种程度上受到了同样的影响，如经济活动的各个部门和领域内时涨时落的表现，而其实它们之间未必有什么直接关系。不过，即使是这样，这一用法也同样会造成曲解。

没有调到电台的收音机所接收到的天电噪声。换言之，图中的经济表现就像是噪声。而实际情况还要糟糕。图中的数据点是年度性的——每一年只用一个点表示。图 8.1b 中给出的是美国国民生产总值的季度增长率的真实数据，也是对美国经济规模的一种描述。与图 8.1a 相近的，在这个图上，数据点的间隔是 3 个月，而我们看到的却只是间隔更小的“天电噪声”。

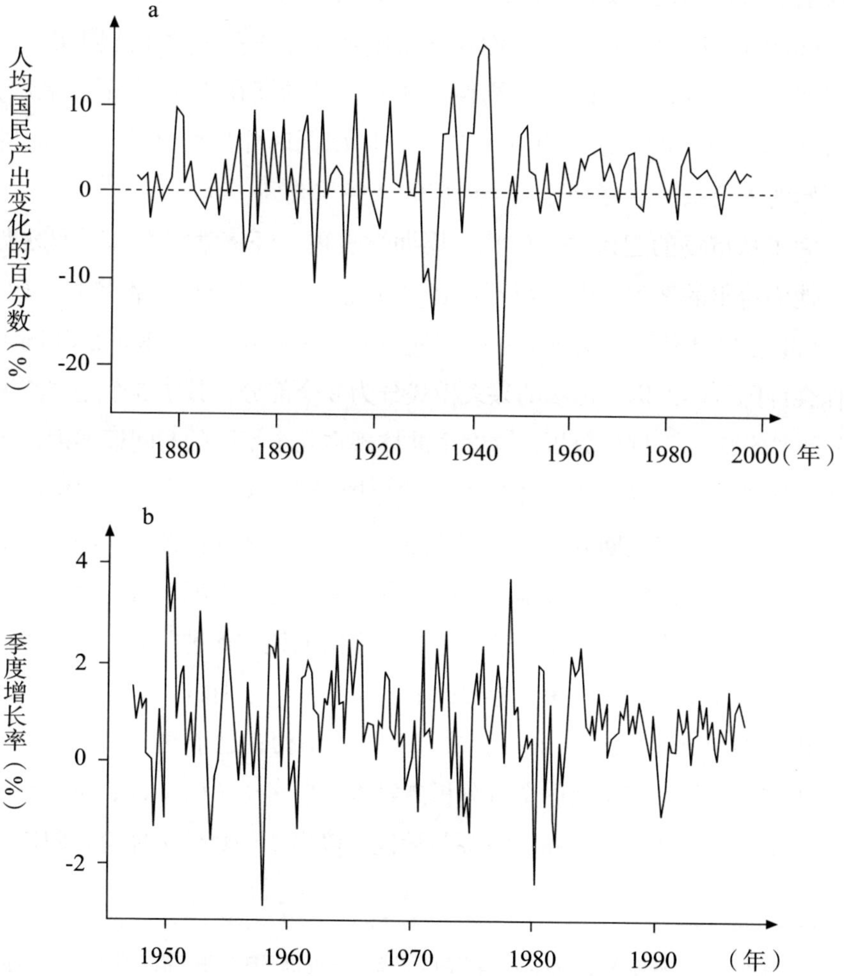

图 8.1 （a）美国的人均年度国民产出表现出幅度不超过 20% 的变化，变化形式看上去是完全无法预测的。（但请注意：变化的表现在第二次世界大战之前、大战期间和大战之后是有所不同的。这说明外部情况会对经济活动产生重大影响。）（b）美国国民生产总值增长率的季度图表。它表明出现在更小时间间隔上的经济度量结果的涨落。

不是说什么“经济周期”吗？周期却又何在？

说起来，“经济周期”只是经济学教条中的一个标准化概念，它正好表露出一种强行给纷乱套上秩序之笼头的意愿。有些经济学家曾声称在反复出现的繁荣和萧条中发现了周期性即规律性，并希望能据此预测下一轮大冲击会在什么时候来临，从而避免再度出现类似于1929年生命财产遭劫被毁的状况。20世纪40年代，奥地利人约瑟夫·熊彼特（Joseph Schumpeter，1883—1950）宣称经济领域至少存在着三种经济周期，一种为短期的，一种以7—11年为周期，还有一种周期在50年上下。他认为，经济波动表面上的无规，其实是这三种周期同时作用的结果。而从1929年开始的大萧条，恰好是这三个周期的波谷重叠到一起所致。①

为了从市场的起伏跌宕中找出周期性表现，经济学家们真可谓煞费苦心。他们付出的努力，即使当不得香火顶礼，也有资格受一番赞叹。比如，在20世纪30年代，美国就有一位名叫拉尔夫·埃利奥特（Ralph Elliot）的退休会计师告诉人们，市场的兴衰模式分为8个部分，其中5个是“涨波”，3个是“落波”。② 据他分析，这8个波体现在几个不同的时间框架内，短到每天一度的起伏，长到200年以上的“超周期”。这样，这8个“埃利奥特波”便将每个经济周期分为几个不同的阶段，具体情况很像著名的斐波那契级数——数列中的每个数都是前面两个数的和；每个周期都可以分成两个部分（一是下降的或说“校正”的，一是上升的或说“促进”的，它们也就是经济界中习用的“多头”和“空头”两个说法），分别由3个波和5个波组成，由是便得到了1，1，2，3，5，8……的结构；这个斐波那契级数大波是由小波产生的。华尔街的金融分析专家查尔斯·道（Charles Dow，1851—1902）根据这一“多头”和“空头”学说，搞出了一套数字理论。即使到了

① 保罗·克鲁格曼认为熊彼特所撰写的两卷著述《经济周期》是“没有什么意义的浮泛字句”。他的总体看法是，试图解释经济周期的种种尝试的结果，是导致经济学家们写出了自己最糟糕的著述。这些人很明显被这个概念搞糊涂了，也弄惨了。

② 这位埃利奥特希望掌握市场波动规律的理由相当充分——由于1929年华尔街证券市场的崩溃，他丢了工作，又损失了相当一部分积蓄。

今天，在股票市场里打滚的人们，还以近乎玄秘的虔诚，沉溺在斐波那契级数和“黄金比例”[①]里，搜寻着隐匿的模式呢。

熊彼特列了一串长长的名单，都是一些人心目中的经济周期：基钦（Kitchin）周期、朱格拉（Juglar）周期、库兹涅茨（Kuznets）周期、康德拉季耶夫（Kondratieff）周期等等。最后一个尤其臭名昭著。1926 年，苏联人尼古拉·康德拉季耶夫（Nikolai Kondratieff）认为资本主义经济会表现出为期 50—60 年的起落波动。这种波动是否就表明了资本主义制度先天就有致命伤，这里姑且不论，倒要一提的是，这一理论并没能保护康德拉季耶夫本人。他后来提出应该将先前被宣布为国家所有的土地归还给农民后，就被当局流放到了一个集中营，最后被逼精神失常，于 1938 年死去。一些经济学家相信，康德拉季耶夫所提出的经济波动的确存在于西方市场的长期历史中。据他们说，工业革命时期便出现过一轮，从 1787 年持续到 1842 年前后，1843 年到 1897 年又是一轮，伴随着 20 世纪上半叶电力工业和汽车制造业的出现，又有了第三轮康德拉季耶夫波，目前正处于第四轮中，是从“二战”结束后开始的。不过，我们根本没有掌握足够的历史资料，因此不能从统计学角度印证这种长周期是否当真存在。对于这样长的时间尺度，恐怕应当想到，与其说用周期的概念来理解经济，倒不如说是用其来归纳历史更为恰当。

实际情况是：在经济世界里，起也好，落也罢，都以全然不可预知的方式发生。这使得试图在经济学理论中构筑的周期性内容，越来越像是托勒密当年为维护地球中心说而煞费苦心凑成的行星运动模式。[②]（但这两者

---

① 又称“黄金分割”，由古希腊学者欧多克索斯（也可能是更早的毕达哥拉斯）提出，是比例为某个特定值的两个长度，具体值为（$\sqrt{5}-1$）/2≈0.618。它恰是斐波那契级数前一项与后一项之比所构成的又一级数的极限值。——译者

② 托勒密是地心说的坚决维护者，为了解释行星在天空的运行看上去会时快时慢，有时甚至是在倒退的表观行为，他提出所谓天庭的“本轮”和“均轮”构造，即“均轮”是以地球为中心的一系列大圆，“本轮”则是中心位于均轮上的若干小圆，行星在本轮上围绕自己的中心运行，而本轮的中心同时也在均轮轨道上绕地球运转，两者的叠加结果，就会造成接近观测到的行星运动状况。不同行星有不同的运动模式，由是相应的本轮和均轮的半径与运动速度也各不相同，使得整个体系极为繁复。——译者

有一点不同，就是不管怎么说，行星的运动的确存在着周期性。）费雪曾在1925年承认，经济周期可能根本无法预测，可就是他，时隔4年后好像又忘了自己曾有过这一番言语。

在无法以周期性解读经济进程中难以驾驭的无规后，经济学家们又尝试着将这个概念从传统的经济理论中剔除出去。虽说马克思已通过对繁荣和萧条的分析，将致因的存在引进了经济体系的运作机制——这种接受致因存在的理论被称为内生性（Endogenous）的理论，但研究的方向很快便转了向，寻找起种种在本来该是稳定的市场里掀起波澜的外力来。即使到了现在，在传统的经济研究领域中，仍有许多人不接受市场天然具有不稳定本性的看法，还在大力寻找外力因素。

例如，熊彼特就曾提出一种看法，给康德拉季耶夫的50年周期说加进了一项内容，就是这一周期与技术的重大进步有关，即这种进步导致了生产方式的变革，从而引起经济体系的改变。这一将技术视为对经济体系的外来扰动的观念，如今又浮现在最正统的经济理论之上。对此将在第9章中讨论。在此之前，19世纪70年代英国经济学家斯坦利·杰文斯（Stanley Jevons，1835—1882）为了诠释经济周期曾提出太阳黑子周期说——乍一听匪夷所思，却也并非胡思乱想，只是到头来未修成正果。太阳黑子的多寡变化大约是以11年为周期的，它是太阳向外辐射发生周期性变化的表现之一。杰文斯认为，这样的变化会对农作物的产量产生影响，由是导致粮价变化，并因此影响整个经济市场。

经济学家有时会认为，市场力具有超强的稳定作用。他们会从市场稳定，即所有指标均处于理想均衡状况的角度进行研究。“供”会进行自我调节，达到完全满足“求”的地步，这样，市场便永远是“敞亮的”——不存在浪费，商品的流通实现最大的社会效益。[①] 这一最大社会效益状态

① 斯密的供求规律——保障着市场平衡的“看不见的手”——在1958年受到了或许可称得上是第一次挑战。挑战者是经济物理学家M. F. M. 奥斯本。他认为这一规律中的基本设定——价格取决于消费需求——未必会如此直截了当。虽说在需求上涨时，价格确实会表现出如斯密所认定的下降局面，但在理论上是否如此，目前仍在探讨中。

因其提出者、意大利社会学家兼经济学家维尔弗雷多·帕雷托（Vilfredo Pareto，1848—1923）的姓氏而得名为帕累托最优。该状态被认为可保证资本主义体系顺畅有效地运转，条件是不得受到外来因素的影响和政府的干预。然而，运用传统的经济学模型所得到的结果表明，要达到帕累托最优，即使在不出现上述影响和干预的情况下，理论要求也很少能和实际情况对应起来。

法国数学家里昂·瓦尔拉斯（Léon Walras，1834—1910）以卓越的数学技巧，将市场平衡的概念演化为正规的形式，由此创立了一门名为“一般均衡论（General Equilibrium Theory）”的学科，从而主导了 20 世纪的基本经济思维。不过，这一理论的弱点在于，对交易进行的方式和参与交易者的行为方式的设定有着明显的悖谬之处；而如果将有关的约束放松一些，整个理论又会坍台。尽管如此，一部分经济学家仍坚信市场体系中存在着平衡状态，就像虔诚的基督徒相信圣杯[①]的存在一样。这导致形成了一股坚定的信念，认为“松绑”——使市场不受任何律法的约束——是保持经济健康和创造财富的最好方式。美国的经济政策顾问们特别信奉这一点。

经济学家中也有一派支持马克思的市场经济具有起伏本性的观点。约翰·梅纳德·凯恩斯（John Maynard Keynes，1883—1946）即为其一。20 世纪 30 年代，他曾试图通过对货币量流通的分析，解释经济不断出现繁荣与萧条的现实。他指出，经济是否有活力，并非表现在它所包纳的财富的总量上，而是表现在转手部分的财富多寡上。在经济萧条期，虽然存在着大量在生死线上挣扎的劳动者和高失业率，但也同时有一小部分人富得流油。只是，在这种情况下，富人通常会将钱攥在手中，而不是用来投资。只要货币能够处于流通之中，经济就可以保持顺畅：有可仰仗的投资源头，就有工商业的扩展，就业率和工资水平就会保持高位状态。而这些又会反过来刺激更多的储蓄、更大的投资和更快的经济增长。

---

① 基督教中广受相信的、耶稣在“最后晚餐”中使用过、蒙难后于人世间消失的酒杯，多少年来信徒一直试图找回。——译者

凯恩斯认为，如果人们将一部分收入“攥在手里”，而不是抛出去投资，货币就会被一点点地从经济循环中抽出，最终导致经济螺旋式下降并陷入危机。据他设想，工商业必须不停地借钱进行扩展，才能保持货币的周转，维持经济的健康状态。而这又意味着生产得不断提高，消费得不断增长。从这一观点出发，经济的“定”应取决于其“动”。这就像《爱丽丝梦游仙境》（*Alice's Adventures in Worderland*）中的红心皇后那样，总得动个不停，才能待在原来的位置上。①

无规行走

费雪并不是第一个怀疑在“经济周期”中存在着纷乱的人。1900 年，一个名叫路易斯·巴舍利耶（Louis Bachelier，1870—1946）的法国人提出，股票价格的波动总体是无规的。这实际上是认为，市场经济的基本结构总体是无规的。巴舍利耶的大名并没有进入经济学的教科书，因为他根本就不是研究经济学的。他是一名物理学家，1900 年时正在法国巴黎高等师范学校攻读博士学位，他的导师便是现代混沌理论的奠基人、优秀的数学家与物理学家亨利·庞加莱（Henri Poincaré，1854—1912）。巴舍利耶的博士论文有一个极为特别的题目——“投机理论（Théorie de la spéculation）”，文中提出了一个建立在物理学理念上的经济学模型。这一理论在同代人看来，实在是太离奇了，在此之后，这个人在科学和经济学领域，都没有产生任何影响。

不过，他的这篇文章堪称一大建树。在对无规波动亦即涨落行为进行数学描述时，他得出了一些结论，而这比为爱因斯坦赢得声名的关于布朗运动的著名成果还早了 5 年。这就是有关“无规行走”的理论。物理粒子在进行无规行走时，其运动方向是以不可预言的方式变化的，而巴舍利耶

① 凯恩斯曾在自己的宏观经济学理论中用到了给水加压的比喻。这在他的若干同代人中引起了注意。有些人甚至具体搞起了这样的机械装置，以通过研究水流在不同控制条件下的状态，对经济活动做出预测。这些装置便成了最早的经济“模型”：笨重、想入非非而又全然机械式，电脑的出现使这类模拟物退出了历史舞台。

认为，股票价格的变化也是如此。涨落是类似于噪声的东西。我们曾在前面看到，由粒子的纷乱运动所导致的无规背景“天电”是无处不在的，其纷乱的幅度正是对温度的量度。气体越炽热，气体微粒的涨落便越剧烈。换言之，对经历着无规行走的粒子，存在着衡量其涨落程度的特征尺度——能代表总体偏离程度的大小。

从统计分析的角度，是可以对无规行走过程进行明确的数学定位的。我们并不能针对任何时刻上的状态，断言下一步行走的方向会发生何种改变，然而，如果对这类涨落的变化考察足够长的一段时间，就能从中梳理出其模式来。比方说，以变化大小随时间的延续画出曲线，就会发现它呈现为我们熟悉的扣钟形，也就是由棣莫弗率先提出、又经凯特莱作为社会统计学的内在规律性发扬光大、目前通称为高斯曲线的误差图形。统计学家在 19 世纪发现，凡是取值会无规取定的量，在数值分布上都会符合这样的曲线。

因此，巴舍利耶便设定股票价格的波动是服从高斯统计的。这虽然是猜测，却也不无道理；尤其是考虑到这一高斯分布也表现在社会科学的其他方面。接下来，巴舍利耶便将价格中的这一无规成分纳入自己构建的经济模型中。他并没有在解释无规波动的原因上下功夫，而只是将这种特性作为数据的当然表现接受下来。

在巴舍利耶的时代，噪声和涨落等概念还是物理学中的新东西。多数科学家当时所感兴趣的，只是高于背景噪声的部分。他们想知道的，是气体施加在容器壁上的压力，而不是大量气体分子在不断冲撞器壁时，在这个和那个微秒间所产生压力的微小改变。说实在的，在当时的技术条件下，这样的改变往往也微小得无法测出——就连麦克斯韦在他本人创立的气体动理论中，也流露出这样的识见。

今天的人们已经认识到，噪声和涨落堪列统计物理中最微妙也最有意义的内容。统计物理学研究所得到的最重要的识见，是噪声并非都遵从高斯分布。即便的确存在着某类无从预测的起伏变化，也并不意味着是高斯统计在起作用。如果当初巴舍利耶能够仔细测量一下股票市场的波动，他或许能够发现自己的这一假定是错误的。一旦有了这一认识，我们就能够从新的数据中看出这一情况来。图 8.2 中就给出了股票价格随时间的波动情况，并同时绘出了一条以资参照的高斯噪声曲线。我们从图中可以清楚地看到，市场的变化并不是高斯曲线式的，高斯涨落基本上都会收束在一个有限的范围内，而市场波动中会间或出现很大的波峰；高斯涨落的范围有确定大小，等于波峰的宽度，而市场变化的真实数据中不存在这样大小明确的范围。

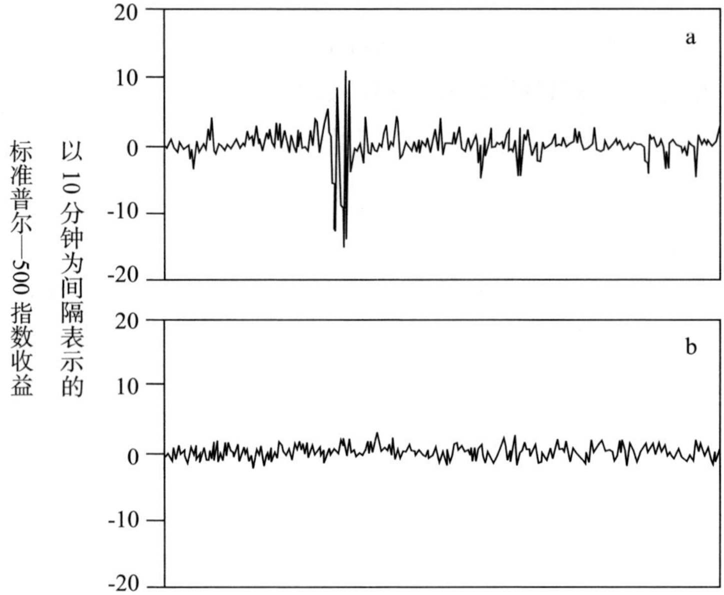

图 8.2 （a）以标准普尔—500 指数[①]反映的收益值的涨落。标准普尔指数是用来反映美国经济情况的常用参数。所谓收益，是指某个时间间隔内指数数值的差额。因此，倘若某个时刻的收益值为零，便表示该指数在过去的 10 分钟[②]内没有发生改变。（b）纯因无规变化导致的高斯涨落。

① 又称标准·普尔混合指数，因由美国最大的证券研究机构标准与普尔公司编订而得名。该指数系统选用若干种有代表性的上市普通股票，根据特定的计算公式得出一个随时间而变的综合代表数值，以近似反映经济市场的变化情况。标准普尔指数这一名称后面所跟的数目代表所选用的股票的种数；这个数字越大，反映的情况就越接近市场的总体真实面貌。标准普尔—500 指数是近年来所选用的数字。标准普尔指数与道琼斯指数和纳斯达克指数等一样，都是用来近似反映市场总体面貌和变化趋势的工具，但因选用目标和计算方法不同，应用范围也不尽一致。比如，标准普尔指数比较适用于研究经济的长期走势，而道琼斯指数则更多地用于分析短期走向，纳斯达克指数则能较真确地反映高科技领域内的情况等。——译者

② 目前的标准普尔指数每隔 10 分钟取值一次，并立即经计算后公布。——译者

还有一种方法，也可以用来证明这两种涨落的不同，而且还能够更为精确。这就是绘制出某种特定大小的涨落与其数值的关系的概率分布曲线（图 8.3）。按照高斯涨落得出的概率分布曲线就是误差曲线。而看一下根据图 8.2a 的非高斯性市场变化数据所得出的曲线，我们就能立即得知，小涨落比大涨落更接近高斯分布。概率分布函数能够准确地告诉我们它们具体有多么接近。

即使是在小涨落的情况下，标准普尔的统计表现也并不特别接近高斯分布。至于较大的涨落，这两者的区别就愈发明显了。认为经济学过程遵从高斯分布的观点，明显地夸大了两者的相似部分。在巴舍利耶的高斯模型中，大规模的涨落——股票市场狂涨或者暴跌——都因其出现概率极低而等于实际上不会出现。在这种模型所表述的市场中，股票的行情只会小起小落，基本上保持稳定状态。然而，股票暴跌是千真万确的事实。这样的极端事件被认为代表着概率函数的尾端，即概率接近于

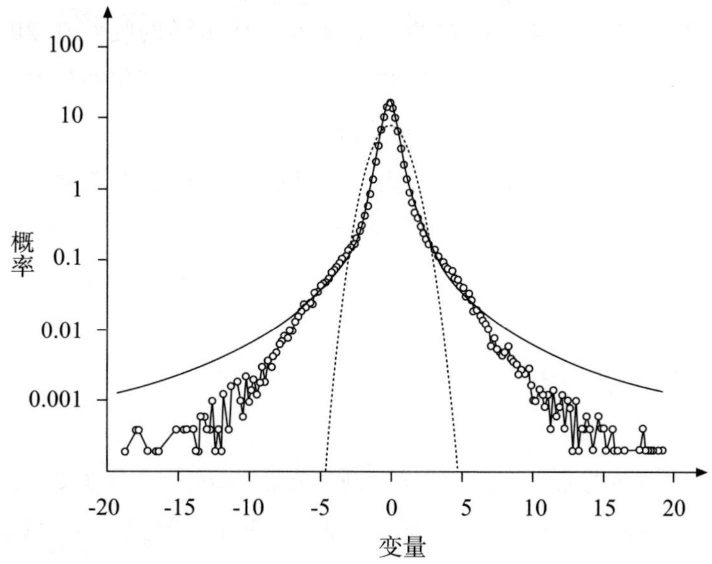

图 8.3　标准普尔—500 指数涨落的概率分布函数。这里的时间间隔为 1 分钟，而不是图 8.2a 中的 10 分钟。但是，1 分钟也好，不短于 1 天也罢，曲线的大体形状都是一致的。为便于对比，高斯涨落（无规行走）的概率分布函数也在图中以点划线给出。实线则是一次“莱维飞行”的概率分布函数的曲线形状。

零的部分。读者们或许会产生疑问，既然这段位置上的涨落难得发生，是否就没有必要去关注这一部分的数据是否与理论结果相符？涨落的大部分情况——起落程度不大的那些——看来与高斯曲线挺接近，不是已经很好了吗？

非也。原因就在于，这些极端性的事件，如股市暴跌，正是进行经济预测时最应关注的对象。只根据某个不能描述股市暴跌的模型来理解经济原理，正有如设计水利工程时，只考虑对付河水水位正常的小型升降，而不去考虑虽然只会偶尔发生却能造成洪灾的巨大变化一样。再有，并不是只有发生在诸如 1987 年和 1997 年那样的股市暴跌[①]才会偏离高斯曲线。即便是中等规模的涨盘或者跌盘，也都会表现出与高斯分布的明显偏离。这说明了一个根本事实，那就是市场行为并不是高斯式的。

“粗头壮尾”

如果市场波动不是高斯式的，那又该是什么样的呢？在 20 世纪 60 年代，人称“分形研究之父”的数学家伯努瓦·曼德尔布罗特（Benoit Mandelbrot，1924—2010）在研究了棉花价格的涨落情况之后，认为巴舍利耶的无规行走不足以描述其行为，由此提出实际的涨落概率分布是所谓“粗头壮尾”式的，即在小规模涨落时与高斯曲线相符，而一旦涉及较大涨落行为时便会有所抬升。这便对市场运作的分析和模拟提出了进行重大调整的要求。1964 年，美国麻省理工管理学院的保罗·库特纳（Paul Cootner）说了如下一番话：

> 一些实际观察结果无疑是被扫到了地毯下面暂时藏匿了起来，而如今，曼德尔布罗特……却使我们不得不实事求是地去面对它们。他以证据向世人

① 1987 年的股市暴跌始于美国，一天的最大跌幅即为 22%，随即几乎影响到整个世界。1997 年的金融危机最先在泰国爆发，随即在东南亚和整个亚洲蔓延开来，又进而涉及全世界，特别是拉丁美洲和俄罗斯。据传俄罗斯的股市因此在短期内缩水 90%。——译者

表明，经济世界与经济学家们所一直认同的状况不同，它更为复杂，也更使人不安。[15]

曼德尔布罗特认为，研究的方向不应当再遵循着无规行走的方向，价格的波动应遵循着以法国数学家保罗·莱维（Paul Lévy，1886—1971）于 1926 年提出，因而冠以其姓氏的所谓莱维飞行（Lévy Flight）的规律。

莱维飞行颇像是无规行走，只是间或会出现大的跳步。① 一些食草动物就是这样觅食的。它们会在一个不大的区域内无规地随意走动，但如果找不到吃的，就会迅速跑到另外一个地方，然后恢复原来的走动方式。这种做法会较为有效地离开它们不看好的地方，因此要比在整个草原上始终只进行无规行走来得有效。表现出这种动态行为的系统被称为莱维稳态过程（Lévy-Stable Process）。曼德尔布罗特认为，经济市场的起落正是由这种过程操纵的，其中的偶尔大跨跳便是造成概率分布函数中出现粗头壮尾的原因。值得重视的是，这一观念也同巴舍利耶的无规行走概念一样，只是描述性的。描述而不试图解释原因，也是认识涨落的方式之一。

纯粹描述性的模型在当时主流的经济学理论中尚属罕见。多数搞理论研究的经济学家都不是从数据出发，而是根据基本原理展开。他们会先做出市场应当如何运作的若干设定，然后在此基础上构筑出模型，接下来便是用模型给出预测。他们很少用真实数据来验证预测结果。一位名叫保罗·奥默罗德（Paul Ormerod）的经济学家便认为，自然科学界中搜集数据以检验理论的传统，直到近几十年来才逐渐渗透进了经济学界。因此，对当时的许多经济学家来说，与真实数据打交道委实是新异之举，以此开始经济学研究更显得标新立异呢！②

---

① 从技术角度来看，莱维飞行是一种步长的概率分布遵循乘方关系的运动。在通常的无规行走中，所有的步长都是一样的，而在莱维飞行中，步长可以取任意大小，只是其出现概率会随着步长的加大而减小。

② 绝不是所有的经济学家都持这种态度的。比如说，一位名叫尤金·法玛（Eugene Fama）的经济学家便先于曼德尔布罗特两年独立地提出，价格的波动是遵循莱维稳态概率分布的。

变化的形状

进入20世纪60年代中期以后，曼德尔布罗特对市场的莱维稳态过程的描述，逐渐被许多经济理论界的学者接受。而另一方面，希望能以经济模型进行实战预测的经济活动的直接参与者——商人和为他们出谋划策的人，仍倾向于认为市场波动是高斯式的。这在一定程度上与实用性有关：相对而言，纯属无规的高斯式噪声容易得到直觉的理解，纳入经济模型后也比较易于进行数学处理，而莱维飞行则不是这样。这部分注重实用的经济学家相信，造成市场波动的真正本性，并不会太多地影响自己的计算结果。

然而在事实上，即便是莱维飞行，也不能提供对真实市场波动的完美描述。1995年，波士顿大学的两位物理学家，一是前面已提到的吉恩·斯坦利，另一个名叫罗萨里奥·曼特尼亚（Rosario Mantegna），对超过100万条标准市场指数的记录——这相当于5年的经济数据——进行了分析。他们检查了有关“收益”（指数值在相隔一段特定时间——相隔一天、一小时、一星期等——后的变化）的统计内容。收益是反映市场波动的尺度之一。当指数在从一个时刻到下一时刻之间保持稳定不动时，收益就是零。曼特尼亚和斯坦利使用的是标准普尔—500指数——根据股份的市场占有量大小、流通状态和反映多样性的能力，选定的500家美国上市公司的资本总额。这一指数的用途，是以一个单一的数字代表美国经济的运行状态。

我在图8.3中给出的便是曼特尼亚和斯坦利得到的结果。这显然不是无规行走。最小的涨落与莱维稳态过程的概率分布相当吻合。但大的涨落则偏离开了这一曲线，而且是向下偏离的，大体介于莱维稳态曲线与高斯曲线之间。换言之，对于市场波动的研究，巴舍利耶的结果对大型事件的发生频率估计偏低，而曼德尔布罗特的“粗头壮尾”又过了头。看来似乎存在着一种会从小型涨落时的莱维稳态过程向大涨落时的某种行为过渡的过程。

市场波动数据点的统计分布，即使在选择不同的时间间隔而且间隔长短在很大范围内变化时，看来也都表现出了同样的形态。曼特尼亚和斯坦利发现，标准普尔—500 指数的收益数据，无论对于以分钟为间隔的统计，还是以小时或者以天为单位的统计，得到的形态都是一样的。换言之，市场的行为在不同的时间“放大率”下表现是一致的。（这种一致只在一定范围内成立，对此将在后文解释。）这其实也就是说，这种波动或涨落并不具有特征性的大小，即具有标度不变性（Scale-free），因此与表现出有确定的标准大小的高斯涨落不同——对此前面已经提到过了。如果将图 8.2a 中所示的图形放大，看到的将是同原来一样上下起伏的折线。我们不妨在以一个星期为间隔的涨落曲线中取出一天加以放大，然后从放大的结果中只取出一个小时再这样做，接下来再只取一分钟如此处理……每这样做一次，得到的都是同样的跳窜图形。[①]

像这种形式——也可以说是形状——的在不同放大倍数上的相似性，是曾在第 5 章中提到的分形结构所具有的特性。自然界中有许多具备分形特点的形状，山脉与海岸线均属此类。曼德尔布罗特创造了“分形”一词，也是最早推断出经济市场随时间的起伏变化带有分形性质的人。不过，在对莱维稳态分布性质的分析上，他给出的数学形式失于简单化。

那么，真正的形式是什么呢？越认真剖析，问题就显得越复杂。好像并没有某一类能够在全部范围内符合市场波动的统计分布曲线。比如说，这个分布取决于变量的（百分比）大小，还与所取时间的长短有关。尽管图 8.3 中给出的分布表现出在很大的间隔变化范围内都是成立的，但在取极长的间隔（比如，以若干个月为单位）时，分布就会趋向于与高斯曲线相类似。（我们不应当接受任何宣称能够解释市场运作的单一理论，这或许是一个理由吧。）然而，无论对市场的统计行为是何等的难以做出定论，

---

① 更精确地说，变化的大小不取决于时间间隔的长短：一次大的收益既可能通过一天的时间积累起来，也能同样地在一刹那间形成。要想将这一情况体现出来，我们就得按不同的时间间隔伸缩。这很像是针对两组不同来源（比如说，一个是某所学校，另一个是全国所有的学校）的儿童身高的概率分布函数进行一定的伸缩，使之都能纳入同一条高斯曲线上一样。这样的伸缩并不会影响曲线的形态，高斯曲线也好，莱维稳态曲线也好，别的不管什么曲线也好，都不会变成其他类曲线。

它在整个市场中的行为却是始终如一的。用标准普尔—500 指数也好，日经指数也好，恒生指数也好，结果大体上都是一致的。看来，资本市场的运行，完全是在同一的影响控制下进行着。

还有一个有争议的问题，就是在市场波动中，股市的暴跌是属于典型表现，还是异常现象？很明显，从其不经常发生来说，它们应当是异常的。不过它们又完全符合涨落的概率分布条件，即事件越大越难得一现。于是问题便成了另外一个：暴跌是否可以同小规模波动纳入同一曲线？鉴于暴跌很少发生，要做出明确结论并不容易。有人认为，此类极端事件也完全符合分布曲线，也就是说，暴跌虽然少见，却并不是异常事件：它们也具有市场行为的固有特点，也形成于导致较小波动出现的同一些基本过程。另外一些人则不那么肯定。比如，曼特尼亚和他的同事法布里齐奥·李洛（Fabrizio Lillo）便指出，在股市出现暴跌的短暂数天和其后的一段时期内，以日为间隔的收益值的短期统计分布，便不同于正常日值。这就是说，似乎在出现暴跌和其后的一些日子里，市场中有些不寻常的因素在起着作用。

不过，不管市场波动表现出何等统计特性，有一点是确定无疑的，那就是它们绝不是完全无规的（即不是符合高斯分布的），因此才有可能出现大的涨落。对于经济学理论，这又意味着什么呢？

市场波动是必然的

以工商业活动领域为研究对象的经济学家们有一个梦想，就是总结出一套能够在事发之前预测出市场波动的理论来。如果有了这一理论，便能让股民们按他们的计算结果按时买进卖出，为他们带来滚滚财源。然而，真正在股票市场里打滚的人——至少是对市场的运作认真看待的那一部分人，早已不再这样企盼了。他们知道这是不可能做到的。事实上，经济学殿堂里已经供起了一块牌位，上面写着“有效市场假设”，这告诉人们，完全精确的预测是不可能做出的。对于这一假设，还可以换一种陈述方式，就是未来的价格不可能根据以往的价值得出。注意：我们将它称之为假设，称之为信念也无不可，因为它的真确性目前并没有得到严格的证明。

对市场波动进行的分析已然表明，这一有效市场假设从经验角度来看是站得住脚的。能否进行预测，则取决于能否判知相关程度。要想根据股票的以往价格准确地预言其今后的状况，就需要这两种价格之间具备某种数学关系，从技术角度来说，它们就应当是相关的。比如，认为昨天的价格下降，势必会导致明天同样下降。这就是一种相关。自然，有时候这种关系能够成立——某种股票的价格的确有可能接连以同一趋势下跌许多天。然而，同样明显的是，这种情况并不是一成不变的通则。否则，股票价格一旦出现下跌，就一定会落得一文不值的结局。今天某股票出现下跌，并不能说明它明天究竟会反弹，还是继续跌盘。

物理学家手里掌握着一种量度相关性的数学工具，它的名字叫相关函数。这里通过一个例子说明其用途：在想知道流体中某个粒子的运动时，便可以利用这一函数，从流体中其他粒子的运动状况，判断出对该粒子的运动可以预言到何种程度。母子携手在人群中穿行，两人的运动就是高度相关的。知道母亲的位置，就可以预测出孩子所在的地点。

粒子的自关联函数给出了该粒子在任何时间点上的运动与它自身在过去的运动情况间的关系。就液体中的一个粒子的自关联函数而论，由于它在非常短的时间内能沿着原来的轨迹行进，故此时会有相当高的相关值。然而，时间稍长，粒子与其他粒子的碰撞便迅速纷乱起来，原来的轨迹已无从寻觅，自关联函数的值便降而为零。经济指数或者股票价格是有自关联函数的，而且是可以计算出来的，由此便可以知道其未来取值是否与过去有所关联。这样的分析一般都会表明，相关程度在过了 5—15 分钟后便会降为零。时间间隔超过这一范围，有效市场假设便能起作用了，这就是说，价格已经将自己的历史完全“遗忘”。

可能有人会想到，如果就在相关性尚存的几分钟内买进卖出，岂不就可能用过去预测未来，从而进行笃定能获利的运作吗？不过，从实际情况来看，这一做法不具备可操作性。部分原因在于，做出预测并完成一笔交易是需要一定时间的；另外一个原因是，每进行一笔交易，均需付出一定的手续费，即使每一笔的费用并不大，一笔一笔地付，也会蚕食掉通过利用这种超短期相关性可能获得的利润。因此，保证在市场中弄潮而又不担风险的验方是不存在的。这得到了实际体验与常识的支持。这里有一个由著名理论给出的传统经济分析得出了相反结论的例子，或许能说明些问题。这就是 1997 年诺贝尔经济奖得主罗伯特·默顿（Robert Merton，1944—）和迈伦·斯科尔斯（Myron Scholes，1941—）的期权价格理论。这一理论是他们同费希尔·布莱克（Fischer Black，1938—1995）一道发展起来的——如果布莱克不是在早些时候过世，这个奖也一定会有他的份[①]。由布莱克和斯科尔斯共同提出，又经默顿扩展的布莱克—斯科尔斯模型，多少使股民在期权选择中的思路得到了确立。

所谓期权，就是选择权，也可以说是一种保险，它能够在市场或者世界性事件造成重大后果时，起到保护股民的作用。选购期权股票的股民应支付一小笔费用，以享有将来以某一确定价格进行买卖交易的权利。如果在进行交易时，价格降到了实际价值以下，差额便由该期权的承售者补足。因此，期权就是使风险得到分散承担，其实也就是转嫁到另外一些人的头上，至少从理论上看是如此。无论是气象变化（它们有可能导致农业歉收或者户外运动无法进行）、兑换率的调整，还是其他种种因机遇不好或老天作梗导致买方期货遭受损失，几乎所有方面都可以用到期权的做法。涉及期权的资产属于衍生一类，它是取决于其他价值的。期货是衍生性的，指同意以当前商定的价格在将来某个确定时间内进行交易的协议。从根本上说，这其实就是一种博弈。

由于衍生所具有的高风险性，近年来已是声名狼藉。英国的巴林银行和美国的普罗克特—甘布尔公司等，都因受衍生所累而蒙受了重大的损失。据估计，单在 1997 年一年，衍生交易就在全球造成了 26.5 亿美元的

① 诺贝尔奖一向只授予在世的人。——译者

损失。然而，期权交易虽然也是衍生性的，但看来相对比较稳妥。这真多亏有了布莱克—斯科尔斯模型，这个被人誉为“在金融领域乃至整个经济领域中最成功的理论成果”。[16] 布莱克和斯科尔斯考虑了这样一个具有战略性的问题：对购买者来说，最好的价格是什么？如何能让购买者和承售者都尽量少冒风险？他们认为，由于股票价格的不确定性，购买者理应得到一种“风险折扣”，这一折扣便纳入了购买者所选择的期权。布莱克和斯科尔斯提出，这种优惠已经在股票价格上得到了体现，这是因为，与风险较小的股票相比，风险较大的股票，售价会低于期望价格。由此出发，他们推导出了一个计算这种“公道”价格的公式。对于买卖双方，他们的理论真是太方便了，只要填进几个数字，便可以得出买方应当支付的款额。

不过，这一模型中还是有一个无法直接给出的内容：市场波动性。为了进行计算，布莱克和斯科尔斯先设定市场波动是高斯型的。我们不但知道这不符合事实，还意味着布莱克—斯科尔斯模型会给出不符合常理的结论来，即期权可以设计得不致出现风险。这样的设定会传递出虚假信息，导致重大损失和巨大灾难。这一错误出自有关市场变化的错误设定，表明如何具体描述涨落是非常重要的。

经济学家是知道布莱克—斯科尔斯理论的缺点的。不过，他们没能做出改善。人们对布莱克—斯科尔斯模型进行了不少扩充，也做了很多修正，然而，谁也不曾将所有的问题解决掉。据估计，该模型的缺点，应当对 1997 年衍生类交易中 40% 的金融损失负责。有时候，交易者凭经验行事，会胜过复杂的数学模型。以让 - 菲利普 · 布厦（Jean-Philippe Bouchard）为代表的法国经济物理学家，曾提出了几种新的期权价格模型。这些模型超越了布莱克—斯科尔斯的理论，将非高斯性涨落纳入了考虑范围。新的模型将无风险定价的观念逐出了经济学的园地。布厦相信物理学能在经济领域中发挥作用。这从他开设咨询公司一事上得到了证明，因为这家旨在将他的理论付诸市场苛刻环境的公司，名称就是“科学与金融”。

更好地理解市场的统计规律，就能够使经济学理论改变面貌。期权定价只是其中的一个领域。另外一个活跃的领域是改进投资组合以实现最佳化。物理学家以自己的方法寻找不同股票价值之间的关联，借以发现在市场扩展投资风险最小的方式。比如，如果向关联性很强的若干种股票投资，一旦某一种跌盘，整个投资就可能泡汤。对于这种种目的，有的只需要对市场波动能够做出比较准确的描述来，便达到了目的。但在其他情况下，特别是需要提出经济行为的模型时，除了提供比较准确的描述外，更重要的是要掌握涨落从何而来。下面就来讨论这个问题。

第9章

追逐财富的元体

——为什么相互作用在经济学中十分重要?

如果经济学当真能成为一门地道的科学，势将极大地增加我们预测事件进程的能力，并扩大人们改变此类进程的成果……经济科学会使我们更好地预见改变经济体系运作的后果，从而选用最为合适的方式。[1]

海尔布罗纳（1999）

拿破仑喜欢给人讲马赛一个银行家的这样一段逸事：有人来拜访这个银行家，看到他有豪华的宅邸，招待起客人来也十分豪奢，但回想起以前在银行看到他时，办公室却别无长物，对这种反差大感惊奇。对此，银行家是这样说的："年轻人，你还太年轻，不明白'多'是如何聚起来的。'多'作为真正的、也是唯一的力量，无论体现为钱、水还是人都是如此:'多'了就会成为运动的中心。然而,'多'也是从'少'起步的,'多'了还要注意保持才行。"其实，他还应当再加上一句，就是想起步也好，要保持也罢，都得服从有关"少"——也就是基本单元——的定律。[2]

爱默生（1860）

很久以前，经济学家肯奈斯·鲍尔丁（Kenneth Boulding）曾问我:"你想在经济学领域里搞些什么呢？"我当时年轻气盛，就挺自负地告诉他："我想把经济学带入20世纪。"他看着我说："难道你不想先把它带入18世纪吗？"[3]

W. 布莱恩·阿瑟（W. Brian Arthur）①

① W. 布莱恩·阿瑟（1946—）：美籍英国经济学家。——译者

如果说麦克斯韦的统计物理曾借鉴于社会科学的话，那么，19 世纪末的经济学也无疑打算向物理学借鉴一番。不过，经济学真的一心要达到物理学所具有的精确和笃定吗？原子世界中有可能实现的精确度，是不是难以扩展到变幻无常的人类行为中来呢？“经济科学”是不是个自相矛盾的说辞呢？历史学家托马斯·卡莱尔（Thomas Carlyle）① 称经济学是“糟糕科学”[4]，其实他并不是说经济学作为科学不合格，而是说它经常导致令人不快的结论。不过，经济学家很快就发现，他们的模型经常与真实的工商界对不上号，实在是糟糕之至。

埃奇沃思可并没有被这种局面吓退，他仍欢欣鼓舞地宣称，经济学家的眼界不应当太狭窄。他说，经济学家的目标“与其说是打下某一只特定的鸟，不如说是向鸟群中最密集的地方开枪，为的是打下最多数量的鸟来”[5]。他在自己 1881 年出版的著述《数理心理学》（*Mathematical Psychics*）中承认，他对“社会力学”亦即数理经济学所持的看法，部分是出于信念，是来自物理学的明显成功所带来的精神鼓励：

> “社会力学”不像早些时候以《天体力学》（*Mécanique Céleste: Celestial Mechanics*）② 为题的著述那样，能引起一般人的礼赞。这是因为，前者的正确只能靠信念之眼才能分辨。一个人所具有的雕像般的美是十分明显的，而另一个人天仙般的容颜和动人的身段却被遮掩。不过，数学早就从原子世界中走了过去，而未曾看到证据（附带说一句，数学所用到的方法，虽然是统计性的，而且也相当粗略，却可以说明社会数学是应当存在的）。电的力量是看不见的，而拉格朗日的出色方法却能够把握住它；快乐的能力是看不见的，但也可能以类似的方式与之打交道。[6]

---

① 托马斯·卡莱尔（1795—1881）：英国历史学家，代表作有《宪章运动》《过去与现在》等。他认为历史是由英雄创造的。——译者

② 拉普拉斯的天文学巨著，共 5 卷 16 册，于 1799—1802 年出版，为天体力学这一学科的奠基力作。——译者

埃奇沃思以他一贯具有的丰富想象设想，人们是一群驾着战车的驭者，而驱使他们奔驰的动力是追逐快乐。这些作为社会单元的一个个具体的人，彼此间就像虚空中的诸多原子一样发生着相互作用。从这一点出发，埃奇沃思构想出一种将人视为“构成物理学中均衡一致之基础并带有多重性的原子”的经济学。[7]

在试图从基本原理处认识经济学这一点上，埃奇沃思很像自己的同代人阿尔弗雷德·马歇尔（Alfred Marshall，1842—1924）。这位凯恩斯当年在剑桥大学求学时的指导教师，在经济学研究中完成了相当于麦克斯韦和玻尔兹曼在热力学中完成的业绩——拿起放大镜，揭示微观尺度上每个粒子的行为。这就是微观经济学的肇始。今天的多数经济理论，都是建立在这一基础上的。这正如海尔布罗纳所说：

> 归根结底，经济学关心的是人的群体行为，而人的群体也像原子的群体一样，会表现出统计规律性，会服从概率定律。因此，随着学者们将目光转向对平衡这一概念的探讨——所谓平衡，是指当每个个体为实现自己的最大扩展而相互纷乱碰撞时市场会趋向的状态，经济学正致力于说明我们这个大千社会的某些趋势。[8]

在其他方面，埃奇沃思和马歇尔则十分不一样。马歇尔是注重实用的人，而埃奇沃思呢，照凯恩斯的看法，天生有发现“定理中挑战智力和满足美感的内容的兴趣”，至于对用自己的理论影响政策或者指导行为倒并不十分热切。[9] 在一些人看来，这种倾向在当今是颇有生命力的。

20 世纪初的经济学家不但有了向麦克斯韦、玻尔兹曼和吉布斯建立起来的统计力学借鉴的充分准备，而且还有这样做的强烈意愿。问题是他们没能正确地加以借鉴。前文曾经提到，物理学家关注的概念是平衡态，而经济学家也有类似的信念，即相信市场应当是稳定的，只受到无规噪声的轻度搅扰。其实，经济体系很明显并不处于平衡状态下。对于这一区别，理论家们至今仍在探讨。然而，既然经济学家们建立起了粒子运动的图像，言下之意就是认为可以在经济学研究中效仿物理学的方法，归纳出一套能从最根本处对自己的目标给出描述的路数。本章所要讨论的正是这一课题。

理性的交易者

在20世纪的大部分时间里，科学界会不时表现出一种被称为“物理企羡征”的态度。物理学以外学科的科学家，会希望自己的领域能够表现出足以令其自豪的深邃智力、机巧的数学和严格的根基，而这些都明白无误地表现在物理学中。经济学家也未能幸免于此，而忘记了自己所从事的研究是更为困难的一种。克鲁格曼曾说起过印度的一位经济学家在向学生们解释自己标新立异的转世投胎论时这样说道：“如果你是一个出色而高尚的经济学家，那你下辈子就会当上物理学家。如果你是个居心不良的经济学家，再度托生后就会成为社会学家。”[10]

埃奇沃思用到的数学十分艰深，这多少起了一点敲边鼓的作用，似乎在告诉人们，虽然经济学达不到物理学的精确程度，但总能套上后者的行头要弄一番。尽管马歇尔对经济学的研究与埃奇沃思的大不相同，但也带上了较强物理科学的色彩——从若干基本设定出发形成理论。不过，他很谨慎地不让自己的类比走得太远。“经济学，”他说，“是不能与精确的物理科学相比的，因为经济学所涉及的，是人性中那不断变化的微妙作用。”对这句话，海尔布罗纳又有所发展：

> 在（亚原子粒子的）行为和人类这一作为社会科学的研究对象的行为之间，存在着一道无法逾越的沟堑……除了纯物理性的反射外，人类的行为是无法用意愿之外的概念解释的，而意愿又具有哪怕是到了最后一刻都可能导致思维发生变化的无法预知的能力。相形之下，据我们所知，种种自然因素“行事”的理由只有一种，就是物理学上的微粒在这样做时并不“挑挑拣拣”。[11]

这样的断言存在几个问题。诚然，海尔布罗纳认为人能够进行选择，而粒子则不能。这样的看法是正确的（尽管在量子物理学家的言辞中，粒子仿佛也能够如此）。然而，由此而导致的不确定性，本身并不一定会妨碍给社会科学提出群体行为的模型来。最早从事统计工作的学者们便已认识到，对于群体，即令不掌握其个体的动机，但当群体具备很大的数目后，规则性就会出现。再者，海尔布罗纳忘记了一点，就是在许多情况下，人们所能够做出的选择只是有限的几个，因此，尽管可能每一个个体成员可以在这几种选择中相当自由地行事，但当涉及长期性行为时，对总体的行为方式相对而言还是能够有所预测的。在黑尔宾提出的“草地上的小路”的模拟研究中，如果步行者是完全无规地来到某块空地边缘的任何位置上，而且他们的目的地也可能是任何一个另外的位置，那就不会踩出成形的小道来。正是由于进入点和目的点的位置受到了一定的限制，这才出现了秩序。经济学也是如此。进入市场的交易者虽然可以按照自己的意愿行事，但在任何时间点上，他们的选择只能是或者买进，或者卖出。

既然我们已经了解到，市场的起伏变化带有很大的偶然性，那么，海尔布罗纳对经济学是否称得上是精确科学所表现出的关心，就是可以理解的了，而且在一定程度上也是完全正确的。不过，说起来倒也有趣，传统的经济学却走向了另外一个极端。面对人类行为的变化多端，经济理论家们非但没有无奈地举手投降，反而认定人们无异于完全可以预料的、有理性的自动机器。物理学家的工作计划之一，便是将人类的行为纳入更为现实而较少理想化的描述。

经济学家怎么会把人视同自动机器呢？我认为，这是他们能够使自己的模型显得有效的唯一办法。这样说可不是调侃，而是在反映真实情况。对于人类行为的不确定性，直到不久以前，人们都没有行之有效的应对手段。

数学家也在将人的因素排除出经济学领域的行动中起了作用。以往的经济学家们，都将自己视为道德哲学家和政治哲学家。他们深入研究资本市场的目的，在于发掘人们的社会行为与政治行为的含义。凯恩斯和熊彼特等许多 20 世纪经济学家中最杰出的代表，也抱着同样的宗旨。不过，自埃奇沃思开始，理论经济学家的主流开始向构筑日渐优美而抽象的数学模型努力，而将真实世界中的杂沓与熙攘排除在外。他们之中有些人断言，要是将噪声之类的东西引进自己的模型，无异于是在侮辱市场的“智力”。

那么，自由意志从传统的经济理论中抽身而退，又是搞了什么名堂呢？传统理论长期以来一直认定，“元体”（Agent）——市场理论或者模型中的每个参与股票或者物品交易的个体，不论是人还是公司等实体，统统是霍布斯所说的那种基本存在。他们上阵的目的，就是要能捞多少就捞多少，唯一的目的就是追求最大的收益，而收益除了来自交易自身的利润外，还包括经济学家称之为效用（Utility）的更广意义上的好处。风险和安全都属于效用范畴。

这似乎颇有道理。如果不是为了获得收益，到股票交易所来干什么呢？研究一下这些元体们为了尽量获得效用的所作所为，问题就十分清楚了。传统观念将其视为预编程的、无所不知的计算机器，认定每个元体都持有一个确定不移的目的，并且以完全理性的方式去努力实现之。这些元体每时每刻都在尽量搜集有关市场状况的信息，并据以盘算下一步的最佳行为，一如 IBM 的“深蓝”号电脑与国际象棋大师加里·基莫维奇·卡斯帕罗夫对弈。换言之，所有的元体统统是消息无比灵通的“理性逐极者”（Rational Maximizers）。

这样的设定自有其诱人的一面，就是容易看出元体们下一步会做出什么。元体们的行为是被一套规则预先设定了的。接下来，传统的模型又设定所有影响价格的因素都是无法预知的，而且一概来自市场之外，因此波动便是无规的（即总体上表现为高斯式的），交易者无从控制的。他们所能做的，就是完全根据此类外加的起伏波动，争取在特定时刻上能够获得最大效用。

虽说价格的起落无法预知，但这并不等于说，在传统理论的框架内，决定价格的内在因素是绝对神秘的。相反，理论认为，尽管价格是不可预测的，资产的价格却能反映出其“基本值”的变化，而“基本值”正是决定着价值的原力。比如说，一家公司的“基本值”就是它未来需要支付的所有股息的价值。该公司的股票价格，就应当反映出这一价值。

这听起来是不是有点古怪？有谁能知道，公司的财富以及由此而来的红利在未来如何发展呢？自然没有人知道。这一点正是传统的微观经济理论不得不采用的一个所谓“信其当然”的情况，目的就是使数学计算有源可溯。还有另外一个信其当然的内容，就是设定有关“基本值”的信息会即时地为市场中的所有元体得知，并马上对资产的价格产生影响。

这两条设定是支持有效市场假设的，由此保证了资产的价格只在基本值有变时变化，也就是说，只在有新信息可资利用时变化。由于新信息是所有人都能得到的，而且所有的元体都十分清楚该如何最大限度地扩展自己的效用，因此没有谁能够给其他元体设阻。这样一来，便不会有人能稳获市场优势。对于这样的图景，还有两点后文将会涉及的内容，因此这里应当提一下。第一，所有的元体都是彼此不分轩轾的，大家都是“理性逐极者”，即按同样的规则理性地争取实现自身最大发展的元体。第二，在做出交易决定时，人人都遵守确定不移的取舍标准，从来不会改变自己的想法。

谁也不会否认，这两条设定都未免失之于简单化。问题是，这样的简化到底对不对。找到使复杂问题得以简化的方法，正是好科学的标志。科学家所做的假设，在外行人眼里往往显得荒谬，而实际上由此得出的理论却可能会惊人地成功。爱因斯坦曾说过，科学理论应当尽可能简单，但又不能简单得过了头。在许多情况下，这正是检验理论好与不好的标准。因此，我们不应当急于认为，传统微观经济学所提出的这种动漫式的市场图景不值一哂。动漫形象往往会传达出需要把握和跟紧的全部信息。关键是应当接受检验，看理论是否与实际吻合，而是否吻合，又要看检验的是什么内容。

有理性的个人争取最大的效用和利润，并以完美的预见能力进行市场运作，这一观念主宰了传统的微观经济学理论。这样的理论又称作新古典微观经济学。一种旨在解释市场波动的“实际商业周期”（RBC）理论，对这一图景推崇备至。该理论认为，形成经济周期的原因来自外部，即由技术进步从市场体系之外给予市场一系列的纷乱冲击。市场所做的，只是对这种冲击做出反应。它给出这样的解释，即使不是在掩耳盗铃，至少也是了无新意。

实际商业周期理论的最欠妥之处，在于它的功能似乎只是将人们注入的东西再返还回来。价格起落的统计性质，是与股票世界的无规性密切关联的。如若设定无规性冲击是服从高斯分布的，那么这样的冲击就必然会造成具有某种特殊表现的经济波动，这样的特殊表现又可以同市场数据进行对照。从表面上看，实际商业周期理论固然也能给出相当无规的价格曲线，但严格审视一下就会发现，统计结果完全不是这样的。比如，自关联函数就同实际数据不相吻合。

美国经济学家罗伯特·希勒（Robert Shiller）在20世纪80年代对实际商业周期理论提出了更深刻的批评。他以实例说明，资产的价格未必会像实际商业周期理论所认定的那样，同其“基本”值——据信应当在平衡的市场上所能实现的“真正”价值——联系在一起。价格的变化会比基本值的改变更跌宕——用市场学的行话来说是波动性更强。如果资产的价格发生改变而基本值不变，价格的改变又会是什么导致的呢？为什么当货物的内在价值没有改变时，交易者却肯付出不同的买价呢？显然，这是与原来的设定——元体们总会按理性行事——相矛盾的。

事实上，我们简直无须进行详细的统计分析就可以看出，元体有时的行为是缺乏理性的。如果价格升至基本值应当起主导作用的程度，货物就处于“高价位”上，常识就应当告诫交易者不要买进。但有人仍会买进。这就会妨碍市场通过供求关系的传统规律迅速恢复平衡。看来不理性的反应并不少见。这种情况也是经济学家屡见不鲜的。我们不应当认为，这种不理性的反应是由于元体因某种原因中了邪，做出了有悖常理的行动。他们知道市场并不是完整的，知道人并不是理性的，知道人会做出没有远见的决策，知道信息会不完备，还知道人与人各不相同。如今的问题是：针对这样的现实，经济学又能做些什么呢？

无知与信念

不了解经济学的人，往往会嘲弄经济学家，挖苦他们对非理性的忽视，仿佛这帮人在心理上过于单纯。这是很不幸的。最近有一位评论家（此人不是物理学家）这样说道：

> 处于主流地位的经济理论，也就是那些印在多得数不清的教科书中的东西，都认定广有学识的先生女士，会永远在买进什么、卖出什么以及以什么价格买卖上，做出合乎理性、算无遗策的决断……这一初始前提是荒诞不经的。[12]

对于这一指责，经济学家约翰·凯是这样回答的：

> 这种情况的确存在。正因为如此，当前的主流经济理论对这一类内容已不再涉及。在过去的 30 年里，不完全信息经济学已经成为主流经济学中一个重要的，也许是最重要的研究课题。[13]

上述一番话是十分正当的辩护词。目前许多经济模型常会用到“有限理性（Bounded Rationality）”这个词语，意指面对一定约束时——比如说，信息不完全时——所做出的理性决断，以冀在环境许可的范围内取得最好的结果。

同样，我们仍必须明白无误地弄懂“不完全”或者说“不确定”的含义。即使根据不完全的信息，通过权衡未掌握信息由其本性决定的发生概率，仍能够做出合乎理性的最好的决断。针对不确定的未来即不完全信息做出交易和风险的估算，是许多大牌经济学家的研究重点。诺贝尔奖获得者哈里·马科维茨（Harry Markowitz)、约瑟夫·斯蒂格利茨（Joseph Stiglitz)、乔治·阿克尔洛夫（George Akerlof）和迈克尔·斯彭斯（Michael Spence）等，就是其中的几位。不过，迄今为止，人们在这个领域付出了巨大努力，却未能发现面临市场无法预测的波动局面时可以采取的最优（也就是理性的）战略。

一些经济学家看到，交易者和工商业界所面临的不确定性实在太严重，便放弃了寻求最佳结果的努力，而满足于接受按某些标准衡量算得上是足够好的方案。这就是“不求当状元，但求能上榜”。这种设定也认为决断是基本上符合理性的，但又镶上了一道厚厚的现实花边。也有人相信，不管怎么说，“当状元”和“能上榜”间的区别，有时其实是很小的。

然而，对于个人能否求得最佳方案，凯恩斯是持怀疑态度的。他甚至认为，就连理性的选择都未必能谈得上：

> 我人之积极行为，有一大部分，与其说是决定于冷静计算，不如说是决定于一种油然自发的乐观情绪……要不要做这件事，大概不是先把可得利益之多寡，乘以得此利益之概率，求出一加权平均数，然后再决定。[14]①

换言之，你能设计出种种复杂的数学公式，但到头来，我们之中——交易者也在内——的多数，在行事时靠的还是直觉或者冲动，也就是凯恩斯所说的“一时的血气”。比如，高层管理机构制订公司人员培训、投资、多样化还是专业化的定向等方面的决策时，对经济合理性的数学计算依靠得仍较少，大力依靠的还是主观判断，还是首席执行官多年的经验。

经济决策的这一特点是美国经济学家托尔斯坦·凡勃仑（Thorstein Veblen）指出的。他的思维方式是在美国这块新大陆拳脚往来的公开争夺环境中形成的。在他看来，工商业界的缺少理性简直到了野蛮的地步。这

① 本书中有关凯恩斯的《就业利息和货币通论》的引文，均摘自徐毓枬译的中译本，商务印书馆，1983 年版。——译者

个世界固然有计划和逻辑，但这只占了一半，另一半则是习惯与蛮动的天下。他相信，企业家们其实是欢迎不可预测的市场的，因为这样的环境才给他们提供了按部就班的经济所不能造就的发财机会。

在真实的市场环境中，要想在一群能够像狼一样无情争斗的交易者中，发现不会因冲动而抛开冷静计算的人，机会可谓罕矣。不过，要想解决交易行为中涉及非理性因素的问题，也许最有效的办法，就是承认不同的人即使都掌握完全相同的信息，仍会倾向于采取不同的行动。他们的行动肯定不是都没过脑子。所谓不理性，往往体现在对环境的反应方式有不同的看法上。因此，市场中存在着非均一性，元体们并非千者一面。哪条路最好，答案不止一个。近来，一些经济学家已开始将这一观点纳入了自己的模型。比如，有一种“慎选理论（Discrete Choice Theory）”，就提供了若干种不同的行动方案，由各个元体选择，每种方案都有一定的施行概率。

不过，就普遍的情况而论，关于理性在经济学中的作用，耕耘于学术界的经济学家和辗转于市场的交易者，态度也同他们所处的位置一样，是截然不同的。学术界一向偏爱理想化的抽象结果。在这方面，埃奇沃思称得上是个典型。这些学者在模型中所描述的世界，与交易者们涉足的世界大相径庭。倒是凡勃仑的好战理论和机会主义图景与之比较贴近。新古典主义的经济理论界人士坚定地固守在平衡市场的阵地上，认为价格永远会定在适当的水平上，而市场的走向是不可能为人左右的。他们认为，对他们心目中能够掌握全部信息的交易者而言，最好的战略会被所有的元体立即采用，并不留余地地榨取利益。然而，市场上的交易者是凭借自己的机谋与权变生存的，每个元体都相信自己能够发现一条前所未见的获利之道。这些人谈起市场来，就有如提到某个有个性的活人：这一阵子紧张而神经兮兮，下一阵子又自信而性急。一些交易者对经济学理论嗤之以鼻，说它们是镜花水月。在立足于市场舞台的“实用”经济学界，乔治·索罗斯（George Soros）是公认的专家。在他看来，“一个明摆着是错误的理论（传统的新古典经济学），居然会得到普遍接受，实在是奇哉怪哉”[15]。

在经济理论界最早将信念和选择引进模型的人中，有一位是法国艾克斯—马赛大学的艾伦·基尔曼（Alan Kirman）。他在 20 世纪 90 年代提出，交易者可分为两大类。一类是传统型的，可称之为基本分析派（Funda Mentalists）：这些人会抱定理性主义的信条，认为价格反映着基本值，因此会本着这一信念买进卖出。另一类更看重经验，可称之为动向归纳派（Chartists）：他们认为可以根据以往的行为预测出未来的市场价格。有人会根据经验行事，有人会依赖直觉拍板，也有人借助概率论的复杂公式做决定。不过，所有这些人都该归入乐观主义者一档，因为他们相信，自己不会听任市场纷乱波动的摆布。动向归纳派有时也称“噪声派”，因为这些人相信市场波动（噪声）中包含着重要信息，一旦知道如何利用，就能从中受益。

基尔曼认为，要在模型中体现出元体的非理性倾向，只在微观经济学中引进非均一性还是不够的，还需要有别的东西。在面临不止一个可取可舍的选择时，有一种可能性是不应忽略的，就是一个人的选择必定会受到他人的影响。这样，我们就将一个传统新古典理论似乎最不该忽略的因素加了进来，从而也将人们最切实地带进了统计物理学领域。这个因素就是相互作用。

听风跟影

经济体系具有特别强的互动性。交易者之间会直接产生相互影响：某只股票的一股买进风或卖出风，会使其他人都跟着抢购或者抛出。看看股票交易所地面上的狼藉状况，就不难想见股市出现暴跌时，场面会如何的兵败如山倒，股民会如何有如受惊的鸟兽群般做出反应。然而，不考虑相互作用的微观经济模型，给出的却是另外的解释：暴跌要么受外来的波动影响，无法控制，要么是所有股民同时各自独立地采取了相同的行动。

还有，元体彼此间还会形成间接影响。他们所做的选择对价格是会产生直接作用的，而价格接下来又影响到他人的选择。正如一名工程师所说，这里面存在着很强的反馈作用。传统的模型都设定元体会针对外来的价格变化实施自己（理性的）战略，而在实际上，他们既做出回应，也对价格的形成起着作用。

这里又存在一种曲解经济学家思维方式的危险。正如约翰·凯所指出的："参与市场活动的人，在行为上会受到市场活动的影响"，对此，"著书撰文的经济学家成千累万"。[16]对于微观经济模型的研究，物理学所应贡献的并不是提出有关种种市场控制因素的新见解，而是提供分析运用这些见解的新工具。对存在着诸多相互作用的粒子系统，物理学家已与其打了一个多世纪的交道了。当然，如果认为可以将物理方法直接套用到经济学领域内，那会是相当愚蠢的。但话也要说回来，如果种种已在物理学中被充分理解的现象，竟然没有一个能在经济学领域中有所表现的话，怕也该令人惊讶吧？

第一个在微观经济学领域提出相互作用概念的人是汉斯·弗尔默（Hans Föllmer）——一位对物理学和经济学都很了解的数学家。1974年，在德国波恩大学（University of Bonn）工作的弗尔默，从磁体的伊辛模型出发，提出了一种"互动元体"（Interacting-agents）经济模型。前面曾经提到过，在伊辛这个简化了的磁性物质的模型中，磁体原子都待在规整的格子内。它们会"有所选择"——在两个相反方向的自旋中取定一个。而一个原子究竟选择哪一个，会与其他原子的选择有关——各原子的磁场会彼此施加作用力，致使每个原子的自旋取向取决于左邻右舍的选择。弗尔默在自己的模型中，以一个原子代表一个在交易中面临不同选择的元体。如今，类似的概念已被经济学家和经济物理学家大力采用。这些人也像基尔曼一样，试图通过"互动元体"模型，将传统的微观经济学提高到新的水平。从此类模型中能得到怎样的预测结果，取决于控制着相互作用的是什么样的规则。弗尔默发现，自己的模型可以导致不止一个稳定状态，即不止一个宏观经济面貌。这就很像伊辛模型会导致两种磁性排布状态的情况。对于已经不再相信市场只有一个特殊的单一平衡状态的经济学家来说，这确实是很富有启发性的。

到了20世纪90年代，美国经济学家威廉·布罗克（William Brock）

和史蒂文·杜尔劳夫（Steven Durlauf）又发展了弗尔默的工作。这两个人都有很深的现代物理学功底。他们在互动元体模型中对二元选择的数学处理，就很类似于外斯针对皮埃尔·居里所研究的磁学现象而提出的模型。这一居里—外斯模型中用到了一种近似方法，就是所谓“平均场近似”，即假设每个原子所受的影响并不只来自其近邻，而是所有其他原子影响的平均结果。在物理学上，这是一种有些过头的简化，其后果会在临界点附近特别明显地表现出来。不过在经济学中，这种“全面”相互作用是更切实的。身在伦敦股票交易所的股民，会受到在同一交易所内的其他股民的影响，但由于长途通信手段的存在，他们也能感受到纽约股票交易所或者东京股票交易所的交易风向。因此，对于构筑经济模型而言，平均场理论（Mean-field Theory）也许是个相当现实的近似工具。

使每个人都知道其他人在做什么并据此进行回应的“平均场”观念，也明显地表现在一些经济学家试图利用对策论处理相互作用的做法中。对策论又称博弈论，是研究人们在竞争性的活动中如何进行选择的数学理论，我们在第 17 章中对此还将有所介绍。在这些人提出的模型中，交易者会试图猜出其他交易者可能会采取什么行动。对策论已经对市场交易的非理性内容做出了有用的揭示，不过目前仍未能指示出市场波动的实际方式是因何形成的。

不过，即使在经济学领域，平均场的设定也不是言之凿凿的。任何交易者都不能在一眨眼的工夫里，掌握全球市场的全貌。元体之间的相互作用肯定会存在某种程度的局域性。特别是，每个元体在进行选择时，最大的影响可能来自与类似资产打交道的其他人，市场所在地的地理位置与距离远近倒是相对次要的。

基尔曼便根据这种情况，专门研究了信息在交易所内传播的准确情况。他认为，关键点在于信息网络的结构：“在我看来，如果打算理解市场是如何组织起来的，最重要的一点是弄清经济网络的发展变化。”[17]

一些涉及元体间相互作用的微观经济模型，认为元体间的联系是无规的。这就是说，每个元体同整个交易团体中的任何其他人都有同样的“搭上线”的概率。每个人所受的影响，只是来自同他（她）搭上线的人。基尔曼是在 1983 年提出这一沟通网络的存在的。他发现，将这一网络的作用纳入互动元体模型后，结果就会形成组群，即一部分交易者会聚拢成一体，基本上只在彼此间买进卖出，与其他人则很少进行交易。这样的网络结构将在第 15 章里涉及，到时我们会明了，在描述人类所形成的许多种社会网络和工商网络时，这一有关无规联系的设定，并不是人们形成联系的唯一方式，也不一定是最好的方式。

除了形成组群之外，相互作用还会在元体之间引发一种所谓群动（Herding）的效应，就是说，交易者中出现互相仿效的趋势。从经济史上可以找出很出名的例证，来表明市场会被不理智的集体情绪横扫，由是出现明显的非理性经济行为。这突出地表明，市场行为并不遵从理论家给出的基本设定。比如，在 17 世纪的荷兰，郁金香的价格曾暴涨到荒谬的地步，可就在同一时间，正统的经济理论却在告诉人们，供求关系的法则是应当保证价格处于稳定状态的。

这个问题也是凯恩斯最先探讨的。在 20 世纪 30 年代，他以选美竞赛（当时经常出现在大众读物中的报道内容）来比喻经济市场。给读者提供一组美女的信息，请他猜一猜谁会得到其他读者最踊跃的提名。当然，这样的回答要比直接请读者自己指出一个“最靓佳丽”难一些，因为这需要对其他读者会如何选择有所考虑。凯恩斯认为，这样的竞赛会导致群动行为，但他没能发现进行理论描述的方法。

到了 20 世纪 80 年代，希勒以定量的方式研究了群动行为可能对市场运作产生的影响。他希望了解的是每时每刻都在变化着的交易量究竟是由什么因素控制着的。经济学数据往往能反映出市场所谓“集群波动”（Volatility Clustering）的性质，就是说，严重的波动或说爆发会阵发式地出现，而两次阵发之间是相对较为平静的阶段。在每次爆发时，市场都是十分活跃的。看来，群动可能导致越来越多的交易者疯狂地买进或卖出，爆发便出现了。然而，更为根本的问题还是没有解决。这还涉及那个老问题——波动是如何出现的。

无所谓基本不基本

我们已经看到，以实际经济周期理论为代表的现代理论，仍然一心要将波动从自己的模型中剔除出去，并将其视为来自外界的诸如技术变革之类影响的“给定”结果。另一方面，互动元体模型则能够从内里提供波动产生的解释，表明即使在系统只受到高斯噪声的搅扰时，此类“振荡”行为也会明显地出现在股价或者经济指数中（参看图 8.2a）。这正如基尔曼所说的：

> 涉及元体之间直接相互作用的模型，为人们提供了对宏观现象的解释，而宏观现象是由在微观层次上进行的这种相互作用导致的。然而，宏观现象并不是微观行为的简单放大。[18]

换言之，成千上万交易者的行为所造成的经济指数的涨落，未必只是按比例将每个交易者所受到的无规作用简单地放大一下。

曾在德国波恩大学工作，现已转到基尔（Kiel）克里斯蒂安—阿尔布雷希茨大学（Christian Albrechts University）任职的经济学家托马斯·卢克斯（Thomas Lux），以及意大利卡利亚里大学（University of Cagliari）的物理学家米凯莱·马尔凯西（Michele Marchesi），已经共同证明了这一点。1998 年，他们借助基尔曼的基本分析派和动向归纳派模型，研究了资产价格变化的起因。动向归纳派又分为两个组群，一组是乐观主义者，认为股价会看涨，因此希望更多地买进；另一组是悲观主义者，觉得股价怕是要跌，因而要以高出股市图表预测的数量抛售。这两组人员在进行计算时，都考虑到了其他交易者的行为。动向归纳派成员的观点会在乐观和悲观两者间变换，因而表现出群动倾向，即受到大多数人观点的左右——比如说，当乐观主义者居多时，悲观主义者也会改变立场。情况还不止如此。不管是乐观主义者还是悲观主义者，都能从动向归纳派变为基本分析派。反之亦然。元体们会审时度势，针对当时的情况研究哪种策略最为有利可图，然后才进行选择。如果另一个阵营有更好的效果，他们就有入伙的可能。

在这个模型中，资产价格的变化，是由交易者根据供求关系的正规规则确定的。而造成改变的驱动力，则是基本值的变动。卢克斯和马尔凯西设定，此类涨落是高斯型的。其实，属于什么型对于问题本身来说并不重要；他们所要检验的是传统微观经济理论中的一个核心观点——价格的涨落反映着基本值的起伏，也就是检验有效市场假设是否成立。倘若这一观点成立，此模型所提供的价格涨落方式也将表现为高斯型的。

这一模型给出的结果完全可能是不着边际的。不过，就宏观范围而论，有关结果却真是中规中矩。从相当长的时间来看，市场会是“有效的”——价格和基本值都有不少变化，但大体上是一致的（图 9.1a）。不过，在短期范围内，情况却颇为不同。反映价格涨落的收益，其变化则肯定不是高斯型的（图 9.1b）。这就是说，通过交易者之间的相互作用，将高斯型的“输入”（基本值），变成了统计性质十分不同的另一类“输出”（价格或者收益），而输出中所含的剧烈涨落，要比单单输入一项时频繁得多。除此之外，短期内的非高斯型概率分布会在长期范围内变为高斯型

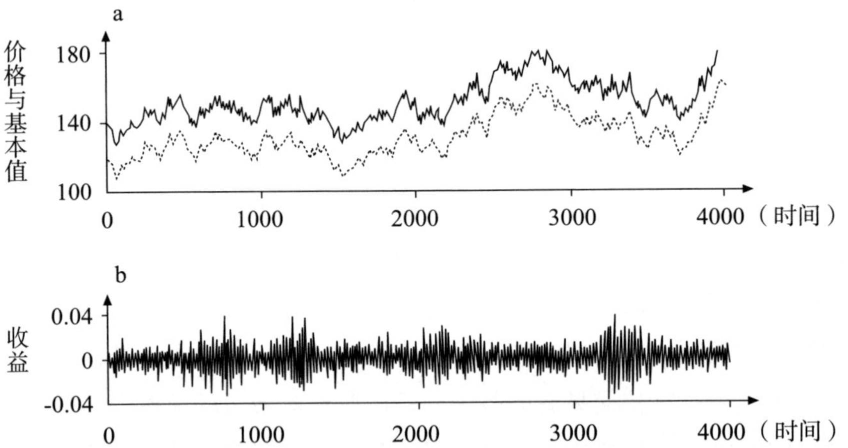

图 9.1　由卢克斯和马尔凯西发展的经济模型，揭示出驱动价格改变的“基本值”的无规变化，会通过交易者的相互作用转变为非随机性的价格涨落：（a）与长期价格变化（实线所示）一致的基本值变化（点划线所示），说明该模型“表现正常”。然而……（b）短期收益的变化（有关收益的定义请参看图 8.2）表现出非高斯性的统计分布，即涨落是非随机性的，且具有更强的起伏振荡。

的。这正是实际市场数据所反映出来的情况。

卢克斯和马尔凯西所发现的，恰恰是存在于实际市场中的集群波动。出现高波动的时段，也正是多数交易者持动向归纳派立场的时候。换言之，当动向归纳派居主导地位时，市场的稳定性会下降，导致抢购和竞抛的风潮。不过，在他们的模型中包含着一个能够恢复稳定的补救机制。当市场出现大起大落时，价格会明显不同于基本分析派占上风时。由于动向归纳派会不加分析跟上眼下出现的无论什么势头，就会给基本分析派造成借此差异获利的机会。这样一来，基本分析派就会因其好的表现而被视为更好的选择，从而促使动向归纳派改变阵营。于是乎，市场就不至于狂乱得不可收拾了。

就这样，卢克斯和马尔凯西便以此证明，市场所特有的波动可以是内生性的，也就是系统内部导致的。奥默罗德也建立了一个类似的互动元体模型，目的是研究国家产业生产力的变化。国家的生产力通常是以 GNP（即国民生产总值）衡量的。在这个模型中，有自主能力的元体不再是进行交易活动的个人，而是各个产业。正如市场中的交易者都在留心别人如何行事一样，产业也同样如此。它们会针对每个经济时段（通常是一个季度）的短期需求预测进行产业输出的调整。而在这些需求预测中，是考虑到了市场所会具有的“态势”的。

生产力的涨落几乎可以代表经济周期的发展过程。经济周期中那令人眼花缭乱的经济繁荣和猝不及防的萧条，都反映在诸如标准普尔—500 等金融指数不停的起伏跌宕上。前面已经看到，传统的实际经济周期理论给这样的波动冠以错误的统计性质。奥默罗德模型认为市场的变动只是高斯噪声所导致的现象。它所给出的结果较为接近实际，也就是说，模型给出的总体生产力的起伏预言，具有同实际观察相近的统计表现。如果奥默罗德将模型中有关产业单位按其规模的分布做一些变动，涨落情况仍会表现出同样的统计性质，只是在大小上有所变化而已——“山势”要么趋缓，要么变陡：当分布中有较多的大公司时，起伏就会变陡；倘若是以大量小公司为主，变化就会趋缓。鉴于经济活动中存在着少数大公司吞并小企业的倾向，上述模型提供了一个明确的信息：在大企业增多的经济体系中，人们必须做好面对更深重的经济衰退的思想准备。至少从这种意义上说，规模多样化的市场才是“健康”的。

面对市场交易者和产业不断改变，有时还会缺少理性的信念，建立模型的方法并不只有一种。造成信念的这一特点的心理学原因，无疑是多种因素的复杂混合：有盲信，有一厢情愿，有认真的数据分析，也有以往的经验，等等，让人无法参透，至少无法用数学语言进行表述。不过原因可能并不十分重要。近来有一批人组织起了课题组，专门研究经济学的复杂性。小组中的经济学家布莱恩·阿瑟这样说：

> 每一个元体如何决定做些什么，可能并不很重要。他们的行为会导致何种结果，可能在更大程度上取决于他们在行动时彼此之间相互作用的结构：谁同谁有作用，又有什么在主导着这样的作用。[19]

在此类互动元体模型中，多数会这样告诉人们：一旦将“理性逐极者”的概念排除掉，平衡经济的神话也将随之消失，代之而起的将比较接近于实际情况，即存在着狂乱波动并有可能崩溃的市场。比如说，亚瑟一行人便搞出了一种模型，让形形色色的元体进行交易，而指导他们进行交易的战略和谋求的目标分布在很广的范围内，还会不停地调整变换。如果战略取得成功，则它们将被保留，效果不佳者便被放弃。如果元体们很少改换自己的选择内容，经济的表现就会接近于理性的新古典理论所做的预言；而如果他们调整改变自己的行为方式，且变动的频率又接近于这个研究小组所认为的相当符合实际情况的标准，市场便会陷入混乱、无法预测的千变万化中——很像是实际生活中的市场。换言之，理性在真正的经济生活中未必起到很大的引导作用。

应当自由放任吗？

即使借助交易者或者产业单位之间存在相互作用的观点，可以解释市场的剧烈振荡，但如果就此认为有办法使市场得到预警，消除数日或数周内乃至更长时间范围内的危险因素，未免就不明智了。然而，许多政府一直相信，以此种方式进行市场运作不但是可能的，而且是应当的。但我们恐怕要说，这样做对经济肯定是有害的，至少会导致资源的浪费。

诚然，市场的波动特别是萧条，除了会造成严重的经济后果外，对社会也将产生重大影响。经济状况与就业密切联系在一起：经济下跌时，失业率会升高；经济景气时，失业率就降低。凯恩斯极力主张，当经济处于有如 1929 年华尔街证券市场崩溃那样严重而持续的滑坡状态时，政府应当以投放货币的方式刺激经济回归到增长阶段。他担心，若对市场采取自由放任的态度，整个经济体系会螺旋式地坠入衰落局面，最终变得僵死、无法反弹回正常的经济周期运行。

有充分的理由相信凯恩斯是正确的：政府的干预可能是抗御市场萧条的药方。在 1987 年股市出现暴跌后，美国联邦储备局投入了大量货币，看来对避免出现更大的滑坡起了作用。不过，凯恩斯所力主的政府干预，究竟是如何起作用的（或者为什么无法起作用），是个非常复杂的问题，取决于诸多因素。如加大货币投入及其在市场上产生效果两者间的时间间隔，如何先对“货币供应”有所界定，以及干预政策所应产生的结果等。对于此等复杂性，克鲁格曼在其 1994 年出版的《推销繁荣》（*Peddling Prosperity*）一书中做了出色的解释。

经济衰退属于非常情况，因此需要采取的是非常举措。而前面讨论过的微观经济模型表明，如果政府对失业率在短期内中等程度的涨落表现出担忧，那简直就像是气象专家为入夏后下一个星期的雨而不安一样。这样的变化只是经济体系中的一个组成部分，最有效的并不是对经济结构进行微调，而是减轻失业所带来的暂时困难。如果公众对此类涨落的必然性有较多的理解，政府就无须担心反对党利用这一机会施压，在经济面临暂时挫折时采取投放货币的对策。（其实，在反对党上一次当政时，对于当时出现的同样局面，它不也是置之不理吗？）这并不是失败主义的表现，而是希望将精力用于有效地关注资源。出于同样的理由，当政府宣称发放信贷，以期实现经济的短期改进时，我们也能以同样的理由怀疑，经济的改进其实与政府的政策根本没有关系。

另外，当今可能存在的一个更大的危险，是人们会被信念弄得入了彀，相信市场不应当受到来自任何方面的任何干预。我曾在前面一章中提到，信奉自由开放市场经济的基本分析派认为，无为而治、听之任之的不干涉主义，是使经济达到平衡的最好方式。他们认为，在这种最美好的状态下，所有的价格都应当达到按照斯密的供求法则所确定的“真”价值（即所谓市场结算价格），这样的话，所有的货品都可以得到有效的流通，实现最佳的社会利用。

长期以来，对自由放任的经济政策的鼓吹就一刻也不曾停歇过。还在《国富论》问世前数十年，查尔斯·达韦南特（Charles Davenant）① 便下过结论，认为“贸易具有自由的本性，它会自行找到流通渠道，并为自己的进程做最佳导向”[20]——以水利词语为借喻，表达了价格会自行调节到应有价位的理念。斯密一方面觉得，交易不应当失去基本的公正，但同时仍断言“袖手静观往往能使所有公正原则得到履行”[21]。如果这还不算自由放任，那什么能算得上呢？在柏克这个保守派看来，商业规则一概是“没有意义的和粗暴的，简直应当说是邪恶的”[22]。可话又得说回来，与当时右翼经济学家的看法相比，他的观点未必就能极端到哪里去。

如今我们能够认识到，平衡市场是个荒唐的概念。无论是什么过程，也不管是哪种系统，如果会以如此不守规矩的方式表现出波动涨落，哪有可能会与平衡沾边呢？况且，认为这种变化来自外界影响，使本来应当中规中矩的系统受到了搅扰，这样的责备看来也是无的放矢了。微观经济学中的互动元体模型向人们表明，经济本来就是不稳定的。

有人或许会说，无论如何，市场的反应极为灵活迅速，因此，即使在发生变化时，它也应当会在瞬间达到最佳状态。换言之，市场在从一个时刻到下个时刻时，还是以最高的效率输送货品的。这个看法颇有渗透力，可以说

① 查尔斯·达韦南特（1656—1714）：英国经济学家。——译者

是斯密那长期以来一直富有吸引力的"有效市场"观念的最后一个栖身地。但它如今也遭到了挑战。美国布鲁金斯学会的乔舒亚·爱泼斯坦（Joshua Epstein）和罗伯特·阿克斯特尔（Robert Axtell）提出了一个非常复杂的互动元体模型，名叫"糖境"（Sugarscape）。这一模型揭示出，一旦交易活动在不掌握无限信息，也不能与所有其他交易者打交道的元体——这也正是实际存在的元体：不是无所不能，不会无处不在，不能无事不知——间进行，货品的流通就不会达到应有的效率。换言之，一些元体就不能得到他们本有需求也有财力得到的货品。对于这个"糖境"，第 14 章还将谈及。

再者，这一模型还认为，随着交易使土地"承载能力"增加——自由贸易能使一个地区维系更多人口，财富的分配也会趋向于更大的不平等。换句话说，看来交易必然会导致大部分财富集中到少数人手里。（对此将在下一章讨论。）

这可能就是实行市场经济所必须付出的代价。经验告诉人们，对经济实行强行控制（一如苏联采取的做法），结果会既损害普遍的福祉，也降低了普遍的效能。经济物理学能够证明这一点。经在以色列耶路撒冷的希伯来大学（Hebrew University of Jerusalem）工作的索林·所罗门（Sorin Solomon）等一行人证明，硬性规定天下财富均等，结果只能是使这一均等值为零。波兰克拉科夫（Cracow）雅杰罗南大学（Jagellonian University）的兹德基斯罗夫·伯尔达（Zdzislaw Burda）及其同事所提出的互动元体经济模型表明，计划经济是严重限制贸易的，非常可能以大部分财富都落到一个人手中的局面而告终结。换言之，这样的经济更容易趋向腐败。根据普遍的看法，腐败是人性的沦丧，而某些经济体制看起来比其他体制更能为之创造条件。

不过，极端的市场化也是有危险的。发生在安然公司（Enron）和世界电信公司（WorldCom）之类超级企业的令人怵惕的情况，[①] 使人很难相信

① 两家公司都是总部设在美国的超大型企业。安然公司曾是世界上最大的能源开发供应商，世界电信公司也是世界上最大的通信公司之一。它们都由于欺骗伎俩败露而迅速破产，并给世界经济与股票市场带来巨大冲击。——译者

腐败只属计划经济特有。所罗门一行人也证明，一旦市场实现了全球化，所有财富集中到一个地方的危险性便会增加。这样的结果不仅为道义所不容，也对市场形成威胁，使它比“财富集中点”分布在许多不同地方时更容易发生崩溃之灾。所罗门等人认为：“极端的计划经济和极端的市场经济，都一样会妨碍生产，也都一样具有灾难性。”[23]

类似上述发现所依据的模型，都可以说只是原理性的，甚至不妨说是相当粗糙的。这些模型的作用充其量只是提供参考。要不要相信它们呢？让我来换个角度阐发一下。从理论而不是从意识形态出发来鼓吹完全不受干预的市场经济，政治权利能不能提供与之相应的正当程度呢？完全自由的市场对某些参与者来说无疑十分适合，不过，它们未必会如右翼（自由派）人士所希望的那样，成为人们所信奉的功利主义的楷模。爱泼斯坦和阿克斯特尔说：“有些经济学家将市场的力量说得天花乱坠”，坚持认为所有的政府干预，都只会阻止市场的自调节功能和造福能力，“不幸的是，这也是制定政策的小圈子常会持有的立场，当缺乏决策所需立足的计量经济学或者其他方面的证据时尤其为甚”。[24] 如今，该是将此类说法摆到其应有位置上的时候了：他们只是对信念的表述，不去与事实相印证；还在很大程度上汲引自有关政府、税收和立法作用的先入之见。

在今天的美国经济理论界［我在这里所指的，是能够产生实际影响的专业人士——电视台的分析评论家、《华尔街日报》（*Wall Street Fournal*）的专栏作家、“思想库”专家，自然还有频繁支着的白宫顾问等。纯学术界的经济学家不属此列①］，市场自由的信念已是如此根深蒂固，以至于就在我撰写这部著述时，该信条的支持者在面临股市排山倒海的灾难性崩溃时，仍希望其会安然挺过去呢。这些支持者将过错算在几个腐败的首席执行官身上，算在政府政策的账上，算在胡乱折腾的小投资者头上，算在工会的瞎指挥上，算在左翼评论家散播的怀疑与负面论调上……哪里都算到

① 上述这些团体的成员一般都被视为经济学家，不过，不同团体的成员间却很少有共同之处。克鲁格曼愿意称这些非学术界人士为“政策企业家”，而称学术界人士为“教授”。在他看来，教授中颇有一些右翼人士和市场基本分析派，不过，他们的观念是源于理论研究而非政治教条。

了，唯独没有算上市场本身。这些自由市场派的看法是：要是所有这些人都乖乖儿的，股市不就会永远看涨了吗?

当处境乐观时，往往会有一些人支持这种明显的胡扯。面对蒸蒸日上的经济形势，极端自由派会自视为正确的代表。萧条会被当作过去而遭忘怀（直到繁荣的泡沫再次消失时才会被重新记起）。经济的起与落是市场游戏的本质。这是实际存在的，是无法借助意识形态糊弄掉的。经济学中的确存在自然规律，而市场波动就是这些自然规律中的一部分内容，与人们是不是已经做出了充分发现和完全解释无关。如果我们希望做到，那么以物理学为基础建立的模型是能够有所帮助的。这样，面临经济大风浪的袭击，我们才能去救助溺水者，而不是徒然地摆出一副泰山石敢当的架势来。①

---

① 原文为“摆出一副克努特大帝的样子来”。克努特是中世纪欧洲地跨英格兰、丹麦、挪威、苏格兰大部和瑞典南部的“北海大帝国”的统治者，是整个北海地区的无敌霸主。——译者

第10章

罕见的比例

——直线的力量与临界状态

……读者将会领略到这些线条的有序……还将看出这种有序如何指向一条基本原理的存在。[1]

乔治·金斯利·齐普夫（George Kingsley Zipf，1949）①

自然科学与数学中的美，同音乐与绘画中的美是一样的——都美在发现了被部分藏匿起来的形式。[2]

希尔伯特·西蒙（1996）

真实世界中的许多内容，既由平均分布决定，也同样由“头尾”分布控制着。值得注意的是例外而非平均，是灾变而非均变，是亿万富翁而非“中产阶级”。我们应当将自己从着眼“平均”的立场中解放出来。[3]

菲利普·安德森（Philip Anderson，1997）②

① 乔治·金斯利·齐普夫（1902—1950）：美国社会学家、哈佛大学语言学教授。研究语言中词汇使用的分布频率的创始人之一。他根据大量实测数据得出的词频分布曲线被称为齐普夫曲线，被认为是揭示社会科学规律的典型分布。——译者

② 菲利普·安德森（1923—2020）：美国理论物理学家，1977年诺贝尔物理学奖获得者之一。——译者

有人可能会认为，要在股市上发财，最好是穷毕生之精力来研究它。对经济学家凯恩斯和李嘉图来说，他们的知识都派上了用场——两人都在股票交易中发了财。（不过，起重要作用的究竟是他们的理论呢，抑或天生的精明呢？我们不得而知。）而李嘉图的朋友马尔萨斯则不然，此公虽是政治经济学教授，却始终不善于在市场中弄潮。他也花钱买了股票，但由于太过谨慎，错过了惠灵顿打败拿破仑所带来的暴富机会。

要想检查经济学家对自己的观点自信到何种程度，让他们自己掏腰包，倒真不失为好点子。如果将这个标准施之于出版，大概进行市场预测的文章和报告就会大大瘦身吧？1995 年，法国科学家让－皮埃尔·阿吉莱尔（Jean-Pierre Aguilar）以少有的勇气，将自己的积蓄投在了支持经济物理学的举动上。当时有一个根据物理学方法建立的有关市场暴跌的模型，阿吉莱尔被这个模型弄得动了心，就从一个根据这一模型开展交易的基金公司那里买下了期权。根据这个模型的预测，日本政府发行的国库券将在当年 5 月暴跌。然而暴跌始终不曾发生，阿吉莱尔为了保住自己的股本，可着实费了一番心血。因此，当一个类似的经济物理学技术在 1998 年出现，并事后诸葛亮地"预测"出 1997 年 10 月的股市暴跌时，他自然会持怀疑态度了。这个预测方法中包含了一个值得注意的想法：暴跌很像是统计物理中的临界点。

市场运作竟然同临界点时的现象挂上了钩！这引来了一大批关注者。为了看一看这两者间的联系，需要再研究一下多粒子系统的临界点这个特殊位置。统计物理学中许多最强有力和最惊人的见解，都源自对这个特殊位置的研究。使范·德·瓦耳斯致力于研究液体与气体间的接续性的，就是这个临界点。磁体和超导体等物理系统，都必须通过这道关卡，才能发生状态的全面变化。临界点好比统计物理学中的"黑洞"，是在这一领域里从事研究的每一个人迟早都要接触到的。当这些人从这个"黑洞"的另一端钻出来后，一般都会对统计物理学在统一整个物理世界中的作用产生远为深刻、远为丰富的认识。

事实上，临界点目前已成了无处不在的时髦东西。地震、生物进化、森林火灾等都涉及它，就连医院的候诊过程和世界大战历史中都能找到它。这样的说法能否成立，大家莫衷一是，不过平心而论，临界点现象的许多特点——如对涨落的极度敏感、事件具有标度不变性等，表现出特殊的概率分布更是其一——都在自然界和人类社会中大量发现。临界点至少可以用来充当一种很好的比喻说法，有时还远不止于此，因为这种不可预知性和中规中矩性的结合，控制着我们生活的很多方面。

物理学遇到了一个重要问题

范·德·瓦耳斯的理论解释了物质的液态和气态之间缘何存在着一种无法区分的状态，也就是物质处于临界点时的状态。不过，这一理论无法说明在此状态下出现的一些奇特现象。比如，接近临界点的液体看上去有些朦胧（称为临界乳光现象），当时无人能够分析出原因。

这一理论倒是涉及了实验中发现的一个特殊现象，就是临界状态时的罕见敏感性。接近临界状态的系统对搅扰的反应极为灵敏。如果挤压某种物质，它的体积就会减小。该物质对压缩的反抗程度，就是对其所谓“可压缩性”的量度。橡皮球就比钢球更具可压缩性，而气体的可压缩性通常总是高过液体，也就是说，气体压缩起来十分容易。在液体和气体的临界点上，流体的可压缩性会大得邪门儿——几乎可以说是无穷大。从理论上说，只要稍稍一压，就足以将临界流体压得无影无踪！这一极端行为听来十分荒唐，也根本不能通过实验观测到。原因在于，临界点实在太不稳定了，要将系统准准地维持在临界状态上实在太困难了。不过，我们还是能够观察到，随着临界点的接近，可压缩性会非常迅速地加大。

物质对于热也有类似的反应。要使系统升温，就得给它提供能量。使系统的温度升高 1℃所需要的能量叫作系统的热容。水的热容异乎寻常的高。正因为如此，烧开一壶水的时间才相当长（好提供很多的能量）。在临界点上，物质的热容会变为无穷大。这意味着此时的物质就像一个无限大的热汇（吸收并存储热能的所在）——随你怎么加热，温度都不会改变分毫。在临界点上，处于超低温状态下的氦会进入怪异的无黏滞性状态，成为超流体，而此时（绝对零度之上大约 2℃）液氦热容的突然增大，便揭示出它正处于向超流体过渡的相变过程之中。

此类特异行为——物质的某种性质在临界点处脱离常态而趋向无穷——称为发散（Divergences）。根据范·德·瓦耳斯理论能够预言，液体的可压缩性和热容会在临界点处出现发散。这便解释了出现“不可收拾局面”的缘由。用一个名为临界指数的量，可以很方便地表示发散的变化率。通过测量热容随温度接近临界温度时的改变，以及其他诸如此类的变化率，科学家就很容易计算出临界指数的大小来。令人惊奇的是，无论对于什么液体，这一指数的数值都是相同的。表征着可压缩性的发散情况的临界指数，与表征着热容发散的临界指数不一样，然而，所有液体也都具有同样的数值。看来，这种液—气临界指数是普适的。

要想弄懂临界指数的意义，是需要数学知识的，不过只是需要一点点。指数是指两个量之间服从连乘（或说乘方）对应的一种数学关系，即某个量 y 的值，取决于另一个量 x 的值的连乘（乘方）。这就是说，每当 x 的值大了一倍，y 的值也会按某个不变的倍数改变。乘方关系中的指数，就说出了这个不变的倍数有多大。指数越大，对应于 x 加倍时 y 所改变的倍数也越高。比如说，如果指数为 2，每当 x 加倍时，y 便成为原来的 4 倍。而如果指数为 3，y 便成为原来的 8 倍。

这一概念说不定比你原来预想的要简单些。比如，正方块的体积和边长间就是一种乘方关系，而相应的指数为 3。[①] 当边长为原来的 2 倍后，正方块的体积就增大为原来的 8 倍。一个边长为 10 厘米的正方框架内，能容得下 8 个边长为 5 厘米的立方块。

液体的每一种性质在临界点处发散时，步履的快慢是由临界指数的大小决定的，而临界指数的大小对所有的液体都是同一的。有些性质并不随

---

① 换言之，体积是边长连乘 3 次的结果，或者说成是边长的 3 次方、立方、3 次方幂，或者 3 次乘方，也可写成（边长）^{3}。指数就是那个位于右上角的小数字。乘方关系更普遍的数学形式是 $y=x^n$，n 就代表着指数。

着接近临界点而向无穷大迈进，而是会减少为零。从液体到气体的密度变化便属这种情况。磁体磁性的强弱在居里点时的变化也属于这方面的例子。同样，这些向零方向降低的量，也都具有一个特征变化率，也都能够以临界指数表示，只不过此时的指数值是负的。

范·德·瓦耳斯的液—气临界点理论预见到了这种乘方性发散，只是在对临界指数的计算上没能得到正确的数值。这就像是说，他的理论告诉人们，临界点处的发散会如大山般陡升，但没能说对究竟会有多么险峭。到了 19 世纪 90 年代，由于一个名叫于连·威沙菲尔特（Jules Verschaffelt）的科学家的分析工作，这一失误被明显地意识到了。威沙菲尔特在莱顿大学当年范·德·瓦耳斯工作过的实验室里，对 2– 甲基丁烷的临界行为进行了精密测量，发现这种液态碳氢化合物密度变化的临界指数值为 –0.343，而范·德·瓦耳斯的理论预言值为 –0.5。这可能会被一些人视为小小的误差。当时的一些人也正是这样想的。不过，如果临界指数是对所有液体都相同的普适值，就意味着这里面必然蕴蓄着某种有关物质本性的东西。因此有必要探讨一下，看看范·德·瓦耳斯理论中缺了什么，致使临界点的秘密未能得到充分的揭示。

岌岌可危的平衡

范·德·瓦耳斯的理论对于临界点还有一点内容没能说出来，就是造成临界点处所表现出的特异性，其关键原因在于涨落。临界点代表着一条分岔的路径，一个应当做出选择的所在。读者想必还记得，临界相变与凝固及融化等所谓一级相变之所以有着根本的不同，区别就在这里。当液体在凝固点上逡巡时，它的每个部分都面临着同样的命运——变成固体。然而，当流体处于临界温度时，它会突然有了在两种可能的状态——液态和气态——中取定一种的可能，而这两种状态都是同样可能被选定的。[①] 磁体

① 在物理学家看来，流体是能够流动的物质。流体可以是气体，也可以是液体。在临界点处，实际上既不能说是气体，也不能说是液体，这时唯一合适的用词是流体。

也是如此。不妨回想一下伊辛模型的例子。当模型处于临界温度（居里温度）以下时，磁体中所有原子的“罗盘”（自旋）的排列，就会有两个相反的方向可选定，但不存在其他介于两者之间的选择。因此，临界点就有如停在山顶上——山顶两侧是地势相同的山谷——的小球，小球是肯定要滚下去的，但会沿哪一边滚下去要由涨落来决定。

从理论上说，超临界流体的密度会是处处一致的。不过，随机性涨落——原子的无规运动——还是会使某些地方在某个瞬间的密度比其他地方高些。当流体因逐渐冷却而出现临界相变时，密度较高的区域因为已经处于与液体相接近的状态，就会先变成液体，而密度较低的区域就倾向于成为气体。这两种选择都是能自行保持的。这在磁体的例子中表现得更清楚些。在磁铁中，如果一个小区域中所有自旋都以相同的方式排布起来，就会通过与近邻的相互作用，促成周边的其他自旋也采取同样的排布。

正因为如此，系统会对无规的涨落极度敏感。一个偶然出现的微小优势，就可能颠覆平衡局面。这种随时可变的性质意味着，临界状态是高度不稳定的，总是处于沿这面或者那面山坡滚下的边缘。使一种物质持续处于临界点，就有如使一根针倒立着平衡住，同时还从四面八方一齐向它吹气一般。

这种对于扰动的极度敏感，会产生一个基本特点，即发生在任何一个部分的事件，都会很快对其他部分产生普遍的连锁效应，而且迅速得简直像是瞬时发生的。一个自旋的取向会影响到很远，甚至远得不可能直接受其影响的另一个自旋的取向。如果用统计物理学的语言描述，就应当说是系统中存在着长程关联。关联的范围，即粒子能影响其他粒子的代表性距离，是又一个会在临界点处发散为无穷大的量。

这种超灵敏现象是一种集体效应。系统中两个粒子间或者两个自旋间的相互作用，其作用力的关联范围并不是在临界点处突然变大的。就以伊辛模型为例，关联范围只延伸到其最近邻处。然而，这样的相互作用可以在粒子间通过长距离传递，却不会被热运动的无序化效应淹没。它们那特有的“耳语”，从开始到尽头处都不会走样。当到达临界点时，所有的粒子都会一起参与行动。

不过有一个问题，就是每个粒子都“想让”其他粒子学自己的样。这样一来，临界状态就会分裂为若干个各从两个选择中服从一个的区域，而每个区域所服从的选择，都由某个偶然出现的局部不平衡引发。这些区域可大可小，小可为一个粒子，大可为整个系统（图10.1）；它们处在不断地形成和解体以及不停地增大和缩小中。因此，临界状态给热噪声形成的涨落定下了特有的框框，即此种涨落具有标度不变性，也就是说，它们的大小可以取任何尺度。[①]

临界乳光——流体在接近临界点时泛出奶白色——正是这一行为导致的。处于此种条件的流体，会分成许多液体和气体的小区域，小区域的大小都不相同。有些尺寸会相当于可见光的波长（亿分之几毫米），这样的尺寸恰好可以大力反射光线。奶类中也有这种大小的脂肪团粒。因此，流体就会带上一种不透明的珠母色。

范·德·瓦耳斯的理论之所以得出了错误的临界指数值，就在于它未能考虑到这一临界态下涨落的微观图景。该理论只考虑了平均而言到处相同的临界状态——相当于从远处眯着眼瞧图10.1时，看到的不是有黑有白的不同小块，而只是一片灰色。按照这种设想的状态，每个粒子能感受到的，并不是其不同近邻的“黑”或“白”，而是一种由所有其他粒子平均造成的“灰”。这就是所谓“平均场近似”。范·德·瓦耳斯的平均场理论对临界状态做出了极出色的描述，只在细节上与实际情况不符。前文已经提到，外斯对磁体居里点的分析中也用到了平均场理论，而且同范·德·瓦耳斯理论施之于液—气临界转变的情况一样，在预言磁转变的临界指数时也得到了稍有不确的结果。昂萨格对二维伊辛模型的分析比平均场近似方法更进了一步，结果是计算出了临界指数的精确值。不过，要想得出有关真实流体的理论值，仍需将昂萨格的成功扩展到三维模型上。前面已然提

① 热噪声源于粒子因碰撞所导致的能量变化，体现为体系内任意位置上的温度的微小变化。这种涨落是随机的，也就是高斯式的，一如图8.2b所示。这种涨落是有特定大小的。

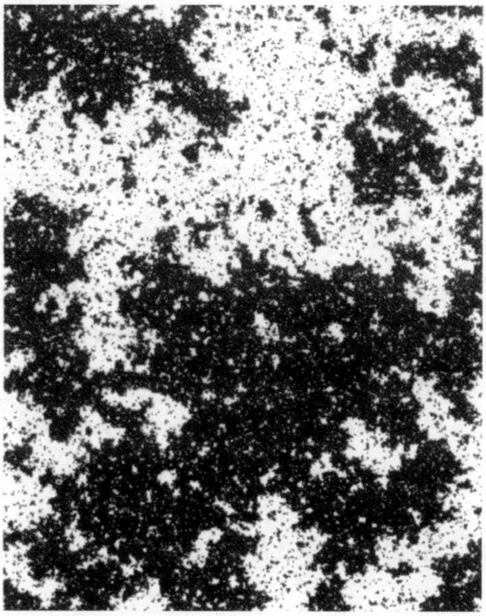

图 10.1　在临界点处，涨落可以以任意大小出现。图中为电脑模拟的结果，不妨认为黑色区域代表液体，白色代表气体。也可认为它们分别代表磁体中取向相反的两种自旋态。各个区域的大小可以呈任意尺度，小到一个粒子，大到整个系统。这种大小不一是没有特定尺度的，因此称为标度不变量。

到，这在目前尚未能做到。

有一个避开这一困难的做法：一套“拐弯抹角”的策略，可以施之于三维伊辛模型或者类似的模型，求出其临界指数的“真值”来。它利用了临界点具有标度不变性的策略，名字就叫重正化（Renormalization）。这一技术是由美国康奈尔大学（Cornell University）的肯尼斯·威尔逊（Kenneth Wilson，1936—2013）于 20 世纪 60 年代提出的，为此他得到了 1982 年的诺贝尔物理学奖。所谓重正化，是一种“眯着眼”瞧临界状态的数学方法，并有选择地去除一些细节：大的区域仍然留着，而将小块当作灰色的处理。对较大区域接连进行这一重正化过程，就能计算出临界指数的真实值来。将这一方法施之于三维伊辛模型，得到的结果很接近从真实流体测出的实验数据。

流体的伊辛模型——一套码叠起来的小盒子，里面有的是满的，有的是空的，只是对真实液体的相当粗糙的逼近。不过，根据这样的三维模型计算出的临界指数，目前看来倒是同真实的液体和气体的实测值非常一致。这再一次表明普适性的存在：就临界行为而言，细节内容并不重要。只有系统关乎整体的性质——是氮、2- 甲基丁烷还是磁性金属不重要，流体或磁体的粗糙模型也不够格，只有是二维还是三维、粒子作用究竟是长程还是短程——才会影响到其临界行为。如果此类性质不同，就会形成不同的普适类，每一类中的成员都有相同的临界指数。表面上看起来不同的系统，如果不是在上述各类性质上有所不同，在临界点处看上去就会是一回事。

临界暴跌

在阿吉莱尔 1999 年与人合著的一篇论文中，开篇处有这样的话：

> 将金融崩溃与统计力学中的临界点相比较，是个相当有吸引力的想法。它们都是一个外来的小小扰动使系统中所有成分协同响应，结果变成了无穷大。[4]

这位阿吉莱尔在 1995 年吃的那场大亏，正同这种吸引力有关。有人提出，金融崩溃便对应着一种特殊的、据称具有对数周期性的临界转变。此类带有自己鲜明特征的临界点，曾出现在统计物理学的某些模型中。这些模型所代表的系统，必定会表现出振荡的周期性涨落，用经济学上的话来说，是类似于周期性的经济波动。不过，对数周期性的情况并不像普通的光波或者音叉那样，而是波峰和波谷会逐渐靠近，并在临界点处叠加在一起。因此，此类临界转变是以距离不断接近的波峰波谷为标志的。一系列越来越快的抖颤的出现，正预示着灾难将至。

此类会在系统到达临界点之前出现的先兆，使一些物理学家相信，如果金融崩溃的确就是对数周期性的临界点，就可以锁定经济指数中出现的此种特有振荡，并通过外延判知其交叠位置。换言之，严重的金融崩溃就可以通过计算预知了。1998 年，比利时的马赛尔·奥斯卢斯（Marcel Ausloos）就和同事们一起，根据这一理念分析了出现在 1997 年 10 月的金融崩溃。他们对崩溃即将发生前市场波动的情况进行分析后宣称，这场崩溃发生的时间本是能够事先判知的。

这一行人的工作成了重头新闻。如果情况果真如此，他们所取得的就是革命性的成果：投资者就不会被市场那无法预知的崩溃压成齑粉了。只要牢牢盯住股市的飚落，就可以预知前景。诚然，这样的振荡只会在暴跌即将来临之前才会出现，而在其他情况下，事过几分钟，价格就会对过去的历史“失去全部记忆”，无从进行预测，因此不是炒股时万无一失的军师。不过仍不失为投资公司的得力助手。

在美国加利福尼亚大学工作的法国数学物理学家迪迪埃·索尔内特（Didier Sornette）断定，市场的暴跌应当是对数周期性的，并指出有几起发生在近年的暴跌，其表现是符合越来越快的抖颤模式的（图 10.2）。根据这一图景，当一场危机临近时，市场的行为会受到影响，而且受影响的时间不单单是危机发生前的几个星期，而是几个月甚至几年。不过，其他经济物理学家并没有被说服。法国的阿吉莱尔等人便认为，在奥斯卢斯小组用对数周期模型给出的曲线印证 1997 年的真实数据时，对股市行情下跌的解释带有选择性。他们说，这一技术在用于其他暴跌事例时，似乎便不那么有效了。因此，他们觉得，股市暴跌极不可能同市场在几年前的运

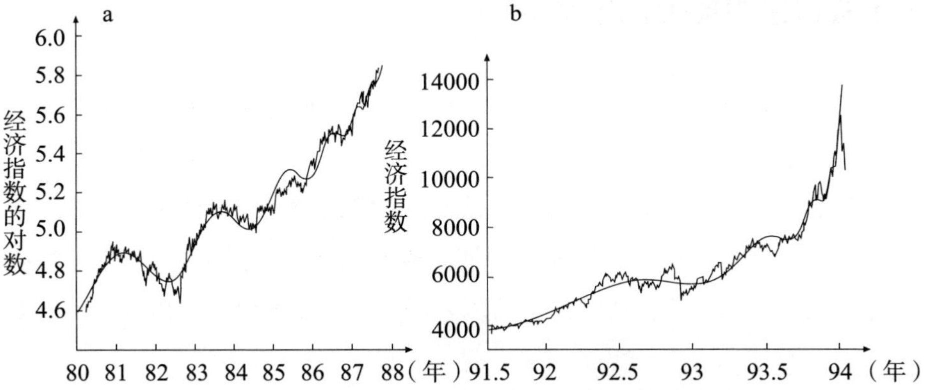

图 10.2 在研究市场暴跌的对数周期模型中，经济指数的振荡会在某个点上叠到一起，暴跌便就此发生。这个点就是临界点。有些研究人员宣称，有些金融危机就表现出这种对数周期性。图中给出的为索尔内特的结果与实际数据的吻合结果；a 中是与标准普尔—500 指数在 1987 年 10 月 19 日出现暴跌前的比较，b 中是与 1994 年 3 月中国香港股票市场暴跌前恒生指数的比较。

作发生什么关联。因此，他们的结果是：表现在对数周期临界点理论与实际数据（如 1997 年 10 月的股市暴跌）间的吻合，其实只是碰巧而已。

当然，对于任何情况，“马后炮”的“预言”永远值得商榷。是不是由于结果已经出现了，这时再“预言”，就能真正客观了呢？索尔内特不无气恼地承认，对股市暴跌做出正确的预测，其实是件吃力不讨好的差使。[①] 据他认为，这样做至少会导致三种后果——

没人相信预测的内容，而市场当真崩溃了。对此，评论家们会说这只是一个孤立的巧合，并没有统计意义。此外，只发出预警而不能扭转局面，预警又有什么用呢？

会有许多投资者相信这一预测，结果引发抢购和抛售的狂潮，由是导致暴跌——这就是说，预测变成了制造股市暴跌。

会有许多投资者相信这一预测，从而采取了谨慎的防范措施，使暴跌得以避免——这就是说，预测使自己坍台。

这便是追求在经济学领域内实现可预见性会造成的问题：市场的未来行为归根到底由交易者和投资者的信念和行为决定，于是乎，对未来进行预测（如果得到认真对待的话），可能就会带来改变未来的后果。

有自组织能力的市场

尽管人们对于对数周期模型心存疑窦，但类似临界状态的行为会在市场运作中起重要作用的观点，还是得到了广泛认同。这种观点的吸引力是不难理解的。在第 8 章中我们已经看到，经济波动的统计结果并不是高斯型的，而很像是（至少在短期到中期的时间范围内）具有标度不变性的，即种种大小都包括的。从统计学角度来说，位于概率分布“粗头壮尾”处

---

① 对此我们还是等着瞧吧。在作者撰写此书期间，索尔内特和同他一道工作的周维兴（音译）就英勇地预测英国的房地产股市将在 2003 年末前后出现一次暴跌（至少是一阵突出变化）。索内尔特还大胆地将这一经济预测的内容登在了自己的网站上：http://www.ess.ucla.edu/faculty/sornette/（2006 年 10 月 22 日查证该内容存在）。像这样敢于冒险的经济学家可真是不多见哟。

的经济数据，是服从乘方律的，而这正是临界点处行为的特点。

乘方律能给出涨落在某种大小上发生的概率。假设我们认真关注一下类似于图 8.2 所示的经济指数沿时间进程的变化情况，并记下收益为某种值的出现频率，就会发现，收益那忽起忽落的曲线总是在零点那里上下跳动，其中最可能出现的就是零。我们还会注意到，出现很大收益的机会相对而言是很少的。倘若按收益从小到大的顺序统计相应涨落出现的相对次数，我们会发现其概率是按乘方律下降的。正如处于临界点的系统会以发生（大小为任何值的）涨落的方式对扰动做出响应一样，不妨设想，经济市场中出现涨落，其概率分布也是一种信号，表明它在某种意义上处于临界状态，由是会在影响它的种种因素的纷乱作用下，表现出无法预知的起落来。

然而，临界状态是极不稳定的，哪怕受到非常小的搅扰，系统也有可能垮塌。那么，如果市场也处于临界状态，又何以能使自己长期处于这种状态呢？1987 年，在美国长岛布鲁海文国家实验室（Brookhaven National Laboratory）工作的一群物理学家，偶然发现了一种具有奇特表现的系统，似乎能够通过不断进行的自我组织，使自身维持在临界状态上。他们将这一现象起名为自组织临界（Self-organized Criticality）。这几名物理学家——皮尔·巴克（Per Bak，1948—2012）、汤超（Chao Tang）和库尔特·威森菲尔德（Kurt Wiesenfeld）并没有就此去研究临界点，而是去理解固体物理中的一个艰深问题——电子如何会在一串所谓“电荷密度波”的作用下通过固态晶体，结果他们发现，这是一种关联运动。电子并不是像在一般的通电金属线里那样，只是自顾自地运动着，在通过固态晶体时，一个电子的运动会大大影响到其他电子的运动，也就是说，电子之间是耦合的。

这三个人开始从更大的范围来讨论涉及众多相互作用粒子的耦合系统。他们提出了一个十分粗略的电荷密度波模型，该模型由许多摆锤组成，摆锤之间由弹簧相连。这个模型似乎与电荷密度波并不搭界，然而，从数学角度进行分析的结果却表明，两者有着相类的地方，正如一个单摆可充当任何包含着简单周期性运动的模型一样。当这几个人一一列出该模型的牛顿运动方程，然后输入电脑求解此模型的行为时，他们发现，在这个耦合在一起的摆锤阵列中，如果使一个摆锤摆荡，其他的也会跟着摆动起来，仿佛有能量通过连接它们的弹簧进行传递似的。然而奇怪的是，这种影响是能够扩展到任何范围的：有时候，一个摆锤充其量只能使自己的近邻动起来，但在另外的时候，它却会将整个系统牵扯进来，使成千上万个摆锤都动起来。这种“崩塌”会有多大的波及面，却是说不清楚的。当这些人对这种“崩塌”的概率分布——概率大小与“崩塌”规模的关系进行归纳时，得到了一条乘方律。其根据是，在对数坐标图上取点作图，得到的概率分布关系是一条直线（见图 10.3 的文字说明）。

接下来，这一研究小组又发明了一种研究耦合行为的新模型。这一模型较符合人们的直觉——用一个沙堆代替他们原来用的摆锤和弹簧组。设想让沙子一粒一粒地落到桌面上，于是便积起了一个小沙堆。当它有了一定的坡度后，再有沙粒落下，就可能引发一场崩塌。在此之前，沙粒会被摩擦力所阻挡，停在坡面上而不致滑落。当坡度大到一定程度后（这个坡度的大小是十分确定的），摩擦力便不能辖制住沙粒，崩塌便发生了。一旦有一颗沙粒运动起来，就会与其他沙粒相撞，由此引发一种链式反应，也就是说，沙粒的运动因彼此的碰撞而耦合起来。沙粒的这种集体运动也许会在不多的几粒动了一下以后便偃旗息鼓，也可能不断扩展开来，直到差不多坡上所有的沙子都动了起来，沙堆便不可收拾地几乎一垮到底。

这里最重要的一点，是在向即将崩塌的沙堆续放沙粒时，并不知道崩塌将是只发生在几个沙粒上，还是会波及整个沙堆，抑或是介于这两者之间的某一状态。当巴克一行三人给这个沙堆实验设计出了简单的数学模型，并通过电脑进行分析后，同样发现其崩塌按程度大小的分布服从乘方律（图 10.3）。发生严重崩塌的机会没有小型的机会多，不过任何大小的崩塌都有发生的可能。换句话说，就是沙堆的涨落是具有标度不变性的。因此可以认为沙堆是处于临界状态的。

沙堆每发生一次崩塌，都会使其“张力”得到缓解，坡度因之有所减

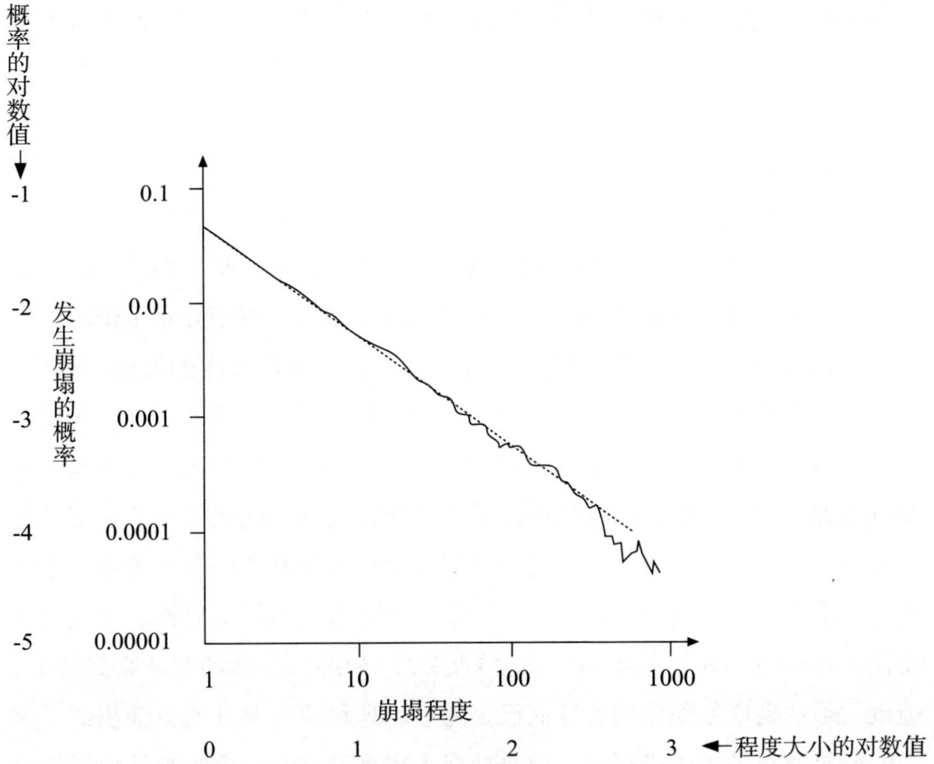

图 10.3　由沙堆的数学模型所得到的崩塌的概率分布。它是服从乘方律的。表示乘方律的最好方式，是分别以崩塌程度的大小取对数，和发生概率的对数为坐标作图。在此种坐标形式下，得到的关系会是一根直线。直线的斜率便等于该乘方律中的指数。本图中的斜率大约为 -1——正是自组织临界的特征值。直线的右端是发生可能性较小的大型事件，故而统计结果不甚可靠，线条也表现出较大起伏。表现为直线的点划线代表着与数据最相吻合的结果。

小，使稳定状态得到恢复。但这只是一时的。崩塌只是将沙堆重又带回到滑垮的边缘，重新再落下几个沙粒，就可能引发又一次崩塌。因此，沙堆会在没有保障的稳定状态下徘徊，永远不会离此太远。崩塌不会导致整个沙堆的溃散，临界状态会不停地一次次恢复。这正是称这种临界状态为自组织临界的道理。液体和气体的临界状态便与之不同，不妨称其为自损毁的，即随时准备在最轻微的扰动下改变为一种全然不同的稳定状态。

这一沙堆模型所描述的，是一种非平衡的形势。它所处于的临界状态，若从系统永远不会发生大的偏离这一点来看，可说是一种“定态”。

但由于总有新的沙粒加入沙堆，因此绝不是没有变化，也就是并非处于平衡态。沙粒向沙堆的下落，是不让系统达到平衡态的驱动力。自组织临界是非平衡态系统的一个性质。

自组织临界性是过去20年来统计物理学领域中为数不多的几大重要发现之一。事实证明，这一发现引来了惊人的大量成果。巴克等人归纳出了一大类自然现象，它们都表现出服从乘方律的涨落，暗示出其自组织临界性或其他类似性质的存在。人们早已发现，地震的概率分布是服从乘方律的，也就是说，发生某种强度地震的概率，会随该强度的增加而减少，而且同后者成乘方关系。这一规律是美国加利福尼亚工学院的地震学家本诺·古滕贝格（Beno Gutenberg）和查尔斯·里克特（Charles Richter）在20世纪40年代发现的。他们查证了世界地震记录，据此得出了地震发生次数与地震规模的关系曲线。他们在当时无从解译其中的乘方关系。是巴克等人指出，这条曲线反映了地质断层系统具有自组织临界性。地壳的运动使岩石构造中积聚起应力，直至岩层之间最终发生滑动时才得到解除，但也只是达到恢复稳定的程度而已。随后，这种应力又开始重新积聚。应力的释放通常是小股进行的，由是造成小规模的震动。但灾难性的释放也会时不时地发生，于是便有了洛杉矶和神户的地震大灾。

巴克还在森林大火中看出了自组织临界性。许多面积广大的森林会发生山林野火，多数情况下波及面都是有限的，但有时也会烧起来没完，直至整个森林被全部吞噬掉。在巴克看来，火山活动、太阳耀斑、“星震”——据信会在一种名为中子星的奇特天体内产生——甚至化石所记录的物种灭绝的模式，都提供了反映出自组织临界性的乘方律的指纹。

有件事情说来有些可笑，就是给自组织临界性研究开了头的沙堆，却未必称得上处于严格的自组织临界状态。用沙堆做实验，原理听起来仿佛十分简单，但真正操作起来，要想明确测量沙堆的崩塌程度，以及在足够大的范围内搜集数据，以确立确为乘方而非貌似实非的关系，却是相当困难的。这样一来，人们对此做过不同的实验，得到的却是不一致的结果。现在看来，最早由巴克、汤超和威森菲尔德提出的数学模型中，忽视了实际沙堆的若干重要方面，如沙粒在崩滑过程中能量将如何随碰撞耗散等。严格的自组织临界性看来与颗粒堆有非常复杂的关系，有时似乎会出现，有时却并非如此。比如，有人便声明发现了稻米堆是自组织临界的，而沙堆却不是，这说明与颗粒的形状是有关系的。

巴克本来认定，自组织临界性是认识“造化行事方式”的钥匙，但这么一来就打了折扣了——这一现象看来并不足够普遍，也不足够强大，因此未必能指望它非常普适。尽管如此，蕴蓄于自组织临界性中的基本性质——服从乘方律的涨落概率分布，以及能够“释放张力”并使系统恢复到不稳定边缘的灾难性事件——仍然有可能为理解出现在广大范围内的诸多现象提供强有力的参照框架。因此，如果这些现象也涉及社会中人的相互作用，我们是不应当感到惊讶的。

不讲通融的经济学

1998 年时，巴克在美国新墨西哥州的圣菲研究所（Santa Fe Institute）工作。在所有对相互作用的复杂系统感兴趣的研究人员心目中，该所是一座智力宇宙——物理、生物、地球物理、社会科学……林林总总，无所不包。来自芝加哥大学的两名经济学家迈克尔·伍德福德（Michael Woodford）和何塞·谢克曼（Jose Scheinkman）了解到一些自组织临界性的信息，有意研究一下经济学是否会有此类性质，便同巴克建立了联系。他们的嗅觉真是灵敏，因为自组织临界性这个概念当时问世还不到一年哩。当时一些喜欢东一榔头西一棒槌地搞研究的经济学家——谢克曼也属此列——已经兴致勃勃地将混沌理论中的概念引进了经济学，不过这在当时肯定不是主流课题。伍德福德和谢克曼更看好巴克的理论，认为它有可能用于被传统的经济模型忽略的极端事件——“崩市（Avalanches）”。

巴克以物理学家的身份将物理理论引入经济领域并发展经济模型，起到了极富有启迪性的作用。物理学家通常只与非生命体打交道，而非生命体的行为是不含任何非理性成分的。尽管如此，当年巴克等人虽然做了各种各样的近似与简化（这是肯定要有的），但在数学上还是太复杂了，不用电脑是无法求解的。这一次巴克料到，经济领域里的这一过程将更为复杂。因此，当他看到这两位经济界的合作者更希望弄出"能够用笔和纸进行数学分析的模型"时，真是惊异不止。这就是三人合作的开始，而这一合作，用巴克的话来说是"非常富有成果的，但也是极为痛苦的"。[5]

合作的结果，便是上一章中所提到的经济学领域中若干种元体互动模型中又一种的问世。该模型于1993年发表，署名者为巴克、他的一位物理同人陈侃（Kan Chen），以及伍德福德和谢克曼。对于这篇文章，巴克是这样说的：

> 我们的结论是，经济学中出现的大规模波动表明，在自组织临界状态下运作的经济，小的冲击可以导致各种大小的崩垮（暴跌）。这种形势与地震的发生是一样的。涨落是无法避免的现象。经济是不可能稳定的，其起落无法通过调整利率或者其他措施消除。[6]

经济是处于自组织临界状态的，这是个很富有吸引力的观点。然而糟糕的是，它也似乎像沙堆模型一样，着眼点是正确的，但在细节上是错误的。自组织临界的本质，是遵守乘方律的具有标度不变性的行为。然而，尽管诸如标准普尔—500指数等种种经济学数据似乎在一定范围内表现出了这样的行为，但在更广大的图景中，这些特点却并不总能得到体现。以分钟为单位时所观察到的涨落，与以小时或者以天为单位所得到的结果，在适当"改标"后会大体相近，但在事实上，从统计角度来看却不尽然。时间间隔越大，涨落的概率分布便越接近高斯型。当间隔扩大为数年时，价格曲线基本上就会呈直线形（也就是说，与所经历的时间长度成正比），并间以突然的下跌。因此，任何认为可以用一个数学模式统领价格在所有时间段上的统计变化的设定或者预测，都不可能是正确的。出于同样的原因，价格起落的概率分布函数，都只在"粗头壮尾"部分的有限范围内遵从乘方律，而一旦出了这个范围，观察到的就会是另外一类关系。因此，尽管自组织临界性成功揭示了极端事件如何代表了系统涨落中自然而罕见的一面，但单靠此一性质，并不能揭示经济运行的腠理。

规律的主旨

概率分布的乘方律并不将极端事件排除在外（这与高斯涨落是不同的）。这样的概率分布有可能是人类活动的普遍规律。波士顿大学（Boston University）的物理学家西德尼·雷德纳（Sidney Redner）于 1998 年指出，统计结果表明，科研文献的引证情况是服从乘方律的。科研论文中都会有一份参考文献名单，用以列出文中提到或者使用过的文献。有些文献中的内容是很有影响的，会引发众多的后续研究。这样的文献就会进入众多论文的参考文献名单。巴克、汤超和威森菲尔德 1987 年的那篇有关自组织临界性的论文便属此列。其他的只是涉及非常专门的课题，便不大会成为以后研究工作的借鉴，被引用次数也就十分有限了。雷德纳调查了 1981 年发表的约 80 万篇论文，结果发现，引用次数是服从乘方律的：多数论文只被引用了几次，但也有几篇出现在众多的参考文献目录中。（事实上，大约有半数论文根本未被引用，这很能表明多数研究项目的狭窄范围。诗人丁尼生曾经评论说："科学就是不断地从一个点爬到另一个点。"[7] 这句话真是不无道理。）

有人可能会认为，乘方律所给出的关系都是显而易见的——当然强烈地震要比小地震罕见；当然有些论文影响深远，而另外一些水波不兴。这么说自然没有错，不过，乘方律所包含的内容并不止于此。它揭示出的是事件发生的概率会随着事件变大、变极端而减小这一情况中的一类特殊方式。我们并不能一概认定，事件的规模每加大一倍，其发生的概率便按恒定的倍数减少若干：被引用 4 次的概率是被引用 2 次的 1/8；被引用 8 次的概率也是被引用 4 次的 1/8；等等。乘方律给出的描述，笼统说来是非常直观的，但精确说来却未必表明了一种必然的数学关系。

物理学家兼科普作家马克·布坎南（Mark Buchanan）在他的《无所不

在》（*Ubiquity*）一书中，提出了一个很有启发性的想法，就是历史是在自组织临界状态下进行的。他认为，冲突与战争是张力存在的结果，这种张力一直使国际关系绷在灾难的边缘。这样一来，各种规模的战争——从小型的冲突到世界范围内的对垒，就是不可避免的了。布坎南还得出了一条表示冲突出现次数与冲突大小（按死人数量衡量）之间关系的曲线。虽然他也承认这并不是定论，但可以看出，从仅造成数百人丧生的战事，到杀害上百万人的世界大战，都遵从着同一条乘方律。

这种表现最先由英国物理学家刘易斯·弗莱·理查森（Lewis Fry Richardson，1881—1953）注意到。这位现代"政策物理学"的创始人之一，从气象学中的若干概念出发，提出了敌对国家间进行军备竞赛的数学模型。理查森是贵格派教徒，第一次世界大战期间曾开救护车运送伤员。他希望找到战争的致因，并以此促进世界和平。[①]20世纪20—50年代，理查森搜集了有关战争和其他杀戮——包括和平年代发生的谋杀等——的统计资料。他在这些令人瞩目的数据中发现了类似于古滕贝格-里克特（Gutenberg-Richter）的"冲突律"，即从个人谋杀（"0级冲突"）起，到世界大战（"7级冲突"）止，各级冲突都遵从同一个概率分布的乘方律。布坎南从这一规律中归纳出一条结论，就是无法预知一场小小的不和将会激起多大的冲突。第一次世界大战，不就是因为奥匈帝国（Austro-Hungarian）的斐迪南大公（Archduke Franz Ferdinand）1914年在萨拉热窝（Sarajevo）被刺，继而又导致一系列不幸而又无法预知的事件引起的吗？要想反驳这个观点，例子也是现成的。比如，第二次世界大战的爆发，似乎就被认为是势在必行的。原因不止一个，其中便有第一次世界大战与《凡尔赛和约》（*Treaty of Versailles*）的遗留问题。至于发生在1939年的那

① 理查森很想知道，有共同边界的两个邻国之间，所起的战端与共同边界的长度是否有关。在研究过程中他发现，由于边界和海岸线是蜿蜒的，在进行测量时，测出的长度结果与所用到的"步长"有关。这一发现促成了后来曼德尔布罗特对分形几何学的研究。

些有悖常理的行为[①]，似乎与之关系倒并不是很大。认真说来，第一次世界大战并不真由斐迪南大公遭谋杀而起，不过这并不重要。布坎南想要告诉人们的是，当复杂系统面临此类“张力”时，小的事件会导致大得与之不成比例的结果。康德曾指出，自然规律会支配历史进程。理查森搜集的数据似乎表明，这一论点还是有生命力的。历史学家将要考虑的问题，是这样的规律能否表明历史所应具有的性质，是否有助于理解历史进程中的所以然。我们后文还要再度涉及这个问题，不过会从另一个相当不同的侧面进行。

人的最小努力量

启蒙时代曾出现一种观念，就是社会中存在着自然法则，社会学研究有可能实现真正的科学化。美国社会科学家齐普夫在 1949 年发表的《人类行为与最少努力原理》(*Human Behavior and the Principle of Least Effort*)，使这一观念重新活跃起来。这部著述很值得关注，它既是时代的产物，同时又极富预见性。

齐普夫在书中提出的核心概念，就是人们是以力争付出最少努力的方式行事的。这一非常合乎常情的方式，被齐普夫视为相应于“最小作用量原理”这一物理学原理在社会学中的等价规律。据“最小作用量原理”的提出者、19 世纪的爱尔兰数学家威廉·哈密顿（William Hamilton，1805—1865）说，该原理圈定了所有物体在作用力的影响下理应发生的运动。他证明在牛顿所归纳出的力学定律之下，物体会在可能造成的各种“作用量”中取最小的一个实现之。这里的“作用量”是个力学量，其取值取决于运动路径。小球从停在桌子上的位置，到达地面并静止下来，其间是可以经过许多条路线的，但只有一条是使运动的作用量为最小的，这就是小

---

① 指德国从 1939 年 3 月占领捷克斯洛伐克并对波兰提出部分领土要求开始，到同年 9 月波兰沦陷、英法对德宣战的一系列过程。——译者

球从桌边翻过落到地上的路径。

要想得知物体沿某条路径运动时所涉及的作用量，计算过程会相当简单明确。然而，要想确定人类在行动中所涉及的“努力”，可就远不会这样容易了，这并不能简单地归结为所耗费的精力。齐普夫本人便指出，对于同一件任务，完成的方式会因人而异，取决于每个人如何看待自己的种种付出：精力、时间、麻烦、金钱，诸如此类。面对将两个市镇连接起来的任务，一名工程师可能会选择打通隧道相连的做法，而另外一名工程师却可能决定修筑一条盘山公路。依齐普夫之见，这两人都是根据自己对“努力”的看法做出估算的，只是估算的标准不同罢了。

由于在对待“努力”上所存在的主观性，“最小努力量原理”显然并不可靠。原理本身听起来蛮是一回事，但其核心参数却根本无法实现定量化。不过，齐普夫还是试着沿这一途径解释五花八门的人类特性与行为方式，其中包括：语言的性质与发展、音乐的结构、人口统计、工业布局、旅行统计、婚姻数据、国际冲突、民事纠纷、收入分配等等。

其实，齐普夫对社会物理学的主要贡献是在经验领域。他搜集了上述领域的大量数据，并根据由它们各自形成的直线关系，指出这里都存在着乘方律所确定的概率分布。当时，社会统计学家还很少跨出高斯分布（随机分布）的范畴，致使齐普夫所搜集到的数据，其意义只能在近年来乘方律进入统计物理学的核心后，才得到充分认识。巴克——他于 2002 年去世——认为自组织临界在某种意义上代表着“造化的行为方式”，齐普夫则相信乘方律是“社会的行为方式”。齐普夫认定，社会科学同自然科学的不同，就是由于前者系由乘方律决定，而后者是被高斯统计辖治的。我们现在已经知道，乘方律在自然世界中也是起着普遍作用的。

看来齐普夫就是这样发现了具有根本意义的东西。1983 年，曼德尔布罗特写了如下这句话：“应用统计学家和社会科学家没能注意齐普夫的发现，正在一定程度上反映了这些人的研究领域处于惊人的落后状态。”[8] 齐普夫还宣称，有一组服从乘方律的数据，其直线的斜率为 –1（见图 10.3 下的说明文字）——目前已将具有这一斜率的直线定为自组织临界的标识，对应的是人们以组群为单位，而不是个人独自的行为方式，也就是说，是人们有相互作用时的行为方式。这多少说明了他对社会现象中相互作用的认识。今天，人们更是认识到了这种作用的重要性。正如物理学家安德森所指出的那样，社会现象中的乘方律分布，使所谓“平均”行为和凯特莱所定义的“平均人”的概念不再具有重要意义。实际上，被高斯分布归入可以忽略不计的极端事件，如今却被乘方律加大了发生的可能性。

社会学家帕累托或许是最早在社会科学领域中提出乘方律的人，而且是在物理学中尚未发现此类定律之前便这样做了。他在 1897 年声称，在有关收入分配的社会统计方面，有钱人的财富状况表现出了乘方律的分布特征（图 10.4）。这便意味着，整个国家的财富集中在几个人手中。以美国的情况为例，据有人估算，40% 的财富掌握在 1% 的人手中，5% 的人拥有全部财富的半数。[9] 这种不平等现象自 20 世纪 70 年代以来一直在增长。其他国家的情况也支持着这一结论。

帕累托称这一反映财富分布不均的结论为“二八定律”，即 20% 的人拥有 80% 的财富。他发现在许多国家都存在这种情况，而与政治体制或

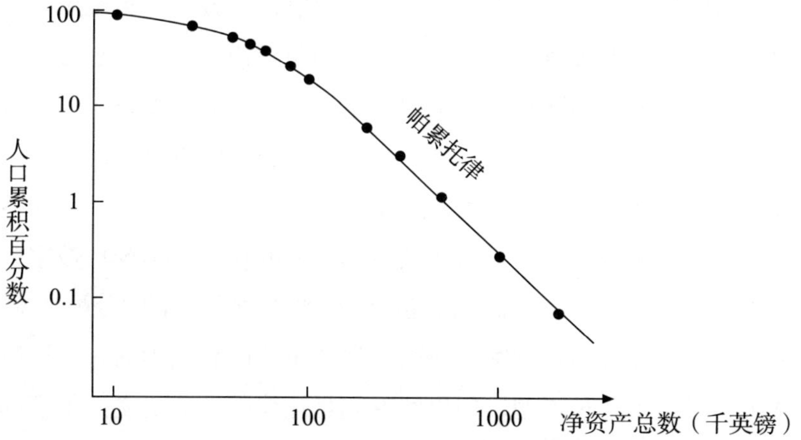

图 10.4　帕累托是最先看出国民收入分配大体上服从乘方律的人。这是 19 世纪的事。他宣称这一乘方律的指数恒为 -1，不过后来的研究发现，这一数值通常会大一些。斜得越厉害，经济状态便越好。图中所示的是根据英国财税局发布的数据绘制的英国国民 1996 年的财富分布曲线。该曲线是累积性的：每个数据点表示具有净资产大于横轴上相应数目的人口的百分数。

者税收制度无关。二八定律已被视为管理决策时的经验规律：80% 的收益会来自花费中的 20%；80% 的成果得自劳动力总数中的 20%；如此等等。然而，对这些特定数字的过分专注，会掩盖掉更主要的内容——倒不是努力与收益间，或者其他方面的不平等，而是这一分布遵从的是乘方律。数字（也就是乘方律曲线的斜率）是会改变的，二八之比也不是一成不变的，但直线关系始终成立。就连对公元前 14 世纪古埃及阿克塔顿（Akhetaten）古城遗址的研究中，人们也从住房的大小分布中，发现了财富的这一分配形式。

帕累托的这一收入分配表现，被后人视为社会的一个基本表征，并具有相当于 19 世纪初期人们心目中的高斯分布一样的神秘感。1940 年时，经济学家卡尔·斯奈德（Carl Snyder）便认为，“帕累托曲线注定会成为对人类知识的最重大的归纳”[10]。然而，实际情况却是，这一“定律”究竟能在何种精度上适用，至今仍不十分清楚。要想精确地掌握收入的分布形式，竟然出乎意料的困难（根据报税单了解情况是一种方式，由遗产税推断是又一种方式）。1935 年，经济学家乔治·芬德雷·席拉斯（George Findlay Shirras）研究过帕累托律是否成立，结论是：收入分配研究领域中并没有它的地位。不过，看来似乎有理由相信，乘方律分布至少对任何社会中的高收入阶层是适用的，从图 10.4 中便可看出这一点。乘方律斜率的“倾斜度”，便反映着不同收入水平间的差异程度。倾斜度越大，财富的分配便越不平等，穷人的比例便越大。在像海地和扎伊尔等经济收入极不均衡的社会中（说起来，古埃及也应当算一个），少数人的富裕是靠牺牲大多数穷人的福祉实现的。不要信赖政客们引证的什么平均统计数字，这便是一个相当充分的理由，除非另外还能掌握平均数字下面的分配情况。

一支由两位经济物理学家——以色列的所罗门和法国的布厦所带领的研究队伍，提出了几种模型，用以解释帕累托律的形成机制。他们的模型是以长链聚合物分子的运动为依托的。他们将这类分子的运动与投资市场中货币的流通进行了类比。在此之前，所罗门同科隆大学的黄志锋（Zhi-Feng Huang）已经指出，在不受干预的市场中，交易过程中会出现导致帕累托律中的斜率增大的倾向，由此使贫富不均越发扩大。扩大造成的后果之一，便是加剧市场的波动，由是使市场越发不稳定。因此，他们认为，增加社会中最贫困人口收入的政策，“不单单是一项人道主义的职责，也是资本市场的重要关注内容”[11]。这不正是受利己主义启发的结果吗？

秩序是普遍存在的吗？

齐普夫曾希望自己的观察结果能够用于指导政策的制定：“一门实现了系统化的社会科学，可能会使一项客观的社会工程成为现实。”[12]在后马克思主义时代，他的这一抱负似乎不够宏伟。其实，如果他所说的社会工程，就是指在掌握信息的前提下进行规划，那他就是正确的。但他的抱负还不止于此。他以地道的启蒙精神感悟到，秩序（在他看来就是普遍存在的乘方律）在人间事物中居于核心地位，而它们的运作是由造物确立的，不以人的意愿为转移。齐普夫觉得，在宗教信仰不断式微的年代，这或许会有助于使理性的社会科学去代替宗教——

> 正因为我们从日常的种种生命现象中发现统一、秩序和均衡，才使我们除了相信最终的理性外别无选择。而这种无所不包的最终理性，其宽广是我们无法体会的。[13]

齐普夫的这番话，距毕达哥拉斯的神秘主义①只有一步之遥了。尽管如此，我们还是应当赞叹将社会的方方面面组织在一起的普适性，正如我们赞叹将原子的种种性质组织在一起的普适性一样。我们无须将这种赞叹之情转化为“科学宗教”，正如我们无须将流水的旋涡视为神明介入的证

① 该主义认为所有的真理都寓于数中，因此下了大力气研究数字以及与数字有密切关系的几何学与天文学，其中固然有许多穿凿附会的内容，但也有相当重要的数学发现，如以毕达哥拉斯的名字命名的有关直角三角形边长关系的几何定理（即勾股定理）便为其一。该学派还将自己的信仰对外秘而不宣，从而增加了在外人眼中的神秘感。——译者

据一样。我们所应做的，无非就是记住一条事实，那就是“大数定律”的确是存在的，而且给我们带来了可敬的秩序与正常，使世界免于沦入莫衷一是的可怕境界。

第 11 章

众手之作

——公司的成长

我曾在加利福尼亚遇到一位葡萄园主。他告诉我说，他在生产上真是一文钱掰成两半儿花，“为的是尽快拥有自己的酿酒厂”。“你打算将它办得很大吗？”我问他。“啊，不，我不想把它弄大，”他回答说，“只想把它弄好。”为此，他要有更好的设备、更好的葡萄、更好的人手。是更好，而不是更多。[1]

查尔斯·汉迪（Charles Handy，1976）①

大型的人类组织总要导致压迫。必须以民主的机器防止此类情况的发生。[2]

J. B. S. 霍尔丹（J. B. S. Haldane，1949）②

---

① 查尔斯·汉迪（1932—）：英国管理学专家，有《管理之神》《非理性的年代》等十余种管理学著述问世，被誉为“管理哲学家”。——译者

② J. B. S. 霍尔丹（1892—1964）：富于传奇色彩的著名英国生物科学家与科普作家。因与其父同名，故通常以全名的缩写区分父子俩，父亲为 J.S. 霍尔丹，儿子为 J. B. S. 霍尔丹。过去曾将他的姓氏译为哈丁。——译者

多大的尺度是适用的呢？这要看目的。尺度的问题在今天是极为重要的，无论在政治领域、社会领域，还是经济领域都一样。在其他几乎所有领域无不如此。[3]

E. F. 舒马赫（E. F. Schumacher，1973）①

① E. F. 舒马赫（1911—1977）：英籍德国经济学家、社会学家。以 1973 年出版的《小的是美好的》一书而名动全球，主张发展中国家不应步西方国家经济发展的后尘。强调西方现行的经济模式并不适用于所有国家，由此提出“适用经济”的理念，20 世纪 80 年代和 90 年代曾十分风行，今天也仍被一些亚洲和非洲国家奉行。——译者

三年前，布莱坎是英国威尔士的一个集镇。当时，它的集市正像今天的许多地方一样，正在向超市转变。英国的食品零售业巨人“赛福伟”（Safeway）就要打入这里了。环境规划师乔治·蒙比奥特（George Monbiot）来到这个镇上，发现当地居民对小镇的前景很不看好。

布赖恩·凯洛克（Brian Keylock）是镇上的一名肉商。他是这样说的：

> “赛福伟”对人们说，它将给布莱坎带来更多选择。可是，我们这儿已经有了九家肉铺，也就是有了九种选择呀。如果我们都关门了，人们就没有选择了。鱼店已经歇菜了，几家布行也关了门……你去莱明斯特镇看一看吧，自打这家伙去了以后，那里就完蛋了。它也会把这里弄成一个样。[4]

坦白地说，布莱坎能够维持这么久，已经是相当幸运的了。自从进入 20 世纪 80 年代以后，英国的小镇就开始随着商业街的式微和本地店铺的衰落一蹶不振了。如今，连锁商店、银行和房地产销售点都开在了镇中心，在那个地方，就是想买点牛奶都不容易。你要是打算买，就得跑到镇边上，那里有超市，出售的奶品有 10 种。超市里什么都卖，而在过去，人们是要在一家家店铺里选购的。

问题——如果这样看待小店铺的消失——并不单单在于超市和连锁店的存在，还在于人们都去那里购物。人们的选择余地在渐渐减少：当我周日下午在德文（Devon）郡的阿克斯明斯特（Axminster）镇闲逛时，如果想喝上一杯茶，就只有一路跑到镇边上去，在“桑斯伯里”（Sainsbury）超市得到满足。小规模的茶馆是无法同超市竞争的。问题正出在这里：大型公司能做小店家做不起的事情。比方说，有多少家本地的面包坊，能够以 8 便士一条的价格出售长条面包呢？而这却是“塞福伟”的售价（1999 年时）。这样的售价远低于成本。而超市的算盘就是，靠主食的低价拆竞争者的台，并以此造成自己的商品极为廉价的印象，以吸引顾客在买这些主食时，也选购更贵的物品。近来，英国的“丽都”（Lidl）超市甚至采取过对卤汁烘豆罐头实行倒贴的做法（没错，是倒贴，也就是从购物总金额中减去一部分）。

市场经济的“传教士”们对人们说，这样的做法是为了创造最好的效果。英国政府在 1978 年发表的绿皮书（政策文集）上有这样的话：

> 各竞争者间不受干预的相互作用，通常会促成经济资源的最佳配置、最低的价格、最高的品质，以及最大的物质进步。而与此同时，这种相互作用还会有利于保持民主、政治与社会结构的宽松。[5]

恐怕布莱坎的那位肉铺老板，宁可希望来点别的相互作用吧。

面对这种鼓吹，反对的人也往往将自由化市场描绘成大鱼必将吃掉小鱼的所在，结果是使市场变成由少数大玩家主宰的雷同商界。这当然没有说错。1990—1996 年，英国年销售额在 10 万英镑以下的商户个数已下降了 36%；而 1986—1997 年，超级市场的店面数却几乎增长了两倍。从更大的范围来看，大公司已成为全球的经济大力士：世界经济 100 强中，有 52 个都属于这些大公司。人们有充分的理由为此担心。蒙比奥特认为，超级公司的增长，不仅会威胁到区域内部的凝聚力，还会损害民主概念本身。因此，对于造成商家扩展或萎缩的原因，实在是太应该研究一下了。

在这一章里，我们将探讨一下是否存在着什么能够控制商家扩展方式的基本规律。许多经济理论人士都认为这类规律是的确存在的，然而，即便真的存在，它们会表现为何种形式，又如何运作，人们还是莫衷一是。不过，人们已经在产业界看到了存在某种“普适”原理的迹象。这就是说，不论是钢铁厂、出版社还是面包坊，它们的扩展都会遵循一条“铁律”，由它来决定大、中、小型公司应当如何分布。事情怪就怪在这里。尽管种种迹象都告诉人们，产业界的规模分布正在变得头重脚轻，然而，这种无人置疑的全球不平等局面并非占据了全部图景。虽然几家大公司对产品类型和广告的影响大得过了头，但小厂商的数目还是要比大家伙多得多。这些草芥公司的大多数永远不会长成大个子；真正能够成为参天大树的凤毛麟角。然而，草芥们并不因此而消失——至少从今天的统计数字来看还没有如此。

取得成功靠的是机遇，小厂商们对此再清楚不过了。不过，从一家家小公司辗转沉浮的大量表现中似乎能够看出，确有一些强有力的规律主宰着公司的发展。能不能按照需要——至于按照谁的需要尚待斟酌——给商业世界重新梳理一番呢？这个问题目前还没有答案。不过有一点是肯定的，就是如果有意这样做，至少先得确定并理解这些规律。例如，如果我们希望对大公司的规模有所限制，或者打算帮助小公司无须扩展也能维持，就先得建立公司增长的模型，借以预测采取立法或者行业规章的举措会带来何种后果。如果我们有朝一日发现，只要容许自由交易——哪怕只在有限的程度上实施——都必定导致若干个超大规模的公司的出现（看来有可能确会如此），那么，至少我们也知道了自己所面临的选择会有哪些。

公司要“共”司

世界贸易并不非得依靠公司或者商号不可。在罗马帝国时代，不列颠岛上的人能够买到中国的丝织品。罗马也反过来向东方出口。越南就曾发现过古罗马钱币。日本奈良（Nara）的东大寺（Tojaidi）建于公元 752 年，寺庙中便有来自拜占庭帝国的玻璃制品。出现在古代的如此令人赞叹的贸易网，是靠手艺工匠个人将自己的制品出售给商人，商人再加价卖给天高地远处买得起异域奇珍的富人。

那么，公司和商号又是干什么的呢？中世纪的工匠发现，如果他们组织到一起形成行会，会给自己带来若干好处。行会对自己的成员起到了防范外来盘剥的保护作用，还能在行业中硬性规定薪酬标准，保障了入会立契人的权益。不过，工业革命显示了集体劳动的最大优势——机械化所能实现的规模经济。当然，受益者主要是少数而非大多数人。工业化给老板带来的好处要比给工人的多得多。不过，即使是这样，如果是在工厂里当工人，虽说仅能靠工资糊口过活，但大体说来，日子还是会比根本无望斗得过工业化对手的传统手艺人好一些。前者固然是凑合着过日子，但后者如果不去当工人，就只能饿肚子。

实现规模经济可以有若干种方式。大型厂商可以购进个人无望企及的昂贵机器设备。它们能够通过使劳动力组织到一起，将工作分配给实行专业分工的人共同来做。斯密就这样说过："只要采用了分工，在任何一门手艺里，分工都会给劳动生产力带来成比例的增长。"[6]① 大厂商还可因得到大额订单，得以免去为争取许多小合同而支付的业务花费。

到了 20 世纪下半叶，工业革命时代那种强制色彩很浓的劳动力市场变得和缓起来，让工人看到了较有保障的就业前景。无所不包的大公司能够提供就业保障、职工福利（健康保险、交通补贴、住房补助等），营造了员工之间的紧密关系。后来，大公司还做出了发放养老金的承诺。由于这一切，曾使马克思做出了"革命不可避免"这一预言的 19 世纪的雇佣关系模型，以及斯密所提出的市场原理——此等原理驱使雇主（也许根本不需要任何驱使）只给工人发放维持基本生存的最低报酬——现在看来都会因为相应的改变而不一定能实现了。之所以如此，大公司的所作所为恐怕起到的作用最大。在一些地方，特别是在日本，劳资双方签订合同，已经不再单单是以工作换金钱的契约，而是以一生的效忠报答一生的保障。现代资本主义是否真有这样美妙这里姑且不论，但可以相当肯定的是，多数人宁可加入集体的劳动大军，也不希望自己单干。

对于管理人员与其手下雇员间的复杂关系，传统公司理论说不出什么来。在这个由经济学家造出来的理论中，只是简单地设定上司表现出工于盘算的理性，而下属则习惯于逆来顺受。这一理论宣称，公司只是为了谋求最大利润而存在，其目标就是使收入尽可能地高于成本。既然将这个目标明确地放在首位，公司就会精心进行供求计算，由此找到最佳的全套选

① 本书所引用的《国富论》文字，均沿用谢祖钧等译的中译本，中南大学出版社 2003 年版。——译者

择。它们只肯将规模扩大到一定的程度，因为再进一步扩大，所增加的收入就会恰恰等于提高的成本，结果是两者相抵，也就是说，生产的增加部分并没有带来利润的扩大。[①]

要是只看短期内的情况，倒还是不错的。但不幸的是，传统公司理论还预言，在完全自由化的市场内，长期运作将会导致根本无人赢利。这就是说，该理论认为资本主义是不利于资产阶级的。道理很简单，在完全自由竞争的市场内，每家公司都能够给自己的产品任意定价，为了取得竞争优势，他们会压低价格，缩小自己的利润空间。因此，不会有哪家公司将售价提高到收入与成本完全平衡的收支平衡点之上。这是因为，如果有谁这样做了，就会有别的公司卖出比这个更低的价格来，价高的产品就无人问津了。对此，斯密已经预见到了。

利润究竟是如何产生的呢？这是 19 世纪的经济学家十分关注的问题。对此已在第 8 章中提及。马克思认为，利润源自“剩余价值”，即工人给雇主工作的时间超过了工资所值，也就是说，雇主的一部分劳动成果是“白捡”的，而这正是利润的由来。这样的论证与他本人有关工人受剥削的图景是吻合的，当时因总体劳动力萎缩而工作时间延长的环境，也足以令人认为马克思言有所中。然而，人们也不难想到公司能在市场自由的环境下谋得利润的其他许多原因。商业广告无疑会使购买标准出现畸变，使人们不一定选购最便宜的产品，而是转向他们认为最“出色”的或者最有名气的商品。人们是肯为时髦的名牌花大价钱的。

这还不是全部因由。设定竞争会在理想状态下进行，这实际上是躲开了一个奇特的实际情况，就是各公司是相互依存的：一家公司的行为能够

① 理想的生产水平，应当是使边际收益（多生产一个单位的产品所带来的收益改变）等于边际成本（多生产一个单位的产品所导致的成本改变）时的水平。由于每个具体厂家都自有其最佳的生产条件，超过这个限度而扩大生产，势必带来收益规模的减小（当不靠外来资金投入扩大工厂规模时）。当这种情况发生时，边际成本会随着生产输出的增加而步步增大，结果增加生产势必最终导致利润消失。经济学家属意于寻求兼顾边际收益与边际成本。方法是做出这两者分别相对于输入的理论曲线。结果表明，这种理论曲线很少会与根据实际数据绘得的曲线相符，从而给传统的公司理论带来新的问题（而这些新问题往往会被忽视）。

影响到其他厂商的定价和收益。经济学家都知道这是实际情况，却说不准什么样的对策效果最佳。

对公司进行研究的所谓传统的新古典理论，只能够较好地处理两种极端情况。一种极端是完全自由的竞争，另一种就是独家垄断。在完全自由竞争的条件下，可以认为每个公司在被外来条件限定的不变市场内运作。生产成本、销售价格和产品数量都应当根据市场中所有公司的平均行为来定，因此是不可变的。每个公司所能努力去做的，只是在被如此囿定的条件下想方设法寻求利润空间。而在实现了独家垄断时，市场中只有一家公司。此时是不会有谁与这家公司打交道的，因此根据定义，相互作用是可以忽略的。但在实际上，独家垄断显然属于特殊情况，因为一般来说，市场的运作总会受到立法的制约（否则，取得了独家垄断地位的公司就能随心所欲地给自己的产品定价了）。

实际情况是，由大量地位基本相当的公司在自由化市场体制中竞争的情况并不存在，至少是难得存在的。通常市场中总是存在着许多大小各异、产品范围有所交叠却又未必完全重合的公司。这样一来，传统理论就无法解释了。不过，对于这种形势中一个比较狭窄的特例，该理论还是不错地触及了一下。这种特殊情况就是寡头垄断——商品领域由不多的几个大玩家把持着。寡头垄断的形势并不罕见。以英国为例，这个国家的整个食杂零售总额中，5 家连锁超市便占了 3/4；全国性的报纸总共也只有六七家。

在寡头垄断环境中，公司间的相互作用对于定价和赢利是至关重要的。在完全竞争的市场条件下，各公司的降价手法大体一致，而一旦玩家的数目减少后，公司间的反馈就会偏激起来。这就会导致不稳定和骤变，用物理学名词来形容，就是表现出强相互作用的迹象。比方说，价格会在长期稳定后突然因价格战的升级而直线下跌。近年来，在个人电脑制造业、民用航空和大型报纸领域内，都爆发过此类战争。这样的竞争显然对消费者是有利的，他们会以大大低于成本的价钱将商品买到手。不过，时间一长，这种竞争将导致玩家减少，选择机会下降，使市场滑向独家垄断。目前，传媒业巨头鲁伯特·默多克（Rupert Murdoch）所主宰的国际新闻集团，在英国就构成了此种威胁。

经济学家曾以种种方式试图将相互作用引入寡头垄断的模型。有一个很粗糙的模型，就是认为敌对表现会改变需求曲线的形状，而需求曲线又是将价格与商品数量联系在一起的。例如，某家公司的各个对头可能会愿意针对其所有的降价行动采取跟降的对策，但对抬价行为却不跟进。但这只对模型设定特征之一做了调整，即价格与数量的关系。其实，这仍然是想要将相互作用的市场简化为所有厂商只在外部限定条件不发生改变的环境下运作。

寡头垄断未必会卷入价格战。他们若联手抬高价格，顾客却由于没有什么选择机会而不得不多掏腰包，这显然更符合前者的利益。这便导致了卡特尔的出现。卡特尔是事实上的独家垄断。有些国家禁止卡特尔，但在实际上很难防范这种损害消费者利益的联手控价。对此，蒙比奥特是这样说的：

> 看来可以十分肯定地说，一些大型连锁商家，实际上已经成为地区的或者跨地区的独家垄断。比如说，“台斯科”（Tesco）和“桑斯伯里”这两家超市网，便控制着伦敦和英格兰南部地区 57% 的食杂市场。[7]

卡特尔能否有效地控制市场，取决于加盟厂商是否会遵守协议，是否不会为了给自己捞得较大的市场份额而私自降低自己产品的价格。这一既包含合作优势又带有因利益诱惑而背弃协议的弊端，是对策论分析方法中的典型形势。对此我们将在第 17 章谈及。对策论中的此类分析方法，时常会用在经济学领域，对寡头垄断产业的联手行为进行模拟。

不过，所有上述传统的研究方式，都极大地关联着市场的真实结构。这就是说，它们极大地取决于所有厂商规模的真实分布。完全竞争、独家垄断和寡头垄断这三种情况例外。在真实的市场中，公司通常会有不同的规模。小厂商的存在，可能会使寡头垄断企业的行为有所不同；而大公司的存在，也制约着小公司的竞争。

进一步看，传统的经济理论也没能很好地反映厂商的动机。可以认为，多数公司绝对不是单纯的最大利润的追逐者。每家公司都有自己的多重目标，其中可能会含有不少互相冲突的内容。即使是怀疑一切的人也不至于认为，所有公司都是将利润放在第一位的。请记住：我们这里所涉及的厂商，不仅仅是那些跨国巨头，也包括了只有三名雇员的临街面包作坊。我就曾在一家为员工提供免费午餐的公司里工作过。如果不这样做，它的利润就会增加，而员工尽管会有牢骚，却未必会因此而辞工。当然，公司的动机也与私利有些关系：让员工高兴，也是符合公司老板私利的。

一些公司追求的不是最高利润额，而是最高的总收入。它们认为，从长远的观点来看，市场份额比利润率更重要些。还有的公司以员工数量的增长为最高目的。另一些最关注的是如何使股东们满意。还有的呢，它们的目标是面对众多的不同类型的标准，取得满意的（然而未必是最佳的）结果。这就是经济学中用到的一个不那么动听的说法：不求当状元，但求能上榜。

鉴于总体目标如此多歧，自然会导致一些公司的发展情况与其他公司很不相同，甚至根本不同。但是应当记住，将个体与统计结果区别开来是十分重要的。人们虽然在环境中运动时，会持有诸多的不同动机，但这并不意味着其集体行为便不遵从任何模式。那么，在诸公司各不相同的作为下，是不是也会表现出统计规律性呢？

工商规模扩展律

有这样一本书，书名是《经济的不平等》（*Economic Inequalities*）。这一书名可能会使一些人认为，它是一本批判资本主义的著述。其实，批判资本主义根本不是此书作者罗贝尔·吉布拉（Robert Gibrat）的初衷。这位法国经济学家在这部出版于1931年的著述中，率先指出了一个普遍的规律，就是公司会具有大小不等的分布。

吉布拉明白，凡属这样的理论，都必然是统计性的，也就是说，涉及的是公司大小的概率分布的数学形式。他清楚地意识到，这样的分布会表现出明显的一边倒，也就是说，小公司要比大公司多得多。这是个基本事实，当年（20 世纪 30 年代）如此，至今依然。所有工业化国家的经济数据都证明了这一点。美国华盛顿布鲁金斯学会（Brookings Institution）的经济学家阿克斯特尔说："这一分布所表现出的时间上的稳定性……或许堪称所有社会科学中最坚牢的统计规律。"[8]

据吉布拉猜想，在决定公司扩展的诸因素中，可能包含着某种相当分量的无规成分。他的这一猜想，源自荷兰天文学家雅各布斯·卡普坦（Jacobus Kapteyn，1851—1922）。1916 年前后，卡普坦告诉人们，存在于种群生态学中的"一边倒式的分布"，可能是高斯（即随机）过程的结果。吉布拉认为，公司会以无规的速度扩展，而这种扩展速度又无时无刻不被公司当时所具有的规模"放大"。

这便形成了如今已广为人知的吉布拉"比例扩展律"（Law of Proportionate Growth）的基础。在他本人看来，这一规律在产业界中的地位颇像牛顿定律。它的具体内容是这样的：要预测某个公司从当前到未来的某个时间之间会有多大的扩展，可随机地选定某个介于 –1 和 1 之间的数（0.5、–0.3528、0 等，都是合格的），再乘以该公司目前规模的大小。这样，公司越大，就越有可能出现比小公司更显著的规模变化，但也不是绝对如此。该规律中之所以包含随机数这一机会因子，是因为影响增长的种种因素是难以预测的。还可以用另外一种方式来表述这一规律，即公司越大，就越可能在眼下的潮流所提供的机遇中改变资本状况。

由这一"比例扩展律"可以导出规模遵从"对数正态分布"① 的数学形式。吉布拉搜集了 1920 年和 1921 年法国制造厂商规模的数据，由此证明其大小的分布与自己的预言相当符合。他并没有就此收兵，又发表了新的数据，认为这一规律也适用于其他时间段——拿去衡量 1896 年，也会同

---

① 指公司规模的对数值满足高斯分布，亦即正态分布。

1921 年一样，在其他经济领域——工业和农业——也都适用，还可以用于同一领域内的不同部门。到了 20 世纪 40 年代时，吉布拉的模型已经很有名气。即使到了今天，在进行有关公司扩展的研究时，不论是理论性的，还是经验方面的，都时常会以它为参照。

尽管如此，这一模型从根本上看是错误的，而且人们也都了解这一点。无论吉布拉的模型如何描述公司规模的分布，只要看一看真实公司的发展情况，就能明显看出它们并不是按照某个随机值扩大或缩小的。而且，这一图景肯定也不符合新古典经济中有关公司在理性前提下谋求最大利润的观点（这是指面临市场条件的改变，各公司采取的应当是大体类似的对策，而不是各自独立应对）。

因此，虽然吉布拉的这一规律起着一种理想化的作用，实际上并没有谁指望它非常切近实际情况。事实上，到了 20 世纪 50 年代，这种认为公司增长会遵从某种普适规则的观点已经不受重视了。代之而起的，是经济学家开始相信，或者是由于不同的生产制造过程决定了不同的规模经济，或者是由于广告、研究和开发在不同的产业中发挥的作用不同，或者是由于别的原因，市场结构和运作会因产业不同而各异。对公司规模分布的更仔细的研究已经显露出迹象，表明吉布拉的“普适”曲线，可能只是由不当的数据碰巧导致的。伦敦经济学院的经济学家约翰·萨顿（John Sutton）这样归纳了当前对这一规律的主流看法：

> 我们找不出任何显而易见的道理，可以据此认为公司的规模同其应当表现出的扩展比例之间，会遵从某种普遍规律。我们也找不出任何理由，可以认为公司规模的分布，应当在所有产业领域遵从某种特定的形式……20 世纪 60 年代以来进行的经验分析表明，认为规模分布具有“通用”或说“典型”的单一形式的想法，是值得怀疑的。[9]

吉布拉的模型之所以被否定，不仅由于它与公司的真实发展情况明显不一致，还由于通过它得出的结论表现出任意性，也就是说，微观经济原理并不支持他的“比例扩展律”。但问题是，标准的公司经济理论中又找不到比它更好的东西。美国布鲁金斯学会的阿克斯特尔就曾指出：“有关公司的新古典理论，尽管又有 U 形成本函数，又有信息全面、理性十足的管理阶层，却仍然不能对凭经验得出的规模分布给出可信的解释来。”[10]

这似乎会使经济学家不得不相信，公司扩展的模式会因各行业中的特有因素而不同，从而被迫下大气力按不同产业一一设计模型。这样一来，吉布拉的普适律便会就此谢幕下场。用萨顿的话来说便是：“市场结构的进化是复杂的现象，想要以一个模型囊括人们所观察到的所有统计规律，未必会是明智的目标。”[11]

公司原理，确定不移

也有人不这么肯定。1996 年，物理学家斯坦利、经济学家迈克尔·塞林格和他们在波士顿大学的几名同人，研究了美国制造业 1975—1991 年所有进行公开贸易的公司的扩展率。这一研究工作涉及约 8000 家公司，有关的数据集大过以前的一应先例。这些研究人员发现，他们得到的扩展率固然不符合吉布拉的对数正态分布，却表现出有如临界现象的乘方律关系。这便意味着，以扩展率的对数和该扩展率的发生概率的对数为两个坐标轴作图，得到的会是一条直线。说得更准确一点，得到的是两条直线：一条是正的扩展率，一条是负的扩展率，而两条线的倾斜程度相同——合成了一条倒 V 形曲线（图 11.1）。他们从另外两个有关公司规模的参数——销售额（收入）和雇员人数——的统计中，也得到了同样的乘方律。

于是，公司的扩展，看来可能又有了普遍规律，只是异于吉布拉的模型而已。不过，这里并不只是换个形式。吉布拉的对数正态分布是根据公司的扩展彼此无关的设定得出的，也就是说，扩展过程是随机的，只不过会被公司本身的规模加了权。而物理学家通过自己与乘方律长期打交道的经验，相信这种形式的规律是相互依存关系的普遍表征。当不同个体间的局域性相互作用导致长程影响时，乘方律通常就会通过集体行为表现

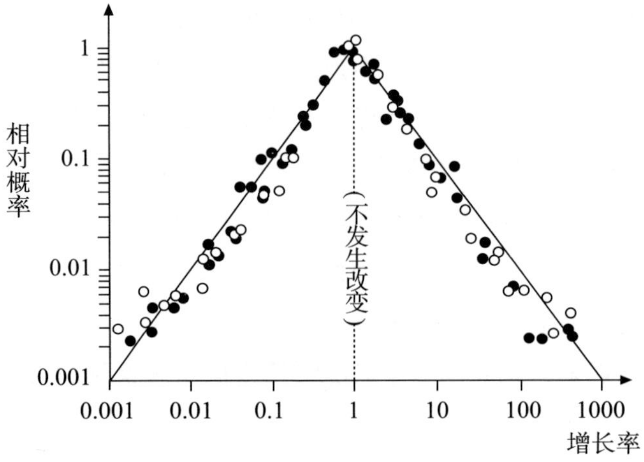

图 11.1　1975—1991 年美国公司扩展率的概率分布。这是以所有进行公开贸易的公司为统计对象得出的。扩展率是根据销售额（实心圆圈）和雇员数目（空心圆圈）得出的，分增加和减少两类。大公司一般会有较大的扩展率。不过，如果以相对扩展率即公司规模的变化百分数表示的话，所有的数据点都会落在同一条线上。乘方律告诉人们，随着扩展率的增高，对应的概率会变小，当以对数值为两个坐标轴时，就会得到一条直线。规模缩小的情况也遵从与增大时同样的乘方律，因此会呈现倒 V 形。

出来。

这一想法得到了阿克斯特尔所发展的有关公司扩展的微观经济模型的支持。根据这一模型，公司形成于许多各有自己的目的，但彼此间有相互作用的工作者（元体）的集合。这一模型规定了若干能够使集体行为较各自行为收益更大的规则。集体便在这些规则的推动下运作。阿克斯特尔的这一模型立足于微观经济学，目的在于根据构成系统的个体的动机，努力推断出体系的总体行为。不过，与许多此类“公司理论”不同，该理论并不以诸如公司是干什么的、公司有何种行为等预先给出的若干设定开始。在这个模型中，各个元体并不是被迫集合成群体的，而是由于，这样做会符合成员的最大利益。成员们在做每件事情时，追求的都是实现集合的最大利益。从这个意义上说，他们都是最合乎经济学家标准的理性逐极者。不过，他们并不能对系统中发生的一切有全面的了解，而且离这一点还差得很远。还有一点，就是这些成员并不是如一些经济学家所认定的那样，都是贪婪成性的最大利润追求者。应该说，他们是各自心目中幸福目标的全力追求者。

是什么让这些元体们感到幸福呢？答案各异。每个元体都会追求两个目标：金钱与闲适。然而不幸的是，在阿克斯特尔的理论世界中，钱是必须靠努力换得的，金钱与闲适是相互冲突的两个需求，没人能够同时兼得。它们之间应当如何折中，不同的元体会有不同的看法。有的宁可接受较低的工资，只要与此同时能得到很多自由支配的时间；另外一些则不停地劳作，目的就是把钱包装得鼓鼓的。钱与闲究竟哪个更重要，会是仁智互见的。因此，每个元体所要做的，就是找到能够提供自己所需要的折中比例的工作。如果喜欢多干，不妨去找个工作繁重的公司。如果喜欢轻松，就去找一家有躲清闲机会的公司，好能够少出力而不被发觉。工资可能会低些，可这也没有什么大不了。

事实上，每个元体都是要追求最大限度的效用——效用就是对“幸福”的量度，而“幸福”在此处便是希望实现的工作与闲暇之比。边沁在他所提出的功利主义哲学中，就曾给出过一个类似的概念，就是能够最大限度地实现所有人的集体效用的状态，也就是社会应当所处的使总体有最大幸福感的状态。不过，在阿克斯特尔的模型中，各元体可根本不是什么有集体主义精神的个体，他们所关注的只是在自己能够选择的范围内，最大限度地谋求自己的效用，至于集体能得到什么效用，他们才不去理会呢！

那么自然就会出现这样一个问题：为什么该模型中的元体，会愿意进入公司呢？如果他们喜欢自由自在，干吗不一个人单挑呢？反过来也一样，一个拼命三郎，若是同别人一起干，不是有可能碰上偷懒耍滑的同事吗？诺贝尔奖得主罗纳德·科斯（Ronald Coase，1910—2013）在 1937 年一篇有关公司理论的重要论文中，便探讨了这个问题。他提出的问题是：市场为什么并不表现为由单枪匹马的个人一对一地进行交易。

科斯的答案是：这是由交易成本决定的。要进行买卖，就必然涉及交易成本：时间、精力，在洽谈、商定和执行合同时，往往还要有金钱上的花费。另一方面，马歇尔也在 1920 年指出，使劳动在组织起来的状态下进行，就会如老话所说的那样：人多活轻快。这句话的意思是说：同样的努力，如果由集体来干，收益通常会高于个体。劳动的分工、资本成本的分担、专业化等，都使集体的所得大于其各个组分的单独之和。经济学家将这一现象称为规模增值——规模越大，就越能多生产。阿克斯特尔针对每个元体的努力与其所在的群体所具有的生产力之间的关系，给出了相应的数学方程式，并引入了自己的模型，从而提供了元体形成集合——也就是组成公司的动机。

有关公司的标准理论认为，公司之所以会扩展，就是因为存在着规模增值。然而，阿克斯特尔的模型并不能保证这一点。这是非常重要的。该模型只是证明，如果元体能够整合好自己的资源，便能够以同样的努力干成更多的事情。这自然使人觉得，随着公司变大，收益自会增加，但并非肯定如是。（比如，该模型就没有提到，公司里的每个元体到底努力工作到何种程度。）该模型只是告诉人们，不论元体是工作狂还是游手好闲之徒，彼此联起手来，都会符合所有方面的利益。在这两种形势下，都会以少换多，因此能皆大欢喜。

在这个公司模型里，各有所好的元体都可以为寻找自己最中意的地方而随时加盟和退出。因此，随着人员增减，公司也时大时小。事实上，每个元体实际上没有太多的选择机会。由于模型中的规则所限，他们不能了解到整个市场的动态；只能从有限的几个——通常是两个——“关系”那里知道些信息。如果“关系”的处境不错，元体也就会跳槽，否则还待在原处不动就是了。

这个模型中的关键内容，是每个元体能够自己选择工作态度。而如何做出选择，又会随形势而变。如果一个不想干活的人能设法混进一帮工作狂组成的公司，他就会什么都不干而坐享收益。构成公司的每个元体都是从总产出中拿到一定的百分比作为报酬的，同时大家得到的报酬是相同的。如果一个懒鬼进入了一个由 50 名勤快人组成的公司，而且什么都不干，这样，整个公司的输出并不会按人头增长。他得到的报酬是其他 50 个成员创造价值的 1/51。其他 50 个成员各自的报酬，则会从同一个总输出的 1/50 变成了 1/51，基本上变化不大。因此，如果公司的利润较为丰厚，大家就可能会容忍这个“南郭先生”。（此模型十分简单，不存在勤快人联合起来对付和赶走懒人的程序，勤快人如果想要以自己的劳动换得较好的收益，唯一的选择是自己挪挪窝。）可是，如果让这个“南郭先生”自食其力起来，他可就无法悠哉游哉了，因为他将活不下去了——再爱闲适的人也得吃饭呀！在小公司里吃白食的元体比较容易被识破，大公司里则容易混些。因此，其他元体的态度往往是，只要能够找到报酬更高的公司，还是跳槽为好。

在此模型中，每个元体都会在随机选定的时刻做出某个新的决定，就好像是一觉初醒，蓦地自问：“我还要不要这样干下去呢？”每当这样“激活”后，元体就会重新调整自己的努力程度，好为自己求得最佳的效用。他还可能权衡要不要退出，以进入“关系”的工作单位，或者自己开一家公司。

这样的模型存在一个重要问题，就是是否存在着每个元体都对自己的处境感到满意的稳定状态。经济学家以率先于 1949 年提出这一状态的数学家约翰·纳什（John Nash，1928—2015）的姓氏来命名这一状态，就叫纳什均衡（Nash Equilibria）。纳什均衡对应于所有的元体都不可能从改变自己的行为中获得更好的境遇。经济学家一向希望能在自己的模型中找到纳什均衡，冀以确定在现实世界中应当采取的举措。然而，在阿克斯特尔的模型中是不存在稳定的纳什均衡的。这就是说，所有的元体都安下心来不再进行新选择的不变状态，是永远不可能出现的。随着公司的兴衰起落，人员流动是始终不停的（图 11.2）。这个模型是非平衡式的，这使它与多数有关公司成长的微观经济模型大为不同。

不过，这并不是说，从这样的系统中，我们就找不出任何能够说准的内容来了。不是的，这只是意味着，我们应当去统计学中寻觅。比如，我们固然不能说出某某公司会在多长时间里，将所有劳动力中的 25% 都纳入自己门下的预言，不过，无论在什么时刻，我们都能确定这种公司存在的概率。事实上，使模型全盘运作一下，再进行统计抽样，便可得出公司规

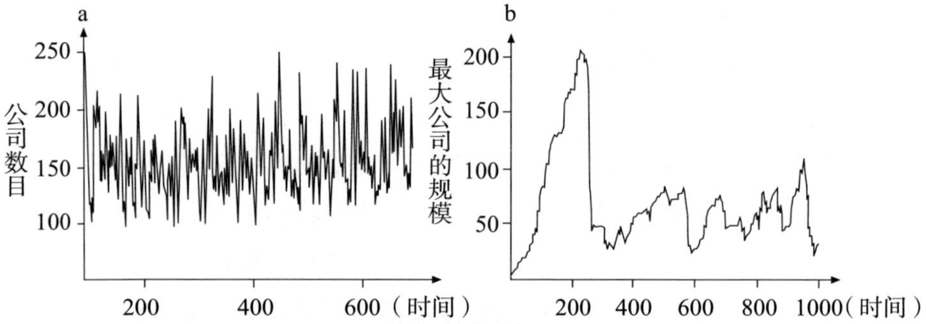

图 11.2　在阿克斯特尔的公司成长模型中，存在着永不停顿的变化。公司的总个数（a）从来就不会停留在某个稳定的数字上，即使是进入最大之列的公司（b），也会遭灾般地垮台。

模的整个分布。这个分布是遵从乘方律的，即反映公司大小与存在这种公司的概率，用（对数）图像表示出来是一条直线（图 11.3a）。而这也正是阿克斯特尔 1997 年根据美国大约 2000 万家公司的数据统计得到的实际结果（图 11.3b）。这就是该模型取得的重大成果。在此之前，还不曾有哪一个公司微观经济理论能正确地预言出这一分布的乘方律本性呢。

该模型还在另外一项实验中做出了重要揭示。这是在研究公司扩展率时得出的。请记住：吉布拉认为公司规模的变化是随机分布的，而真实的经济数据却表明了相反的结果——又是遵从乘方律的，由是在对数坐标系中给出了倒 V 图形（图 11.4）。阿克斯特尔的模型则能给出同斯坦利等人的实际统计结果（图 11.1）一样的规模变化率分布。

一些好持怀疑立场的人可能会想到，或许乘方律是模型本身以某种方式固有的，因此，不论元体有何种行为，乘方律都是会出现的吧？然而，如果设定元体改换公司是随机性的（而不是为了实现更好的效用），或者设定他们会随机地选换出力等级（而不是根据环境调节自己出力多少），公司的规模分布就不再服从乘方律了。因此，乘方律看来就是市场中每个元体有目的地采取行动的结果。另一方面，即使改变元体进行选择的许多细节内容，只要选择是有目的的，乘方律就会始终存在。比如，可以扩大每个元体的关系圈（从而加大他们对劳动市场的认知度），或者加强对规模增值有促进作用的因素，或者增添若干目的因素（如吸引雇员留在公司

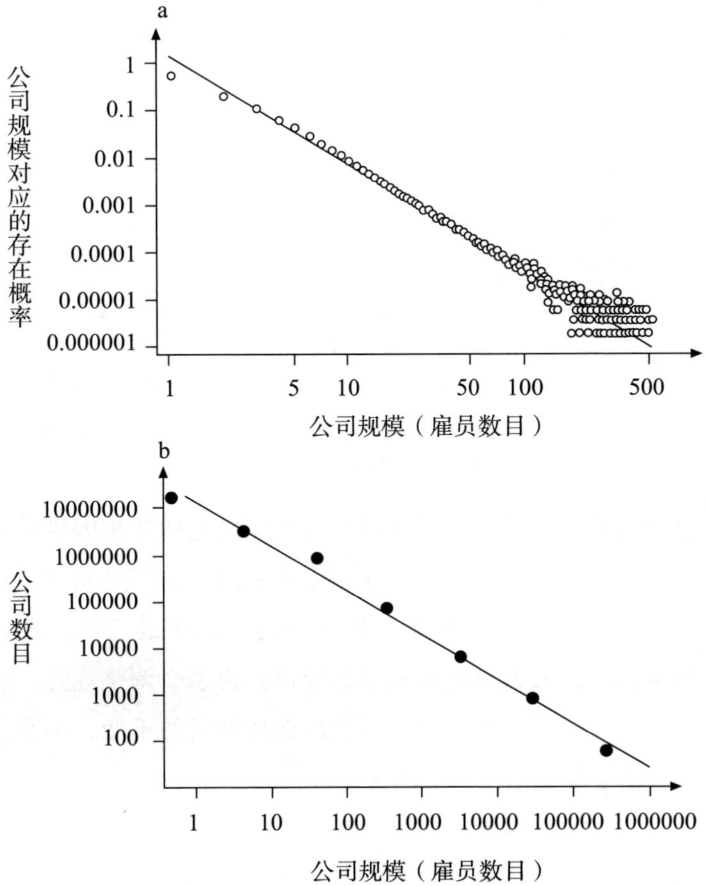

图 11.3 （a）由阿克斯特尔模型所得到的公司规模的统计分布关系。这一关系是遵从乘方律的，在采用对数标度时表现为直线。（b）1997 年美国公司的规模分布，根据“普查与计算统计”公司的数据，并结合个体经营者自就业数据合并而成。数量最多的规模段中包括 1550 万家“无雇员”公司——都是个体经营的自就业公司。

的忠诚奖金等）。但即使有了这些，直线仍然会是直线，只是斜率会有所不同而已。

没有人认为这个公司扩展模型完美无缺。该模型略去了许多重要的内容，如管理结构、产品专业化等等。尽管如此，看来它仍然能够对公司的种种统计性质做出符合现实的预测。原因何在？据阿克斯特尔猜想，这里面很可能存在着某种类似于物理学中的普适性的东西，这样一来，总体行

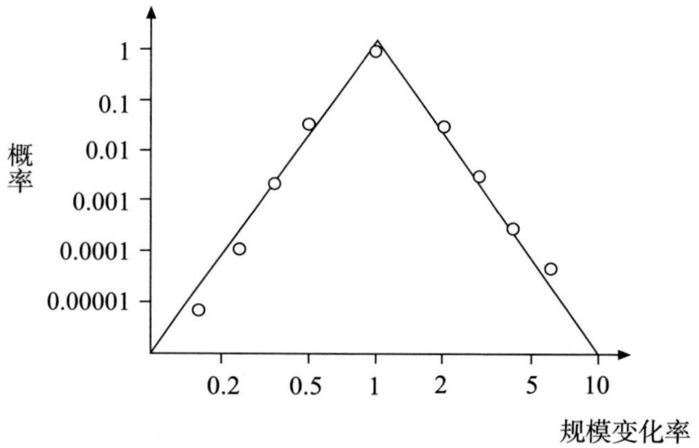

图 11.4　阿克斯特尔模型给出的公司规模变化率，是分两段遵从乘方律的，其概率分布曲线为倒 V 形，同真实数据所显示的（图 11.1）图像相符。

为便对细节变化不甚敏感了。尽管影响到个体决定的各种因素其重要程度各异，但个体真正要实现选择总会受到很大制约。他就是从这一点看到了这种普适性。总的说来，元体能够选择的内容无非是三样：进入某家公司，离开某家公司，或者是进入对手的公司。再怎么调整规则，也不会改变这三个选择。而只要选择不变，且造成选择的目的不变，不管细节上有什么规定，市场总是会保持一定的集体性质。

起与落

将该理论的各方面与实际数据进行比较，结果都表明它确实给出了对公司发展过程的良好描述。不过，这一模型还不只使人们能够对公司规模等分布范围广大、重要却又冷冰冰的统计性质做出预言。这个模型是从“根上”开始，通过相互作用的元体一步步总结出来的，因此还为人们提供了历史——准确说来是一系列历史：每在电脑上运行一次这一模型，就会得到一段历史。我们不能期望其中有哪一段会与真人实事完全相合（比如，我们就不能指望能得出 20 世纪 50 年代美国制造业的历史来），不过，要从中找出诸如公司整个发展过程中的典型特征、元体的事业进程，以及类似的内容来，还是能够做到的。

第一个值得注意的此类内容，便是大多数公司都不会长期存在下去。这可不是一眼就能在实际的工商业世界中看到的，原因在于我们总是会注意到一些历史悠久的公司，如通用汽车公司或者福特公司之类。不过，公司中的大多数的确都是存在一段很短的时间后，不是关门便是易主了。就以 1982 年全美运营的所有公司中规模最大的 5000 家为例，到了 1996 年时，还以独立资格存在的只剩下了 35%。公司有很大的“关停并转”率，而许多公司经济理论却不承认这一点。

公司为什么会失败呢？在阿克斯特尔的模型中，存在着一类典型的发展道路。一家新公司在开始时，大体上会遵照乘方律随时间发展。它的收益会增加，工人会竞相前来求职。然而，它会在某个时间点上到达峰值，随之而来的往往是突兀的、灾难性的崩溃。它会减员到只有原来的一小部分，由为数不多的一批铁杆雇员支撑一阵子，然后永远地消失（图 11.5）。它的崩溃是由自己的成功造成的。公司一旦达到一定的规模后，就会招来一群白搭顺风车的人物，靠别人的努力获益。于是，公司里便有了越来越多的吃白食的，终于导致其他雇员在某个时候突然认为无法容忍，于是纷纷跳槽离去。（注意：在这个模型里，公司遭到败绩，并不是有关产品的市场消失，也不是由于仓库失火或者类似的原因，而是雇员奔着更好的目标去了。失败是“自致式”的。）这种失败是有先兆的：公司垮台前，雇

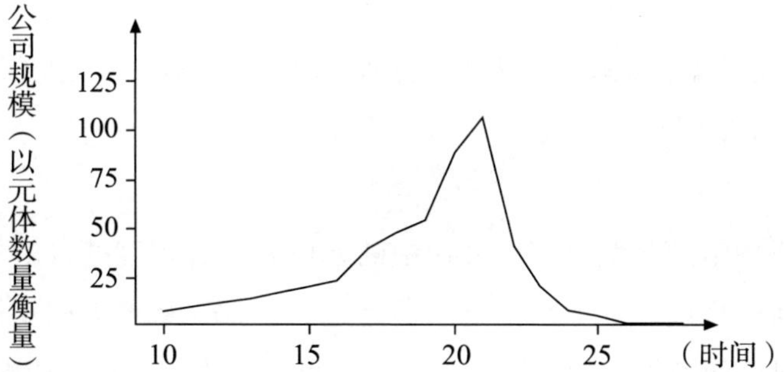

图 11.5 模拟公司的典型历史：先是几何级数增长，接下来是突然的衰落与逐渐的萎缩。图中给出的，就是这样的一个例子。

员的平均努力程度会急转直下跌落至零。

元体们并不总是想要干多好就能干多好——也就是说，他们的效用会有起有落。不过总的来说，大公司里元体的效用，很少会低于所有公司的平均值。面临不好的形势，大公司总能表现出较好的缓冲能力。只是在相当个别的情况下，大公司的元体在效用上会在短时间内低于平均值，而原因是这些元体没有合适的选择机会，被一时卡在形态不佳的公司里。

如果我们相信，这样的简化模型当真有助于人们了解实际世界的话，那么，我们也就从中学到了一些有关公司的深层东西。公司并不是追逐“最”的实体。作为一个总体，公司的目的既不是获得最大利润，也不是追求最高的总体效用（因此与传统理论所认定的不同）。每个元体确实是追求自己的最大效用的，不过这并不会导致集体内的所有成员有同样的总体行为。干得最出色的公司并不是以最高利润为其目标的。公司的长久存在，其实在于具备能够引来和留住好雇员的能力。公司的失败并不是从其利润空间的下降开始的，而是始自吃白食的人的渗入。

以利润为最大目标并不会使公司成功，这在产业界内部不应当是新闻，只是往往有人不肯这样承认而已。有些市场基本分析派不仅将追逐最大利润立为管理原则，还奉为社会责任。这正是恶名昭著的“贪为良”论。但正如英国的经济学家凯所说，这样的原则根本行不通。如果雇员们被谋求最大利润的动机所害，公司也不能幸免——

> 汽车制造业计件工资制的最终取消，是因为这种做法破坏了工作环境中的社会关系，导致了无休止的协商与冲突，还形成了无人注重产品质量的工作风气。[12]

阿克斯特尔的模型只容许公司中的元体有某种程度的自由意志——努力工作到何种程度、留下来接着干还是走人，却无从考虑相互作用更为复杂时的情况。而雇员们的选择，却会立竿见影地决定公司的成败。

阿克斯特尔觉得，由于对时时处于变化中的劳务市场的动态特点缺乏关注，已使传统的公司微观经济理论走进了死胡同。他认为，这种倾向导致人们在发展模型时，会设定工人一方所持有的意图是一致的，继而导致寻求稳定平衡的结构，以使每一名工人在任何一家公司里，都会同样地适应而快活。在阿克斯特尔看来，这样的理论——

> 一开始倒不至于出现问题，怀着自身目的的元体，会在各自不同但组织结构（即管理层）又大致相当的环境中安身立命。接下来，元体们就会根据战略对手、不确定性和信息处理时的制约等种种情况，在新形势下决定自己的表现。然而，在平衡理论看来，在任何一家公司里，结果都只由平衡的结果而定，也就是说，公司之间的定态其实是公司内部平衡的结果，这样一来，同质的设定又得到了体现。[13]

这种对平衡状态的追求，使人联想到当年创建统计力学者的意愿，也在如今这个人们对跳槽乐此不疲的时代里受到了更明显的误导。不过，即使在过去，在一家公司将一个工作干上一辈子的观念，也是对劳务市场的形象起了误导作用的。其实，这个市场也同其他市场一样，受到同样多的不可预知的涨落和崩溃因素的左右。因此，有关公司的理论必定是非平衡的，公司的前景必然是永远无法确定的。

分析实际的经济数据便可看出，描述公司发展变化的普遍规律是极有可能存在的。阿克斯特尔提出的模型和其他类似的理论结果，给人们带来了希望，让人们觉得有可能理解此类规律的来由。然而，还有一个问题总归是要提出来的，这就是：我们希望得到的究竟是什么？同统计社会物理学一样，我们不能指望归纳出任何能够预测或控制细节内容——比方说，当布莱坎镇开设了一家大型连锁超市后，布赖恩的肉铺会不会关门——的规律，恐怕最好连这样的企盼都要放弃。这也正是此种研究领域所固有的重大局限之一。然而，如果所需的是判断一下，与肉商布赖恩处境相类似的店铺有没有通过努力生存下去的可能性，那还是有可能做到的。

第12章

请君加盟

——工商界和政界的联盟

对于任何社会事务在任何给定条件下的情况——比如说，整个欧洲或其中任何一个国家的目前形势，如果社会科学都能够使人们理解其所有细节之当然和所以然，那它就达到了高度完美的程度。[1]

穆勒（1843）

从某种意义上说，正是由于法西斯主义对各种自由主义者、对社会党人和共产主义者、对任何一个民主政体和苏维埃体制，一概公开宣称为敌人而全部立为消灭对象，才使得反法西斯同盟得到了最迅速的呼应。借用一句古老的英国谚语来形容，这正是“不想分而被歼，就得同仇敌忾”。[2]

艾瑞克·霍伯斯鲍姆（Eric Hobsbawm，1994）①

我们不知道为什么会发生战争或革命。我们仅仅知道，为了进行某种活动，人们组成一定的集体，他们都参加了那个集体；我们说，人的天性就是如此，这是一种法则。[3]

托尔斯泰（1869）

---

① 艾瑞克·霍伯斯鲍姆（1917—2012）：英国历史学者与作家。——译者

我所用的电脑是苹果公司生产的Mac。这可能会使我被归为另类，被视同激进分子、标新立异者和天马行空派。至少，用Mac的人可能都会这样想。而那些微软公司PC电脑的用户，则可能视我辈为走上了只输不赢之路的呆瓜。

有时候，市场提供的选择会多得令人眼花缭乱、莫衷一是——在美国，要想喝上一杯咖啡，就会陷入这种举棋不定的局面。相反，市场有时又似乎不提供任何选择机会。比如，在想寄送普通邮件时，就只有一种邮政服务是可用的。不过，在一些情况下，系统会出现分岔，于是乎，决断便重要起来了：这里有一左一右两条路，而且无论走哪条都再不能回头，那么该选左边一条，还是右边一条呢？生活使我们面临许多取一舍一的选择。这时的我们，便有如磁体的原子，会面临磁针指向的选定——而我们的选择，很可能倾向于附和周围其他“原子”的选择。因此，最终表现出来的，可能会是大量相互作用的微妙影响的结果，是倘若不将群体的未来视为整体，就根本无从进行预测的动态前景。

在本章和随后的两章里，我将研究种种会出现明确而不能兼顾的若干选择的社会形势。第一个例子，是大公司和政界常常会遇到的情况，就是合并与联盟的形成。公司不一定永远遵循着上一章所给出的途径发展，也就是说，不一定靠稳步吸收雇员或者逐步提高销售额。它们还可能采取与竞争对手合并的做法，以冀取得协同的优势。它们还可以选择在保持各自独立的前提下通力合作。在产业合并的无情领域里，几乎没有给小公司留下什么空间。没能取得市场领袖地位的玩家，是胳膊拧不过大腿的；它们会被市场领袖吞掉，在最好的情况下也得按照大家伙的曲调起舞。

在多党制的政治体制中，联盟能够决定力量的均衡。随着政党数量的增多，有可能任何一个政党都不可能不靠其他政党支持而唱独角戏。这时，小玩家会突然发觉，自己居然处于举足轻重的地位。德国政坛近数十年来就曾处于这种局面。比如，社会民主党便同自由民主党组成联合政府，在1969—1982年共同执政。

历史上颇有一些政界人士和国家形成联盟的例子。要不是普鲁士军队的介入，拿破仑会在滑铁卢败北吗？在当年的新大陆，如果不是欧洲大陆诸国急切希望看到英国的影响受到削弱，乔治·华盛顿能领导美国走向解放吗？倘若没有长期不合的斯巴达城邦协助攻打波斯人，雅典城邦能操胜券否？在许多历史学家眼中，提出这类问题真乃无事生非。这些人所感兴趣的，是已然发生的事情，而绝非可能发生什么。但我们以后将会看到，借助于物理学提供的若干灵感，是能够对“可能发生”的形势刨根问底一番并探讨一下历史的偶然性的。对于“未历之史”，我们也是能够有所掌握的，但不是靠随意揣度，而是以更具体也更客观的方式进行系统归纳。

确立标准

在产业世界的众生相里，最高位置上有着一个精英族。它们靠规模、市场份额和收入，占据着显赫的地位。然而，即使是大型公司，有时也不得不从与对手竞争的立场转为合作。这种局面会在诸如新技术引发标准与兼容问题时形成。如果不同厂商出售的产品在技术上不能彼此通用，所有的公司都会面临被市场的某一部分排斥在外的危险。

往往有人以为，通用与兼容的问题只属于现代社会，代表事例就是 20 世纪 80 年代的两种磁带录像系统——VHS 与 Betamax[①] 之争。其实不然，它是个陈年老调。有人认为，19 世纪 60 年代的美国南北战争期间，南部铁路存在的三种不同的轨距，加大了联邦打败南部同盟的胜算（在当时的美国北方，铁路轨距早就实现了标准化）。在打字机的研发阶段，面临着业已出现的 QWERTY 式[②]，各个开发商都要考虑是因袭还是另辟蹊径的问题。QWERTY 如今已成为板上钉钉的模式了，但却远不是最佳的设计成果，击打这些键的方便程度，并不与各字母出现的频率相符，其形成只是偶然的结果。有人甚至认为，19 世纪选定这种安排，正是要利用它的低效

① 也称 Beta，采取与 VHS 不同的录制与播放的方式，磁带的规格也较前者小。——译者

② 即目前英文电脑键盘基本块（3 排 26 个字母，加上上面的一排数字）的排布方式，因最上方字母一排最左面 6 个字母依次读出的顺序得名，中文称标准排布。——译者

率——免得当熟手打字时，最灵活的手指反会忙不过来。[①] 在留声机的发明设计阶段，唱片制造商们必须商定将每分钟16、33、45和78转定为标准转速（后来又得商议是否值得保留头一种和最后一种转速）。公制单位和英制单位之间的种种冲突，是贯穿在整个工程系统中的麻烦事，这两套标准的存在，至今仍给位于大西洋两岸的国家带来困难（美国国家航空航天局的成本账上就清楚地记着这样一笔：1999年，由于在这两种单位制之间进行换算时出了计算错误，导致了一场耗资2亿美元的航天飞行失败）。栅电压大小、光盘刚刚问世时的标准尺寸、电脑图像的色码……类似的例子真是不胜枚举。

对于这个问题，消费者的立场显然是接受已被接受的标准的，然而，对于公司一方来说，什么是最好的选择可就不那么清楚了。如果市场是零零碎碎地分成许多不同的客户群，而每个客户群都使用着功能相同但各不兼容的硬件，那么，任何一个公司都只能占据市场的很小份额（愿意购置不止一种制式的消费者怕是寥寥无几的）。另一方面，如果一家公司决定将自己产品的生产标准与某家对手的统一起来，那它就能进入一个较先前大一些的市场，但同时也要付出与对手共享这一市场的代价。此外，调整制造过程以适应新标准所需支付的资本成本，也会是重要的掣肘因素。然而，一旦某种标准开始显露出优于其他标准的迹象时，改换成这种标准还是可取的，因为这样一来，在向一个对手妥协时，就占了其他若干对手的上风。

有时候，某种技术标准会被整个业界甚或整个国家接纳，甚至还可能以立法的形式予以强制确立。不过这是相当罕见的。在多数情况下，市场作用会形成业界分别沿用数个互争高下的标准，这时，各公司或者各工业

① 铁路轨距和打字键盘的标准化，都是经济市场发展过程中所谓“与路径有关”和“先入为主”形势的经典范例。在此类情况下，最终的结果是与历史有关的。亚瑟曾提出过一个以元体为出发点的模型，并用以研究铁路轨距实现标准化的过程。他认为，与路径有关的事实，会导致最终出现一个相对不特别有效亦即非最佳的标准。这是对市场竞争一定会以最佳前景入选的传统（新古典）经济观念提出的挑战。

就必须与对手联合起来。在通常的情况下，竞争的阵营最后会减少为两个。可以将这种结果看作两个对立倾向的自然前景。如果一家公司不得不同这两个阵营中的一个联手的话，它很可能会选中其中较大的一个，这就是说，小型联盟会走向末路，盟友的个数会减少。与此同时，这家公司也不会肯同竞争得不可开交的对手建立联盟。即使在只存在两个联盟的局面中，每家公司也仍旧能够在自己的阵营中占据任意大的比重，也仍然能够积极地同自己的主要对手唱对台戏。

电脑操作系统在 20 世纪 80 年代所经历的技术标准的改进，称得上是经典范例。电脑操作系统是一套软件包，用于控制电脑硬件以及处理和传递信息的方式。不妨将操作系统比作电脑的母语。不管是什么人，只要有一定的技术能力，都可以编出操作系统来，也就是说，发明出一种语言来。这也正是电脑技术处于初期阶段时所发生的情况。如果这种情况一直延续下去的话，计算机世界就会变成一座通天塔[①]。

不过，到了 20 世纪 60 年代后期，美国电话电报公司（AT&T）设在新泽西的贝尔实验室有两位电脑科学家，设计出了一种灵活而美好的操作系统。它就是后来的 UNIX 系统。它问世后很受欢迎，但当时美国法律不准美国电话电报公司涉足电子计算机领域，因此这一系统不能给这家公司带来经济利益。于是，该公司便将 UNIX 转让给所有愿意接收的商家，只收取象征性的转让费，这就等于是向所有人敞开了大门。而且，美国电话电报公司还允许所有这些几乎可以说是白捞到 UNIX 系统的用户自行改造其语言。用户们当然照改不误。到了 80 年代，UNIX 就有了将近 250 种版本，而且彼此间都是不兼容的。这一形势颇有些像自然界中的物种形成——生物种群中不断积累起小的变异，最终导致基因上不相通的不同物种，再不能彼此交换遗传信息。

当时的计算机工作站，基本上都是以 UNIX 为操作系统的，它们的数

---

① 源自《圣经·旧约》“创世记”篇，古代巴比伦人想要建筑一座能够让他们登天的高塔。上帝怪他们狂妄，责罚他们各操不同的语言，结果他们因彼此无法相互了解，便无法完成此塔。——译者

量有了惊人的增长。到了 1990 年时，其总价值已经达到了 100 亿美元。各公司间十分希望实现 UNIX 系统的标准化，一场意向的较量就此开始。太阳微系统公司（Sun Microsystems）和美国电话电报公司在 1987 年迈出了第一步，同意共同使用后者在 70 年代开发成功的 UNIX-V 系统。美国电话电报公司也表示可以向其他公司提供这一系统，但这次是收费的。面对受制于美国电话电报公司的前景，7 家处于对手地位的公司——包括数字设备公司（DEC）、国际商用机器公司（IBM）在内，于 1988 年形成名为“开放软件基金会”（OSF）的联盟，宗旨是开发新的、实现标准化的 UNIX 操作系统。作为回应，美国电话电报公司和太阳微系统公司也在 1988 年底成立 UNIX 国际联合公司（UII），以此正式公开了两家的联盟关系。这便使电子计算机工业分化为两大阵营。

事后的发展表明，这两者都不是真正的赢家。UNIX 国际联合公司于 1993 年宣布解散，开放软件基金会表面上的胜利也只多维持了一段短短的时日，便因无法协调各成员间的利益关系而告解体。不过幸运的是，新的共识又在 1994 年出现，导致产生名为“电脑联盟”（X/Open Company）的制造财团〔它于翌年同开放软件基金会合并，形成开放集团公司（Open Group）〕。它属意于建立所谓“单一 UNIX 规范”。美国各级政府和商界都热望实现一个标准化的操作系统。在它们的支持下，各家大电脑公司都开始将自己的产品纳入这一规范的要求范围。

在开放软件基金会和 UNIX 国际联合公司都处于扩展的阶段，所有的电脑公司都不得不在这两个系统中选取一个时，他们应当如何做出决断呢？我们是不是具有预见业界此类联盟发展前景的能力呢？

目标：谷底

对于上述问题，美国密歇根大学的政治科学家罗伯特·阿克塞尔罗德（Robert Axelrod）的答案是肯定的。他和同事们用统计物理学知识为这一问题量体裁衣，提出了一个支持理论，并给它起名为景貌理论（Landscape

Theory）。这个理论所涉及的对象，正有如若干面临凝结前景的气体微粒。它们既有可能凝结成一个大液滴，也有可能成为两个或者多个小一些的液滴，而成为后者的可能性更大些。它们会因某种吸引作用互相靠拢，却又会因排斥作用而彼此分开。就是这种既拉又推的环境，使微粒元体聚成为联盟。

微粒凝结成分立的一个个小团，是物理学中的常见现象。空气中的水汽形成雨滴或者雪花，都是这样的例子。若两种不同的液体突遭“冷遇”——被投入不能再相安无事的温度中，也会开始彼此分离。冶金过程中常常会发生此类情况：两种金属熔化后混合到一起的合金，会在冷却时分开，形成一个个金属小团，每个小团内都只有一种成分。这些金属原子所能最终形成的理想的——总能量最低的——构形，应该是按类别完全分开的，就像是调好的生菜沙拉放置许久后，沙拉调料中的油与醋会分成上油下醋的情况一样。不过，每一种金属小团在最终合成一层之前，是有可能静止在原处不动的，这样便形成了两种金属小团混杂的状态。

这些小团不断聚集变大的过程，是所谓的“自放大”式的，这就是说，小团体积越大，表面积也越大，从而能将更多微粒吸附过来，也就越能迅速变大。较小的微粒注定是要被吞噬而消亡的。在物理学中，这一现象被称为“奥斯瓦尔德熟化”（Ostwald Ripening）。不妨将这一现象看成“越长越接、越短越截”的例子，在工商业领域里“富者愈富、穷者愈穷”，便是并购和全球化不言而喻的结局。

对于产业联盟而言，上述情况从直觉上判断是相当可信的，也就是说，公司自然应当倾向于结成力量最强的联盟。不过起作用的还有其他因素。公司会反映在行动中的一个基本冲动，就是不去同敌手结盟，而是与之唱对台戏，为的是将敌手挤出市场。微软公司在 20 世纪 90 年代末期试图垄断个人电脑市场的举动，固然引起了不少争议，但也正露骨地反映出工商业的进化法则。出自需要，公司间的联盟也可能表现为另一种态度，就是反对形成这种一边倒的独吞局面。

而两个公司间实现联盟的吸引力，也会表现出与其规模成比例的关系：A公司越大，它吸引B公司与之联手的感召力就越强（举例来说，小电脑制造厂商自然是希望同太阳微系统公司联手的）。至于两个公司相互排斥的强弱，也取决于它们彼此间嫌恶到什么地步，而这又应当与它们的产品在市场上的重叠程度有关。两家都专门瞄准美国国内个人电脑市场的公司，彼此间的对立情绪，自然就要大大强过对另一家主要向大企业销售软件和电脑主机的厂商。对手之间难得存在同情心。A公司加入某个联盟，不单单是要傍上个大同伙，还因为自己一方规模大起来后，就可能压倒敌手B公司所加盟的一方。即使B所在的联盟大于A所在的一方，A也不会倒向另一边，为的就是不使B从自己的加盟中得益。

在阿克塞尔罗德一行人提出的这个景貌模型里，每个公司都有如一个粒子，但它与任何其他粒子的作用都是特定的。A对B的吸引作用，会视A的规模大小而定。A对B的排斥程度，则取决于B是要紧的对头，还是关系不大的对手。他们的这个模型就像是范德瓦耳斯流体，只是涉及的粒子的特性各不相同，数量一般也没有那么多，不过确定该模型最终构形的原理，是同传统统计力学一样的，那就是以最稳定的方式安排好这些粒子。那么，什么是该模型所应处于的平衡态呢？

为了找到这一状态，阿克塞尔罗德和他的同事们定义了一个量，就是一组公司的“总能”——在各种联合形式下，计算出每一组成员的吸引和排斥作用的总和。倘若死对头们组织到一起，相对而言的“总能”，就会因各成员间的相斥作用而很大。如果将这些对手们分进不同的阵营，结果就会好些，稳定些。当任何一个公司改换加盟阵营都不会进一步减少这个“总能”时，联盟也就处在了平衡构形。这就是纳什均衡，一种我们应当在现实世界中找到的联盟划分。

这并不是说，所有的公司成员都会喜欢这个能量最低的构形。事实上几乎可以肯定地说，总会有一些元体对形势不满。在一般情况下，联盟是以两大阵营的形式存在的。然而，所有的公司，又莫不或多或少地将所有其他公司视为对手。因此，他们都会不得不与某些对手甚至死对头坐在同一条板凳上。别的出路是没有的，除非不明智到决定自己单干的份儿上。

公元前5世纪的修昔底德（Thucydides）① 就已明了这种生死关头会使仇敌联手的形势，由是说出了“共同的惧怕是形成联盟的唯一坚实基础”这句话。[4]

即使在最稳定的状态下，也不可避免地会因达不到每个公司所希冀的情况而出现分歧。物理学中就有表述这种局面的术语，叫作“窘组”（Frus-tration）。在磁化的伊辛模型中，磁体的每个原子都位于规则的晶格结构内，将自己的磁针（自旋）指向两个可能方向中的一个。对于铁等一些物质来说，最稳定的状态是所有的自旋都沿着同一方向排布。然而，对于另外一些磁性物质而言，原子间相互作用的结果，是使相邻的原子并非倾向于一致排布，而是愿意反向相间。前一类物质称为铁磁性物质，而后一类则称为反铁磁性物质。

如果晶格的结构是方形的，反向相间的需要就可以实现（图 12.1a）。然而，倘若是在形如三角形的晶格内，这种需要就不可能完全得到满足。在后一类晶格中，可以将自旋三个三个地分组，每个小组中的每个成员，都与其他两个等距离相隔（图 12.1b）。这时，任何两个成员间是可以采取相反的自旋排布的，但第三个就只能跟其中的一个相反了。这种处境就叫作窘组，也就是说，处于无法同时满足彼此冲突的要求的处境。这意味着在三角形晶格的伊辛反铁磁性物质中，是不存在可以得到明确定义的最稳定状态的。无论如何排布，自旋取向永远会有某种程度的不完善或说无秩序。有这种特点的系统得名为自旋玻璃（Spin Glass）。②

自旋玻璃不会具有某个单一的平衡态，但是会有若干个不同的、能量彼此非常接近的自旋排布构形。要想摹想这种形势，就应当了解一下能量景貌（Energy Landscape）的概念。所谓能量景貌，是指将所有可能的排布及相应的能量都表述出来的图形。通过一个国际象棋的例子，便可以了

① 修昔底德（约公元前460—前400）：古希腊历史学家，享有远古时代最伟大的历史学家的盛名。——译者

② 这里所说的“玻璃”是指结构与玻璃一类物质相近的物质。它们与晶体不同，其原子在位置上并不是完全有序的和规则排布的。

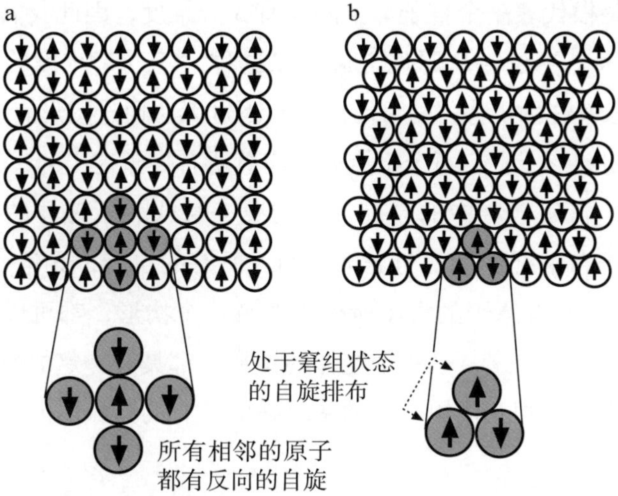

图 12.1　(a) 反铁磁性物质的伊辛模型。与每个原子相邻的所有其他原子，都有沿相反方向排布的自旋。(b) 当原子排列成三角形而不是正方形时，每个原子的自旋便无法与所有相邻的原子都相反。这种处境便是窘组。

解如何以图示方式反映出自旋构形来。象棋的美妙和永恒的魅力，在于双方各有 16 枚棋子，在一个八行八列的方格阵上能表现出天文数字般多的不同棋势来，再加上每种排布下的走法又是多得有如天文数字——多到即使用世界上最出色的电脑，也无法从所有的可能前景中，确定出最好的棋路来。不过，理论上说来，我们能够通过下棋过程中每一步棋所构成的棋势，并以某种图上的一个点来代表每个这样的势态，来系统地得出结果。比如，我们可以用一根坐标轴上从 1 到 64 的一系列点位代表棋子颜色较浅的一方（白方）皇后的位置，每个点代表棋盘上的一格（为了将所有的情况都包纳进来，点位应当是从 0 到 64——0 代表不在棋盘上）。再用第二根坐标轴表示颜色较深的一方（黑方）的左位象。于是，白后在第 5 号方格、黑象在第 42 号方格上的棋势，便可以由长、宽各 64 的方形格点阵上的一个点表示出来（图 12.2a）。[①] 当然，只有这两个棋子是不够的。对于其他棋子又怎么弄呢？要想将包括所有棋子的棋势表示出来，就需要有 32

① 前面作者自己也说过，每个棋子除了在棋盘上的 64 个位置外，还应当有被杀出局的一种方式，因此应当是 65 种。作者在这里和在相应的图 12.2 上，都漏掉了这第 65 种。——译者

根坐标轴，每根代表一个棋子。空间只有 3 个维度，因此我们无法具体画出这样的图来。不过，从原理上说，以这种大于 3 个维度的多维“超立方”形式来思考这种棋势仍是可能的，只不过无法通过图形表现出来罢了。在这样的“超图形”上，每个格点便对应着所有棋子走出的一个棋势。

要想表示自旋玻璃中的自旋排布情况，甚或表示磁体的任何伊辛模型中的自旋排布情况，都是与之类似的。所有的自旋，无论“上”也好，“下”也罢，由所有原子的自旋所构成的每一个构形，都可以由超格点图形中的一个点表示出来。每一个这样的构形，都具有一定的能量，可以通过将所有自旋间的相互作用（有的是增强的，有的是减弱的）计算出来后相加得出。

因此，在表示自旋构形的图示系统上再加上一根坐标轴，就可以表示出这些能量之和了。应当承认，要摹想出这样的结果，实在是相当不易。不过，倘若将需要在多维空间里表现的种种构形，简化为只有两个维度的平面（图 12.2b），就会比较容易了。在这个二维平面上，每个格点对应着所有自旋的一个特定构形。接下来，再给每个这样的格点加上一个高度，以它来代表此构形时的能量。将这些点连接起来，便得到了一幅表示能量随不同的自旋构形而变的图像，恰如一个立体地形模型。它就是能量景貌（图 12.2b）。越是稳定的构形，所具有的能量便越低。如果某种构形无论发生多小规模的改变——如只改变不多的几个自旋取向，总能量都只会增大，就可称此时的构形为“局域性”稳定的构形，在景貌图上的相应位置便是一处谷底。从这种状态向任何方向有所移动，都将意味着上坡。

自旋玻璃的能量景貌通常是大起大落的。它会有许多低凹之处，各自对应着一个能量相对较低的状态（图 12.3a）。在这些低凹中，有的会比其他的更低一些，但明显特别低的却不会有。而在正常的铁磁性物质的伊辛模型中，能量的情况却大不相同：一共只有两个低凹处，一个对应着所有自旋为“上”时的状态，另一个则对应着都是“下”时的状态（图 12.3b）。倘若不存在其他影响，这两个状态就会相等，具有相同的能量（表示为能量景貌图上的同一高度）。当这两个平衡构形中的任何一个发生改变时，

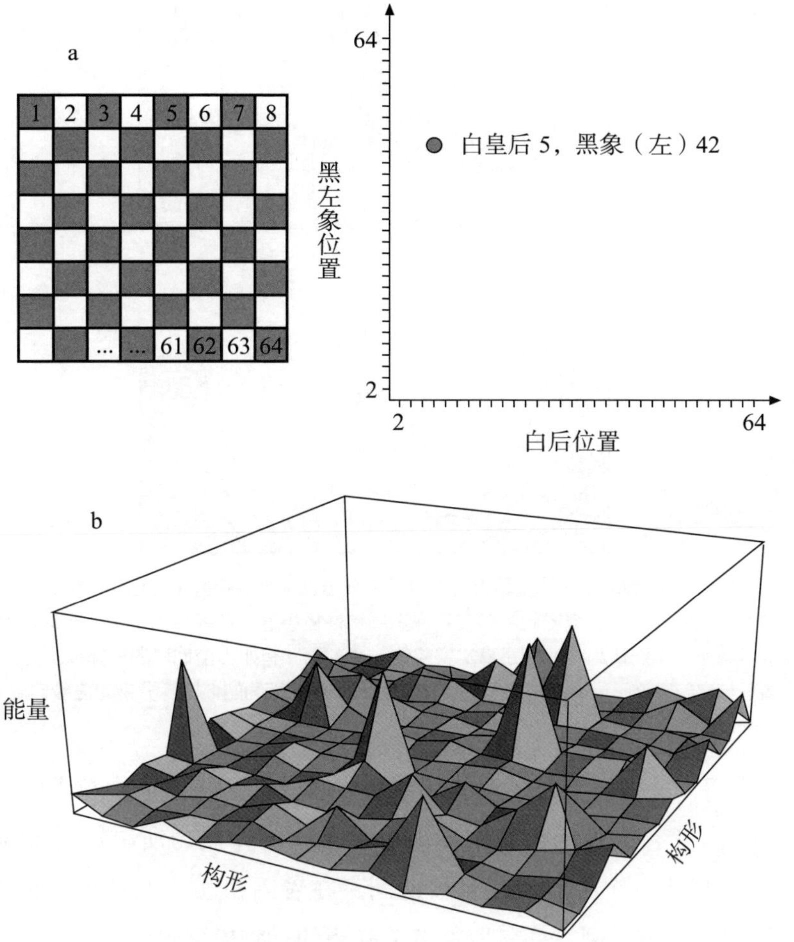

图 12.2 （a）国际象棋的棋势可以通过图形上的点表示出来。本图中的圆点便表示着两枚棋子的一步棋势。要想将 32 个棋子都包纳进来，就需要一个有 32 个维度的图形。（b）在将自旋玻璃的自旋态的图形从多维减为二维后，便可以想象出它的能量景貌图形。图中的高度便是相应的每个状态下的能量。

如果改变很小（也就是使不多的几个切换一下自旋取向），就会因造成几个不利排布而使总能量稍有增加；如果改变很大（也就是使许多自旋切换取向），能量就会大为增加。因此能量景貌图是从最低点起以平滑方式渐渐升高的。

请诸位记住，这个伊辛模型还可以用于表示流体——液体或者气体。

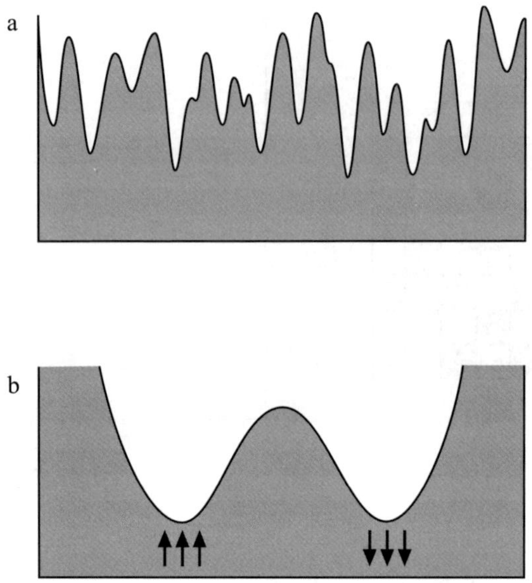

图 12.3 （a）自旋玻璃的能量景貌会包含着许多低凹之处，但并没有任何一个会明显低于所有其他各处。这就是说，能量景貌中存在着许多局域性极小值。作者给出了一个能量景貌比较简单的二维示意图。不妨认为，此图是真实景貌的一个剖面，有如山峦地形的一幅纵剖图。（b）铁磁体的情况与自旋玻璃不同，其能量景貌图中只有两个深度相同的低凹，分别对应着自旋为“上”和“下”的平衡态。

因此，我们又可以确立粒子系统的能量景貌，即以格点表示粒子的种种空间安排，高度起伏表示相应情况下由粒子间的作用力所决定的能量。当“粒子”会聚成一个个团块，且彼此间存在着因相互“不喜欢”而形成的“窘组”时，不就是阿克塞尔罗德有关联盟的景貌模型吗？

力量的均衡

为了找出自己模型中元体联盟时最有可能产生的构形，阿克塞尔罗德和他的同事特别研究了能量景貌中的低凹处。物理学家在借助电脑模型探究诸多相互作用粒子间能形成的最稳定的排布时，做的也是类似的事情。由于涉及的粒子通常都是大量的，它们可能形成的排布数目就会十分巨大。这就迫使研究人员采用特殊的计算技术，对能量景貌进行盲人摸象般的探察，找出下行的斜坡。不过，当元体的数目并不很大时，仍可以巨细无遗地计算出一切可能形成的群体所对应的“能量”，从中找到最低的一个。阿克塞尔罗德他们正是这样做的。

一些人认为，由于阿克塞尔罗德模型中存在着“窘组”，这会使其能量景貌也同自旋玻璃一样大起大落。不过，考虑到阿克塞尔罗德模型同自旋玻璃有一点不同，就是元体并不是彼此完全等同的，这便意味着某些联盟会比其他的稳固得多。比如，如果存在着两个态度十分敌对的公司，规模都很大，力量都很强，在这种形势下，所有小公司选择两者之一形成的联盟，通常就会比其他情况下稳固得多。由此看来，有几个大型对头存在，会有助于创立（这或许会与人们的直觉相左）稳定的联盟局势。另外，如果联盟中存在许多相互竞争的中等规模的公司，形势就会对它们之间作用力的微小变化极度敏感，由是形成接连不断的倒戈与跳槽，整个系统也在一片崎岖的景貌中，从一处低凹点跳入另一处低凹点。

这个模型是不是真正有用？能量景貌模型能否对真实情况有所预言？这可是非常重要的。阿克塞尔罗德和同事决定以 UNIX 标准化的实况为对象，来检验自己的模型。他们的模型果真能以形成联盟前的局势为出发点，精确“预言”——这里自然是马后炮式的——出这一领域内联盟的形势吗？在 20 世纪 80 年代，美国有 9 家大型电脑公司参与了加盟活动，这 9 家公司规模不同，彼此间的竞争力度也不尽相同。比如说，有的公司是专门制造由 UNIX 操作系统控制的技术工作站的，有的则是生产一般产品的。阿克塞尔罗德等人的设定是，两个专业型公司间的竞争会较专业型与一般型之间更为激烈，因此“排斥力”更强大。

确定公司的“规模”有几种标准，如市场占有份额或公司净资产额等，阿克塞尔罗德等人则选择了以 1987 年时各公司在工作站市场所占的市场份额为标准。至于各公司间因是要紧的对头还是关系不大的对手而形成的排斥力，想要找出判断其相对强弱程度的明确而单一的标准，还是不大可能的。不过，他们也想出了对策，就是干脆定下一个言之成理的范围，然后一一代入实验。结果发现，除了选定范围内位于两个端点处的取值，强弱程度的具体数值并不会严重影响总体结果。

他们还设定所有的公司只会形成两个联盟。然而，究竟哪个公司会加入哪个阵营呢？9 家公司形成两个联盟，一共有 256 种可能。不过，所有能量景貌的计算结果表明，对多数情况而言，只存在两种稳定的构形，而其中具有最低“能量”的，便非常接近当年开放软件基金会和 UNIX 国际联合公司两大联盟阵营的实际情况。在这种构形下，只有一家公司（IBM）被错放进了另一个阵营——UNIX 国际联合公司，而非开放软件基金会。计算结果正如实际情况一样：在两个稳定的构形下，两家联盟规模都是相当的。纯粹由于碰巧而使两家联盟符合历史真实结果的概率只有 1/15，看起来这一景貌模型还是相当成功的。[①] 如果该模型在当年（1988 年）便已出现，应当是能够用于指导联盟的形成前景的，也就能有助于帮助各家公司选择加盟对象。

类似的工业决策，往往会根据长期预测和成本—收益分析所有方方面面的情况做出。不过，能量景貌模型并不见得有助于此类决策的形成。公司的所作所为肯定是急功近利的：事实上，它们在做出决断时，只会将所有的竞争对手挨个儿琢磨一遍，然后问自己：“我对它们感觉如何？”而根据设定，这种感觉并不会因该公司与谁加盟而有所不同：A 对 B 有何看法，并不会因 B 与 C 形成联盟而有所不同。[②] 此外，据认为，决定联盟形势的，是各个元体通过一系列不大且彼此独立的步骤所形成的最终构形，而这些步骤又各自都会使整个群体沿着景貌的斜坡向平衡点下行。对此，阿

---

① 不过，这里应当说明一个重要的附加条件。经法国物理学家拉兹万·弗罗里昂（Razvan Florian）和塞吉·伽拉姆（Serge Galam）证明，如果不将这 9 个公司之间的联盟限定为两个，而是按照它们的意愿随意联盟的话，无论是由阿克塞尔罗德等人的模型所得的结果，还是实际形成的联盟，都无法证明其能量处于最佳状况。此时形成的联盟，个数会为 6 个或者 7 个，此时的形势也未必明显强于根本不存在联盟之时。这样便有一个未能得到解决的问题，就是在可存在多个联盟的前提下，两个联盟体是否为其发展的前景。模型本身看来肯定没有给出这种结果。

② 这一点应当认真说明一下。A 公司是否属意于加入 B 公司所在的联盟，取决于 A 公司与 B 公司所在的联盟中每个公司的相互作用之总和。从这一角度来说，A 公司与 B 公司是否会进入同一联盟，取决于 B 公司所在联盟的加盟对象都是哪些。不过，A 公司与 B 公司两者之间的相互作用，是不受 B 公司所在的联盟影响的。

克塞尔罗德和他的同事斯科特·贝内特（Scott Bennett）是这样说的：

> 实现“能量”的下降，不一定需要借助高瞻远瞩的理性决策。只要每个参与者都从获得局部改善的角度出发，针对目前形势盘算一番，便可以轻易实现同一过程。[5]

事实上，如果公司不改变对其对手的态度，就只能听天由命了。下面，让我们在牢记这一点的基础上，涉足另外一个更富戏剧性也更具深远影响的内容。这个内容就是根据景貌理论，来分析未来政治联盟的前景。

存在分歧的欧洲

不知是否有人曾设计一种不止有两名对手的象棋。也许曾经有过，但没能流行开来。足球也一直不曾发展成多于两只球队在同一场地上争雄的运动。网球比赛也没有三组对手。这绝不只是超出了体力合作与智力协同的极限，而是人们都知道，三支力量角逐的结果会是什么。这三支力量中的两个迟早会联起手来，将第三个消灭掉。当主要的对手多于两个时，就会形成本身不稳定的竞争态势。对于多党制，经常就会听到这样的抱怨。就连在工党和保守党多年来一直远胜于自由党的英国，形成联合政府的论调也不绝于耳。

一旦竞争涉及的不是棋赛而是战争，形势就变得严重了。当年代表着不同利益群体的克伦威尔的军队，一旦打败了共同敌人保皇党人，使之不再构成威胁后，便四分五裂，挥戈相向。在 20 世纪，欧洲许多体制等各不相同的国家，曾两度形成两大联盟，拼了个你死我活。第二次世界大战后的几十年间，北大西洋公约组织和《华沙条约》的成员国间也是这样对垒的，而且更加全面彻底，若不是双方精神不济，若运气再坏一点，恐怕也要落得个两败俱伤。战争是具有双向性的。对此，政治科学家肯尼思·沃尔兹有如下概括：

权力角逐的政治战，如果实打实地进行下去，便会促成两个敌对阵营的出现。形成并维持这样的两个阵营极为复杂，往往会生成只有通过战争才能解决的压力。[6]

我曾在前文中提到，许多人认为，第二次世界大战无非是第一次世界大战的必然结果。满腹恚怨的德国，在第一次世界大战中丢尽了面子，又欠下了巨额赔款，一心要找到带领这个国家恢复德意志民族的权力与骄傲的领袖人物。这自然是符合历史实际的。不过值得注意的是，德国并不是孤军作战。不但意大利同德国结成联盟，匈牙利和罗马尼亚也加了进来，由是组成轴心国阵营，一时间看来形成了压倒同盟国的危险局面。这是当时欧洲必然会出现的分裂形势吗？这两个联盟是不是都经过了一系列独立而完全带有偶然性的协商后才形成的呢？这里面是不是存在什么在更大范围内起作用的因素呢？

在形成联盟的种种可能中，能够符合第二次世界大战开始时的真实形势的为数不多。卷入这场战争的共有 17 个国家，因此形成两个阵营的可能性共有 65536 种。自然啦，这里面有许多种从史学角度看是荒唐的（比方说，爱沙尼亚一国与其他所有国家的联盟为敌），然而，就当时（20 世纪 30 年代末）的政治形势而言，可能形成什么样的同盟关系，绝不可等闲视之。

阿克塞尔罗德和他的同事贝内特勇敢地用自己的景貌模型来应对这一挑战。他们面临的主要困难，在于找出一种方法来定量表述各个国家间相互作用的程度，也就是如何表示促成它们进入这个或那个阵营的作用力。按照通常的做法，政治科学家会采取所谓“现实主义”的悲观做法，就是认为每个国家都视其他所有国家为潜在之敌，因此一概表现出排斥力来。支持这一灰色情绪的历史事实可谓相当丰富，而每个国家也的确应当常怀防人之心并要准备着应对此类极为特殊的威胁，如经济竞争、种族争端或者意识形态分歧等。但与此同时，它们也能在同样的处境下感到有共同行事的必要。政治科学家格伦·斯奈德（Glenn Snyder）就在这种“冲突与共趋”杂陈的处境中，看到了实现联盟的可能性。[7]

如果用物理学的语言表述冲突与共趋的话，那就应当是排斥与吸引。不过，对于这种种作用，又如何进行标度呢？对此，多数信奉“新现实主义”的人士都无计可施。然而，一旦将这个问题以具有普遍性的方式表述出来，而不拘泥于历史的偶然细节，倒也能够有路可行。阿克塞尔罗德和贝内特根据1936年时的政治、经济和人口形势，选出了6种因素，作为判定每两个国家间相互作用的出发点。这6种因素是种族状况、宗教信仰、领土争端、意识形态、经济状况和既往历史。比如说，在1936年，有些国家是以天主教为国教的，有的是信奉正教的，还有的是持无神论的。在意识形态方面，有的是民主政体，有的是法西斯专政，等等。这两人将边界争端（如法德之间的）归入排斥一类，此前不久发生过武装冲突的国家也属于相互间有排斥作用的一类。

这样划框框十分容易，但还需要给每个因素定下加权因子。对此，阿克塞尔罗德和贝内特采取了所有可能情况下最简单的设定——所有的加权因子都完全相同，即在共趋时都为+1，冲突和敌对时都为–1。当然，这种大小的设定是完全任意的，不过毕竟是有了个出发点。至于确定每个国家的“规模”，也存在类似的问题。有些标准是显而易见的，如人口或者国民生产总值等。在这一点上，两人决定采用所谓“国力指数”——美国政治科学家自20世纪60年代起搞了个“战争相关因素”研究项目，此指数就是该项目根据有关人口、军事和工业能力方面的6个内容，给各个国家划定的所谓“能力”。在此之后，无非就是将这65536个点——每个点对应着由17个国家形成两个组群的一种构形——的景貌图一一勾勒出来。这两个组群或代表了当敌对行为开始时，向敌对组群中的一个或者数个成员宣战的国家，或代表了被敌对组群中的一个或者数个成员入侵的国家。①

从这套标准出发，同盟国阵营实际由如下国家构成：英国、法国、苏

① 换言之，被归入某个联盟，未必就意味着正式与本营垒内的所有其他国家一起参战。当苏联红军于1940年越过国界进入爱沙尼亚、拉脱维亚和立陶宛时，按照这三个国家原先签订的条约，便自动“进入”了轴心国阵营。但事实上，苏联当局将这三个国家纳入了自己的版图。

联、捷克斯洛伐克、丹麦、希腊、波兰和南斯拉夫；而轴心国阵营则有德国、意大利、匈牙利、爱沙尼亚、芬兰、拉脱维亚、立陶宛和罗马尼亚。葡萄牙属于特殊情况，它表面上宣布中立，但实际上与英国签订了防务协定，因此应当算作同盟阵营一方，而不能同瑞士和瑞典那样不属于任何一个阵营。景貌模型给出的结果很值得注意，其景貌图是一片高原，其中只有两个宽而深的盆地（图 12.4）。其中一个（最深的）所对应的构形同前面提到的两个阵营的实际情况几乎完全一致，只有葡萄牙和波兰两个国家弄错了地方，都被划入了轴心国联盟。而由偶然原因得到这种相符结果的概率，还不到 1/200。①

景貌图上围绕在这个能量最低点四周的“盆地”，要比另外那个能量也处于极小值的“盆地”构形大出不止一倍。因此，这些众多的“出发点”便预示出了最有可能发生的前景。不过，另外一个“盆地”又说明了什么呢？说来会令人吃惊：它表示的是另外一场非常不同的战争，是几乎所有的欧洲国家，包括英国、法国和德国在内，联合起来同苏联对垒的前景。同苏联结盟的只有南斯拉夫和希腊两国（这两个国家此前不久同德国结了怨，因此加入敌对联盟的可能性有所增加）。

这后一个预测听起来相当荒谬。然而，从根本上衡量，认为 20 世纪 40 年代会出现西欧与斯大林治下执行扩张主义的苏联相对峙，这一设想并无任何荒诞不经之处。应当看到，纳粹德国与苏联之间是签订了条约的，这个条约 1941 年宣告终止（诚然，该条约只是个幌子，这两个国家之间的互犯意图并不曾因此而稍减）。正因为如此，在“二战”之初，英法两国都是对苏联怀有敌意的。当苏联于 1939 年入侵芬兰时，英法这两个西方国家内都出现过干涉与制止苏联的呼声。当英国向德国宣战时，本也有意同时向苏联开火的，只是因为没有足够的军事力量而作罢。后来，丘吉

① 此图仍然是限于只存在两个阵营的情况，并且不大考虑模型与历史实况是否能够相符。不过我们在前面已经提到，只存在两个阵营的限制是相当站得住脚的。此外，如果取消了这一限制，该模型便会导致出现三个阵营的结果，即苏联单独分离出来而成为一个新阵营——这同样是当政治条件允许时可能出现的结果，对此后文将会提到。

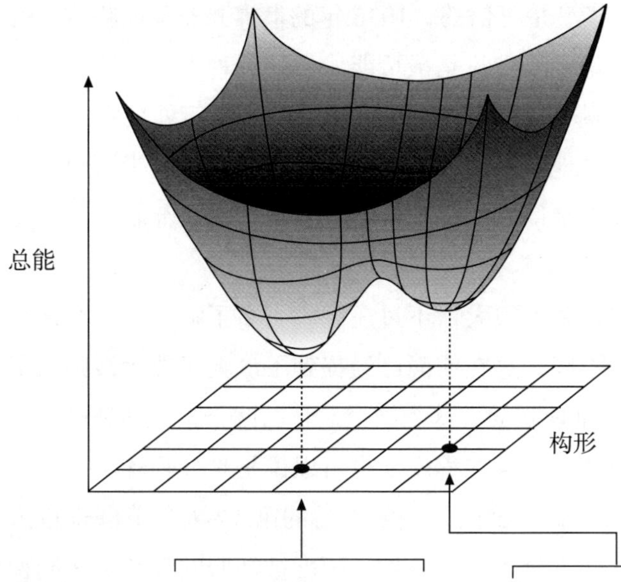

联盟之一："同盟国"	联盟之二："轴心国"	联盟之一：	联盟之二：	
英国	德国	苏联	英国	罗马尼亚
法国	意大利	南斯拉夫	法国	匈牙利
捷克斯洛伐克	波兰	希腊	捷克斯洛伐克	葡萄牙
丹麦	罗马尼亚		丹麦	芬兰
苏联	匈牙利		德国	拉脱维亚
南斯拉夫	葡萄牙		意大利	立陶宛
希腊	芬兰		波兰	爱沙尼亚
	拉脱维亚			
	立陶宛			
	爱沙尼亚			

图 12.4　第二次世界大战前夕联盟阵营的景貌图。图中存在着两个盆地结构（能量极小值处）。下沉更深的一个与实际形成的同盟国联盟及轴心国联盟十分接近，只有葡萄牙和波兰被归入了"错误"的营垒。另一个盆地预言了一个十分不同的"历史"，那就是苏联与其他所有欧洲国家对峙。

尔和斯大林走到了一起，但两国间一直是剑拔弩张的（美国参战后，这种情绪更是有增无减）。同盟阵营是建立起来了，但用历史学家霍伯斯鲍姆的话来说，这是一个"对立面的惊人结合：罗斯福与斯大林，丘吉尔和英国的自由主义者，戴高乐与法国共产党人"[8]。战事还没有结束，各同盟国之间的裂痕已暴露无遗。

因此，如果这一景貌模型是可信的，1936 年的世界并非只面临着一种战争前景，实际发生的英德之战，只是最可能发生的一种。根据这一能量景貌图，欧洲最终会滑入哪个“谷底”，是由开始点位于何处决定的。对应于同盟—轴心对峙的“盆地”是最大的，因此最可能真正成为历史。然而，倘若当年各国间的关系平衡有所不同的话，英国选定以苏联而不是德国为最主要敌手也未可知哩。

这个预言的错误面或许并不很大，不过还是应当多了解一点。在这个结果中，葡萄牙有些与众不同。这在前面已经提到了。至于波兰被归入了“错误的”阵营，原因是不难理解的。这个国家对自己两个强大的邻国——德国与苏联都怀有敌对情绪，而且在程度上也可以说是难分轩轾。这样下结论，理由是相当充分的：就在德国入侵波兰后的第 17 天，苏联也进入了这个国家，并与德国共同瓜分了它。自然，两度被征服的波兰要么同德国与苏联都结盟，要么同它们都敌对。

其实，如果依据的数据不是 1936 年的，而是更临近“二战”爆发前的时间，就连这个“错误”都可以避免。1936—1939 年，这些国家的“规模”都发生了变化，扩充了军事实力和向南方及东南方进行领土扩张的德国尤甚。如果依据 1937 年的数据进行模拟，还是会得到两个可能的构形，而且大体上仍同原来的一样。但要是换成 1938 年的，就只会得到一个了，这就是最现实的那个。如果换成 1939 年“二战”爆发在即时的数据，构形仍然会是同一个，而此时的波兰，就会面对德国的规模之大表现出更大的排斥，从而不再与其联盟，改为进入同盟国一方。这样，根据“二战”爆发前（亦即两大联盟都得到强化之前）的情况做出的预测，便完全符合了历史的真实进程。而要凭撞大运得到这样的预测，概率只有 1/3000。

也许有些人心存疑窦，觉得这一“同盟—轴心”对垒的局面，或许只是与细节无关的铁定结论，即无论国际间的关系如何变幻，结果都只会是这一个吧？也许与每个国家都以同等的戒备之心对待其他所有国家的“现实主义”设定比起来，景貌模型只是看起来有模有样，实际上却未必见佳吧？要回答这些问题并不是很难。不妨根据这种一视同仁的相互作用设定，通过景貌模型来计算一下。最终得到的是一个类似于自旋玻璃的结果，稳定的构形不再是区区两个，而是至少有 209 个，且没有一个是接近历史事实的。

重写历史

景貌模型提供了对历史进程的“预言”，虽然只是后顾式的，但已经令人难忘了。然而，它还有着更深刻的作用。这一模型向我们展示了历史进程的特性——历史是概率的系列。这说明了什么呢？许多历史学者对可能发生的事件不屑一顾，称之为“未历之史”。他们觉得，历史学家的责任，是对已经发生的事情给出解释，而不是去构想可能但并未实际发生的故事。比如，哲学家迈克尔·欧克肖特（Michael Oakeshott）便认为，将基督教的传播与圣保罗①逃离大马士革一事联系到一起是荒唐的，似乎一开始就不得不设想，如果当初圣保罗没能逃走而被抓获、结果又会如何一样。“当人们以这种方式对待事件时，”欧克肖特说，“它们便立即不再是史实了。结果，人们不是得到了糟糕的或者不可信的历史，而是完全背离了历史。”[9]

英国历史学家尼尔·弗格森（Niall Ferguson）在他所写的《虚历史》（*Virtual History*）一书中，为这种“未历之史”做了辩解。据一些历史界人士认为，过去有如一棵永远分岔的树木，用安德烈·莫洛亚（André Maurois）②的话说，就是“无限多的过去，而且每一个都同等有效”[10]，有如博尔赫斯（Borges）笔下那花园中不断分岔的小径③。对此，反对派的

---

① 历史上被称为圣徒的保罗不止一人，这里是指 2 世纪至 3 世纪的一位。他为逃避罗马皇帝对早期基督徒的迫害，逃至埃及的底比斯荒原。故后人又称其为底比斯的圣保罗。——译者

② 安德莱·莫洛亚（1885—1967）：法国作家。——译者

③ 博尔赫斯（1899—1986）：20 世纪享有盛誉的阿根廷诗人与小说家，这句形容引自他的短篇代表作《小径分岔的花园》。——译者

观点是：这样看也不无道理，然而，一旦做出了一个选择，其他的所有分岔便会立即失去意义，因此就可以置之不理了。

有些历史学家信奉决定论的历史观，将机遇在引导世界历史进程的作用放在不足道的位置上。现代决定论派往往与马克思主义比较接近，认为人间万事都是必然的产物。这些人，以及其他“唯物”的史学界人士，都师从康德和孔德，认为历史也同自然科学一样，是受规律指引的。他们反对“未历之史”，是因为在这些人心目中，此类事件之所以不曾发生，并不是变幻莫测的机缘不凑巧，而是它们违背了规律。因此，他们认为，用物理学来支持对未历之史的类比是不对的。然而，这里的物理学内容是统计性的，它所涉及的事物并非有如打台球那样一件件因果相继，而是各有一定程度的发生可能性。

有了景貌模型，研究历史就更为具体实在了，而非天马行空。它不但会展示出一条事物发展的客观推理途径，还表现出勾勒“地形图”的能力。因此，信奉“未历之史”说的史学家们便有了同其他人进行讨论的基点，而不至于做种种漫无边际的臆测了。史学界人士都知道，在形成历史真正路径的过程中，各种各样的影响都会起作用，而景貌模型的出现，便使得影响的范围明晰起来。这正如历史学家休·特雷弗–罗珀（Hugh Trevor-Roper）所说：“历史不单单是发生的事情，而是在可能发生的种种内容中最终发生的事情。”[11]

因此，如果我们承认这一理论的成功并非侥幸，那就应当相信，导致如此成功的景貌说，应当具有某种更广泛的价值。有了它，我们在讨论世界情势时，便有了一些（一定程度上）定量化的语言，还能够辨识出对历史发展进程起到过此种而非彼种作用的因素。在弗格森看来，有了这样的能力，“未历之史”便取得了有助于理解过去的资格。他还说，人们必须关注的，不单单是所有已经发生了的，还包括极有可能发生的，即“曾经是具有发生的可能性的”——

> 通过缩小不同历史的发生范围，人们便可考虑那些极有可能的情况，

> 从而将迷雾重重的“机会”，改换成由计算得出的概率。这样，我们就解决了一个难题，就是在从两种过去之间——一是具唯一性的和决定论的，一是可能性多得不可计数因而无法应对的——做出自己的选择。[12]

从这一段话来看，弗格森似乎是在暗示，他所说的“计算”主要来自历史学家的良好判断。他认为在编纂“未历之史”时，所当遵照的标准应当是“放在当代人身上也会根据当时的情况认真考虑的可能选择”[13]（20 世纪 30 年代英国考虑攻打苏联的可能选择就属此例）。此话将道理说得相当充分，但又该如何对它们进行定量描述呢？景貌理论告诉我们，对于结成联盟这种特殊情况而言，是可以进行实际计算并得出有一定可信度的数值结果来的，且结果是非常近似的（不近似恐怕是不可能的）。

历史的不稳边界区

根据景貌模型，在 20 世纪 30 年代末“二战”临近之际，欧洲的政治地形图中出现了两个可能变为现实的前景：一个是由几个最强大的民主国家联合起来对付德国，另一个是大家联合起来对付苏联。其中只有一个变成了事实，而它变为事实的原因是由历史开始“翻山越岭”时的条件决定的。当然，“翻山越岭”的出发点在哪里，当然也是由 20 世纪更早些时候的历史决定的，而这一段历史呢，又是与始自维多利亚时代的冲突一脉相承的。如此这般，于是乎仿佛又落入了“今决于昔”的窠臼，但有所不同的是，如今有了景貌理论，我们就可以在起伏跌宕的地形图上研究历史的进展过程了。

前面曾经提到，铁磁体或者多粒子流体的伊辛模型，也会表现出有两个低凹的能量景貌，而这两个低凹处分别代表两个稳定的构形，即自旋为“上”与“下”（铁磁体）和呈现为液体与气体（流体）。哪一个状态会占上风，应视当时条件下何者有较低的能量而定。当流体处于沸点或者凝结点时，液体和气体的“谷底”是一样深的，这两者间便可以相互转变。

范·德·瓦耳斯也正是这样说的。从能量景貌的角度看待相变，只是换用了另外一种方式而已。

看来，对于存在着“结盟能量”低谷的系统，如果谷底同样深，系统便能够从一种联盟构体变为另外一种全然不同的联盟构体，就像发生相变一样。正如在液—气转变过程中一个小小的压强或者温度的变化，便可使整个系统的状态发生重大改变一样，具有不止一个“能量”谷，而且深度大体相当的政治格局，也会因政治态度或环境的一点小小变化而明显改观。因此，了解哪一个谷地最低（因此成为预测中应当缔结的同盟）固然重要，了解该处附近有没有深度与之相当的其他谷地（联盟可能因突然发生变化而进入的大不相同的构体）也同样不可忽视。

对包含着大量相互作用粒子的流体而言，改变压强而保持温度不变，结果是使能量景貌中“液体谷”与“气体谷”的相对深度有所变化。当两者深度相等时，液体便处在了相变点上。一旦压强稍有加大，液态就比气态更稳定些，也就是说，气体此时是处在亚稳态上。同样地，结成针对苏联的共同联盟，也是 1936 年时的亚稳态。前面曾经提到，如果处在适当的环境中，亚稳态虽说一直处于瓦解为更稳定状态的边缘，但仍是可以存在的状态。然而，如果继续增压，气体这一亚稳态便会越来越不如液体稳定。此时对应于气态的谷地会越来越高，越来越浅。当浅到一定程度后，这一亚稳态的低凹便会完全消失。此时，相应为气态的构形便在实际上和理论上都不再成为可能。物理学上将这一点称作失稳点，标志着亚稳态走到了尽头（图 12.5a）。

在阿克塞尔罗德的景貌模型中，改变各个元体的态度或者“规模”，便会导致它们之间吸引或排斥作用的程度发生改变，因此看来正等同于前面所说的改变“压强”。我们发现，正是这种改变，使历史景貌从 1936 年时的双谷“地形”，演变成为 1939 年时只有一个稳定态的构形。这便意味着其间存在着一种历史范畴的失稳点，即导致稳定性较小的联盟不复成为可能的一系列局面。整个政治形势看来是在 1937—1938 年经过这一失稳点的（图 12.5b）。在此之后，轴心与同盟两大联盟的形成，便是必然的结

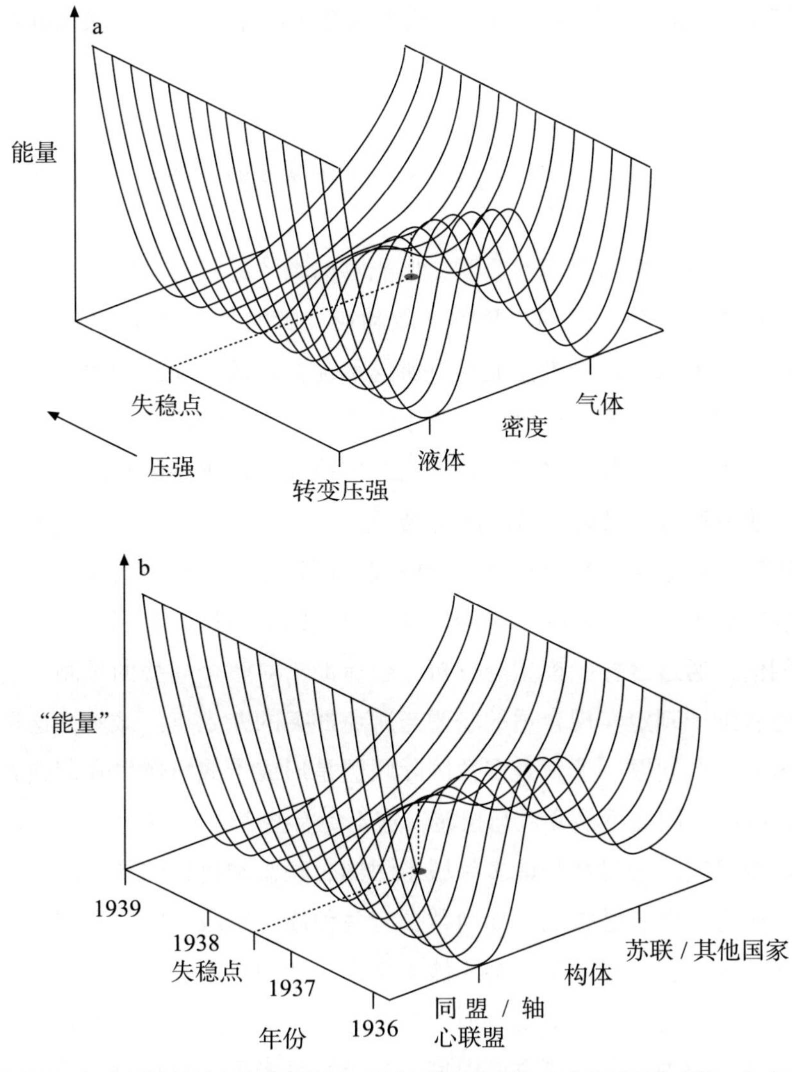

图 12.5 （a）当流体处在失稳点处时，两个可能存在的构体中相对不稳定的一个（亚稳态）便会消失。（b）欧洲各国联盟的景貌模型也对 1936—1939 年的情况给出了类似的结果，这就是说，历史也似乎通过了一个历史范畴内的失稳点，使全面与苏联对垒的联盟不再可能形成。

局了。

要想演习一下这景貌理论，从当代政局中不难找到用武之地。事实上，阿克塞尔罗德一行人就曾以 1989 年东德、西德刚刚统一，苏联的各东欧盟国也纷纷与之脱离的国际关系与力量对比为演练对象，进行了一番

“预测”——也仍然是事后的。这些人的预测结果，是只有保加利亚会继续留在前华沙条约系统内，其他的都将与北大西洋公约组织结盟。“预测”的推论与苏联开始解体时的事实相比，只有罗马尼亚的情况并不相符。在截至 20 世纪 90 年代南斯拉夫离析为若干国家之前，其他国家的实情与景貌模型的结果都是吻合的。

能够利用模型回溯固然重要，但能够前瞻才是最有价值的。面对极度不稳定的中东局势，针对以色列、叙利亚、伊朗、约旦等国家互为寇仇、死缠烂打的关系，这个模型能否有所揭示呢？宗教方面的同源，以及对西方干涉的担心，会不会压倒其中几个伊斯兰国家间的政治分歧，导致它们形成联盟呢？土耳其又将何以自处呢？伊拉克目前出现的新的（也是无政府的）政治形势，又会如何起作用呢？

实事求是地说，想要靠某一个模型，而且是一个简单的模型，来决定国际政策的走向，那是既不可能，也不应当的。不过，我们还是有充分的理由相信，通过这样的模型与分析，会有助于对整个局势的预测。这样做甚至还有助于判定实现合适的联盟与避免冲突的介入点。诚然，这里又会遇到另外一个问题，那就是多数国际联盟是形成于战争爆发在即或者战事正酣之际的，因此不易介入与扭转，这不免有些令人沮丧。

要想研究能够对社会诸多领域中团体、联盟和机构的形成产生影响的因素，机会是数不胜数的。如何掌握有关种族、阶级、宗教和理念等方面的具体情况，将会对预估社会团体（小则包括同事间的朋友圈子，大则涉及国家、团体与阶层）的发展前景具有重要价值。比如说，如果知道在形成组群的过程中，上述诸方面中哪一个最举足轻重，自然意义重大。在机构内部，如果能够了解如何恰当地将雇员分组，也无疑会大有裨益。大学中的某个系该如何归类，未必就能一清二楚地做到——地质系应归入工程领域还是自然科学就是一例。如果能够找到某种方法确定事物的“自然”类别，问题便可迎刃而解了。

就连上述类似的问题，竟然也能同国家命运归为同一类，确实隐隐揭示出一个重要内容，就是有某种相当于基本原理的东西在广泛地起着作用。用同一个模型，既成功地预估出各电脑公司间的信任程度，又分析出诸多国家在陷入世界大战时的联合形势，表明我们已经超越了多数传统社会科学与政治科学的局部、具体的视角，踏进了探讨事物深层秩序的领域。

第13章

决策的多样性

——集体影响与社会变化

人们所说的语言是他所处团体的语言，思维方式也属于他所在的团体。只有在十分罕见的情况下，一个人才会想出和说出可以认为只属于他自己的思想与话语来。[1]

卡尔·曼海姆（Karl Mannheim，1936）①

今天早上，当我喝完咖啡上楼去换上班的衣服时，脑子里绝对不会有当一整天裸体主义者的念头；当我坐进汽车前去上班时，脑子里绝对不会冒出靠道路左侧行驶的念头；当我跟同事们一起吃午餐时，脑子里绝对不会想到用手抓着沙拉送进嘴里的念头——我会想都不想地拿起叉子来。[3]

爱波斯坦（1999）

密切注意一下诸如吸烟、自杀或者犯罪等复杂行为，就能够认识到我们受到自己所见所闻的影响有多深，对于日常生活中哪怕是最小的微末细节又是多么敏感。正因为如此，才使得社会如此动荡，又总是如此的说不清道不明。[3]

格拉德威尔（2000）

① 卡尔·曼海姆（1893—1947）：英籍德国社会学家，知识社会学的创建人。——译者

有关2000年末美国总统大选的报道，讽刺杂志《洋葱头》(*The Onion*)上“美国最出色的新闻来源”一栏中的这篇文章或许是最出色的：

> 在美国历史上最接近打成平手的这场总统选举中，小布什也好，戈尔也罢，谁将在星期二的最后结果中胜出为第43任美国总统，都会宣称自己的胜利“是美国人民的胜利，是这个伟大民族开始进入了一个勇敢的新时代”。
>
> 胜出的这位布什或戈尔会对兴高采烈地在竞选指挥部挥舞着小旗的支持者表示：“同胞们，今天晚上，我们作为美利坚民族，正面对着振奋人心的诸多挑战，而我也面对大家宣告，我已准备好迎接这些挑战。”
>
> “人民已经通过自己的选票发话了，”布什——或者戈尔会接着说，“他们传递了一个响亮而清晰的信息，那就是认为我们是真正属于人民的政党。”
>
> 听到这里，共和党人——或者民主党人——便发出排山倒海的欢呼。[4]

可笑吗？后来实际发生的事情才更妙呢。这个后来将美国领进两场战争（说不定还有新的在后头呢）的人，能够入主白宫，不是靠着宪法，也不是亏了多数选民，而是要感谢法律过程的升级。由于计票时出现了连媒体都不曾听说过的术语：“模棱孔”（选票上打出的不标准的统计用孔洞，造成佛罗里达州有争议的计票结果，便是由于出现了设计有这种孔洞的“蝴蝶选票”①），致使佛罗里达州最高法院下令对本州的关键选票重新计数。这一决定以一票之差未被通过，因此，这个国家的最高领袖应该说是由美国最高法院确定的。

2000年12月，被美国人视为珍宝的民主，沦为了统计变化的牺牲品。虽然投票与计票方法有明显的优劣之分，但却不可避免地都会招致统计不确定性。2000年总统大选的问题，就完全是因为两党的得票结果太接近

---

① 所谓“蝴蝶选票”，是因为此种选票将候选人名单打在两侧，中间留给选民打孔之用，形如张开两翼的蝴蝶。这导致佛罗里达州的棕榈海滩县的选民在打孔时出了错，使竞选结果的合法性遭遇挑战。——译者

了，不能不理睬这一不确定性。面临孰成孰败只悬于区区几百张选票的形势，不管下什么样的结论，都会包括明显的任意性。考虑到误差的分布范围，任何一种结果都可能是真实的。

民主就应当体现在如何进行选择上。布什与戈尔的这场竞选，突出地反映出在选择的表达上会涉及偶然因素（比如说，选民在给选票打标记时，会不会造成将来统计时难以分辨清楚，统计站对难以判断的选票如何处理等）。不过，这场选举至少在原理上是没有疑点的。每个合法选民都参与这场选择自己领导人的活动，所有选民都有同样多的选票张数。当然，到了具体实行时，选民的选举权大小，便会同选区的划定和采用的计票方法发生一定关系。不过，在公众心目中，民主过程就是将千百万张选票分成两堆（或更多的几堆），得到最高一堆的就是胜出者。

其实，即便不去考虑投票过程中的种种技术性问题，事情也没有如此简单。比如，每个人的选择真是独立做出来的吗？对此，即使是个人至上主义最积极的支持者，也不敢打这样的包票。在这样一个宣传与广告铺天盖地的时代，有谁能够不受环境的影响做出决定呢？今天的广告与宣传，影响的不仅是决定购买什么牌子的洗衣粉，也同样影响到政治选择。在1999—2000年的这场大选中，共和党和民主党花掉了3亿美元的竞选资金，超过了许多跨国公司的市场预算额。

总统大选实乃国脉所系，因此人们投入的研究也可称巨细无遗。然而，迄今为止，我们还没有掌握人们对于这个问题的共同意见，更没有任何可靠的预测手段。民意调查曾令英国选民们相信，1992年的英国大选将会是旗鼓相当的角逐，结果将是工党候选人尼尔·基诺克（Neil Kinnock）以微弱优势击败一连居于执政党地位13年的保守党。然而事实上，这种难分轩轾的局面根本就不曾出现，保守党轻松取胜，让民意测验专家们大丢其脸。

现在有一门专门研究选举预测的学问——选举学（Psephology）。名称很是堂皇，但有些内容却莫名其妙。与它比起来，经济学理论简直能称得上是百试不爽的验方了。当然，这不完全是选举学自己的不是，因为这门学科所面对的，是人性中最“滚刀”的滑轫部分。有人在接受民意调查时会这样说，而到了选举时却会反着做。选民的态度可能会因发生在最后关头的某件事（如听到某个政党领袖的讲演）发生重大改变。有的时候，只是一件事，甚至可能还是一件无足轻重的小事，便能使一大批公众观点倒向。

面对人们心理上的这种高度不稳定性，是否能建立起社会行为的模型，用以揭示在有一定民主成分的社会中涉及政治决策的有关内容，以便为人们所用呢？在经济世界里摸爬滚打的人是会冒风险的，不过他们在决策时并不轻率。开车的人一旦做出不负责的选择，就得接受严重处罚——经济的、法律的和医疗的，从而受到了有力的制约。然而，有些选民选中某个人作为自己未来的领袖，却是因为看上了他的发式。有没有防止此类可能的科学呢？

物理学有助于决策社会科学的地方，并不是使后者成为精确完美的理论，而是带来对其一项内容较为深刻的理解，使它不再遭受以往被忽视或者笨拙对待的境遇。这一内容，大家现在应当已经知道了，就是人们彼此间相互影响的效应。由局域性的相互作用发展为集体行为，会表现出一个特点，就是系统的总体状态是不可能从探究其组成个体的特性中得到的。这是物理学给社会科学送来的最重要的信息——切莫将个体的心理状态轻易外延为群体的行为。

在整个20世纪，社会学家们都在强调，他们所关注的是群体而非单独个体。然而，他们所能做的，往往只是将自己的研究对象纳入一个预先已经存在着的文化模式集合，也就是说，他们将群体行为设定为先验存在的。现在我们的做法与之不同，那就是通过研究个体选择间的影响与个体间的交换，了解群体行为模式的产生与变化。由此，我们便有可能通过大量相互依存的决断，理解社会是如何造就出领袖、习惯、时尚乃至问题的。

请投一票

这次糟糕的美国总统选举揭示了一系列问题，其中之一就是：一方面是选举结果竟要靠区区几百张选票定分晓；另一方面却是超过半数的选民没有表态。这大概还算不上是最严重的一点，因为在美国各县市的选举中，具有选举资格的选民中通常只有不到20%的人参加。

巴西是不允许这种对选举无动于衷的态度的。它采取了强制性的投票规定。1998年10月，超过1亿人参加了选举，选出了自己的总统、参议院和众议院（这个国家的政治体制大体上与美国相同）。此外，这些选民还在每个州内选出了一名州长和若干名副州长。巴西塞阿拉联邦大学（Federal University of Ceará）的物理学家雷蒙多·考斯塔·斐罗（Raimundo Costa Filho）等人分析了这批选举结果。从数量上说，州一级官员的候选人数是最多的，共有10535人。斐罗一行人便特别仔细地研究了有关这些人的统计数字，以发现各候选人得票数目在全部选票中所占的比例。

大家猜一下，这些人发现了什么结果呢？如果选举是个纯粹随机的过程，即每个选民靠掷骰子来决定投谁一票，得到的就会是高斯分布。这就是说，多数候选人会得到大体平均的比例数，还有少数人得到的会相当低，另外还有少数人得到的相当高。它们的概率分布，即得到某个百分数为 p 的选票比例的候选人的个数，在以 p 为横坐标表示出的图形会是扣钟形的。当然，选民们一般是不会用掷骰子的办法选人的。然而，影响到每个选民做出抉择的因素实在是太多了，彼此也太不同了，因此不妨认为，当选民数量非常大时，对于这种各有原因的选择，会同完全随机进行的选择没有多大区别。

不过，这些人并没有得到高斯分布。他们发现，选举结果的统计分布是与乘方律相吻合的（图13.1）。此外，这一乘方律还仿佛是以 –1 为其指数的，同自组织临界的情况一样。这便意味着，得到比例为 p 的候选人的数目，是同这一比例 p 的取值成反比的。对选举进行逐州分析，结果得到的是同样的分布形式，这就是说，看来在全体选民的选举中，同一方式在各个子选区中得到了可靠的复现。

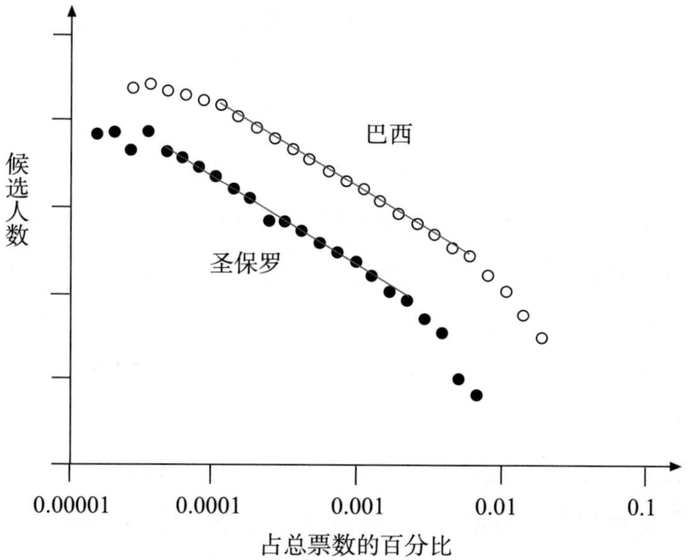

图 13.1　1998 年巴西国民选举的统计结果。各候选人所得到的选票的百分数，与得到这一百分数的候选人数目，是符合乘方律的。图中的实心圆圈表示来自圣保罗的结果，空心圆圈则代表巴西全国。两条都是直线，而且斜率基本相同。

这便告诉人们，选举过程并不是大量以随机方式进行的独立决断过程。① 前面曾经提到，乘方律是系统中存在着某种“决策”元体间强大相互作用的特有表现。处于临界点的磁体内部所出现的自旋反向的岛区，其大小会服从乘方律分布的现象，是由各个自旋对其近邻的影响造成的。在前文中提到过的并非符合实际情况的假想沙堆内，每个沙粒都根据自己同其他沙粒间的相互作用（碰撞与摩擦）来“选择”是否参加崩塌。这使我们猜想，选举统计所表现出来的乘方律，正可能揭示出选民们在做出决断时是彼此影响的。

这正是巴西欧鲁普雷图联邦大学（Federal University of Ouro Preto）的阿梅里科·特里斯陶·贝纳德斯（Americo Tristao Bernardes）和他的几名同事在试图解释斐罗等人的上述结果时所想到的。贝纳德斯曾同其他几名

① 我在这里所宣称的非随机性是由选择的相互依赖性导致的，其实并不十分严格。据斐罗等人指出，在一定条件下，每个选民所做的随机性独立选择，在某些选定的参数下，是可以合成一组看上去具有乘方表现的结果的。这便突出地表明，只根据一组数据，往往并不足以唯一地确定产生此种结果的机制。

研究人员一道做成了一个有关选举投票的模型。这是一个投票人的观点会影响到邻人的模型。全体选民被设想为某种类似于点阵的结构，而每个格点上都有“自旋”——很像是磁体的伊辛模型。各个格点代表着一个个选民，“自旋”的取向个数便等于选民可以挑选的候选人数。磁体原子间存在着使自旋形成一定排布的力，社会影响也会产生类似的作用，影响着左右邻人的选举抉择。不过贝纳德斯等人认为，这种影响只有在达到足够数量之后才能发生，也就是说，局域观点是有“临界质量”的。一个选民的观点不会使邻人做出同样的选择，但一群有同一观点的选民却会产生这样的效果。贝纳德斯等人通过电脑模拟了这一选举模型，结果发现，在针对多个候选人的选举中，选票的分布非常符合实际选举中所表现出来的乘方律，而且连斜率也是一样的。[①] 这样看来，选举带有很强的群体决断性。

其实，我们都会受到朋友、同事和邻居的影响，这根本不是什么新发现。我也和大多数人一样，去朋友们推荐的地方度假，去观看他们看过并表示喜欢的电影和戏剧。有时候，我们甚至在彼此并不认识的情况下感受到彼此是相互影响的。比如说，近来“绿色食品”非常流行，显然绝不是由于人口中的相当一部分人独立地作出了喜欢此类食品的决断所致（绿色食品的流行还有另外一个原因，就是随着越来越多的人选购绿色食品，供求律便导致此类商品的价格下降，使本来态度游移的顾客下了决心）。难道我们的政治态度就不会受到此类影响吗？这可说不通。

尽管如此，这一认识同人们的民主观念与选举自由的想法还是有些抵触。无论民主选举还有什么别的内涵，它显然不会是千百万诸多独立选票的叠合。选民所作出决断间的相互关联，意味着公众舆论对具体事件或者导向的反应很难预料。比如，候选人在公众前露面程度的细微不同——这

① 不过，为了得到正确的斜率，贝纳德斯等人还对每个候选人的“鼓动力”做出了一个特别的设定。所谓候选人的“鼓动力”，是指选民对邻人的影响能力与所涉及的候选人本人有关。后来，当这些研究人员更换了社会作用的方式，使之不再有如点阵，而是类似于带有分岔的“具有标度不变性的”网络（本书第 16 章中将提及）时，就不再需要任何这一类设定了。在描述真实的社会联系时，这种网络看来可能更真切些。此时，他们的模型与实际的选举统计结果十分相符，但无需对候选人有多强的“鼓动力”做任何设定。

可能是竞选赞助的力度不同或其他原因造成的，却可能导致选民投票结果的巨大差别。这样说是有充分理由的。我强烈认为，1992 年英国的大选，至少部分地等同于经济市场内发生的群动行为。无论是由于人们彼此转述对工党候选人基诺克的不信任，还是在选举时感受到了举国掀起的“倒基风潮”，民意调查与最终实际结果间的重大差异，看来并非大量随机而独立的决断造成的。[①]

有些政治科学家还对另一个类似于物理模型的政党竞选模型进行了研究。这是让选民从若干个政党中选定一个的景貌模型，与阿克塞尔罗德所提出的模型（见第 12 章）多有相似之处。该景貌的“地形”是由选民对若干问题的赞同程度决定的，各政党则在这片区域内走动，寻找合适的地点，插上自己的党旗，也就是说，针对当前的种种问题确定自己的立场。因此，这些政党虽然各自有自己的起始位置——也就是被开始时的观点所囿定，却都会近于肆无忌惮地根据种种风向修改自己的政策，以尽可能地拉到选票。

这就是一些人所说的选举“空间”模型，系由政治科学家安东尼·唐斯（Anthony Downs）和邓肯·布莱克（Duncan Black）率先于 20 世纪 50 年代在一个工商界进行经济决策的类似模型的基础上提出的。这一旨在对决策过程进行定量化“科学”分析的模型，其基本点是在被某一问题所关联到的若干观点所划定的范围内，将各个选民放在特定的位置上。这就是说，如果将各种可能的观点视为以两个极端态度为端点的线段，每个选民就应当位于这一线段的某个点上。

人们一向采用涉及空间的词语谈论政治观点。我们会将政见称为左倾、右倾和中立。这些说法源自法国大革命后法兰西共和国的国民大会（后来改称为国民公会）。当时的代表分为两大派别，一派是雅各宾党人，支持罗伯斯庇尔，主张实行激烈的政治与社会变革，另一派是略占上风的吉伦特党人，希望保持现状。这两派人在议会就座时，彼此想尽量离得远

① 持右翼观点的报刊众口一词地鼓噪，无疑也起了很大作用，但恐怕充其量也只是使当时政治舞台上已经出现的一边倒的群动形势更加倾斜而已。

些：雅各宾党人进来后就坐在左侧，吉伦特党人则坐到右边。观点比较中庸的则坐在这两派人中间。从那时起，政治上的“左”便与变革相关起来，而“右”则与保守联系到了一起。

然而，不同的政治派系几乎不可能借助一根数轴清楚地划分开来。选举会围绕众多问题进行，其中有许多表现为完全不相容的极端对立。选举的空间模型将这种政治态度一维的左、右之分，扩展成为多维的表现，以一根根观点轴代表一个个重要问题。在这个模型里，选民便落在由这些轴决定的位置上。换言之，政治“空间”的维数便相当于重要问题的个数，而每个选民便落在由这些轴线所共同确定的空间中的某个点上。

当然，这一模型只能大体上确定选民的政治意向。其实，并不是每个人都对选举过程中涉及的所有问题有明确的定位。不过，这一模型仍有可能把握住选举过程中的若干基本特性。诚然，人们有理由认为，各政党会努力认识由公众观点所形成的景貌，从而调整自己的政策，以争取吸引最多的选民。但这并不是说，所有的政界人物都会为了在竞选中捞得尽可能多的选票而肯采取任何行动。在竞选的景貌图中会存在一些专属于某个政党——比如说，自由党或者保守党——的区域，其他政党一般是不会越界进入的。当然，各政党也确实属意于按照公众观念打造自己。西方近来出现的“专题小组”[①]这一新鲜玩意儿，就突出地说明了这一点。一些过去一直属于政治禁脔的内容，如移民政策和量刑标准等，今天的民众都已表现出强烈的关注。对此，欧洲不少国家的政党，无论其政治倾向如何，都不得不在这些问题上顺应民意，对自己的政策进行调整。

如今，选举的空间模型已经成了政治科学领域中用以理解民主何以发挥作用以及缘何运转不灵的关键工具。比如，这一模型便被用于研究使政见分歧加深或者缓和的因素，进行两党制与多党制的对比，以及推行“单一问题政治”[②]的后果等。运用这一模型时得到的最引人注目的发现，是民

① 专题小组（Focus Group）是出现在政治和经济领域中的小单元。在政治领域中系指由若干人形成的小团体，负责调查特殊问题或特定地区的民众意见或情绪。——译者

② 只与一个受公众关注的（有争议的）问题相关，而将其他所有因素、牵涉、事实和问题排除在外的政治手法。——译者

主选举未必会保证胜出者一定是最好的。有人或许会觉得，在理想的选举系统中，胜出政党应当是既定政策与大多数人的标准最接近的。然而，事实往往是不可能确定观点空间中这个最接近点的位置。亚里士多德早就认识到了这一点。即使对于可以以一根轴线表示出公众观点的这一最简单的情况，也会出现分布中不止有一个峰点的问题。据亚里士多德设想，社会中存在着两个主要成分——富人与穷人，他们的倾向是非常不同的。那么，对于这样的社会，什么是理想的政治领导呢？是不是在制定政策时附和当时刚好发出了最强音的一方呢？或许应当选一个对任何一方都不完全追随，而是置政策于这两个极端的中点处的政党吧？亚里士多德的结论是，在上述种种政党领导下的社会，是永远不可能保持稳定的。他认为，要想真正实现稳定，最好的方法是造成一个庞大的、观点中庸的“中产阶级”。

孔多塞在其发表于1785年的有关选举与公众选择的统计学开山之作中，提出了民主体制的又一个问题。他是这样设问的：如果对个人来说，有关偏好的标准也不是只有一个极大值，那又该如何呢？乍一听起来，这个问题有些不对头：难道人们不是总会有唯一的偏爱吗？比如说，当问及政府应当如何将一定数额的资金用于公共服务时，人们心中不是都会有个大致的数字，并会对增减这一数字的政策表现出相应的不满吗？不过在某些情况下，当人们并不十分明确自己需要什么时，第二选择就可能会起大不相同的作用。当美国人在20世纪90年代考虑是否应当对前南斯拉夫问题进行干预时，一些人便觉得要么应当强力介入以从根本上结束争斗，要么就干脆理都不理。而居中的方案——派遣一支维和部队前去，使美国士兵身处险境，但又解决不了冲突——则明显不被看好。在20多年前的越战时期，许多人也是持类似观点的。

对于这种情况，孔多塞的结论是：多数为尊——这自然是人们心目中民主含义的精髓——未必意味着稳定。他将选举过程设想为每个候选人轮番与其他所有候选人进行一对一的竞争。在现代选举理论中，这种由一个人通过一系列竞争战胜（或者至少战平）所有对手而胜出的赢家得名为孔多塞胜者（Condorcet Winner）。可以证明，在以这种方式进行的选举中，孔多塞胜者未必是最能将全体选民的不同观点调和起来的人。而且实际情况是，孔多塞败者（Condorcet Loser，在所有一对一的竞争中从未取胜者）倒有可能是总体上的赢家。

得出孔多塞胜者的选举过程，绝不是除却单纯以多数为尊的规则之外仅有的另外一种过程。有一种名为“选择理论”的学说，便给出了若干种选举方式。比如，18 世纪末的法国政治理论家让·查理斯·德·玻达（Jean Charles de Borda）[①]便建议，法兰西科学院的人选应当由选举人对每名候选人给出一个分数，而这个分数代表的是该选举人不同的中意程度：分数越高，候选人越受欣赏。因此，胜出者应当是累加分数最高者。这种方法是比例代表制中的一种，但远非完美，原因在于，“玻达胜者”能否取胜，取决于那些无人看好的候选人处境如何。

理想的选举体制是不应当容许此类明显逻辑悖谬存在的。选择理论寻求的是逻辑上没有矛盾的选举方法。比如说，结果应当具有传递性，也就是说，如果全体选民认为候选人 A 优于 B，而 B 又优于 C，那么当 A 与 C 都是候选人时，A 也应当优于 C。另一个应当成立的性质，就是选举结果不应因选择范围的缩小而改变，也就是说，如果 A 能够在 A、B、C 三者中胜出，那么当只有 A 和 B 两个候选人时，A 也应当能够当选，凡此等等。

麻烦就出在没有哪一种选举机制，能够满足所有合理的逻辑标准。这不是因为人们还没能找到它，而是根本就不可能存在这样的机制。经济学家肯尼思·阿罗（Kenneth Arrow，1921—2017）所提出的“不可能论”，便给出了这一令人吃惊的结论。他给出证明说，任何真正的民主决策过程，都应当具备一套特定的逻辑特点。他还进一步证明，唯一能够满足所有这些特点同时又能够允许一组偏爱条件（也就是一名候选人）毫无异议地超过其他所有条件的集体选择机制，只能是由一个人进行独裁。很明显，这根本就不是什么集体过程！看来，虽然阿罗走的路同 300 年前的霍

① 其实，玻达（1733—1799）首先是一位数学家与航海天文学家，还对液体力学有相当贡献，并设计出了若干种仪器。政治学只是他的“业余爱好”。——译者

布斯十分不同，却又不得不同意后者当年的结论！

阿罗提出的这个悖论表明，与独裁同样有效的非独裁方式是不存在的。要么我们接受多数为尊规则可能导致的某些不如人意的后果（包括不稳定），要么找到某种东西来代替它，除此之外，别无他途。人们已从理论上大力寻找过这种替代物，但想要找到既公正透明又无法人为操纵的方式，实在是困难之极。换言之，民主真是个极难把握的概念。西方的政治家也好，广大公众也好，往往不能承认的一个重要事实，就是政府在采用了民主制后，未必就有了完美的体制。非但如此，在有些时候，这个体制还会隐隐暴露出它不公正、不公平的方面。不过，它的确（可能）是最不容易发生腐败的体制。

请大家记住，所有这一切，都来自每个选民会做出独立选择的模型。物理学家针对选举进行的统计分析，推翻了这一过于简单化的设定，使得通向可行而又平等的民主之路更加崎岖。这不禁使人们更加赞同铁血宰相奥托·冯·俾斯麦（Otto Von Bismarck）在 1863 年向普鲁士议会所说的一句话："政治不是一门精确的科学。"[5]

走哪一条岔道？

美国布鲁金斯学会（Brookings Institution）的爱泼斯坦曾经指出，当许多心理学家和社会学家都在研究人是如何进行决策时，社会却在向移除这一需要的方向大步前进。大量社会规范的存在，其实就是为了让人们不再考虑还有进行其他选择的可能。如果人们每天都得重新为自己的打扮、举止、行为伤脑筋，怕是什么事情也干不成了。

比如说，在所有国家里，人们在行车时都有约定：或都靠道路的左侧行驶，或都沿右边行进。① 当然，这种约定是以法律形式确立下来的，不

① 要当心例外情况哟！比如，加拿大是规定车辆沿道路右侧行驶的，但在蒙特利尔西南的 20 号公路上，就有一段为 10—20 公里的路段，要求人们在此沿左侧行车。1929 年前后，英国伦敦就通过了一项法令，周知在萨沃伊场行驶的车辆，在邻近萨沃伊戏院入口处的一段路上须靠右侧行驶，以使在戏院门口下车的观众不致堵住进出萨沃伊饭店的通道。

过，这样的法律无非是给予早已存在的社会规范正式地位而已。就以英国的情况为例，沿左侧行驶的规定只是因袭了人们在与骑马或驾着马车迎面过来的人们相遇时，愿意靠着左边一侧通行，以便使自己持剑的右手更好地防范对方的突然袭击。欧洲大陆的情况则正好相反，那里的马车都用多匹马前后拉着，车夫的座位就位于后排左侧。这样一来，车夫们便愿意顺着右边驾车了。今天，这样的安排起到了避免事故的作用，同时也能让人们省心，不用在每一次开车时，都得猜测别人会顺着哪一侧行车。

如果觉得这一类决断不过是些无足轻重的日常经验，那不妨再看一看我们生活中其他许多看来似乎不足道的约定俗成会产生何种影响吧。在英国盛行巴洛克风格的年代，凡要出席王室聚会，就不会不想到戴上大头套。在 20 世纪 20 年代，凡有些身份的纽约男士，绝不会不戴礼帽上街。只穿内衣裤逛街，或者用左手同人握手，并不是违法行为（因为据我所知，并不存在这样的法律条文），但恐怕不会有人真这样做。爱泼斯坦认为，人们在构筑社会时，会抱定将脑筋最大限度地节省下来的目的。人们只有在不存在社会约定的场合下，才不得不自己去做出决断。社会规范越强、越牢，个人便越不用思想。这种促成人们随大流的形势，不单单存在于整个社会中，也存在于特定的小群体中。这些小群体会有自己的约定，群体外的人或许会觉得古怪，但却会被群体内的成员反射般地执行。

天然形成的社会规则很少见，也许根本就不存在，因此需通过后天的学习。正因为如此，在街上同行人撞个满怀的，多半会是小孩子和外地游客，因为他们还没有学会应当沿什么方向躲闪。爱泼斯坦认为，人们会随着熟悉这些规则而掌握行为的尺度。即便没有贵族家世的人，也通常都知道在朝堂上的穿着应当合度。在爱泼斯坦看来，这一学习过程便涉及琢磨别人的衣着。如果看到其他人的打扮都是一样的，自己如何穿着就不成问题了。如果其他人的行为不尽一致，恐怕就得在更大范围内取样，以判断哪些方式是“正常”的。然而，在所有的情况下，我们的取样范围都是有限的，当我们希望了解去纽约曼哈顿的下东区[①]逛逛是否安全，或者希望知道应当给出租车司机多少小费时，并不需要将纽约人都问个遍。

为了研究规范的形成，爱泼斯坦设想有一群元体围成一个圆圈。他让每个元体都根据两边相邻元体的情况进行二元选择，即非此即彼的选择。他的这个圆圈并非着眼于模拟任何特定的社会环境，只是设计一个最简单的形势——线，也就是物理学家所说的一维阵列。将这条线的两端连接在一起，是为了不出现例外情况，否则，此处的邻里情况就会有所不同了。

在这个模型中，每个元体的决断是按照几条简单的规则做出的。总体设想是：每个元体都希望尽量少动脑子做决断；他们希望花最少的力气取得与他人的一致。这便意味着，他们属意于根据最小的可能取样得到做决断的依据。每个元体都会在进行一“轮”取样后，重新进行一次决断。在了解到自己两侧一定距离内邻人的决断后，一个元体便会以多数元体的决断作为自己的候选方案。接下来，这个元体又会扩大自己的取样范围，向两侧各增加一名对象。为的是看看此时的情况与刚才是否相同。如果不同呢，该元体便认为原来的取样没有足够的代表性。如此这般，取样会这样接续下去，直到一次取样的结果同扩大一步后的取样结果一致为止。

由于这些元体不想多花精力，于是会尽量缩小取样范围。一旦取得了某个距离内的调查结果，他们还会看一下将调查范围稍稍缩小一些之后，会不会仍旧得到同样的结果。如果结果是一样的，它们就会再缩小一步，直至取样范围小到最低限度，而同时仍旧反映出“大世界”的状况。对此，爱泼斯坦本人是这样形容的：“听话听声，锣鼓听音——但听的范围越小越好。”[6][②]一旦某个规范在一个圈子里成了根深蒂固的东西，每个元体就根本不用动脑子了，只要朝左邻或者右舍看上一眼就行了。这时候，进行选择就根本不用花费任何心思。

---

① 纽约市中心的东南部，与繁华的商业区毗邻，但居民多为东欧移民，比较贫困。——译者

② 原文为“到了罗马，就得参照多数罗马人的方式行事——但罗马的范围定得越小越好”，系根据西谚“到了罗马，就得按照罗马人的方式行事”变化得来，而这一谚语的原意是“入乡随俗”。——译者

爱泼斯坦发现，对于由大量元体组成的环圈，如果以随机方式使之在开始时各自从两种选择中确定一种，情况就会随时间的发展而迅速分立成若干小段，每段内都属于同一种选择。这就是如图 13.2a 所示的情况，这两种选择分别以灰色和白色表示。为了易于表示，环圈被展开成为一道水平线条，时间发展过程则沿从上到下的方向进行。图中的竖直条道代表环圈上诸元体的选择不随时间而变的结果。图 13.2b 中的灰色长度是元体的“调查距离”。一旦离开灰白两色交界之处，“动脑筋”的程度就会迅速减小。

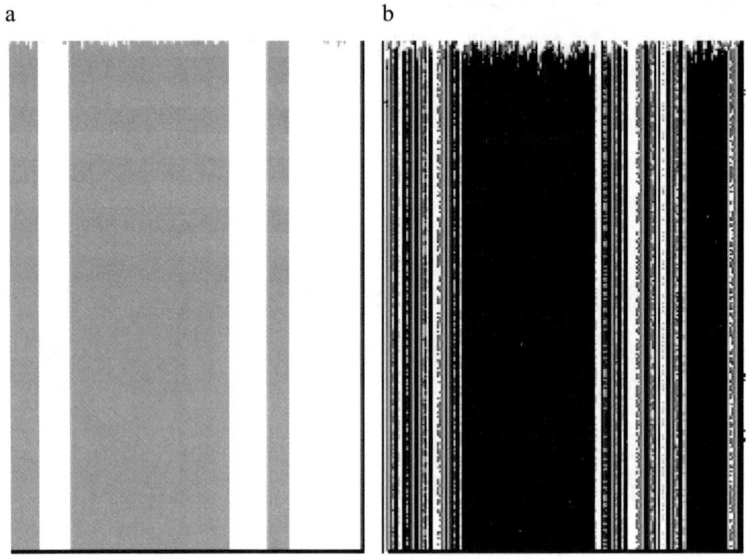

图 13.2　跟着规范走，可以省去做决断的努力。按照爱泼斯坦的模型，排列成一个环圈的元体，会根据位于一定范围内的邻居对某件事情的表现，从两种选择中（比如从“灰”和“白”中选定一个）挑出一个。这些元体会不断扩大自己的取样范围，直到自认为掌握了该环圈的“民意”为止。在本图的两个分图上，每个横向的细条给出的是在某一个时刻环圈上的各个元体的情况（实际上，细条的左右两侧是挨在一起的）。时间是沿从上到下的方向流逝的。在开始时，选民选取“灰”与“白”的随机分布（在图 a 的最上端，细得几乎看不见），很快便导致了稳定的灰白两色区域的形成。每个单色的区域都是一种明确的民意反映。在每个这样的区域里，元体的取样范围为零。在图 b 中，元体的取样范围由一段灰色距离表示。黑色区域代表取样范围已经缩小到极小值（即只看最挨近自己的两个邻居），这时候，区域内的所有元体都根本不用思考要选什么了。只有一边靠着灰色而另一边靠着白色的元体，才需要扩大取样范围，以决定自己加入哪一个阵营。

如果这一系统受到“冲击”，也就是有一个随机因素（噪声）短暂地介入决策过程，致使所有的元体在一轮决断中都随机地做出自己的选择，这便使环圈形成了一个新的构形（图 13.3）。不妨将这一形势设想为某条新信息暂时动摇了人们的原有信念，迫使大家重新考虑自己的定位。从某种意义上说，出现这样的局面并不奇怪，不过也有力地揭示出人性的不稳定，也就是说，原来不动脑子而做出决断留在“灰”营中的人，有些会在遭受这一“冲击”后，同样不动脑子地做出进入“白”营的决断。爱泼斯坦相信，许多社会规范和信念其实都是这样形成的。在 20 世纪 60 年代，男人曾时兴过留长发，对此当时是有人极力反对的。如果能将这些反对者请到 17 世纪去，面对当时男人剪短发的风气，他们怕也会同样不以为然吧！爱泼斯坦认为，今天的多数美国人相信地球是圆的，其实并不是他们确有此种知识，而是因为这种看法是现时流行的，正如当年天圆地方是流行的观点一样。

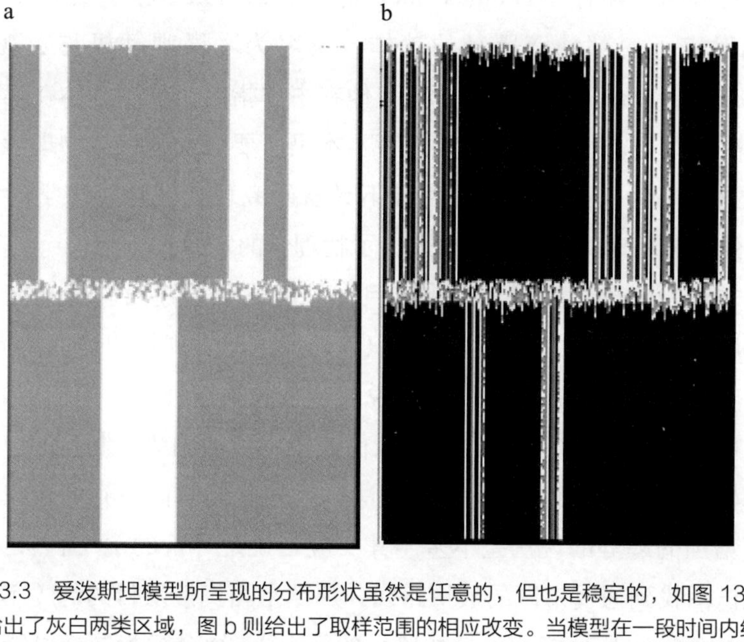

图 13.3　爱泼斯坦模型所呈现的分布形状虽然是任意的，但也是稳定的，如图 13.2 所示。图 a 中给出了灰白两类区域，图 b 则给出了取样范围的相应改变。当模型在一段时间内经受到某个“冲击”时，会使各个元体的选择受到随机影响（中央部分的横条）。此后，环圈重新分布为新的构形。在冲击前稳稳（指他们根本不进行思考）选定灰色的元体，如今却可能同样稳稳地进入白色区域。

向这个模型中增添少量然而持续不断的随机噪声（使元体在做出决断时会感受到一点点“惶惑”，带上一点点随意），并不会妨碍它形成灰白分开的区段，但会造成区段交界处的游移不定。随着时间的推移，环圈上多数元体的观点都会发生变化。不过，在任何时刻，都会有许多“尽量省事”的元体随着大流走，只有一部分是努力动脑筋的，他们在交界边缘处对其他元体进行着取样。这一模拟社会决策的模型，真是简单得不可思议，却又无比地引人注意。

分立的世界

对于表面上看来很有独立性的个体在进行选择时会变来变去的这种特性，20多年前便有一位马里兰大学（University of Maryland）的社会科学家托马斯·谢林（Thomas Shelling，1921—2016）研究过了。1978年，他发表了一部独辟蹊径的著作，书名为《微观动机与宏观行为》（*Micromotives and Macrobehavior*）。他在书中指出，许多个体在集体环境中做出决断时，往往会与直觉相违背。本书所要谈及的社会物理学，就是以他的这本书为基础的。虽说谢林不具备研究现代统计物理学的种种工具，但他却清楚地从社会科学中看出了物理学的定律。

比方说，物理学中经常用带有目的性的词语描述没有感知能力的系统——肥皂泡试图得到最小的表面积，光线试图发现最快捷的传播路径，等等。物理学家使用这类词语意在说明，在此类过程中发挥作用的定律，是由物质世界中会使某个量达到极大值或极小值的趋势控制着的。说“试图”，其实并不涉及目的，这样的说法，就同我们前面提到的熵在变化过程中有增加的趋势的说法差不多（其实应当说是等价的）。当然，如果说驾车人试图找到通过市区的最快路线，那倒是当真涉及目的的（不过，他们又不具备光线那种能找到最快路径的能力）。社会行为同样可能以追求某种极小值（努力、时间、距离等）或者极大值（利润、快乐）为导向，也就是意在实现最优化。这也就是齐普夫的“最少努力原理”。

在经济学领域中，斯密的“看不见的手”通常被视为起着使市场实现最优化的作用，也就是说，使得市场能够有效地提供并输送货物。谢林曾这样说过：

> 所有的行动似乎都能在某种作用下得以协调一致。你要去机场，就有出租车送你前往；飞机上有饭食供你充饥；有炼油厂给飞机提供汽油；有油车往机场运送这些汽油；有水泥用于铺设跑道；有电能用于开动电动扶梯。而最重要的，就是有飞往目的地的航班。[7]

如果经济领域是这样，其他的人类活动领域为什么就不会有类似的原理在起着同样的作用呢？社会是不是会具备某种天然的组织能力，能够无须法律或者强力的干预，就经管起所有的事务呢——

> 既然经济学家已经搞了两百年的研究，而且许多人也下了结论，认为相对而言不加制约的自由化市场，通常是实现个人相互作用的较好方式，那么，我们是不是也可以设想，同样的情况，也可能会适用于并非属于经济学这个在为了自身利益奔走时会发生相互冲撞的其他社会活动领域呢？[8]

谢林在这里所说的“其他社会活动”，简直是无所不包的：行车时要不要打开头灯？要不要给孩子注射疫苗？运动时要不要戴上安全头盔？开车上路时要不要带上拖索？要不要违一次法？去听讲演时应当坐在大厅的什么位置？星期五要不要去打高尔夫？等等。所有这些行为，统统有一个重要方面，就是在做出决断时，都会受到其他人的影响。情况还不止于此。我们在做出决断时，对于其他人所做的以及将要做出的决断，并不是完全了解的，而我们的决断，就得在这一基础上做出。正是由于这种相互依赖性，群体行为便不会等于个体行为的简单延伸。

要探讨谢林提出的问题，非常需要由统计物理提供工具和观点。事实上，他本人也沿用了物理学的定性概念，只是自己还不曾意识到而已；在他的模型中，也涉及了不同类型行为之间的相变，只不过他不曾明确用到这样的说法就是了。然而，在这位谢林给后世的“微观动机”模拟者所留下的成果中，最有影响也最值得记住的，是有关人口统计学的种族分立观念。

“多元文化（Multiculturalism）”的理念曾在西方盛行一时，但到了后来，在这个美丽的标签后面，出现的并不是一体化，而是分立与对峙。在大城市里面，邻里之间往往以种族和文化为壑。在巴尔的摩（Baltimore）、芝加哥和洛杉矶等美国大城市，城区居民基本上都是有色人种，白人则住在富裕的城郊，当上了白天去城区工作、晚上驾车回家的“飞白族”。这样一来便形成了人们熟知的形势：种族间的紧张对立、相互怀疑和剑拔弩张。

出现在这里的问题并不是什么白人与黑人，或者拉丁人与非拉丁白人之间的问题。从加拿大的多伦多，到美国东部的波士顿和西部的旧金山，所有的美洲城市里都有唐人街；英国的伦敦城里有小希腊区和小爱尔兰区；法国的格勒诺布尔市里有犹太人区；德国的柏林也有土耳其人区。这些种族通常能友好地混杂共存，并增加了文化的内涵。但英国人在 2001 年发现，在英国北部一些亚裔穆斯林社区出现的骚乱背后，都能找到种族主义和分立的种子。应当记住的是，分立绝不是什么“现代”玩意儿。英国在出现种族分立之前，就出现过阶层分立和宗教分立，只不过后者不如前者普遍（有人认为，种族分立只是穷富对立的一部分）。这正如奥默罗德所说：“人们愿意同相类者共处，这种意愿是与生俱来的。”[9]

谢林想要弄明白，种族分立是如何发生的。有人认为，这种分立反映了种族间一种高度不包容的态度。不过，由此断定所有的美国人都不愿与不同种族或不同肤色的人为邻，也肯定是不公平的。另一方面，我们也不得不承认，许多人只要有条件搬家，就不肯居于社区中种族和文化少数成员的地位。

人们搬家，不一定只出于一个原因。搬家所会造成的对文化习俗的搅扰，再加上人们持有的一定的包容态度，会使人觉得，人们居住区的分布应当是比较混杂的。然而，根据谢林提出的模型——以今天的标准衡量，这正是在前文已经出现过的“互动元体”模型——元体中存在着集体实现种族分立的强烈倾向。在这个模型中，存在着两种不同类型（按种族、宗教等划分）的元体，分别以两种颜色表示。谢林给出的规则是这样的：在不同的类型有所混杂的区域里，如果某个元体发现，1/3 的邻居属于另外一种“颜色”，自己就想搬家了。注意，这一举动同既不想当少数派，又希望别人注意到自己意愿的立场是一致的。不过，这一过程仍然反映出了一定程度上的容忍性，也就是说，当一种“颜色”所占的比例并不太高（比如说 1/4）时，另一种“颜色”的居民并不是特别在乎的。

谢林发现，即使是一个起初均匀混杂着两种不同元体的社会，也会很快演化为分立的区域（图 13.4）。物理学中是存在类似现象的：两种本来混合得相当均匀的物质，同一物质间的分子只表现出稍强的亲合性，也会

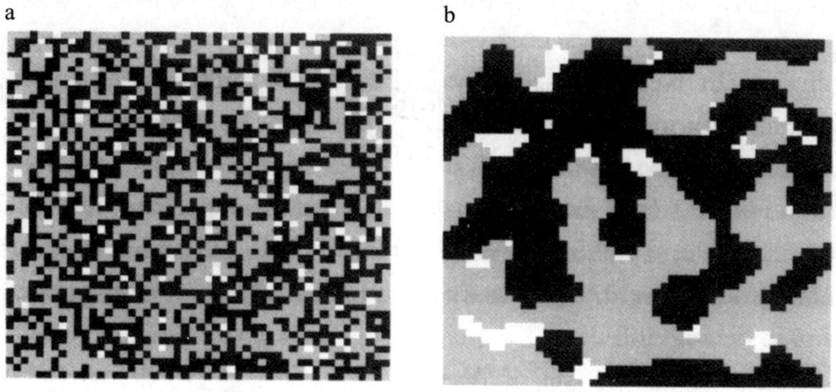

图 13.4　在谢林有关邻里间相互作用的模型中，每个元体都希望邻里间多数为同一个颜色（本图中为灰色或者黑色），但充其量只能勉强实现。当邻人中超过 45% 的部分被另外的颜色占据时，元体就希望搬到自由方块（白色）中去。这说明模型中的元体只表现出不太强的偏见。（这里的“颜色”，可以代表阶级、种族、宗教或者别的某种不同。）两类元体的分布以随机形式开始（a），随即迅速发展成为高度分立的、看来似乎偏见程度有所加深的格局（b）。由图 a 所示的格局，发展为图 b 所示的格局，平均每个元体只需移动两次。注意，代表空置的小块基本上出现在边缘位置，由是减轻了相邻区域间的“张力”。这便表明了一个事实，就是不同区域的相接部分相对而言是很不稳定的，这里存在着一种“表面张力”。（本图所示的结果，系奥默罗德根据谢林的初始模型得出的。）

渐渐“互相分离”而游离至不同的区域。沙拉中的油和醋就是这种情况。[①]分立的过程是一种集体效应，因为随着每一个元体的迁出，其他同一“颜色”的元体仍留在原社区的可能性会不断地按比例降低。

从物理学角度对社会进行预测所得到的结果往往相当直接，很难同政策制定者的理解与用意区分开来，因此也颇受争议。分立就是一个非常明显的例子。比如，对于模型的这一结果，有人便认为，分立（无论是种族的、文化的还是阶层的）是必然要出现的，因此不应当过分担心。还可以换个角度来看待分立，就是不应当认为分立的社会就是带有强烈偏见的社会（因此未必会导致严重敌对）。这样的结论，自然很对那些宁可为其他问题劳神的人的胃口。美国参议员丹尼尔·帕特里克·莫伊尼汉（Daniel Patrick Moynihan）就是其中一个。他在 20 世纪 70 年代初曾向尼克松总统进言，表示对待种族关系应取“宽容的忽视”态度，因而成为猛挨臭骂的人物。然而，如果分立真是不争的事实，研究其出现的原因是不是更为积极的态度呢？比如，文化上的分立，看来完全可能导致对他人生活方式的忽视乃至提防与敌对，也就是说，根深蒂固的偏见极可能由不起眼的偏好引发（谢林的模型并没有包括对元体行为进行反馈的内容，不过这应当是能够添加进去的），因此，如果集中可利用的资源，在已然形成的不同社区间培养密切联系，而不是硬性取缔分立，效果是不是会更好些呢？出于同一思路，如果人们知道，一旦在本来按规定实现了文化融合的环境中鼓吹选择与行动的自由（如建立不止一所学校），就很可能导致严重分立局面的迅速出现，是否会有助于这方面的决策呢？在制定和执行事关公众服

① 近来，人们遵循着与谢林相似的研究方式所提出的有关分立的模型，表现出了更让物理学家注意的特性。阿克斯特尔和爱泼斯坦从自己的“糖境”模型（见第 14 章）中所得出的分立分布，便表现出与临界点有明显的关联。在一定的条件下，分立会导致形成“典型”大小的区域，而这是物理上在出现相分离时会发生的情况。在另外的条件下，分立区域的大小会表现出一定范围内的分布，而且没有哪一种大小占据主导地位，表明它们都接近于某个临界点。在这种情况下，各个区域间的混杂会更为密切，即多数区域都会很小，但也有一小部分非常巨大。因此，对于此种形势，如果能够找到某种方式，使人口统计系统“接近临界状态”，混合而非分立的趋向可能就会得到加强。

务的政策时，有些西方政府一向将“顾客要求”奉为金科玉律。如果他们能够认识到，一味听任自由选择会导致种种分立——富人与穷人、能力强的与差的等等，他们还会起劲地向这一方向努力吗？换言之，虽然此类模型有可能用于支持无为的施政方针，但也不应当就此放弃努力。我们应当做的是认真思考，摹想出我们心目中希望实现的社会，并在此基础上找到实现这种社会的现实而非理想主义的手段。

也许，谢林的模型给我们最具普遍意义的教训，是明显的分立未必意味着严重的不包容，即个体的倾向并不一定会外延到群体行为之中。这句话无论怎样强调都不会过分。对于努力使社会学研究更趋科学化的科学家来说，这句话更是特别重要的。哈佛大学的生物学家爱德华·O. 威尔逊（Edward O. Wilson）认为，这就要求更多地考虑到进化中确立的人类本性中的倾向，也就是说，人们应当寻求的是大脑经过自然选择而被编码形成的基本倾向，而不是个体的行为方式。这个目标是非常重要的。有不少关于人类行为的模型——其中也包括本书中提到的若干个，都是从看起来合情合理的设定出发的，但结果却发现原来是相当随意的（或者是带有先入之见的）。威尔逊则舍弃了这种设定，认为群体行为未必是个体行为的简单放大，因而不能单单根据个体大脑的本能进行推断。谢林模型中的元体是肯于包容的，但他们所形成的群体却表现出高度的分立。如果根据群体分布的形式由大向小内推，就可能对个体的本性产生误解。

对于这种危险，新美国基金会（New America Foundation）的政治科学家迈克尔·林德（Michael Lind）有过这样十分中肯的评论：

> 我有个朋友养狗。据他告诉我，你要想了解这种动物，至少也得养上 6 只或者更多。在达到一定的数目之后，狗的行为会有令人惊讶的改变。它们会本能地形成一个秩序井然的团伙。有些研究犬类行为的人，一向只对单只狗进行观察。传统的政治哲学家们也一直处于类似的位置。[10]

如今该是研究团体的时候了。

罪与罚

人们搬家的另一个原因是避开犯罪多发地点，而这种行动往往会引发人们熟知的连锁反应，因为犯罪毫无疑义是同社会不平等相关的。只要不是罪犯，谁也不愿意住在犯罪高发区（事实上，恐怕犯罪者本人也不愿意住在这种地方）。然而，只有有条件搬到较好地段的人，才会考虑搬家之举。这一来，高犯罪率地区就会变得越发贫穷，而这反过来又将导致犯罪率的攀升。不过，情况也不是如此简单。有些农村地区虽然贫穷，但犯罪率要低于相对富裕的城市地区。从历史上看，高失业率、低生活水准与高犯罪率的关系，未必就如当前这样密切。我们不能以百分百的把握宣称，社会不平等与犯罪之间一定有说得清道得明的关联。

这就使人们很难找到降低犯罪率的最好方法。欧洲和北美都倾向于认为，最有效的做法是“严打”，即加重惩处罪犯，包括延长服刑期。有些选民对这种做法是满意的，但它是否当真降低了犯罪率，却还缺少明确无误的证据。其实，这种对策倒更可能是对 20 世纪 70 年代宽待犯罪的矫枉过正——当时的政策是将犯罪视为某种疾病，救治的对策不是惩罚，而是理解与同情。不过话也得说回来，当时的这种对策也不见得更高明。

美国经济学家加里 · 贝克尔（Gary Becker，1930—2014）是支持以强硬态度对付犯罪的。他在 20 世纪 60 年代提出了一种关于犯罪的“经济”模型。该模型认为，犯罪也如铝和香蕉一样是有市场的。参与这个市场行为的是罪犯，他们通过成本—收益分析决定是否参与交易（作案犯罪）。如果作案后平安无事，那就是赚，如果东窗事发那就是赔——小罪赔钱，大罪赔人，照英国眼下的说法就是，赔钱还是赔人，全看女王的旨意。在贝克尔的模型中，罪犯会对种种利弊进行理性的估算，并在此基础上做出要不要犯罪的决断。如果这就是犯罪的缘由，那就有理由相信，犯罪率是可以通过提高成本，也就是加重惩处的对策降低的。这也正是霍布斯当年的观点：人对权力的追求，只能以令其不敢触犯的更高权力来遏制。

不过，在许多正统的犯罪学专家眼中，这种通过理性分析进行犯罪的过程实属闭门造车。据这些人认为，罪犯很少会冷静地权衡种种利弊，多数罪犯并不认真掂量被抓捕的后果。如果真是这样，再重的惩罚也不会起到威慑作用。想要降低犯罪率，还得另辟蹊径。陀思妥耶夫斯基（Dostoevsky，1821—1881）《罪与罚》（*Crime and Punishment*）一书中的人物拉斯柯尔尼科夫尽管清楚自己所面对的刑事体系何等严酷，甚至表示过“差不多所有的罪行都很容易被发现”，[11]但他仍然不顾一切地搞了一场谋杀，而且自己连理由都说不清道不明。

陀思妥耶夫斯基对罪犯的心理做出了若干有力深刻的揭示。如果他的描绘多少符合真实情况的话，那么，促使人犯下罪行以及能够遏制犯罪的种种因素，实在是难以判明（他本人曾被沙俄政府定罪，并在西伯利亚陪过一次杀场，因此对受刑人的心理刻画应当是相当真实可信的）。不过，有一个与犯罪有关的因素，看来没能得到应有的注意，这就是来自社会的压力，也就是一个人所受到的、来自与他打交道的人的作用。日本自然不是一个不存在犯罪的国家，不过，这个国家的道路和公园之所以都相当安全，无疑同罪犯所承受的羞耻感和社会孤立感有关。强大的社会习俗和监督压力，效果要强过法律所施加的重典严罚。西方国家中的一些地区也有类似情况，只是范围一般较小。大多数临时起意的作案，都不将被害对象当人看待。如果罪犯与邻里相识，他们不但会比较下不去手，而且还要想到一旦干了坏事，以后就可能无法面对社区里的所有人。

受谢林工作的大力启发，经济学家迈克尔·坎贝尔（Michael Campbell）和奥默罗德提出了一个犯罪行为的模型，其中涉及作案人与同他在生活中打交道的人之间的相互作用。大致来说，这两人设定，犯罪人要为自己的行为注入“成本”，而这一成本的大小取决于该罪行与社会规范相差的程度。如果在罪犯生活的地方，走在街上的人尽是些窃贼，那他本人同大家搅到一起，便不会付出遭受社会排斥的代价——事实上，他的处境反而会更好些，因为无须处于不利的少数派地位。而如果周围的人都是社会中坚，他就会受到遵守法律的强大压力。

这里所涉及的选择，其实不妨将其视之为盘算好的冒险。有人可能会认为，处在都是守法者的环境中，有犯罪倾向的人会处处占上风，因为他会从作案中得益，别人却不会使他蒙受损失。另外，他所受到的诱惑，对其他所有人也同样存在。这正是对策论——第 17 章中将要讨论到——的出发点。不过，坎贝尔和奥默罗德的看法是，在遵纪守法的环境中，有犯罪可能的人会受到使其循规蹈矩的社会压力的影响。

我们没有理由先验地认定，社会压力对犯罪率能够产生重大影响。因此，坎贝尔和奥默罗德希望研究的就是，在特定司法观念和条件影响下的社会，这一压力究竟能产生何等影响。这两人将人分为三大类：第一类是无论如何都不会犯罪的。多数妇女和有生活保障的老年人一般属于此类；第二类是总归会犯罪的“铁犯”；第三类是所谓的“墙头草”，他们会决定守法地过活，但在条件适当时也会成为罪犯。就具体个人而论，他们能够从某一类变为其他类，而转变的原因就在于来自其所属类别内的压力：所属类别在整个人口群体中占的比例越大，其他类型的个体就越有可能参加进来。①

坎贝尔和奥默罗德设定，社会不平等与“铁犯”的出现有着相当直接的关系。处世的艰难可以视为导致犯罪的“驱动力”，而该驱动力包含着若干成分，如工资水平和失业率等，也就是说，可以认为它是同某种标准的经济指数联系在一起的。从表面上看，社会不平等加剧，总人口中的现行罪犯数量就会增多。然而，由于个体之间相互作用的存在，也就是说，由于个体受到应当与同一类型中其他个体一致表现的压力，社会艰难与实际的犯罪率之间的关系并不简单。根据坎贝尔和奥默罗德的模型，犯罪率在较大的不平等范围内都有一高一低两档存在（图 13.5a）。换言之，在社会 / 经济公平度很宽的分布范围内，犯罪率都不会表现为单一的曲线，究竟会取哪一种数值，应视系统的历史而定。

① 不会受影响的类别数量减少，而易受影响的类别增加，并不是由于前一类型的个人改变了想法——这是同此类型的人不会受到影响的定义不符的，该类型的减少是由人口群体的搬迁、死亡等因素造成的。

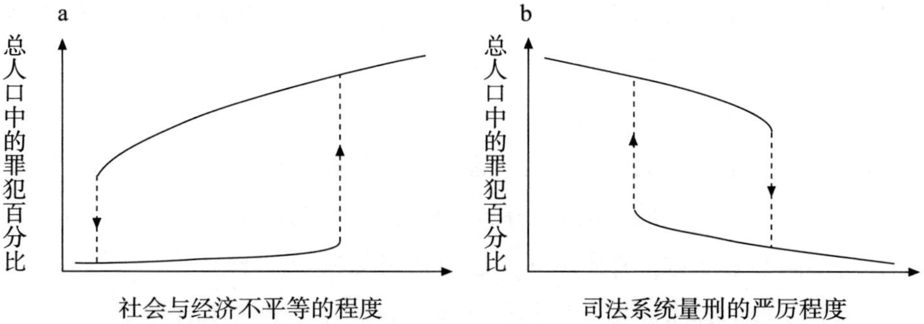

图 13.5 犯罪与一些很不明显也很难预测的社会因素有关。奥默罗德和坎贝尔的模型告诉人们，社会条件的微小变化，会造成一高一低两个犯罪状态之间的突然跳移。图 a 为犯罪率的变化与社会不平等程度的关系，图 b 为犯罪率的变化与惩处严厉程度的关系。在这两种情况下，都会发生两种不同状态下的突然相变。相变必定会发生在每个分支的末端处，当然也可能在达到此点之前提前发生。

我们不妨从低犯罪率和很轻微的不平等（图 13.5a 所示的低位曲线的左端）开始。可以看出，当社会环境恶化时，犯罪人数只会有很小的上升。只是在曲线到达终点时，必定会出现进入高位一档的陡然提升。因此，在这个位置上，社会不平等稍有加剧，就会导致犯罪率的大幅度激增。反过来看，如果从高档曲线（高位曲线的右端）开始，即使社会环境有相当的改善（向左有可观的移动），犯罪率也只会稍有下降，而且这种状况会一直保持到曲线的左端。此时，犯罪率会以一个向下的急跳落入低位上的曲线——以往一向效果不大的改进，如今一下子大有改观。

奥默罗德指出，这一模型虽然明显是简化的，但其结果仍然可能具有普遍的重要意义，这就是同一社会政策可能会因初始状态的不同而起到不同的作用。自由派的观点是，犯罪率可以通过向社会不平等开战的方式降低。然而，如果某个社区处于高犯罪率一支上，而且处于十分不平等的状态，那么，单纯采取改变不平等状况的举措，就未必会起到很大作用（如模型所示），而且会给保守派带来指责此类举措为不明智的口实。不过，如果社区的状态位于上面分支的低端，不平等状态哪怕小有改观，就有可能使社区进入下面的分支，犯罪率就会大为降低。

在社会条件不变的前提下，罪犯的比例也会随着司法宽严程度的变化发生类似的改变。根据这一模型，这样的变化会对易受影响的那部分人转向犯罪的概率产生影响，而根据设定，这一影响应属于比例效应。对于此种情况，也同样会存在有两个分支的结果。从严惩治会导致犯罪人数比例的减少，但效果既可能有限，也可能显著，视在何种位置上采取这一举措而定（图 13.5b）。因此同前面一样，对不同情况的观察，也会造成对加重刑罚持不同的态度：会有人赞同，也会有人反对。

奥默罗德的模型还揭示出其他结果。我曾在为期三年的研究工作中得出过同图 13.5 相似的图形。不过，我本人所搞的并不是犯罪学研究，而是液体与气体发生相互转变的条件。当压强发生变化时，流体会处于完全类似的二元状态下（图 13.6）。也就是说，在一定的压强范围内，流体既可以以液体形态存在，也可以以气体形态存在。这两个分支都表现出同样的平缓斜度，也都会以陡然的变化——一个向上、一个向下——结束，都同奥默罗德的模型一样。这一犯罪模型所显示出的特性无疑属于一级相变。请记住，相变会在某种驱动力发生改变时突然出现。对于诸如液体凝固或者蒸发等一级相变，突然发生改变的内容是系统的某种性质，如体积或者密度。不过，从表面上看来，奥默罗德的模型似乎表明，这样的突然改变会有两处，各自会在不同的“驱动力”下（或者是不同的量刑宽严程度，或者是不同的社会不平等程度）出现：一个在高分支的末端，一个在低分支的尽头。

不过，对于不折不扣的一级相变，在给定的一组条件下，一个系统只

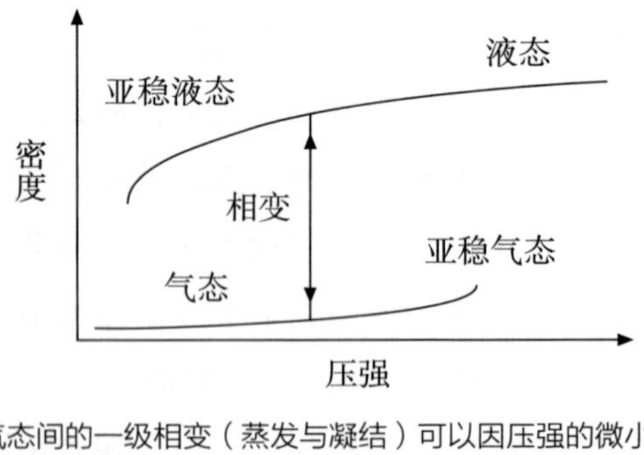

图 13.6　液态与气态间的一级相变（蒸发与凝结）可以因压强的微小改变而被突然引发。在越过临界点以后，这两种状态都可以在亚稳态下持续存在，直到分支进入末端（失稳点）。

应当有一个平衡状态，也只存在一个容许在不同的平衡态间跳变的点。图 13.6 中标出了这个点，它大致位于分支区域的中部。对于位于下面的分支（气态）而言，一旦越过了这个点，也就进入了曲线的右半段，气体就不再处于最稳定的状态，或者说已不再处于平衡态了。此时的状态是一种亚稳态，即处于暂时稳定的状态，但不能有任何导致液体出现的事件发生。从理论上说，亚稳态如果时间持续得足够长，就能够进入平衡态，而为此得等待多久，取决于系统离分支的末端有多远。在实际情况中，亚稳态是可以存在极长时间的。当压强越过了气体分支的末端时，亚稳态便不能维持下去了，于是曲线便进入了末端。第 12 章中已经提到，这个末端就是失稳点。

我坚信，上述诸内容都适用于犯罪模型。这就是说，低犯罪比例与高犯罪比例间的“平衡”开关，应当大致位于两个分支交叠部分的中部。如果状态切换在通过这个位置时不曾发生，就可能在越过这个位置后的各个点上随时发生。在实际情况中，导致亚稳态倾覆的是成核现象。在亚稳态下，如果有某个足够大的区域能够碰巧进入更为稳定的状态，这个区域就会迅速扩大为整个系统。因此，比如说，在温度低于凝固点的液体（超冷液体）中，如果出现了一小块固态晶体，它就会像粒种子一样长大，使全部液体结晶为固体。对此又可在犯罪模型中进行类比，认为在接近低犯罪比例分支的末端时，一个不大的高犯罪率区域，就会起到“凝结核”的作用，使犯罪现象由它那里蔓延向附近的地区。这便使得在制定刑事政策时剖析因与果的工作越发困难。不过，分辨出这一过程与相变过程的相似，已经使其得到了正确的解释。

犯罪率果真会表现出上述的突然跳变吗？马尔科姆·格拉德威尔（Malcolm Gladwell）的《引爆点》（*The Tipping Point*）[①] 一书以纽约市的具体情况说明了这一点。这个在 20 世纪 80 年代令人闻之色变的危险都市，到了 90 年代末却自豪地成了安全和睦的所在。90 年代初时，这座城市的

① 由钱清、覃爱冬译的中译本，中信出版社 2006 年版。——译者

布朗斯维尔犹太人区和东纽约，都是天黑以后人们不敢上街的所在，但不出5年，整座城市的谋杀率下降了64%，刑事犯罪减少了一半。对这样的变化，多数人归功于当时纽约市长鲁道夫·朱利安尼的“零容忍”政策。不过，这一政策到底引来了哪些具体后果，又发挥了什么影响，人们并没能达成一致看法。犯罪率的下降，单单是发挥了出色警力的结果吗？和贩毒量的下降有关与否？是否与纽约人平均年龄的增高相关？经济形势的好转是否也是原因之一？采取坚决措施清除地铁系统内的胡写乱画是不是也起了作用？

格拉德威尔认为，对于犯罪率如此迅速的下降，也应当像看待诸如时装的风行、观念的流行或者好书的风靡一样，将其视之为具有传染能力的东西。换言之，此类行为都具有以几何级数在社会间散播的特性。这里应当提一句，传染过程并不只包含生物学家和传染病学家一向所认定的那些内容，对此将在第16章中提及。因此，这里所说的情况可能就属于传染。不过，指数式传播并非有关突然变化的唯一科学模型。对此，相变提供了另外一种机制，而且是更微妙的机制。一级相变对应的是系统在两种不同状态间的全面切换。物理学告诉我们，这样的切换并不总在一组唯一的特定条件下发生（也就是说，会发生亚稳态的持续存在），这时，真正起决定性作用的会是系统过去的历史。相变也像格拉德威尔笔下的传染过程一样，由小变化造成大改变。“纽约市犯罪率的锐减，无论是什么原因，都属于边界性的，也就是说，都是小改变造成的。”[12]

与此同时，临界相变代表了对迅速变化的另外一种描述，即两种选择并为一个。失稳点造成了又一种情况，就是由一种亚稳态的消失导致外观有如一级相变的跳变发生。因此，格拉德威尔的“引爆点”就可能通过几种不同的方式到达。方式的不同，意味着改变的进行会涉及不同的内容，也意味着在想要引发或者阻止改变时，所做的事情将不同，因此，这种种不同是非常重要的。

婚姻纽带

长期以来，西方社会中的婚姻一直是一种选定的社会义务。萧伯纳曾经说过："尽管婚姻给我们带来了这么多的折磨，但多数人却不大注意这一点，而是将它视为造物安排好的一个固定内容来接受，就像接受重力一样。"[13]不过近年来，人们已经不再持这一态度了。在20世纪的西方世界中，结婚双方的平均年龄，终身未婚者所占比例，以及离婚者的数量，都一直在增加着。看来，越来越多的人正开始询问自己这样一个问题：结婚是为了什么？

萧伯纳还说："人们通常会说，现有的婚姻形式并不是政治工具，而是神圣的义务……能够影响，或者被认定能够影响大量选票的走向，因此，所有的政府都尽可能不去碰婚姻这根弦。"[14]然而，如今已是世易时移。人口的下降及其可能产生的后果，以及"家庭价值"的贬值，使一些政府深感不安，觉得有必要对婚姻重新导向。然而，导向该如何进行？当然，可以通过金钱——以税制的方式——鼓励人们为增加收入而结婚。甚至还可以营造一种社会气候，对以婚姻方式形成的家庭加以支持（不过，这也势必导致以非婚方式形成的家庭的不快）。在就业政策上动脑筋，也可能造成有利于家庭的社会氛围，比如，规定有权享受优渥的产假（不但女方享受，男方也同样有份），将有助于形成以家庭的方式促成姻缘的缔结。

不过，从根本上说，如果对人们选择结婚的缘由缺乏了解，成果就会有限。不消说，对所有人都适用的标准是不存在的。不过，有些原因应当较之其他的更普适些。那么，如果当真如此，又该是哪些原因呢？对此，贝克尔以一名经济学家的身份提供了若干见地。他在20世纪70年代末提出，两个住到一起的人是在实行分工，因此比一个人独自生活有更高的效率——正如斯密提到的大头针工厂因实行分工而增加了利润一样。靠着这种由来已久的分工安排，一个在外面挣钱，另一个尽好家里的职责。这样，两人便一起实现了效用的最大化，一如在市场中按理性努力的经营者。

以这种方式看待两人的神圣结合，未必冷血得可以。根据贝克尔这种从经济学角度对家庭的分析（如今它已成为经典，并是他获得 1992 年诺贝尔经济学奖的理由之一），一旦人们头脑冷静地盘算起配偶（未来的或者已经形成的）、子女和配偶的双亲会带来的收益时，浪漫和家人的爱心都必会退居到次要位置。贝克尔认为，“进入婚姻市场的交易者”会面临困难的抉择，因为这些人“对于自己从未来伴侣处可能得到的效用，所知十分有限”[15]。当人们“认为再等一等、再找下去，也不可能得到更好的结果”[16]时，就会越过种族、宗教和阶级的界限通婚。罗密欧与朱丽叶没有这样做，真得感谢莎翁哩！

要拿贝克尔的上述分析打趣一通，说他这是推崇理性过了头，说他将有关家室的种种决断系于探讨成本—收益分析的复杂微分方程，自然是便当得很。将经济学概念用于家庭生活，就会像用漫画来表述科学，结果就是得出类似于下面的陈述——

> 因此，没有对成本的监督，不考虑将时间分配在不同领域的固定成本，一个多成员的家政情况，就只能够依靠商品和有效时间的输入总额。[17]

然而，贝克尔正是用这种并非不着边际的陈述，道出了家庭生活中许多内容的根本。风俗习惯与社会常规之所以会存在，都是有其道理的。有时候，它们可能会失于公正，会落伍过时，甚至会霸道无理，但在它们最初形成时，都是被当时的社会视为所需的。对可能结成姻缘的另一方，不动感情地进行有关“效用”的评估，就如同一对可能结成亲家的日本家庭互换庚帖摸底，或犹如犹太人和东欧人找媒人说合，其实都是出自同一个道理。社会上也往往通过形成对宜婚年龄的看法，对出生率进行调节。爱尔兰天主教徒通常会比一般英国人晚婚，其中就有这个目的在内。

此外，贝克尔对婚姻的分析，还对一些很难解释的风俗习惯和社会传统有所揭示。比如，他提出，不论在什么地方，一夫多妻现象都比一妻多夫普遍，原因就在于“女子对产出的边际贡献，要明显超出男人”。[18]换言之，女子比男人更有用——不只是对男人而言，女子之间也是如此。在一定的社会环境下，一个有若干妻子的家庭，会比这些人都独立生活时过得好些；而如果一个女子同不止一个男人过活，得到的收益通常会减少。这并不是意在维护或者抨击一夫多妻制，而只是研究起到支持这一制度作用的社会—经济环境。从这个模型看，“父母之命”未必是婚姻的前提，而是某种特定社会存在的结果。

男女劳动力在收入水平上始终存在着不平等，也可能是出自同一道理。就总体情况而言，男人一般比女人挣得多。就是在当今已经实现了男女同工同酬的环境下，由于平均来说，女人通常会（或者是不得不）从事报酬较低的工作，男人还是比女人的收入高。这一差别目前可能正在缩小，而在过去可是相当大的。听起来比较自然的原因，是存在着歧视，致使男人比女人容易得到高收入的职务——这至少是自由派的观点。至于保守派一方则可能更倾向于认为，原因其实只是生理结构方面的，即男人更适于从事高收入的工作。

贝克尔的看法是，如果由一男一女组成的家庭，是以实现结合后达到效用的最大值，即尽可能有效地通过工作得到最大的收益为目的的话，这两者却未必都能实现。在组织起家庭以后，分工总是对双方都有利的。夫妻之间势必会分担职责，不过，哪怕是小小的差异，比如子女尚小需要照料时，生理上的微小差别就会打破分工的平衡。“市场上对妇女的些许看低、男女生理上的不大差异，会导致夫妻在行为上的巨大不同。”[19]其实，我们本来就不应当认为，原因与结果的差异应当是成正比的。

因此，贝克尔告诉人们，社会的不平等可以源自完全合理的行为。“丈夫对妻子的强求、父亲对女儿的逼迫，都是父权制造成的。这种体制损害了妇女的利益，侵犯了妇女的自主。劳动的有效分工与之同出一辙。”[20]有人批评贝克尔，说他仿佛是在宣扬一种宿命论：此天道也，无乃顺之乎。更有甚者，认为这是在为不平等正名。不过，贝克尔的工作与此根本无涉。他的研究方法是十分符合社会物理学的精神的，那就是主张去理解当然事物之所以然，而不要动辄靠直觉和先入之见来说事。在建立模型时人们应当注意的，是让它有能力说明一旦遵从某些规律就会出现什么结果。这样的模型绝不仅仅是给出某些必然来，它们能够指出，如果希望出现某种不同的局面，就应当在哪些方面做出改变。这样一来，我们就不至于一厢情愿地凭经验套路行事，而往往导致事与愿违的结局。

贝克尔的某些结论会令像我这样持自由派观点的人感到不快。比如说，他认为社会福利不利于解决负有沉重子女抚养责任的单身妈妈的问题，因为这样的福利会成为她们的“合理”兴趣——有更多的子女却不结婚。当然，这里要重申一下，他并不认为社会福利是坏事，只是其作用并不能脱离社会—经济图景孤立看待。

贝克尔的成果的重大价值，在于揭示了新古典主义经济模型中一个极大的谬误，就是将出生率和婚姻率视为基本上是“给定的”。经济学家一向只把此类统计放在经济领域中的背景地位上，并不特别重视。贝克尔则不然，他告诉人们，经济学既受到这些社会因素的影响，也会影响到这些社会因素。社会上所存在的不平等现象，不但是人类贪欲的产物，而且也——

> 取决于生育能力与家庭收入的关系；①取决于穷苦家庭对子女这一人力资本是否有足够的投资；取决于教育、家庭环境和其他因素所决定的性行为倾向；取决于离婚率；取决于离婚妇女所能得到的子女抚养费的多寡；还取决于子女在接受抚养分配时是否平等。[21]

另外，他所进行的分析，从根本上说仍属于新古典主义经济体系，其基本设定是有理性的元体各自独立地寻求自身效用的最大化。不管是怀孕、结婚，还是离异，客观上的原因都是出自实现个人的“最大利益”。对此是无人否认的。对于落入爱河和恩爱到头，是没有精确的计算方法

① 对“生育能力”这个词，贝克尔的用法有些与众不同，但在他是前后一致的，那就是：它并不表示生物学上繁殖后代的能力，而是指妇女（或者夫妇）所实际获得的（或者往往是有意造成的）子女数目，不妨称之为“后代生成力”。

的。（谢天谢地！）尤为重要的是，人们在确定自己的生活伴侣或者要不要子女时，不仅仅是将对方视为一种个人关系，也在遵循着社会中已然确立的一定模式。从新古典主义的角度出发所进行的研究能够揭示出部分真理——但也仅仅是揭示一部分，因为它忽略了（又一次！）其中的关键因素，那就是相互作用。

择偶

从经济学角度衡量，婚姻会因“收益性”下降而趋向不稳定。比如说，随着妇女得到高收入工作的可能性不断加大，她们会发现，婚姻给自己带来的个人效用非但没有增加，反而是遭到损害。就业中性别比例的改变，已经被列为婚姻率降低的原因之一。不过，由此引出的推断——经济繁荣、高就业率和高劳动酬报，会不利于缔结姻缘，似乎并不曾得到广泛观察的支持。一些欧洲国家（如丹麦和英国）有与其他欧洲国家（如法国和德国）相近的经济能力，但离婚率却要高得多。看来，社会对婚姻的态度，在决定人们是否结婚和是否维持婚姻上，起着相当大的作用。

在谢林看来，婚姻也同其他许多社会情势一样，具有相互依赖的二元选择方式。一个人要么结婚，要么不结婚。（更精确地说，一个人在任何一个时刻上，要么是结了婚的，要么是没有结婚的。）结了婚的人以两种方式影响着未成婚者的选择，一是减少了可供择偶的成员，二是形成了社会规范。“婚姻所造成的社会后果，”谢林说，“使这一行为成了社会科学景观中的中心现象之一。”[22]

奥默罗德和坎贝尔从这一现象中看到了使用相互作用元体模型的又一个可能性。在对婚姻的选择上，个人也同面对犯罪的可能性时一样，会看样学样地行事。因此，在存在互动作用的社会中，婚内者与婚外者的比例会如何受种种驱动力的影响，便可以通过使这些驱动力除了一个之外一概保持不变的做法进行研究。在奥默罗德和坎贝尔的模型中，个体也被划入三个组群，即单身组群、已婚组群和离异组群。根据这里的定义，单身状态是一种一旦结束便不能恢复的状态，因此基本上等同于童身状态。而已婚和离异这两者便不同，是可以来来回回地改变的，哪怕比伊丽莎白·泰勒[①]的次数都多也行。据设定，影响选择的因素有两个：经济考虑和社会舆论。前者包括工资收入前景、所得税减免额度、工作机会大小等等；后者涉及公众对未婚同居的非议、视婚嫁为落伍之举等。

根据这一模型，如果社会舆论的作用不强，已婚组群所占的比重就会随经济效果的加强而简单地增大，并能维系在这一组群内。而当社会舆论变明显时，前景就会有所不同（图 13.7a）。这里会再次出现两个分支，也就是说，模型会给出一高一低两个已婚状态。事实上，奥默罗德还加进了一个新的部分，就是将这两个分支用一条连续的曲线（图中以点线表示）连为一体。这样一来，对应于一定范围内的不同强度的经济考虑，似乎应当存在三种可能的状态，也就是说，如果在图上画出一条竖直线，它会与曲线产生三个交点。不过，可以证明，这条介于高位曲线和低位曲线的两个端点之间的部分，即这条点线，代表的既不是稳定状态，也不是亚稳状态，而是不稳定状态，也就是说，是立即会转变为别的状态的状态。这种形势恰与根据液—气相变的范德瓦耳斯理论得到的结果完全一致——一条拐了弯的曲线，将系统分为稳态、亚稳态和非稳态三部分（图 13.7b）。

因此可以设想，在这个婚姻模型中，存在着同犯罪模型一样的结构：即一高一低两个分支间的平衡转变，以及亚稳态任何时候都可能因更稳定的成核现象触发的转变。这里也同犯罪模型一样，结果与历史有关。当结婚者为数不多时，经济鼓励未必会明显增加结婚者的比例，然而在同样的经济考虑下，换了一种社会舆论，却可能成就多桩姻缘。至于图中的点划线拐弯部分，则只有当社会舆论很强时才会出现。如果将婚姻与经济考虑和社会舆论两者的关系都表示出来，就会得到图 13.8a 所示的三维图形。在这两个图中，一系列曲线描绘出一个曲面，曲面有一部分形成了一个拐折。奥默罗德将这样的形状比喻为一侧受到压叠的床垫。

① 美国著名女影星泰勒（1932—2011），曾结婚 8 次，均以离异结束。——译者

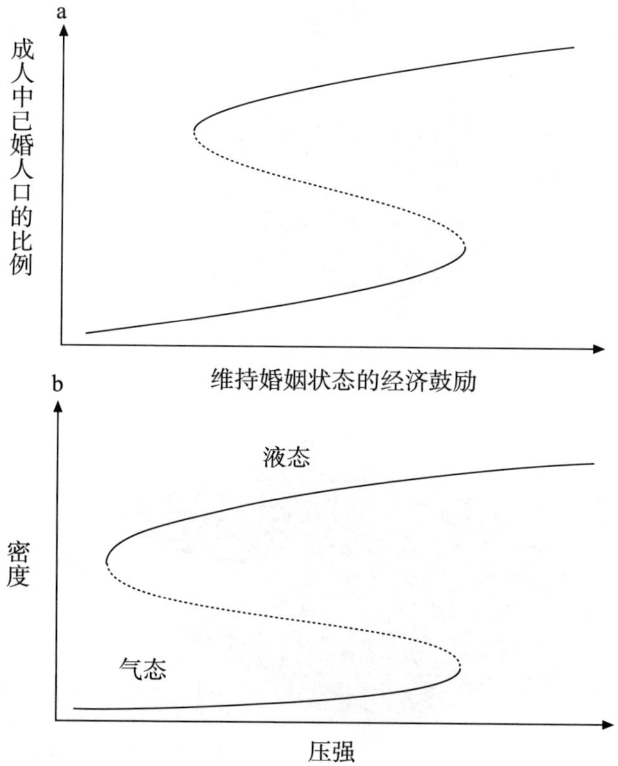

图 13.7　一种探究人群中结婚组群所占比例与社会舆论和经济考虑的关系的模型发现，在同样的社会环境与经济状况下，结婚状态会表现为两种可能的前景，一为“高婚姻率”，一为“低婚姻率”（a）。这两个状态通过一条连续的弯折曲线（以点划线表示）连接为一体。不过，在这一弯折曲线的两端之内，相应的状态都不会是稳定的。这一情况与范·德·瓦耳斯的气—液相变理论极为相类。在这一理论中，液态与气态之间也是由一条弯拐曲线连接起来的（b）。经范·德·瓦耳斯证明，在这一弯拐曲线上不存在稳定状态。

当你得知统计物理学家对这样的曲面十分熟悉时，大概不会感到吃惊吧。麦克斯韦就曾经给吉布斯制作过一个这种形状的石膏模型，用以表示液—气一级相变与临界点融合的情况。这里的临界点本身相应为弯拐开始（或者消失）的状态，也就是说，位于高处的曲面出现弯拐，罩到了低处曲面的上方。到了吉布斯的热力学系统中，“社会舆论”的强度便换成了温度，“经济考虑”则改为压强，而“成人中已婚人口的比例”就成了密度（图 13.8b）。换言之，奥默罗德和坎贝尔的婚姻模型有了一个临界点。

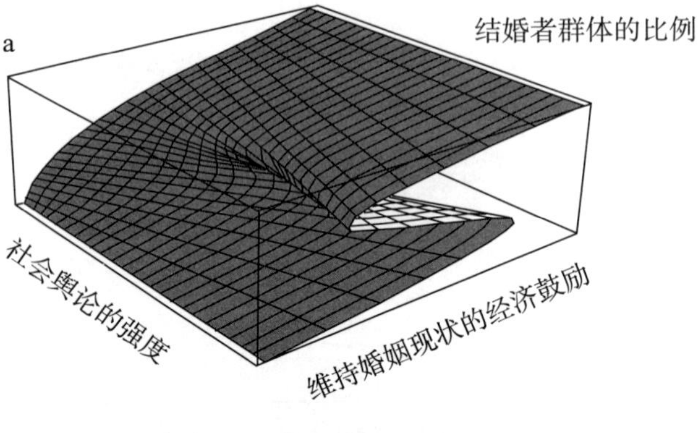

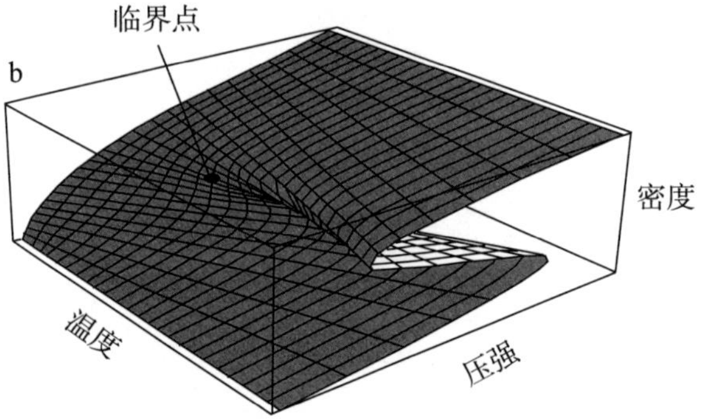

图 13.8 婚姻率与模型中的两个因素——社会舆论与经济考虑——的关系，可以通过一个三维曲面（a）表示出来。这一曲面上有一处皱褶；对于给定的每一组社会条件，在皱褶以外的地方，系统只可能存在一种状态，而在皱褶以内则可能存在两种。在该皱褶的末端处，是一个类似于临界点的存在。这与流体（液体或者气体）的密度与温度和压强的关系是完全一样的（b）。

两个可能的社会状态和一高一低两个婚姻比例，过了这个点便不复如此，而是合并成为一个。因此，这些相互作用的元体，会在彼此所做选择的影响下，表现出应有的种种可能行为，一如流体的构成粒子在它们之间的相互吸引力与排斥力的共同作用下所会经历的情况。

人的行动是有目的的。当婚姻或者犯罪之类有目的的选择开始被列为由统计规律和法则管辖的社会现象后，由此产生的反响是多种感情的混合：有惊讶，有欢愉，也有沮丧。贝克尔使这类事物进入经济学模型的做法，也引起了同样的注意。我们有理由猜想，在这个领域中，也可能出现类似于物理学对社会科学研究做出贡献的形势。1860 年，纽玛奇向英国伦敦统计学会提交了一份报告，报告中的实证主义的观点，无疑受到了统计科学中第一批成果的鼓舞。不过，他的这些话能使我们记起，合理的政策如要公平而有效地发挥作用，至少不能来自先入之见和直觉：

> 人们相信巫师和算命先生能够呼风唤雨的年代早已过去了；教会里大大小小的牧师，如今也都只是些职司有限的教士……今天的人们正渐渐发现，在制定或者履行法律时，如果对于有关的社会环境没有准确的把握，所有的努力都会成为巨大而危险的把戏。

“犯罪，”纽玛奇又说道，“不再是单靠严苛就能消除的现象。”[23]如今我们已真正看出，如果不能正确认识到，人们对于犯罪（以及其他很多事情）的态度其实同与自己身边的人打过的交道有关，那么，“单靠严苛”所会导致的后果（指平均而言，而不是单以个人可能产生的行为而论）将是难以预料的。

少数派法则

选民们无疑都希望自己到头来能够成为多数派。同样，社会中人们有关犯罪和婚姻的相互影响，结果也会形成行为的规范性模式，也就是说，当结婚是“正常”模式时，多数人就会去结婚。不过，在另外一些形势下，人们会愿意做其他人之所不为，这就是说，希望处于少数派的地位，而且少数派的规模越小越好。当开车去上班时，我们都希望同自己走在同一条路上的人越少越好，为的是不遭遇堵车。当我们有意将自己的住房出售时，也会希望赶上的是卖方市场的时机，以便多遇上些买主而卖主会少些，为的是能争取个好价钱。

经济学家亚瑟在新墨西哥州的圣菲研究所工作时，就发现了这一“少数派问题”。这个研究涉及如何在外面找一夜乐子。亚瑟还给它起了个名字，叫作“埃尔法罗问题”。埃尔法罗是圣菲市一家酒吧的名字，距圣菲研究所的故址不远。这家酒吧每逢周四会有爱尔兰音乐演出，这对出生于爱尔兰的亚瑟很有吸引力。不过，受到这种音乐吸引的并不只有他一个人。研究所里有不少人蜂拥而至，结果弄得酒吧里拥挤不堪。最后，人们到了星期四就根本不去了：音乐固然不赖，但还没有好到值得来扎堆的地步。这样一来，有时“爱尔兰之夜”就比较清静，有幸赶上的少数人就能在酒吧里享受到同过去一样的好时光。这时就出现了一个不好解决的选择：是去这家酒吧，希望“赶巧有福”（也就是刚好不拥挤）呢，还是待在家里呢？不论选择哪一种，如果成为少数派，结果都会不错：如果去酒吧的是少数，这些人就会美美地在外面过上一夜；如果待在家里的是少数，这些人就能舒舒服服地留在自己的住处，免去了在酒吧里摩肩接踵的不快。

1994 年，亚瑟就埃尔法罗问题发表了一篇洋洋洒洒的谈话，其中涉及这样一个问题：去这家酒吧的人数会不会随时间的流逝而发生改变——“这个问题会有个结局吗？如果会有，又将是什么样的呢？是否可能以混乱收场？预测能够进行到哪一步？”[24]在他看来，问题的症结在于根本不存在什么“正确的”选择，用他的话来说就是没有“能通过推演得出的合理解答”。任何人都无法说出最好的结果来，因为谁也不知道其他人会有什么选择。他们所能做的无非是猜测，根据预感或出自直觉的揣度。这些人进行选择的依据，是对其他人可能采取行动的信念。

像亚瑟这样的经济学家对这类情况相当熟悉。在市场里，人们买进卖出，都要本着对市场所持的信念行事，也就是说，凭着当时的某种感觉：或者乐观（认为别人都将买进）或者悲观（相信别人全要卖出）。不过，价格是否会出现涨落，取决于每个人的决断；而每个人的决断，基本上又是在不掌握其他所有人的打算的情况下做出的。亚瑟指出，经济学家一向采用的设定是，参与市场交易的人会使用演绎手段，即根据有明确定义的问题的解答做出决断。而事实上，他们所遇到的问题通常却是含义很不明确的，并不存在什么正确答案，除非是事后给出的，但那时已没有多少用处了。因此，在这种形势下，人们所能依靠的只有建立在主观感觉和经验之上的归纳手段。

“作为经济学家，我们需要特别注意归纳推理法。”[25]亚瑟说。他认为埃尔法罗问题正好提供了以这种推理方式进行研究的理想模型。针对这一问题，他设计出了一个简单而理想化的对策，就是让各个元体使用彼此颇不相同的经验规律去估计那里会有多少人前去，从而决定自己要不要上门。这些经验规律是根据以往的情况得出的，比如，某个人的信念是：“今天在那里的人会跟上个星期一样多”；另一个人的则是：“今天在那里的人会相当于过去四个星期的平均情况”；等等。每个人都会考虑到若干条类似的规律，然后从中选定被经验证明是最准确的一条作为自己做决断的依据。

亚瑟发现，根据这样的模型，前去酒吧的人数会始终变个不停。有时候，只有30%的人前去，可有时又会达到90%。不过，大体上说来，来人的平均数会在60%上下，而且波动的幅度很少会超过20%。换言之，前去的人数既不会稳定在某个确定不变的数目上，也不会表现出任何定幅的起落，但平均数又是个确定值。亚瑟将这一形势比喻为一处森林，森林的范围是确定的，而一株株树木却是有生有死的。60%的平均数有什么含义吗？它不过是亚瑟随意选定的一个数，代表一个接受极限。如果前来的人超过了60%，酒吧里就会挤得不如待在家里舒服了。因此，人们会自动“找出”最佳的平均上门比例，尽管不能保证每次都能赶上这样的情况。

1997年，瑞士弗里堡大学（University of Fribourg）的物理学家德米扬·夏莱（Damien Challet）和张翼成（Yi-Cheng Zhang）针对埃尔法罗问题提出了一个更明确的模型——“争当少数派”。这是一种游戏。在这种游戏中，能最终成为占少数的一方即为胜者。在亚瑟提出的模型中，每个元体在做出决断时，依据的是一些任意性很大的策略，而在“争当少数派”这一模型中，有关的策略都是系统而明确的。每个元体都记录下了在以往的“每一把游戏”（也就是以前的各个夜晚）中，两种可能的选择方式（去与不去）所导致的结果。而他们的这些记录（不妨写成一系列二进制数据，就像计算机所用的逻辑代码1和0）便可输入到某个特定的策略程序中，由此给出对下一回的决断。例如：如果某个顾客在前三回都成了少数派，下一次就还去这家酒吧。和前面的模型一样，每个元体都有若干种可选策略，而且在任何时候，元件都会选用迄今为止最成功的一个。

夏莱和张翼成发现，此游戏的参与率为 50%，也就是说，平均来说，半数元体选择不去酒吧，而另外的半数决定前去。① 因此，乍一看去，似乎大家的行为是有组织的，即便没搞出什么集体方案来，“少数派”也能平均说来达到足够多的程度，也就是说，基本上能够同“多数派”数目相当。不过，这种游戏实际上能够玩得有多“精”，还是要看沿平均数上下的起伏情况（图 13.9a）。每出现一次“起”或者“伏”，都意味着本来能有更多的玩家“胜出”（即成为少数派）。起伏越大，游戏就玩得越“臭”。

这两位研究人员发现，当游戏策略中加进了对以往的借鉴后，也就是说，随着元体记忆的改进——可以说成是随着玩家变得聪明起来，涨落就会不断减小。此外，如果元体沿着达尔文进化论的途径进化，致使成功者得到繁殖，失败者（经常变成多数派的）遭到淘汰，游戏也会越玩越精，

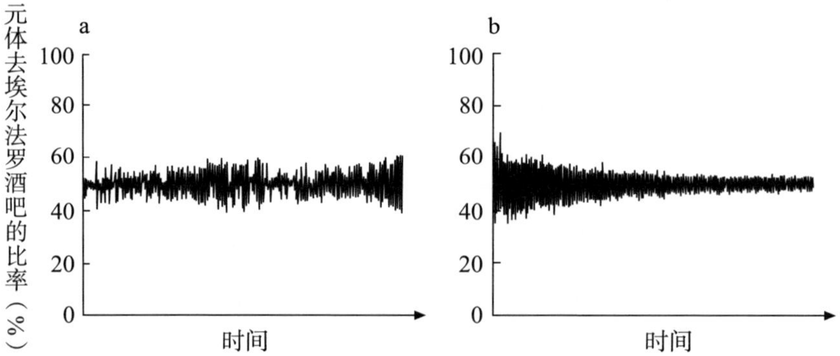

图 13.9　在这一“争当少数派”的游戏中，每个元体有两个选择机会（或者去“埃尔法罗”，或者待在家里），选择每个机会的比率为 50%(a)。在理想的情况下，少数派应当会达到最好的比例，也就是尽量接近 50%。但是由于涨落的存在，少数派往往低于此比例，也就是游戏“玩得臭”。不过，如果游戏水平会随着时间提高，策略选取不当的元体就会不断出局，涨落便渐渐趋少，因此游戏就玩“精”了（b）。

① 在这个模型里，两种选择是有相同的权重因子的，而实际上，由于都希望成为少数派，因此在组群中的元体数应少于 50%。

即涨落会越来越小（图 13.9b）。在这种情况下，元体总体上就能够“学会”玩好这种游戏。

这个“争当少数派”的游戏，与经济市场是有些相类的——当然只是在表面上如此。事实上有人认为，在市场里摸爬滚打的人，多数都是希望成为多数派的，证据就是这些人倾向于成为群体的一部分。然而，这个游戏中仍然包含着真实市场足够多的特点：竞争、利己、摸索经验、策略的大范围运用，以及根据有限的信息进行选择。这些都不禁使人生出将“争当少数派”游戏引入经济现象的强烈意愿。夏莱和张翼成也对自己的模型做了修改，使之更接近于市场条件，并用它研究了若干经济效应。“噪声交易者”（他们是根据从市场指数中感觉到的趋势做出决断的）和知情者交易，就是他们研究过的两项。比如说，他们发现，一旦出现“好使的信息”（指来自特殊渠道的“小道”消息）后，供选择的策略就会在一定范围上有所缩小，也就是说，此时便会出现“最好的”方式，而如果大家都面对同样的信息，这种方式便不会存在。

社会物理学做出的最重要的发现之一，就是可以从纯属自动机器的元体群中，看到带有“人性化”的奇特表现。在第 6 章中曾经提到，试图离开拥挤之处的元体，会有惊恐的表现。以色列的沙哈尔·郝德（Shahar Hod）和埃胡德·纳卡尔（Ehud Nakar）告诉人们，这个“争当少数派”的游戏，还模拟出了人类的又一种表现：犹豫不决。他们对这个游戏做了些修改，让各元体以同样的方法对以往经历的结果进行计算，然后在此基础上决定自己下一步的行为。不过，每个元体在做出决断时，未必会百分之百地遵照计算的结果行事，而是将结果乘以某个概率——概率值介于 1（算出什么，就服从什么）和 0（算出什么，都反其道而行之）之间。因此，每个元体自己的“策略”，取决于对以往历史所做反应的概率，而概率则随体验的次数而变，或者加大，或者减小。[①]

① 元体会采取对过去历史经验不予考虑的决断，在一些人看来可能会觉得不好理解。其实，元体通过审视以往的经验来决定未来的选择，未必就保证能够占到便宜。如果元体认为这一过程所给出的结果一直不好，就会认定它是无效的。

按照这一标准规则进行游戏，结果会导致非常明确的行为：所有元体会两极分化，或者总是根据历史经验行事，或者与历史经验“背道而驰”；换言之，元体所采取的策略，要么是“算得什么，就是什么”，要么刚好相反。不过，郝德和纳卡尔发现，如果“好”的选择和“坏”的选择会导致不相称的结果——比方说，输时（成为多数派）失掉的，会多于赢时的所得，形势就会有所不同。例如，选择去上班的行车路线，就属于此类情形。选对了只意味着这一天会正常度过，而选错了就可能受阻于堵车，结果迟到，误了重要的会议甚至被炒了鱿鱼。类似的，在不景气的市场中，赢了固然会赚上一笔，而输了往往赔得多得多。

当胜败结果不相称时，亦即总体而言对玩家不利时，最好的策略是谨慎、保险，而不是走极端。郝德和纳卡尔发现，在这样的形势下，参与此种“争当少数派”游戏的元体，往往就会表现得犹豫起来，也就是说，它们不再是一成不变地采取一种策略（即概率非 1 即 0），而是在这两者之间跳动，而且选 1 和 0 的概率一样大。这通常会意味着，累积的收益会很小，但风险也较小。而一旦在这种形势下仍选定极端策略，平均而言就会输大于赢。

这种游移对于元体本身或许是最适当的，但会导致群体表现不佳，也就是得胜的少数派在数量上要比本来应有的减掉不少。比如，这会表现为去埃尔法罗酒吧的顾客，平均来说会大大少于理想接纳量。事实上，整个群体的平均情况，会比每个元体随机选择的效果要差。也就是说，以归纳方式做出决断，对群体的总体效能会起破坏作用。

以心理学的标准衡量，“争当少数派”的游戏无疑是非常幼稚的。事实上，除了认为个体具备某种根据过去的体验做出反应的能力外，该游戏根本不考虑他们各自的心理。其实，由个体的心理状态所决定的群体行为，会十分特殊、微妙，而且往往无法预知。我们其实无须相信人们真的会像该模型所说的那样做出决断，但应当注意它传递的一个基本信息：在考虑群体的决断是否与复杂的心理动机有关之前，应当先认识到，复杂的情况有可能出自最基本的过程。人们究竟是如何做出决断的，能够明确描述的内容目前实在是太少了。

第 14 章

文化扩展

——全球化、多样化与综合性社会

现如今，什么法国人、德国人、西班牙人、英国人……统统都没有了，有的只是欧洲人。[1]

卢梭（1772）

这些人不喜欢做印第安人——他们想当加拿大人或者美国人……从来不曾有人告诉过我。有了电视，这一套就都会跟来了。这真像是来自太空的入侵或者类似的情况：先是来了个政府，然后来了石油公司，现在又来了电视。[2]

辛娣·吉代（Cindy Gilday）

加拿大西北行政区北部地区交通通信部长

现在还有不少人相信玛格丽特·撒切尔①所说的"别无选择"，其实人们应当相信的是"选择无限"。[3]

苏珊·乔治（Susan George，2002）②

① 指的是撒切尔夫人（1925—2013），曾任英国首相。——译者

② 苏珊·乔治：法国著名学者，社会活动理论家。——译者

我曾去日本旅行，那里给我留下了生动的记忆。其中很鲜明的记忆，就是在东京地铁站看到的广告，上面是豪华的西式婚礼庆典，新娘穿着全套的白色婚纱。按照日本人的现代习俗，只要经济条件许可，婚礼既要穿传统的和服，也要纯白的西方打扮。我当时喃喃自语道："真是加料的文化帝国主义哟！"

过去，文化理念与价值的扩展，肯定是同帝国的扩张野心联系在一起的。如今，这样的扩展则带上了咄咄逼人的商业化味道。在维多利亚时代，人们认为，"蒙昧文化"无非是尚未找到行为、言语和崇拜的"正确"方式时的表现。人们希望这样的观念已经寿终正寝。但事实上，它只是被另外的东西取代了，比如一些人认定整个世界应当充满可口可乐和汉堡包之类。诚然，文化价值的传播并不都是坏事，西班牙南部的北非穆斯林式建筑，就是伊斯兰文化中世纪初期向西方传播的美丽见证。随着奴隶制在美洲大陆的消亡，黑人音乐上升为爵士乐，由是丰富了美洲的文化。梵高（Van Gogh）和马蒂斯（Matisse）的油画反映出他们所受到的日本木版画的影响。欧洲的现代舞步中，也糅进了印度和拉丁美洲舞蹈的节奏。

但是，当一种文化完全涵盖了另一种文化，或者两种文化融为一体时，人类体验的多样性和丰富性就丧失了一些。另外，共同的信念和传统，减少了发生冲突的可能性；共同的语言能使沟通更为顺畅。在文化扩展的过程中，自愿选择和强令接受各自发挥了什么样的作用，是很难加以区分的。即令是得胜的征服民族，也往往会接受被征服者的若干传统和习俗。罗马帝国不就最终放弃了自己的多神信仰，接受了只信奉单一神明的犹太教和基督教吗？当两种文化相遇时，无论在什么时候和在什么情况下，都会发生价值观的交换、艺术的交流、科学技术的交融、习俗与信念的交叉和语言的交会。人类历史充满着这样的过程，从古老的特洛伊之战到今日欧盟的东扩莫不如此。历史绝不单单是在伟大人物的光芒笼罩下生成的，由民众形成的众多团体间的相互作用，也总在提供着能量。

提出一些模型来，反映人们如何从邻里处染上犯罪习惯，如何受到社会上来自朋友和家庭的影响，都只是试图描述文化价值和社会价值的涨与落这一宏观图景中小小的微观部分。有些科学家正致力于拓展更大的研究领域，这就是寻找文化扩展对整个世界的人口状况、政治疆域和语言范围的重大影响。毋庸置疑，这真是一个重大而艰难的课题，不过起步工作可能十分简单。这些科学家所着眼的问题是很宽泛的：文化的多样性是由什么因素决定的？为什么诸如巴斯克土语[①]和威尔士方言[②]等一些非主流文化的基本特性得以传承，而另外一些则消失不见了呢？更重要的是，当两种文化相遇时，为什么通常并不会通过相互作用而完全融为一体呢？

当此 21 世纪开始之时，此类问题堪称空前急迫。巴尔干地区近年来发生的诸多冲突，反映出此地长期以来缺乏价值与信仰的相互靠拢，从而使当年像南斯拉夫这样硬性拼凑成的国家出现了一旦分裂便不可收拾的局面。捷克斯洛伐克也同样解体，只是不曾流血而已。而苏联的解体也给车臣和格鲁吉亚带来了持续的苦难。一个没有同一感的国家是不能长久维系的，而这种同一感的建立需要有某种文化的一致性。

从根本上看，现代社会中发生的内战，多数与当年促使霍布斯寻求维持社会秩序的英国内战没有区别。它们之所以爆发，是因为存在着未能得到解决的冲突，而导致冲突的鸿沟实在是太深了，即使历经多少代人努力，也无法使之弥合。发生在 17 世纪的英国内战，表面致因是两派人对君权持不同看法：一派认为君权应当代表最高权力，而另一派认为国王只是民众及由民众代表所形成的议会的公仆。然而，藏在这一分歧之下的，是不同的宗教信仰这一经久不愈的溃疡。还在英国发生这场内战之前，这一溃疡已使欧洲人流了百年鲜血，而在今天，造成北爱尔兰人尸横街头的，也仍然是同一个创口。

文化、社会和政治价值的融合，看来未必是不可避免的。联合国作为世界机构的凝聚因素，因其成员国在对待科索沃和伊拉克战争的态度上持

① 也称欧斯卡拉语，为居住在西班牙和法国西南部的一部分人所操的语言，与西班牙语和法语都有很大不同，但已流传了 4000 多年。——译者

② 是英国威尔士地区流传了近 2500 年的语言，与此地的官方语言英语有很大不同，如动词置于句首等。——译者

不同看法而受到严重考验。如果说，对贝尔格莱德是否进行轰炸表明了分歧的存在，以美英两国为主的军队对伊拉克的占领，更使分歧几近于导致分裂。2001 年末，国际社会在对阿富汗作战上实现了空前的团结，但在这个国家从废墟上重新站立起来之前，这种团结就可能已不复存在。

不过，这个世界一方面分裂出越来越多的国家，一方面也可看到编织起新联盟的努力。欧盟就是这样一项大胆的特殊尝试：它既寻求经济与技术的共享，又力求尊重与保护不同的社会与文化差异。2002 年 1 月，欧盟进行了一场最大的试验，将几乎所有加盟国的货币统一为一种。对全球环境、世界贸易和全民健康的种种关注，促成了各类国际团体与世界性机构的出现，而它们在与国家和民族无涉的问题上，持有共同的信念。

长远看来，这些联盟是否能够保持稳定，取决于各个成员国的观念与目标能一致到何种程度，也就是说，取决于其通过相互作用调节自己行为的能力。在此过程中会出现矛盾，这是主张保持多样性的自由派所面临的难题。我们之中已有不少人觉得，过多的一统会令人追悔，但大家又都在主张什么"普适的"人权，还希望所有的国家都共同遵守某些行为准则。这就是有人称为"自由帝国主义"的发展趋势。我们可能津津乐道于文化的多样性，但面对某些少数种族认为必须以分裂的方式来避免失去自己固有的传统与特质时，我们又会坚决不赞同。如果两种文化间的区别十分显著，合并的结局便将是少数群体的受到压制、遭遇异化和丧失安宁。所有这些情况，都指向一个紧迫的问题，那就是不同的文化和理念，究竟是能够实现稳定的共存，还是必然以一个吞并其他而告终？

文化冲击

为了解释某些文化差异能够长期存在而另外一些却消失殆尽的情况，社会科学家提出了许多理由。一方面，人似乎具有一种天性，就是愿意归入一定的族类，而每个族类又以强调自己与其他族类的不同，甚至以对极端观念的鼓励得以存在。另一方面，诸如时尚和时髦，却是靠着取得一致得以迅速传播的。语言的发展和分化，部分来自由微小变化积累而导致的随机偏离——正有如在生物进化过程中的随机变异。与此同时，不同语言间和不同技术间的兼容，极大地推进了观念的交流，但地理的分割又会妨碍这种兼容。

凡此种种，似乎意味着文化的传播在很大程度上倚赖着共同的背景。如果有相同的语言，对于文化交流是特别有用的，但这并不能保证融合的必然实现。据说萧伯纳曾经说过，英国和美国“被同一种语言分开了”[①]，就是明显的例子。

阿克塞尔罗德从相互作用的观点出发，提出了一种研究文化和习俗传播过程的粗略模型。他的基本设定是，越像便越容易更像。阿克塞尔罗德并没有在文化交流如何发生的具体细节上多下功夫，而只是告诉人们，已经发生的越多，就越可能接着发生下去。换言之，在相互作用的元体之间，文化的融合是带有正反馈特点的。

阿克塞尔罗德设想有一方规则的区块网格，每个区块上有一个元体——并不是个人，而是居住在某个地区（村庄或者小区）的一个小群体；每个元体各带有一定数量的文化“风貌”，比方说，使用某一种陶制器皿，习惯于某种农作方式，操某种方言，等等。这样的风貌可以有任意多种，而且实际上应当认为它们数量很大，且又难以一一界定。尽管如此，我们还是有理由认为，从某种意义上来看，将一组认真界定的此类属性归结到一起，就得到了一种文化。

阿克塞尔罗德给每一种文化风貌规定了若干个变数。比如，在他的模型中，可能会包含5种不同的语言，因此“语言风貌”就有5个不同的“取值”。对于每种风貌中的每个取值，作者给他们取名为“貌相”。据阿克塞尔罗德设定，在每个文化貌相中，任何两个的不同程度都是一样的。这显然只是一种简化处理。比如，日本和英国各自的技术基础自然是不同

① 王尔德肯定是发表过类似言论的。他说：“英国和美国真的什么都是相通的，只有语言是个例外。”［O. Wilde（1877）.“*The Canterville Ghost*”. In The Works of Oscar Wilde, p.194. Collins, London, 1948.］

的，但与不丹这个国家比起来，它们显然又比较接近。意大利人和西班牙人基本上都能懂得对方的话语，但同德国人交流起来，彼此间就不那么方便了。阿克塞尔罗德的这一设定，自然是为了尽量简化。

于是乎，模型中的每个区块都以一组数值标志着一种文化风貌的情况。图 14.1 给出的是这种区块图中的一小部分，每个小块都有 5 个文化风貌，每个风貌又各有 10 个取值（分别以 0 至 9 的 10 个数码表示，要注意，它们只是数码，并没有定量的含义）。文化价值的传播是以如下所述步骤进行的：

（1）任意选定一个区块，再任意从相邻区块中选取一个。（每个区块都有 4 个邻块。）

（2）两个区块间出现相互作用的概率，取决于这两者间文化的相似程度。如果它们之间没有共享的相同取值（也就是没有相同的貌相），彼此也就不会有相互作用。如果它们有一个共同的貌相，发生相互作用的概率就有 1/10；而当有两个貌相都一样时，概率就会是 1/5。

（3）“相互作用”的内容之一，就是使任意选定的区块中某一原来与邻块并不相同的貌相，变得同后者同一起来。也就是说，使得这两个文化变得更为相近。

图 14.1 中给出了这种相互作用中的一步。可以明显看出，作用的结果，是使得两个区块增加了相类程度。这样一来，到头来最终导致的，便会是前面已经提到的结论：差异渐渐消失，单一文化扩展。有时事实也确实如此，但并非一成不变。这一模型会允许文化状态不同的地区一直稳定地存在着。比如说，如果拥有某种文化的地域置身于另外一种文化地域内，但两者间并没有共同的貌相，就不存在相互作用。于是乎，这个文化“孤岛”便会存在下去，即使是周围整个环境都被另外的文化所主宰，它也依然故我。

图 14.2 中所示的是置身于“总体”单一文化中的两个另类文明的“孤岛”。整个网格上共有 100 个区块，每个区块都有 5 个文化风貌，而每个风貌各有 10 个取值（同图 14.1 中的情况一样）。就是这样的“简单”系统，

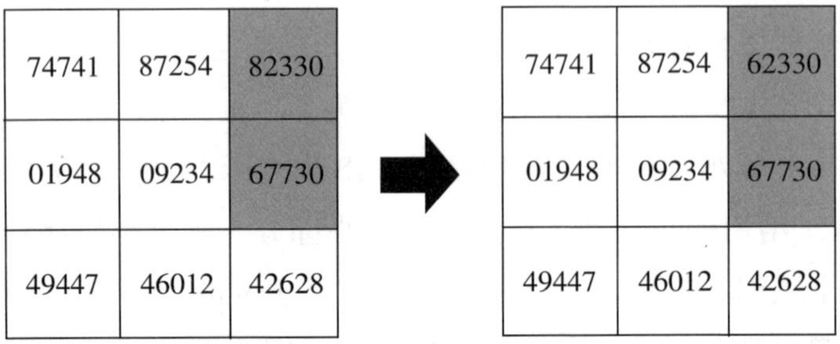

图 14.1　在阿克塞尔罗德提出的文化扩展模型中，位于规整网格上的每个区块都代表一种地区文化。每种文化都有确定的若干种风貌（此图中为 5 种）。每种风貌又可有 10 种“取值”（0—9）。如果两个相邻的区块有一个或者多个相同的取值，同一风貌中就会有些不同的取值融合为相同的。图中便给出了这样的一步融合，它出现在两个灰色的区块中。

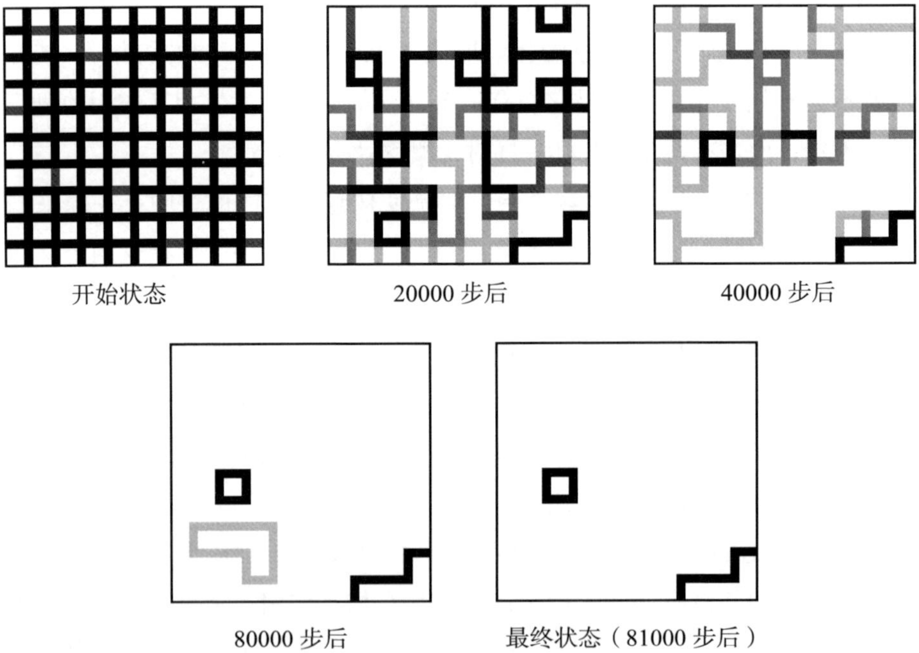

图 14.2　在 10×10 网格上模拟文化的传播。每个区块均由一个白色小区域代表。如果相邻的区域之间至少有一个文化貌相不同，则它们之间以从黑至灰的线段分开；不同程度越甚，线段灰色越深；如果 5 个貌相都不一样，线段就是黑色的。随着模拟过程的发展，区域间的不同一点点消失，直到最终只剩下三个——两个小的文化“孤岛”，被一个大的区域所包围。到了这个阶段，相邻的各区域间文化都完全不同，致使进一步的改变不再可能发生。

它所具有的可能状态的总数也是惊人的——10 的 500 次乘方，比整个宇宙中的原子个数还要多！在一开始时，每个区块对文化风貌的取值都是随机的，因此在相邻的区块之间，多数并没有相同的貌相；另外会有几个只有一个有同值的貌相。每组相邻区块间在文化上的相近程度，可由共同边界的颜色表示：黑色说明或者只有一个共同的貌相，或者根本没有，白色表示所有的 5 个貌相都是相同的。

经过了成千上万步以后，网格便会合成若干连块，每块中的各个区块都具有同一的文化。注意，在这个网格上，所有白色的连块未必具有同一的文化，如果是被黑色或者灰色边界隔开的，它们就具有不同的文化。随着这样一步一步的变化，一些文化就会扩展开来，同时也有一些被包围起来。最后结果是某一种文化进入了大部分区块——然而并不是所有的。

这一过程揭示出了什么呢？根据原先的设定，我们是可以预料到，整个网格将形成更一统的局面。然而，可以看出，这种一统未必一定导致文化多样性的完全消失。此外，我们能够借助这一模型归纳出有关多样性持久不变与初始多样状态的关系。比如，如果增加每个文化风貌取值的个数，使之从 10 个变为 15 个，这又将对整个网格中最终形成的稳定区域（国家、语言等等）的个数产生什么影响呢？

好啦，对此大家该会有何估计呢？看来我们有理由相信，增加每个风貌取值的个数，就会增加多样性最终得以保持的机会，也就是说，不同的稳定区域数就会增多。实际情况正是如此。当将每个风貌的取值数定为 10 时，以各种不同的初始状态开始，在 10×10 网格进行上述传播过程，得到的最终区域的平均数是 3.2。如果取值数为 15，平均数便会上升到 20；而如果使其降为 5，这个平均数就会为 1，也就是说，导致单一文化的条件就此形成。

上述内容本在预料之中，然而，意大利底里雅斯特萨拉姆国际理论物理中心（Abdus Salam International Centre for Theoretical Physics）的亚历山德罗·韦斯皮尼亚等人，针对阿克塞尔罗德的模型中文化风貌的取值个数 N 与最后的多样性程度进行了更仔细的研究，结果得到了出乎意料的发现：从单一文化（小N值）的结果到多元文化（大N值）的结果，这两种状态间的过渡并不是逐渐的，而是突兀的。为此，针对最后形成的区域中面积最大者，他们研究了其面积与N的关系。当N值很小时，最大面积者几乎总是会覆盖整个网格。当N达到某个临界值时，这个最大面积就会急剧变小，并迅速变得毫不起眼，几乎看不出同其他区域的差别来（图14.3）。这种突然变化表现出相变的典型特点，一如从均一状态变为散碎状态的情况，非常类似于从有秩的固体转变为无秩的液体的过程。在靠近相变点时，即使是文化多样性方面很小的不同（即N值的不同），也可能对文化的总数产生重大影响。①

这几位研究人员还发现，在造成迅速变化的N值范围内（亦即从单一文化变为多元文化的过渡范围内），稳定区域的大小分布是服从乘方律的。这恰恰又是物质系统处于临界点时不同区域（如气体区域和液体区域）所具有的分布特点。这样一来，阿克塞尔罗德的模型便同有关粒子相互作用的简单系统有了若干相通之处，而这些相通之处并不是显而易见的，只是看一看模型的运行规则是无法做出预言的。

更令人惊奇的还在后面哩。假如我们以增加文化风貌数量的方式来加大多样性，将网格中每个区块上所标记的数码串加长一些，比如，（从原来的5个）加长为10个。这样会增加最终形成的不同文化区域的个数吧？根本不会。在网格为10×10，即每种文化有10个风貌、每个风貌有10个貌相的情况下，平均的稳定区域数为1。前面说过，如果风貌共有5个，这个区域数会是3.2。在每个风貌有15个貌相时，5个风貌最后会导致平均区域数为20；而当有10个风貌时，这个平均数只有1.4；如果增为15个风貌呢，平均数更降为1.2。因此事实与直觉相反，增加起始时的多样

① 在丹麦哥本哈根的玻尔理论物理研究所工作的康斯坦丁·克莱姆（Konstantin Klemm）等人，通过对多元文化向单一文化过渡的认真研究，发现了偶然性也存在于其中。如果某个文化的貌相会在不受外界影响的形势下发生改变——这就是人类学家所定义的“文化自流”，那么，即使当N很大时，多元文化的多区域结果也有崩垮成单一文化的危险。这就是说，此时的多元文化是处于亚稳态的，而单一文化才是最稳定的状态。因此，模型会表现出何种行为，与模型在演化时所处的条件有相当微妙的关系。

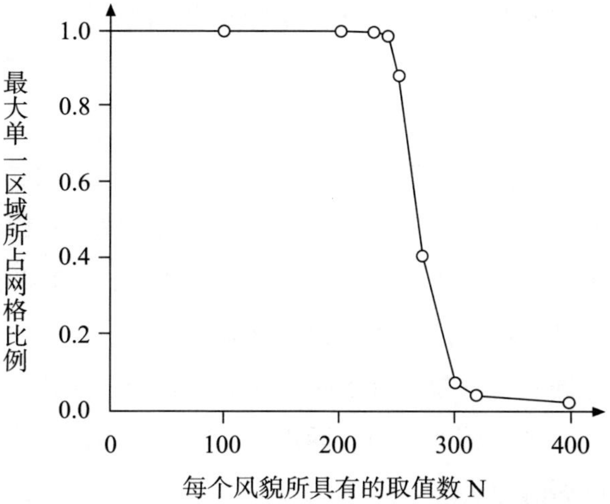

图 14.3　在阿克塞尔罗德的模型中，当达到最后的稳定状态时，最占优势的文化，其地域面积取决于每种文化风貌所具有的“取值”个数（N）。如果 N 值很小，单一文化的局面就会形成，也就是说，最大的文化在地域上就会基本等于整个网格的面积。而如果 N 很大，则即使是最大的地域，也只能在整个网格上占据很小的比例，也就是说，文化多样性会是很普遍的结果。这两种极端的切换并不是逐渐的，而是突然的，即表现得有如相变。对本例而言，这一相变所对应的值大约为 N=240。

性，实际上会削弱模型抵抗一元文化的能力。

为什么会如此呢？答案并不难给出。大家记得，相邻的区块只有在具有一个或者多个同样的貌相时，才能彼此作用。相互作用的结果会促成一统。风貌的个数越多，某个区块与相邻区块有相同风貌的机会就越大，就越有可能发生相互作用。每个风貌的貌相个数则恰恰相反，个数越多，相配的机会就越少——就像两个人都在 1 到 15 之间各取一个整数，取到同一个数的可能性会低于只在 1 到 5 之间选取一样。因此，增加每个文化风貌的取值个数，会降低发生相互作用的可能性。存在许多方言的印度，人们之间的交流要比一种语言占了绝对优势的美国困难得多，就是这个原因。

至于有多少个风貌，每个风貌又有多少个貌相，对于实际研究来说并不重要。重要的是这个模型虽然十分简单，却揭示了两个重要的深层内容。第一，人们通常所说的文化的“复杂性”，并不是表面上看到的情况。可以认为，种种西方文化中有十分复杂的内涵，因此以貌相的数量而论，在多样性上要超过发展中国家——西方人在给自己所属文化定位时，依据的是大量专业化分工的岗位、多种类的汽车、各种类型的音乐，以及分布范围甚广的收入等级，等等。但是，真实存在的文化之间的差异，是否体现在风貌数量上的不同？又如何具体体现出来呢？我们说不清楚。比如，西方文化中的许多风貌，如音乐、交通、艺术、宗教和语言等，是否能在孟加拉国或者柬埔寨的文化中找到相应的对等存在呢？如果一个文化貌相的“幅度”同另一个貌相有不同的含义，它们之间的不同便会十分突出。第二，阿克塞尔罗德的模型告诉我们，靠直觉判断文化扩展是否容易发生，未必是可靠的做法。

这一模型还有助于考察网格总范围的大小。如果前面研究的 10×10 网格，扩展成 100×100 或者缩至 5×5，情况又将如何呢？直觉告诉我们，随着区块数目的增加，最终稳定区域的个数也会增多，这就是说，如果 10×10 的网格最终会形成平均 3.2 个区域，那么 100×100 的网格最终形成的区域岂不也应扩大 100 倍？这种靠习见推演的方法，在这里又让人误入歧途了。事实上，最终稳定区域的个数，是会随着网格数的增加而减少的。一个 12×12 的网格，当风貌数为 5，每个风貌各有 15 个貌相时，最终形成的稳定区域平均有 23 个。若换成 50×50，这个数字会降为 6，而对于 100×100 的网格，最后的稳定区域平均个数只会为 2 个。这和生物多样性之类的情况是不同的。生物种类的数量在小岛上要低于在大陆上，原因是小岛的生态圈要小得多。

我们从图 14.2 中可以看出，模型中的稳定区域是以一种渐渐“封冻”的方式形成的。两个不可能与周边区域进行相互作用的小文化，是被自己的边界“冻结”在原处的。不过，如果在该网格的外边存在着不同的、能够与网格内相互作用的区域，情况又会如何呢？这时，外缘区域有可能将自己的影响扩展进这个 10×10 网格中，重新组织网格内的区域，使它们得到新的取值，并有可能与“孤岛”相互作用。这也正是网格扩展后会发生的情况：相互作用持续得越长久，网格内形成“冻结”区域的可能性也因之越小。不过，如果是极小的网格，仍是有可能成为一统文化的天下的。原因很简单，就是整个地方太小，容不得多样性的存在，有如小小海岛上的情况。看来，要想支持大量不同稳定区域的存在，就应当存在着某个最佳的地域面积，相当于一块大陆所对应着的最适宜的国家维系个数。

世界地图分成了若干特别而又不均匀的地域。多数非洲国家的面积要大过欧洲国家。非洲的卢旺达和布隆迪近年来爆发了极为严重的动荡，这同它们是这个大陆上最小的两个国家有没有关系呢?（与之类似，较大的西欧国家也比较小的东欧国家更多地享有稳定政局。）为什么西非诸国的领土会小于东非和南非国家呢？我们当然能够就事论事地从历史角度提供答案，但与此同时，阿克塞尔罗德的模型也正在接近于提供另一种更具普遍性的答案，这就是地理上不同的区域或者大陆，更具备形成不同国界的条件，并由此带来特定的后果。

糖与香料之地

有人可能会认为，这样的模型实在是简单到了荒谬的地步，不可能与真实世界中发生的事联系到一起。看一看这个模型都漏掉了什么吧：地理条件的作用、技术进步的功效、大众传媒的影响、种种社会机构与政府体制、旅游业的存在……有人会想办法将这些因素的作用纳入模型（而且恐怕早晚会做到），不过，这里仍然存在一个涵盖范围更广的问题，就是：在进行种种设定时，总会存在某种任意性，这样得出的结论可信吗？这样的怀疑不无道理。为此，阿克塞尔罗德以其他在不同设定基础上提出的模型为对象，将从自己的模型中所得出的基本预言，拿到这些模型上运用，研究会有什么结果。为此，他到“糖域”（Sugarscape）世界游历了一番。

自电脑游戏“模拟城市”（SimCity）在 20 世纪 90 年代初面世以来，已颇成气候。这个游戏是从无到有地在电脑中建成一座城市并实施管理。玩家得提供电力系统，为居民供应食物，还得进行种种维修。在这个游戏里，玩家本是打算充当上帝这一角色的，但到头来却发现自己不由自主地卷入了无比庞杂的俗务。“糖域”就有如 18 世纪的“模拟城市”。它的设计者就是美国布鲁金斯学会的阿克斯特尔和爱泼斯坦，目的是为社会理论提供一个通用的测试场所。比如，如果有人提出，某项法律规定会给社会带来某种特别的后果，就不妨拿到“糖域”来模拟一番，看看是不是果真如此。“我们的规则会设置障碍，而玩家必须设法绕过去，”这两位设计师说，“像‘糖域’这样的计算系统，给我们研究某些规章的发展前景，提供了虽说粗略却有预测能力的工具，就像是在黑夜行车时有了车灯。”[4]

“糖域”也是一种网格上的世界，不过网格的形状是圆环状的，有如一个面包圈。创建者之所以选用这种特殊的形状，是为了尽量减少边界面积，使计算过程相对容易些，并消除所谓的“边棱效应”①。在该网格的区块上居住着一个个元体，不过多数情况下相当稀疏——“糖域”里的地方多得是。元体到这里来的主要目的只有一个，就是弄到糖。在这个网格上，甘蔗以几种给定的方式存在着，元体们各自按照自己的想法尽可能多地搜寻。一旦找到，元体就将甘蔗砍倒、弄走；接下来，新的甘蔗又会长出来。元体之间还发生相互作用，而且作用相当剧烈。它们会争斗、买卖、合作、交换文化貌相，还有性行为。（难道这些还不够吗？）对于这些行为，模型都给出了具体的规定。文化方面的相互作用是很类似于阿克塞尔罗德的模型的。元体们都各有一套文化属性，而这些属性又会在随机选定的过程中通过相互作用而一致起来。元体之间还往往会形成群伙联盟（“国家”）。在每个联盟内，种种文化属性会遵照一条规则统一起来，而这条规则就是：最常见的会被全体所接受。

这一模型是极为复杂的。它为模拟种种形势提供了一个框架。根据它，人们就能研究一旦糖出现短缺时的形势：是导致战争，还是形成“国际”合作？爱泼斯坦认为：“在我们看来，这个模型是社会科学的实验室……可以通过它来研究人口增长、移民、饥馑、疫情、经济发展、贸易、冲突，以及

① 有时候，人们又希望模型中存在这种边棱效应，以有助于理解文化在边界处的改变等过程。

种种其他社会内容。”[5]人们甚至可以通过它来探讨生物进化过程，来了解社会力对求偶方式的作用。“糖域”好比一盘复杂而又精妙的棋戏，棋盘上的每个棋子都做出自己的决断，也都有自己的希望与畏惧。

做买卖是这一模型关注的一项内容。对此，爱泼斯坦和阿克斯特尔又加进了第二种资源——香料。各元体对糖和香料的需求各不相同，因此有的弄糖，有的搞香料。在做买卖的过程中，它们还会按照设计要求，服从一定的交易规则，由此根据供求关系确定价格。如果使元体带上“人性”——让它们只存在于有限的时期内，又会逐渐形成一定的偏好，市场就会持续波动，永远不会达到平衡。

商业会对文化表现形成有趣的作用。它使更多的元体维持生存，也就是说，有了商业，元体就能够购买自己所需，没了商业，它们就只好等死。不过，商业也会改变财富的分配，造成少数元体积累起巨大财富，而多数元体陷入贫困。这就是说，该电脑游戏表现出财富分配的帕累托法则。一些经济学家认为，这一乘方律分布代表了商业社会的一种确定不移的性质。“糖域”能帮助人们了解面对不断变化的社会与经济环境，这一性质是如何保持不变的。比如，可以用它对以增大平等为目的的财富再分配方式进行检测。

“糖域”将霍布斯所设想的野蛮世界建立在了论证和推理的基础上，也就是说，它能够近似地表现出霍布斯笔下那可怕的“自然状态”。阿克斯特尔和爱泼斯坦对争夺进行了模拟，具体做法是令一个元体占领另一个元体的位置——大体上是杀了后者，将东西据为己有。前者取胜的条件，一般是比后者在某些方面或者“更大”，或者更强。在“糖域”里，一般来说，占上风的元体会拥有较多的糖，因此营养较好、装备也强。在霍布斯的笔下，每个人都与所有的邻人为敌，因此大家都是孤军奋战的。“糖域”的设计者则更关注对敌对团体间争斗的模拟，在每个这样的团体里，所有的元体都参加争斗。由于安全会体现在数目上，致使争斗会以团体内合作的方式进行。研究者发现，根据实行争斗的不同规则，发生的既可以是占领区域的“闪电战”，也可以是相持不下的“阵地战”。

阿克斯特尔和爱泼斯坦并不认为自己得到的是一个有关现代工业社会的模型，他们觉得，自己的工作只是为社会科学研究提供了一种新的方式。“糖域”表现出的行为有时会极其复杂，不过，引导元体表现出这些行为的普遍规则却相当简单。这两位设计师由此设想，现实世界的情况是不是也会这样呢？也许，社会科学试图研究的人类行为的极其多样化，实际上只建立在简单的基础上，他们这样设想道：

> 在运行这一模型时，我们实际上已经开始了对问题的研究。当我们在糖山周围看到一大群元体忙个不停时，大约会不解地想：“怎么这么乱七八糟的呢？”我们是不是应当想到，这些忙忙碌碌的元体，其实都在（按照某个简单的规则）行事呢？我们并不承想自己的这个模型能够多么有用，不过，实际情况倒恰恰如此。对于其他诸如股票市场或者政治体系之类的复杂系统，说不定也存在同样的情况，就是在“乱七八糟”的后面，其实是相对简单的。[6]

1996 年，阿克塞尔罗德和他在密歇根大学的同事迈克尔·科恩（Michael Cohen），研究了阿克斯特尔和爱泼斯坦的模型，并考虑能否将自己的文化扩展模型以“糖域”为蓝本“调校一下”。他们的设想是，如果使这两个有很大区别的模型尽量等价起来，它们就应当给出同样的结果。具体做法会涉及诸如给这两个模型确定同一的文化风貌和貌相以及同样大小和形状的网格等工作。由于相互作用的规则不同，这样做只相当于清整好了不同的场地，并不会使两个模型变为同一个。但就是这两个很不一样的模型，得到了颇为令人鼓舞的结果：面对文化多样性（风貌数与貌相数）和网格大小的变化，“糖域”和阿克塞尔罗德的模型都给出了同样的稳定区域平均数。

后来，“糖域”模型又接受了更重要的任务。由布鲁金斯学会（Brookings Institute）、圣菲研究所和世界资源研究所（World Resources Institute）合作进行的一项名为“2050 计划”的研究，将该模型用于发现全球可持续发展的不同途径，从而为制定有关人口增长、资源使用、人口移居、经济开发和其他社会问题的政策提供参考。这是非常困难的工作，需要有复杂的、涉及诸多因素的模型。当深入到这种复杂程度后，再要用粒子间的相互作用来直接类比，就会十分困难了。不过，我们还是有理由设想，即使在人类活动最密集的群体里，也仍会存在着某种内核。这个内核所包含的，是即使人为活动也无法抛开的物理内容——会顽强地在广大范围内和种种条件下表现出来的、有关行为的集体模式：相变、乘方律等等。在简单的模型中，这些内容会得到最突出和最清楚的表现。

如今，许多社会科学家都把希望寄托在这一可能性上。“糖域”就提供了这种可能：它是可上电脑操作的，有着很广的范围，并以从最基础之处了解社会结构、组织、行为和传统为目标。它所意指的最基础之处，就是研究局域内个体间的相互作用方式。这就是所谓“元体互动”模型，读者在前面的章节中——经济交易、公司成长、行人走动——已经见到了。这样的模型已用于对美国大峡谷国家公园内科罗拉多河木筏漂流的运动进行模拟，以实现更有效、更合理的安排。

在这个领域，谢林是近年来的先驱人物。西蒙认为，将来的社会科学能否向更严密的方向发展，很可能关键要看这个领域。从理论上说，元体互动模型应当能够将当代若干最重要的社会问题和政治问题（比如，经济的全球化，究竟会导致文化的进一步和谐，还是会造成冲突）引入理性实验的道路，不过，有些社会科学家对此有所担心，害怕使用元体互动模型来分析社会现象，得出的结论会因模型本身的具体设定而改变。人们根据模型得出的规则或者预测，是真正能代表社会实际的行为呢，还是粗陋不堪的动漫式结果？总之，要想使模型提供的结果成为政策的合理基础，就必须将偶然和必然区分开来，也就是说，分清楚什么是所有的好模型都会得出的结果，而什么又是只能从某一个模型中得出的结果。而这正是物理学之所长。能够推断出运动粒子会在 0℃时凝为固体的东西是模型，而物体存在液态和气态，且两者之间由相变隔开，便不再是模型，而是一种知识，两者之间是有区别的。社会模型和社会物理学之间也同样存在这样的区别。

第15章

小世界

——将人类联结成一体的网络

有一种观点认为，对于社会生活的解释，不应当靠参与者的观念进行，而应当根据尚未被自觉认识到的更深层的原因进行。我认为这样做会极富成效。我还认为，其中的原因主要应当在由个人形成组群的方式中去寻找。[1]

埃米尔·杜尔凯姆（Emile Durkheim，1879）①

这个故事给出了几条训诫。也许其中最重要的一条，是你的朋友们都不是一般人——所有人的朋友都不一般。[2]

马克·纽曼（Mark Newman，2001）②

① 埃米尔·杜尔凯姆（1858—1917）：法国社会科学家，国内也译作迪尔凯姆、涂尔干，为现代社会学的开创者，是将社会学理论与实验方法相结合的领军人物。——译者

② 马克·纽曼：美国新墨西哥州圣菲研究所的科学家，本章提到了他的工作。——译者

1941 年，美国演员埃迪·艾尔伯特（Eddie Albert）在电影《夜车行》（*The Wagons Roll at Night*）一片中担任了一个角色，不过该片的主角是汉弗莱·鲍嘉（Humphrey Bogart）。至于这位艾尔伯特，今天在美国之外的地方已很少有人知道了。他从来不曾当过主角，不过倒是因同奥黛丽·赫本（Audrey Hepburn）和格里高利·派克（Gregory Peck）在 1953 年上映的《罗马假日》（*Roman Holiday*）中搭档，一起得到过奥斯卡奖的提名。对美国观众来说，他最出名的片子是电视情景喜剧《绿色的田野》（Green Acres）——一个曾经每天都能有一集在世界的某个地方播放的系列剧。《夜车行》上映过后 50 年，艾尔伯特还在演出。1989 年，他又同凯文·贝肯（Kevin Bacon）搭档，参加了影片《电影奇谭》（*The Big Picture*）的拍摄。

因此，艾尔伯特就成了评定当年影视明星的所谓"贝肯数"的关键联结点。演员的"贝肯数"是指他或她与这位贝肯能搭上关系的最少的影视节目个数。"搭上关系"，是指从他或她参演的某个电影或者电视节目上，能找出另外某个辗转与贝肯有关系的演员来。艾尔伯特同贝肯一起演过电影，因此他的贝肯数是 1。鲍嘉的贝肯数为 2，因为他同艾尔伯特合作过，而艾尔伯特又同贝肯一起拍过戏。詹姆斯·迪恩和雷纳德·里根都和艾尔伯特上过 1953 年的同一档电视节目——《我是个傻瓜》（*I'm a Fool*），因此两人的"贝肯数"均为 2。艾尔伯特也在 1957 年艾露·弗莲（Errol Flynn）的《妾似朝阳又照君》（*The Sun Also Rises*）中扮演过角色，因此弗莲也就有了贝肯数 2。

20 世纪 90 年代，美国影迷和大学生中有一个游戏很流行，它的名字就叫作"凯文·贝肯"。游戏的内容，是给影视明星找到同贝肯连起来的最短路线，也就是找到贝肯数。不过，为什么要用贝肯呢？因为贝肯也同艾尔伯特一样，在许多影视作品中露过面，但同时又不饰演主角。这样，在由大大小小许多演员形成的网络中，他便成了与其他人的连接点。正因为如此，有人开玩笑说，贝肯是整个好莱坞影视业的中心。

这个游戏揭示出了一个令人惊奇的结果，就是整个影视网络竟然联结得十分紧密。自从电影问世以来，拍出的电影已有约 15 万部，演员表上有名的演员差不多有 50 万[①]人。而几乎所有这些人的贝肯数都不大于 3。我上一次进行统计时[②]，贝肯数为 1 的演员有 1686 名（也就是说，这些人都同贝肯直接合作过），133856 人贝肯数为 2（他们都同某个与贝肯出现在同一部电影中的其他演员搭档过）。贝肯数为 3 的人最多，共有 364066 人。以 2003 年 10 月时的统计而论，所有影视演员（应当说是被列入互联网电影数据库 http://www.us.imdb.com 的演员）的平均贝肯数为 2.946。这给人一种印象，就是这位贝肯真是个人物，他同演员们的关系真是非同一般。上述结果看来不正好给出了支持吗？情况是不是果真如此呢？

其实，这个游戏并不是新玩意儿。数学家们——当然应该是他们——早就搞出过类似的东西，叫作“厄多斯数”，只是不如贝肯数那么普及就是了。保罗·厄多斯（Paul Erdös，1913—1996）是位很有影响，也相当特殊的匈牙利数学家，一生成果甚丰，曾发表过近千篇论文。这样的高产，使得他给人以数学中心的印象。[③]这样便有了一个所谓“厄多斯数”，其他数学家和科学家便可以通过他们是与厄多斯本人合作发表过论文，还是同厄多斯的合作者，或者是同合作者的合作者……共同发表过论文，而得到 1、2 或者更高的厄多斯数。

这种做法将许多人连到了一起——不单单是数学家，还有物理学家和社会学家，形成了一个巨大的联系网。爱因斯坦的厄多斯数为 2，威纳·海森堡为 4，奥地利物理学家埃尔温·薛定谔的厄多斯数大得可以，是 8。我的厄多斯数也同样大。[④]当然，这并不是说，我的才能就同薛定谔

① 原文为 30 万，但下文中贝肯数为 2 和 3 的人加起来，已接近于 50 万。——译者

② 最新的有关统计可在美国弗吉尼亚大学的 The Oracle of Bacon 网站查看，网址 http：//www.cs.virginia.edu/oracle/。

③ 其实，单凭产量未必能取得这样的地位。关键的一点，在于这位厄多斯是许多论文的合作者之一，因此与整个数学家网络紧密地联结到了一起。一个单枪匹马的数学家也可以一年搞出百篇论文来，却仍然与整个网络无甚关联。18 世纪的瑞士数学家列奥纳德·欧拉（Leonhard Euler）就是明显的例子。他是数学史上最多产的人物，却一直是独自工作的。

④ 这要感谢马克·纽曼为我查出了这个结果。我目前的厄多斯数为 8，不过，如果再全面查找一下，我同这位大数学家的联系说不定还会近一些。

旗鼓相当，或者海森堡就有两个薛定谔那样出色，爱因斯坦又等于 4 个薛定谔。我发表过的论文相当有限，而且没有什么特别重要的，但我能够通过自己的合作者，同这些大科学家们联系在一起。这种联系并没有什么值得特别骄傲之处——绝大多数科学家都能如此。这只说明了一点，就是在科学界中，靠合作发表论文所建立起来的网络是十分紧凑的。几乎任何科学家同某个科学巨擘都只会有几步之遥。

与这些游戏有关的现象，我们都是十分熟悉的。我的一位同事去参加一个娱乐聚会，与另一位来客攀谈起来，结果发现此人竟然是他姐夫的男傧相的朋友。我认识一名歌唱家，为这位歌唱家伴奏的钢琴师，当年与我的一名老同学的妻子曾是同窗。我在一次交谈中得知，同我谈话的人虽然过去与我从未谋面，但却认识我的母亲。由朋友和相识构成的网络，能够不断地提醒着人们，这个世界真是小得很。

社会中这种相互作用高度相关的本性，已为社会科学界注意很久了。不过，它所受到的关注度，可看作只限于种种传闻和逸事而已。不过，就在最近的几年，一些物理学家已关注起这种反映“世界小得很”的网络，并且对其中的若干关键有了一定的了解。他们的研究工作，已经远远超出了社会互动的范围，揭示出范围很广、彼此十分不同的网络——大脑中神经元的连接、生命体中新陈代谢生物化学反应的相互影响、输电线路网络等等，存在着同样的性质。换句话说，某些种类的网络中存在着普适内容。即使只是通过简化了的模型来研究其中的一个，也会获得一些表面上互不搭界的系统和过程的真知。我们甚至还能知悉，那位名叫凯文·贝肯的电影演员，是不是确有某种与众不同之处。

六度分离

友谊构筑起的网络既复杂又诱人，但同时也很难进行数学或物理分析。每到圣诞节，我们就能体会到其中最大的一个难点：比如说，我们认识埃米，但是不是熟到应当寄去一张圣诞贺卡的份儿呢？她去年倒是给我们寄来过一张，不过，她对于我们，似乎并不如我们对她来得亲密。还有罗杰，我们倒是认识他好多年了，不过结识以后就一直没有来往。

在影视界，一个人要么同贝肯合作演出过，要么不曾有过这种机会。而在涉及友情的网络里，问题就会含糊得多。尤为重要的是，两人之间的友情未必在程度上彼此相等。哈里同我认识，我把他视为朋友，而他只将我当作熟人。如果想要以这样的结构和程度建立起网络，就会发现人们很难将这种关系说准确——我们会漏掉一些人，朋友的圈子也难于划定。当然，这个网络还是时时变动的，原有的一些朋友已情谊不再，又有新的朋友加入阵营。社会科学家也遇到了这一类困难。

20 世纪 70 年代，美国约翰斯·霍普金斯大学（Johns Hopkins University）的社会科学家马克·格兰诺维特（Mark Granovetter）向人们强调了友谊纽带有不同“强度”的重要性。亲密的友情是容易判别的，但它未必在网络总体中占据最突出的位置。亲密朋友间往往是彼此相熟的，因此他们的“过硬关系网”，彼此之间会基本相同。正是这一性质，会将一群人结为一个小圈子。不过，据格兰诺维特认为，能够在所有人间搭起关系、从而维系起整个网格的，实际上是相对较弱的“熟人”关系（图 15.1）。格兰诺维特给这种特点起了个名目，叫作“弱关系强作用”。不过，正是这种较弱的联系，很不容易得到准确的判定。

其实，比这还要早时，社会学家已经对社会关系网给予了密切注意。20 世纪 50 年代。美国麻省理工学院的政治科学家伊锡尔·德·索拉·普尔（Ithiel de Sola Pool）和数学家曼弗雷德·科肯（Manfred Kochen）研究了社会中政治力量得以动员的过程。他们希望了解，个人是如何掌握政治力量的。总统的朋友会跟总统吹风，结果是对国家政策产生影响。那么，朋友的朋友会不会也产生类似的影响呢？如果能够，影响又可能有多大呢？要达到足以能够影响到当权者的程度，得与这个掌权人接近到何种程度呢？

普尔和科肯提出了一个有关社会网络的理论，并由此预言，人与人之间的联系，实际上可能要比自己设想的密切得多。这两位科学家合写了一

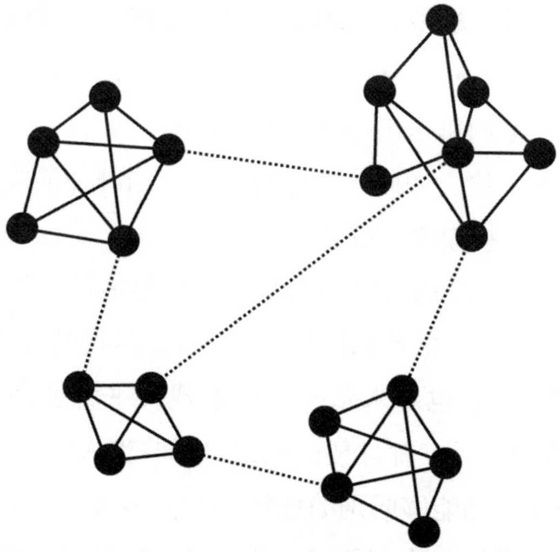

图 15.1　友情网络。各个由密友形成的小圈子之间，一般是由关系不那么亲密的熟人连接起来的（点划线），由是形成了网络。

篇论文，但从未拿出去发表（只是到了 1978 年时才作为回顾内容公开）。不过，它得到了广泛的传阅，读者中有一位心理学家，名叫斯坦利·米尔格兰姆（Stanley Milgram）。他是在乘车从麻省理工学院去哈佛大学的路上读到这篇东西的。在普尔和科肯这一工作的启发下，米尔格兰姆于 1967 年在社会网络结构研究领域，做出了最有名也最优美的成果。他给内布拉斯加州（Nebraska）奥马哈市（Omaha）的 196 人各送去一份邮件，请他们各自将它转寄给另一个人。米尔格兰姆将此人的姓名告知给了这些人，还说明此人是个股票经纪人，家住波士顿地区，但没有给出具体地址。[①] 这 196 名内布拉斯加人是随机选取的，他们被请求将此邮件转寄给自己认识的朋友、熟人或者同事——只要他们认为，这些人有可能将此邮件转递给正确的收件人，并要求这些收件人也照此办理。

有些人在收到邮件后，会将他转寄给自己认识的某个股票经纪人，觉得这个人或许更清楚该向什么地方寄送。没有人通过任何系统的查询方法

① 奥马哈市位于美国中部。米尔格兰姆选中此地，是因为他生活在美国东海岸的“文明地域”，这个地方已是他心目中的“边远地区”了。

查找此人的具体住址；这些人所做的，只是将邮件送到他们所认识的某个与目标收件人更接近——也许是地理上，也许是社会地位上，也许是职业上——的人手中。他们每送出一次，都按要求附上自己的信息，而且在程度上同目标收件人一致。如此这般进行下去，当邮件最终到达后——如果能够到达的话，整个投递路线就清楚了。

“当我问起自己一位相当聪明的朋友，让他估计一下这封信得辗转多少次才能寄到时，”米尔格兰姆回忆道，“他告诉我说可能要转 100 次手，也许还更多些。”[3] 非也。米尔格兰姆发现，平均说来，经过 5 次中转（也就是走上 6 段路）后，邮件便能到达目标收件人的手中。这就等于说，美国的任何一个人，都能够同别的任何一个美国人，辗转通过平均 5 个人相互认识。究竟是不是 5 这个数字，这一点有待商榷。比如，每个转寄人选中的寄送目标，未必就是最合适的一个；一些人对此事不感兴趣，因此根本没有寄出邮件；等等。不过，可以相当肯定地断言，只消通过 5—7 步，就足以将所有的人联系到一起。1970 年，米尔格兰姆又做了进一步的实验，这次是将邮件从美国最西端的洛杉矶寄送到东部的纽约市，仍然取得了支持前一实验的结果。

上述研究是在美国范围内进行的，而约翰·格尔（John Guare）写于 1990 年的话剧《六度分离》（*Six Degrees of Separation*）更将其扩大到了全世界范围。① 剧中人物巫依萨（Ouisa）这样说道：

> 在这个星球上，每个人同别人都只隔开六个人。这就是说只有六度远。这就是咱们和这颗星球上所有其他人之间的距离。美国总统也好，意大利水城威尼斯划旅游小船的水手也好，在雨林中生活的土人也好，火地岛的居民也好，因纽特人也好……这真是个深刻的观点——每个人都是一扇新门，向着别人的世界打开。[4]

---

① 米尔格兰姆的“六度分离”概念，可能在 1929 年或者稍晚些时已经被匈牙利诗人弗里盖斯·凯林绥（Frigyes Karinthy）提出。他的结论同米尔格兰姆是一样的，但并没有给出任何科学论证。

这一观点果真深刻吗？这个世界之所以充满惊奇，其实未必是这些事物陌生或者难解，而是由于与人们的直觉相左。人们会倾向于认为，地理上相隔甚远的人们，社会距离自然也会遥遥。然而，这两种距离会程度相当吗？我同生活在英格兰东北隅设得兰群岛的人们，彼此间的社交距离，就必然远远大于我同只有几站路之距的布罗姆莱的居民吗？难道美国内布拉斯加州人同我的社交圈子，一定就遥远得与该州的地理距离成正比吗？

类似这样的问题，听起来似乎“不着调”，甚至像是“没事找事”。[①]其实，它们是有内在含义的。一个人一生中所可能得上的病痛，有许多源自与之有直接接触的人。有亲密接触和性关系的人群，更是传播诸如艾滋病等传染性疾病的途径。这个网络是相当明确的：要么你有性交往，同时冒感染艾滋病的危险，要么没有性生活。（通过输血感染艾滋病比较难以追溯，不过最终也是能够建立具体联系的。）然而，当传染病学家试图理解和预报这种疾病的传播时，却在实践中很快遇到了从头构建有关社会网络的困难。在极少数例子中，关键的联系还是得到了确认。如，欧洲发生的最早几例艾滋病，都是一名挪威水手造成的。1960 年时这个人在西非染上了这种病，又在 20 世纪 70 年代改行当卡车司机时，在欧洲的科隆和兰斯把这种病传播开来。一个在法（国）—加（拿大）航线上工作的民航乘务员盖坦·杜加斯（Gaetan Dugas）据信至少使美国加利福尼亚和纽约两州 40 个人得上了这种病，因此人称“零号患者（Patient Zero）”。

有些电影、书籍、戏剧和音乐名噪一时，其实并不是大做广告的结果，而是由于人们的口耳相传。好在这样的做法也会有相反的效果——一部在广告上下了血本的电影，会由于人们辗转相告说没看头，结果一败涂地。如今是大众传媒兴盛、全球信息化的时代，文化产品和观念的传播过程都很难准确判定。不过，社会网络的作用是确定无疑的。仅在数十年

① 《纽约时报》1998 年 2 月 21 日的“各抒己见”栏上，刊登了一篇 D. 科比和 P. 萨赫里撰写的文章，题为“莫尼卡的六度”，给“不着调”和“没事找事”号了一番脉。

前，人与人之间的辗转联系肯定是至关重要的；即便到了今天，对于任何关注全球性互动、交往网络和信息交流的人，人与人的联系也仍是极为重要的。

介于有序与混乱之间

数学家厄多斯的多产，使他成了数学家网络的理想连接点。不过，这还不是他“入选”的唯一理由。他同时又是在二十世纪五六十年代率先进行网络研究的人，他的成果，一直到近些年还是几乎所有社会科学有关领域的登堂入室之宝。他与同事阿尔弗雷德·雷尼（Alfred Rényi）[①]一起，为一种名为随机图的网络清楚地定了性。（这位雷尼的厄多斯数自然是 1 咯！）

我们在学校里都曾学过，在有一根横轴和一根纵轴的平面上给出若干数据点，然后将这些点连成一根曲线，就有了一张图。不过，厄多斯和雷尼给出的图并不是这样的。他们的图只是若干个点，点与点之间以直线段相连（图 15. 2a）。这些点的名称叫顶点，线条则是棱。这种抽象的图示，可以用于表示形形色色的事物。顶点如果代表城市，棱就是连接这些城市的道路，于是，这种图就体现为交通运输网络。顶点也可以代表影视演员，连接两个顶点的棱便成了表示这两个演员在同一部影视作品中亮相。演员的贝肯数，是从代表贝肯的顶点到代表该演员的顶点所需通过的棱的最少条数（图 15.2b）。像这样的图形，是可以用来表示顶点所代表的各个实体之间的关系的。

当顶点代表城市、棱表示道路时，图中给出的内容是容易理解的——这样的图就像是地图：顶点间的距离和相对方位，一般都能代表着地理上的实际情况。不过，在代表演员的图上，种种规则便不这样明显了。代表艾尔伯特的顶点，究竟应当放在距代表贝肯的顶点多远的地方？在什么方

① 阿尔弗雷德·雷尼（1921—1970）：匈牙利数学家。——译者

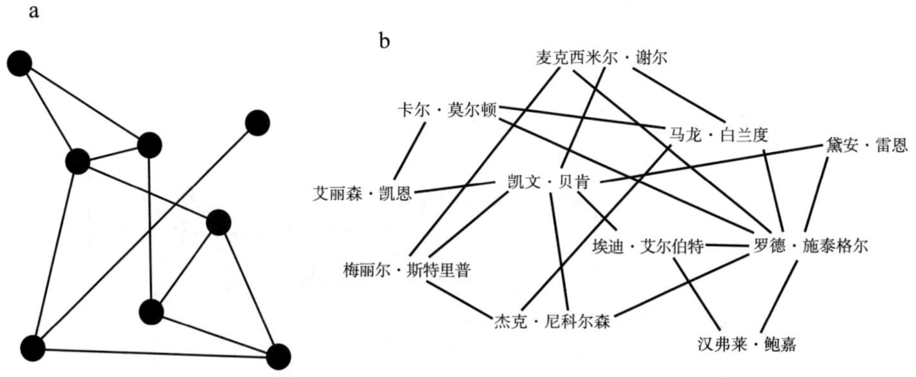

图 15.2 （a）具有代表性的网络图：通过线段（棱）连接在一起的若干点（顶点）。（b）演员网络图的一小部分，表示出了在贝肯这一顶点附近的部分演员及其关联。

位上？代表杰克 · 尼科尔森（Jack Nichoison）——他与贝肯合演过 1992 年上映的《义海雄风》（*A Few Good Men*），因此贝肯数为 1——的顶点，同贝肯的距离，是不是应当同艾尔伯特一样远呢？当然，我们可以规定，所有的棱都要一般长短，而且方位不具有任何意义。但即便如此，我们很快就会发现有新的问题：无法以长度确定的一条棱将某两位演员连接到一起，因为这两人在图上同其他人的连接，使得他们无法这样连到一起。事实上，我们也许不应当在只有二维空间的纸张上构筑这种网络吧？是不是应当拿到三维空间中去构筑，像建筑界所用的"放大样"呢？再不然，既然数学家已经掌握了多于三个维度的空间，这里是不是可以弄成十维之类的网络呢？

要想解决这个难题，出路是规定只以线段表示演员之间有合作关系，长度和方位如何都无所谓。这对于正确理解网络是很重要的。对于网络而言，要紧的是将整个系统连接到一起。这种只研究连接情况的学科，数学上称为拓扑学。画在纸上的若干图形，看起来可能显得大不相同，但从拓扑学角度来看其实是一回事。距离，方位，在拓扑学中根本就没有任何意义。

这样的图叫作关联图。它所关注的内容，只是给出各顶点间的关系。城市网络属于空间图，其顶点间的距离与相对位置带有一定的实际意义。当然，我们并不总是将城市示意图表现为空间图。图 15.3 所示的

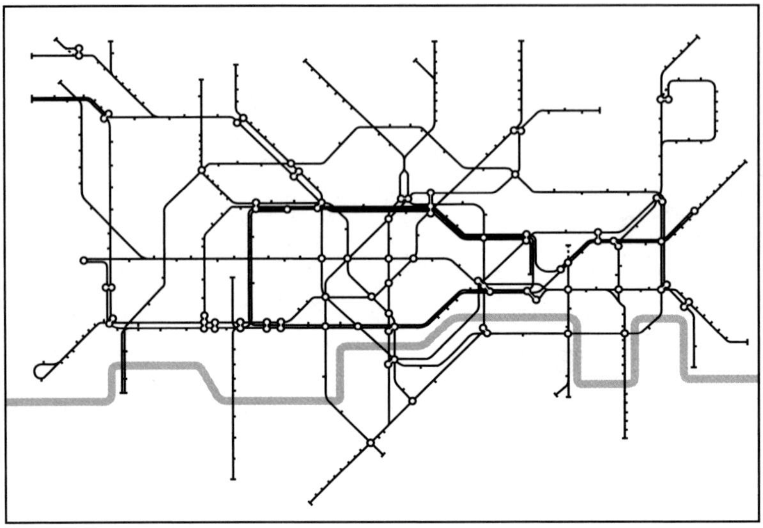

图 15.3　伦敦地铁示意图是一种关联图，顶点表示各个车站，站间以线段相连。此图只大致给出了相邻各站间的相对顺序和站间距离。灰色曲线代表泰晤士河。

是哈里·贝克（Harry Beck）[①] 于 1931 年绘制的伦敦地铁示意图，它是相当典型的关联图，但也保留了空间图的一些特点，使得顶点间的连接容易画出，同时有助于使用者发现自己所在的位置。在这个图上，各车站的位置大体上与地理位置相当，但在距离上并不严格合乎比例，方位也并不十分精确。

在厄多斯和雷尼所研究的随机图中，四散的顶点间是由随机连接起来的棱结合在一起的。如果一共有 6 个顶点，就不妨给它们标上从 1 到 6 的标号，然后掷出两枚骰子，再按得到的点数将相应的两个顶点连接起来。当每个顶点都至少同另外一个顶点实现了连接后，这个图就实现了“全面连接”即全接（图 15.4）。在实现了全接的图上，从任何一个顶点都可能达到任何其他顶点。在这个意义上，伦敦地铁系统就是全接的。一般来说，在两个顶点之间能够存在不止一条路线，而人们通常感兴趣的，是找到其中最短的一条。

① 哈里·贝克：英国人，曾任伦敦交通委员会的工程师。一说此图绘制于 1933 年。——译者

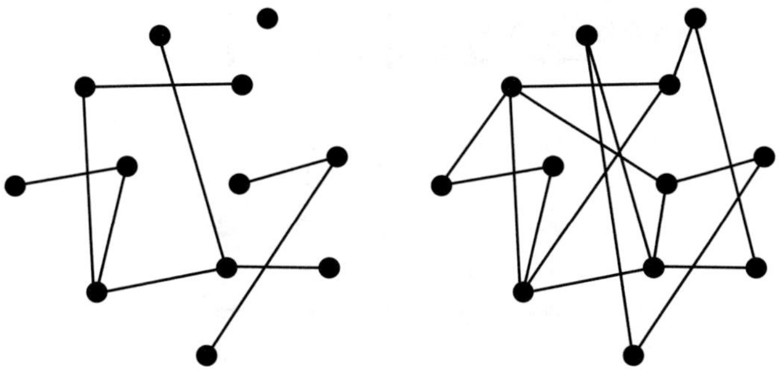

图 15.4　当所有顶点都实现了全连接，也就是不再有孤立的顶点或者片面连接的顶点群后，随机图便形成了网络。

从 20 世纪 50 年代开始，芝加哥大学的阿纳托尔·拉波波特（Anatol Rapoport）等几支队伍，都对社会网络进行了研究。他们自认为搞清楚了随机图的性质。但几乎可以断定，他们都没能做到这一点。不过，想要了解拓扑学，随机图很可能是个好的起点，这是因为，这一类网络图对拓扑图形内在结构所做的设定，都是不带倾向性的中性内容。此外，厄多斯和雷尼又都理出了此类图形的数学性质。由于连接棱的生成纯属随机，这些数学性质也都是通过统计语言表述出来的，当顶点的数目多到一定程度之后——实际上有 100 个就足够了，每次因随机生成连接棱而最终形成的图形就几乎不可能复现了。因此，面对这种形势，也应当像研究气体时一样，不要去管单个粒子的情况，而只注意平均行为和分布特征，如每个顶点的平均连接棱数、平均棱数的概率分布等。厄多斯和雷尼证明，这一概率分布正是我们所熟悉的扣钟形高斯曲线。平均连接棱数正对应着曲线的峰点。自然，这个数目的取值大小，取决于这样增加棱数的做法要持续多久。不过，对于任何一个给定的随机图，这个平均值都是相当确定的。

另一类涉及网络研究的图形恰好与随机图相反。这样的网络非常规则，每个顶点的地位彼此相同，都以同样的棱数彼此相连接（图 15.5）。对于这种网络，是用不着谈什么平均值的，因为从每个顶点（位于边缘和角落处的除外）发出的棱数都是完全一样的（在图中为 4）。这种“规整

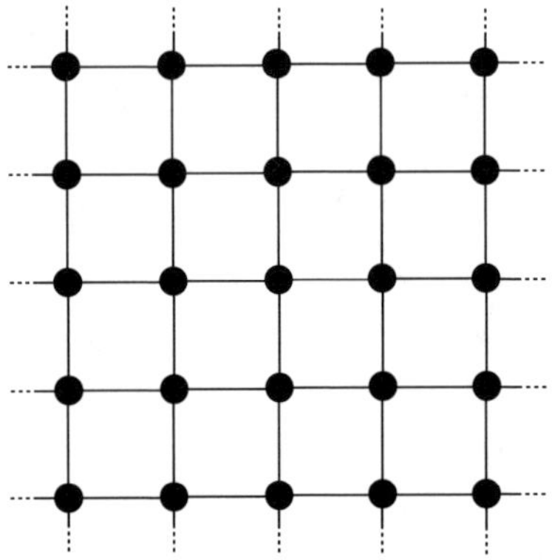

图 15.5　在规整网络上，从所有顶点（位于边缘处的例外）发出的棱数是相同的。

图”，是容易从数学上对其进行描述的。随机图和规整图有迥异的性质。在规整图上，如果要从一个顶点到达远处的另一个顶点，就必然要通过一道又一道的棱线，每一道都连接着两个近邻的顶点。因此，如果以通过的棱数来表示路径长短的话，结果会是一个很大的数。而换成随机图的话，起始顶点和终到顶点间，就可能因为存在某条离这两个顶点都很近的“直通”棱，而能很快到达。换言之，随机图中是有许多捷径可走的。这便意味着，两个看起来隔得很远的顶点，沟通的路径数目却可能很小。

要想将这两种图的区别精确地反映出来，方法之一就是给出连接任意两个顶点间的棱的条数的平均值。这个平均值叫作特征路径长度，具有统计性质，同米尔格兰姆所研究的将邮件送到目标收件人手中的转递次数有完全一样的意思。在规整图上，特征路径长度较大，而且会随着顶点数目的增多而成比例地加大；对于随机图，特征路径长度就会比较小，而且由于随机连接很可能使外围顶点与内部顶点间直接相通，顶点数目的增多，并不会导致特征路径长度的相应增大。

由此可见，有人会认为，影视演员合作关系之类的社会网络，似乎应当属于随机图一类——原因就是前述的“世界小得很”，即人们彼此间的社会联系要比意料中的更紧密。然而，1998 年美国康奈尔大学的两位科学家指出，社会网络并不是随机图，而是自成一类，介于无序的随机图和有序的规整图之间。这一类图有个很贴切的名称，就叫“小世界”网络

（Small-World Networks）。

穴居型与网聊型

朋友的小圈子通常是互通的：我密友的知己，往往也会是我本人的挚交。如果我既认识安迪，也认识贝蒂，那么这两人多半也互相认识。这就是说，我和我的朋友们共同形成了某种社会组群。当然，与此同时，组群中的成员也同其他组群间存在着大量的联系。随机网络就不存在这样的组群结构。在纯属随机的网络中，虽说我既认识安迪又认识贝蒂，但这同此二人彼此是否相识毫无关联。在规整网络中，由于每个顶点只能同最近的顶点形成连接，也就是说，连接不可能是跳跃式的，因此倒是有形成组群的条件。① 在与某个顶点相邻的顶点中，有许多也连接着其他顶点，而这些其他顶点，也自有其相邻的顶点。因此，以规整网络方式连接起来的亲密朋友，是很有可能形成彼此相知的密友组群的。

康奈尔大学的史蒂文·斯特罗加茨（Steven Strogatz）和他的研究生邓肯·瓦茨（Duncan Watts），从 20 世纪 90 年代末开始对社会网络进行研究，发现了一种表述这种组群现象的方式。最开始时，他们关注的并不是人类的社会结构，而是某些动物如何协调自身群体的行为，如一群蟋蟀何以能够同时步调一致地啁啾。不过，没过多久，他们便也陷入了社会科学家们已经开始编织的人类社会的复杂网络。

斯特罗加茨和瓦茨设想了两种合理然而极端的社会。一个社会划分成若干组群，同一组群内的人相互交往，但与组群外的人几乎没有往来。接近此类情况的真人是存在的，比如，除了工作就几乎没有其他生活内容的雇员，他们与所交往的人之间简直清一色都是工作关系。日本的一些公司雇员就近乎处于此种状态。不过，斯特罗加茨和瓦茨发现，有一种人的情况最为接近上述类型，那就是原始穴居人。这些人在山洞里集群而居，但

① 在规整网络中，也能形成超越近邻的连接，但这并不会改变此类网络中形成组群的倾向。

各个集群间彼此分散且相距甚远。同一个集群内的成员干什么都在一起，但对外面的集群是尽量躲开的。在霍布斯所处的年代，许多农民就是这样生活的。对于这样的社会，可以用若干个小图共同表示，每个小图内部是高度连接的，但彼此之间却很少相连，甚至根本不相连（图 15.6）。这样的网络不是规整图，但具有其高组群性和大特征路径长度两个特点。

这二人所设想的另一种极端情况，出处并不是过去而是将来。艾萨克·阿西莫夫（Isaac Asimov）写于 1957 年的小说《日光浴室》（*The Naked Sun*，也译为“裸阳”），描绘了存在于未来世界的一种社会。在这个社会里，通过机器人和电脑，每个成员几乎都连接到了一起。一个人同世界另一端的人建立联系，就如同近邻一般，十分容易，也相当普遍。这样建立起来的交情，实际上十分浮泛，每个新建立的关系都同原来的无关，也就是说，社会中每个人都同样地向其他所有人开放。这样连接的结果，是形成了随机的、不存在组群的网络。类似于此的社会网络目前已见端倪。比如说，通过互联网进行的网上聊天就与此很相像。人们上线下线，谈谈停停，这样聊天既不费力，也基本上不用下本钱，因此，联系几乎都是随机建立的。

在斯特罗加茨和瓦茨看来，穴居世界与“日光浴室”（Solaria）的区别，可以表现在人们通过共同认识某个人而相互结识的可能性的不同上。

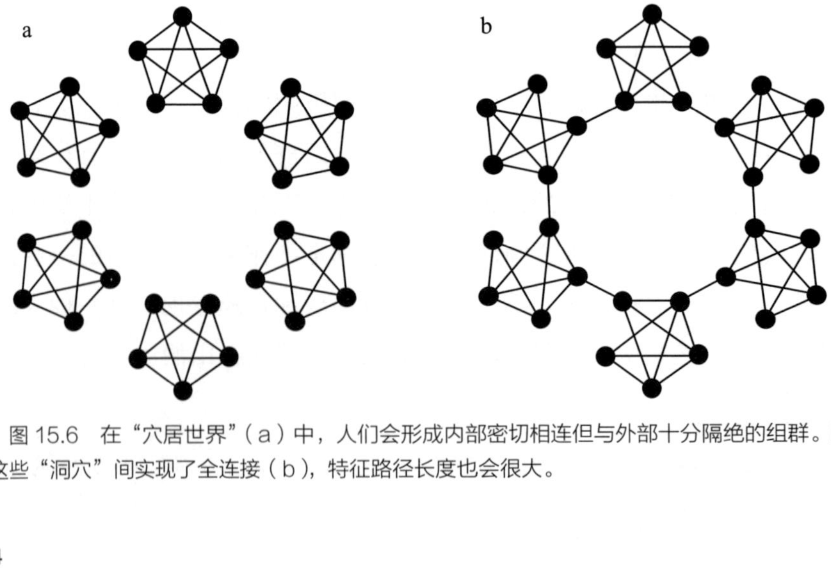

图 15.6　在“穴居世界”（a）中，人们会形成内部密切相连但与外部十分隔绝的组群。即使在这些“洞穴”间实现了全连接（b），特征路径长度也会很大。

在穴居世界中，都同某个人有朋友关系的两个人，必然属于同一组群，因此基本上会成为朋友。而在“日光浴室”世界里，即便是两个有许多共同相识的人，彼此成为相知的可能性，也不会大过他们之中的任何一个同随便某个生人结为相识的机会。

真实的社会可能介于这两个极端之间。具体介于什么位置呢？要研究这个问题，首先要在数学上满足一个条件，就是任何要模拟的社会网络，都必须是全连接的。否则，有些顶点便会与其他顶点根本无从接通。而这样一来，特征路径长度就会成为无穷大，这在真实世界中是绝对不现实的。接下来，斯特罗加茨和瓦茨便找到了一种方法，可以将实现了全连接的规整图（类似于全连接的穴居世界），逐步转换为全连接的随机图（类似于“日光浴室”世界的情况），同时在每一步转换过程中，始终保持图形的全连接。这一转换过程得名为随机改接（Random Rewiring）。在规整网络上随机选取一个顶点，再从与该顶点连接的棱中随机选中一条，将它与另一端的顶点分开，换成与另外一个顶点——也是随机选定的——的连接，这便是改接（图 15.7）。随着这一随机改接过程的进行，会有越来越多的捷径出现，使得远远相隔的两个顶点一步可达。这样，该网络便越来越成了随机型的。

这二人从他们认为最简单的规整图开始，这就是顶点结成一个环圈的图形。（环圈要比排成一个直排的情况好些，因为这样一来，就不存在地位特殊的两端了。）他们不断地在这个图形上进行改接，一路观察特征路径长度和组群系数这两个拓扑量的变化。前者以 L 代表，后者以 C 表示。[①] 改接程度即改接度，也可以同随机选定的顶点能够从原初连接状态得到改接的概率定量地联系起来：当概率为 0 时，网络图便是完全规整的（环

① 组群数 C 的定义是这样的：与一个顶点 v 实现了连接的棱的条数，除以 v 与其相邻顶点可能实现连接的棱的条数，然后对全部顶点求其平均数。C 的结果定量地回答了这样一个问题：在 v 与其相邻顶点所能实现的所有连接中，究竟已实现了多少个。组群系数 C 越大，所能实现的连接就越臻于完成，也就出现了多个组群。如果此网络是有关友情的，则 C 越大，某人的朋友之间彼此也相熟的可能性就越高。

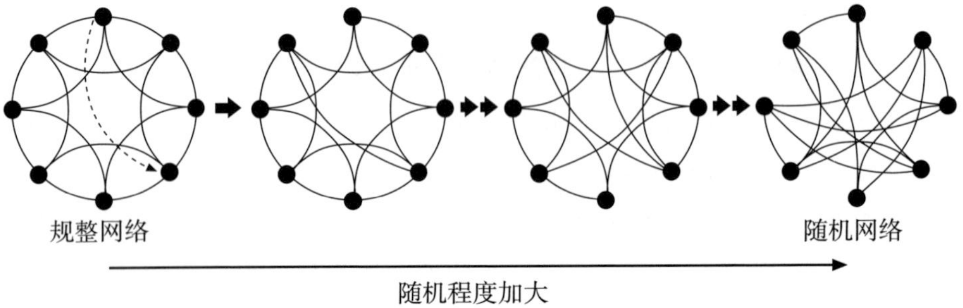

图 15.7　在呈环形分布的网络上，随机改接将规整图渐渐转换为随机图。“小世界”就位于这一转换过程的某个步骤上。

形）网络；如果概率为 1，则图形便是完全随机的网络。

不难想象，随着改接次数的增多，L 和 C 都会逐渐减小，也就是说，原来是规整的网络，会失去自己的组群，但会得到越来越多的捷径。不过，他们也得到了三个意料之外的结果。第一，几乎所有的变化都出现在最初为数不多的几步改接上。当 1/10 的顶点经历了改接后，整个图形已基本上同完全的随机图没有太大的区别了。第二，从规整到随机的转换实际上是相当突然的，按照瓦茨的说法，简直就是发生在统计物理学领域中的相变。这一过程看上去，就像是规则的、“有如固体”的图形，融化成为无序的、“有如液体”的图形。还有一点，就是 L 和 C 的改变并非同时发生，而是出现在改接过程的不同阶段（图 15.8）。

这最后一点观察结果，看上去会让人觉得不可思议。在特征路径长度 L 一路下降到随机图的程度时，结成组群的程度却一直保持在高位（大 C 值）上。然后，再加上两步改接，C 也就下降了。因此，在一个很窄的改接区间内，网络图会具有小 L 和大 C 值。正是这两个特点，共同决定了网络此时处于“小世界”状态。具体说来，“小世界”可以表现出这样的特点：人们分为很多组群，但各组群之间又连接着大量的捷径，由是导致较小的平均特征路径长度，形成了前文所说的“六度分离”。因此，斯特罗加茨和瓦茨将此类网络图起名为小世界图。

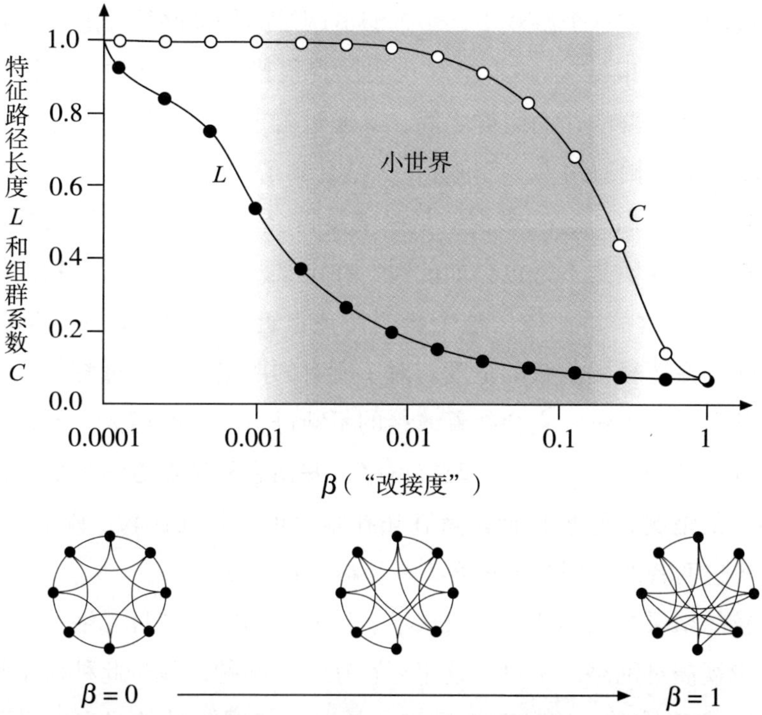

图 15.8 在环形图的改接过程中，特征路径长度 *L* 和组群系数 *C* 的改变是相当突然的。图中的 *β* 就可以看成是对改接程度的量度。请注意，图中横轴的标度是对数式的，这意味着 *β* 在取值较小时的改变被“放大”了，这样可以将它同 *L* 的变化的关系表现得更明显些。*L* 的改变在最初几步改接中表现得最为明显。*L* 和 *C* 在规整图中都有较大的取值，而在随机图中都是较小的。不过，这两者的变化并不是在同一阶段上发生的。大 *C* 而小 *L* 的情况，对应的便是“小世界”网络。

咱俩可曾相识？

现实的社会网络，真的会像通过随机改接过程形成的小世界图那样吗？换句话说，斯特罗加茨和瓦茨能否证明，人们常挂在嘴边的“这个世界可真小”的话是正确的？让他们在酒会或者别的什么场合发现与某个未曾谋面的人居然有关系时，不会大惊小怪呢？

前面提到的给影视演员定贝肯数的游戏，表面上看来只是玩玩而已，但由于它标准明确、数量巨大而且俯拾即是，实际上很适合用于对理论的检验。很明显，在这个游戏中，影视演员网络的特征路径长度 L 是相当小的（因为贝肯数很低），组群情况也明摆着很普遍。比如说，国籍相同的演员总是形成组群的，而组群之间，又通过若干个跨组群的关键人物——如，李小龙、德帕迪约[①]、巩俐等——结合到了一起。

在这几个方面，这一影视演员网络是符合“小世界”标准的。不过，网络的拓扑学性质是不是也会如此呢？在定义一个新量以后，我们便可以在这两者之间做一番比较。这个量叫作顶点近缩参数，是对远远分开的顶点之间存在捷径棱条数的量度。对于所有的网络，这个量都是可以求得的。以环形网络而论，它会随着改接的不断进行而一路增大。斯特罗加茨和瓦茨搞起了一个“小世界”改接网络，并使它的顶点近缩参数接近影视演员网络的情况，这样便使两者在拓扑学上可以相互比较。嗣后的一步，便是比较这两者的特征路径长度 L 和组群系数 C 了。

比较的结果相当不错——改接模型比穴居网络和“日光浴室”网络都更贴近影视演员网络。不过，这里还存在一个问题，就是此种模型是不是唯一的，也就是说，这种改接模型，是否为使网络具备“小世界”性质（低 L 加高 C）的唯一存在。对此我们将在第 16 章进行探讨。

至于那个颇为引人注意的问题——贝肯究竟是不是影视界的核心人物，结论又会是什么呢？要解答这个问题，我们最好先来计算一下整个网络的平均贝肯数，再看看以别的演员为标准衡量的同类数字——如埃尔维斯[②]数、鲍嘉数、白兰度数等等，又会是什么情况。如果这位贝肯果真是整个网络中的核心人物，那么所有其他演员与他的连接棱数，平均而言会比与别的任何人都更小些。

结果如何呢？这位贝肯非但不是网络的一号中心，而且连头 1000 名的位置都占不上。目前头名状元是罗德·施泰格尔（Rod Steiger），平均施

① 德帕迪约（1948—）：法国籍，全名杰拉尔·德帕迪约，以其大块头形体和憨厚外表所具有的特殊气质，在二十世纪八九十年代期间被很多国家的电影公司选中。——译者

② 埃尔维斯：有可能是指摇滚乐巨星、人称“猫王”的埃尔维斯·普雷斯利（1935—1977）。他也演过多部影片。——译者

泰格尔数为 2.652，接下来分别是克利斯托夫·李（Christopher Lee）、丹尼斯·霍伯（Dennis Hopper）、唐纳德·普莱森斯（Donald Pleasence）和唐纳德·萨瑟兰（Donald Sutherland，萨瑟兰在根据小说《六度分离》改编的电影中饰演了角色）。马龙·白兰度位居第 202 名，弗兰克·西纳特拉排名第 443。（当然，新影视作品在不断问世，排名也是不断变化的。）至于贝肯，他与排在他后面的演员的相应平均数只相差 0.0001 左右，真是小得可以了。

那么，贝肯为什么被选中，成了这个游戏的主角呢？答案正好道出了“小世界”的全部本质，就是在这样的网络上，任何人看上去都处在中心位置上。有一些比其他成员更“居中”些，但也相去不远。艾尔伯特不是什么名角，但他在网络中的地位并不比大牌明星逊色多少。排名很靠前的唐纳德·普莱森斯是位优秀的艺人，但也算不得超级明星。这个网络传递出了某种相当平等的信息。如果现实中的社会网络，与这个影视演员网络多少有些相似之处的话（这种揣度不是没有道理），大多数人就无须仰视那几个仿佛处于社会核心的人物，也用不着慨叹自己朋友无多了。总的说来，人们是连接成一个整体的，只要换到正确的观察角度上，就能够看出这一点。

关于这个小世界模型，还有一段小小的逸事。2003 年，瓦茨同几位纽约市哥伦比亚大学（此时他已在这一大学任职）的同事一道，重新进行了米尔格兰姆的经典实验，只是这一次，他们不再使用普通邮件，而是换用了电子邮件。他们在互联网上征求志愿者，报名者纷至沓来，最终人数达到了 61168 人，来自 166 个国家。他们要求每一名志愿者向 18 个目标收件人中的一人辗转寄送一封电子邮件。这 18 个人分布在 13 个国家中，其中有美国常青藤大学联盟的教授，有爱沙尼亚国家档案局的督察，还有一位是挪威的军队兽医。具体要求同当年米尔格兰姆进行实验时基本一样：参加者需估计与目标收件人“比较接近”的考虑结果，将邮件传给自己的朋友、同事或助手转寄。

可是，在网上传递邮件，并不是好的实验方式。有 63% 的人压根儿就没干。这倒也算不得有多么糟糕，因为毕竟还有 24163 条邮路投入运行了。然而，最终到达目标收件人的邮件只有 384 份。在这些成功的邮件中，平均投递次数只有 4 次，但这个数字是带有倾向性的，即能够完成的往往是总投递次数较少的部分。在考虑到“死信率”的因素后，瓦茨等人得出的修正结果是，在所有参加者和目标收件人之间，平均的投递次数为 5—7 次，与米尔格兰姆当年的结果一致，只是后者只限于在美国范围内。这一结果支持了所谓“六度分离”的观念。不过，这并不能表明，由于我们所厕身的这个世界很小，因此人际交流就能有效地进行。瓦茨等人认为，在甩手不干的人中间，确实找不到转递对象的人为数不多，他们之所以放弃，就是不愿意干了——这么干，对自己能有什么好处呢？

不过，在这些目标收件人中，有一位的放弃率明显低于其他人。此人是美国的一位教授。这是不是表明，此人的社会联系很广，因此容易被人找到？瓦茨等人认为未必。据他们分析，此教授的平均情况与其他目标收件人没有什么不同。只是有一样：参加这一实验的志愿者，半数以上属中产阶层，是受过大学教育的职业人士。这可能会使给他投递邮件的志愿者认为，相对于其他目标收件人（比如印度的某个技术顾问），给他的信应该比较容易送到。可能正是这种意识，使他们有了更大的动力，在转传的过程中尽了较大的努力。

瓦茨等人认为，这也就是说，社会网络结构并不是全部内容。“小世界”的种种特性是否能够得到充分发挥，取决于人们所采取的行动，甚至取决于该网络中人们的认识。这一提醒来得真是及时，它告诉人们，社会物理学并不能完全脱离个人活生生的心理感觉行事。

第 16 章

构建网络

——电脑空间的形状

互联网时代的到来，被人们视为是地理限制的终结。事实上，互联网也有自己的地理内容，那就是网络和网络上的网点。网点是网络中处理各处产生和控制信息流的地方。互联网的单元是网络，因此，多重网络的构筑与运行，是使每个网点发挥作用和有存在意义的关键。[1]

曼纽尔·卡斯特尔（Manuel Castells，2001）①

我们正面对一种新的空间理念。在这种新的空间里，物理实在与虚拟存在相互影响，在此基础上，出现了新型的社会化、新型的生活方式和社会组织。[2]

古斯塔沃·卡多佐（Gustavo Cardoso，1998）②

真的没错；它的网理中兜着魔法。[3]

莎士比亚（1602—1604）

---

① 曼纽尔·卡斯特尔（1942—）：美籍西班牙裔社会学家。——译者

② 古斯塔沃·卡多佐：葡萄牙裔社会学家。——译者

2000 年 5 月，我收到了一封电子邮件，标题是“I LOVE YOU”（我爱你）。幸亏我在此之前已经得知，网民中有不少人在电子邮箱里看到了同样标题的邮件。但一旦打开它，读者得到的非但不是动听的言辞，倒是会使电脑受到可怕病毒的感染，导致电脑中的文件无法打开和粘贴。电脑病毒固然还没强大到足以毁坏电脑的程度——至少目前还没能如此，但仍能引起足够的麻烦和花费。它们在商业电脑网络中造成了巨大破坏，使用户愤怒不已。这个“I LOVE YOU”病毒，使美国参议院和英国下院的互联网电子邮件系统陷于瘫痪，还给其他若干政府和金融机构造成破坏。另一个名叫“Love Bug”的电脑病毒，也在 2000 年造成了价值 67 亿美元的破坏。

“Slammer”蠕虫病毒在 2003 年使韩国的互联网系统一度几乎瘫痪。这类在虚拟空间中为害的电脑病毒，正变得越来越强大，越来越危险，使人们担心，迟早有一天，某种病毒会在整个电脑世界中蔓延开来，造成类似于当年“黑死病”的后果。这一威胁突显了互联网及其伙伴万维网——World Wide Web，简写为 WWW，也称 3W——在保持现代社会秩序上的作用。尽管如此，经济世界正逐步成为以电脑为基础的网络通信系统。许多政府部门也正向这个方向发展，包括商品分配、开展教学和执行警务在内的社会组织，方方面面的工作也是如此。美国商业部国内通信与信息局局长拉里·欧文（Larry Irvina）说：“现在出现了一种新的基础设施，我们对它的依赖将会是空前的，也将会是从来不曾预想到的。”[4]

如果将错综复杂的互联网和万维网系统，看作霍布斯笔下的“利维坦”的具体体现，恐怕并不是想入非非。只是在这里，构成这个统治者躯体的，并不是臣民的血肉，而是半导体硅片、终端显示屏，以及长长的铜丝和光纤。意大利作家普里莫·莱维（Primo Levi）也在一部短篇小说《好心没好报》（*For a Good Purpose*）中，描绘过一种类似的巨兽——自动电话接通系统。这一接点密布的系统十分复杂，最后竟复杂得出现了知觉，给自己接起线来，但只是纷乱地进行，也许对它那个世界是有意义的，但给人类带来的只是混乱。

这种电子“利维坦”，这种符合霍布斯定义的电脑世界中的社会共同体，是不是非常强大呢？对此，霍布斯是这样说的：

> 寿命有限的人类所造的东西虽然没有能够永生的，但如果人们果真能运用其自认为具有的理性的话，那么他们的国家便至少也可以免于因内发疾病而死亡。……因此，在国家的种种缺陷中，我首先要指出的是因按约建立的过程不完善所导致的那一些，它们和人类躯体上先天不足所造成的疾病相类似。[5]

一点不错。电子病毒给互联网带来的危害，其实同生物病毒给人带来的伤害是一样的。导致互联网受到破坏的因素也同人类受到的影响一样多，而且类似：超负荷运行、传输错误、局部丧失功能而形成瓶颈，以及遭受外来的恶意攻击。霍布斯传递给人们的信息是，在构筑能适应“利维坦”的统治生存的个体时，应当遵循使之成为健康的“天然生命体”的原则行事。读者将在本章中发现，互联网所具有的某些性质是令人惊奇的——它似乎已经具备了这种性质，尽管在设计时并没有人这样考虑过。这固然使网络在某些方面比较耐用，但也使它像阿喀琉斯之踵①一样，特别容易受到伤害。找到这种致命弱点，是在人们越来越多地依赖电脑的形势下，为使互联网不致受到电脑恐怖分子的破坏而至为关键的一步。

在我们的社会构造和机构中，存在着不少我们在上一章里所谈到的网络，即由无数的个体单元或者说元体通过相互作用所连接成的惊人的“小世界”。互联网只是其中的一个。大量的元体都在各自为自己的目的行事，并不曾考虑到什么总体图景，事先不曾商量，没有统一规划，然而，整个图景就会在这个过程中得到显现。

人们迫切需要了解这种“网络中的社会”。用于通信与信息交流的互

① 阿喀琉斯是古希腊神话中的英雄，完成了诸多伟业，出生后被母亲在冥河水中浸泡过，故全身刀枪不入，唯受浸时被提着的两只脚踵没能得到这种能力，后来被箭射中此处而亡。因此，“阿喀琉斯之踵”便被用来形容重大弱点。阿喀琉斯也被译成阿基琉斯、阿基里斯等。——译者

联网与万维网，正处在形成新的文化结构与体制结构的阶段。社会学家卡斯特尔称之为“互联星系”。他相信，目前正在世界范围内全面铺开的电子网络，为发展工商业和娱乐业提供了全新的方式。他断言，这种网络非集权式、不带高低层次的“地理学存在”，将会从根本上改变这些活动的性质：

> 伴随着能量的生产和分配的新技术，工厂和大公司得以成为工业社会的组织基础；互联网这一电子网络，也成了这一信息时代的组织形式的技术基础。[6]

这一网络的成长，快得超出了任何人的预想，使人们几乎来不及好好坐下来考虑它的效应或者未来的作用。人们对万维网的使用是从 1995 年开始的，而到了当年年底，用户就达到了约 1600 万人。到 2001 年初，这个数字已经突破了 4 亿。当时有人估计，到 2005 年时，这个数字会超过 10 亿，2010 年时则为 20 亿。

根据有关网络的新物理学知识，人们如今能够看出，互联网在结构上反映出将它带到这个世界的主人的品性。这正如卡斯特尔所说：“制造者的文化塑造出了环境。”[7]这就是说，只有不按照任何总体规划、服从自由发展和精英入选（让最有效的或最有用的万维网站实现最多的连接）而“有机”形成的网络，才会发展出有如互联网和万维网的结构，也就是说，既有它们的优点，也有它们的缺点。

不过，这种“信息自由”文化，并不能保证网络社会一定就是高度理想化的。不妨认为，互联网是向付得起费用的人大力开放的，其中一半以上的人生活在北美和欧洲（其余的基本上都在亚太地区）。随着互联网的作用不断加大，因技术设施、财力和教育程度有所欠缺而上网条件较差的群体，正日益被剥夺了这项权利，由是导致“数字鸿沟”，而且这不止体现在发达国家和发展中国家间，也出现在同一文化内的不同社会—经济阶层间。与此同时，互联网的深远潜力，不但受到商业界的拼命发掘，也正遭受罪犯的贪婪利用。存心捣乱的人和怀有不满情绪的人，也都在网络中找到了新的发泄对象。推销者也发现了硬塞广告的新路数。

这样的考虑，对于理解网络这种信息机器的虚拟“解剖学”构造是很有必要的。因为，它的影响，很快就会以种种方式作用到每个人身上。这正如卡斯特尔所说：

> 也许有人会说：“凭什么跟我纠缠呢？我不想跟这个互联网沾边，不想跟这个技术文明搭界，不想跟什么网络社会牵连！我就想过自己的日子！”对此，恐怕我要来煞风景了。你可能不想跟网络扯到一起，可网络却要找上你。这是因为，当今的社会是网络化的，只要你打算生活在社会之中，就不得不同网络打交道。[8]

覆水难收

1996 年，美国联邦大法官斯图尔特·达尔泽尔（Stewart Dalzell）说了这样一席话：

> 总的来说，互联网已经在美国或者说在整个世界，获得了并将继续获得大规模言论的分享度最大的市场……赞同和反对联邦制的美国人，在白天的忙碌工作结束后会继续探讨美国政府应当实行何种体制，不过，他们的讨论更多的是在网络上进行的，而不是通过宣传小册子。现代的马丁·路德们也仍在继续宣传自己的宗教观，但他们所借助的，已从维滕堡教堂的大门①，变成了电子公告栏。艺术家、厨师、养狗迷、垂钓痴……也都通过网络沟通着各种人世间的俗务。[9]

“分享度”（Participatory）是个十分准确的用语。尽管有人在用到“全

---

① 参阅本书第 1 章有关维滕堡的译者注。——译者

球共享”这个漂亮的提法时，往往会忽视发展中国家受到的种种限制，但从根本上说，互联网的确没有什么只有少数人才能掌握的专门技术。不管什么人，只要有一台电脑终端，就能够得到一个免费的电子邮箱，然后就能给世界另一端的人们发去信息了。达尔泽尔大法官的上述一番话，是他在裁定某些人试图以不符合立宪标准为由、为互联网的传递地域设定范围时下的结论。“不妨将互联网视为世界范围内不会停止的交谈，”他说，“美国政府不应当……阻碍这种交谈。”[10]

说来或许有些可笑，许多人都知道，这个使交谈开放进行的努力，居然是美国军方在20世纪60年代于保密状态下搞出来的。它的雏形叫ARPA网——ARPA是“先进研究项目局”的英文全称的缩写，而这个名称含糊的机构，是受美国军方资助进行相关科学研究的。建立ARPA网的初衷，是用于传输电子文件，但它的设计者们吃惊地发现，他们在发展该网络的过程中，为了方便而给这一网络添加的简短附言，在用来传递简短信息时，竟然方便之极。结果，发送短信的功能，居然变成了该网络最吸引人的特性。很快，目睹ARPA网之成长的非军方学术界和工业界的科学家，便致力于搞出自己的类似网络来。这样一来，通过美国国内和国际电话线路传输数据代码的USENET网便出现了。这一网络的出现，带来了听之任之、想发送什么都可以的观念。而目前由众多带有自己服务器的小型网络扩大而成的互联网，就秉承了这一原则。

互联网和万维网——前者简称为Net，后者略称为Web——有时会被混为一谈，但这两者并不是一回事。互联网是通信网，而万维网是信息库。多数人认为，最早将万维网推出的，是英国电脑科学家蒂姆·伯纳斯-李（Tim Berners-Lee）。他曾受雇于日内瓦的欧洲粒子物理研究所（CERN），为物理学家存储和检索信息提供帮助。伯纳斯-李的万维网概念，是他在1980年设计一种个人“记忆辅助器”时成形的。“它能够让人们将小段小段的信息存储起来，并使有关的信息段以任何方式连接起来。逐条查看这些连接词语，就可以找到所要的信息。”[11]

1989年，伯纳斯-李对原来的方法有所改进，使得传递任何大小的信息都成为可能。这一结果就是超文本。在超文本电子文件中，出现在显示器屏幕上的文字中，混杂着种种被称作超链接的标记，以点击框、下划线或者不同颜色显示的文字表示。通过这些标记，用户便可以直接进入包含进一步有关信息的其他文件。这样的超链接是生成原文件的人插入的，而它们所链接的内容则是其他人生成的。如果被超链接的内容有所更新或改换，用户看到的也会是新的内容。

伯纳斯－李在欧洲粒子物理研究所开发成功的系统，很快就被实验室的其他人紧紧抓住，在更大的范围内应用起来。这些人并不满足于建立一个只供本单位使用的网络。到了1990年时，人们已开始谈论起建立一个World Wide Web——在世界范围内使用的网络，这就是说，通过互联网所拥有的全球基础设施，调用全世界各计算机系统中所存储的电子文件及互联网内部所产生的文档。这是一个极复杂的网络，在这样的系统内游弋，需要有向导引路才行。这一向导就是浏览器，也就是一套容易使用的程序，有如向用户敞开的大门，通向网络中的巨大资源。美国在线公司（AOL）的网景（Netscape）和微软公司的互联网探索者（Internet Explorer），是目前用得最广泛的两种浏览器。

据估计，在2002年底时，万维网内存储的电子文件数为30亿左右，且以每天数百万的数目增加。面对这样巨大的容量，需要有能够迅速到达所查找信息的有效手段。搜索引擎正是为此目的而设的。所谓搜索引擎，就是一种电脑程序，它在网络的文档中进行查核，找到其中含有输入查找栏中的关键词语的文件。今天的万维网巨大而又复杂，搜索引擎也只能调查其中的一小部分。

网络布局是互联网的发明者们从一开始便不得不下大气力解决的内容。这个问题固然涉及数学领域，但更多地关系到技术。年长些的读者想必还记得，当年有关电脑的概念，就是一台主机，与若干个终端连接在一起，所有的终端并没有自主能力，只是向中央“神灵”打开的门户。在互联网的前身ARPA网刚刚处于发展阶段时，“自主性个人微机”的概念尚未形成。因此，20世纪60年代的电脑网络，自然就被设置成高度集中的，所有的信息都被输送到一台中心主机，再通过它被一一发送至应去的节点（图 16.1a）。

然而，一名着手为美国军方开发通信网络的通信工程师保罗·巴兰（Paul Baran）认识到，以这种方式构筑网络系统实在是极不明智的。巴兰当时是兰德公司的雇员（这一美国思想库成立于 1946 年，宗旨是为美国政府的核防务政策提供战略分析与建议）。在那一时期，冷战正处于最紧张的阶段，在美国军界高层官员中不少人担心，核战即将由苏联挑起，一旦美国的通信系统遭受严重打击，就会使美国无法有效地执行报复行动。美国军方需要有一个能在核战形势下发挥作用的网络。

巴兰知道，中心式系统是非常容易受到致命打击的，因为只要破坏掉一个节点——位于中心的那个，整个网络就失去了作用。替代方案之一，是建立一个非中心式网络，代之以若干实现局部中心化的组群，并在组群间进行较长程的连接（图 16.1b）。不过，这一方案也依然存在类似的缺点，就是系统中的任何一部分，都很容易因为一条棱——这里又动用了有关图形的术语——遭到破坏而陷于孤立境地。在当时，最好的也算得上大刀阔斧的解决办法，是实现高度相接的所谓“分布式”网络，在这种网络中，每个节点（即顶点）都与若干个节点连接着（图 16.1c）。这样的布局有很高的冗余度，也就是说，从每个顶点到其他任何一个顶点，都有不止一条通路。这样一来，即使有相当条数的棱不存在了，网络也不至于出现孤立的部分。据巴兰估算，只要保证从每个顶点发出三条棱，便可有效地保证整个网络有足够强的回旋余地。

巴兰这一有关网络方案的建议，遭到了官僚体制的非难，因此一度受到压制，没有得到实施。不过，在 ARPA 网创建时，他的想法又再度复活，但这次全然不是出于冷战期间对核交火的担心，而只是希望通过对 ARPA 公司资助的几个大学网站的此种连接方式，提高电脑资源的利用率。公司原先的设想，是将各网站的主机统统直接连接到一起。不过，在 1967 年时，电脑科学家威斯利·克拉克（Wesley Clark）认识到，这种实现了“最大限度连接”的网络，会随着规模的增大而迅速变得极为复杂。

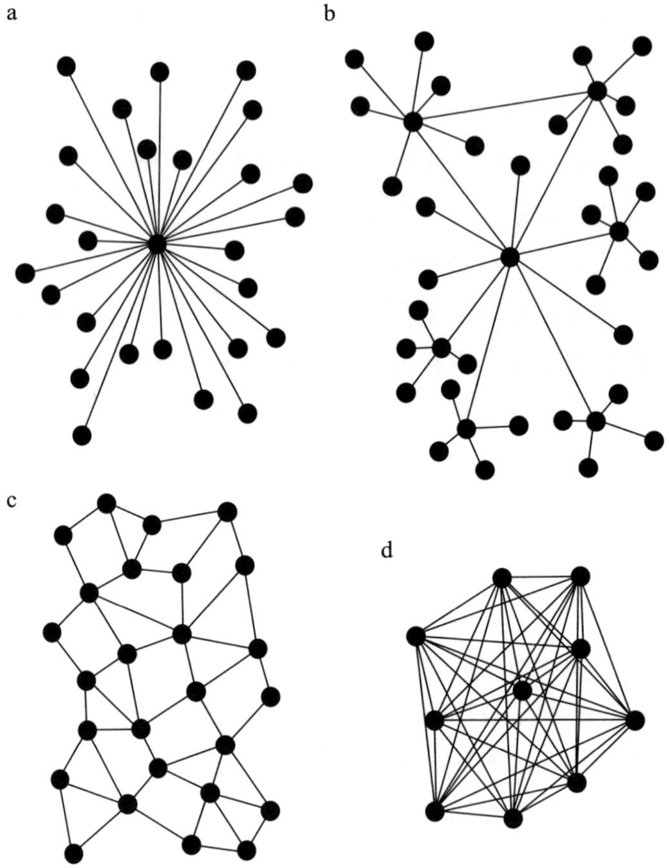

图 16.1　几种可供互联网采用的网络布局：（a）中心式；（b）配置有局域服务器的分散式；（c）分布式；（d）全连接。

对于只有 10 个顶点的这类网络，棱的条数就已经不少了，共有 45 条（图 16.1d），随着顶点数的增加，棱数的增多会更为迅速。这会对每个顶点处的主机提出巨大要求，从而可能导致信息流堵塞。克拉克的建议是，将各个主机连接成一个规模较小、使用同一种电脑语言、只承担单一的信息改道传输职能的亚网络。巴兰对此进行了研究，结果向克拉克等人表明，这样的网络是可以有效而可靠地形成并工作的。

互联网上几乎用到了所有类型的布局设计。它的扩展早已大大超过了其先驱人物当年的设想。在这一网络的设计发展过程中，并不曾受到任何规划权威或结构控制的左右。它的发展就如同城市的发展（第 6 章）一样，是一种有生命力和不受调度的过程。事实上，有人认为，今天的互联网简直算是一种生态系统，它每一个小部分都同自然界中存在的生态系统一样复杂。它的连接方式是不可能巨细无遗地搞清楚的，它的整个结构实在是太庞大，也太深入了，不可能全部探明。

虽说如此，但有一点能肯定，就是互联网当真具有巴兰所提出的那种高度冗余的布局。信息和网页被分割成一个个数据包，然后从起点沿着多条——有的甚至方向相反的路径向终点传输，最后在到达目的地后又汇成一体。如果某段路径因为太堵或者出了故障不通了，通常总还有其他路径可用，这正是互联网能够同时应对极其巨大的信息传输量的原因。另一方面，我们也知道，互联网的结构并不像图 16.1c 所示的那样。它更像是规整网格，只是各个顶点处的棱数不尽相等，且在 4—6 条间变化。上一章我们已经看到，这样的网络中是不存在捷径的，从 A 到 B 一定得通过一系列路径实现。

那么，互联网到底有什么样的真面目呢？这个问题非常重要，关系到诸如如何最有效地设计邮路、如何在遭遇局部故障时保持良好运行、用户如何能从所在地轻松地与四面八方沟通，以及互联网究竟是能无限扩展，还是存在饱和上限，一旦到达后便无法再行应对等种种问题。随着网络的经济作用日益增加（美国目前的年电子商务额已达 1000 亿—2000 亿美元，整个经济领域内因电子通信而节约的资金，估计也在同样大小的范围内），上述问题正变得越来越迫切。

互联网是同伦敦地铁一样的物理实体。互联网的节点（或说顶点）就是电脑，而连接（或说棱），就是电脑间的传输线或者卫星频道。万维网则比较飘渺一些，它的顶点是以电子文件形式存储在世界各地的网页，棱则是将一处网页与其他网页（通常位于其他电脑网址上）直接连接在一起的超链接或者由统一资源定位符（URL）给出的地址。沿着超链接前进时，经过的是互联网同样使用的传输线路。不过，万维网本身并不就是这些物理线路。从理论上说，在统一资源定位符的迷宫里，一根传输线可以将一百万个网页同另外一百万个网页连接起来。

互联网或万维网所具有的结构，并不是能够明显看出来的。它们有可能属于随机图一类吗？会是我们在上一章里接触到的“小世界”网络吗？会是不断地进行层层分岔、一如河渠沟网或者肺泡的构造吗？答案是：它们恐怕应当算作全然不同的另一种类型。

与尺度无关

摹画万维网的结构，就像测绘迷宫一样困难。如果能乘气球升空，给迷宫画图就会容易多了，眼下呈现什么样子，统统画在纸上就是了。但是，当对象是万维网时，就没有什么气球提供鸟瞰位置了，因为这一网络只存在于电脑空间，根本没有任何可用眼睛看到的物质结构。因此，要摹画万维网，就得像在地面上测绘迷宫那样，采用进入这个网络、一一探明各个所到之处的做法。瞧瞧我们造出的这个怪物啊：我们把它发明了出来，但却不能清楚地说准它。1999 年，印第安纳州圣母大学的雷卡·艾尔伯特（Réka Albert）、江焕文（Hawoong Jeong）[①] 和阿尔伯特－拉斯洛·巴拉巴希（Albert-László Barabási）接受了这一测绘挑战。他们将一个自动测绘软件包馈入万维网这个迷宫，目的就是摹绘出它支离万千的路径。

这个自动测绘软件包是一个电脑程序，它根据设计要求从一个网站进入万维网，并对网站内的所有超链接进行追踪。嗣后，它依次进入其他网站，将刚才的步骤逐一进行。每追踪一处，自动测绘包都记下所在网页的每个向外发出的超链接的数目。[②] 在当时，万维网上共容纳了大约 10 亿个电子文件，大大超出了自动测绘包的能力。因此，这三位研究人员便只要求这一软件停留在圣母大学网站（www.nd.edu）之内。单在这一个网站里，便储有 325729 个 HTML 文件，总共含有近 150 万个超链接。（HTML 是

① 江焕文是韩国人，姓名的英文拼法为 Hawoong Jeong。——译者

② 要想了解网络的情况，还应当掌握进入每个网站的超链接数。该自动测绘软件包不能直接查明这些链接，不过，有关数字是可以根据发出的链接求得的。

“超文本链接标示语言”的英文通称。这种语言是伯纳斯 – 李发明的，目前是建立网页的标准用语。）这三位研究人员希望这个网站足够大，也有足够的普遍性，能够成为整个万维网的代表。

雷卡 · 艾尔伯特等人在由此得出的网络图上发现，进入和发出的链接，在概率分布上是服从乘方律的（图 16.2）。也就是说，在该大学的网站上，随机抽取一个网页，它刚好会有某个数目的进入或者发出的超链接的概率，与它所拥有的超链接的数目，两者是满足乘方关系的。多数网页上不会有很多链接，而另外一些网页上有多处链接；每当这种链接数加倍时，具有此类链接数的网页个数就按某个恒定的因子减少。我们固然会凭直觉认为，有多个超链接点的网页会少于只有几个超链接点的网页，但能描述这种表现的规律绝不只是乘方律一种。换言之，实际结果并不是明显可见的。事实上，我们甚至可能认为，网页上的链接数会符合扣钟形分布，即多数网页上的超链接点数为平均值（3—4 个）。不过，乘方律告诉我们，扣钟形分布并不适用于此处——网络的连接与尺度没有关系。而大家在前文中已然了解到，乘方律的出现，正表明系统具有标度不变性。

服从乘方律并不是有人事先提出的要求。在圣母大学，任何人都可以建立网页，而且在建立超链接时有完全的自由——这与万维网的所有其他

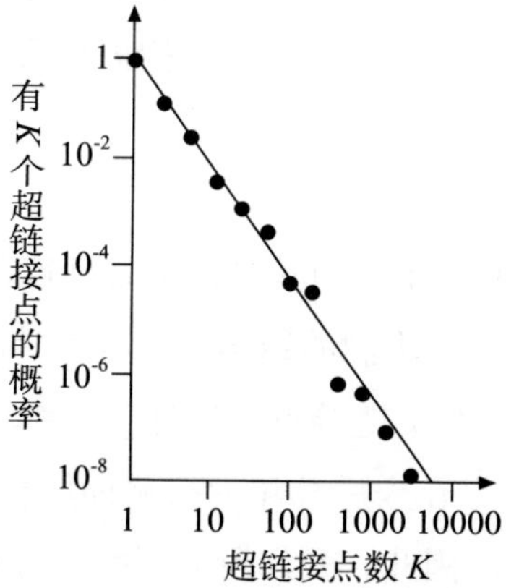

图 16.2　在万维网中，进入 HTML 文件的超链接点数的概率分布是遵循乘方律的，因此在本图所用的对数坐标下，给出的是一条直线。发出的超链接点数也服从同样的分布。这意味着万维网是标度不变性网络。

部分是一样的。（当然，这些人不能决定他们的网页能连接上多少其他文件。）不过，就在大量由个人选择而形成的网页中，出现了数学规律。就以圣母大学的网络数据为例，这一规律适用于超链接点个数从 1 到 1000 的网页。网络似乎会自行组织起来，进入服从乘方律的状态，正如自组织临界的沙堆模型在处于临界状态时，发生崩垮的分布服从乘方律一样。

因此，乘方律立即告诉我们，斯特罗加茨和瓦茨的设想是不对的，万维网并不像“小世界”网络。他们的改接图上确实存在着较受重视的连接点，也就是说，每个顶点处所连接棱数的概率分布函数，会在某个特定的数目上达到极值继而下降。万维网也不见得是随机型的，因为随机图的概率分布也与之不同。对于出现顶点处连接着很多棱的情况，乘方律给出的概率会远高于随机型，也远高于斯特罗加茨和瓦茨的“小世界”型——市场中的大起大落，不正是被乘方律决定的吗？

这是不是意味着，万维网并不属于“小世界”一类呢？未必。它只不过不属于斯特罗加茨和瓦茨所定义的那种“小世界”。雷卡·艾尔伯特等人也检查了自己的数据，看它们是否表现出“小世界”的典型特点——两个任意选定的顶点间（特征）路径长度平均而言很短，以及顶点具有高组群性。结果发现，这两个性质结合成一体，给出了判别“小世界”的单一标准，即随着网络中顶点数的增加，平均路径长度只有缓慢地增加。[①] 雷卡等人发现，如果根据他们对万维网部分结构进行研究时得出的有关连接点分布的乘方律的数据，构建出相应的网络，的确会表现出这样的行为。

因此，万维网当真属于“小世界”类型，而且是个具有特殊性的“小世界”，特殊在它服从乘方律，即其连接满足标度不变性。据雷卡·艾尔伯特等人估算，如果整个万维网的结构同圣母大学网站相同，那么，它的一个网页平均就会含有 19 个链接点。这样，万维网的“小世界”本性就会决定，即使网页的数目在今后几年内按预期增长为目前的 10 倍，平均特征路径只会加长一倍。因此，我们所需要的所有信息，仍然只在距离鼠

① 如果用数学语言表述，就是特征路径长度与顶点个数的对数成正比。

标不多几下点击的近处。

然而，既然如此，为什么我们需要的信息又如此难以找到呢？网民们最经常的抱怨，是有太多的无用信息挡道。不幸的是，由于搜索标准所必然带有的不敏感性，使搜索引擎工作起来比较费力。用户需要的文件固然在若干次点击后即可获取，但万维网本身的高度关联性，也使大量的无关文件同样离用户很近，而不管有关还是无关，搜索引擎都得一一验看。此外，万维网的规模、范围和内容的迅速变化，也使搜索引擎难以跟上对新网页的索引，对旧内容的更新，以及割断同已不复存在或者不再有关的网页之间的关联。据估算，即使是最出色的搜索引擎，也只能找到可索引网页中的大约 30%，而有些只能做到 3% 左右。

美国施乐公司设在加利福尼亚州帕洛阿尔托市的研究中心，有一位名叫拉达·阿达米克（Lada Adamic）的女科学家。她指出了一条借助万维网的“小世界”特点，设计出更好的搜索引擎的途径。这就是利用万维网所具有（而随机性网络不具备）的组群性，建立起内容相关的网页间的高度组群连接。如果是智能化的搜索引擎，就能够先找到进行查询的最合适的“中心”，然后利用此组群性缩小查询半径。如果能够采用这样的聪明做法，结果就会比在整个网络迷宫里随机行走有效得多。

乘方律很可能是万维网一再体现出的重要规律。阿达米克和她的同事贝尔纳多·胡伯曼（Bernardo Huberman）发现，每个网站内的网页数，也符合这种概率分布。1998 年，这两人又和其他同事一起，发现万维网的用户也是遵循乘方律进行网上冲浪的。冲浪是与搜索引擎相对的常用方式（而且两者往往相互补充）。用户可以先找到一个看上去可能包含着自己所需信息的网站，然后再顺着那里的超链接点访问网站中的其他网页，直到发现需要的内容，或者认为此处根本没有此类内容为止。

多数用户喜欢在网络中冲浪，而且并不限于只访问一个个网页，还乐于在不同的网站之间造访。胡伯曼、阿达米克和他们的同事，只针对同一网站内的冲浪进行了研究。他们注意的是用户冲浪的“深度”，也就是从进入网站到退出之间的平均点击次数。他们调查了不同的数据集，比如，登录美国在线公司服务网站的 2.3 万名用户，访问施乐公司网站的冲浪者等，结果发现，点击网站的次数，其概率分布函数是服从或者接近于服从乘方律的。① 这一信息有助于网站的设计者们预见到网页可能受到点击的次数。

具有标度不变性的网络应该是什么样子的呢？对于随机图网络而言，多数顶点基本上都会与同样数量的棱相连接，整个网络看上去也会相当均匀（图 16.3a）。而在具有标度不变性的网络中，多数顶点只连着一条或者两条棱，但另外也有很小的一个比例是连接着多条棱的，而这些顶点是十分重要的。因此，具有标度不变性的网络在结构上很不均衡，有些地方看上去密密麻麻，其他地方却又空空荡荡（图 16.3b）。正是这些连接广泛的节点，提供了种种捷径，使得这一网络成为“小世界”型。

互联网也和万维网一样，布局中节点间的连接遵循乘方律，具有标度不变性（图 16.4）。网络的功能之强大正在这里。雷卡 · 艾尔伯特、江焕

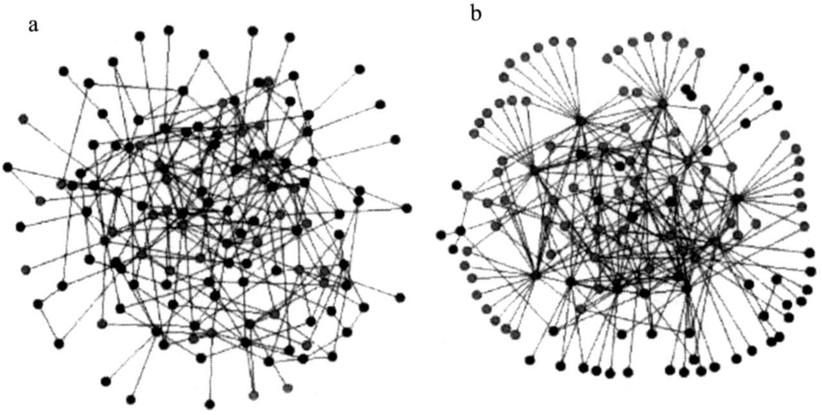

图 16.3 随机图（a）的连接是相当均匀的，而在具有标度不变性的网络上（b），会有几处高度连接的顶点，看上去“密密麻麻”的。

① 研究施乐公司网站的小组提出了一个有关冲浪行为的模型，认为一个网站的访问者在浏览各个网页时，起先会很类似于随机行走，但当发现其含有的信息价值低于某个阈值后，情况就会改变。此时，访问者就会退出网站。该模型预言说，此种行为的概率分布函数，会具有所谓“逆高斯曲线”的形状。这种曲线与高斯曲线不同，它在路径长度较小时，是比较接近乘方律的，在变长后才会渐渐与之偏离。他们得到的数据不是十分理想，不足以判明究竟是服从逆高斯律，还是属于乘方律。

图 16.4　互联网的部分结构。这是通过跟踪一台中央电脑向上千台其他电脑发出信息时，所能得到的最短路径摹画出来的。从网站 http：//www.cybergeography.org/atlas/topology.html 可以看到若干这类网络图。

文和巴拉巴希已经指出，具有标度不变性的网络在面对诸如某些节点无法工作等随机性事故时，在灵活性上要胜过随机网络，也强于斯特罗加茨和瓦茨所定义的那种尺度大小攸关的“小世界”网络。（这后两种网络都可以归入“指数”型一类。这里的指数，意指节点实现多处连接的概率，会随着连接点数目的增多而迅速减少。）雷卡·艾尔伯特等人发现，在具有标度不变性的网络中，即使节点失去作用的比例达到 1/20，也几乎不会引起用户注意，也就是说，特征路径长度几乎不会发生改变。相比之下，对于后两种指数型网络，只要有不多的几处节点不起作用，路径长度就会明显加大，造成所有的节点都难以运行。此外，指数型网络还往往会在“坏死”节点的比率达到 28% 以上时分崩离析，形成许多孤立的组群。当这种形势出现后，网络便全然无法将信息传输到足够远的地方去。而另一方面，随着节点的不断“坏死”，具备标度不变性的网络只会“漏气”，但不会“爆胎”。对于较大的此类网络而言，即便有半数节点不工作了，总体也仍能发挥作用。由于在标度不变性网络中，多数节点只连接着一个或者两个节点，每受到一次随机性破坏，多数情况下只会造成一个节点的孤立（图 16.5）。

因此，互联网正具备人们所需要的网络布局——即便当部分节点丧失功能时仍能提供可靠通信。网络功能出现局部障碍，不单单是电脑本身出现故障的结果，节点也会因通过的信息量过大导致拥堵而暂时失效。对于标度不变性网络，即便出现多个节点同时拥堵的情况，也能比较容易地找到其他通路进行传输。（事实上，对于互联网而言，在任何时候，都会有大约 3% 的传输路径是不通畅的。）

重要的一点是，互联网的这种近于理想的可靠性，其实是自行形成的，并非被人们设计成这样的。而且，即令有人处于掌握着控制互联网布局的权威地位，多半也会设计出可靠性大不如此的结构（由巴兰设计的如图 16.1c 所示的网络便是一例）。这给人们上了一课：有时最好还是听其自然，让技术自行将自己组织起来。不过，这里存在一个问题，就是互联网缘何会形成这样的结构。对此，我将在本章收篇时再行探讨。现在，让我们来研究一个不那么令人愉快的问题。这是个让有些人夜不安枕的问题：

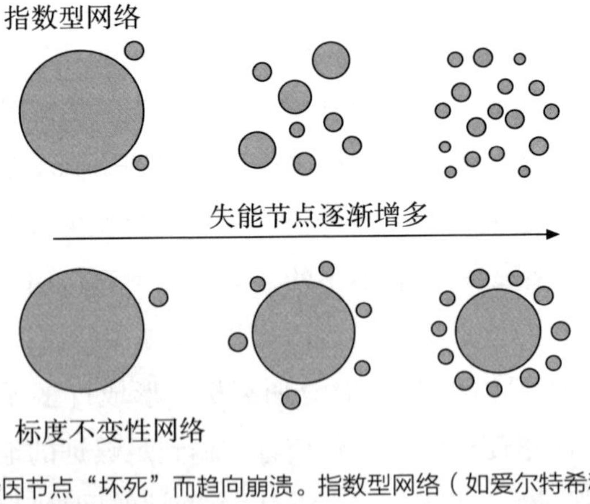

图 16.5　网络会因节点“坏死”而趋向崩溃。指数型网络（如爱尔特希和莱尼给出的随机网络）会随着节点功能丧失而迅速分崩离析。标度不变性网络则不同，这种网络只是效能缓慢下降，但仍能维持为一个高度连接的中央网络系统。

互联网存在一个潜在的致命缺陷。

入侵电脑空间

建立互联网的初衷之一，是提供一个经受得住外敌进犯的通信系统。然而，这个美国安全所系的网络，如今却处在了脆弱的地位上，真是令人啼笑皆非。1996 年，美国总统克林顿设立了重要基础设施保护委员会，旨在审定保护电力设施、保障通信和防范电脑网络的外来破坏的对策。如今，对电脑网络的攻击会来自与该网络初建时非常不同的地方。如今的攻击并不需要发射导弹，也无须动用军队，进犯者甚至都不用走出家门。这些敌人未必是什么地处异域、军力强盛的超级大国；即便是只凭一个人，只要掌握了一些普通的电脑技术，如果用准了，就能打垮一个国家。电脑恐怖分子可以使美国银行和金融机构间的电脑通信根本无法进行，从而使美国经济狂跌；他们可以将错误信息输入动力和燃料的分配系统，从而使整个国家动弹不得，或者使输油管线爆炸开裂。

美国联邦调查局对“恐怖主义”所下的定义是：“为了达到某种政治或社会目的，非法对人身或财产施加暴力或者其他力量，借以恫吓或者胁迫政府、民众或者其组成部分。”[12] 电脑恐怖主义就是以电子信息网络为对象的恐怖主义。此类恐怖行为构成了实实在在的威胁，有些政治家已开始认为，它比核战还要可怕。美国目前已将对电脑恐怖主义的防范列为当务之急。美国中央情报局的信息战中心目前雇用的人手已逾千名。美国联邦调查局、美国财政部特勤处和美国空军也都下设反电脑恐怖分子的特种队伍。

恐怖主义当前已成为对文明挥之不去的阴影。对电脑恐怖活动的担心绝不是捕风捉影。此类行为代价极低，搞这种活动的人不会立即面临危险，而其产生的后果却可能极其严重。美国国防部的电脑系统已经受到过攻击了。在美国军方一次代号为“合格接收”的军事演习中，美国国家安全局的工作人员只使用市面上随处可见的电脑软件，便钻进了五角大楼的电脑系统，从而有了关闭美国整个电力网络和部分控制美国军方太平洋总部的能力。多数参与这一行动的“怪客”[①]，都成功地避开了对他们的搜捕。不过，对网络的成功占领，只是麻烦中的一部分，而且未必是影响最严重的。对网络进行破坏，完全可以不必如此精雕细刻，只要设法使网络不能发挥其功能，就会产生同样严重的后果，而实施起来却简单得多。互联网的标度不变性“小世界”型布局，固然可以有效地防范对它的随机破坏，从而在遭受此类打击时不致丧失太多的连接对象，然而，电脑恐怖分子的打击，未必是漫无目标的随机行为。

指数型网络中没有任何特殊节点，标度不变性网络则不同，它的一些节点是与众不同的。这几个高连接度的节点，是保证网络具有最低平均路径长度的关键捷径。将这些节点去除，就会失掉大量连接，在大范围内影响到网络的运作。如果不是以随机的方式破坏节点，而是从高连接度的节点入手，指数型和标度不变性网络的可靠性就会表现出重大不同。对于前者，对节点的随机破坏同有目标的破坏在效果上并不会有什么区别。而对于后者，对高连接度节点的破坏，会导致网络的明显失能。对于这样的节点，每当有1/20遭到破坏，特征路径长度就会加倍，信息的传输就会突然不得不大迂回进行。因此，电脑恐怖分子如果打算使互联网成为废物，就只需判断出为数不多的连接度最高的几个节点，并以它们为行动目标就行了。换句话说，如果攻击是聪明的，目标又是像互联网这样具有标度不变性的网络，有限的举动就会造成巨大的破坏。因此，最严密的防范就得围绕最重要的节点进行。

许多人也许猜想不到，互联网的连接构造非常像霍布斯所说的“自然体”。不少人将通过信息技术形成的网络比作大脑。这其实不无道理。

① “怪客”与“黑客”不同。“黑客”的主要乐趣，是根据崇尚行动自由和能力考较的“网络文化”中不成文的准则来设计与改进电脑软件，而“怪客”的目的，则是利用互联网制造麻烦和破坏。“怪客”的英文为Cracker，“黑客”的英文为Hacker，后者一般在中国都译成“黑客”，但前者的中文译名目前尚未统一，有人译为“骇客”，但也有人将“骇客”与“黑客”视为同一词语。——译者

斯特罗加茨和瓦茨曾指出，一种学名为秀丽隐杆线虫（Caenorhabditis Elegans）的寄生性线蠕虫，它的神经网络便表现出“小世界”网络的若干种特性：神经元形成众多的组群，同时具有很短的特征路径长度。不过，巴拉巴希和他的几名同事还在许多种生物的细胞体中，发现了更接近标度不变性互联网的生命构造。

生命存在的最根本的法则，可能当属代谢作用，亦即将取自环境的原料，转化为生命体的细胞为生存所无时不需的能量与构造。活细胞需要得到若干种构筑自身成分的“基砖”——以人体细胞为例，这些基砖为来自食物的若干种氨基酸、糖、脂肪，还有维生素、矿物质、水、氧气，以及其他一些必需物质。生命体通过酶的作用，将基砖分子中的原子重新排布，形成新的酶、核酸、激素、富能分子等各种物质。从原料转变为对生命体有用的分子形式的一系列经过，被称为代谢过程。所有的代谢过程几乎无一例外都不是单一性的，而是具有分岔和相互连接的。一种原料（比如说葡萄糖）会经过种种方式分解或重新组合。在糖分解过程中生成的富能分子，可用于为许多其他代谢过程提供能量。于是乎，代谢便形成了一个化学反应的宏大网络，在这个网络中，某些特定的分子相当于节点，化学反应（通常在酶的催化作用下进行）便是连接节点的棱（图 16.6）。

巴拉巴希和他的同事们对包括细菌、植物和线蠕虫等比前者“高等”的 43 种生命体的代谢网络进行了研究。他们发现，在所有的网络中，连接形式的分布函数都具有标度不变性，也就是说，节点与一定数目的棱相连接的概率是遵循乘方律的。这便意味着，网络中存在着为数不多的几个与众多的棱相连接的中心节点，它们起着支撑整个网络的关键作用。许多代表这些中心节点的分子，在所有的生命体中都是相同的，它们在网络中的相对重要性也是一样的，这表明各种生命有着共同的进化起源。

从生物进化的角度看，代谢网络具有标度不变性的构造是十分合理的，因为它能使新陈代谢过程对偶然出现的小事故相对而言不至于过分敏

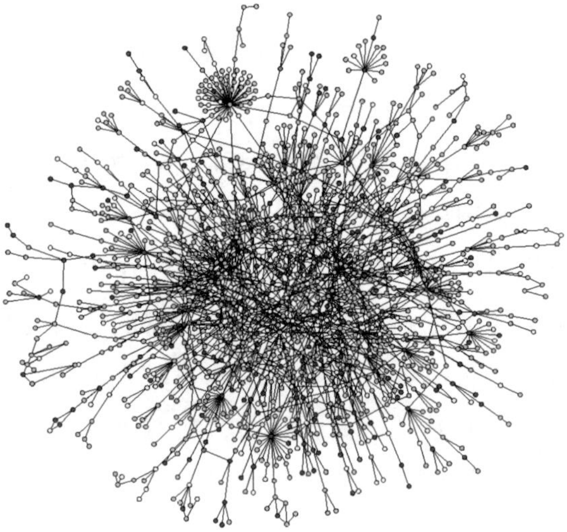

图 16.6　酵母菌代谢网络的一部分。各个顶点都是分子，它们或者由网络提供，或者由网络生成。连接它们的棱，则是使一种分子转化为另外一种分子的酶化学反应。

感。如果由于基因缺陷或者其他原因，导致一两种酶出了毛病，就会使相应的棱受到影响甚至破坏。如果这种结果会危及某些生理功能，那么，在标度不变性网络中，这种危害就未必会使整个网络瘫痪并造成生命的无法存活。因此，我们可以将标度不变性网络视为好的“工程”范例，而其成因则是反复的试验—错误—修正过程——是一种自然选择。

另一方面，标度不变性网络的弱点，是面对目标明确的进攻时会表现得脆弱。如果中心节点被去除，整个网络就会迅速瓦解。药物如果结构合宜，就能消除细菌感染，道理恐怕就是如此。能够影响高连接度分子的药物，就可能对受到进攻的细胞产生大于对正常细胞的作用。理解网络的结构，是找到合适目标的第一步。从这个角度看，我们正是一些“细胞恐怖分子”，而从人的整体利益看，我们的目的是完全善良的。

2003 年，美国和意大利都发生了重大的电力网供电事故。这同电力网络的布局存在易受攻击的弱点有没有关系呢？虽说电力网络是否全都是标度不变性的，至今尚无定论，但巴拉巴希认为：“（今年 8 月的）断电事故与设施缺陷、人为疏忽或者设计不当都没有关系。这次事故的巨大规模，根子出在如今这个全球化的世界往往会忽视的一个问题，就是相互关联导致的脆弱性。”[13] 巴拉巴希指出，像电力网这样的网络出现故障时，往往发生的是级联故障，也就是一处断电，电力会沿其他线路传输，从而导致超载的不断升级。“级联故障在复杂网络中会经常出现，”他说，“我们一方面对自己距全世界的所有人都在六档之内感到欣喜，一方面又得接受同样接近的问题和脆弱。”[14]

传染与传播

种种社会网络所面临的问题，并不限于节点遭到刻意破坏和出现偶然事故。电脑病毒代表着另一种对电子通信的威胁，而且比电脑恐怖主义更为阴毒。它们并不是将网络毁掉，而是利用它极广泛的连接能力，在网络上占据地盘，然后对节点大肆施虐。互联网在布局上受到欢迎的特性，又一次被用来给网络制造麻烦。一般来说，电脑病毒是通过打开电子邮件，也就是在电脑之间传输信息“包裹”的方式传播的。生物病毒也是这样，它们以微小个体的形式，通过呼吸或者体液传播。它们一旦在网络的某两个节点间建立起连接，就有可能相互感染。

人类对传染病学——探知疾病如何在群体间传播的学科——的研究，有着相当久远的历史。电脑科学家借助传染病学家发展起来的若干数学模型，试图理解电脑病毒的传播。传染病研究中有一个标准概念，就是设定生命个体在任何一个给定时间，都会处于两个状态中的一个，即要么是健康的，要么是被传染的。健康的个体是可受传染者，即可能受到被传染个体的感染。健康个体和被传染个体间因接触而导致感染的结果，是以一定的概率发生的。与此同时，被传染者也有一定的机会变为健康者（也就是重新成为可受传染者）。于是，疾病便以等于受传染概率与复原概率之比的规模进行传播。这就是所谓“易感—被感—易感”模型，简称 SIS 模型。

传染病学家已通过这一模型发现，这一概率比决定了一个阈值。如果传播率大于阈值，疾病就会在生物群中传播，并使患病个体保持一定比例；如若不然，疾病就会很快消失。[1]真实存在的传染病中，有些似乎便服从这一规律。疫苗接种就是建立在这一阈值的概念之上的：保证使一定比例的生物体得到接种，就会使相关疾病的传播率低于阈值，如此一来，该疾病就不会达到蔓延程度了。

瓦茨还同新墨西哥州圣菲研究所的马克·纽曼一起指出，瓦茨同斯特罗加茨提出的“小世界”网络，也同样具有阈值，超过这个阈值，根据 SIS 模型，便会有“疾病”传播开来。换句话说，如果社会网络与之类似，传染病学中的标准观念也会适用于它们。不过，互联网并不是斯特罗加茨—瓦茨式的“小世界”，它是具有标度不变性的“小世界”。德国基尔大学的斯蒂芬·博恩霍德特（Stefan Bornholdt）等人告诉大家，他们通过该大学服务器所查到的电子邮民之间的相知情况，是一个具有标度不变性的网络。这似乎表明，互联网不但从物理连接上具有标度不变性（也就是说，从用户节点和用户的连接角度看具有这一性质），电子网络中的“相知性”也具有同样的布局。

两位物理学家——西班牙巴塞罗那的罗慕阿尔多·巴斯托 - 萨托拉斯（Romualdo Pastor-Satorras），还有意大利底里雅斯特的韦斯皮尼亚（Vespignani）——发现，这一点不同完全改变了电脑病毒在网络中的传播方式。他们通过在电脑上的模拟，对 SIS 模型在标度不变性网络中的情况进行了研究，结果发现，在这种形势下，根本就不存在任何限阈。这样，无论传播率有多么低，所有病毒都能够进犯网络系统，使一部分节点受到破坏。受到感染的节点固然可以被杀毒软件“治愈”，病毒最终也会死光，但杀毒过程可能会非常缓慢。一般来说，一旦某种病毒开始现身造成感染后，不出几天或者几星期，杀灭它的软件就会问世，然而，病毒却可能在互联网密密麻麻的连接网里存在数月甚至数年。有人研究了 1996—2000

① 从技术角度判断，阈值其实就相当于非平衡态相变的临界点，有如液—气相变的临界点，只不过该阈值所分开的是两个非平衡态。

年病毒为害的报告，结果发现，尽管它们的存活概率在出现后的最初数月内便大为下降，但相应的感染却会持续存在很长时间，只是传染率会相当低而已。（举例来说，曾经造成过巨大危害的“Love Bug”病毒，目前被认为已经杀灭，但其实仍在当今为害最甚的电脑病毒名单中名列第七。）

这种表现是传染病医学难以理解的。根据传统的传染模式，病毒造成的某种感染，或者会迅速蔓延，或者会很快终止。这种不存在传染限阈的缓慢而持续的不健全，似乎是标度不变性网络传输所特有的。上述发现既有积极意义，也带着负面影响。从消极方面看，即使是传播过程很慢的病毒，也会蔓延到整个系统并长期为害。积极的方面，是这种为害只会持续在相当低的水平上，也就是说，受传染的节点会处于相当低的比例。

这一结果突出地表明，网络的布局事关重大。应对传染的传统经验，在对付电脑病毒时可能不一定够用。那么，如果实际存在的社交网络也是标度不变的，又会导致何种局面呢？如果当真如此，我们就可能需要重新考虑有关生物病毒的传播方式。前面曾经提到，社交关系是极难标定的。不过，瑞典斯德哥尔摩大学（Stockholm University）的一个社会学研究小组，同美国波士顿大学的物理学家斯坦利和路易·努内思·阿玛拉尔（Luis Nuñes Amaral）合作，致力于以随机方式在 18—74 岁的瑞典人中选取 3000 名编建性关系网络。结果发现，这些人在调查前 12 个月内发生性关系的对象的数目，是服从乘方律的，也就是说，这一性接触网是具有标度不变性的。

如果这个取样能够代表所有的人群，上述结论就对制订战略抗击通过性行为传播的疾病（如艾滋病）具有重要意义。在标度不变性网络中，疾病的滋生并非由传播率决定，因此想根除是极为困难的。如果有疫苗的话，以随机方式接种，即使施之于很大比例的群体（当然会所费不赀），控制结果也不会理想。

其实，前景未必就如此悲观。前面曾经提到，标度不变性网络的“阿喀琉斯之踵”，在于只有为数不多的高连接度的节点，而这些节点又特别有用，是使整个网络成为一体的中心。如果这几个节点的连接被切断，整个网络就会迅速分崩离析。巴斯托–萨托拉斯和韦斯皮尼亚已经指出，对于通过性行为传播的疾病，如果以流动性最大、交游最广的那部分人为目标进行重点防疫，就会明显降低传播网络的脆弱程度。（同样，对电子邮件网络的分析也表明，从连接程度高的顶点入手，即使只将10%的顶点纳入“免疫”范围，也能有效防止电脑病毒感染的大规模爆发。）

在有关性交往的网络里，想要查出关键人物并采取措施可绝非易事。不过，巴拉巴希和他的学生佐尔坦·戴索（Zoltan Deszo）发现，即使找重点防范目标的做法效果并不突出，但也会起到重要的总体作用，也就是说，会将标度不变性网络的传染阈升至零点以上。换句话说，即使只有几个中心节点得到隔离，传染就有可能被制止。在性关系网络上，具体措施越能有效地作用在（性交往网络中）高连接度的成员身上，限阈的值也就会越高，也就越容易将疾病（艾滋病）遏制住。由于资源有限，向传染病开战的最好办法，就是以尽可能少的资源，将控制战略集中在中心个体上，而不要加大地毯式随机免疫的力度，因为想以这种方式得到好结果，最终只能是徒劳。

网络世界

就“小世界”网络而言，属于标度不变形的可能要比属于斯特罗加茨和瓦茨所给出的改接型的大得多。（在实际存在的“小世界”网络中，究竟有没有属于改接型的，目前还没有定论。）巴拉巴希和艾尔伯特重新研究了斯特罗加茨和瓦茨最早探究过的那个影视演员合作关系的例子，还研究了美国西部的电力网。在斯特罗加茨和瓦茨看来，“小世界”行为的唯一标志，是节点组群的大量存在，以及很小的特征路径长度。其实，这两个标准并不是判别连接布局的唯一依据。它们也适用于改接型网络和标度不变性网络。巴拉巴希和艾尔伯特在影视演员的合作和电力传输这两种网络中，都发现了连接具有标度不变性的分布。因此，讨论演员的“平均”连接程度是没有意义的，从最走红的施泰格尔起，到不起眼的B级片[1]演员止，合作的连接数是稳步下降的——同时也遵循着乘方律。

实际存在的社会网络究竟是不是标度不变的，影视演员的合作情况可能会提供最详尽的信息。科学论文的合撰（如“厄多斯数”）、爵士乐手的拍档、性关系网等，也都为研究这一问题提供了佐证。在西班牙马略卡（Mallorcal）的巴利阿里群岛大学（University of the Balearic Isles），据里卡多·阿伯利希（Ricardo Alberich）等人指出，网络中存在着区分事实与虚构的印记。据他们说，电影《蜘蛛侠》中的主人公所结识的人，看起来就不像是真实存在的朋友圈。

“漫威漫画（Marvel Comics）”于 1939 年面世，最初的名字是“时代神奇四侠”。它描述的是一个充满超级英雄的奇特宇宙。什么美国队长、神奇四侠、X 战警等，林林总总，是一大帮英雄。这些角色在同一个世界中相互穿插（他们的故事彼此交叠，一集中会有若干名出现）。这个西班牙研究小组认为，这便形成了一种“社会联系”，即两个角色在漫威宇宙网络中的连接。这个网络共涉及约出现在 13000 集中的 6500 个角色（节点）。那么，这个网络中的“同台”关系，是否同诸如影视演员的合作等真实存在的网络一样，在布局上是相同的呢？可以说多少有一点。这是指每一集中出现一定数量人物的概率是服从乘方律的。[2]就这一点而言，漫威网络看来像是真实的。不过，这个研究小组又指出，该网络的人造面目终究是无法隐藏的，因为其组群性要大大低于标度不变性网络和“小世界”网络，甚至还略低于随机图网络。组群会描绘出角色形成“亲密小圈子”的程度。大家想必还记得，在高度组群的网络中，两个人如果都是另一个人的朋友，他们彼此相识的可能性会大过随机选定的两个人。

漫威网络的低组群程度，揭示出了它随意设想的虚构本质。这说明想造出一个宇宙，要比人们设想的困难得多。从某种意义上说，这也许并不奇怪。毕竟，漫威连环漫画的创作者不了解社会网络所应具有的特点，因

---

① B 级片一般含义指低预算成本的电影。——译者

② 事实上，这一乘方律只有当角色出现的总集数超过 10 时才是成立的。当集数较少时，统计数字就会产生偏离。

而不会刻意造出看似“真实”的东西来。这些作者只是根据情节是否会精彩，来决定是否把两个或者多个角色凑到一起。当然，真实存在的网络也是未经策划的。看来，蜘蛛侠形成自己“社会网络”的原则，是同你我不一样的。我们目前还拿不准，这样的不同是什么原因造成的，不过，如果人们能够判明其中的原因，就有可能更好地认识真实环境中社会联系的形成。

如今，标度不变性网络已开始表现为人类文化中的一个基本构成，如果这种不变性没有出现，人们反而会奇怪起来。全球贸易网络、印度的铁路系统、电子销售网的在线交易活动、中国的民航系统……它们都表现出我们所熟悉的乘方律分布（但同时也往往表现出另一种重要内容，对此将在下文谈及）。当人们用夏莱和张翼成提出的“争当少数派”模型研究领导阶层的涌现时，得出了一个由为数不多的几个关键人物发挥重大影响的等级结构。这个结构是具有标度不变性的。由此看来，一旦人们开始发生相互作用并建立起联系，当年曾使社会统计学家绞尽脑汁的无处不在的高斯分布似乎便会消失，代之而来的则是标度不变性分布。

“越长越接、越短越截”是不是永远成立？

当某种模式在多种不同的系统中一再发生，而且这些系统之间并不存在明显关联时，人们就应当考虑这些系统中是否存在着某个共同的基本致因。亦即应当从普遍现象入手，而无须借助特定内容来解释这种原理。就以相变为例，它们一般会发生在包含多个小元体的系统中，且元体间存在着两类竞相作用的力。这两类作用力，一类会产生秩序，另一类则是破坏秩序的“噪声”。那么，决定网络具有标度不变性的，又会是什么普遍原理呢？

无论是厄多斯和雷尼的随机网络，还是斯特罗加茨和瓦茨的改接式“小世界”网络，都是通过完全随机的过程形成的。在有一堆顶点的图上，随便选取两个，画出一条棱将它们连起来，网络便形成了。然而，巴拉巴希和艾尔伯特指出，多数网络并不是这样形成的。一般来说，新的连接会从一个新的节点连向某个已经有了不少连接棱的节点。初出道的演员，多数会饰演配角，而主角多由功成名就的人扮演。形成这种搭配的概率，会高于统统由无名之辈组成的班底。因此，一个演员的名气越响，引来新连接的可能性便越大。

在万维网的形成和科学文献的引用中（后者也属标度不变性一类），“名气磁性”也起着类似的作用。如果某个网页已经有了很多的超链接点，它也就成了“名网页”，自然会使创建新网页的人选来与自己的相链接，以此作为新网页进一步的信息来源。人们之所以引用名气响亮的论文，既可能是因为别人都引用它们，也可能是这些人的确读过。这也就是说，“名可养名”。

可能有人会认为，这里面会涉及“出色”这个因素：某些网页会链接多处文件，某些论文会被大量引用，某些演员总在银屏上出现，是因为它们（他们）本来就优秀。这当然不假。然而，名气能带来好的收益，也同样会导致恶劣后果。（对此，读者们无疑会自己给出有关的例证来。）

在扩展着的网络中，如果每个新出现的顶点，都无一例外地同那些连接度最高的顶点相接，那么该网络势必变得不再具有标度不变性，而是成为以一个顶点为连接中心的网络。若不是有意设计，网络通常是不会这样生长的。如果网络很大，新生的顶点就极难“找到”连接程度最高的顶点，因此结果很可能是选择同其他某个并非最高的顶点连到一起。在影视界尤其会出现这种多样化的选择，因为哪怕是再耀眼、合作对象再多的演员，也不可能在所有的影视节目中上场。因此，同连接度最高的顶点连接起来，这只是一种倾向，而并非必然的事实。

巴拉巴希和艾尔伯特指出，要形成具有标度不变性的网络，只要具有这种倾向就足够了。他们设想出了一种生长中的图形：每增加一个新顶点，它都会以随机方式同已有的某个顶点相连接；同时也使连接程度相当高的顶点有较大的连接机会。结果便得到了具有标度不变性的网络。人类社会有许多机构组织起的网络，都是在这种“越长越接”的原则上形成的。

公司越大，就越可能招揽到新客户（当然也不是绝对如此），部分原因是它们付得起多做广告和做昂贵广告的费用。

如果能够将顶点连接程度的高低，多少同“财富”挂上钩（比如，以连接棱的多少代表有贸易往来的客户数目），那么，对于一个以自由选择为基础，获得市场份额的多少又取决于已经拥有了多少，不平等现象很可能呈乘方律分布。当然，人们会接受这样一个事实，就是在任何一种自由化市场内，不同的人对资源的控制是存在差异的。但这种差异服从随机分布，而具有标度不变性的成长过程所造成的财富差异，却会比这大得多。由是便导致了一些重要的极端“事件”——巨富者和超大型公司——的出现。正如社会科学家齐普夫在 20 世纪 30 年代指出的那样，遵循乘方律的行为，恰恰在社会的诸多规模分布之中——从公司规模到城市占地以及个人收入范围——得到了反映。这并不是说，乘方律在自由开放的市场中所造成的差异是无法避免的。不过，值得注意的是，如果我们认为这种差异不可取，恐怕就要从制约某些市场的自由运作入手才行。

同时也应知道，网络的这种生长，并不必然导致高度不平等。波士顿大学的斯坦利等人，在对巴拉巴希和艾尔伯特所判定的具有标度不变性的网络进行了更仔细的研究之后，认定这种不平等是有上限的。比如，在影视合作的网络上，虽说少数几位因连接度高而地位特殊的人物，会处于连接越多所获越丰的地位，但一旦有了特别多的连接之后，进展却会变得裹足不前，也就是说，连接点最多的一批演员，其连接点的数目会比乘方律所给出的预言值少一些（图 16.7）。[①]

到底是什么将乘方律腰斩了呢？斯坦利他们认为，在现实世界中，必然存在给节点所能得到的连接数设定上限的因素。演员的时间和事业都是有限的，哪怕是最勤奋的演员，也不能拍一千部片子。论文年代久了，即

---

① 电视节目的统计结果与电影有所不同。一档电视剧在数据库中是算作一项录入的，实际上，它有时会很长，由许多集组成，因此会有许多演员虽然在同一档节目中出场，但未必都在同一集中出现。这就给两个演员之间算不算有连接关系造成问题，乘方律行为的适用范围也会有所不同。斯坦利等人是不考虑电视节目的，巴拉巴希等人则将电影和电视一并考虑在内。

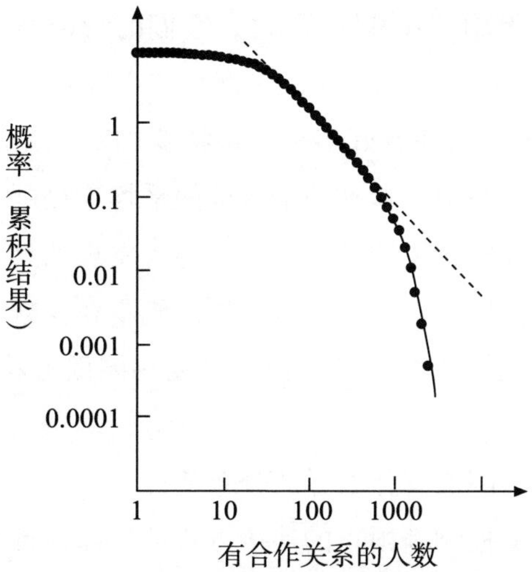

图 16.7　连接程度最高的演员，符合乘方律的情况不如网络的其他部分。连接棱数大致超过 300 的顶点，其真实连接数要低于乘方律给出的预测结果（表现为位于直线下方的曲线）。换言之，演员所能达到的连接数目是存在上限值的。

使再出类拔萃，也会湮没无闻——人们会引证新近的述评和教科书，不会去读什么陈年文献。航空港也不能接待无穷尽的进出流量，或者由于成本所限，或者因为当地的人口数量，机场扩展也是有限度的。随着时间的流逝，一些顶点或者达到了容量的极限，或者无法形成新的连接（也就是发生了某种老化），在这些连接程度最高的节点处，标度不变性的结构也就不复存在了。

对于另外一些社会网络，乘方律更是根本不能成立。它们那些连接度最高的节点会迅速过期，导致存在“超级中心”的概率会因此种短期性而很低。比如，美国南加利福尼亚的电力网就是这样，全世界由航空港和航线形成的网络也是这样的。此外，斯坦利等人也发现了几个实在的社会网络：美国犹他州的“43 个摩门教友网”[①]——一种关系非常亲密、极容易判别的网络，以及由威斯康星州麦迪逊初中的几百名学生组成的“友谊网”等。所有这些网络似乎都表现出高斯型的概率分布，也就是说，它们都表

① 此网络组织的得名是为了纪念 19 世纪 40 年代美国摩门教徒（即“耶稣基督后期圣徒教”，为基督教的一个边缘派别）向犹他州大规模迁徙时最先到达目的地的 43 个人。——译者

现出某个连接度的平均“尺寸”。不过，它们的特征路径长度是随着顶点数的增加而非常缓慢地变大的，因此也都是“小世界”网络。

因此，“小世界”网络有好多种。斯特罗加茨和瓦茨所定义的改接网络属于“单一尺寸”一类，具有某个首选的平均连接度，而高连接度的顶点很少。与这一类大异其趣的是巴拉巴希等人发现的具有标度不变性的网络，是欲望横流的世界，连接点多多的顶点绝不在少数。至于处于这两种极端情况之间的，则是巴拉巴希所说的“动物园般五花八门的‘小世界’网络”。[15]

无论“小世界”网络有什么样的分布特性，都很难会是事先设计好的产物。它们都是根据控制新顶点的连接方式的规律而形成的。不过，印度班加罗尔（Bangalore）的妮莎·马赛厄斯（Nisha Mathias）和文卡特什·戈帕尔（Venkatesh Gopal）认为，从工程学的角度衡量，面对最大限度增加顶点的连接度和将“接线长度”减至最小这两个互相冲突的要求，“小世界”网络往往能兼顾得很好，因此是很有吸引力的。一般来说，连接网络中的两个节点，经济花费会同节点间的距离成正比。连接相距100千米的两座电站，所需的缆线就会是它们相距50千米时的两倍。如果每个节点都与其他所有节点直接相连，使用起来自然最为有效，但线路实在是太多太长了。因此，在建设网络时，营造者会希望连接线路尽量少、尽量短，而使用者则盼望连接线路尽量多、尽量长（为的是能有许多直通路）。马赛厄斯和戈帕尔指出，前一种希望对应着规整网络，后一种则要求对应着随机网络。“小世界”网络正是在只有“本地”连接的网络上，再增加不太大的花费，便能实现满意的“长途”连接的对策。

“网络物理学”是一门相当年轻的学科，但已经在涉及社会模式和社会架构等方面，为人们揭示出了若干明显有深刻意义的规则。对于涉及改变的过程（如疾病和文化模式的传播），网络的不同布局会在改变中造成什么后果，人们目前才刚刚获得了一些皮毛之识。在经济学中，人们已经看出，贸易网的构造，对于理解市场中的复杂互动，是具有关键作用的问题之一。根据圣菲研究所1996年一次经济物理学研究活动的一位组织者报告，“市场实际上是通过贸易者形成的网络发挥作用的。而市场表现出的行为，可能正反映出此类网络的构造，而构造又取决于网络的生成方式”[16]。

从某种意义上说，网络理论是统计物理学的自然延伸，但它所涉及的，是“有粘连性的”多粒子体系。在这种体系中，粒子间的相互作用并不是简单的一撞了之，而是形成永久性的弹性关联。这样，网络就成了体系的一种历史记录图谱。互联网就是这样，它随着时间推移所发生的扩展过程，便是被它自身的生长具体编织成的。对于网络而言，过去是事关大局的。它将过去封冻在位置上，而位置正影响着现在。人类的生活是相互纠缠的，数不清也难参透，而这都在网络中得到了形象的反映。

第 17 章

天堂中的秩序

——实现合作的知识

我不知道，如果人类像绵羊一样，是不是还需要政府？我也不知道，如果人类像豺狼一样，是不是还能够容许政府的存在？[1]

威廉·坦普尔勋爵（Sir William Temple，1751）①

罪犯在违犯自然法时，已经表明他是按照理性和公道之外的另一种规则生活的……他对于人类就是危险的。他那样做就是对全人类的侵犯，是对自然法所规定的全人类和平与安全的侵犯……每个人依据他所享有的保障一般人类的权利，都有权制止或者在必要时毁灭对人们有害的东西，可以对任何违犯自然法的人进行惩罚，使他对自己的违法行为感到懊悔，从而使他本人并通过他的例子使其他人不敢再犯同样的过失。[2]②

约翰·洛克（1690）

---

① 威廉·坦普尔（1628—1699）：英国政治家、外交家，还是著名的散文作家。——译者

② 此处与后面的若干处洛克的引文，均摘自赵伯英译、来鲁宁校的中译本，《政府论两篇》，陕西人民出版社 2004 年版。商务印书馆、北京出版社、中国社会科学出版社分别于 1982 年、2007 年、2009 年出版过其他中译本，书名《政府论两篇》也译为《政府论》。——译者

在敌人和战壕后面，到处都是辎重供给车和送水车什么的。向那里轰炸，将它们变成一片没有生存者的血海，实在是再容易不过……不过，这种打法基本上没有人采用。原因很简单，如果你不让敌人获得食水补给，敌人就会施以同样的对策，也不让你获得同样的东西。[3]

埃昂·海伊（Ian Hay，1916）①

① 埃昂·海伊：生平不详。——译者

是什么将人类引入了文明？答案五花八门，这固然有助于对这些思想家的了解，却对大家达成共识没什么帮助。自启蒙时代以来，多数评论家都集中于探讨文明社会中个人与集体间的矛盾，而矛盾的存在要求彼此让步。弗洛伊德是这样说的：

> 个人的自由并非来自文明的恩赐。在文明尚未出现之前，个人有着最大的自由，当然，也得承认，由于当时的个人基本上不可能保卫这一自由，因此它可以说并无价值。文明的发展给个人自由造成了限制，法制又规定任何人不得置身于限制之外……个人权力被团体权力取代，是文明迈出的至关重要的一步。[4]

那么，对于这些权力和限制，又该怎样设防呢？彼此让步，分界线又当划定在何处？在霍布斯看来，文明从荒蛮的自然状态脱胎，只有在人类自觉自愿地接受独裁的枷锁、放弃除了生存权外的全部权利后才有可能实现。洛克的“社会契约”更是总体上带有合作的性质：公民以放弃某些个体自由为代价，以换得国家为其利益服务。换言之，洛克的国家不像霍布斯笔下所说的那样具有几近无限的权力。正如洛克在 1690 年出版的《政府论两篇》（*Two Treatises of Government*）中所说的，民众有权揭竿而起，摆脱违反了社会契约的政府——不是以率性而为的方式，因为这只会导致无政府主义，而是通过对“一连串的滥用权力、渎职敷衍和阴谋诡计都归于一途”[5]的不断揭示。此外，洛克还特别向民众建议，要注意防范政府滥用权力，而在这方面，霍布斯看来基本上没能注意到。（这委实使人不解，因为他对人类的天性是持悲观态度的。）

人们认识到，无论国家之权和民众之权在何处划界，民间的和平与社会的秩序都会以个人受到限制为代价来换取。这种限制或者来自民众的自我约束，或者来自国家的强令督管。17 世纪以来，所有持自由观念的哲学家都同意一个观点，就是限制至少不得使他人受到损害。这里有卡尔·波普尔（Karl Popper）① 的一番话为证：

> 绝对自由实乃妄言……我们需要一个每个人的自由能与其他人的自由并行不悖的社会。我的自由能否同你的自由相安无事，取决于双方都摒弃以暴力互见：我不把你搞倒，你也不将我弄翻。[6]

弗洛伊德对此表示赞同，但他也承认，正如霍布斯所宣称的那样，有悖于人类进攻和毁坏的本能冲动。他宣称，人类的进攻性是“一种潜意识，是内化了的存在。事实上，它可以回溯到产生它的本源，那就是自我”[7]。它的存在所造成的结果，是挥之不去的犯罪感；其具体体现，便是带有苦行意味的宗教，便是原罪的观念。不过，对于上述说法，一般人则认为，同意不去伤害邻人，就等于减损自身的利益，如果将“理性”放在进化论中适者生存的地位上，而不是洛克的“神圣法则”或者康德的“绝对律令”，这岂不是逆理性而行事吗！难道狼会对羊表现出利他主义？

到了 20 世纪下半叶时人们才发现，所有这些对自由、政府和权力的讨论，其实在深层上都短视得令人吃惊。政治哲学或者会认为人性是恶的，因此需要有权威的律令责成其循规蹈矩；或者会认为人性是善的，从而基本上能够保证彼此间交往的文明。不过，有这样一个理论，它源自室内消闲解闷的游戏，却能向人们表明，良好的行为是如何出现和持续的，而且即使在敌手中间，甚至在完全不考虑道德因素的情况下，也能够出现和持续。这个理论就是对策论，也称博弈论。

对策论通常并不被接纳为物理学的一部分，而被归类为数学的一个分支（但也带有强烈的经验印记）。不过，它所反映的是有关社会物理学的内容，认为群体的行为是其中个体之间相互作用的结果，与直觉无关，这表明对策论是门明确的学科。我们在本章和下一章中对这一理论的讨论，将涉及若干读者较熟悉的现象：对细节的忽略、行为方式的突然转变、统

① 卡尔·波普尔（1902—1994）：英籍奥地利哲学家与政治思想家。——译者

计群体的迅速变化、对涨落的敏感、可以进行归纳的“定律”等。

对策论中给出的某些论断，深入到了人们应当如何生存和如何统领人生等课题的根本，甚至可能已对人类的基本信念系统提出了挑战。由于它们在权力领域中引起了大力关注，因此应当努力弄清楚从这一理论中能够得到什么结论，又不可能得到什么结论，以及在多大程度上与真实的人际互动有关。对策论在其发展过程中，曾一度带有鼓吹冷战的好斗味道。如果当时果真照办了，一定会招致灾难性的后果——后来发现，当时根据对策论得出的结论是有问题的。自由党也好，保守党也罢，都能在对策论特别是运用该理论所得出的种种发现中找到支持自己观念的内容。在所有涉及数学的社会科学知识中，要求谨慎以道德立场面对客观结果，并在有意用人神同形术语表达技术结论时特别谨慎的，对策论是最突出的一个。这一理论真称得上是政治观念的火药桶。

政府是否必需?

在已经实行了民主体制的国家里，洛克的政治哲学的民主基础正开始被人们视为管理社会的“当然正确”的方式，而所有其他方式，就只能被认定是完全出于利己动机的了。不过，洛克《政府论两篇》的写作动机，乃是向着当时被大肆鼓吹的另一种观念开火。这种观念就是“君权神授”。罗伯特·菲尔默（Robert Filmer）[①] 在《父权制：帝王的天然权力》（*Patriarcha*：*the Natural Power of Kings*）一书中正是这样宣扬的。这部著作于 1680 年出版，但写作时间是在英国内战爆发之前，两者的政治气候大为不同。菲尔默所鼓吹的统治，应当说比霍布斯所宣扬的还要可怕。霍布斯至少还让他笔下的统治者来自民众并由民众推举产生，而菲尔默推出的最高权力体——帝王，却是上帝选定的，因此能够肆无忌惮，为所欲

① 罗伯特·菲尔默（1588—1653）：英国政治理论家，专制君主论的倡导者。《父权制：帝王的天然权力》是他的代表作，又译为《家长制》。——译者

为。自然，菲尔默的观点使英王查理一世非常受用，他本人也因此被册封为贵族。但不久以后，这位查理王便发现，将自己推到“朕即国家”地位上的帝王们，会有什么命运在等着他们了。[①]

菲尔默的观点在17世纪看来是言之凿凿的。自古以来，大大小小的国家多数都是实施君主制的，被认为是文明之极致的古希腊和古罗马，其文明成果也都同独裁政体联系到一起，而它们的独裁者中，也颇有几位宣扬自己是由神明遴选的。柏拉图固然认为，在君主体制下，一旦统治者无道，就会导致暴政，但他的对策是贵族统治，也就是由若干名“好人”来治理。他反对民主制度——他的原话是“民众统治”，对这种体制没有信心，根据是民众中藏垢纳污，有太多的邪佞之徒。

民主政体并非未在历史上实施过。公元前507年，在经历过公元前7世纪和公元前6世纪的一系列暴君的统治后，雅典出现了一个民主政府。在许多方面，这个时代都很可以拿来给民主体制做宣传——在这一民主时期，涌现出了索福克勒斯（Sophocles）、欧里庇得斯、阿里斯托芬（Aristophanes）和修昔底德（Thucydides）；在这个阶段，帕特农神庙（Parthenon）矗立天际；被认为堪称古代最伟大的艺术家的阿佩莱斯（Apelles）也绘出了他的杰作。[②]然而，就是这个民主政体，在第二次伯罗奔尼撒战争（Second Peloponnesian War）中败给了城邦国家斯巴达，它的统治也于公元前411年终结。

究竟什么样的政府最好，这是很难判定的，而且至少先得看一看政府是不是必要的。在柏拉图和他的同代人看来，首脑存在的必要是自不待言的，关键问题只是如何得到好的而不是坏的领袖人物。这个问题对于霍布

① “朕即国家”为法国国王路易十四（1638—1715）说过的话。但与他几乎同一时代的英王查理一世（1625—1649），因与议会发生权力之争，一怒而解散议会，导致英国内战的爆发，查理一世被打败，并以叛国罪被审判，而后被处以极刑。一个世纪后，法国大革命也将法国国王路易十六和他的王后送上了断头台。——译者

② 索福克勒斯（约公元前496—前406）为古希腊三大剧作家之一。阿里斯托芬（约公元前445—前385）是古希腊著名喜剧家。阿佩莱斯生卒年不详，大致在公元前4世纪左右，其作品均未得传世。欧里庇得斯和修昔底德在前文的译者注中有简略介绍。——译者

斯来说只是次要的，因为他认为，只要不是邪恶人物，有领袖总比没有强——没个管事的，又怎么能够阻止人们去同邻人开战呢？洛克则比较倾向于在人性中看到良善的一面。洛克也谈论“自然状态”，认为这种状态存在于国家和政府出现之前，而且是一种美好的天堂：“人们共同在理性之光下生活，没有谁有权判断是非，无须服从某个共同的上峰。”[8]“理性”在这里是指坚持某种神圣的原则——尊重诸如“不得妄杀”等若干“不需解释”的真理，因为“理性……教谕人们，所有人……都是平等的和独立的，没有谁有权危及他人的生命、健康、自由或者财产”[9]。

因此，洛克的“自然状态”，同霍布斯所认为的那种“人人为自己”的状态是不同的，而洛克可能也知道这一不同，因为他这样说过：

> 于是，我们就面临着明摆着的“自然状态与战争状态的不同”，不过，也有一些人将这两种状态置于南辕北辙的地位，好像一个状态是和平、善良、互助和保护，而另一个状态是敌对、恶毒、暴力和搏杀似的。[10]

在反对霍布斯的人类行为是野蛮的观点上，洛克绝不是在孤军奋战。他的保护人沙夫茨伯里伯爵三世阿什利·库珀（Ashley Cooper），也在1711 年批评霍布斯“全然忘记了提及善良、友谊、友好、情感，全然忘记了宾主相知之妙、促膝而谈之乐，以及诸如此类的成分”[11]。可以理解，洛克认为人在自然状态下是会受到此类事物的陶冶的，因为他相信，人类的本性源自上帝的赐予。持无神论立场的霍布斯——至少从表面看来，他非常像是无神论者——便不如他乐观。

从这样的乐观基调出发，洛克便游刃有余地认定，政府的治理可以比较平和地实现，也就是说，民众与政府间的社会契约，只有当领袖人物为民众利益服务时，才是具有权威性的。洛克深信，要保证政府不致滑向暴政独裁，就得实行对权力的检查与平衡。统领机构须得分为定权、用权和查权三个部分，而当某个部分出现对权力的滥用时，其他部分都有权干涉。在 17 世纪的英格兰，这三个部分是由议会、国王和法庭分别充任的。

在今天的美国，相应的部门是国会、总统和最高法院。

洛克虽说对人性持有宽厚的见解，但他也承认罪犯与宵小的确是存在的。他的对策是，“让别人流血的，别人也会让他流血”[12]。从《圣经》的角度衡量，此种“自然法”是非常无情的，同人们生活在没有政府的自然状态下时一样。因此，即使是进入天堂，也并不会是处处歌舞升平。不过，当有国家存在后，对这种行为的制裁便不再掌握在个人手中，也就是说，自然法则让位给了由国家制定与推行的“绝对法则”。事实上，维系法律、秩序与公正，正是国家的主要功能。而作为信奉唯物论的洛克，更特别认为国家的主要功能是保护个人财产，也就是他所说的“人们之所以会结合成为社会共同体，并投入政府的管辖之下，最重大而首要的目的，是使自己的财产得到保护”[13]。

如果只是这样来看待政府，自然不会有什么问题。因此，从洛克相信人性良善的观念出发，自然会得出一个结论，就是政府应当尽量不去干预人们的行为。看一个人是否持自由派政治哲学观，主要就是看是否信奉这一点。在这一点上，康德也持类似观点，认为应当反对国家实施巨细无遗的监管，即便它宣称这样做是为了民众自身的利益时也是如此（而且恐怕特别应当在这个时候如此）。对此，普鲁士的威廉·冯·洪堡（Wilhelm von Humboldt）①也表示赞同，并写入了1851年出版的《论国家的作用》（*Ideas towards a Definition of the Limits of State Action*）。穆勒也在1859年出版的《论自由》（*On Liberty*）中断言：“对任何范围的文明群体行使违背其意愿的权力，只在不使之伤害他人时才是例外情况中唯一正确的。”[14]

穆勒甚至还认为，人是有权伤害自己的，只是不得造成对他人的危害。这种自由哲学的根本，是实利主义的温和社会数学。对此，穆勒是这样定义的：

① 威廉·冯·洪堡（1767—1835）：有多方建树的德国学者，对教育的理念和改革行动尤其产生了深远的影响。他的弟弟、自然科学家与探险家亚历山大·洪堡（1769—1859）更为有名，并且是哥哥去世后诸多著述的出版人。——译者

被视为功利原则或者说最大幸福原理之基础的信条认为，行为的正确程度是同其可能创造幸福的倾向成正比的，错误程度是同其可能导致不幸的倾向成正比的。这里所说的幸福，是指意念中的欢愉与消除痛苦，不幸是指痛苦和夺去欢愉。[15]

有些政治哲学家认为，哪怕是干预程度最低的国家，也是在越俎代庖。卢梭的观点是，原始的“野性”是高尚的、美好的，而任何文明都是一种退步。以这种观点为基础，他设想出了一种没有政府的人类社会模式。1754 年，卢梭告诉人们，人生来是性善的，只是被社会环境败坏了。因此，文艺、科学、规模化农业、工业等，凡此文明社会中的行为与努力，都是败坏人性的。对于社会契约，卢梭也是有自己的理论的。他在 1762 年出版的《社会契约论》中所表述的，在提倡民主和抨击统治者的王权天授论方面并不比洛克深刻多少（尽管如此，这在大革命前的法国仍被视为洪水猛兽，为此他不得不逃至德国），但他提出的做法却要激进得多：

欧洲生产出最多的谷物，炼出了最多的铁，这使它成为最不幸的地域。要解除已然酿成的灾祸，就必须抛开文明。人生来是性善的，是具有野性的。一旦饱暖后，就会同自然以及所有的同类和平相处。[16]

由此看来，卢梭在宣传自己的理想时，不知不觉彰显了他的这一梦想中的缺陷——狮子也会和气地看着自己的猎物，但这得是在它们吃饱了的时候。因此，使冲突与战争的大火不致燃烧起来的，其实是大餐的存在。当人处于饥饿状态时，不管是“野性的”还是文明的，都会尽一切可能找到果腹的东西。世界上的资源是有限的，而人又数量多多。这一形势即使在 18 世纪时便表现得相当明显，而马尔萨斯还预言说，将来的形势会更为严峻。在马尔萨斯的影响下，达尔文给出了“自然状态”的另一种面目，这也就是诗人丁尼生所形容的“利爪与獠牙”。

达尔文的自然选择理论，似乎又将人类社会向后推，返回到了霍布斯所宣传的那个野蛮污秽的世界——在自然力的驱使下，人们不择手段地捞取，哪管他人的死活。约束意识是可以灌输的，但进化论使得自私自利成了野性世界中的天经地义。达尔文自己倒认为，人类具有向社会化发展的倾向，因此跨出了这一野性自然法则的轮回。具体说来，他认为社会化是人类适应进化要求的必然所趋："人的较弱的体力、较慢的奔走速度以及天然武器的缺乏等等，实际上是得到了补偿与平衡的……有了种种社会品质，使他可以向同类，即其他的人，提供援助，或从他们那里接受援助。"[17]① 然而，自然选择的理论一经提出，就被一些人视为——这是不难想见的——进犯有理的根据，而不是合作的因由。不杀便要被杀，这就是规律。

有些人试图避开这一可悲可怕的前景。1902 年，俄国的彼得·克鲁泡特金（Peter Kropotkin，1842—1921）亲王发表了《互助论》（*Mutual Aid*），旨在指出人类具有合作而非竞争的天性。他列举了从波利尼西亚② 岛民的习俗，到中世纪商业行会会规作为佐证。克鲁泡特金发表这一理论，并非认为良善的社会是人类最好的选择，因而成为他所持的无政府主义观点所需要的基础——如果民众都有进行合作的自然意愿，政府不就没必要存在了吗！然而，克鲁泡特金和达尔文可并不一样：达尔文显然有一条大自然的法则撑腰，克鲁泡特金却只抓住了一把传闻逸事。

此外，即便是克鲁泡特金所给出的诸多利他主义的例证，也无法掩盖一类不幸的事实，那就是文明系统中存在着文明的敌人：寄生虫与罪犯。并不是所有的人都是循规蹈矩者。洛克认为，建立国家的目的之一，是要发现和惩处窃贼、游民和强盗。当然，许多人犯法是因为身无分文、无路可走，或者被蠢动的情感搅昏了头，不然就是头脑不正常，然而，也有人只是由于能从中有所得，才铤而走险的。

拒绝同社会合作，并不必定意味着明偷暗抢、杀人越货。某个人逃

① 潘光旦、胡寿文译的中译本《人类的由来》，商务印书馆 1983 年版，第 85 页。——译者

② 太平洋中心海区的统称，包括夏威夷群岛、萨摩亚群岛、汤加群岛等。——译者

税，给另外一个人（包括我在内）造成的直接损失只是微乎其微的。然而，国家这位一直盯着我们的“大管家”又要皱起眉头，说那句不无道理的老生常谈了：“要是大家都这么干呢？”这可是从人们开始群居时就出现的问题了。在中世纪时，各个村庄都有一些公地，人们私养的家畜都放到那里吃草。这一体制是靠共同的限制维系的。如果有谁放养的牲畜头数多过了其他人，他就以公地耗竭有所加快的代价为自己谋得了好处。一旦有一个人这样做了，其他人也会仿效，结果便是史书上所称的“公地悲剧”——大家的牲畜很快都没有草吃了。如今，我们的水产资源由于过度捕捞而几近耗竭，我们的河流遭到污染，大气中充满温室气体，不也是同样的悲剧吗？

这正是社会在无强制合作下所会遇到的基本问题——社会将会听任一部分将自己的利益置于团体之上的人大沾其光。难道这就是克鲁泡特金的梦想？难道不应当以严格的法律防范损人利己的行为吗？

世界应当由谁治理？

在社会存在的种种招致不满的问题中，国际关系这一项最需要答案。在霍布斯和洛克看来，社会共同体都是指一个存在物，一个“政治实体”，也就是一个“利维坦”。而“利维坦”是一只极端好斗的野兽。从几乎不受控制的角度来说，国家其实很像是处于自然状态的个人。各国会和平、良善、互助和保护对方呢，还是会处于敌对、恶毒、暴力和搏杀的状态？

霍布斯给出的答案是明确的。这位对个人之间的相互作用做过严格的逻辑分析的人，对于国家之间关系的看法仍是悲观：

> 国王也好，其他大权在握的人也好，由于地位相当，因此一直心存嫉妒，磨刀霍霍；彼此觊觎、目不转睛。他们修建城池、厉兵秣马、屯兵边塞、频派细作……总之，始终是一副交锋姿态。[18]

17 世纪末是史书所称的欧洲理性时代的开始。但这个时代最具标志性的，是欧洲数国领袖做出的几次最暴力、最卑劣、最野蛮、最贪婪的决定。霍布斯很可能认为这些决定已经超出了理性分析所能够涵盖的范围。不过，对于 300 年后的现代世界，霍布斯难道会给出不同的描述吗？

有鉴于此，建立一个“世界政府”的呼声又有所高涨。20 世纪初时，以赫伯特·乔治·威尔斯（H. G. Wells）[①] 和利奥·西拉德（Leo Szilard））[②] 为代表的科学思想家就倾向于这一设想。由于不存在对所有国家有约束力的强制框架，即便大多数国家在自己的国界内选择了和平，对那些不这样做的国家又该怎样对付呢？当然，这是联合国的职责所在，然而，我们大概都已经看到，对于联合国的决议，即便是西方民主国家，也未必会一直恪守。联合国发布了《世界人权宣言》（*The Declaration of Universal Human Rights*），但不是强制性的；国际法庭也是存在的，但各国却在认为必要的时候对其置若罔闻。世界上并不存在能像国家政府那样起作用的国际政府。对此，人们不应当自欺欺人。

能不能通过非战争方式建立起一个世界政府呢？如果能够做到，人们又是否需要这样一个政府呢？有关“世界政府”的设想，至少可以追溯到康德和卢梭那里。不过，康德的态度是否定的。他虽然认为这样的政府会建立起“全面和平的形势”，但又担心这一和平会很快在“最可怕的专制”下维系。[19] 卢梭曾力主以一个联邦式的洲际政府，将欧洲从不断的冲突与战事中解放出来。不过，今天的欧盟远不是这样一种政府，它不能强令哪一个国家加盟，也不能要求它遵照自己的要求行事。这样的“权威”，就

① 赫伯特·乔治·威尔斯（1866—1946）：英国小说家、记者、历史学者和社会学家，但最负盛名的是他的科幻作品。早期作品情节惊险生动并有相当的科学内涵，代表作有《时间机器》、《隐身人》和《星际战争》（早期版本译名为《大战火星人》）等。中年后转而以改变现实为目标进行著述，科幻作品已不再是他的创作主流，并有不少走出书斋投入社会改革的行动。——译者

② 利奥·西拉德（1898—1964）：匈牙利出生的物理学家，曾参与原子弹的研制和核反应堆的建造。“二战”结束后转向原子能的和平利用和核武器的国际控制，创建了“适于居住的世界理事会”。——译者

连最胆小的恐欧派也弹压不住吧！

美国卡内基国际和平基金会的罗伯特·凯根（Robert Kagan）认为，目前的欧洲倒是实现了康德心目中的持续和平状态，而且是以非战方式实现的，但是，这种状态的出现，是因为在这个用实力说话的霍布斯式的世界上，美国充当了这个有实力的角色。据凯根说，欧洲固然一再鼓吹靠国际法检查和对话以保持世界和平，但现实却是靠美国一家当前的军事力量维持秩序。欧洲目前的“超历史天堂”，其实有一个基础，就是美国“陷在历史中”[20]的事实。凯根的分析未免失于简单化。他将各个国家单纯看作是众多的霍布斯式的黩武体系，随时准备为争夺些许权力引发战端，而置贸易、经济、文化与历史后果于不顾。（例如，有些伊斯兰国家对美国极端仇视，其实并不是抱有征服这个国家的目的，而完全是因为不喜欢后者所采取的中东政策。）尽管如此，凯根的分析还是能够使人们意识到，启蒙时代便已提出的国际强权政治问题，不但今天仍亟待解决，而且连具体内容都没有多少改变。

国家之间究竟能否在无须中央权威存在的条件下实现合作呢？当大国可以稳借沾小国的光而获得收益时，大家凭什么需要实施合作呢？一是充当咄咄逼人的老鹰，一是表现为持有和平意愿的鸽子，扮演哪一种角色更好些呢？各个国家是不是至少应当以建立强大的军事力量和拥有核武器的方式，摆出老鹰的姿态呢？面对他国的威胁，什么样的反应是“正确”（用洛克的话来说是“自然”）的呢？单靠对策论是无从解决这些问题的，不过，运用这一理论将这些问题层层剥开，至少有助于将它们归纳清楚。

长期对垒的壕堑战

对这个问题的探讨，可以从几次根本谈不上公正，甚至应当说是荒谬的战争开始。“屠杀的时代始于1914年，”历史学家霍布斯鲍姆说，“上百万人在壕堑里对垒，与老鼠和虱子为伍，也像老鼠和虱子一样苟活。”在这场血腥的对峙中，法国失去了1/5的青壮年男人，英国30岁以下的人死掉了 50 万。霍布斯鲍姆认为，西方的这场战事“自然加重了战争和政治的严酷程度：如果连人的生命和其他种种损失都可以不管不顾的话，还有什么值得重视呢？”[21]这场从 1914 年持续到 1918 年的战事，可以说是广岛原子弹轰炸及种族灭绝等在技术手段的辅助下大规模屠杀平民的预演。在所有这些屠杀中，我们又能从哪里看到一丝一毫的合作与宽容呢？

有些传闻倒是支持这二者的存在的。不少人不是都听说过，在圣诞节这一天，欧洲战场上出现了停战，敌对双方的军人互致问候，还在铁丝网间的泥泞中踢起了足球吗？传闻还说，球赛过后，双方又恢复了军事交火。其实，许多地方并没有这样做。据一名在战事过程中来到工事里视察的英国军官说，他的所见所闻使他愤怒不已。不过，使他愤怒的倒不是遍布的污秽、悲惨的景象和疯狂的情感，而是官兵对能否赢得这场战争的漠不关心。他是这样说的：

> 德国士兵在他们的阵地上来回走动，其实就在我方的步枪射击范围之内，而我们这边的人似乎很无所谓。这真使我吃惊。这种态度是不允许的。我暗下决心，一旦我们接管了指挥权后，就要禁绝此类现象。这些人显然不知道自己是在打仗。双方看来都相信一条宗旨，就是“自己活，也让别人活”[22]。

当然，这些士兵知道正在打仗，而且知道得一清二楚。他们还知道，在欧洲这块土地上，战事是无法取胜的。他们不开火，并不是出于怯懦，也不是由于怠惰或者绝望，更不是将敌人视为竞技对手。他们之所以这样做，完全是出自理性——他们知道怎样做对自己最有利。

这种对待杀敌的玩世不恭的态度，乍一看是危险的和绝非军人式的。协约国的将军们不断命令士兵冲锋陷阵，要求自己的部队“冲将过去”，与德军正面交手。如果协约国的士兵在接到这类命令后，把时间花在聊天和吸烟上，置消灭敌人的“天职”于不顾的话，结果必然是面临更多的敌人和更大的伤亡。但凡有机会，就应当争取多杀些德国人，这才对战事有益。不是吗?

可问题是德军一方也处于同样的境地。因此答案很简单：要么就是不停地打，用大炮轰击对方阵地，用狙击手消灭冒头的敌人——同时也受到对方的同等对待；要么就是自己不出手，并认为敌人也会照此办理——还要希望下次军事行动前自己能够赶上撤防或者换防。如果撤防或者换防了，就能保得一时平安无事，还有熬过战争返回家园的一定可能；而如果没有这种可能，就得做好随时归西的思想准备。

军队里一直流行着将敌人宣传得如同鬼魅的手法，目的在于使官兵们充满对敌手的憎恨，而且恨到无须强令就充满敌忾之心。第一次世界大战期间，许多英国士兵无疑就是怀着对“汉斯德国佬”的仇视心理上前线的，德国官兵肯定也抱着类似的敌对看法。然而，一旦发现对方竟然同自己一样，也抱有“你让我活，我不让你死”的宗旨，这样的感觉就难以维系了。这在认识到战争是何等无益后更会如此。事实上，有些队伍在战场上相遇时，会彼此达成停火协议。自然，军方高层会将此类行为视为叛国通敌，并将这些人送上军事法庭。然而，“自己活，也让别人活”的对策，即使在没有公开协议的情况下，也是能广泛实行的。它能在敌对阵营的双方得到默契的响应，使得两方的长官震怒却又无计可施。

互不杀戮并不是（或者说一开始时并不是）人道主义的协定。恰恰相反，它其实是杀戮本身逼出来的。交战双方都认识到，如果他们为了取得某种战略优势而违反了双方形成的默契，进行一场轰炸，结果失去的会和得到的一样多。“如果英国一方炮击了德国人，”G. 贝尔顿 · 科布（G. Belton Cobb）①在 1916 年出版的《握紧武器》（*Stand to Arms*）一书中这样写道：“德国人就会反击，结果造成同样的损失：德国人向前沿工事开火，杀死了 5 名英国士兵，英方的一番还击也会干掉 5 个德国人。”[23]换言之，战斗是在针尖对麦芒的基础上进行的。这种交换是以一种致命的方式进行的交流，双方都传递出“以其人之道，还治其人之身”的信息。这既是一

① G. 贝尔顿 · 科布（1892—1971）：英国作家。——译者

种威胁，也是一根橄榄枝，表示对方如果有不发动攻击的表示，这一方也会有对等的表现。

基本需要也会促成此种“自己活，也让别人活”对策的形成。人活着就得吃饭，而吃饭时就打不成仗。因此，吃饭时自然就是一个停火机会。此外，人们也不会轰击对方开到战壕边的送饭车（虽说打这些车子并不困难），为的是自己不致受到同样的对待。罗伯特·格雷夫斯（Robert Graves，1895—1985）[①] 也在《向那一切告别》（*Goodbye to All That*）一书中提到，双方都会采取短期停火的做法，为的是让对方有机会将伤亡人员从中间地带弄回战区。

为什么这样的做法没有出现在所有的战争中呢？这是因为，第一次世界大战欧洲战场僵持对垒的战争环境，促成了敌对情绪的降低。在通常的战争环境中，遭遇的敌人，或者是行进中的部队，或者是突然袭击的游击队，面对面交手的对方并不是老对头，因此杀敌越多，对自己便越有利。然而，如果知道自己与目前这个对头要长期打交道，与之合作而非对抗的动机就会油然而生，也就是说，希望从对方那里得到自己给予对方的同样收益。商场中也有同样的情况。彼此有经常往来的公司之间，一般是不会欺诈或者拖欠的，因为大家都知道，你要这样干了，对方将来有机会也会这样回敬一下子。然而，如果是一锤子买卖，就会有不讲信用的商家因为不怕报复而胡作非为。此外，由于不能直接接触，要想建立“自己活，也让别人活”的规则并培养起相信对方也能够恪守的信念，也是需要时间的。僵持局面正给双方带来了进行这种“非直接商谈”所需要的时间。

如果壕堑战期间出现明显的战事不兴，会导致长官问责，甚至会强令出击。为防止此类结果，战场上的士兵们又想出了对策——表面上是在开战，实际上却不造成伤害。两边都明白这样做的目的，在于既维持了与对方的停火局面，又骗过了自己的上级。这种假打不但能够蒙蔽将领们，还

① 罗伯特·格雷夫斯（1895—1985）：英国诗人、小说家和文学评论家，反战人士。他曾是第一次世界大战期间的一名士兵，并在战争中受伤。《向那一切告别》是他根据亲身经历写成的自传体名著。——译者

向“敌人”表露了非战意图。历史学家托尼·阿什沃思（Tony Ashworth）曾对第一次世界大战期间这种“自己活，也让别人活”的表现，进行了认真研究——

> 在壕堑战中，存在着一种带表演性质的攻击方式。这是一种仪式，交战双方都参加到定期的相互开火中——开炮、打枪，一应俱全。这样的做法一方面象征着并加强了惺惺相惜的感情，也有同病相怜的意味。[24]

事实上，做出开战的样子，是争战与冲突中一种相当普遍的现象。在一群动物争夺首领的位置时，候选者便显露出不肯危及对手生命的态度。公鹿做出以角相抵的架势，还可能进而与敌手的鹿角叉到一起又推又拱。然而，虽然双方都长着足以致命的鹿角，却极少争夺到你死我活的地步。争夺的结果只被设计到有一方胜出的程度。壕堑战也被设计到双方将领认为必要的程度为止，而他们是不希望无谓流血的。

有人认为，表现在壕堑战中的“自己活，也让别人活”的战略，不但导致了宽容与自我控制，还在双方派出互相杀戮的军人中培养出了共同的善意。不过，即使这种善意当真会出现，也是合作行为的结果而非因由。士兵向天开枪，未必是出自对杀戮的反感，而只是知道这样做，会加大自己存活的可能性。合作形成于对私利的考虑。对此，我们是能够以定性的方式理解的。然而，要使这一认识上升为科学，我们还需要掌握一样工具。说来真有些可笑，这种工具却是在美国军方的思想库里形成的。

锦标大赛

设想你登上了一列火车，当你坐下的时候，发现了一个钱包，里面胀鼓鼓的都是钞票。怎么办？乍一看，这似乎同前文第 13 章中的例子一样，是个简单的二元选择：要么将钱包物归原主——打开钱包看看有没有地址什么的，然后交给车上的工作人员；要么一声不吭地把它顺进自己的衣袋。

我们在前面几章所见识到的几种行为模式，似乎都遵从一种设定：在多元体的环境中，元体对近邻行为的反应，都是机械式的，至少是部分机械式的。也就是说，刺激 A 会引发 B，而且要么是必然的，要么以确定的概率引发。然而，在这里给出的例子中，选择并不像前面那样容易。诚然，有些人在任何情况下都是诚实的，也有些人走到哪里都是不诚实的。然而，当介于这两个极端之间时，结果如何并不像掷骰子那样可随意选定。当这些人看到钱包时，很可能出现的念头（而且是下意识地）是："会不会有人知道？"再接下来可能想到："如果这个钱包是我丢的，会有什么想法呢？"这时，我们可能会按照一定的道德规范行事，但该规范已经被诱惑冲击过了。

有人认为，诱惑是人类社会中存在的基本问题。在某些情况下，当规矩本分的守法公民会吃亏，巧取豪夺地干下三烂勾当反而沾光。如果周围的人都温良恭俭让，我从他们的土地、物品或牲畜中占一些，又会有谁挡我的道呢？在霍布斯式的社会中，一个霍布斯式的人会同别人处于同样恶劣的环境；但在天堂里，霍布斯式的人可就会连抢带骗、又拿又占，而且无所畏惧了（除非这些人还相信"最后审判"）。诱惑是人类环境的一部分，所有的乌托邦都会在这里卡壳——并不是人人皆君子也，原因就在于有时当小人比较划算。

如何设计出"粒子"受到诱惑的物理模型，是相当不容易的。不过，在 20 世纪 50 年代，美国兰德公司的梅里尔·弗勒德（Merrill Flood）和梅尔文·德雷希尔（Melvin Dresher）沿着这个方向多少有所进步。在他们提出的一个简单的数学模型中，两个元体间的相互作用涉及了诱惑的成分。弗勒德和德雷希尔的这一模型是以游戏的形式出现的，也是当时他们研究冯·诺伊曼 20 多年前与游戏有关的论文的成果。冯·诺伊曼是 20 世纪最了不起的数学家之一，又是计算机理论的奠基人之一，对原子弹的研制也功不可没。他喜欢赌钱，也酷爱玩扑克，并对它们进行了深入研究，这使他得到了"玩闹天才"的名声。其实，他不只是为了好玩，而是要理解它们。

单从复杂程度来说，国际象棋是最适合让数学家绞脑汁的了。不过，许多人认为，研究扑克牌游戏更富挑战性，因为在这类游戏中，涉及“信不信由你”的心理内容。扑克牌戏中的关键内容与象棋不同，后者涉及的是下一步棋怎么走最有利，而前者考虑的却是如何出牌能压住、误导或者干扰对方。扑克牌中包含的冒险因素和不确定性，使冯·诺伊曼看到了它们与经济学的相似性，并由此促使他与经济学家奥斯卡·摩根斯特恩（Oskar Morgenstern）合作，于 1944 年写出了《博弈论与经济行为》（*Theory of Games and Economic Behavior*）。

弗勒德和德雷希尔的这个游戏涉及赌博行为。这一被人称为“囚徒困境”（Prisoner’s Dilemma）的游戏，将博弈论引进了社会学、生物学和政治科学。这是一种甲乙戏，玩法正如其名称所表明的那样，涉及两个被怀疑犯有罪行的囚徒。两个玩方都被给予指证对方有罪的机会。如果一方申明对方有罪而对方没有同样指证，对方就会受罚，而自己会无罪开释；如果两人都拒绝指证，则双方都要接受惩罚，但量刑会因证据不足而有所减轻；如果两人都指证对方有罪，量刑将都会加重，但由于证据不完全肯定，不会重到只有一人被定罪时的程度。

这里的诱惑在于有意指证对方犯罪。但倘若两人都给出同样的证词，所受处罚就会重于他们都拒绝指证时的结果。那么，这两人要不要各自都拒绝指证，同时希望对方也照此办理呢？如果这两人都采取“合理”的对策，就都应当指控对方。因为这一选择会导致无论对方如何做，自己的结果都将会最好。如果囚犯甲指控囚犯乙（对方）而对方未提出指控，甲就会被无罪开释——是所有可能结果中最好的一种。而如果乙采取相反的做法，甲提出指控也会好过不提出，这是因为，提出指控所得到的处罚会轻过不提。因此，这个“难题”似乎并不难，硬说有总好过不说。但麻烦也是有的，就是这两名囚犯处境相同，因此两人都不得不指控对方，这样，他们的结果都不如双方都不提出指控时好。

“囚徒困境”本质上就是一句话：选择“合作”还是“出手”。最好的前景也即最大的收益，出现在自己出手而对方合作时（合作是指不做指控，因此是对另一方而不是对当局而言）。当出现这种情况时，另一个“囚徒”就成了“呆鸟”而受到最严厉的惩处。不过，如果这两人都能理性地对待这个问题，他们得到的就既不会是最好的前景，也不会是第二好的（即双方进行合作的前景），得到的将是互相出手的处罚，结果不算好，但谁也没当那头“呆鸟”。

将这个问题改头换面一下，用社会中个人生活的语言重新叙述，合作就可视为遵纪守法，出手就可看作以损人利己的方式违法行事。这里存在的基本困难——合作固然不错，但先出手其实更好——卢梭和斯宾诺莎早就认识到了。卢梭在他的《论人类不平等的起源和基础》（*Discourse on the Origin of Inequality*）中，设想了文明萌发前有这样 5 个人，他们商定合作狩猎一头鹿，条件是猎到后每人各分得 1/5。然而，当一只野兔出现在其中一个人的捕杀范围时，这个人就抓住了它。然而，他这样一搞，那头鹿逃掉了。于是乎，这个“出手派”眼前得了实惠，可以用这只野兔给自己炖上一餐，而且不用吃苦冒险对付那头鹿了，但他的伙伴们却一无所得。

从表面上看，“囚徒困境”似乎支持了霍布斯的悲观论点，即以自我为中心的个人，在逻辑的指导下，必然会始终采取沾别人光的行动。对于倾听兰德公司建议的冷战斗士们，这个“选择”又是在提供何种建议呢？争取第一个出拳，因为敌人也会朝这个方向努力；拼命扩充自己的核武器库，因为敌人正计划用核武器对付你，你必须做好也这样干的准备——事实上，你恐怕更应当考虑先出手，即先发制人地发动攻击。如果对方“合作”到没有马上还击的程度，你的这一行为，使得对方马上就成了“呆鸟”。但是，你胜他败，看起来可并不像是构筑世界各国和谐共存的基础。好在“囚徒困境”并非只包含上述这些内容，真是谢天谢地。

这个游戏中有一个难点，就是两个玩家——也就是两个“囚徒”，是不能彼此沟通的。显然，如果双方都同意合作，对彼此都更有利些。不过，由于无法向对方传达自己的这一意愿，双方只好不得已而求其次，即都设定对方会做出对自己最不利的事情来，因此大家都出手。然而，如果将这个游戏玩上若干次，就会实现某种程度的沟通。这是因为，虽然两个玩家不能直接交流，但还是能够通过自己的行为传达某种意愿的。如果一方在一次选择中表达出合作愿意，对方就可能在下一次选择时做同样的回应。两个一开始都不客气地选择出手的玩家，会在以后开始合作，并发现得到的结果好了一些。[①] 玩家在从出手改为合作时，并不应产生犯罪感或者不道德感。单凭纯粹的利己动机，就足以做出上述的最好选择。

这便意味着，在“囚徒困境”游戏中，只进行一次时双方都出手的僵局，在改为多次进行时会出现转机。类似的形势转变，我们在实际生活中是经常遇到的。如果一个人对邻人耍了滑头，邻人是有许多机会回敬的。多数商家要一再与相同的客户打交道。两个邻国之间也必然会存在不断的政治、经济和社会交往。因此，在囚徒游戏重复进行的情况下，参与者便有机会通过自己的错误行为进行调整，建立起相互的信任来。这就是说，合作可能通过进化形成。

在实际生活中，人们果真是这样玩这个游戏的吗？心理学家在受控条件下对这个问题进行了大量观察，结果发现，合作关系确实是能够渐渐形成的。不过，合作的程度却会因玩家的性格、输赢的具体内容和玩游戏时的环境而异。比如说，如果不是面对面地进行，就比较容易采取出手的对策。此外还不要忘记诱惑的存在。如果你认为自己是在跟一个心怀善意的人打交道，对方会尽量采取合作态度，你就可能对时不时搞一下出手跃跃欲试，以此让对手吃些亏，而自己多捞些好处。如果对手不爱计较，你也不是没完没了地这样干，就有可能占到便宜。在合作的世界里，出手是会沾光的，这是个不幸的事实。于是又出现了一个问题：在反复进行“囚徒困境”的游戏时，最好的玩法应当是什么？如果对对手的情况一无所知，又应当采取何种策略？

为了回答这个问题，阿克塞尔罗德在 20 世纪 70 年代末设计了如下一

---

① 在反复玩这个游戏时，每次都要给双方“记账”。自己出手而对方合作时，自己结果最好；彼此合作时结果差些；相互出手更差；自己合作而对方出手时最差——“呆鸟”的下场。最后的结果是累积起来的“账”——不一定非得是服刑的年限，也可以设想为得分或雇员赢钱。

项实验。他请一些研究游戏的专业人士，搞出了若干重复进行囚徒游戏的战略，然后在电脑上，以大循环方式让各种战略彼此多次交锋，以最后累积得分最高者为优胜战略。阿克塞尔罗德共搜集到了 14 种战略，分别来自心理学家、数学家、经济学家、社会学家和政治科学家。每项战略又各自包含了一套确定是合作还是出手的细则。这里举出几个例子。有一种再简单不过，就是始终合作（显然这是个糟糕的方案，因为除了当对手也是无条件的合作者外，玩家是必定要吃亏的。因此，并没有人提出这种战略）。也可以有这样的方案，就是玩家每连续合作 3 次，第 4 次便出一次手。在阿克塞尔罗德得到的战略中，多数都比这个方案复杂。不过，最后的赢家却是其中最简单的一个。它是芝加哥大学的拉波波特提出的，名字叫作“跟风”，因其英文为 Tit For Tat，也称之为“TFT 战略”。具体规则只有一条，就是玩第一把时选合作，以后永远采取对手玩上一把中的选择。

在采取这种战略游戏时，如果对手是个无条件的合作者，TFT 战略的结果也将是从始至终的合作。因此两方得分相同，也都玩得不错。如果对手是个绝对出手派，TFT 玩家第一轮会当上“呆鸟”（因为选择了合作），但以后就会一路出手，不会再让对手沾光。由于第一轮吃了些亏，TFT 玩家得分会稍稍低于绝不合作的对方，但只是稍低一点点而已。而且双方的得分都会大大低于合作的战略。如果是紧跟着学样，那么不管对方如何选择，TFT 选择都能对付。对付始终合作者时结果很好，对付绝不合作者时虽输但十分有限。当对付有时合作、有时出手的对手时，赢输的情况会大体相当。因此，采用 TFT 战略会从合作中得到好处，但不会被占到上风；它也不会去沾对方的光——因为它得到的总分永远不会超过对手。其他战略，有的在选择合作时比较有利，也有的对付好出手的玩家时效果较好。但不论在对付什么情况时，TFT 战略在所有的战略中名列第一。这是个既不咄咄逼人，又很容易掌握的对策。

在电脑循环赛第一轮结束后，阿克塞尔罗德又决定进行第二轮比赛。这次的比赛规则仍同以前一样。此时，上一轮比赛的消息已经传播开来，这使得这一次的战略种数达到了 62 种，分别来自 6 个国家。有的战略是专业科学家和学术界人士提供的，也有的来自电脑爱好者，其中还有一个来自 10 岁的小男孩。所有这些人都知道上一轮的情况，因此都有可能考虑采用“跟风”的战略。具体提供什么战略是随意的，但只有一个人给出了 TFT，就是拉波波特。其他人都认为能有一种更复杂的战略超过 TFT，但结果是 TFT 再一次成为最好的一个战略。

这是不是就表明，“跟风”是多次进行“囚徒困境”游戏的最好玩法呢？不完全是。事实上，绝对最好的方法是不存在的，要看是跟什么人打交道。对此是不难证明的。如果是跟一群无条件合作者一起玩，自己当绝对出手派效果最好，比 TFT 要好——此时采用 TFT 战略，实际上同无条件合作是一样的。不过，阿克塞尔罗德的这两轮比赛，向人们传递了这样一个信息：当不知道对手的情况时，“跟风”战略应是最合适的选择。

有人可能会提出这样一个问题：“跟风”战略特殊在哪里呢？特殊之一：它是灵活的，也就是说，它能够促成合作，但又不会让别人沾光。对方合作，自己马上就会明白无误地在下一回合有所回应；对方出手，自己也毫不迟疑地跟风还击。这便发出了一个明确的信息：“跟风”战略是“以其人之道，还治其人之身”的。这是《圣经·旧约》（*Old Testament*）中给出的战略——以眼还眼、以牙还牙，而不是《新约》（*New Testament*）中的套路——左脸挨打后，再把右脸送过去。明确无误的反应，本身就是“跟风”战略的一个优势。在进行第二轮比赛时，有人提供了一种战略，其宗旨是企图摸透对方战略中所用的规则，然后找到办法来占其上风。[①] 这种情况在真实世界中经常会发生，这就是说，经常会有人捉摸别人的行事规律，从中寻找只占上风而不吃亏的门道。如果能够拿准自己根本不可能只出手而不遭同样的还击，进行合作的意愿就会是真诚的；如果有理由认为对方的报复不至于是无情的，试试看的诱惑就会起作用。“跟风”战略则

① “跟风”战略也是考虑到了对方的行为的，不过只是考虑到依样画葫芦这一步为止，并无意去进一步了解对方的战略。

不同，它鼓励合作、反对出手的意愿是坦诚的。

“跟风”战略的成功还同另一个特点有关，那就是从不第一个出手。各种战略可以基本分成两大类，分类标准就是要不要先行出手。不先行出手的一类通常被称为“先礼”战略。（另一类目前还没有统一名目，不妨称之为“先兵”战略。）阿克塞尔罗德发现，“先礼”战略确实一直好过“先兵”战略。事实上，还在第一轮比赛中，各种战略的优劣排名就表现出明显的区别：名列前八名的都是“先礼”式的，其余的都是“先兵”战略一类，而且和前面一类在具体得分上拉开了相当大的距离。

合作的秘密

因此，当“囚徒困境”战略多次使用时，结果就不那么令人悲观了——“先礼”与合作会好过“先兵”与沾光。这里，即便是个人的利己性，也未必会成为捣鬼的因素。不过，单单进行合作也不一定保证能够成功，而“跟风”战略则要比它强硬得多。阿克塞尔罗德给一个成功的战略归纳出了如下 4 条原则：

不可率先出手（应当“先礼”）。

始终跟风学样。

莫要精明过度。

不得眼红对方。

这里提到的“眼红”是怎么回事呢？就是指不要试图超过对手，只是尽自己所能行事。“囚徒困境”战略涉及的并不是那种所谓“零和形势”，即彼之所得必是此之所失的形势。如果双方都肯合作，就会彼此得到好处（当然，倘若存在着第三方，双方都可以沾那里的光，结果就会更好）。阿克塞尔罗德承认，在现实社会中，很难找到放弃竞争、不存嫉妒心的“玩家”。他在以学生为志愿者参加“囚徒困境”的实验中发现，参赛者多数会将自己的得分同其他参赛者相比，当有人得分高了些后，其他人就会放弃合作而选择出手的对策，以求提高自己的得分，结果是引发大家争相出手。

出现在第一次世界大战壕堑战中的“自己活，也让别人活”的行为，可以视为源自“跟风”战略的一个合作的例子。科布说得很明白，对抗的双方为了报复，会不惮使出致命手段，这就是说，大家罢战，并不是出自对对方的好感。（然而，值得注意的是，出自对一己利益考虑的合作，竟有助于这种好感的逐渐养成。）总的来说，争斗双方都会遵照“先礼”方式行事，不肯第一个出手。

如果有人认为，这种彼此合作的形势并不是对策论的数学结论导致的，而是由人类的情感因素决定的，那么请记住，在自然界中，这种“跟风”战略也是存在的。有证据表明，吸血蝙蝠、棘鱼、猿猴，甚至病毒，都会遵循“跟风”规律行事。若认为病毒也信奉利他主义，那是肯定说不通的，它们的行为完全是进化选择的结果。这就是说，遗传因子中存在造成类似于“跟风”行为的生命体，会在进化过程中获得优势，因此自然选择会朝着有利于它们的方向进行，从而使这样的遗传类型得到更好的传递。

这意味着，人类也是天生含有合作基因的，而且说不定就是“跟风”型的。事实上，如果不是这种情况，反倒会奇怪了。爱德华·O. 威尔逊认为，随着人类文明的发展，这样的行为模式，会从本能冲动转变为社会习惯，进而又演化为法律约束，并最终成形为道德准则。

有人甚至认为，“囚徒困境”战略的结果存在于遗传因子中这一点，可以从人类天生喜欢接受乐观内容这一点得到证明。如果对策论不能给出合作行为的结果，人类可能会大为伤怀哩！说不定还会将其视之为一派妄言或胡编乱造而丢开不顾呢！也许，人类先天就被创造成赞成利他主义，对明显自私的行为感到不快吧！即使认为这样的反应是后天学来的，也并不同上述观点相矛盾：我们后天将它们学会，是由于它们本来就是人类社会中的文化规范。不然又何来文化规范呢？

对于人类本性的看法，霍布斯和洛克是不同的，由是导致他们对政府体制的结论大为相左。解决这种矛盾有一个出路，就是在不存在更高权威的情况下，人们无须按照霍布斯所设想的那样彼此出手，但也绝不会肯定不干。之所以如此，是老天给人类设定了一个“理性”。这个“理性”可以完全形成于自然环境之中，也就是说，完全由相互作用的无情数学规律，通过自然选择的多次筛选而形成。霍布斯认为，互相出手会造成可悲结果，而如果设法改变这种形势，人类会生活得更好些。其实，这里已经暗含着“囚徒困境”战略的内容——

> 在别人也愿意这样做的条件下，当一个人为了和平与自卫的目的认为必要时，会自愿放弃这种对一切事物的控制权，而在对他人的自由程度方面的控制，满足于相当于自己让他人对自己所具有的控制程度。[25]

1969 年，政治科学家戴维·戈捷（David Gauthier）指出了《利维坦》一书中所设想的“自然状态”，与这一“囚徒困境”之间所存在的关联。霍布斯认为，如果不存在合作的社会公契，个人就会“将自身置于刀俎，听任他人鱼肉”[26]。但是，如果没有某个有监督力量的权威，人的占有欲也会使其一旦有机会便行出手，因此，即便定下这样的公契，到头来也会形同虚设。由是，戈捷便提出，霍布斯笔下的无所不能的最高权力体，会以其使出手派非但不能得益、反会受到一定惩处的能力，为处于自然状态中面临“囚徒困境”的人提供了一条出路。即使（这在前面已经提到）霍布斯本人并无意于探求，人们在面临类似“囚徒困境”的两难局面时会有什么样的心理活动，不过看来他的确认识到，在这样的问题下面，潜藏着一个可能，就是反社会的行为会给操此种行为者带来利益。

不过，对策论也指出，霍布斯所给出的相当极端的解决方式——剥夺个人除了自我保存之外的全部权利，并不是非采用不可的。他的错误（不知这样说是否合适）就在于将人视同盲目的动物，不具备从经验中进行学习的能力，也就是说，不具备将前辈的“经验”以遗传的形式予以传承，并逐渐形成倾向于进行合作的要求。

说不定，对策论的其他一些因由，也会同样被遗传进入人的体验中吧。人类生来便具有形成部族组群的精神，这不就会增加其同组群中其他成员多次相互作用的机会，由是使合作精神得以发展成形吗？阿克塞尔罗德将多次出现的相互作用，称为“使未来的影子得到放大”[27]，并认为它们是促成与培养合作行为的方式。与部族内的合作相辅相成的，是对外来者的不信任，原因就在于合作的基础是相互信任，而相互信任的建立是需要时间的。当然，这种明显存在的本能的排外性，是可以因为意识到“先礼”战略最为有效而得到缓解的。这就是说，即使是同陌生人接触，也应以采取合作态度为宜。

因此，通过增大交流的可能性，我们就可以引导冲突双方向彼此信任的互利方向发展。这样便可以使彼此的关系较为持久。须知，第一次世界大战期间在欧洲的敌对双方军队间建立起来的默契停火，就是长期的对峙导致的。此外，我们也可以通过增大相互作用的频率来实现这一目标。在规模较小的群体内，同一批人日复一日地进行社交和贸易，是比较容易实现相互信任的；而在大城市里，人与人间的相互作用相当偶然，感情色彩也不浓，相互信任便不容易建立。因人口流动加大，相互作用便不容易持久，合作的动机便受到削弱。住店式的群体关系是很难造就出有凝聚力的“芳邻”的。

商家能否获利，与能否同客户建立起长期的良好关系密切相关，这已是老生常谈。不过，从这种关系可能破裂的方式来看，人们又有理由怀疑，彼此合作是否果真源于交换过程中采用了“囚徒困境”战略。据 1963 年的一项研究表明，造成商家对簿公堂的最常见的原因，是不合理地终止某项经营权。只有当两个商家间的关系行将终止时——过去重复发生多次的“游戏”就要收摊时，一方或者双方才会决定宁可打官司，宁可冒大不韪，也不去寻求解决问题的“和平”方式。在一些心理测试中发现，玩“囚徒困境”的受试者，经常会在游戏即将结束的最后几盘中，置共同建立起来的合作关系于不顾，干上几把出手。同样地，行将破产的公司，受到的最大压力来自未清账的客户，因此十分可能出现赖账行为。

相互作用的持久性，是政府应当注意的问题。波普尔觉得，真正的民主制度的最重要的体现，并不是它具体做了什么事情，而是它“能够使一种可能性一直得到保证，就是一旦民众认为政府不能尊重自己的职权，或者认为政府执行了糟糕乃至错误的政策时，有可能以不流血的手段摆脱掉该政府”[28]。这正如古代民主城邦国家雅典的执政官伯里克利所说：“有能力制定或者执行某项政策的人可能只有很少的几个，但所有的人都能够评判它。”[29]在民主体制中，不得民心的政府可以通过选举被终止，而且这应当是正常现象。然而，终止任何一届政府都伴随着风险。原因在于行将下台的政府已无须瞻前顾后，可以明目张胆地谋求一己私利。美国总统克林顿的政府在临近2000年届满时，在一些政治活动中，便冒了执政中期不可能尝试的风险。

由政党形成政府，可以将政党的长期利益，置于其成员在短期执政所能得到的好处之上，从而在一定程度上遏制这种形势。无疑地，即使到了2002年，英国保守党还在为其5年前执政时很不得人心的若干政策、政府官员的傲慢和腐败付出代价，尽管此时，大部分当事人都已从政坛上销声匿迹，其中几个还早已落得声名狼藉的下场。20世纪70年代，美国爆出的水门事件，也使共和党蒙受了长期损失。因此，如果政党的体制长期稳定，受腐败影响的程度就会低过那些昙花一现的政体。波普尔认为政党体制“糟糕透顶”，理由是它会使国会将自己政党的利益放在首位，而不是去代表全体选民。他曾写下这样的评论：“在我看来，如果可能的话，人们应当尽可能地回到以往的状态，即回到议员们所宣称的：‘我是你们大家的代表，我不从属于任何派系’的状态。”[30]其实，这个方法也可以适用于希望不至于被滥用权力搞垮的政党，使其减少信任度下降的可能。

利己与惩处

如果有哪位进化心理学家认为利他主义的全部内容无非就是“合作”二字，那就未免失于幼稚了。这里不妨举出一个反证：人们肯为自己的亲人做出自我牺牲的行为，有着生物学上的根源，而与对策论毫无关联。此类行为只是所谓“自私的基因”的一个表现，其结果是使载有与自身相似基因的个体受益。

此外，瑞士的行为经济学家恩斯特·费尔（Ernst Fehr）和他的同事西蒙·加士德（Simon Gchter）的实验表明，即使在一些未必有过多次交往的人中，也会形成合作意向。他们两人将 240 名学生每 4 名分为一组，给每个人数额相同的一笔钱，让他们各自参与小组的投资项目，投资额由自己决定，甚至可以根本不投。该项目会提供收益，收益额同投资数目成正比。如果小组中 4 名成员都将自己所有的钱投入进去，每人得到的收益就会超过自己的投资数目。因此，将每个人的全部金钱投入项目，是符合小组的利益的。然而，如果不是每个人都将所有的钱投入，那么收益将低于投入。这就是说，从个人利益的角度衡量，自己不投资却指望别人投资，然后作为小组成员分享收益是最划算的。

这一实验展示了共同合作带来的好处，也表现出促使个人要滑头的诱惑，因此与“囚徒困境”有异曲同工之妙。不过，费尔和加士德每进行一轮投资—收益实验后，就打乱分组重新组合，不给实验对象建立相互信赖的机会。结果他们发现，如果对要花招者（不投资或者少投资的成员）有所惩处，合作就会兴盛起来。参加者会支持这种惩处制度，即使为执行这一做法要付出一定费用时也是如此。当没有惩处手段时，合作率是相当低的；一旦引入惩处的威胁后，合作率就出现猛增的形势。这两位研究人员将这种表现称为“利他性惩处”，原因在于这种惩罚未必会给施罚者带来迅速而直接的收益——要滑头者固然可能发生转变，但施罚者未必会在后来的重组中与之编为一组；但其他人却会与此类人走到一起，并因其发生改变而从中受益，因此惩处的确是利他性的。

这样的行为表明，能够实现“跟风”式的报复或者惩处，确有可能为保证社会合作起一定作用，即令在社会成员未必会形成多次交往的形势下也会如此。据费尔和加士德报告，他们的实验者仿佛是被某种受到不公平待遇的不快所驱使，一旦遇到要滑头的人就会愤怒地行动起来，而不去考虑自己是不是会从中得到好处。此外，实验者自己也说，他们施罚，也是对自己存心耍心计的闪念的一种震慑。这里有一点值得注意，就是此种表现正是采取“跟风”战略的玩家所应选择的行为。一轮游戏玩过，接下来执行惩处，这正相当于一场游戏分两步走：第一步是有人耍滑头，第二步则是耍滑头的人接受其他人的“出手”。这些结果似乎表明，人类生来就具有某种追求公正的意愿，而且宁愿为实现公正而有所付出。

在所有这些游戏和实验中，彼此合作在长期行为中会得到最好结果。合作者们更“成功”的行为，或许是将合作带入遗传，使之成为人类神经系统中不可或缺的部分。然而，遗憾的是，这并不意味着克鲁泡特金的主张——人们自己会组织起来，因此不需要什么政府——是对的。历史已经告诉我们民众会做出什么，而这些作为并不像是天堂中的举止。人类的本性是多种多样、变幻无常的：既可能变好，也可能变坏。影响人类本性的因素，不只是个体之间一对一的相互作用，还有社会群体对个人作为社会成员的共同作用。要研究这种作用，对策论还有待于进一步发展。

第 18 章

“巴甫洛夫”的胜利

——单纯“跟风”在实际环境中管用吗?

事实是，置身于众多的不道德的人之中，有心清白做人者，势必会步履维艰。[1]

尼科洛·马基雅维利（Niccolò Machiavelli，1513）①

人们是否能够怀着平静的自信，等待着有朝一日，在历史的社会力量与经济力量的作用下，所有曾经制造过战乱的专制政体都转变成为爱好和平的民主力量呢？进化的力量运动得是否足够迅速呢？更重要的是，这些力量是否真是在沿着正确的方向前进呢？[2]

沃尔兹（1954）

我反对这种所谓的“和平运动”，正是为了维护和平的利益。[3]

波普尔（1988）

① 马基雅维利是中世纪有诸多才华，并在政治、军事与文学上均有建树的意大利人，但以其“为达到目的可以不择手段”的政治观点而最为人知，这种观点世称“马基雅维利主义”。——译者

今天充满敌意与暴力的中东地区，当年也曾处于类似的局面——

> 汝等须将邪魔从身边驱走。以使其他人等得悉后，对尔等生出葸畏之心，从此不复对汝等行此伎俩。莫要有丝毫的怜悯，要以命换命、以眼还眼、以牙还牙、以手还手、以足还足。[4]

对于摩西的子民来说，执行毫不让步的“跟风”战略或许是能够奏效的（尽管他们当初也并不是对强加给他们的一切统统照样回敬的）①。不过，这种战略真的能够划定文明社会的基线吗？对策论在将其用于研究“自然状态”（霍布斯战战兢兢地将其视为野蛮，而洛克又满目皆春地将其归为福祉）时，的确是很有成效的，它向人们传递出一个鼓舞人心的信息，就是善可以源自野蛮。然而，善的得来是有代价的，那就是对所有的进犯行为绝不姑息，彻底报复。在洛克看来，政府之所以存在，就是需要由它来取代每个人自己充当法官与警察的状况。不过，这是不是也赋予政府类似的职责，对自己的国民和邻国的国民一视同仁地要求他们合作，并执行监督与惩处的职责呢？在这样的社会算学中，能否有协商、和解、斡旋乃至宽宥的一席之地呢？

要想进一步了解对策论的深层内容，我们需要对“跟风”战略进行更严格的审视。这正是本章的目的。我们将对这一战略的优点和不足查验一番。我们将把它带进群体，研究它在那里会招致什么结果。我们将关注——这是我们在社会物理学研究中必须做的——模型能够告诉人们什么，我们自认需要实现什么，以及这两者之间是否能够统一到一起。为此，我们就要再回过头来，考虑那个一直萦绕在人们头脑中的问题：摆在人类面前的有哪些选择？

---

① 摩西是《圣经》中所传的以色列人的先祖，曾深受古埃及人的奴役，后带领以色列人集体逃离。历史上曾在现今的巴勒斯坦地区存在过以色列国，公元前 722 年因国破而民众流散。第二次世界大战后，以色列民族在事隔 2000 多年后在巴勒斯坦一带驱逐当地居民重建故国，理由就是不能听任宰割，而要“以眼还眼、以牙还牙”。——译者

事故在所难免

通过阿克塞尔罗德的第二轮电脑模拟实验，“跟风”战略看来似乎是屡试不爽的了。但事实并非如此。在真实环境下实施这一战略，会遇到一个要命的问题：沟通的不完善。沟通中会出现错误，一方的用意会被另一方误解。1983 年，韩国的一架民航客机误入苏联领空，结果被苏联认为是一架军用飞机进犯而击落。机上 269 人（包括数名美国人在内）全部遇难。如果一丝不苟地执行“跟风”战略，西方就会对这一错误进行报复，让苏联人也付出血的代价。所幸西方没有这么做，只是冷战程度一度有所加剧。1998 年，北大西洋公约组织在攻击塞尔维亚军事力量时，将炸弹轰进了贝尔格莱德（Belgrade）的中国大使馆。这看来又是错误所致的一次明显的“出手”行为。（至于它是否的确为无意之举，至今还存在争议。）

冷战时美苏之间一触即发的局势，两国的核武库储备，以及针对对方的报复政策，都大大加重了一旦出现错误所可能导致的可怕危险。斯坦利·库布里克（Stanley Kubrick）导演的美国电影《奇爱博士》（*Dr Strangelove*），就以讽刺的形式，给出了一个错误走到极端而导致惨烈结果的例子。影片中有一个美国将军，是个死硬的战争狂人，他对苏联抢先发动了核打击。尽管美国将 B52 战略轰炸机及时召回，但有一架没能如此。结果，这架飞机将核弹头丢了下去。苏联也知道这枚炸弹的破坏是“失误所致”，但苏联军方已然启动了自己的导弹系统。这种系统是能对任何核攻击进行报复的“末日机器”[①]，而且一旦启动，便不再受人的控制而自动作用。核大战由此开始。尽管双方都绝对相信报复的力量可以引向合作，但这样的系统不容许出现错误。

就“跟风”战略涉及的可能发生的错误而言，就不单单是一次孤立的错误出手引来对手一次同样的还击。如果两个玩家都是执行“跟风”战略

---

① 前文提到的电影《奇爱博士》中的一种作战体系，一旦启动后就能自动运行，毁灭整个世界。——译者

的，在这一简单的对垒中，一次错误引来的结果，会是双方卷入一系列无休止的相互反击。一方错误地出了一次手，下一回合会报之以合作（因为这是对方上一次的选择），但此时对方选择的却是出手；此一出手又导致对家在下个回合中以出手应对……如此这般，致使最初的错误在以后的所有回合中此起彼伏不已，而相互合作就再也无从谈起。（至于在《奇爱博士》之类的版本中，更是双方各出手一次便足矣，游戏便会从此彻底终结，再无恢复的可能。）

这样的行为会在许多文化和社会中出现。据阿克塞尔罗德给出的例子，在阿尔巴尼亚和中东都存在着家族仇杀，这样你来我往的杀戮会延续多代人，有时会延续到连当初的起因都早已无人记得的地步。在北爱尔兰，新教徒和天主教徒之间这种残忍悲切的互相杀戮，已经持续了数十年。以色列和巴勒斯坦间也似乎再无恢复和平的希望。显然，“跟风”战略并不能保证世界的和谐。

在存在混乱与误解的现实世界中，“跟风”也未必是最好战略。当人们再次进行阿克塞尔罗德的比赛，但允许参加者犯错误时，这一点会变得十分明显。在进行这样的比赛时，参加者会偶尔随意做出某个回应，而不是按规则行事。当犯错比例——“噪声”级别——达到 10%，也就是说，每比赛 10 次，就出现一次随机回应时，“跟风”战略就不再是赢家了。事实上，当两个“跟风”玩家比赛时，由于偶尔的出错会导致一大串无益的报复，结果甚至反不如“乱打一锅粥”的好。

面对此种形势，“跟风”战略要想取胜，就需要有所修正。有一种修正战略名为“宽厚跟风”，亦可称为 GTFT（General Tit For Tat），具体做法是对一部分出手行为不予还击。另外一种名为“罪己跟风”，或称 CTFT（Contrite Tit For Tat），其具体做法是，如果看到对方出手一次之后，又接着针对自己刚才的行为自我惩处了一回，看出这无异于“承认”自己是罪有应得，那么就可免于给对方惩处。在阿克塞尔罗德进行的第二轮比赛中，当“噪声”级别为 1% 时，“宽厚跟风”表现为最佳战略，“罪己跟风”排名第六。随着“噪声”级别的升高，“罪己跟风”会超过“宽厚跟风”。

“跟双风”——TFTT（Tit For Two Tats）是仅当对家连续两次出手相害时才给予报复，这就是说，要等一等看，判明对方当真是有意加害还是错误使然（即由“噪声”导致）。“跟双风”战略是由进化生物学家约翰·梅纳德·史密斯（John Maynard Smith）提出的，它在阿克塞尔罗德的第二轮比赛中名列第 24 位。这位史密斯不曾参加第一轮比赛，否则他的战略是可能胜出的，因为当时最早使用混合战略的玩家，有时会因导致报复不停的局面而破坏纯“跟风”战略（即使在并没有出现错误时）。这更加支持了此种游戏没有最佳玩法的观点。

还有另外一种战略，它能有效地应对“噪声”，但心思就不那么宽厚了。这个战略就是“巴甫洛夫”，于 1988 年由美国北卡罗来纳州（North Garolina）杜克大学（Duke University）的戴维·克雷恩斯（David Kraines）和梅瑞迪斯学院的维薇安·克雷恩斯（Vivian Kraines）定名（其发明时间还要早些）。该战略的基本点就是完全靠机遇，主导思想用一句话来概括就是：“赢则继之，输则换之”。该战略在对行动的选择上同“跟风”一样，也是同上一回合的结果有关的。如果上一回合结果不赖，原来的做法就接着再用；如果结果不行，就换个选择再来。在这里，“不赖”是指或彼此合作，或得到最好的结果，即自己出手而对方干挨了。总之，“巴甫洛夫”战略是指有好处时维持原行为不变，而一旦遭遇不利时便改变行为方式。这不正像俄国生理学家巴甫洛夫在实验中所用到的狗在发生条件反射时的表现吗！

执行“巴甫洛夫”战略的玩家，在遇到坚持“跟风”战略的对手时，会表现得十分愿意合作。在应对死硬的出手派时，这一战略相当无效——每隔一个回合表示出一次合作的意愿。然而，在应对不懈的合作者对手时，“巴甫洛夫”战略却因意识到自己无论如何不会吃亏，因此会与高尚地进行合作的“跟风”者不同，采用无情地不断出手的对策。在阿克塞尔罗德举行的最初一次比赛中，“巴甫洛夫”表现不佳，致使拉波波特给它起了个大不敬的绰号，叫作“缺根弦”。在存在“噪声”时，这一战略也不很灵光。不过，它的优点在于能够在犯了孤立性错误后迅速恢复过来。

而且当环境适宜时，还能够高歌猛进。对此我们将在后面谈及。

达尔文的规则系统

“前事不忘，后事之师。”这句话虽然常被人们挂在嘴上，但在黑格尔看来，各个国家和政府却不怎么听历史这位“老师”的话。不过，民众、工商界、机构组织甚至整个国家，倒的确会不时根据经验改变自己的行为。第一次世界大战中英、德两国的军队就是一例——他们原来的任务都是在欧洲战场上消灭对方，但结果却为了自我保存而实行了私下停火。有的违法者是可以改变的。正是这种可变性，使国际关系更加复杂，也更值得探讨。有些研究人员相信，如果当初与萨达姆的伊拉克政府开展对话，而不是以制裁的方式孤立之，继而又用军事行动剿灭之，逼得这个政权只有采取对抗到底的唯一途径，或许是有可能使其变得比较合作的。

“囚徒困境”中最值得研究也最重要的问题，是当诸玩家能够“进化”，即允许他们改变战略时，会出现何种行为。在现实世界中，人们在决定自己的行为时，会遵循种种有关道德、观念、习俗乃至内容稀奇古怪的标准。倘从博弈论的角度看，第一个应当注意的问题，是设想玩家都是彻底的实用主义者时，亦即只注重谋求最大收益时，将会采取的战略。有理由设定，它们都倾向于采取成功率最高的战略。这样的过程可以通过类似于阿克塞尔罗德所组织的比赛的方式进行模拟，只是需要加一个代表进化的维度。这里给出一个代表进化的例子：每当进行过一整轮循环对抗后，允许玩家采用某种新战略，而采用这种战略的概率又同以前运用该战略所得到的总分多少成正比。这样，采用最成功战略者就会增加，效果差的就被淘汰。不难看出，这其实正是“适者生存”进化的翻版。它模拟了种群中基因突变的传播方式——携带着具有繁衍优势突变的个体会产生更多的后代，导致这一适应性变异取得主导地位。

1992 年，牛津大学的马丁・诺瓦克（Martin Nowak）和维也纳大学的卡尔·西格蒙德（Karl Sigmund）进行了一项使博弈论涉及“进化”的实验，并取得了不错的结果。他们让各组成员选取不同的战略进行比赛，所有的成员都根据对方在前一回合的行为，决定是合作还是出手。有些战略倾向于出手，另外一些则向合作方向倾斜。诺瓦克和西格蒙德让这些人一一对抗，然后根据每个人所用战略的得分的相对情况，按比例改变大家所用的战略。人们可能认为，战略进化的结果会很简单，就是由表现出最好效果的“跟风”居主导地位。情况看来也的确如此。在开始比赛时，采取出手战略的诸玩家是占上风的，而采取合作战略的人逐渐减少，所有人的平均得分一点点接近彼此都出手时的低分水平。然而，当比赛进行到某一点后，转而采取“跟风”战略的人会从无到有地迅速增多，而且最后占了绝大多数（图 18.1）。随着合作人数的增多，平均得分也有了上升。

形势的突然改观，使人们联想到相变（当然在严格意义上，这两者并不是一回事）。“跟风”者的增加是集体效应，是相互作用积累多了的结果。由于相互出手到头来会明显表现出自己跟自己过不去的结果，因此导致为数不多的“跟风”者从合作中得到的收益，大于“出手”者起初从有心合作者那里捞到的好处。在这以后，天平的倾斜方向便发生了改变，与坚持不懈的“跟风”者合作变成了潮流。这些最初的“跟风”者就成了种子，

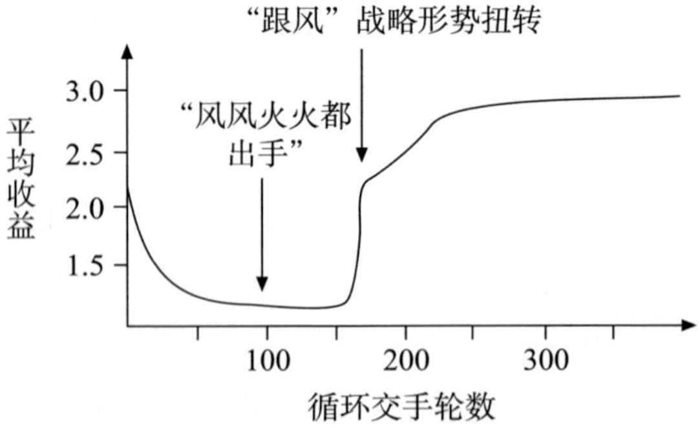

图 18.1　若众多人以不同战略进行“囚徒困境”比赛，并允许玩家接受“自然选择”——中途可转变战略以寻求最成功的结果，“跟风”战略就会从起初被“出手”战略压倒到转而占据上风。由此，玩家会因“跟风”战略产生更多的合作机会，而使平均收益增加。

将合作推广到了整个组群。① 然而，诺瓦克和西格蒙德又发现，“跟风”战略的胜利只是短暂的。一旦合作之风形成后，“跟风”战略的致命弱点（“一报还一报，决不妥协”）也随之招致恶果。从模拟结果中可以看出，能够取得成功的战略，总会容许一定的“噪声”存在，这便意味着“跟风”战略会逐渐被更具宽容精神的“宽厚跟风”压倒。到头来，只有一种战略会留存下来，那就是“宽厚跟风”。

对此，诺瓦克和西格蒙德的结论是：“在实现合作的进化过程中，‘跟风’只是关键而非目的。”[5] 换句话说，在目的各异的组群中，建立起合作关系是大家所需要的，而一旦这种合作关系得到确立后，就应当转向更“软”的合作战略。事实上，即使是“宽厚跟风”，也保不齐会在应对错误时做出缺乏建设性的反应来。为此，在已然实现了普遍合作的环境中，无条件合作，也就是绝对宽容，应当是更佳的战略。这听起来倒是不错，很有些启发性，然而，在其他人都采取了无条件合作战略的组群中，最好的战略却是坚决出手，也就是无情地去沾老实人的光。合作环境固然比不合作环境能带来更大的收益，但却缺乏抵御一心一意进行破坏者的能力。在合作性的文化环境中，一小撮出手派，就会弄出极大的麻烦。“跟风”战略对出手派针锋相对，对合作者以收益相酬，因此可以防止这种形势的出现。不妨将这种战略看成是博弈论提供的“警察”，以“铁手钢臂”维持着合作局面。而且，它的警律是只惩处出手派，又不伤害合作者，而且始终不渝地这样做（但要以不存在“噪声”为前提），因此可以说是理想的治安之策。不妨这样看，如果人们承认“出手”是无法根除的现实，就应当承认社会至少需要存在一定数量的“跟风”者，以维持大体能够合作的社会氛围。

然而，即令如此，也不能保证社会的必然公正。1993 年，诺瓦克和

① 这里要特别强调一下采用“跟风”战略者的存在，对于最终实现组群战略改变的关键作用。如果开始时不存在采用“跟风”战略的玩家，此种带有“进化趋势”的游戏最终是没有好结果的——合作选择会全部消失，只剩下一大群自私自利的出手派。结果是，大家以霍布斯所预言的敌对精神搏杀到底。

西格蒙德发现，具有不屈不挠“正义感”的“跟风”战略，并非永远是最出色的。在他们带有“进化”性的实验中，各参与者是根据对手的上一轮表现做出自己的选择的。然而，“巴甫洛夫”战略这一“赢则继之，输则换之”的机会主义谋略，更加上了另外一点内容——将自己的上一轮做法也考虑了进来。当这两名研究人员将各参与者的早期战略施之于对抗“巴甫洛夫”战略时，发现后者的机会主义谋略效果更好。在对付“出手”战略时，“巴甫洛夫”固然不灵光，也缺少“跟风”战略所具备的那种“打击”出手派、扩大合作面的能力。然而，在合作（但也存在一些“噪声”）的大环境下，“巴甫洛夫”战略却很能发扬光大。诺瓦克和西格蒙德发现，面对此种环境，这一战略特别奏效，甚至好过“宽厚跟风”。

“巴甫洛夫”和“宽厚跟风”这两种战略，都是对错误较为宽容的，因此与单纯的“跟风”战略不一样。但与“宽厚跟风”比起来，“巴甫洛夫”还另有一点长处。对于“宽厚跟风”，如果在模型中允许战略随机转换，“变异”成新的形式，就会同“跟风”一样，只能短暂存在，同时逐渐向无条件合作的方向更移，也就是说，“宽厚跟风”战略被“软化”了。“巴甫洛夫”则不同，会保持原有的棱角。一旦在偶然情况下发觉自己有可能单方面出手而不受损害，它就会不断地这样做下去。因此,“巴甫洛夫”是披着羊皮的狼。当“跟风”占很强优势时，它会表现得十分合作，但同时一直保持着向合作群体“开刀”的念想。一旦“跟风”战略的警察作用转变为无条件合作后，它的出手就会变为事实。这就是说,“巴甫洛夫”式社会的精髓已不再是“以其人之道，还治其人之身”，而是“不要给呆鸟任何机会”。

使“巴甫洛夫”战略胜出的模拟实验，表明历史的作用值得重视。因为此种模拟涉及不同战略间的相互影响。这些战略固然内容不同，但又都将自己的下一步行动，建立在交手双方上一步行动的基础之上。因此，这一模拟进程比以往的更加复杂。更值得注意的是，在这样的进展过程中，改变的必然性表现得远不那么确定（图 18.2）。每进行一番模拟，都会得到一系列不同的进展史。在图 18.2 给出的这个例子中，整个进程先是向建立合作的方向进行，但这一趋势在一段纷乱中消失了，代之而起的是无条

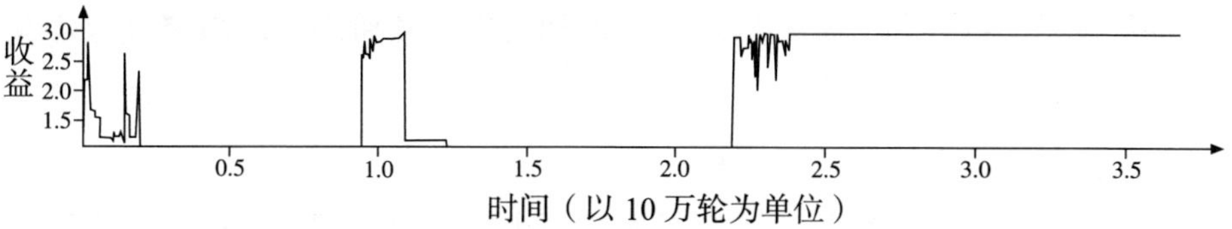

图 18.2　对“囚徒困境”的长时间模拟。模拟过程中允许战略转变，而转变的结果通过整个群体的平均收益得到反映：收益越大，合作战略所占比重越显著。战略的“进化”是按照达尔文的自然选择方式进行的，而且考虑到自己和对手上一次的行动内容。合作期出现了若干次中断，前两个合作期都突然中断。第三次合作期是持久的。

件出手战略的长期统治。接下来，在经历了大约 92000 轮后，合作者的战略又占了上风。

但是，合作者的这一胜利只是暂时的，不久又回归为相互出手。仔细分析就会发现，这一回归是由于“跟风”状态演化为“宽厚跟风”，也就是实行了更宽容的战略，致使“软”气候出现，结果被死硬破坏者占了上风。不过，这时候的出手派们已不再坚持无条件出手的做法了，此时起作用的主要战略是所谓“终极扳机”，其基本内容是以合作应对合作，但一俟遭遇对手出手便告终止（而在有“噪声”存在的环境中，是早晚会出手的）。因此，“终极扳机”是绝对不合作的，颇像电影《奇爱博士》中的“末日机器”。不过，在接着又模拟了大约 22 万轮后，合作局面重新出现，而且持续时间较长，只在开始时经历了一段调整过程。这一次，起引发作用的又是“跟风”战略，但随之便渐渐移向大量玩家采取“宽厚跟风”战略的形势，并最终形成基本由“巴甫洛夫”战略或者接近于由该战略当家的局面。此时的整个组群是合作的，但骨子里是机会主义的，对“出手”派的反对相当坚定。这样的环境不失为好去处，不过，处在这种环境中的乐于合作的公民们，可要当心表面上“先礼”的“巴甫洛夫”派翻脸哟。

在上述模拟中既可以看到机遇，也可以看出必然：如果能等上足够长的时间，合作是终归能够胜出的。从一再进行的此类模拟中还可以发现，“巴甫洛夫”战略并不一定总在最后占上风，不过倒是会经常胜出，胜算面大约能占八成。不过，更值得注意的是，在这个过程中，形势会不时出现逆转，而且是突然发生的，也就是说，我们会看到“好”社会和“坏”社会的兴与衰，看到新形势的出现、持续和消失。对所出现的战略计数（及其特点的详细分析）表明，即使在表面上稳定（是好是坏姑且不论）的时期，也包含着若干战略的变化和更移。

看着这一过程，很难不去联想人类历史。马克思相信，社会主义革命乃是大势所趋。然而，博弈论却似乎在告诉人们，天下没有真正的必然；即便事物的发展有某个必然的结局，人们也无从判断自己目前是否已处于这一阶段。图 18.2 中处在第二个合作期（轮数为 92000 前后时）的玩家，会不会以为，自己所处的阶段，就是第一次出现但接着又消失了的合作期间一些人认为应当出现的“永久太平盛时”呢？置身于第三次（第 22 万轮）合作期的人，就有理由认为这一次就是“历史的必然结局”吗？

有如织毯的空间竞争

特定社会形式的兴起与衰落，不单单会体现在时间上，也反映在空间上。罗马帝国曾经统治着西起葡萄牙、东至黑海、北界苏格兰、南入北非的广大地域。查理曼大帝（Charlemagne）治下的法兰克王国，也将德国、意大利和巴尔干地区纳入了自己的版图。从特兰西瓦尼亚（Transylvania）[①] 到埃及的广大地域，一度曾是奥斯曼帝国的疆土。整部人类历史，就是众多地域边界不断扩展又缩小的过程。帝国主义的思潮目前似乎已经平息，这自然是件好事。然而，北大西洋公约组织和欧洲的边界还可能会发生变化。在过去的 10 年间，中欧和东欧国家的版图变化，超过了自第二次世界大战以来的任何一个年代。“囚徒困境”这个问题，能不能对国家和跨国地区的边界形成方式有所揭示呢？

将有关空间的因素引进博弈论绝非易事，因为这意味着将约束施加到每个能够产生相互作用的“玩家”身上，就会极大地影响群体的前景。在每个参与者都同其他所有成员交手的比赛中，合作战略有机会使大部分人

① 历史地理名称，位于现在的罗马尼亚西部。——译者

从相互作用中取得共同收益。然而，当形势改为地理上远远隔开的国家时，由于它们不能从远处的志同道合者那里得到援手，就可能被众多的出手派包围。因此，孤立会影响到合作。以色列的邻国基本上都是伊斯兰国家，这自然会造成其身陷敌群的状况。而支持这个国家的成员，有可能会觉得，这一形势有碍于以色列以欧洲诸国有能力支持的实力为后台，取得采取和解政策的地位。另外，一直在某个环境中比赛的诸玩家，总是同不变的对手产生相互作用，因此会比不断变换对手的游动者更属意于合作。旅行者会面临的一个困难，就是很少能有机会同旅途中萍水相逢的人建立起相互信任（并真正值得信任）的关系来——“未来的影子”无法长到足够长的地步嘛[①]！

对涉及空间的“囚徒困境”问题，最早是由阿克塞尔罗德于 20 世纪 80 年代开始进行探讨的。他是在一个像国际象棋盘那样划分开来的“地图”上研究这一问题的。每个“玩家”占据一个方格，并同 4 个与之分别共有一条棱的邻家相互作用。玩家在这幅地图上借助成功的战略扩展地盘的过程，可以通过“进化”机制不断发展。在每个回合中，各个玩家都会同 4 个邻家为敌。如果某个玩家的邻居中，有一个或者多个占了上风，该玩家就会从其邻居所用的战略中采用最成功的一个。

在这场比赛中，阿克塞尔罗德最为关注的，是合作如何通过“跟风”在这个对抗性的社会中得以建立，或者反过来，出手派是如何将一个合作性的社会破坏掉的。结果发现，在收益取一定值的情况下，仅凭一个出手派，就可以通过其不良影响改变所有执行“跟风”战略的玩家，从而起到有如种子的作用，使出手战略逐渐扩展开来。不过这里有一点不好理解，那就是出手派地盘的扩张[②]，在形状上并不相类于雪花或者细菌菌落

---

① 指无法在同一组对手间形成足够多的相互作用。语出阿克塞尔罗德，见第 17 章中“合作的秘密”一节。——译者

② 严格说来，“出手派地盘的扩张”，其实是指使用出手战略的玩家增多，而玩家仍待在自己的方格内不动。不过，人们完全可以将这一形势视为执行合作战略的玩家被出手玩家所取代，一如“出手派”消灭了所有的“合作派”并占据了后者的方格空间一样。这两种说法完全等价。

的生长，倒颇像是编织图案复杂的挂毯——先生长，后分岔，再连接（图 18.3）。

如果玩家在这里所使用的战略像阿克塞尔罗德在前两节中所述的比赛中那样种类繁多，编织出的图形就会有太多的花样了。阿克塞尔罗德也对这种情况进行了演示。他在大小为 14 × 18 的网格上，随机地摆放下 63 种战略，让每一种都有 4 个邻家。当这些战略交手一段时间后，所有“先兵”战略都告终止，结果整个网格上都分布着执行“先礼”战略的玩家。既然大家都在同邻家合作，没有谁比别人玩得更好，因此分布没有改变的倾向。

然而，“跟风”战略并不会同先前的循环赛那样，最终能占据绝对优势地位，即使一开始给出的战略类型相同也是如此。如果各个战略在网格

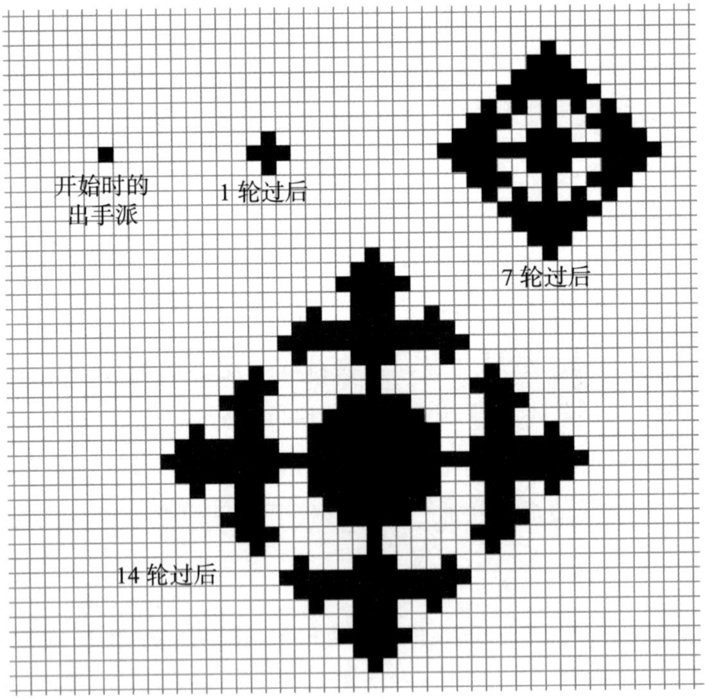

图 18.3　出手派（黑色方块）同“跟风”战略的执行者（白色方块）进行对峙时，地盘扩展过程中的形状变化。

上的初始分布不同，则最终会形成不同的结果。然而，不论是什么结果，非“跟风”战略都会占据不小的地盘，甚至若干在循环赛中战绩不佳的战略也会如此（图 18.4）。一些不很成功的战略，也可能在这场争夺空间的竞争中得以幸存，甚至还可能占地多多——它们或者是运气好，碰上了有利于自己的邻家；在空间对垒中，各玩家无须同所有的玩家交手，而只同邻居一争短长。“跟风”战略本身不带有扩张性：它无意于进犯合作性的“先礼”邻家，占领只发生在遇到好斗的对手时。

这一形势或许应当这样理解：在事关与其他国家的行为时，除了要记住最好表现出合作意向外，不存在什么“绝对好”的战略。而且，最终的战略划分，取决于各战略在地图上的最初布局形势。这又表明结果是与历史有关的。

1992 年，诺瓦克和罗伯特·梅伊（Robert May）——后者也在牛津大学工作——设计出了一种研究在空间范围内进行合作的更简单的游戏。在他们给出的这一空间版本的“囚徒困境”中，允许采用的战略甚至比已经简单之极的“跟风”还要容易：每个玩家要么选择当坚定的出手派，要么选择做执着的合作者——当然，还得加上一条，就是玩家有权在形势有利

6	6	6	1	44	44	44	44	44	6	6	7	7	6	7	6	6	6
6	1	31	1	1	44	44	44	44	3	6	3	6	6	6	6	6	6
6	6	31	31	1	1	1	1	1	1	3	3	3	52	52	6	6	6
6	1	31	31	31	31	31	31	31	31	31	3	3	6	6	6	6	6
6	9	31	31	31	31	31	31	31	31	31	31	3	6	6	6	6	6
6	31	31	31	31	31	31	31	31	31	31	31	31	6	6	6	6	6
6	31	31	6	6	9	31	31	6	9	41	31	31	6	6	31	31	6
6	31	31	6	6	9	9	9	6	41	41	31	4	31	31	31	31	6
6	31	31	9	9	9	9	9	6	41	41	41	41	31	31	31	31	31
6	31	6	9	9	9	6	6	6	41	41	41	17	31	31	31	31	31
6	6	9	7	9	9	6	6	6	41	41	41	41	31	31	31	31	7
6	6	7	7	7	6	6	6	9	41	41	7	7	7	7	7	7	6
6	6	7	7	7	6	6	6	6	41	6	7	7	7	7	7	7	6
6	6	7	7	6	6	44	6	6	6	6	7	7	7	7	6	6	6

图 18.4　将“囚徒困境”游戏拿到网格上进行，采用不同战略形成的地域分布。方块内的号码代表阿克塞尔罗德当初进行循环比赛时所录入战略的编号。所有这些都是绝不先行出手的“先礼”战略。

于己时转圜于这两种战略之间。各个玩家在一块方形网格上各就各位，每个都同 8 个邻家——除了 4 个共棱的，还要加上 4 个共顶点的——相互作用。每进入下一回合前，各玩家都会从与自己有关的 9 个玩家先前所采用的战略中，选用最成功的一个。合作也好，出手也罢，都要看它上次在这个小区域中是否最为成功。这种模型表现出相互作用粒子可处于两种状态的格点模型的特性，使人们联想起统计物理中的伊辛模型。

游戏的最终结果如何，取决于各种收益的大小；大小不同，则相互作用偏向于合作或者出手的程度各异。如果面对合作而采取出手的战略收益不大，合作就会占上风，但在一派合作的景象中，也会缀着一串串由出手派形成的链条，并随着一个又一个回合的进行而缓慢移动（图 18.5a）。然而，如果不合作的回报甚丰，出手就会成为普遍的行为模式。尽管如此，合作的小岛会始终在网格上此起彼伏（图 18.5b）。在这种形势下，合作者所占据的位置会迅速发展为具有稳定平均水平的结构，与初始分布没有关系，也就是说，尽管是在相对自私的环境中，某种“野火烧不尽”的合作倾向仍然会存在着。因此，出手与合作不一定非得表现得势同水火，而是能够无限地共处下去。共处的详细分布虽然无法预知，但平均情况却完全在预料之中。

“出手”战略的蔓延，同合作战略的扩展，这二者并不是势均力敌的。在合作者密集的地域，由于彼此能够互相支持，因此效果最好。这正如柏克在 1770 年指出的：“当坏蛋们勾结到一起时，好人也必须联合起来，否则就会一个接一个地倒下，成为卑劣争斗中无人同情的牺牲品。”[6] 然而，出手派却在置身于合作者中单打独斗时最能发挥威力，与其他出手派交手时反而难以施展。因此，尽管出手战略的成功会造就更多的出手派，但它们之间却倾向于互相排斥，而这也正是出手派会串成细线的缘故。诺瓦克和梅伊发现，单个出手派在都是合作者的环境中，会形成有如雪花的构造（图 18.5c）。阿克塞尔罗德也注意到了这一点。这种支离破碎的图形有如地毯上的花纹，再一次表明出手派是彼此相斥的。这便使出手派的地盘不倾向于形成密集分布。不妨认为，每个出手派都喜欢自己打天下，巴不得与同类离得越远越好。

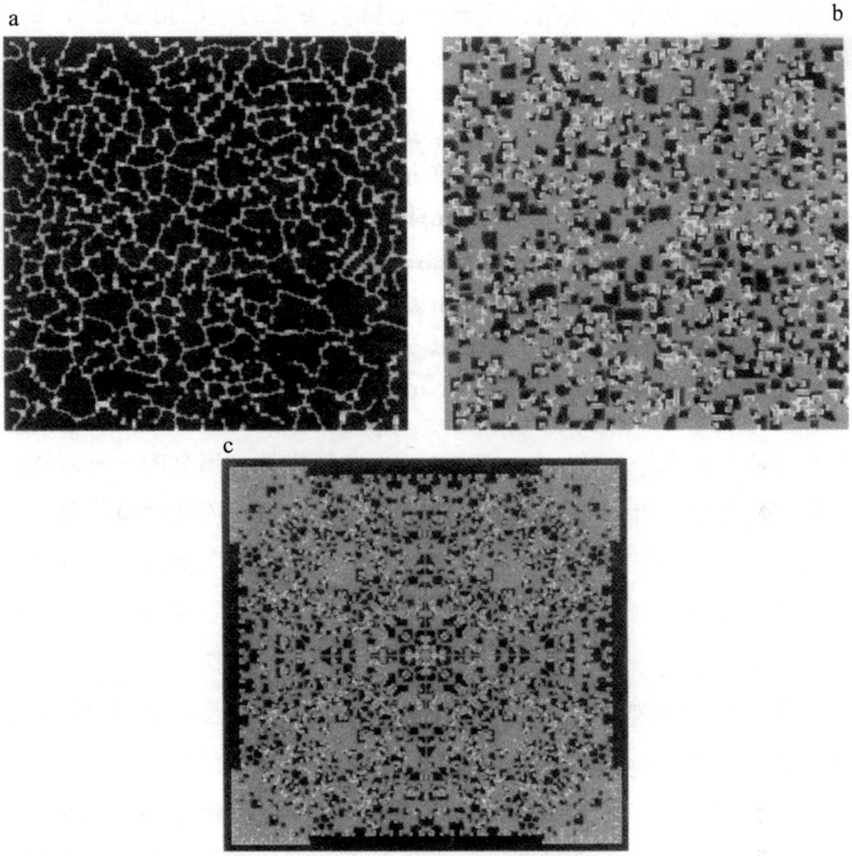

图 18.5　在无条件合作者（由黑色方块代表）与坚定的出手派（以灰色方块表示）之间进行的占领空间的游戏中，可以看到错综复杂的行为，具体结果取决于采取向合作者出手的行为会有多大的收益。如果收益很小，合作会占上风（a）。（图中有些白色小方块。它们代表在上一回合从合作者变为出手派的玩家，也就是说，它们是发生边界移动的地点。）当出手的收益增大后，出手派的地盘会占优势，但合作者的地域仍会此起彼伏地始终存在着（b）。单靠一个出手派，也能够在合作者的世界里打出天下来，制造出众多的出手派。由于出手派之间是相互排斥的，故不会形成大块地域，结果是导致支离结构的出现（c）。

靠理性能实现监管吗?

“跟风”战略及其一系列更为宽容的变种，界定了应当如何进行合作的主要方面。尽管在合作局面形成以后，“跟风”的效果可能就不如种种比较“软”的“先礼”战略，也赶不上机会主义的“巴甫洛夫”，但是，在霍布斯式的倾轧世界里，要想开创合作局面，一报还一报仍不失为最合适的策略。基于这一点，有人认为，对恶劣行径给予坚决而迅速的报复，是使“流氓国家”不致胡来的唯一对策。近年来轰炸贝尔格莱德的塞尔维亚军事力量，以及对阿富汗和伊拉克的军事占领，都是这样发生的。波普尔正是这样总结的，这番出自著名自由派人士的话语，听来严苛得令人吃惊：“当前在波斯尼亚所发生的事情，证明了西方的失败、怯懦和盲目。20 世纪的历史已经告诉我们，战争是要用战争制止的。但事实说明，西方并没有以史为鉴。”[7]“以战制战”这一观念的来源，至少可以回溯到康德。他是在《论永久和平》（*Perpetual Peace*）中提出这一概念的——诚然，历代王侯舞枪弄棒，并不是受哲学教化使然。在应对“囚徒困境”时，若对手采取了各类战略，那诸如“跟双风”之类比“跟风”更怀柔、等待时间更长一些的对策，效果就会较差。要不要和缓些，要不要多等一等，这些想法其实同考虑是不是先不要空袭而是制裁一下差不多。

其实，我们已经看到，“跟风”也有不足之处。巴以冲突和北爱尔兰的乱子都令人心痛地表明，报复行为只会破坏相互信任的建立，妨碍合作与和平的进程。对于本来都在采取“跟风”战略，但由于某些原因改弦易辙的人们而言，如果当真需要恢复良好关系，显然需要某些能够化解冤冤相报的报复情绪的机制。“罪己跟风”或“宽厚跟风”都能在这方面有所为，“小跟风”——报复程度稍稍轻于导致它的行动——也属此类。

人类似乎天生喜欢以复杂的方式实现合作。“跟风”除了前一个回合的内容，其他则一概不问，而且一旦对方做出合作表示，就立即不计前嫌。但事实上，如果出手的结果是夺去了人命，涉及的就不再是一般的感情和短期记忆了。就以美国司法体系的如下议案为例：对于有子女的离异双亲，有监护权的一方可以在另一方未能按规定支付抚养费时，拒绝其对子女的看望。这等于是一种报复，意在促使负有抚养责任的一方合作。但是，这一规定自然也意味着其逆命题（如果不让看望，自然有权停止抚养）的成立。即便不管这一点，如果不去考虑由于夫妇关系的破裂，以及由于对照料子女的看法不同，所可能导致的不理性的行为，使得制定出的法律不利于为父母者冷静确定如何行事最终最为有利，这样的法律就会流于短视。还有一个问题关系更大，就是能否在法律上保证不使孩子成为离异父母对峙的筹码。

“跟风”对策也从前台或者幕后上场，被提升为核威慑政策的理论基础。这一政策的根据是：拥有核力量的诸方未必非得真正交手不可，以他们所拥有的核能力，以及表现出的随时准备使用这种能力进行核报复的明确态度，就足以防止这种可怕前景发生，从而保持和平的现状。波普尔再一次支持这种对策说：“如今的人们应当认识到，地球上的和平需要用武器来维系……就国内情况而言，与罪犯是永远不可能通过让步实现相安的。”[8] 对于普通战争，这种对策或许是适用的，但对于核战争，特别是能够相互毁灭的冷战，由于“跟风”的优越性必须通过多次进行（这个“跟”字就说明了不可能是一次）才能表现出来，使得该战略不可能成为候选对象。

冷战初期，战略专家赫尔曼·卡恩（Hermann Kahn）在兰德公司任职时，经常会接触到种种矛盾与违背理性的观念。对此，他进行了极为清楚的描述：

> 在过去的 25 年里——也许有 30 年了，我多次在多种场合下进行过“思维实验”。在其中的一项中，我是以这句陈述开始的：“让我们假定，美国总统刚刚被告知说，一枚当量为数兆吨的核弹，在纽约市爆炸了。大家认为，总统先生将如何对待呢？”如果这个问题在 20 世纪 50 年代中期提出，普遍的回应会是“按下所有核武器的发射按钮，然后回家等着”。以下是我同这些听众接下来的对话：
>
> 我：接下来呢？
>
> 听众：苏联也这么干呀！
>
> 我：再接下来呢？
>
> 听众：完事了。两边儿都炸没了。
>
> 我：那么，美国总统又为什么这么干呢？

对上述问题再反思一遍，听众就会觉得，看来美国总统当初本不应当马上下令进行全面打击报复的。[9]

政治理论家布赖恩·史盖姆斯（Brian Skyrms）也用不同的言语表述了同样的看法："一个战略，如果其中包含了某种一旦使用后并不利于使用者，包含着可以选择不予使用的威胁成分，就是存在缺陷的战略。"[10]

总而言之，如果认为，在国际政治的对垒中，真实的参与者会是对策理论中百分百理性的理想玩家，那可真是幼稚到了极点。比如说，实际生活中站在"以牙还牙不动摇"立场上的人，就应当认真考虑这样的可能性（这也是波普尔提到了的，就在1962年的古巴危机中，如果赫鲁晓夫能够成功地将足够多的导弹悄悄运进古巴的话，不管美国是否进行核威慑，他肯定是会用它们来攻击美国的。) 这样来看问题的话，"跟风"就只会给这种危机的形成提供气候与条件。此外，众多长年支持美国以扩大核武库来维持威慑力量的人，如今又在极力鼓吹建立导弹防御系统，而这样的系统实际上正破坏了威慑理念的根本：相互毁灭的结果如果并不是相互的，结果又会如何？面对这样的情况，人们是不是应当记住，与政治观念和政治利益相比，博弈论的形式逻辑充其量只是次要的、可以舍弃的工具。

"跟风"战略另一个不那么被看好的方面，是它只能使出手派在相信确有必要时，迫使其形成合作局面。这就意味着自己必须要树立起准备干仗的形象：要么表现得极端敏感，对所有被视为威胁和侮辱的表现一律拒绝容忍，哪怕微不足道的也是如此；要么表现得气势汹汹，执行"大炮外交"的国策。20世纪60年代，冷战正酣之际，美国跑到地处世界另一端的越南去打仗，就是要维持自己天不怕地不怕的形象。这一目的反映在约翰·麦克诺顿（John McNaughton）呈交给美国国防部长罗伯特·麦克纳马拉（Robert McNamara）的一份备忘录中。麦克诺顿当时任美国国防部国际安全事务局副局长。在这份备忘录中，他归纳了美国在越南作战的目的："70%在于不使美国陷入失败的丢脸处境（损害我们作为监护者的名声），只有区区10%是为了使（南越）人民享有更美好、更自由的生活。"[11]

换言之，“跟风”战略的成功，可以被看作采取好战姿态的动力。面对一个对手，而该对手却意识不到另一方的无情立场，是可能招致灾难性后果的。对此，电影导演库布里克以讽刺手法出色地说明了这种可能性。在影射美国冷战政策的经典影片《奇爱博士》里，那位博士在电话里冲着苏联的一个科学家吼道：“你们这帮笨蛋！掌握着末日机器，却谁也不告诉，有机器又有个屁用！”

要将“囚徒困境”当作制定政策的依据，就应当在这样做之前，将所有未曾注意到的因素一一查清。我在前面已经提到，“囚徒困境”最明显的特点，是对人类本性的归纳太过简单，只设定人们会遵循理性寻找对自己最有利的做法，不仅忽视掉非理性的情感内容，忽视掉人们只有有限的推理能力，有时还会做出蠢事来，同时也忽视了道德规范的正面影响。生活经验与生物进化理论都指出，许多人生来就愿意与关系密切者合作，对他们来说，合作符合其利益，是根本用不着去学的知识。另外，不知道是不是生理方面的原因，有些人天生就追求在社会中扮演出手的角色，即使明白这样做到头来不会有什么好结果，也还是照干不误。此外，“囚徒困境”不会给协商留下余地。读者想必都记得，“囚徒”们不可能协商沟通的，他们对其他人的动机，都只能根据“游戏”过程进行揣摩。正因为如此，玩家会疑心很重。在现实生活中，如果面对此种形势，人们通常在交往中会愿意以较强的合作意愿来克服疑虑、安定自身的。

不过，博弈论仍无可置疑地表明，坚定的报复战略是通向合作的最佳途径。西格蒙德这位博弈论专家便是这样认为的：

> 当然，如果就此便将人们彼此间的相互作用，都减到只剩下一次又一次不断重复出现的“囚徒困境”式的对垒，或者就此否定上层权威在文明群体中的作用，未免就太不明智了。不过，尽管存在着种种正当约束，这里还是有必要指出，“即以其人之道，还治其人之身”虽然简单且原始，却会在自我之风漫卷的社会中通向合作，而表面上看来更高级的避免报复的种种手段，却都会破坏这种合作……看来，报复规律尽管严酷，却是诸

多稳定社会的基石，也许是一切稳定社会的基石。[12]

然而，这样做是否道德呢？对此，进化心理学家可能认为，提出这样的问题实在是无意义的赘言，但实际上，这肯定是人们应当考虑的。

“跟风”的概念与自由主义者的情感颇不相容。阿克塞尔罗德在 1984 年这样说过：“在我开始接触这个问题时，一度曾认定人们应当不要发炮仗脾气。然而，以‘囚徒困境’为题的电脑比赛表明，对方招惹了自己，还是迅速回应为好。”[13] 不过，从圣方济各①到圣雄甘地的所有和平主义思想家都坚信，以暴易暴是自我拆台。《圣经·新约》里正是这样说的：爱汝之敌；后世存活者，不是报复徒，而是慈心人。许多信奉和平的人都认为，非暴力并不是从不动感情的逻辑出发进行选择的结果，而是建立在诸如“不得杀戮”等更高层次的道德标准之上的行为。但当面临肯定属于非合作，甚至严重到杀戮生灵之类的行为时，以和平方式能否切实地解决问题，必然会受到人们的怀疑。极力反对第二次世界大战的戴维·琼斯（David Jones）② 是这样解释这一矛盾形势的：

> 做反战者最感痛苦的，就是越来越认识到德国人的所作所为是何等穷凶极恶。因此，真正难以面对的问题并不是战争，而是面临战争而不去寻找非战的正当理由。[14]

一位名叫塞西尔·戴维斯（Cecil Davies）的人也受到同一问题的困扰。在他看来，这个问题是根本无法解决的：

---

① 历史上有这个名字而被尊为圣徒的人甚多，此处估计应是 13—14 世纪在法国梅罗纳等地任神职的圣方济各。此人曾作为教皇的特使，大力调停了英国与法国之间的战争。——译者

② 戴维·琼斯（1921—2005）：英国著名社会工作者。——译者

> 威尔弗雷德·欧文（Wilfred Owen）① 说过，他是名因有良知而于心不安的反战者。在我看来，许多军官都常会有这种感觉。我当年所做过并在当时认为正确的事情，在我今天看来仍是正确的。然而，如果我当初了解第二次世界大战期间发生的种族大屠杀，恐怕我的想法是会不同的……活着并不是件简单的事情。[15]

确实如此。况且“囚徒困境”也不容人们假装简单。然而，我们不能不下的一个结论是，博弈论以它自己的方式表明，对出手行为执行报复政策能够取得更好的结果，因此可能确实更为“道德”。“跟风”战略不仅能保护自己免受非合作者的戕害，还有助于为群体提供防卫。只有在“跟风”战略被更“软”的合作战略取代而失去了原来的棱角后，群体才会遭受非合作者的出手或者“巴甫洛夫”式机会主义者的危害。无条件合作固然听上去既高尚又仁慈，但同时也将治安责任推给了同一团体中的其他成员。功利主义者要想找到反对“跟风”战略的理由，怕是很不容易的。

以上这些似乎都值得记住。然而，大家必须清楚地认识到，这些知识是极容易被歪曲或误解的。或者有人会认为，“跟风”使“杀人者死”的量刑有了依据（只不过执行者将个人换成了国家），这未免失之于对博弈论所知不详。一再进行“跟风”，无非是教会人们通过体验和适应实现合作。出手者能转变为合作者，是因为合作使他们的处境变得更好。死刑会减少参与者的数量，重复会因此中断。“囚徒困境”对策里并没有涉及参与者能从第三者的错误中得到借鉴的内容，也就是说，不涉及出手者被处死、会杀一儆百地告诫其他人不得如此的内容。这种作用自然有可能存在，只是不在对策论的研究范围以内，因此，“跟风”战略的成功，与采用死刑的讨论风马牛不相及，与冷战高峰期间核武库的爆满也无关。虽说五角大楼里有不少人对对策论或者“囚徒困境”之类内容并不陌生，但像

---

① 威尔弗雷德·欧文：英国诗人，死于第一次世界大战战场。他被征召入伍赴法作战，并被指派为连长，因此不但亲自参加他所憎恨的战争，还得命令别人去杀戮，故后文有“于心不安”一说。——译者

核报复这类由其本性决定只可能对局一次的内容，“跟风”是无从置喙的。

洛克就大智大慧地看出，他所宣扬的“以牙还牙”的“跟风”战略，只适用于人类处于“自然状态”时，拿到文明社会中就不灵了。此时，代替“以牙还牙”的立法、司法和执法，都会既减轻个人的负担，又在制定时减少了野性的成分。一般来说，在无政府状态下，人们是可以选择以御敌于大门之外的方式防止自己遭受攻击的，尽管这样做有可能不得不伤害对方。除了以惩罚维系必需的社会安定，“跟风”的成功中并没有太多的其他东西。它既说不出多少以何种方式进行惩处的内容，也开不出化罪犯为圣徒的药方。

“囚徒困境”所起到的作用，是帮助人们从怀着霍布斯的绝望心境，柳暗花明地看到洛克的美好前景。如果我们知道合作确有可能，即令是身处缺少利他主义的世界，也不必绝望沉沦。当然，如何到达这个美丽世界，那是另外的问题，对此，不妨引用波普尔的话收束此章：“我们在前进时，应当小心探路，像蟑螂般小心翼翼，争取踏踏实实地到达目的地。”[16]

第19章

人类会进入理想社会吗？

——天堂、地狱和社会规划

所有的成功人士都同意一件事，就是他们都是因果主义者。他们都相信，万事并非幸运所钟，而是规律使然。在大千世界从第一环直至最后一环的环环相扣的链条上，没有一环是薄弱的，没有一环是不可靠的……最勇敢的人也正是最相信规则之力量的人。正如拿破仑所说的那样："所有完成伟业的人物，都是由于遵循了行事的法则——通过努力克服障碍。"[1]

爱默生（1860）

社会科学的下一步重大发展，可能未必源自专职社会科学家，而是来自操其他专业的人士。[2]

乔治·隆德伯格（George Lundberg，1939）①

我们知道，与人类已经着手进行的某些其他工作相比，登上月球可以说是相当容易的。与哪些工作相比呢？建立充满人道的社会，实现世界和平，等等。[3]

西蒙（1996）

"我们已不再将天堂硬塞给人们，"她说，"我们倾听人们需要什么。

① 乔治·隆德伯格（1895—1966）：美国社会学家，著名学者。——译者

如果他们需要天堂，我们再给他们这个东西；反之就拉倒。当然，这样一来，他们得到的就是他们心目中的天堂了。”

“总的来看，他们要的是什么样的天堂呢？”

“嗯……他们想要长生不老。这是我们发现的。不过，当然啦，还有别的更好的东西。”

“男欢女悦，闲适健康，时尚购物，山珍海味，高朋满座，怡然自得。”我替他补充道，心中有些不快。

“因人而异。不过，如果你想听的是实话，那也真就差不多。”[4]

朱利安·巴恩斯（Julian Barnes，1989）①

---

① 朱利安·巴恩斯（1946—）：英国作家兼报刊撰稿人。——译者

乌托邦——许多人心目中的理想社会，其类别可谓多如牛毛：有的带有社会主义色彩，有的有平均主义味道，有的打着等级的烙印，还有的主张一人治天下。在有的乌托邦中，民众与犯罪根本不沾边，而另外一些，不合格者就会被消灭掉。有些由妇女辖管，有的根本就没有男性成员，另外又有一些正好相反，女人概不接纳。在相当一些乌托邦里，两性关系起着重要作用。此外，几乎所有的乌托邦，都不遵循伏尔泰笔下潘格洛斯博士[①]的信条，而是明显地偏离了人们实际生存的这个世界。正因为如此，才有了“乌托邦”这个名称，因为它的原意是“乌有之邦”，也就是“反正不在这里”的意思。

设想出的乌托邦林林总总，但真正化为现实的却寥寥无几。就是真的实现了，也基本上都遭到了戛然而止甚至名声扫地的命运。英国内战（就是这场战争，促成了《利维坦》一书的问世）造就出了号称“掘土派”的一批激进的平均主义者。为了改变英国农村普遍的穷困状况，这些人在杰拉德·温斯坦利（Gerrard Winstanley）[②]的带领下，于 1649 年开垦了英国一处无人使用的公地。他们的这一阵地被地方和克伦威尔的军队所驱赶逐杀，结果不出一年，这片开垦地就不复存在了。19 世纪初，罗伯特·欧文（Robert Owen）[③]在英格兰的新拉纳克建立了一个社会主义公社，并取得了一定成功，但终难抵挡维多利亚时代无情的工业化大潮。当欧文这位具有非凡魅力的人物去世后，这个公社也消失了[④]。1917 年俄国的十月革命，是一场规模更大的社会主义实验，但今天已不像当年那样名动四海了。马

① 潘格洛斯博士是伏尔泰的代表作《老实人》中主人公康第德（即老实人）的老师，是一名乐观主义者。——译者

② 杰拉德·温斯坦利（1609—1660 ？）：17 世纪英国民众领袖，乌托邦主义者，主张取消土地私有。——译者

③ 罗伯特·欧文（1771—1858）：英国人，乌托邦主义者最著名的代表人物之一。他用自己经营工业积聚的钱财改善工人的生产与生活条件，兴办教育，建立了著名的新拉纳克公社，但最后以失败告终。——译者

④ 事实上，欧文去世前便因与其他管理人员以及当地头面人物不合而退出公社。此后，该公社又维持了几年后解体，但已同欧文无关。——译者

克思和恩格斯对乌托邦是持批判态度的，认为这是置资本主义灭亡和社会主义崛起的历史必然于不顾。不过，如今站在回顾的立场上看，马克思主义的社会发展观也带有其创立者主观意愿的成分。欧洲 20 世纪 30 年代的社会党人和社会主义者中，就不乏信奉优生学理论之徒。生物学家朱利安·赫胥黎（Julian Huxley）① 即为其中之一。但后来，这种理论却化为希特勒《我的奋斗》（*Mein Kampf*）一书中的内容，成了可怖社会的一块基石。

乌托邦会演化成哪种社会，没人能够弄清楚。这正是该理想的问题所在。人类本性是无法预料的，而正是这种元素，会使得事先设计好的最美好的计划变为镜花水月。正因为如此，批评家约翰·凯里（John Carey）② 才下结论说："所有的乌托邦都是要消灭有血有肉的活人，只是有快有慢而已。"[5] 乌托邦的成员中，不乏性情温和、随遇而安的人，他们性灵中的不满和躁动，都已被无情地压制殆尽，或者被其他方式消除近无。在许多与乌托邦完全相反的社会设想中，竟也存在着同乌托邦相同的性质，这是很能说明问题的。阿尔多斯·赫胥黎在《美妙的新世界》（*Brave New World*）一书中所设想的新世界，就是靠着生物工程技术、性生活的开放、吸摄毒品的自由，以及不费脑筋的消闲等措施，维系着社会的呆板存在。可能有人会觉得，从这个意义上看，传统的微观经济理论便是一种乌托邦：它用无所不知与彻底理性的自动机器取代了活人，从而去市场中探求实际上纯属子虚乌有的平衡。

最值得注意的是，纵观历史上出现的种种乌托邦，便可以发现，它们几乎都对现代人没有吸引力。柏拉图的《理想国》，其实是个等级森严的贵族政体，而且好战喜斗，高度集权，鄙视艺术，就连刚出生的婴儿都要离开父母接受官养官教。作为书写乌托邦的第一本书，莫尔笔下那没有穷困、公民平权的《乌托邦》，也许对 16 世纪的普通民众颇有吸引力，但实现的代价却是铁一般的军事纪律与无条件服从。英国作家威廉·莫里斯

① 朱利安·赫胥黎：进化论者托马斯·亨利·赫胥黎之孙，前文提到的阿尔多斯·赫胥黎（《美妙的新世界》的作者）的大哥。——译者

② 约翰·凯里（1934— ）：英国文学评论家。——译者

（William Morris）在《乌有乡消息》（*News from Nowhere*，意思就是从乌托邦传来的消息）中描述的世界，读者读起来十分受用，实际上却只是一篇天真烂漫的奇思异想，其中的人工穿凿，连作者本人也没有试图稍加遮掩。在美国作家爱德华·贝拉米（Edward Bellamy）写于 1888 年的《回顾》（*Looking Backward*）一书中，天马行空地将未来 2000 年的美国树立为理想社会的所在地，在他笔下，此时的美国是个国家主义的实体，由一种名为"团结教"的宗教统领着思想，全国上下有如一个巨大的商业集团，一应民众都被卷入了准军事化的"工业军"。持不同政见者会被判处单独监禁，只能靠面包和白水苟活。在这位贝拉米看来，这样的设想实在是再妙不过了。

在此人看来是天堂，在彼人眼中却可能是地狱，真是俗话所说的"仁者见仁，智者见智"呀。人类本性实在是太丰富多彩了，无法统统纳入同一个模式。德国诗人弗里德里希·荷尔德林（Friedrich Hölderlin）曾经说过："个人想用来为自己建设天堂的手段，国家照搬的结果，却总是打造出地狱。"[6] 按照这种理解，尽管人们认为能够建立起科学的"大同理论"，但到头来却总是以谬悖告终。不过，社会物理学带给人们的肯定不是这样的东西。理想社会并不是靠科学的交通规划、市场分析、犯罪学说、网络设计、对策理论，以及本书所讨论过的一套东西构成的。源自物理学的概念与模型，几乎无一例外地进入了社会科学的其他领域，但是，它们并不能提供建设社会的一揽子理论，也不会使传统的社会学、经济学或者政治学沦为多余之物。这里的关键，在于判明描述人类行为时，力学的定量模型用在什么地方可以奏效，而用在哪些地方又只会弄巧成拙。如何进行正确的判别，人们目前还处于摸索阶段，而在今后的摸索过程中，画虎不成反类犬的情况几乎肯定还会发生。

然而，只要选对目标并运用得当，物理科学能够在社会、经济、市政规划、国际协商和立法等诸多领域提供相当的重要工具。这门科学可以帮助我们避免做出不良决策，运气好时还能提供若干预见。如果有关交通、行人、网络布局、城市扩展等方面的自然规律当真存在的话，我们就需要掌握它们，以使我们的规划更富成效。如果我们承认物理世界的确表现出普适性，那么，当我们看到，人类社会的大千世界，实际上未必是一块想画什么就呈现出什么的干净画布时，也就不应当诧异了。

社会是复杂的，但并非错综复杂得超出了人类的认识能力。前面曾经提到，形式和组织上表现出的复杂，却有可能源于简单的原理，只是涉及的同时参与其中的个体太多而已。对此，穆勒已在 19 世纪这样说过：

> 复杂性并非源自太多的定律与规则。这一类东西并不多，多的是元体的数据或因素的数量或种类。这些众多的成分，会在少数几条定律的统辖下，共同导致复杂的结果。[7]

而在另一方面，众多的相互作用，也并不一定会趋向复杂。可能正是由于这一点，使科学家们刻意不让“复杂性”成为新科学中被大肆渲染的内容。社会物理学中真正令人惊讶的东西，是社会行为的模式有时竟会十分简单，非常遵循数学“定律”。前人在社会统计研究中所发现的稳定的平均数及一再出现的误差定律，如今已不再令人担心自由意志会因此被统计学摧毁，而社会物理学领域的新发现，又进一步在人类的普遍行为中加进了更深刻、更少直觉成分的内容——相变、乘方律、自组织模式、集体行为和网络的标度不变性。

不过，我们也不应当忘记，即便我们认识到，社会也好，文化也好，都是大量个体在简单的和小范围利益的作用下相互作用的结果，这里面也并没有多少真正意义上的新内容。1908 年，德国社会学家格奥尔格·齐美尔（Georg Simmel）的如下一句话，其实已经对今天的社会物理学进行了概括：“社会无非是对一群通过相互作用联系到一起的个体的统称。”[8] 1927 年，美国社会科学家罗伯特·E. 帕克（Robert E. Park）对这一概念做了一些修正。他是这样说的：“所有的公共机构和社会团体，无论其类型为何，都可以视其为集体行为的产物。”[9] 从某种意义上说，我们今天所做的一切，都是在拓宽这一概念。集体性不但存在于静态对象之下，也存在于交通拥堵、经济波动、文化貌相与范式演变等动态的变化过程之中。

善恶相因、好坏相袭

社会物理学中有一个备受瞩目的内容，就是个体行为往往会招致未曾预料到的社会后果。社会并不是放大了的个人："利维坦"是由多个部分组成的，但又大于这些组成的和。本是善行，结果却可能无意酿成恶果；原怀歹意，最后竟然促成了好事。这两种情况都是一再出现在文学艺术中的题材。看来《国富论》道出了其中的根本。斯密认为，进行交易的人纯粹是本着自己的私利行事的，结果给所有人提供的却是好事——商品的价格能够为人们所接受，使市场不留空当：

> 我们决不能指望从屠夫、酿酒师或面包师的仁慈中获得我们的午餐。我们只能从使他们关心自己的利益中来获得我们的午餐。我们要向他们讲述的不是他们的人道博爱，而是他们的私心。决不要向他们谈论我们自己的需要，而是要谈论他们的利益。[10]

与此同时，斯密又说，政府为着社会的总体利益而设法调控，其结果却只能削弱市场的效能，造成的只会是伤害。

其实，斯密所说的这只行善的"无形的手"，孟德斯鸠早就提到过了。他认为，为着某种目的而采取的行动，有可能会收到大异于初衷的结果：既可能是好的，也可能是坏的。至于孟德斯鸠的这一观念，又是受到一首讽刺诗作影响的结果。这首诗的题目是《蜜蜂的寓言：私人的恶毒，公众的利益》（*Fable of the Bees*：*Or Private Vices*，*Public Benefits*），作者是荷兰医生伯纳德·曼德维尔（Bernard Mandeviue，1670—1733）。这首诗于 1705 年首次发表时，是一本题为《怨声喧腾的蜂房》（*The Grumbling Hive*）的小册子。这一作品颇带些戏谑的味道，同多数同类体裁的著作一样，用意是严肃的。曼德维尔认为，有些东西是坏的，但却能为社会带来好处。就以虚荣心为例。它是坏的，但却能增加对奢侈品的需求，对它们的制造便会扩大，由是提供就业机会——

> 要想领略世界的美好，
> 就去拿刀剑换取功名，
> 然后享受生活的闲适。
> 没有大恶，
> 心中扎不下博爱的根；
> 徒有美德，
> 世间并不能光芒普照。[11]

这就是说，社会绝对需要些许不好的存在充当润滑剂。在曼德维尔以蜂窝为借喻的社会中，一旦不好的东西被彻底清除，社会就会走下坡路，怠惰和贫穷便会蔓延。曼德维尔并无意于大事铺陈霍布斯所断言的人的自私本性，但他也厌恶伪善，认为道德无非是使社会存在和运行的必要假动作。他坚决主张，人们不要自欺欺人。当然，曼德维尔也和霍布斯一样，遭到了不少诟骂，他的这一诗作也被抨击为意在妨害公众视听。作为回敬，曼德维尔向这一诗作增添了不少新内容，最后竟扩展为厚厚的两卷文集。他的文集中所蕴含的道德哲学意味，引来了严肃的讨论。而博弈论正是体现曼德维尔的利己行为可导致利他结果这一思想的最好例证。坚定的进化心理学家会宣称，一切美德都源于某种程度上的利己动机。（不过，他们也远未能给出证明。）

种瓜得豆的行为在社会物理学中俯拾即是。想从拥挤的房间里尽快逃离，结果却是大家都离开得更慢；在人往人来的道路上加大一些人的随意走动（造成更大的“噪声”，或说进一步“加温”），会更难形成反向通道，造成与直觉相左的欲速则不达的堵塞；高速公路划分出不同的车道，本来是为了使不同速度的车辆分行，结果却会降低交通流动的效率。就结果会适得其反而论，政府的监管规定和规划方案怕是要坐头几把交椅的。它们的得非所愿，有许多源于没能将有关系统的内部关系与相互作用搞清楚。以道路拥堵而论，越修路、路越堵的情况，就是一个典型。统计物理有助于将规划者和政策制定者从单向思维的倾向中解放出来，促使他们向深刻认识因果关系的方向努力。

科学的社会学能为人类造福吗？

当配第将严格的数学推导施之于社会研究现象，特别是用于就征税和爱尔兰政府的职能提出建议时，他的一些同时代人将这视为幼稚的胡闹。事实上他也的确是幼稚的。就依据理性和定量数据制定政策，而不是从主观感觉和偏见出发而论，他可以算是一位先驱，但如果事情不是沿着这个方向进行时，结果往往会更糟。对于人民能够、应当或者愿意忍耐的东西，对于政策和法规顺应习俗与形势的必要性，配第却一概不予考虑。

配第认为，如果劳工阶层每个星期五不吃晚餐，（用省下的饭钱）就能够上缴更多的税金。他也真的提出过这样的建议。只有极不了解现实状况和民众情绪的人，才会煞有介事地提出这样的建议。1729年，斯威夫特以又一项“建议”，对配第这种缺少人情味的所谓“科学”政治哲学进行了尖刻的讽刺。斯威夫特给爱尔兰的穷人提供了一个既有助于贴补家用，又能为社会造福的“建议”，就是将自己的部分子女当作食物卖掉——“健康幼儿，一岁左右，又肥又嫩，鲜美可口，营养全面，大滋大补，煎炒烹炸，无不相宜；清炖红烧，宜饭宜酒。”[12]

将纯粹的物理学用到社会科学领域，是不是有步配第后尘的危险呢？如果将人简化成一个个台球，彼此间只存在能以数学方式确定的相互作用，那又该将感情、慈善等成百上千种天天出现在生活中，无法归纳成数字却又使人们的生活富有意义的成分置于何地呢？这是一种将人归结为霍布斯式生物的令人齿冷的归纳。视启蒙时代为灾难时期的芒福德，也是持同一观点的：

> 由物理科学确立的新秩序，一旦用于描述或诠释社会事实，实在会有限之至……有血有肉的人、实打实干的公司、矗立在大地上的城市，到了法律和政府的眼里，就都成了想象中的东西；而诸如神圣权利、绝对法则，以及国家和主权等纯属构想的产物，反倒成了真实的存在。摆脱了对公司和他人依赖的个人，便会成为脱离社会、无所依附的“解放个体”——逐权的原子，无情地追求凡权所能调动的一切。[13]

还要提到一点，就是造成这一改变的，归根结底还是霍布斯。对于他的理论，后世的伦理学家有接受的，也有不肯苟同的，但大家多多少少都接受了他的理性分析方法。其结果在社会科学中一门“科学性”最明显、数学内容最丰富的学科上反映了出来，这门学科就是经济学。

虽说霍布斯本人并未对市场行为有过什么论述，但他的有关博弈的论说（人的行为均出自利己的动机，会为求得个人收益进行理性的估算，然后据此做出决断）是贯穿在所有的传统经济理念中的。霍布斯所描述的无情世界，正为所谓“理性逐极者”（也可称之为“经济人”）提供了天然的生存环境。也许有人会认为，这是人的天性使然，不应批评霍布斯本人。然而，在当今世界上，现时的种种政治与经济气候是不是对于这种环境的形成起了积极促成、鼓励乃至强迫就范的作用，还是应当重新考虑的。也就是说，恐怕经济学给出的基本设定，还不具备自动圄定与自我维系的能力。

可以肯定，经济学并非一向如此考虑问题。在中世纪末期，“公平价格”的观念主宰了经济学理念。商品的价格被定在买方和卖方都能接受的水平上，这样，卖方能赚得生存所需的利润，买方也有能力得到必需品。这样的公平价格是由商会、当地政府或者其他调节机构确定的。这就是说，经济是受到大力调控的。经济体系无疑是个存在着效能不足和过分干预的领域，而原因则是社会福祉的需要。商人们在怀有谋求个人利润的动机之外，也还接受了一定程度的社会义务。然而，霍布斯写出《利维坦》的时代，也正是国际贸易大为扩展、经济活动跨出了一国政府控制范围的时期。在当时的欧洲，国际贸易十分活跃，市场价格无人能够控制，只要能卖出去，商人尽可以漫天要价。在这样的环境中，利己主义可以大肆泛滥。它也的确大肆泛滥了一番。利己主义需要得到合理合法的地位，而斯密便提供了为其正名的理论。

价格归根结底要由供与求之间的平衡来决定，这一结论固然是由斯密在《国富论》中给出的，但最早提出这一点并由此启发了斯密的，是法国人理查德·坎蒂隆（Richard Cantillon）所撰写的《商业性质概论》（*Essai sur la nature du commerce en général*，1730—1734）[①]。在《国富论》中所提到的“看不见的手”，对商人无疑是块强大的磁石：他们希望能够随心所欲，谁也别来管，什么价都行。但斯密认为这种自由没有什么吸引力。他并没有给贪婪的商人充当辩护者的兴趣，况且，他的《国富论》本意也并非提出什么经济理论，而是进行道德哲学与社会哲学的探讨。他固然接受了人的行为是受“利己心”驱使的观点，但是相当勉强。对于文明社会中穷人的精力与时间到头来被用于为富人提供闲适与奢侈的现实，他是深感悲哀的。

然而，斯密还是接受了“利己心”的概念。原因何在？因为他希望实现经济理论的简化，并将其领向定量化。“经济人”概念的出现，使得对市场的“科学”分析有了可能，而启蒙时代的目标之一，就是将科学施之于人间事务。[②]大家知道，正是这种对社会科学进行简化继而分析的愿望，使得“经济人”的概念得以长期存在。许多经济学家今天仍旧像当年的斯密一样，反对对市场进行任何调控，坚持他当年的立场，认为所有的干预，都必然会伤害市场；而由于经济增长是国力的晴雨表，干预便也因之给整个社会带来伤害。不过，迄今为止，并没有谁能够提出任何经济理论证明，完全自由的市场，有能力确定对社会最有益的商品价格，或者能够

① 他实际上是爱尔兰人，但长期居住在法国，在法国完成了《商业性质概论》一书，并客死法国。——译者

② 斯密本人也与科学大有渊源。他认真钻研过牛顿的《自然哲学的数学原理》，又是化学家约瑟夫·布莱克（Joseph Black）和地质学家詹姆斯·赫顿（James Hutton）的朋友。

实现商品的最佳分配。

事实上，如果这样做，结果可能在若干方面截然相反。一些有关贸易与经济的“互动”新模型所表明的贫富不均会有所扩大的结果，同孟德斯鸠在18世纪提出的观点完全吻合，这就是最大的自私，存在于“文明的”商业社会之中；相反，倒是游牧部族的文化中，会保留一种浓厚的社会责任感，几乎将对陌生人的友好提升到神圣使命的地位。因此不妨说，在某种意义上，商业就意味着不平等。卢梭也发出了这一先声。他认为，人所表现出的种种卑劣与野蛮，其实部分是文明社会本身造就的，在霍布斯所描述的自然状态下，反倒表现得并不如此明显。卢梭的这一阐述无疑也过于简单化——其他动物在社会性行为中所表现出的残酷，即使只有最粗浅了解的人也会知道。不过，尽管如此，由于人类本性会受到种种习俗与规范的制约，要通过社会“定律”源自基本的人类本性这一观点来解释社会行为，就必须对其进行修正。如果同意这一点，人们就理当研究一下，今天这个被18世纪的科学唯理论定格化了的社会，可能向文化结构与组织中添加了哪些倾向。

本书涉及的本是建立在物理学基础上的模型在社会科学中的价值，却又谈到上述内容，似乎是方枘圆凿。其实，这样略提一下，无非是想做一个敬请注意的提醒。不难理解，自启蒙时代以来，人们就相信，甚至过分相信若干“基本原理”或称“第一原理群”的存在，其实，它们是否存在目前尚无定论。因此，我相信，从传统经济学等社会科学学科的现状来看，这种提醒是必要的。

选择与必然

这里实际谈及的是，我们能否相信自己有能力区分道德准则与物理定律。有一件事是社会物理学无能为力的，就是它不能告诉人们该如何度过自己的一生，该怎样界定个人与集体的责任，该如何判断主要和次要。几乎没有比期待科学给出道德指引更不切实、更蕴藏危机的了。自然定律中根本不会涉及如何为人，也绝不会论及怎样执政。对于有人试图确立某些能够据以判断对错的“定律”，并在此基础上建立起理想社会的糊涂观念，穆勒是认识到了的：

> 相当一批自认有哲学政治家禀赋的人已经进行过尝试，但不是试图寻觅普遍过程，而是探求普适法则。他们认为自己已找到了某种一概适用的政府形式或者定律系统。尽管付诸实践的人嗤之以鼻，他们仍乐此不疲。[14]

亚当·弗格森（Adam Ferguson）是一名苏格兰哲学家，于1766年获得无可争议的声名①。他与斯密也有过合作。他告诉人们，物理定律是在揭示究竟如何，而道德准则是规范应当如何。后者也是定律，然而这样看待它的原因是“由于其合乎道理或者具有权威……而不是由于其与事实相合”。[15]

这里当然是存在问题的，就是道德准则的确立并没有客观方式可循。此人的准则未必比彼人的准则更正确。这样一来，谁的最具资格，就要看权力大小了。在英王查理一世看来，由他绝对把握权柄，自然是一条道德准则。为了避免这种相对性，边沁和穆勒试图建立功利主义原理——以实现最大多数成员的最大幸福为目的②，但一直不很成功，这是因为，社会政策并不能简单地以数字计算衡量。

在仁智互见的形势下，弗格森在社会物理学中划定了一条伦理道德的中间线：选择与决定的平衡。弗格森也同斯密、孔德和孔多塞一样，在当时自然科学成果的影响下，相信社会行为一定是由“自然”定律决定的。他写下了这样的话语：“国家的建立是偶然的，它的确是人类活动的结果，但其设计方案却不是人定的。”[16]他不认为人们必须接受国家体制的制约，这是因为，这些制约已经作为某些行为的必然结果体现出来了。在人们对这些结果有所体验后，就能够根据自己选定的道德法则确定是否需要它

---

① 指他撰写了《道德哲学原理》一书。——译者

② 齐普夫曾经指出，功利主义所说的“最大多数成员的最大幸福”并没有意义，是一种“多值谬论”——一边是少数人的最大幸福，另一边是许多人的一般幸福，两者孰重孰轻？

们。我们并没有理由相信，人们所不希望发生的事情是无从减轻、更无法避免的。社会物理学对这一观点是支持的。一些经济学家认为，如果人们希望生活得好过石器时代，就必须接受贫富严重不均的状态。其实，说这种话的人并不是科学家，而是教条主义者。更好的经济模型告诉人们，有可能通过对商品交换模式的种种调整，使收入的分配向较为平均的方向倾斜。类似地，人们也可以指望，通过对驾驶规则的改动，确定哪些有助于降低高速公路上产生拥堵的机会。（当然，交通拥堵谈不上什么道德不道德，只是不受欢迎罢了。）

爱默生也相信自然定律会对人类行为产生引导作用。在他看来，这些定律并不表明某一类政府的形成势在必行。目前所有形成与存在过的政体，基本上都是选择的结果。“在涉及国家的问题时，”他说，“大家必须记住，体制并非‘原产’的，尽管它们在我们出生之前就已经有了……它们都可以彼此效仿，都可以不断改变；我们能够做得同样出色，甚至更加出色。”[17]换言之，出现的未必就是理当如此的。马克思也同意这一观点：“哲学家们只是用不同的方式解释世界，而问题在于改变世界。”[18]经济学家奥默罗德则认为马克思将轻重缓急的关系弄拧了：“政治家们在设法改变世界，但问题是要正确地理解世界。”[19]到头来，人们所要做的是双管齐下：理解与致力于造成变化，二者要携手并进。政治家们太急于（或者急于宣称）要实现改变，但却不知道如何具体去做，即便是知道了，也会被其一手建立的体制所制约而无法去做。（马克思与这些政治家不同，他看到了一个未来，认为它是唯一的必然未来，然后便不遗余力地去使之加速成为现实。）

借助物理学来促成改变并预言改变的限度，这种想法与政治学是没有渊源的。它既非来自自由派，也与强硬派无关；它不属于左翼，但也不算右翼。在政治领域里运用物理学，也许间或会有助于突破政治观念的藩篱。由于多数政见都始自于某种特定的世界观，然后致力于将真实的世界纳入其中，因此，如今出现的这个来自物理学的观点（当许多个体聚到一起并相互作用时，起伏便不可避免，某些规则便必然要起作用）使政治家很不受用。然而，如果不将这一形势视为真理对待，就会面临使做出的选择无益而浪费的危险。对于弗格森所说的应当如何对待社会中的自然定律的结论，历史学家奥尔森有如下精辟归纳：

> 按照弗格森的认识，要使存在于物理定律和道德准则（也就是科学世界与道德世界）之间的关系得以体现，不妨认为社会体系的形成是决定论式的，但又是“软性”的。如果自然发展，必然会沿着一定的途径进行，不过，通过自觉的与有意识的干预，使这些途径有所改变的可能也的确存在。因此，将“社会科学”的全部目的上升为一点，就是探究进行有意识的道德行为的机会及其可能的结果。倘若没有科学，道德就是盲目的；然而，一旦道德无存，科学就会是无用、无意义和无所施展的。[20]

为自由而设计

弗格森认为自然定律与道德准则是两回事。不过，这样的观点在古代社会中是没有意义的。西塞罗（Cicero，公元前106—前43）便对宇宙间存在着自然道德的观念情有独钟。他在《论法律》（*De Legibus*）中说道：“不要设定法律与公正没有来自自然界的源头，只能听凭于人们的一时认识。我们必须从根本上放弃感官之觉。”[21] 支持西塞罗这一乐观看法的史实相当有限。如果人们需要法律与公正，就必须建立一个能够促成其实施并防止其滥用的社会。国家就是为着这样的目的形成的。

在亚里士多德的心目中，人们显然表现出强烈的形成组群的天然意愿——用他的话来说就是“人类在本性上，也正是一种政治动物”[22]①。对此，托马斯·阿奎纳在他于1259年前后所写的小册子《论君主政治》（*On the Governance of Rulers*）中表示同意：“人天然是社会性和政治性的动物，具有必须以组群方式生活的天性，而且这种要求强过了其他所有动物。”[23]

① 吴寿彭译的中译本《政治学》，商务印书馆1983年版，第7页。——译者

但他同时也承认，在形成组群后，缺点也就出现了："当许多人聚到一起后，由于每个人都在追求自己的利益，致使出现组群破裂、成员四散的可能，要想不出现这种结局，就得有人动问与公共福祉有关的事宜。"[24]这样一来，国家就不单单是一个组群，它必须是有统治者的组群。这就是说，政府的出现乃是必然的。

不过，这离霍布斯所认定的必然独裁还是有相当距离的。霍布斯属意于强硬政府，明显反映出他本人对人性带有偏见。霍布斯与西塞罗不一样，他只在人身上看到主宰和占别人上风的意愿，而没有注意到人们愿意以部分个人利益换得社会化的倾向："在没有权力可以使大家全都慑服的地方，人们相处时就不会有快乐存在；相反的，他们还会有很大的忧伤。"[25] 20 世纪出现了大量有威慑能力的政体，它们的存在，可不是对霍布斯的支持。如何保证让社会不但是稳定的，而且也是道德的呢？

西方流行的看法是，整个社会，至少是其中的大部分，应当要实现民主。不过，这是现代人的观点，或者不如说，随着时间的推移，这种观点时兴过，也曾遭到冷遇。20 世纪 30 年代，面对德国崛起的法西斯思潮和苏联的独裁制度，洛克和穆勒的自由民主观念表现得十分苍白无力，根本不能代表欧洲的政治未来。也正是这种形势，促使奥地利经济学家弗里德里希·冯·哈耶克（Friedrich Von Hayek）写出了 1944 年出版的、著名的《通往奴役之路》（*The Roadto Serfdom*）。这是一部为资本主义自由进行辩护的著述。他认为社会主义必然会走向极权。不过，他这本书的目的，并不只在于批判独裁，而是研究了有关民主的若干不同观念，并着重探讨了所有民主派都必然会考虑的问题，就是民主制度所应掌握的分寸。

哈耶克呼应着斯密的观点，认为应当将市场的自由程度作为政治经济社会的终极衡量标准。由于哈耶克认为，金钱是获得自由的钥匙（这种极端天真的认识，正是他所生活的年代的反映），因此，任何对资本的控制，都是在背离自由。他对斯密的赞同，在他所引用的后者这一段话中明显可见：

> 刻意引导私人处置资金的政治家，不但会过度地施加极不必要的关注，还会将自己置于可信赖权威的地位，更会认为自己的权威不但可用来施于个人，还可凌驾在种种委员会和议会等一应机构之上。由一个自负地认为自己完全能够充当此等职责的人掌权，实在是再危险不过了。[26]

因此哈耶克认定，只要是“计划”，就必定会涉及经济，都必然带有社会主义的味道。竞争的力量，通过竞争造就的市场，即便未必平等，但至少说得上“公平”——这是指在一定文化氛围下的机会均等，远比计划经济可以信赖。显然，计划经济与市场经济之争，在今天仍同60年前一样重要。

从哈耶克的观念中，可以看出他坚信自组织原理维系平衡的作用。粗粗看来，他好像是在鼓吹自由放任、无为而治，然而应当注意，他也努力地解释了自己的观点并非如此：“自由主义的观念主张通过对竞争尽可能正面地利用，实现对人们行为的协调，而不是袖手旁观。”[27]这就是说，他认为经济活动应当得到“照拂”，这样，“自发社会力量”的运作才能带来最大的收益：

> 自由党人对社会的态度，就应当有如园丁之照拂花木，为了形成有利于花木生长的最佳条件，园丁必须尽可能地了解其构造以及作用方式。[28]

哈耶克否认绝对价值体系的存在，这可能会受到质疑，认为他所主张的由每个人自行裁夺自己的行止，会给社会带来灾难（或者导致又一个希特勒上台）。这确实是个关键问题。对于他所持有的市场力必然会实现“最佳”运作，因此应当绝对不受干涉的观点，我们不妨心存疑窦，但所有有心统领社会的人，的确是有责任“尽可能地了解其构造以及作用方式”的。哈耶克至少有一点说对了，就是自发社会力量的确存在。在本书中，我们已经讨论了近年来人们为确定这些力量的具体内容所做的若干努力。

一些自发社会力量无疑可归入“外生”一类。这就是说，它们来自外部，或者是技术演变（如机械化、节育、信息技术）等过程，或者是环境条件（如干旱、饥荒、气候变化）。此外也有许多作用于社会的力量，是个人与个人之间相互作用的集体性结果。贸易往来、流行时尚、战端突起、男婚女嫁、避免车祸等，都属于这样的相互作用。谢林认为，这些力量都属于相冲突的愿望彼此妥协的典型表现，也就是说，它们都是吸引作用与排斥作用二者间调节的结果。我们自己想要的，并不总是他人想得到的——

> 在我们称之为社会的存在中，相当一部分机构会下设部门，专门用来克服个人所认定的利益与某些更大的集体福祉之间的分歧……我们要介入的，是个人属意的行为和他们有可能愿意共同完成的行为之间的频频不同。[29]

我们越是面临个人目的与集体目标的相左，自己有关群体应有行为的直觉就可能越不值得信赖。（当然，并不是只在这种境地时才会如此。）此时，我们需要的是简单而又实用的模型，并据此推断出自己行为的前景。

随之而来的在更大范围内的挑战，是决定我们是否肯接受这些力量可能导致的结局。哈耶克没能证明自由化市场的确对社会最为有利。在某些情况下，这样的市场固然最为有效（其实，一些新出现的经济模型，对这一点也提出了疑问），然而，当这样的市场造成了收入同付出的努力与承担的责任根本不成比例时，当它将儿童（大量的儿童）色情等同为香蕉之类的商品时，当它使小国沦为大公司的俎上肉时，人们自然会问，这样的结局是不是大家真正想要的。正如谢林所指出的：“个（人）适应社会环境时如何成功，与大家共同创建起来的社会环境如何美好，这两者并不是一回事。”[30]

社会物理学是不能回答或者解决这个问题的。如果要求它提供道德标准，那未免是缘木求鱼了。这本来是明摆着的。然而，科学在今天太受推崇了，致使它踏进道德与伦理领域的小小越轨往往无人察觉。目前已经出现了一种倾向，就是将科学分为“好的”与“坏的”两类，比如说，有的科学是“整体性的”，另一些则是“还原性的”。这实在令人丧气。英国作家柯南·马力克（Kenan Malik）说过：“将科学变为信仰，委实糟糕之至。比这更不如的情况实在不多。”[31]对于将科学观念不适当地套用于社会问题，哈耶克自己也持反对态度，这在当时打着进化论的旗号推销优生学而自由派又热衷于此的时代，的确是相当正确的。有关事物之当然的知识，永远也不能越俎代庖，站到判断事物是否理当如是的位置上。

因此，社会物理学绝不可能成为指引道德的罗盘。它是工具，而且也只能是工具。如何正确地使用它，穆勒有着十分优美的阐述：

> 实用政治学的目的，是将尽可能多的能产生有益倾向的条件提供给既定社会，同时尽最大可能去除或者抵制会产生有害倾向的条件。掌握了种种倾向的知识，固然并不能带来精确预言的全面能力，但至少能使我们部分地做到这一点。[32]

努力认知这些倾向，无疑是明智之举，甚至可以说是道德使命。美国社会学家富兰克林·吉丁斯（Franklin Giddings，1855—1931）在 1924 年表示说，研究这些倾向，是社会科学所有学科的首要任务，而如果研究工作确实能够进入真正科学的轨道，这一目标就会比较容易达到——

> 科学就是得到事实并试图理解这些事实，既不过头，也不未达……科学对于人类的作用，就是帮助我们面对事实，既不过度，也不欠火……由于社会科学正得到人们的认识，并将继续得到人们更好的认识，人类有可能减少世间的苦难，活得比以往任何时代都更加明智。[33]

而这其实正是霍布斯所希望达到的目标。他根据自己所认识到的“事实”，归纳出了人类所应建立的政治构体。这一构体被今天的人类视为无法接受，被认为不可能借以减少人类的苦难，这正是给我们的警告，告诉我们，即令是被努力“科学化”的东西，也很难超越其所处的时代。尽管如此，霍布斯的方法论和推理过程中包含着不少相当有现代特色的内容。因此，我们有理由认为，在努力从个人倾向中演绎出群体行为的一长串人物中，霍布斯堪称开山鼻祖。

可以看出，社会科学的内容，是可以通过以往的语言阐述清楚的。事实上，现代统计物理学家们所做的工作，往往就是给这些早期著述中的词句以更宽广的视角。科学家也受到鼓励，以最大的尊重历史成果的精神和最谦恭的态度，来说明自己的研究成果。而这样做也确有道理。与此同时，政界人士与政策制定者也正在从前辈们闭门造车形成的政治哲学中脱身出来，致力于从速攻克非长期的实质性问题。目前人们最迫切需要解决的问题，也即社会物理学能够有所作为的问题，是人类是否能在前人的智慧与关爱的基础上，借助他们在更艰难的时世中所提供给人类的睿智与期望，构筑起明天的社会。

原书注释

前 言

1. W. Petty (1690). *Political Arithmetick.* Robert Clavel，London.
2. *Ibid.*，Preface.
3. K. Waltz (1954). *Man，the State，and War*，p. 75. Columbia University Press，New York.

第 1 章

1. B. Fontenelle. Quoted in A. G. R. Smith (1972). *Science and Society in the 16th and 17th Centuries*，p. 153. Science History Publications，New York.
2. B. Fontenelle (1686). *Conversations on the Plurality of Worlds*，transl. W. Gardiner (1715)，pp. 11–12. London.
3. R. M. MacIver (1947). *The Web of Government.* Macmillan，New York. Quoted in R. Bierstedt (ed.)，*The Making of Society*，p. 493. Random House，New York，1959.
4. S. Cotgrove (1967). *The Science of Society*，p. 181. George Allen & Unwin，London.
5. Snorri Sturluson (13th century). *The Prose Edda*，transl. J. I. Young (with minor changes)，p. 86. University of California Press，Berkeley，1964.
6. J. Aubrey (1681). *Brief Lives*，ed. J. Buchanan-Brown，pp. 427–8. Penguin，London，2000.

7. T. Hobbes (1651). *Leviathan*, ed. C. B. Macpherson, pp. 110–11. Penguin, London, 1985.
8. T. Hobbes (1651). *Philosophical Rudiments Concerning Government and Society*, Chapter 1, section 7, p. 26. Quoted in *Leviathan*, p. 28. [The *Rudiments* is a translation by Hobbes of his Latin text *De cive*, 1642.]
9. Hobbes, *Leviathan*, p. 82.
10. R. Descartes (1641). 'Meditations on first philosophy'. In *Meditations and Selections from the Principles of Philosophy*, p. 98. Open Court, La Salle, IL, 1952.
11. Hobbes, *Philosophical Rudiments*, Preface, pp. 10–11.
12. T. Hobbes(1642). *De cive*, ed. S. Lamprecht, p. 15. Appleton-Century-Crofts, New York, 1949.
13. F. Bacon (1627). *New Atlantis*, Quoted in J. Carey (ed.), *The Faber Book of Utopias*, p. 64. Faber & Faber, London, 1999.
14. R. M. MacIver (1947). *The Web of Government.* In Bierstedt (ed.), *The Making of Society*, p. 493. Random House, New York, 1959.
15. L. Mumford (1946). The *Culture of Cities*, p. 93. Secker & Warburg, London.
16. Hobbes, *Leviathan*, p. 151.
17. *Ibid.*, p. 161.
18. *Ibid.*, p. 186.
19. Ibid., p. 190.
20. Job 41: 8–34.
21. Hobbes, *Leviathan*, p. 228.
22. F. L. Nussbaum (1965). *The Triumph of Science and Reason 1660–1685*, p. 61, Harper & Row, New York.
23. Hobbes, *Leviathan*, p. 261.
24. *Ibid.*, p. 379.
25. R. Olson (1990). *Science Deified and Science Defied*, Vol. 2, p. 41. University of California Press, Berkeley.
26. D. Hume. Quoted in R. Tuck (2002). *Hobbes: A Very Short Introduction*, p. 107. Oxford University Press.
27. T. Hobbes (1682). *Behemoth, or The Long Parliament*, p. 126. Ed. F. Tönnies,

reprinted by University of Chicago Press，1990.

28. Hobbes，*Leviathan*，p. 208.

Figure 1.2 caption: Hobbes，*Leviathan*, p. 227.

第 2 章

1. P. Hein (1966). *Grooks*，p. 24. MIT Press，Cambridge，MA.
2. A. Einstein (1900). Letter to Mileva Maric, 13 September. In A. Beck and P.Havas (eds)，*The Collected Papers of Albert Einstein*，Vol. I，p. 154.Princeton University Press，1987.
3. J. C. Maxwell (1856). Inaugural Lecture at Aberdeen，2 November. *Notes and Records of the Royal Society of London* 28，69 (1973).
4. I. Kant. Quoted in F. A. Hayek (1962). *The Road to Serfdom*，p. xx. Routledge，London.
5. R. J. Boscovich (1763). *Theoria philosophiae naturalis.* Venice. Transl. as *A Theory of Natural Philosophy* (Open Court，Chicago，1922)，reprinted by MIT Press，Cambridge，MA (1966)，p. 141.
6. P. S. Laplace (1814). *Essai philosophique sur les probabilités*，p. 3. Paris. Reprinted by Gauthiers-Villars，Paris，1921.
7. *S. Carnot (1824) .Réflexions sur la puissance motrice du feu et sur les machines propreà dé velopper cette puissance*. Bachelier，Paris. English transl. by R. H. Thurston in S. Carnot，*Re ections on the Motive Power of Fire and Other Papers on The Second Law of Thermodynamics*，ed. E. Mendoza. Dover，New York，1960.
8. C. P. Snow (1965). *The Two Cultures*，pp. 14–15. Cambridge University Press.
9. W. Thomson (1852). 'On a universal tendency in nature to the dissipation of mechanical energy '，*Philosophical Magazine*，series 4，4,304–6.
10. E. A. Moelwyn-Hughes. Quoted in J. M. Thomas (1986). 'Royal Institution inaugural lecture'，*Royal Institution Proceedings*，p. 3.
11. L. Boltzmann (1872). 'Weitere Studien über das Wärmegleichgewicht unter Gasmolekülen '，*Sitzungsberichte der Akademie der Wisseschaften*，*Wien II*，

66，275–370. In *Wissenschaftliche Abhandlungen*，Vol. 1 (ed. F. Hasenöhrl)，p. 345. J. A. Barth，Leipzig，1909.

第3章

1. W. Wundt (1862). *Beitrage zur Theorie der Sinneswahrnehmung，p. xxv.Leipzig.*
2. J. Herschel (1850). ‘Quetelet on probabilities’，*Edinburgh Review* 92，42.
3. H. Spencer (1880). *The Study of Sociology*，9th edn，p. 39. Otto Zeller, Osnabrück，1966.
4. L. Boltzmann，in W. Hoeflechner(ed.) (1994). *Ludwig Boltzmann：Leben und Briefe.* Publikationen aus dem Archiv der Universität Graz，Akademische Druck–und Verlaganstalt，Graz. [English translation by F. Rohrlich(1992). ‘A poem by Ludwig Boltzmann’，*American Journal of Physics* 60，972–3.]
5. D. L. Goodstein (1975). *States of Matter*，p. 1. Prentice Hall，New York.
6. R. Musil (1953–60)(written 1930–42). *The Man Without Qualities.* Transl. E Wilkins and E. Kaiser. Secker & Warburg，London.
7. W. Petty (1691). ‘The political anatomy of Ireland’. In C. H. Hull (ed.)，*The Economic Writings of Sir William Petty*，Vol. 1，p. 129. Cambridge University Press，1899.
8. J. Graunt *(1662). Observations upon the Bills of Mortality.* In Hull，*The Economic Writings of Sir William Petty*，Vol. *2*，p. *334.*
9. Quoted in D.J. Boorstin (1985). *The Discoverers*，p. 668. Vintage，New York.
10. T. Short (1767). *A Complete History of the Increase and Decrease of Mankind*,p. i. London.
11. I. Kant (1784). *On History*，p. 11. L. Beck (ed.)，Indianapolis，Bobbs–Merrill, 1963.
12. J. A. N. de Condorcet (1785). *Essai sur l 'application de l 'analyse à la probabilité des décisions rendues à la plurité* des voix. Quoted in J. Carey (ed.)，*The Faber Book of Utopias*，pp. 161–2. Faber & Faber，London,1999.
13. J. A. N. de Condorcet (1795). *Esquise d 'un tableau historique des progrés de l'esprit humain.* Quoted in Carey，p. 165.

14. Condorcet, *Esquise.* Quoted in R. Bierstedt (ed.), *The Making of Society*, p. 68. Random House, New York, 1959.

15. J. T. Desaguliers (1728). *The Newtonian System of the World*, lines 17–18. Quoted in M. C. Jacob, *The Radical Enlightenment: Pantheists, Freemasons and Republicans*, p. 124. Allen & Unwin, London, 1981.

16. D. Hume (1741). 'That politics may be reduced to a science'. In S. Copley and A. Edgar (eds), *Selected Essays*, pp. 13–24. Oxford University Press, 1993.

17. J. Swift (1726). *Gulliver's Travels*, Book Ⅱ, p. 176. Penguin, London,1985.

18. E. Burke (1790). *Re ections on the Revolution in France*, para. 98. J. Dodsley, London. Republished (ed. C. C. O 'Brien) by Penguin, London, 1982.

19. A. Comte (1830–42). *Cours de philosophie positive.* Quoted (in English) in Bierstedt, p. 192.

20. A. Quetelet (1830–31). ' Lettre *à* M. le Bourgmestre, 15 dec. 1831 '. *Annuaire de l ' observatoire de Bruxelles* 1,285 (1834); 'letter to Bouvard', 5 November 1830, quoted in J. Lottin, *Quetelet: Statisticien et Sociologue*, p. 52. Institut Supérieur de Philosophie, Louvain, 1912.

21. A. Quetelet (1840). 'Notice scientifique ' for his book *Sur l 'homme*, *Annuaire de l 'observatoire de Bruxelles* 7, 230.

22. A. Quetelet (1832). 'Recherches sur le penchant au crime aux différens ages', *Nouveaux mémoires de l 'académie royale des sciences et belles-lettres de Bruxelles 7, 80.*

23. A. Quetelet(1835). *Sur l 'homme et le développement de ses facultés, ou essai de physique sociale*, p. 289. Bachelier, Paris.

24. Quetelet, ' Recherches sur le penchant au crime aux différens ages', p. 6.

25. J. Herschel (1850). ' Quetelet on probabilities', *Edinburgh Review* 92, 14.

26. J. S. Mill (1862), *A System of Logic.* In *Collected Works*, Vols 7–8, ed. J. M. Robson, p. 932. University of Toronto Press, 1973.

27. H. T. Buckle (1857–61). *History of Civilization in England*, Vol. 2, p. 244. Hearst's International Library, New York, 1913.

28. I. Kant (1784). 'Idea of a universal history from a cosmopolitan point of view'. See I. Kant, *On History* (ed. L. Beck), p. 11. Bobbs-Merrill, Indianapolis,

1963.

29. Buckle, *History of Civilization in England.* See F. Stern (ed.), *The Varieties of History from Voltaire to the Present*, 2nd edn, pp. 121–32. Macmillan, London, 1970.
30. W. Newmarch (1860). ' Some observations on the present position of statistical inquiry with suggestions for improving the organization and efficiency of the International Statistical Congress', *Journal of the Statistical Society of London* 23, 362.
31. N. W. Senior (1860). 'Opening address of Nassau W. Senior, Esq ...', *Journal of the Statistical Society of London* 23, 359.
32. F. K. Hunt (1850). 'A few facts about matrimony', *Household Words* 1, 374.
33. R. W. Emerson (1860). ' Fate', *The Conduct of Life & Other Essays*, p. 159. J. M. Dent & Sons, London, 1908.
34. M. Twain (1924). *Autobiography*, Vol. 1, Ch. 20. Harper & Brothers, New York.
35. F. Nietzsche (1874). *Untimely Meditation. Second Part: Of the Use and Disadvantage of History for Life.* E. W. Fritzsch, Leipzig.
36. Quoted in L. Campbell and W. Garnett (1882). *The Life of James Clerk Maxwell*, pp. 294—5. Macmillan, London.
37. J. C. Maxwell (1873). 'Molecules'(a lecture), *The Scientific Papers of James Clerk Maxwell*, ed. W. D. Niven, Vol. 2, p. 374. Cambridge University Press, 1890.
38. Quoted in Campbell and Garnett, pp. 438–9.
39. L. Boltzmann (1872). Quoted in ' Weitere Studien über das Wärmegleichegewicht unter Gasmolektülen', in *Wissenschaftliche Abhandlungen*, Vol. 1 (ed. F. Hasenöhrl), p. 317. J. A. Barth, Leipzig, 1909.
40. P. G. Tait (1886). 'On the foundations of the kinetic theory of gases', *Scientific Papers*, Vol. 2, p. 126. Cambridge University Press, 1898–1900.
41. C. S. Peirce (1877). 'The fixation of belief', *Popular Science Monthly* 12, 1–15. Reprinted in *Collected Papers*, Vol. V, p. 226. Harvard University Press, Cambridge, MA, 1974. [I am grateful to Vincent Bauchau for bringing this citation to my attention.]

42. F. Galton (1875). *English Men of Science：Their Nature and Nurture*，p. 17. D. Appleton，New York.

43. A. A. Cournot (1843). *Exposition de la théorie des chances et des probabilités,p. 181.* Hachette，Paris.

44. J. J. Fox (1860). ' On the province of the statistician', *Journal of the Statistical Society of London* 23,331.

45. A. Taillandier (1828), Review of '*Compte général de l' administration de la justice criminelle en France*', *Revue encyclopédique 40*，612.

46. *' Introduction '*，*Journal of the Statistical Society of London* 1,3 (1838).

47. W. Farr (1861). Quoted in M. Diamond and M. Stone, 'Nightingale on Quetelet ', *Journal of the Royal Statistical Society A* 144，70 (1981).

48. A. De Candolle (1830). ' Considerations sur la statistique des délits ', *Bibliothèque universelle des sciénces，belles–lettres et arts* 104,160.

49. Kant，*On History*，p. 11.

50. A. Quetelet (1847). 'De l'influence de libre arbitre de l'homme sur les faits sociaux'，*Bulletin de la commission centrale de statistique* 3,142.

51. Quetelet，*Sur l'homme. . .*，p. 9.

52. W. Cyples (1864). ' Morality of the doctrine of averages '，*Cornhill Magazine* 10，224.

53. Anon (1860). ' The address of the Prince Consort on opening as President the Fourth Session of the International Statistical Congress '，*Journal of the Statistical Society of London* 23，280.

54. F. Dostoevsky(1864)，*Letters from the Underworld*，transl. C. J. Hogarth，p. 32. J. M. Dent & Sons，London，1913.

55. *Ibid.*，pp. 29–30，p.32.

56. Ibid.,p.31.

57. L. N. Tolstoy (1869). *War and Peace*，transl. R. Edmunds，Vol. 2，p. 1404. Penguin，London，1969.

58. *Ibid.*，p. 1426.

59. Ibid.,p. 1440.

60. M. E. Hare (1905). Quoted in N. Ferguson，*Virtual History*，p. 446. Picador，

London，1997.
61. A. Tennyson (1868). ‘ Lucretius ’，p. 10. Printed for private circulation，Cambridge，MA.
62. Maxwell，‘Molecules’,p. 373.
63. J. C. Maxwell (1867). Letter to P. G. Tait，in C. G. Knott，*Life and Scientific Work of Peter Guthrie Tait*，pp. 213—14. Cambridge University Press，1911.
64. M. Smoluchowski (1918). ‘Über den Begriff des Zufalls und den Ursprung der Wahrscheinlichkeitgesetz in der Physik’. In *Oeuvres*，Vol. 3，p. 87. Cracow，1924–8.

第 4 章

1. R. W. Emerson (1860). *The Conduct of Life*，p. 210. J. M. Dent & Sons，London，1908.
2. J. C. Maxwell (1878)，in *The Scientific Papers of James Clerk Maxwell,ed.* W. D. Niven，Vol. 2，pp. 715–17. Cambridge University Press，1890.
3. I. Newton (1704)，‘ Queries ’，in *Opticks.* Reprinted by Dover，New York，1952.
4. K. Vonnegut (1965). *Cat's Cradle*，p. 163. Penguin，London.
5. M. Gladwell (2000). *The Tipping Point.* Little，Brown & Co.，London.
6. C. Jencks (1995). *The Architecture of the Jumping Universe.* Academy Editions，London.
7. T. S. Kuhn (1962). *The Structure of Scientific Revolutions.* University of Chicago Press.
8. J. F. W. Herschel (1830). *Preliminary Discourse on the Study of Natural Philosophy*，p. 188. Longman，Rees，Orme，Brown & Green; and Taylor，London.
9. T. Andrews (1869). ‘On the continuity of the gaseous and liquid states of matter’，*Philosophical Transactions of the Royal Society* 159，575.
10. J. C. Maxwell (1874). ‘Van der Waals on the continuity of the gaseous and liquid states ’，*Nature* 10，477–80，here p. 478.

第 5 章

1. S. Hales (1727). *Vegetable Staticks.* W. &J. Innys & T. Woodward, London.
2. H. Spencer (1876). *The Principles of Sociology.* Quoted in R. Bierstedt (ed.), *The Making of Society*, p. 262. Random House, New York, 1959.
3. G. C. Lichtenberg. Quoted in F. Cramer, *Chaos and Order*, p. 2. VCH, Weinheim, 1993.
4. H. D. Thoreau (1856). *The Journal of Henry David Thoreau*, ed. B. Torrey & F. Allen, Vol. 8, pp. 87–8. Houghton Mif in, Boston, 1906.
5. J. W. Gibbs (1906). 'On the equilibrium of heterogeneous substances'. In H. A. Bumstead and R. G. Van Name(eds), *The Scientific Papers of J. Willard Gibbs*, Vol. I. Longmans, Green, New York.
6. D ' A. W. Thompson (1917). *On Growth and Form*, p. 503. Revised edition published by Cambridge University Press, 1942, reprinted in 1992 by Dover, New York.
7. Thompson, p. 505.
8. I. Prigogine (1980). *From Being To Becoming*, p. 106. W. H. Freeman, New York.
9. J. L. Borges (1956). ' The Garden of Forking Paths '. In *Labyrinths*, pp. 44–54. Penguin, London, 1970.
10. Prigogine, p. 106.

第 6 章

1. G. C. Lichtenberg. Quoted in F. Cramer, *Chaos and Order*, p. 114. VCH, Weinheim, 1993.
2. E. A. Ross (1901). *Social Control.* In R. Bierstedt (ed.), *The Making of Society*, p. 336.Random House, New York, 1959.
3. H. von Kleist(1810).'On the Marionette Theatre', *Berliner Adendblätter*, 12–15 December.Transl. I. Parry, *Times Literary Supplement*, 20 October 1978.
4. A. van Leeuwenhoek (1674). In C. Dobell (transl. and ed.), *Antony van*

Leeuwenhoek and His 'Little Animals'. Russell & Russell，New York，1958.

5. T. Hobbes (1651). *Leviathan*，ed. C. B. Macpherson，p. 228. Penguin，London，1985.
6. J. K. Parrish and L. Edelstein-Keshet (1999). 'Complexity，pattern，and evolutionary trade-offs in animal aggregation '，*Science* 284，99–101，here p. 100.
7. C. Reynolds. Quoted in S. Levy，*Artificial Life*，p. 74. Jonathan Cape，London，1992.
8. E. O. Wilson. Quoted in R. Lewin，*Complexity*，p. 178. Macmillan，New York，1992.
9. Hobbes，*Leviathan*，p. 225.
10. *Ibid.*，pp. 225–6.
11. L. F. Henderson (1971). ' The statistics of crowd uids' *Nature* 229,381.
12. B. Hillier and J. Hanson (1984). *The Social Logic of Space*，p. 266. Cambridge University Press.
13. *Ibid.*
14. M. Batty，J. Desyllas and E. Duxbury (2003). 'Safety in numbers? Modelling crowds and designing control for the Notting Hill Carnival'，*Urban Studies* 40,1573–90，here p. 1588.
15. Parrish and Edelstein–Keshet，p. 101.
16. P. Ackroyd (2000). *London：The Biography*，p. 2. Chatto & Windus，London.
17. *Ibid.*，p.103.
18. H. Kett (1787). Quoted in *Ibid.*，p. 517.
19. D. D. T. Chen (2000). 'The science of smart growth '，*Scientific American*，December，84–92，here p. 84.
20. *Ibid.*
21. L. Mumford (1938). *The Culture of Cities*，p. 233. Secker & Warburg，London.
22. *Ibid.*，p. 7.
23. H. Spencer (1876). *Principles of Sociology.* Quoted in Bierstedt，p. 262.
24. H. E. Stanley. Quoted in I. Petersen，' The shapes of cities '，*Science News*，6 January，p. 9 (1996).

25. H. Simon (1996). *The Sciences of the Artificial*，3rd edn，pp. 33–4. MIT Press，Cambridge，MA.
26. Ackroyd，p. 588.

第 7 章

1. T. C. Schelling(1978). *Micromotives and Macrobehavior*，p. 121. W. W. Norton，New York.
2. J. W. Gibbs. Quoted in A. T. Winfree，*The Geometry of Biological Time.* Springer-Verlag，New York，1980.
3. R. Kipling (1890). L' Envoi to *The Story of* the *Gadsbys.* A. H. Wheeler & Co.，Allahabad.
4. R. Moe (1999). Speech on urban sprawl，Red Hills Spring Event Dinner，Tall Timbers Research Station，Tallahassee，Florida，24 March.

第 8 章

1. S. Johnson. Quoted in R. Heilbroner，*The Worldly Philosophers*，7th edn，p. 41. Penguin，London，2000.
2. G. B. Shaw (attributed).
3. J. W. von Goethe. Quoted in R. W. Emerson(1860). *The Conduct of Life*，p. 197. J. M Dent & Sons，London，1908.
4. Heilbroner，p. 57.
5. D. Defoe (1706). *Review*，vol. Ⅱ，p. 26. Quoted in D. Donoghue，*England，Their England：Commentaries on English Language and Literature*，p. 65. Alfred A. Knopf，New York，1988.
6. Quoted in J. G. A. Pocock (1985). ' Josiah Tucker on Burke，Locke，and Price'. In *Virtue，Commerce and History：Essays on Political Thought and History，Chie y in the Eighteenth Century*，pp. 157–91. Cambridge University Press.
7. Emerson，p. 202.
8. *Ibid.*

9. J. Kay (1995). ' Cracks in the crystal ball ', *Financial Times*, 29 September.
10. I. Fisher (1929). Quoted in Heilbroner, p. 251.
11. P. Krugman (1994). *Peddling Prosperity*, p. xi. W. W. Norton, New York.
12. *Ibid.*
13. A. Smith (1776). *An Inquiry into the Nature and Causes ofthe Wealth of10. Nations*. Abridged version, ed. L. Dickey, p. 33. Hackett PublishingCo., Indianapolis, 1993.
14. K. Marx and F. Engels (1848). *The Communist Manifesto*, transl. S. Moore, p. 25. Junius Publications, London, 1996.
15. *Ibid.*, p. 48.
16. Krugman, p. 26.
17. P. H. Cooter (ed.) (1964). *The Random Character of Stock Market Prices.* MIT Press, Cambridge, MA.
18. Quoted in G. Stix (1998). 'A calculus of risk ', *Scientific American*, May, 70—75.

第 9 章

1. R. Heilbroner (1999). *The Worldly Philosophers*, 7th edn, pp. 316—17. Penguin, London, 2000.
2. R. W. Emerson (1860). *The Conduct of Life*, p. 199. J. M. Dent & Sons, London, 1908.
3. W. B. Arthur. Quoted in M. M. Waldrop, *Complexity*, p. 328. Penguin, London. 1994.
4. T. Carlyle (1849). ' The Nigger question '. In *Miscellaneous Essays*, Vol. 7, pp. 79–110. Chapman & Hall, London, 1888. [I recommend P. Groenewegen's "Thomas Carlyle, 'the dismal science', and the contemporary political economy of slavery", *History of Economics Review* 34, 74–94(2001) for a discussion of Carlyle's critique of ' economic science ' and his views on the economic implications of the emancipation of slaves.]
5. F. Y. Edgeworth (1888). ' Tests of accurate measurement '. In *Papers Relating*

to Political Economy, Vol. 1, p. 331. Macmillan, London, 1925.

6. F. Y. Edgeworth (1881). *Mathematical Psychics: An Essay on the Application of Mathematics to the Moral Sciences*, pp. 12–13. Kegan Paul & Co., London.
7. Edgeworth, *Mathematical Psychics*, p. 50.
8. Heilbroner, p. 176.
9. J. M. Keynes (1926). ' Francis Ysidro Edgeworth ', *Essays in Biography*, p. 224. W. W. Norton, New York, 1963.
10. P. Krugman (1994). *Peddling Prosperity*, p. xi. W. W. Norton, New York.
11. Heilbroner, p. 317.
12. D. Howell (2000). *The Edge of Now.* Macmillan, London.
13. J. Kay (2000). ' Economic with the truth ', *Prospect*, October, p. 70.
14. J. M. Keynes (1936). *The General Theory of Employment, Interest and Money*, p. 161. Macmillan, London, 1973.
15. G. Soros (1994). Quoted in the editorial introduction to W. B. Arthur, S. N. Durlauf and D. A. Lane (eds), *The Economy as a Complex Evolving System II*, p. 15. Addison-Wesley, Reading, MA, 1997.
16. Kay, p. 70.
17. A. Kirman (1996). 'Some observations on interactions in economics.'Paper presented at Workshop on Structural Change, Manchester Metropolitan University, UK, 20–21 May.
18. *Ibid.*
19. Arthur *et al.*, p. 9
20. *C.* Davenant (1696). 'An Essay on the East-India Trade ', p. 25. London.
21. A. Smith (1759). *The Theory of Moral Sentiments*, p. 82. Eds D. D. Raphael and A. L. Macfie. Clarendon Press, Oxford, 1976.
22. E. Burke (1797). Letter to Arthur Young, 23 May. In *The Works and Correspondence of the Right Honourable Edmund Burke*, Vol. II, p. 398. Francis &John Rivington, London, 1852.
23. Y. Louzoun, S. Solomon, J. Goldenberg and D. Mazursky (2002). 'The risk at being unfair: World-size global markets lead to economic instability ', Preprint.

24. J. M. Epstein and R. Axtell (1996). *Growing Artificial Societies*, p. 136. MIT Press, Cambridge, MA.

第10章

1. G. K. Zipf (1949). *Human Behavior and the Principle of Least Effort*, p. 27. Hafner, New York, 1965.
2. H. Simon(1996). *The Sciences of the Artificial*, 3rd edn,p. 2. MIT Press, Cambridge, MA.
3. P. Anderson (1997). In W. B. Arthur, S. N. Durlauf and D. A. Lane (eds), *The Economy as a Complex Evolving System II*, p. 566. Addison-Wesley, Reading, MA.
4. L. Laloux, M. Potters, R. Cont, J.-P. Aguilar and J.-P. Bouchard (1999). 'Are financial crashes predictable? ', *Europhysics Letters* 45,1–5.
5. P. Bak (1997). *How Nature Works*, pp. 187–8. Oxford University Press.
6. *Ibid.*, p. 191.
7. A. Tennyson (1842). ' Locksley Hall', p. 20, line 137. In *Locksley Hall and Other Poems.* Ernest Nister, London.
8. B. Mandelbrot (1983). *The Fractal Geometry of Nature.* Freeman & Co., New York.
9. E. Wolf (1996). ' Trends in household wealth during 1989–1992 '. Submitted to the Department of Labor,New York. See also J. Diaz-Gimenez,V. Quadrini and J. V. Rios-Rull (1997). ' Dimensions of inequality：Facts on the US distributions of earnings, income and wealth ', *Quarterly Review of the Federal Reserve Bank of Minneapolis* 21, 3–21.
10. C. Snyder (1940). *Capitalism the Creator*, p. 417. Macmillan, New York.
11. Z.-F. Huang and S. Solomon (2001). ' Finite market size as a source of extreme wealth inequality and market instability ', *Physica A* 294, 503–13.
12. Zipf, p. 543.
13. *Ibid.*, p. 544.

第 11 章

1. C. Handy (1993). *Understanding Organizations*, 4th edn, p. 313. Penguin, London.
2. J. B. S. Haldane (1949). 'Shapes and weights'. In *What Is Life?*, p. 186. Alcuin Press, Welwyn Garden City.
3. E. F. Schumacher (1974). *Small Is Beautiful*, p. 55. Sphere, London.
4. Quoted in G. Monbiot (2000). *Captive State*, pp. 166—7. Macmillan, London.
5. *A Review of Monopolies and Mergers Policy*: A consultative document. *Cmnd* 7198, pp. 136–7. HMSO, London, 1978.
6. A. Smith (1776). *An Inquiry into the Nature and Causes of the Wealth of Nations.* Abridged version, ed. L. Dickey, p. 5. Hackett Publishing Co., Indianapolis.
7. Monbiot, p. 179.
8. R. Axtell (2001). 'Zipf distribution of US firm sizes ', *Science* 293, 1818–20.
9. J. Sutton (1997). 'Gibrat' s legacy', *Journal of Economic Literature* 35, 42–3.
10. R. Axtell (1999). 'The emergence of firms in a population of agents: Local increasing returns, unstable Nash equilibria, and power law size distributions'. Center on Social and Economic Dynamics, Working Paper No. 3, p. 3. Brookings Institution, Washington, DC.
11. Sutton, p. 57.
12. J. Kay (2003). 'The real economy ', *Prospect* May, p. 28.
13. Axtell (1999), p.87.

第 12 章

1. J. S. Mill (1843), *A Systnem of Logic*, pp. 572–3. Longman, Green & Co., London,1884.
2. E. Hobsbawm(1994). *Age of Extremes*, p. 147. Abacus, London.
3. L. N. Tolstoy (1869). *War and Peace*, transl. R. Edmunds, Vol. 2, p. 1426. Penguin, London, 1969.
4. Thucydides, *History of the Peloponnesian War*, 2nd edn, transl. B. Jowett,

Book III，Para. 11. Oxford University Press，London，1900.

5. R. Axelrod and D. S. Bennett (1993). 'A landscape theory of aggregation', *British Journal of Political Science* 23，211–33，here p. 219.
6. K. Waltz (1979). *Theory of International Politics*，p. 167. Addison-Wesley，Reading，MA.
7. G. H. Snyder (1984). ' The security dilemma in alliance politics '，*World Politics* 36，461–95.
8. Hobsbawm，p. 162.
9. M. Oakeshott (1933). *Experience and its Modes*，p. 128. Cambridge University Press.
10. Quoted in N. Ferguson (ed.) (1997). *Virtual History*，p. 1. Picador，London.
11. H. Trevor-Roper (1981). ' History and imagination '. In *History and Imagination*：*Essays in Honour of H. R. Trevor-Roper*(ed. V. Pearl，B. Worden and H. Lloyd–Jones)，p. 364. Duckworth，London.
12. Ferguson，p. 85.
13. *Ibid.*

第 13 章

1. K. Mannheim (1936). *Ideology and Utopia.* Harcourt，Brace & Co.，New York. Quoted in R. Bierstedt (ed.)，*The Making of Society*，p. 505. Random House，New York，1959.
2. J. Epstein (2001). 'Learning to be thoughtless：Social norms and individual computation'，*Computational Economics* 18(1)，9–24.
3. M. Gladwell (2001). *The Tipping Point*，p. 259. Abacus，London.
4. *The Onion* 36(40)，9 November 2000. <www. theonion . com/onion3640/bush_or_gore>.
5. O. von Bismarck (1863). Quoted in M. J. Hinich and M. C. Munger，*Analytical Politics*，p. 3. Cambridge University Press，1997.
6. Epstein, 'Learning to be thoughless...'.
7. T. C. Schelling (1973). *Micromotives and Macrobehavior*，p. 20. W. W. Norton，

New York.
8. *Ibid.*, p. 23.
9. P. Ormerod (2002). 'Sense on segregation', *Prospect*, February, 12–14.
10. M. Lind (2001). 'Are there global political values?', *Prospect*, December, p. 20.
11. F. Dostoevsky (1911). *Crime and Punishment*, p. 64. J. M. Dent & Sons, London.
12. Gladwell, p. 8.
13. G. B. Shaw (1908). *Getting Married*, p. 111. In *Selected Passages from the Works of Bernard Shaw*, p. 142. Constable & Co., London, 1912.
14. *Ibid.*, p. 130. In *Selected Passages*, p. 145.
15. G. S. Becker (1991). *A Treatise on the Family*, p. 325. Harvard University Press, Cambridge, MA.
16. *Ibid.*, p. 232.
17. *Ibid.*, p. 32.
18. *Ibid.*, p. 59.
19. *Ibid.*, p. 4.
20. *Ibid.*
21. *Ibid.*, p. 19.
22. Schelling, p. 36.
23. W. Newmarch (1860). 'Some observations on the present position of statistical inquiry with suggestions for improving the organization and efficiency of the International Statistical Congress', *Journal of the Statistical Society of London* 23, 362–3.
24. W. B. Arthur (1994). ' Inductive reasoning and bounded rationality', *American Economic Review* 84, 406–11.
25. *Ibid.*

第 14 章

1. J.-J. Rousseau (1772), 'Considérations sur le Gouvernement de Pologne'. In C. E. Vaughan(ed.), *The Political Writings of Jean Jacques Rousseau*, Vol. II, p.

432. Cambridge University Press，1915.

2. C. Gilday. Quoted in J. Mander，'Technologies of globalization'. In E. Goldsmith and J. Mander (eds.)，*The Case Against the Global Economy*，p. 52. Earthscan，London，2001.
3. S. George (2002)，Quoted in ' Globally locally'，*New Scientist* 27 April，p. 44.
4. O. Wilde (1877). "The Canterville ghost'. In The Works ofOscar Wilde, p.194. Collins, London, 1948.
5. J. M. Epstein and R. Axtell(1996). *Growing Artificial Societies*，p. 163. MIT Press，Cambridge，MA.
6. J. M. Epstein. Quoted in I. Peterson，' The gods of Sugarscape'，*Science News*，23 November，p. 332 (1996).
7. Epstein and Axtell，p. 52.

第 15 章

1. E. Durkheim (1879). *Revue philosophique*，December.
2. M. E. J. Newman (2003). ' Ego-centered networks and the ripple effect'，*Social Networks* 25，83–95.
3. S. Milgram. Quoted in M. Gladwell，*The Tipping Point*，p. 36. Abacus，London，2001.
4. J. Guare (1990). *Six Degrees of Separation*：*A Play.* Vintage，New York.

Figure 15.2

Kevin Bacon – Eddie Albert: *The Big Picture*

Kevin Bacon – Meryl Streep: *The River Wild*

Kevin Bacon – Jack Nicholson: *All the President's Men*

Kevin Bacon – Maximilian Schell: *Telling Lies in America*

Kevin Bacon – Allison Caine: *Diner*

Kevin Bacon – Diane Lane: *My Dog Skip*

Rod Steiger – Humphrey Bogart: *The Harder They Fall*

Rod Steiger – Eddie Albert: *The Longest Day*

Rod Steiger – Jack Nicholson: *Mars Attacks!*

Rod Steiger – Diane Lane: *Cattle Annie and Little Britches*

Rod Steiger – Karl Malden: *On the Waterfront*

Rod Steiger – Marlon Brando: *On the Waterfront*

Rod Steiger – Maximilian Schell: *The Chosen*

Marlon Brando – Karl Malden: *On the Waterfront*

Marlon Brando – Maximilian Schell: *The Freshman*

Marlon Brando – Jack Nicholson: *The Missouri Breaks*

Jack Nicholson – Meryl Streep: *Ironweed*

Humphrey Bogart – Eddie Albert: *The Wagons Roll at Night*

Karl Malden – Allison Caine: *Nuts*

Maximilian Schell – Meryl Streep: *Julia*

第 16 章

1. M. Castells (2001). *The Internet Galaxy*: *Re ections on the Internet*, *Business*, *and Society*, p. 207. Oxford University Press.
2. G. Cardoso (1998). *Para uma Sociologia do Ciberespaco*: *Comunidades Virtuais em Português*, p. 116 (transl. M. Castells). Celta Editora, Oeiras, Portugal.
3. W. Shakespeare (1602–4). *Othello*, III. iv. 69.
4. L. Irving (1998) Quoted in E. Wasserman, ' Feds take steps against threat of cyber terrorism'. CNN, 25 September 1998. <http:// www.cnn.com/TECH/computing/9809/25/cyberterrorism.idg/>.
5. T. Hobbes (1651). *Leviathan*, Chapter XXIX, p. 353. Ed. C. B. Macpherson. Penguin, London, 1985.
6. Castells, p. 1.
7. *Ibid.*, p. 36.
8. *Ibid.*, p. 282.
9. S. Dalzell. Quoted in J. Naughton, *A Brief History of* the *Future*, pp. 190–91. Weidenfeld & Nicolson, London, 1999. See also <www2.epic.org/cda/cda_dc_opinion.html>.

10. *Ibid.*, p. 192.

11. T. Berners-Lee (1990). ' Information management: A proposal ', CERN Internal Report, May, p. 9. See also <www.w3.org/History/1989/ proposal.html>.

12. FBI Definitions, 28 Code of Federal Regulations Section 0.85.

13. A.-L. Barabási (2003). ' We're all on the Grid together ', *New York Times*, 16 August.

14. *Ibid.*

15. A.-L. Barabási (2002). Personal communication.

16. W. B. Arthur, S. N. Durlauf and D. A. Lane (1997). *The Economy as a Complex Evolving System*, Vol. II, p. 9. Addison-Wesley, Reading, MA.

第 17 章

1. W. Temple (1751). 'An essay upon the origin and nature of government', *Works*, Vol I, p. 99. Quoted in introduction to T. Hobbes (1651) , *Leviathan*, ed. C. B. Macpherson, p. 61. Penguin, London, 1985.

2. J. Locke (1690). *Essay on Civil Government* (second *Treatise on Government).* In *Two Treatises of Government*, ed. M. Goldie, p. 118. J. M. Dent, London, 1993.

3. I. Hay (1916). *The First Hundred Thousand*, pp. 224–5. William Blackwood, London.

4. S. Freud (1930). *Civilization and its Discontents*, pp. 32–3. Hogarth Press, London, 1973.

5. J. Locke (1690). Second *Treatise on Government.* In *Two Treatises of Government*, 2nd edn (ed. P. Laslett), p. 433. Cambridge University Press, 1970.

6. K. Popper (1997). *The Lessons of This Century*, p. 35. Routledge, London.

7. Freud, p. 60.

8. Locke, p. 124.

9. *Ibid.*, p. 117.

10. *Ibid.*, p. 124.

11. A. A. Cooper (Third Earl of Shaftesbury) (1711). *Characteristicks of Men, Manners, Opinions, Times*, Vol. ii, p. 67. Wyat, London. Republished (ed. P. Aynes) by Clarendon Press, Oxford, 1999.
12. Genesis 9:6.
13. Locke, p. 178.
14. J. S. Mill (1859). *On Liberty*, p. 68. Ed. G. Himmelfarb. Penguin, London, 1985.
15. J. S. Mill (1861). ' Utilitarianism '. In J. S. Mill and J. Bentham, *Utilitarianism and Other Essays*, ed. A. Ryan, p. 278. Penguin, London, 1987.
16. J.J. Rousseau (1754). 'Discourse on inequality'. Quoted in B. Russell, *A History of Western Philosophy*, p. 663. Unwin Paperbacks, London, 1984.
17. C. Darwin (1871). *Descent of Man, and Selection in Relation to Sex*, p. 64. John Murray, London, 1874.
18. T. Hobbes(1651). *Leviathan*, ed. C. B. Macpherson, Chapter 51. Penguin, London, 1985.
19. I. Kant (1795). *Perpetual Peace.*
20. R. Kagan (2002). 'Power and weakness', *Policy Review*, June/July, 113.
21. E. Hobsbawm (1994). Age *of Extremes,*pp. 24—6. Abacus, London.
22. G. Dugdale (1932). *Langemarck and Cambrai*, p. 94. Wilding & Son, Shrewsbury.
23. G. Belton Cobb (1916). *Stand to Arms*, p. 74. Wells Gardner, Darton & Co., London.
24. T. Ashworth (1980). *Trench Warfare* 1914–1918: *The Live and Let Live System*, p. 144. Holmes & Meier, New York.
25. Hobbes, p. 190.
26. *Ibid.*
27. R. Axelrod (1984). *The Evolution of Cooperation*, p.124. Basic Books, New York.
28. Popper, p. 70.
29. Pericles' funeral oration is recounted by Thucydides in *The History of the Peloponnesian* War, Book II. This paraphrase is in Popper, p. 72.

30. Popper，pp. 36–7.

第 18 章

1. N. Machiavelli(1513). *The Prince*，Chapter XV，p. 91，transl. L. G. Bull. Penguin，London，1981.
2. K. N. Waltz(1954). *Man，the State，and War*，p. 108. Columbia University Press，New York.
3. K. Popper (1988). ‘Reflections on the theory and practice of the democratic state’，talk given in Munich，9 June. Reproduced in *The Lessons of This Century*，p. 79. Routledge，London，1997.
4. Deuteronomy 19:19–21.
5. M. A. Nowak and K. Sigmund (1992). ‘Tit for tat in heterogeneous populations’，*Nature* 355，250–53.
6. E. Burke (1770). ‘ Thoughts on the causes of the present discontents’. Quoted in M.J. Hinich and M. C. Munger(1997)，*Analytical Politics*，p. 136. Cambridge University Press.
7. Popper，p. 49.
8. *Ibid.*，p. 55.
9. H. Kahn (1984). *Thinking About the Unthinkable in the* 1980s，p. 59. Simon & Schuster，New York.
10. B. Skyrms (1996). *Evolution of the Social Contract*，p. 24. Cambridge University Press.
11. Quoted in N. Sheehan and E. W. Kenworthy (eds) (1971). *Pentagon Papers*，p. 432. Times Books，New York.
12. K. Sigmund (1995). *Games of Life*，p. 191. Penguin，London.
13. R. Axelrod (1984). *The Evolution of Cooperation*，p. 184. Basic Books，New York.
14. D.Jones. Quoted in F. Goodall(1997). *A Question of Conscience*，p. 198. Sutton Publishing Group，Stroud.
15. C. Davies. Quoted in Goodall，p. 199.

16. Popper, p. 91.

第 19 章

1. R. W. Emerson (1860). The *Conduct of Life*, p. 176. J. M. Dent & Sons, London, 1908.
2. G. Lundberg (1939). *Foundations of Sociology.* Macmillan, London. In R. Bierstedt (ed.), *The Making of Society*, p. 518. Random House, New York, 1959.
3. H. Simon (1996). *The Sciences of the Artificial*, 3rd edn, p. 139. MIT Press, Cambridge, MA.
4. J. Barnes (1989). *A History of the World in 10 1/2 Chapters.* Jonathan Cape, London.
5. J. Carey (ed.) (1999). *The Faber Book of Utopias*, p.xii. Faber & Faber, London.
6. Quoted in F. A. Hayek (1962). *The Road to Serfdom*, p. 18. Routledge, London.
7. J. S. Mill (1843). *A System of Logic*, Book 6. In Bierstedt, p. 205.
8. G. Simmel (1908). In *The Sociology of Georg Simmel*, ed. and transl. K. H. Wolff. Free Press, Glencoe, IL, 1950.
9. R. E. Park (1927). ' Human nature and collective behavior', *American Journal of Sociology* 32, 733.
10. A. Smith (1776). *An Inquiry into the Nature and Causes of the Wealth of Nations.* Abridged version, ed. L. Dickey, p. 11. Hackett Publishing Co., Indianapolis, 1993.
11. B. Mandeville (1705). *The Fable of the Bees: Or, Private Vices, Publick Benefits.* London. Quoted in B. Willey (1940), *The Eighteenth Century Background*, p. 96. Columbia University Press, New York.
12. J. Swift (1729). 'A modest proposal for preventing the children of poor people in Ireland from being a burden to their parents or country and for making them beneficial to the publick'. In J. Hayward(ed.), *Selected Prose Works of Jonathan*

Swift, p. 430. Cresset Press, London, 1949.

13. L. Mumford (1938). *The Culture of Cities*, p. 93. Secker & Warburg, London.
14. Mill, *Logic*, in Bierstedt, p. 203.
15. A. Ferguson (1766). *Institutes of Moral Philosophy.* Quoted in G. Bryson, *Man and Society*, p. 35. Princeton University Press, 1945.
16. A. Ferguson (1767). *An Essay on the History of Civil Society*, ed. D. Forbes, p. 122. Edinburgh University Press, 1966.
17. R. W. Emerson (1844). 'On polities '. In *The Essays of Ralph Waldo Emerson*, p. 325. Grant Richards, London, 1903.
18. K. Marx (1845). *Theses on Feuerbach*, No. 11 .(Published, edited by F. Engels, as an appendix to F. Engels, *Ludwig Feuerbach und der Ausgang der klassischen deutschen Philosophie.* J. H. W. Dietz, Stuttgart, 1888.)
19. P. Ormerod (1998). *Butter y Economics*, p. 182. Faber & Faber, London.
20. R. Olson (1990). *Science Deified and Science Defied*, Vol. 2, pp. 210–11. University of California Press, Berkeley, CA.
21. Cicero, *De Legibus.* In Bierstedt, p. 41.
22. Aristotle, *Politics*, transl. W. D. Ross. Quoted in Bierstedt, p.24.
23. St Thomas Aquinas(*c.*1259). *On the Governance of Rulers*, transl. G. B. Phelan. In Bierstedt, p. 52.
24. *Ibid.*, p.53.
25. T. Hobbes (1651). *Leviathan*, ed. C. B. Macpherson, p. 185. Penguin, London, 1985.
26. Smith, p. 130.
27. F. von Hayek (1962). *The Road to Serfdom*, p. 27.
28. *Ibid.*, p. 14.
29. T. C. Schelling(1978). *Micromotives and Macrobehavior*, pp. 127–8. W. W. Norton, New York.
30. *Ibid.*, p. 19.
31. K. Malik (2000). 'Natural science', *Prospect*, August/September, p. 37.
32. Mill, *Logic*, in Bierstedt, p. 209.
33. F. Giddings (1924). *The Scientific Study of Human Society.* In Bierstedt, p. 362.

原书参考文献

A. Y. Abul-Magd (2002) . 'Wealth distribution in an ancient Egyptian society' , *Physical Review* E 66, 057104.

L. Adamic (1999) . 'The Small World Web' ,Preprint, Xerox Palo Alto Research Center, <http://www.hpl.hp.com/shl/papers/smallworld/smallworldpaper.html>.

R. Alberich,J.Miro-Julia and F.Rosselló (2002) . 'Marvel Universe looks almost like a real social network ' , Preprint, <http://arxiv.org/abs/cond-mat/0202174>.

R. Albert and A.-L. Barabási (2000) . 'Topology of evolving networks: Local events and universality ' , *Physical Review Letters* 85, 5234-7.

R. Albert and A.-L. Barabási (2002) . Statistical mechanics of complex networks' , *Reviews of Modern Physics* 74, 47-97.

R. Albert, H.Jeong and A.-L. Barabási (1999) . 'Diameter of the World—Wide Web', *Nature* 401, 130-31.

R. Albert, H.Jeong and A. -L. Barabási (2000) . 'Error and attack tolerance of complex networks' , *Nature* 406, 378-82.

M. Allingham (2002) . *Choice Theoiy:A Very Short Introduction.* Oxford University Press.

V. Allsop (1995) . *Understanding Economics.* Routledge, London.

L. A. N. Amaral, A. Scala, M. Barthelemy and H.E.Stanley (2000) . 'Classes of small-world networks' , *Proceedings of the National Academy of Sciences USA* 97, 11149-52.

P. W. Anderson, K.J. Arrow and D. Pines (eds) (1988) . *The Economy as an Evolving Complex System.* Addison-Wesley, Redwood City, CA.

C. Andersson, A. Hellervik, K. Lindgren, A. Hagson and J. Tornberg (2003) . 'The urban economy as a scale-free network', Preprint arXiv:cond-mat/0303535.

M. Anghel, Z. Toroczkai, K. E. Bassler and G. Korniss (2003). 'Competition in social networks: Emergence of a scale -free leadership structure and collective efficiency', Preprint, <http://arxiv.org/abs/cond-mat/0307740>.

W. B. Arthur (1989). 'Competing technologies, increasing returns, and lockin by historical events', *Economic Journal* 99, 116–31.

W. B. Arthur (1994). 'Inductive reasoning and bounded rationality (the El Farol problem)', *American Economic Review* 84, 406–11.

W. B. Arthur (1999). 'Complexity and the economy', *Science* 284, 107–9.

W. B. Arthur, S. N. Durlauf and D. A. Lane (1997). *The Economy as a Complex Evolving System II.* Addison-Wesley, Reading, MA.

J. Aubrey. *Brief Lives.* Ed. J. Buchanan-Brown. Penguin, London, 2000.

J. Avery (1997). *Progress, Poverty and Population.* Frank Cass, London.

R. Axelrod (1984). *The Evolution of Cooperation.* Basic Books, New York.

R. Axelrod (1997). 'The dissemination of culture', *Journal of Con ict Resolution* 41, 203–26.

R. Axelrod (1997). 'Advancing the art of simulation in the social sciences', in R. Conte, R. Hegselmaun and P. Terna (eds), *Simulating Social Phenomena*, pp. 21–40. Springer-Verlag, Berlin.

R. Axelrod (2000). 'On six advances in cooperation theory', *Analyse and Kritik* 22, 130–51.

R. Axelrod and D. S. Bennett (1993). 'A landscape theory of aggregation', *British Journal of Political Science* 23, 211–33.

R. Axelrod, W. Mitchell, R. E. Thomas, D. S. Bennett and E. Bruderer (1995). 'Coalition formation in standard-setting alliances', *Management Science* 41, 1493–508.

R. Axtell (1999). 'The emergence of firms in a population of agents: local increasing returns, unstable Nash equilibria, and power law size distributions', Preprint, Working Paper No. 3, Brookings Institution, Washington, DC.

R. L. Axtell (2001). 'Zipf distribution of U.S. firm sizes', *Science* 293, 1818–20.

R. Axtell, R. Axelrod, J. M. Epstein and M. D. Cohen (1996). 'Aligning simulation models: A case study and results', *Computational and Mathematical Organization Theory* 1, 123–41.

P. Bak (1997). *How Nature Works.* Oxford University Press.

P. Bak, K. Chen and M. Creutz (1989). "Self-organized criticality in the 'Game of Life'), *Nature* 342, 780–81.

P. Ball (1998). *The Self-Made Tapestry.* Oxford University Press.

P. Ball (2000). 'Jams tomorrow', *New Scientist*, 15 January, 34–8.

P. Ball (2002). 'The physical modeling of society: A historical perspective', *Physica A* 314, 1–14.

S. C. Bankes (2002). 'Agent-based modeling: A revolution?' *Proceedings of the National Academy of Sciences USA* 99, 7199–200.

A.-L. Barabási (2001). 'The physics of the Web' *Physics World*, July, 33.

A.-L. Barabási (2002). *Linked.* Perseus, Cambridge.

A.-L. Barabási and R. Albert (1999). 'Emergence of scaling in random networks', *Science* 286, 509–12.

A.-L. Barabási, R. Albert and H. Jeong (1999). 'Mean-field theory for scale free random networks', *Physica A* 272, 173–87.

D. F. Batten (2000). *Discovering Artificial Economics.* Westview Press, Boulder, CO.

M. Batty (1997). 'Predicting where we walk', *Nature* 388, 19–20.

M. Batty (2003). 'Agent-based pedestrian modelling', in P. Longley and M. Batty (eds), *Advanced Spatial Analysis*, Chapter 5. ESRI Press, London.

M. Batty (2003). 'The emergence of cities: Complexity and *urban dynamics*', Preprint.

M. Batty, J. Desyllas and E. Duxbury (2003). 'Safety in numbers? Modelling crowds and designing control for the Notting Hill Carnival', *Urban Studies* 40, 1573–90.

M. Batty and P. Longley (1994). *Fractal Cities.* Academic Press, London.

G. S. Becker (1968). 'Crime and punishment: An economic approach', *Journal of Political Economy* 76, 443–78.

G. S. Becker (1991). *A Treatise on the Family.* Harvard University Press,Cambridge, MA.

W. A. Bentley and W. J. Humphreys (1931). *Snow Crystals.* McGraw–Hill Book Co.,

New York. Reprinted in 1962 by Dover, New York.

B. J. L. Berry, L. D. Kiel and E. Elliott (2002) . ' Adaptive agents, intelligence, and emergent human organization: Capturing complexity through agent-based modeling' , *Proceedings of the National Academy of Sciences USA* 99, 7187–8.

C. Bicchieri, R. Jeffrey and B. Skyrms (1999) . *The Logic of Strategy.* Oxford University Press.

R. Bierstedt (ed.) (1959) . *The Making of Society.* Random House, New York.

D. J. Boorstin (1985) . *The Discoverers.* Vintage Books, New York.

L. Borland (2002) . ' Option pricing formulas based on a non-gaussian stock price mod-el' , *Physical Review Letters* 89, 098701.

J.-P. Bouchard, P. Cizeau, L. Laloux and M. Potters (1999) . ' Mutual attractions: Physics and finance ' , *Physics World,* January, 25.

J.-P. Bouchard and M. Mézard (2000) . 'Wealth condensation in a simple model of economy' ,*Physica A* 282, 536–45.

S. J. Brams (1975) . *Game Theory and Politics.* Free Press, New York.

S. J. Brams (1978) . *The Presidential Election Game.* Yale University Press, New Haven, CT.

L. R. Brown (200l) . *Eco-Economy.* Earthscan, London.

M. Buchanan (2000) . *Ubiquity.* Weidenfeld & Nicolson, London.

M. Buchanan (2000) . 'That's the way the money goes' , *New Scientist*, 19 August, 22–6.

M. Buchanan (2002) . *Small World.* Weidenfeld & Nicolson, London.

Z. Burda, D. Johnston, J. Jurkiewicz, M. Kamiński, M. A. Nowak, G. Papp and I. Zahed (2002) . 'Wealth condensation in Pareto macroeconomies' , *Physical Review E* 65, 026102.

S. Camazine, J.-L. Deneubourg, N. R. Franks, J. Sneyd, G. Theraulaz and E. Bonabeau (2001) . *Self-Organization in Biological Systems.* Princeton University Press.

M. *Campbell and P.* Ormerod (1997) . 'Social interaction and the dynamics of crime' , Preprint.

A. Capocci, G. Caldarelli, R. Marchetti and L. Pietronero (2001) . ' Growing dynamics of Internet providers' , *Physical Review E* 64, 035105.

R. Carvalho and A. Penn (2003) . 'Scaling and universality in the microstructure of urban space ' , Preprint, <http://arxiv.org/abs/cond-mat/0305164>.

C. Castellano, M. Marsili and A. Vespignani (2000) . ' Nonequlibrium phase transition in a model for social in uence ' , *Physical Review Letters* 85, 3536–9.

M. Castells (200l) . T*he Internet Galaxy: Re ections on the Internet, Business, and Society*. Oxford University Press.

C. Cercignani (1998) . *Ludwig Boltzmann: The Man Who Trusted Atoms*. Oxford University Press.

D. Challet, M. Marsili and G. Ottino (2003) . 'Shedding light on El Farol', Preprint, <http://arxiv.org/abs/cond-mat/0306445>.

D. Challet, M. Marsili and Y.-C. Zhang (1999) . 'Modeling market mechanism with minority game' , Preprint, <http://arxiv.org/abs/cond-mat/909265>.

D. Challet and Y.-C. Zhang (1997) . 'Emergence of cooperation and organization in an evolutionary game ' , *Physica A* 246, 407–18.

D. D. T. Chen (2000) . 'Smart growth' , *Scientific American,* December, 85–91.

D. Cohen (2002) . 'All the world' s a net' , *New Scientist,* 13 April, 24–9.

M. C. Cohen, R. L. Riolo and R. Axelrod (2ooo) . 'The role of social structure in the maintenance of *cooperative regimes ' , Rationality and Society* 13, 5–32.

R. Cohen, K. Erez, D. *ben-Avraham and S. Havlin (2000)* . 'Resilience of the I*nternet to random breakdowns*' , *Physical Review Letters* 85, 4626–8.

J. J. Collins and C. C. Chow (1998) . 'It's a small world' , *Nature* 393, 409–10.

R. Cont (1999) .' Modelling economic randomness: Statistical mechanics of market phenomena', in M. T. Batchelor and L. T. Wille (eds) , *Statistical Physics on the Eve of the 2lst Century: The James B. McGuire Festschrift,* pp. 47–64. World Scientific, Singapore.

R. Cont (1999) . 'Statistical properties of financial time series' . Lecture given at the Symposium on Mathematical Finance, Fudan University, Shanghai, 10–24 August.

R. Conte (2002) . 'Agent-based modeling for understanding social intelligence' ,

Proceedings of the National Academy of Sciences USA 99,7189–90.

!R. Cont and J.-P. Bouchard (2000) . 'Herd behavior and aggregate uctuations in financial markets', *Macroeconomic Dynamics* 4, 170–96.

!R. Cont, M. Potters and J.-P. Bouchard (1997) . 'Scaling in stock market data: Stable laws and beyond' . In B. Dubrulle, F. Graner and D. Sornette (eds) . *Scale Invariance and Beyond.* Proceedings of the CNRS Workshop on Scale Invariance, Les Houches. Springer-Verlag, Berlin.

R. N. Costa Filho, M. P. Almeida, J. S. Andrade, Jr and J. E. Moreira (1999) . ' Scaling behavior in a proportional voting process' *Physical Review E* 60, 1067–8.

!F. Cramer (1993) . *Chaos and Order.* VCH, Weinheim.

G. Csányi and B. Szendrö (2003) . 'Structure of a large social network' , Preprint, <http:// arxiv.org/abs/cond-mat/0305580>.

G. Cuniberti, A. Valleriani and J. L. Vega (2001) . 'Effects of regulation on a self-organized market' , Preprint, <http://arxiv.org/abs/cond-mat/0108533>.

A. Czirók, A.-L. Barabási and T. Vicsek (1999) . 'Collective motion of selfpropelled particles: kinetic phase transition in one dimension ' , *Physical Review Letters* 82, 209–12.

A. Czirók, M. Vicsek and T. Vicsek (1999) . Collective motions of organisms in three dimensions. *Physica A* 264, 299–304.

A. Czirok and T. Vicsek (1999) . 'Collective motion' , in D. Reguera, M. Rubi and J. Vilar (eds) , *Statistical Mechanics of Biocomplexity,* Lecture Notes in Physics 527, 152—64.Springer-Verlag, Berlin.

A. Czirok and T. Vicsek (2000) . 'Collective behavior of interacting selfpropelled particles' , *Physica* A 281, 17–29.

P. A. David (1993) . ' Path-dependence and predictability in dynamical systems with local network externalities: A paradigm for historical economics' , in D. Foray and C. Freeman (eds) , *Technology and Wealth of Nations: The Dynamics of Constructed Advantage.* Pinter, London.

J. Davidsen, H. Ebel and S. Bornholdt (2002) . 'Emergence of a small world from local interactions: Modeling acquaintance networks' , *Physical Review Letters*

88,128701.

C. Davidson (2001) . 'E-mmune from attack ' , *New Scientist,* 31 March, 35–7.

G. De Fabritiis, F. Pammolli and M. Riccaboni (2003) . 'On size and growth of business firms' , *Physica A* 324,38–44.

Z. Dezso and A.-L. Barábasi (2001) . 'Can we stop the AIDS epidemic? ' , *Physical Review* E 65, 055103 (R).

P. S. Dodds, R. Muhamad and D. J. Watts (2003) . ' An experimental study of search in global social networks' , Science 301, 827–9.

S. N. Dorogovtsev and J. F. F. Mendes (2000) . ' Evolution of networks with aging of sites' , *Physical Review E* 62,1842–5.

H. Ebel, L.-I. Mielsch and S. Bornholdt (2002) . ' Scale-free topology of e-mail networks ' ,Preprint, <http://arxiv.org/abs/cond–mat/0201476>.

V. M. Eguíluz and K. Klemm (2002) . 'Epidemic threshold in structured scale-free networks' , *Physical Review Letters* 89,108701.

V. M. Eguíluz and M. G. Zimmermann (2000) . 'Transmission of information and herd behavior: An application to financial markets' , *Physical Review Letters* 85, 5659–62.

R. W. Emerson (1860) . 'The conduct of life' , in *The Conduct of Life and Other Essays.* J. M. Dent, London, 1908.

J. M. Epstein (2001) . ' Learning to be thoughtless：social norms and individual computation' ,*Computational Economics* 18 (1) , 9–24.

J. M. Epstein and R. Axtell (1996) . *Growing Artificial Societies: Social Science From the Bottom Up.* Brookings Institution Press, Washington, DC.

K. A. Eriksen, I. Simonsen, S. Maslov and K. Sneppen (2003) . ' Modularity and extreme edges of the Internet ' , *Physical Review Letters* 90, 148701.

I. Farkas, D. Helbing and T. Vicsek (2002) . 'Mexican waves in an excitable medium ', *Nature* 419,131–2.

J. D. Farmer (1999) . 'Physicists attempt to scale the ivory towers of finance' , *Computing in Science and Engineering,* November/December, 26–39.

E. Fehr and S. Gächter (2002) . 'Altruistic punishment in humans' , *Nature* 415,137–40.

N. Ferguson (ed.) (1997) . *Virtual History.* Picador, London.

R. Florian and S. Galam (2000) . 'Optimizing con icts in the formation of strategic alliances ' , *European Physical Journal B* 16,189–94.

H. Röllmer (1974) , 'Random economies with many interacting agents', *Journal of Mathematical Economics* 1， 51–62.

T. Frank (2002) . 'Talking bull' , *Guardian*，weekend supplement，17 August，21.

S. Freud (1973) . *Civilization and its Discontents,* transl. J. Riviere，ed. J. Strachey. Hogarth Press，London.

D. Gauthier (1969) . *The Logic of Leviathan.* Clarendon Press，Oxford.

I. Giardina and J.-P. Bouchard (2002) . 'Bubbles，crashes and intermittency in agent based market models' ，Preprint，<http://arxiv.org/abs/cond-mat/0206222>.

R. Gimblett, C. A. Roberts, T. C. Daniel, M. Ratliff, M. J. Meitner, S. Cherry, D. Stallman, R. Bogle, R. Allred, D. Kilbourne and J. Bieri (2000) . ' An intelligent agent based model for simulating and evaluating river trip scenarios along the Colorado River in Grand Canyon National Park ' , in H. R. Gimblett (ed.) , *Integrating GIS and Agent Based Modeling Techniques for Understanding Social and Ecological Processes,* 245–75. Oxford University Press.

M. Gladwell (2001) . *The Tipping Point.* Abacus, London.

N. S. Glance and B. A. Huberman (1994) . 'The dynamics of social dilemmas' , *Scientific American,* March, 76–81.

P. M. Gleiser and L. Danon (2003) . 'Community structure in jazz' , Preprint, <http:// arxiv. org/abs/cond–mat/0307434>.

E. Goldsmith and J. Mander (eds) (2001) . *The Case Against the Global Economy and for a Turn Towards Localization.* Earthscan Publications, London.

P. Gopikrishnan, V. Plerou, L. A. N uñes Amaral, M. Meyer and H. E. Stanley (1999). 'Scaling of the distribution of fluctuations of financial market indices' , *Physical Review E* 60,5305–16.

M. Granovetter (1973) . ' The strength of weakties' , *American Journal of Sociology* 78,1360–80.

M. Granovetter (2003) . 'Ignorance, knowledge, and outcomes in a small world' , *Science* 301, 73–4.

J. Guare (1990) . *Six Degirees of Separation: A Play.* Vintage, New York.

C. Handy (1993) . *Understanding Organizations*, 4th edn. Penguin, London.

P. M. Harman (1998) . *The Natural Philosophy of James Clerk Maxwell.* Cambridge University Press.

F. A. Hayek (1962) . *The Road to Serfdom.* Roudedge, London.

B. Hayes (2002) . Statistics of deadly quarrels. *Computing Science*, January/ February.

D. Helbing (1994) . 'A mathematical model for the behavior of individuals in a social field ' , *Journal of Mathematical Sociology* 19,189–219.

D. Helbing (1996) . 'A stochastic behavioral model and a "microscopic" foundation of evolutionary game theory ' , *Theory and Decision* 40,149–79.

D. Helbing (2001) . 'Traffic and related self–driven many –particle systems ' , *Reviews of Modern Physics* 73 1067–141.

D. Helbing, I. Farkas and T. Vicsek (2000) . 'Simulating dynamical features of escape panic' , *Nature* 407, 487–90.

D. Helbing, A. Hennecke and M. Treiber (1999) . 'Phase diagram of traffic states in the presence of inhomogeneities' , *Physical Review Letters* 82,4360–63.

D. Helbing and B. A. Huberman (1998) . 'Coherent moving states in highway traffic' , *Nature* 396, 738–40.

D. Helbing, J. Keltsch and P. Molnar (1997) . ' Modelling the evolution of human trail systems' , *Nature* 388, 47–9.

D. Helbing and P. Molnar (1995) . 'Social force model for pedestrian dynamics' , *Physical Review E* 51, 4282–6.

D. Helbing, P. Molnar, I. J. Farkas and K. Bolay (2001) . ' Self-organizing pedestrian movement' ,*Environment and Planning B: Planning and Design* 28,361–83.

D. Helbing and M. Schreckenberg (1999) . 'Cellular automata simulating experimental properties of traffic ow' , *Physical Review E* 59, R2505–8.

D. Helbing and T. Vicsek (1999) . 'Optimal self-organization' , New *Journal of Physics* 1,13.1–13.7.

L. F. Henderson (1971) . ' The statistics of crowd uids' , *Nature* 229,381–3.

B. Hillier and J. Hanson (1984) . *The Social Logic of Space.* Cambridge University Press.

M. J. Hinich and M. C. Munger (1997) . *Analytical Politics.* Cambridge University Press.

T. Hobbes (1651) . *Leviathan.* Ed. C. B. Macpherson. Penguin, London, 1985.

E. Hobsbawm (1995) . *Age of Extremes.* Abacus, London.

S. Hod and E. Nakar (2002) . 'Self-segregation versus clustering in the evolutionary minority game ' , *Physical Review Letters* 88, 238702.

Z. –F. Huang and S. Solomon (2001) . ' Finite market size as a source of extreme wealth inequality and market instability' , *Physica A* 294, 503–13.

B. A. Huberman and L. A. Adamic (1999) . ' Growth dynamics of the World-Wide Web' , *Nature* 401,131.

B. A. Huberman and R. M. Lukose (1997) . 'Social dilemmas and Internet congestion', *Science* 277, 535–7.

C. Jencks (1995) . *The Architecture of the Jumping Universe.* Academic Editions, London.

H. Jeong, B. Tombor, R. Albert, Z. N. Oltvai and A.-L. Barabási (2000) . 'The large-scale organization of metabolic networks' , *Nature* 407, 651–4.

R. Kagan (2002) . 'Power and weakness' , *Policy Review* 113 June/July<http://www.poli-cyreview.org/JUN02/kagan.html>.

S. Keen (2001) . *Debunking Economics: The Naked Emperor of the Social Sciences.* Pluto Press and Zed Books, Sydney and London.

S. Keen (2003) . ' Standing on the toes of pygmies: Why econophysics must be careful of the economic foundations on which it builds' , *Physica A* 324,108–16.

S. Keen, j. Legge, G. Fishburn and R. Standish (2003) . 'Aggregation problems in the non-interactive equilibrium theory of markets' , Preprint.

B. S. Kerner (1998) . 'Experimental features of self-organization in traffic flow' , *Physical Review Letters* 81,3797–800.

B. S. Kemer (1999) . 'The physics of traffic', *Physics World,* August, 25–30.

B. S. Kemer (2003) . ' Control of spatial-temporal congested traffic patterns at highway bottlenecks' , Preprint, <http://arxiv.org/abs/cond-mat/0309017>.

B. S. Kerner, S. L. Klenov and D. E. Wolf (2002) . 'Cellular automata approach to three-phase traffic theory ' , Preprint, <http://arxiv.org/abs/cond–mat/0206370>.

B. S. Kerner and H. Rehborn (1996) . 'Experimental features and characteristics of traffic jams' , *Physical Review E* 53, R1297–R1300.

B. S. Kerner and H. Rehborn (1997) . ' Experimental properties of phase transitions in traffic ow' , *Physical Review Letters* 79, 4030–33.

A. Kirchner and A. Schadschneider (2002) . 'Simulation of evacuation processes using a bionics -inspired cellular automaton model for pedestrian dynamics' , Preprint, <http://arxiv. org/abs/cond-mat/ 0203461>.

A. Kirman (1996) . 'Some observations on interactions in economics' Paper presented at Workshop on Structural Change, Manchester Metropolitan University, May 20–21.Available at <http://www.cpm.mmu.ac.uks/pub/workshop/kirman.html>

A. P. Kirman (1994) . ' Economics with interacting agents ' . Working Paper 94–05-030, Santa Fe Institute, Santa Fe, New Mexico.

K. Klemm and V. M. Eguiluz (2002) . ' Growing scale-free networks with small-world behavior' ,*Physical Review E* 65, 057102.

K. Klemm, V. M. Eguiluz, R. Toral and M. San Miguel (2002) . ' Global culture：A noise induced transition in finite systems' , Preprint, <http://arxiv.org/abs/cond-mat/0205188>.

W. Knospe, L. Santen, A. Schadschneider and M. Schreckenberg (2001) . ' Human behaviour as the origin of traffic phases' , *Physical Review E* 65, 015101.

P. Krugman (1994) . *Peddling Prosperity.* W. W. Norton, New York.

P. Krugman (1996) . *The Self-Organizing Economy.* Blackwell, Oxford.

S. Kurtz (2002) . 'The future of "history"', *Policy Review* 113, June/July <http://www.policyreview.org/JUN02/kurtz.html>.

L. Laloux, M. Potters, R. Cont, J.-P. Aguilar and J.-P. Bouchard (1999) . 'Are financial crashes predictable?', *Europhysics Letters* 45,1–5.

R. Landauer (1975) . 'Inadequacy of entropy and entropy derivatives in characterizing the steady state', *Physical Review* A, 12, 636–8.

V. Latora and M. Marchioro (2001) . 'Efficient behaviour of small-world networks', *Physical Review Letters* 87, 198701.

S. Lawrence and C. L. Giles (1998) . 'Searching the World Wide Web', *Science* 280, 98–100.

B. LeBaron (2002) . 'Short-memory traders and their impact on group learning in financial markets' , *Proceedings of the National Academy of Sciences USA* 99, 7201–6.

H. Y. Lee, H.-W. Lee and D. Kim (2000) . 'Phase diagram of congested traffic ow: An empirical study' , *Physical Review E* 62, 4737–41.

R. Lewin (1992) . *Complexity.* Macmillan, New York.

W. Li and X. Cai (2003) . ' Statistical analysis of airport network of China' Preprint, < http://arxiv.org/abs/cond-mat/0309236>.

F. Liljeros, C. R. Edling, L. A. Nunes Amaral, H. E. Stanley and Y. Åberg (2001) . 'The web of human sexual contacts' , *Nature* 411 , 907–8.

F. Lillo and R. N. Mantegna (2000) . 'Variety and volatility in financial markets' , *Physical Review E* 62, 6126–34.

F. Lillo and R. N. Mantegna (2000) . 'Symmetry alteration of ensemble return distribution in crash and rally days of financial markets' , *European Physical Journal B* 15, 603–6.

R. E. Litan and A. N. Rivlin (2000) . 'The economy and the Internet: What lies ahead?', Conference report No. 4, Brookings Institution, Washington, DC.

J. Locke (1689) . *Two Treatises of Government.* Ed. M. Goldie. J. M. Dent, London, 1993.

M. P. Lombardo (1985) . 'Mutual restraint in tree swallows: A test of the TIT FOR TAT model of reciprocity ' , *Science* 227,1363–5.

Y. Louzoun, S. Solomon, J. Goldenberg and D. Mazursky (2002) . 'The risk at being unfair: World-size global markets lead to economic instability'. Preprint.

S. Lübeck, M. Schreckenberg and K. D. Usadel (1998) . 'Density fluctuations and phase transition in the Nagel-Schreckenberg traffic flow model ' , *Physical Review E* 57,1171–4.

T. Lux and M. Marchesi (1999) . 'Scaling and criticality in a stochastic multi-agent model of a financial market ' , *Nature* 397, 498–500.

H. A. Makse, J. S. Andrade, Jr, M. Batty, S. Havlin and H. E. Stanley (1998) . 'Modeling urban growth patterns with correlated percolation' , *Physical Review E* 58, 7054–62.

H. A. Makse, S. Havlin and H. E. Stanley (1995) . ' Modelling urban growth patterns' , *Nature* 377, 608–12.

B. Mandelbrot (1963) . 'The variation of certain speculative prices' , *Journal of Business* 35,394–419.

B. Mandelbrot (1977) . The Fractal Geometry of Nature. W. H. Freeman, New York.

B. Mandelbrot (1999) . 'A multifractal walk down Wall Street' *Scientific American, February*, 70–73.

R. N. Mantegna and H. E. Stanley (1995) . 'Scaling behaviour in the dynamics of an economic index ' , *Nature* 376, 46–9.

R. N. Mantegna and H. E. Stanley (1996) . 'Turbulence and financial markets' , *Nature* 383, 587–8.

R. N. Mantegna and H. E. Stanley (1999). *An Introduction to Econophysics.* Cambridge University Press.

N. Mathias and V. Gopal (2001) . 'Small worlds: How and why' , *Physical Review E* 63, 021117.

R. Matthews (1999) . 'Get connected' , *New Scientist,* 4 December, 24–8.

R. May (1987) . 'More evolution of cooperation' , *Nature* 327,15–17.

R. M. May and A. L. Lloyd (2001) . 'Infection dynamics on scale-free networks' , *Physical Review E* 64, 066112.

A. S. Mikhailov and D. H. Zanette (1999) . ' Noise-induced breakdown of coherent collective motion in swarms' , *Physical Review E* 60, 4571–5.

S. Milgram (1967) . 'The small world problem' , *Psychology Today* 2, 60–67.

M. Milinski (1987) . 'TIT FOR TAT in sticklebacks and the evolution of cooperation' , *Nature* 325, 433–5.

J. S. Mill (1859) . *On Liberty.* Ed. G. Himmelfarb. Penguin, London, 1985.

J. S. Mill (1872) . *System of Logic.* Longman, Green, Reader & Dyer, London.

J. S. Mill and J. Bentham (1987) . *Utilitarianism and Other Essays.* Ed. A.Ryan. Penguin, London.

M. Mitzenmacher (2003) . ' A brief history of generative models for power law and lognormal distributions' , Preprint, Harvard University.

C. Moore and M. E.J. Newman (2000) . 'Epidemics and percolation in small-world networks ' ,*Physical Review E* 61, 5678–82.

T. More (1516) . *Utopia.* Everyman's Library, London, 1992.

S. Mossa, M. Barthélémy, H. E. Stanley and L. A. Nuñes Amaral (2002) . 'Truncation of power law behavior in "scale-free" network models due to information filtering' , *Physical Review Letters* 88,138701.

L. Muchnik and S. Solomon (2003) . ' Statistical mechanics of conventional traders may lead to non-conventional market behaviour' , Preprint.

L. Mumford (1938) . *The Culture of Cities.* Secker & Warburg, London.

J. Naughton (1999) . *A Brief History of the Future.* Weidenfeld & Nicolson, London.

Z. Néda, E. Ravasz, Y. Brechet, T. Vicsek and A.-L. Barabási (2000) . 'Selforganizing processes: The sound of many hands clapping ' , *Nature* 403, 849–50.

L. Neubert, L. Santen, A. Schadschneider and M. Schreckenberg (1999) . 'Single-vehicle data of highway traffic: A statistical analysis ' , *Physical Review E* 60, 6480–90.

M. E. J. Newman (2000) . 'Models of the small world: A review' , Preprint, <http:// arxiv. org/abs/cond-mat/0001118>.

M. E. J. Newman (2001) . 'Ego-centred networks and the ripple effect' , Preprint, <http:// arxiv.org/abs/cond-mat/0111070>.

M. E.J. Newman (2001) . 'The structure of scientific collaboration networks' , *Proceedings of the National Academy of Sciences USA* 98, 404–9.

M. E.J. Newman, S. Forrest and J. Balthrop (2002) . 'Email networks and the spread of computer viruses' , *Physical Review E* 66, 035101.

M. E. J. Newman and J. Park (2003) . 'Why social networks are different from other types of networks' , Preprint, <http://arxiv.org/abs/cond-mat/0305612>.

M. Nowak and R. M. May (1992) . 'Evolutionary games and spatial chaos ' , *Nature* 359, 826–9.

M. Nowak and R. May (1993) . 'The spatial dilemmas of evolution' , *International Journal of Bifurcation and Chaos* 3,35–78.

M. Nowak, R. M. May and K. Sigmund (1995) . 'The arithmetics of mutual help', *Scientific American*, *June*, 50–55.

M. Nowak and K. Sigmund (1992) . 'Tit for tat in heterogeneous populations' , *Nature*

355，250–53.

M. Nowak and K. Sigmund (1993)．'Chaos and the evolution of cooperation'，*Proceedings of the National Academy of Sciences USA* 90，5091–4.

M. Nowak and K. Sigmund (1993)．'A strategy of win-stay，lose-shift that outperforms tit-for-tat in the Prisoner's Dilemma game，*Nature* 364，56–8.

F. L. Nussbaum (1965)．*The Triumph of Science and Reason 1660–1685.* Harper & Row，New York.

R. Olson (1990)．*Science Deified and Science Defied*，Vol. 2. University of California Press，Berkeley.

P. Ormerod (1998)．*Butter y Economics.* Faber & Faber，London.

P. Ormerod (2000)．'The Keynesian micro-foundations of the business cycle: Some implications of globalisation'，Preprint.

P. Ormerod (2002)．'The US business cycle: Power law scaling for interacting units with complex internal structure'，*Physica A* 314，774–85.

P. Ormerod (2002)．'Sense on segregation'，*Prospect*，February，12–14.

P. Ormerod and M. Campbell (2000)．'The evolution of family structures in a social context'，Preprint.

J. K. Parrish and L. Edelstein-Keshet (1999)．'Complexity，pattern，and evolutionary tradeoffs in animal aggregation'，*Science* 284，99–101.

R. Pastor-Satorras and A. Vespignani (2001)．'Epidemic spreading in scale-free networks'，*Physical Review Letters* 86，3200–203.

R. Pastor-Satorras and A. Vespignani (2001)．'Immunization of complex networks'，Preprint，<http://arxiv.org/abs/cond-mat/0107066>.

G. J. Perez, G. Tapang，M. Lim and C. Saloma (2002)．'Streaming，disruptive interference and power-law behavior in the exit dynamics of confined pedestrians'，*Physica A* 312，609–18.

I. Peterson (1996)．'The shapes of cities'，*Science News* 149，8–9.

I. Peterson (1996)．'The Gods of Sugarscape'，*Science News*，23 November，332.

V. Plerou，P. Gopikrishnan，L. A. Nuñes Amaral，M. Meyer and H. E. Stanley (1999).
'Scaling of the distribution of price fluctuations of individual companies'，*Physical Review E* 60，6519–29.

K. Popper (1997) . *The Lesson of this Century.* Routledge, London.

R. Porter (2000) . *Enlightenment.* Penguin, London.

T. M. Porter (1986) . *The Rise of Statistical Thinking* 1820–1900. Princeton University Press.

M. Potters, R. Cont and J.-P. Bouchard (1998) . ' Financial markets as adaptive ecosystems' , *Europhysics Letters* 41, 239–44.

W. K. Potts（1984）, ' The chorus-line hypothesis of manoeuvre coordination in avian ocks', *Nature* 309,344–5.

I. Prigogine (1981) . *From Being to Becoming.* W. H. Freeman, New York.

E. Ravasz and A.-L. Barabasi (2002) . ' Hierarchical organization in complex networks' , Preprint, <http://arxiv.org/abs/cond-mat/0206130>.

C. Rawcliffe (1999) . *Medicine and Society in Later Medieval England.* Sandpiper, London.

D. Read (2002) . ' A multitrajectory, competition model of emergent complexity in human social organization' , *Proceedings of the National Academy of Sciences USA* 99, 7251–6.

C. Reynolds (1995) . Boids, <http://www.red3d.com/cwr/boids>, last updated 6 September 2001.

C. W. Reynolds (1987) . 'Flocks, herds and schools: A distributed behavioral model' , *Computer Graphics* 21 (4) , 25–34.

L. F. Richardson (1960) . *Statistics of Deadly Quarrels,* ed. Q. Wright and C. C. Lienau. Boxwood Press, Pittsburgh.

C. A. Roberts, D. Stallman and J. A. Bieri (2002) . ' Modeling complex human-environment interactions: The Grand Canyon river trip simulator' , *Journal of Ecological Modelling* 153,181–96.

J. S. Rowlinson (ed.) (1988) . *J. D. van der Waals: On the Continuity of the Gaseous and Liquid States. Studies in Statistical Mechanics* XIV. North–Holland, Amsterdam.

B. Russell (1984) . *A History of Western Philosophy.* Unwin Paperbacks, London.

C. Saloma, G. J. Perez, G. Tapang, M. Lim and C. Palmes–Saloma (2003) . Self-organized queuing and scale-free behavior in real escape panic ' , *Proceedings of the National Academy of Sciences USA* 100,11947–52.

B. Schechter (1999) . 'Birds of a feather' , *New Scientist, 23* January, 30–33.

T. C. Schelling (1978) . *Miciromotives and Macrobehavior.* W. W. Norton, New York.

J. B. Schneewind (ed) (1990) . *Moral Philosophy from Montaigne to Kant,* Vol. II. Cambridge University Press.

F. Schweitzer (ed.) (2002) . *Modelling Complexity in Economic and Social Systems.* World Scientific, Singapore.

P. Sen, S. Dasgupta, A. Chatterjee, P. A. Sreeram, G. Mukherjee and S. S. Manna (2002). 'Small-world properties of the Indian Railway network' , Preprint, <http://arxiv.org/abs/cond-mat/0208535>.

M. A. Serrano and M. Boguñá (2003) . 'Topology of the world trade web' , *Physical Review E* 68, 015101 (R) .

V. Shvetsov and D. Helbing (1999) . 'Macroscopic dynamics of multilane traffic' , *Physical Review E* 59, 6328–39.

K. Sigmund (1993) . *Games of Life.* Oxford University Press.

K. Sigmund, E. Fehr and M. A. Nowak (2002) . ' The economics of fair play' , *Scientific American, January,* 82–7.

H. A Simon (1996) . *The Sciences of the Artificial,* 3rd edn. MIT Press, Cambridge, MA.

B. Skyrms (1996) . *Evolution of the Social Contract.* Cambridge University Press.

A. Smith (1776) . *An Inquiry into the Nature and Causes of the Wealth of Nations.* Ed. L. Dickey. Hackett Publishing, Indianopolis, 1993.

S. Solomon (1999) . ' Behaviorly realistic simulations of stock market traders with a soul' , *Computer Physics Communications* 121/2,161.

D. Sornette (2003) . *Why Stock Markets Crash.* Princeton University Press.

D. Sornette (2003) . ' Critical market crashes' , Preprint, <http://arxiv.org/abs/cond-mat/ 0301543〉.

G. Soros (2002) . *George Soros on Globalization.* Perseus, New York.

M. H. R. Stanley, L. A. N. Amaral, S. V. Buldyrev, S. Havlin, H. Leschhorn, P. Maass,

M. A. Salinger and H. E. Stanley (1996) . 'Scaling behaviour in the growth of companies', *Nature* 379, 804–6.

G. Stix (1998) . 'A calculus of risk' , *Scientific American,* May, 92–7.

J. Sutton (1997) . 'Gibrat' s legacy ' , *Journal of Economic Literature* 35, 40–59.

K. Sznajd-Weron and R. Weron (2002) . ' How effective is advertising in duopoly markets? ' ,Preprint, <http://arxiv.org/abs/cond-mat/0211058>.

D ' A. W. Thompson (1942) . *On Growth and Form: A New Edition.* Cambridge University Press. Reissued by Dover, New York, 1992.

B. Tjaden and G. Wasson (1997) . 'The Oracle of Bacon at Virginia' ,<http ://www. cs. virginia. edu/oracle/.

J. Toner and Y. Hu (1998) . 'Flocks, herds, and schools: A quantitative theory of ocking' ,*Physical Review E* 58, 4828–58.

J. Toner and Y. Tu (1995) . 'Long-range order in a two-dimensional dynamical XY model: How birds y together ' , *Physical Review Letters* 75, 4326–9.

M. Treiber and D. Helbing (2002) . Microsimulations of freeway traffic including control measures' , Preprint, <http://arxiv.org/abs/cond–mat/0210096>.

M. Treiber, A. Hennecke and D. Helbing (2000) . 'Congested traffic states in empirical observations and microscopic simulations' , *Physical Review E* 62,1805–24.

R. Tuck (2002) . *Thomas Hobbes: A Very Short Introduction.* Oxford University Press.

T. Vicsek, A. Czirok, E. Ben-Jacob, I. Cohen and O. Shochet (1995) . 'Novel type of phase transitión in a system of self-driven particles' , *Physical Review Letters* 75,1226–9.

S. Vines (2003) . *Market Panic.* Profile, London.

M. M. Waldrop (1994) . *Complexity.* Penguin, London.

K. N. Waltz (1954) . *Man, the State, and War.* Columbia University Press, New York.

M. Ward (2001) . *Universality.* Macmillan, London.

D. J. Watts (1999) . *Small Worlds.* Princeton University Press.

D. J. Watts, P. S. Dodds and M. Newman (2002) . ' Identity and search in local networks' , *Science* 296,1302–5.

D. J. Watts and S. H. Strogatz (1998) . 'Collective dynamics of "small-world", networks' , *Nature* 393, 440–42.

W. Weidlich (2000) . *Sociodynamics: A Systematic Approach to Modelling in the Social Sciences.* Harwood Academic, Amsterdam.

G. S. Wilkinson (1984) . 'Reciprocal food sharing in the vampire bat' , *Nature*

308,181–4.

E. 0. Wilson (1998) . *Consilience.* Alfred A. Knopf, New York.

P. Winch (1958) . *The Idea of a Social Science and its Relation to Philosophy. Routledge*, London.

D. Wolf (1999) . 'Cellular automata for traffic simulations' , *Physica A* 263, 438–51.

J. Wu and R. Axelrod (1995) . 'How to cope with noise in the iterated Prisoner's Dilemma' ,*Journal of Con ict Resolution* 39,183–9.

M. Wyart and J.-P. Bouchard (2002) . 'Statistical models for company growth' , Preprint, < http://arxiv.org/abs/cond-mat/0210479>.

I. Yang, H. Jeong, B. Kahng and A.-L. Barabási (2003) . 'Emerging behavior in electronic bidding ' , *Physical Review E* 68, 016102.

S.-H. Yook, H. Jeong and A.-L. Barabási (2002) . 'Modeling the Internet's large-scale topology' , *Proceedings of the National Academy of Sciences USA* 99,13382–6.

W.-X. Zhou and D. Sornette (2003) . '2000–2003 real estate bubble in the UK but not in the USA' , *Physica* A 329, 249–63.

G. K. Zipf (1965) . *Human Behavior and the Principle of Least Effort.* Hafner, New York.

原书索引

后 记

谢幕的掌声

为自己鼓掌的人，肯定不是中了邪，就是渴望掌声到了无法自拔的地步。不过，如果想要给鼓掌这一有关社会物理学的内容一番解说的话，最合适的时间，自然是在终篇之处啦！

在某些国家和文化中，感激的观众在表达对演出的谢忱和赞赏时，往往会发出一阵杂沓接一阵整齐的掌声。这在东欧表现得尤其突出。会有一段时间，每个人各按自己的节奏拍响巴掌，成百上千人的掌声，会混成一片连续的音响，一如拍岸的碎浪。但是，过了一会儿，某种值得注意的事情就会出现：原来的噪声会转变成为规则的律动，大家的鼓掌会步调一致。这样的同步动作会持续约一分钟，然后再一次化为纷乱的击掌。

这样的行为并没有人指挥。既没有谁规定节奏的快慢，也没有谁示意进入同步阶段。它就是事实，而且会在整个谢幕过程中出现若干次，而并非单单一回。要知道，两三个人一致地鼓掌，这并不困难。事实上，要不这样反倒不易，这正如两人并肩走路，一般都会步调一致一样。然而，当同步的鼓掌要在成百上千人间形成时，可就是另外一回事了。鼓掌的同步会迅速形成，固然令人惊异，但是，同步一旦形成后，鼓掌的观众不是不用费什么心就能将这种齐刷刷的状态保持下去吗？因何又会出现这种整齐与纷乱的一再更替呢？

维切克、巴拉巴希和他们的同事也发现了这个情况。他们在匈牙利和罗马尼亚的几家大小剧院给演出结束后的掌声录了音，随后研究了掌声的强弱在参差不齐与协调一致交替进行时的变化。他们发现，尽管在同步鼓掌的过程中，会冒出一股股强度超过纷乱掌声的声响，但整个大厅内的同步掌声，在平均强度上却是有所下降的（图 E.1）。

强度在同步时的降低，并不是因为观众在“同相”鼓掌时不够使劲儿，

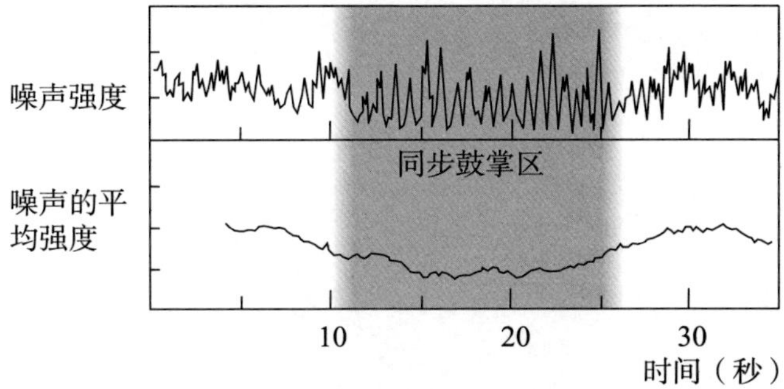

图 E.1　东欧剧院观众鼓掌时的声音强度记录。从纷乱到同步的切换，表现在噪声强度出现尖锐且时间相隔规则的峰值（上部）。在同步期间，噪声的平均强度会降低（下部），同步掌声结束后又会升高。

而是由于拍巴掌的动作有所放慢。在同步动作时，每个人连续两下鼓掌之间的相隔时间，大约是他们随意鼓掌时的两倍长。据信，放慢的原因，在于节奏过快时，大家就不容易实现动作的一致，也就是说，动作一旦加快，慢节奏同步就会消失。观众们不会自觉地意识到这一现象，同步时的节奏基本上是自行形成的。

这几位研究者认为，掌声在平均音量上的不同，正是鼓掌会一时纷乱、一时整齐的原因。观众用大量的噪声来表现自己的满意，也喜欢同步掌声所反映出的共同情感与一致体验。然而，同步导致的噪声平均强度的下降，使这两种做法彼此起了冲突。观众并不会去刻意留心这种下降，但却会从同步状态加快鼓掌速度，以使掌声恢复不同步时的响亮。这样做时，掌声就无法一致了，于是乎，同步便化为纷乱。过了一会儿，同步又以自己的吸引力重新占领阵地，交替便反复进行下去。

一推一拉：在相互冲突的意愿中绷这么一下，社会行为的复杂方式和往往难以预料的过程就会发生改变，而影响它们的因素是超出了我们的当场体验的，也是我们无力控制的。事实就是如此。不管我们如何了解个人的动机，一旦个人汇为组群，就可能出现意想不到的结果。